Raik Schuhmacher

Lexikon
der Strecken und Bahnhöfe

Mecklenburg-Vorpommern, Brandenburg, Berlin, Sachsen-Anhalt, Thüringen, Sachsen

Raik Schuhmacher

Lexikon

der Strecken und Bahnhöfe

Mecklenburg-Vorpommern, Brandenburg, Berlin, Sachsen-Anhalt, Thüringen, Sachsen

Einbandgestaltung: Luis Dos Santos

Eine Haftung des Autors oder des Verlages und seiner Beauftragten für Personen-, Sach- und Vermögensschäden ist ausgeschlossen.

ISBN 978-3-613-71351-X

Ausgabe 1. Auflage 2008

Postfach 10 37 43, 70032 Stuttgart.
Ein Unternehmen der Paul Pietsch-Verlage GmbH + Co.

Sie finden uns im Internet unter
www.transpress.de

Innengestaltung: TEBITRON GmbH, 70839 Gerlingen
Druck und Bindung: Rung-Druck, 73033 Göppingen
Printed in Germany

Vorwort

Einst fuhren unsere Eltern im Dampfzug von Wegenstedt nach Calvörde. Wissen ihre Enkel, die heute den Kindergarten Calvörde besuchen, dass sie im ehemaligen Bahnhofsgebäude mit ihrer Holzeisenbahn spielen? Oder ist den Kindern bekannt, dass die Löschfahrzeuge im benachbarten Feuerwehrhaus genau an der Stelle stehen, wo noch vor 40 Jahren Güterwagen rangiert wurden?

Dieses Buch will dem allgemeinen Vergessen entgegenwirken und endlich einen vollständigen Überblick über die Bahnstrecken Ostdeutschlands in kompakter Form vermitteln.

Ziel des Autors ist es, einen Gesamtüberblick der – praktisch zu keiner Zeit bestehenden – maximalen Ausdehnung des Streckennetzes zu geben. Es wurden auch alle dem Autor bekannten Werkbahnen, Anschlüsse und weitere öffentliche und nichtöffentliche Bahnen aufgenommen.

Bitte haben Sie Verständnis dafür, dass aus Gründen der Übersichtlichkeit bei Straßen-, Gruben- und Anschlussbahnen eine Vereinfachung bzw. Zusammenfassung vorgenommen werden musste. Bahnlinien im grenznahen Raum (DB, CSD, PKP), die Einfluss oder Verbindung zu den ostdeutschen Strecken haben, sind ebenfalls beschrieben.

Dem Aufruf zur Ergänzung der ersten Auflage – sie erschien 2000 unter dem Titel »Eisenbahnstrecken in Ostdeutschland« – sind dankenswerterweise viele Eisenbahnfreunde gefolgt, sodass jetzt eine umfangreich überarbeitete Fassung vorliegt. Dem Leserwunsch folgend wurden dem Buch ein alphabetisches Verzeichnis der Betriebsstellen und eine Tabelle aller Eröffnungs- und Stilllegungsdaten hinzugefügt. Natürlich wurde dabei berücksichtigt, dass noch weitere Stilllegungen zu erwarten sind, aber auch Teile eingestellter Strecken zwischenzeitlich wieder betrieben werden. Häufig machen verschiedene Quellen unterschiedliche Angaben zu den Eröffnungs- und/oder Stilllegungsdaten der Strecken. Ich war bemüht, sie den wahrscheinlichsten Werten anzugleichen.

Natürlich bleibt die Bitte bestehen, mir Fehler bzw. Vergessenes über den Verlag mitzuteilen.

Plötzkau, im April 2008 Raik Schuhmacher

Der Autor im Gespräch mit Berliner Eisenbahnfreunden im Bw Staßfurt 2004.
Foto: Sammlung Schuhmacher

Danksagung

Der Autor dankt für ihre Unterstützung:

Bednarek, Andreas	Görlitz
Domdei, Wolfgang	Wohlsdorf
Einwohner von	Belleben
Friese, Wolfgang	Heiligenstadt
Fröhlich, Gerald	Spora
Fromherz, Ulrich	Rotkreuz (CH)
Gemeindeverwaltung	Brieskow-Finkenheerd
Hauer, Michael	Weißenfels
Heimatverein	Tessin
Kotyrba, Michael	Oschatz
Mädge, Ewald	Zuchau
Müller, Dr. Horst Otto	Ratzeburg
Nette, Rainer	Naumburg
Papiernik, Johann Karl	Dassow
Rauch, Roland	Bernburg
Renner, Jürgen	Berlin
Rittlewski, Heinz	Bernburg
Rosinski, Hans-Jürgen	Berlin
Schuhmacher, Klaus und Hela	Tröglitz
Stadtverwaltung	Neustrelitz
Stadtverwaltung	Reuterstadt Stavenhagen
Technikmuseum	Peenemünde
Traunsberger, Werner	Bernburg
Witzke, Christine	Neustrelitz

Im Gedenken an Reichsbahn-Obersekretär Burkhardt Kühnel und Reichsbahn-Rat Heinz Rittlewski aus Bernburg.

Inhalt

Die Strecken und ihre Bahnhöfe

Besondere Namen von Eisenbahnstrecken

Diese Liste verzeichnet nur die besonderen Namen von Eisenbahnstrecken in Berlin, Brandenburg, Mecklenburg-Vorpommern, Sachsen, Sachsen-Anhalt und Thüringen.

Albertbahn	Dresden–Plauen
Altmärkische Kleinbahn	Stendal–Arendsee
Aschenbahn	Tröglitz–Rusendorf
Atomexpreß	Rheinsberg–Stechlinsee
Balkanbahn	Frose–Quedlinburg
Berlin-Anhalter Bahn	Berlin–Halle
Blauer Bock	Lichtenrade–Blankenfelde
Brandenburgische Städtebahn	Treuenbrietzen–Neustadt
Brockenbahn	Schierke–Brocken
Buchenwaldbahn	Weimar–Großrudestedt
Darßbahn	Barth–Prerow
Döllnitzbahn	Oschatz–Neichen
Elise	Hoppegarten–Altlandsberg
Elstertalbahn	Zeitz–Bad Brambach
Feldabahn	Dorndorf–Kaltennordheim
Fichtelbergbahn	Cranzahl–Oberwiesenthal
Finnebahn	Laucha–Kölleda
Flöhatalbahn	Reitzenhain–Flöha
Forellenexpreß	Aue–Blauenthal
Frankenwaldbahn	Probstzella–Kronach
Franzburger Kreisbahn	Stralsund–Ribnitz-Damgarten
Friedbergbahn	Suhl–Schleusingen
Geiseltalbahn	Merseburg–Querfurt
Harzquerbahn	Nordhausen–Wernigerode
Heidebahn	Bad Düben–Wittenberg
Heidekrautbahn	Berlin–Groß Schönebeck
Holzlandbahn	Gera–Weimar
Ilmtalbahn	Bad Berka–Kranichfeld
Jerichower Kreisbahn	Burg–Magdeburgerforth
Kaffeebrenner	Grevesmühlen–Klütz
Kanonenbahn	Dingelstädt–Eschwege
Kanonenbahn	Güsten–Güterglück
Kanonenbahn	Güterglück–Wiesenburg
Kanonenbahn	Leinefelde–Eschwege
Kohlenbahn	Meuselwitz–Regis-Breitingen
Königslinie	Saßnitz–Trelleborg
Krumme Pauline	Rathenow–Nauen
Lappwaldbahn	Haldensleben–Weferlingen
Laura	Rennsteig–Frauenwald
Lößnitztalbahn	Radebeul–Radeburg
Mandaubahn	Zittau–Eibau
Mansfelder Bergwerksbahn	Klostermansfeld–Hettstedt
Marie Klockow	Pasewalk–Klockow
Max & Moritz-Bahn	Probstzella–Ernstthal
Molli-Bäderbahn	Bad Doberan–Kühlungsborn
Müglitztalbahn	Heidenau–Altenberg
Muldentalbahn	Glauchau–Großbothen
Muldentalbahn	Großbothen–Döbeln
Mülsengrundbahn	Mosel–Ortmannsdorf
Muskauer Waldbahn	Bad Muskau–Weißwasser
Nickelbahn	St Egidien–Callenberg
Niederlausitzer Eisenbahn	Beeskow–Herzberg
Obererzgebirgische Eisenbahn	Zwickau–Schwarzenberg
Oberweißbacher Bergbahn	Obstfelderschmiede–Cursdorf
Orlabahn	Orlamünde–Pößneck
Ostbahn	Berlin–Küstrin
Pfefferminzbahn	Straußfurt–Großheringen
Pöhltalbahn	Grünstädtel–Oberrittersgrün
Pöhlwasserbahn	Grünstädtel–Oberrittersgrün
Pollo	Perleberg–Kyritz
Preßnitztalbahn	Wolkenstein–Jöhstadt
Prignitz-Expreß	Perleberg–Wittstock
Prignitzer Eisenbahn	Perleberg–Neustrelitz
Randower Kleinbahn	Stöven–Neuwarp
Rasender Roland	Altefähr–Göhren
Rennsteigbahn	Ilmenau–Themar
Rübelandbahn	Blankenburg–Tanne
Rübenbahn	Neubukow–Bastorf
Rügenbahn	Bergen–Altenkirchen
Rumpelwilli	Forst Stadtbahn
Saalbahn	Naumburg–Saalfeld
Sachsenmagistrale	Dresden–Reichenbach
Sandbahn	Chemnitz–Rochlitz
Schwarzatalbahn	Rudolstadt–Katzhütte
Schwarzbachbahn	Goßdorf-Kohlmühle–Hohnstein
Schwarzbachexpreß	Siebenbrunn–Erlbach
Selketalbahn	Gernrode–Hasselfelde
Spreewaldbahn	Cottbus–Lübben
Südharzeisenbahn	Braunlage–Tanne
Südthüringenbahn	Wernshausen–Zella-Mehlis
Thüringische Eisenbahn	Halle–Gerstungen
Treidelbahn	Niederfinow
Trusetalbahn	Wernshausen–Trusetal
Ulstertalbahn	Tann–Vacha
Unstrutbahn	Naumburg–Reinsdorf
Usedomer Bäderbahn	Wolgast–Swinemünde
Versuchsbahn	Marienfelde–Zossen
Waldbahn	Kyritz–Waldfrieden
Wannseebahn	Wannsee–Potsdam
Weißeritztalbahn	Freital Hainsberg–Kurort Kipsdorf
Wendlandbahn	Dömitz–Lüneburg
Wendlandbahn	Lüchow–Schmarsau
Werrabahn	Eisenach–Coburg
Whisky-Wodka-Linie	Eschwege–Eichenberg
Wilder Robert	Oschatz–Neichen
Windbergbahn	Freital–Possendorf
Wipperliesel	Klostermansfeld–Wippra
Wismutbahn	Seelingstädt–Kayna
Zellwaldbahn	Nossen–Freiberg
Zschopautalbahn	Flöha–Annaberg-Buchholz
Zschornewitzer Kleinbahn	Burgkemnitz–Oranienbaum
Zwecke	Buttstädt–Rastenberg
Zwönitztalbahn	Chemnitz–Aue

Zur Benutzung der Tabellen

>	Verweist auf anschließende Strecken. Es muß hier nicht eine direkte Gleisverbindung der aufgeführten Strecken bestehen, in aller Regel sind aber Umsteige-, Übergangs- oder Umlademöglichkeiten vorhanden.
>0,0..(3,0)	Länge des abzweigenden Gleises falls nur eine Station folgt, ansonsten siehe eigene Strecke
>FB	Feldbahnanschluß mit Umladestelle
Sm 750	Schmalspurbahn mit 750 mm Spurweite
Norm	Anlage mit Normalspurgleis 1435 mm
EL	elektrifizierte Strecke
162f, 624	Kursbuchnummer (DR) alt oder neuere
[Dennin]	Station führt(e) auch anderen Namen
|	andere Streckenführung innerhalb der beschriebenen Strecke
...	innerhalb dieses Abschnittes liegen weitere hier nicht aufgeführte Stationen
Abzw.	Abzweigung
Anschl.	Anschlussgleis (Bei größeren Städten wird zumeist auf die Angabe verzichtet, da der Umfang die Tabelle sprengt.)
Bk	Blockstelle
(Kursiv)	Zusätzliche Streckenangaben, wie z.B. Brücken, Tunnel, Grenzen, Gleisunterbrechungen u.a.
Kursiv	Stationen in Grenzbereichen, die nicht auf dem Staatsgebiet der DDR lagen (ausgenommen Westberlin)

Tabellen der Strecken und Bahnhöfe

Adorf-Arnsgrün-(Asch)		**DR, CSD**	**Norm**
0,0	Adorf (Vogtl)	>Oelsnitz, Bad Brambach, Siebenbrunn	
3	Leubetha		
4	Freiberg (Vogtl)		
8	Arnsgrün		
	(Grenze)		
	Roßbach (b Asch)	[Hranice]	
	Thonbrunn	[Thonbrunn-Friedersreuth] [Studanka]	
	Steinpöhl	[Neuberg]	
	Schönbach	[Poghradi] [Sorg]	
	Schildern	[Stitary]	
	Asch Bayernstraße	[Krasna] [As predmesti]	
	Asch Stadt	[As mesto]	
	Asch Hbf	[As]	>Franzensbad, Selb
Ahrenshoop Deichbaustelle		**Werkbahn**	**Sm 600**
Alexisbad-Harzgerode		**674**	**Sm 1000**
0,0	(14,55) Alexisbad	>Gernrode, Hasselfelde	
	(Selkebrücke)		
2,66	(17,2) Anschl.	>0,0 Harzgeroder Ziegelei (0,097)	
	(17,4) Anschl.	>0,0 Harzgeroder Eisenwerke (0,1652)	
2,9	(17,5) Harzgerode		
Alt Bliesdorf-Thöringswerder			**Norm**
0,0	Alt Bliesdorf	>Seelow, Wriezen	
	Herrnhof		
	Thöringswerder Werkbf	[Thöringswerder]	
Altdöbern Bahnbaustelle		**Werkbahn**	**Sm 900**
Altefähr-Putbus-Göhren		**121n, 123f, h, 125, 956**	**Sm 750**
0,0	Altefähr Kleinb	[Altefähre]	>Stralsund, Bergen
	Abzw.	>Bohlwerk	
2,6	Jarkvitz		
3,55	Saalkow		
4,05	Nesebanz		
5,66	Gustow		
7,1	Prosnitz (Rügen)		
7,65	Benz (Rügen)		
8,55	Sissow		
9,7	Venzvitz		
10,58	Glutzow		
11,03	Ueselitz		
12,53	Poseritz		
14,15	Zeiten		
15,17	Neparmitz		
15,95	Mellnitz		
16,98	Puddemin	>Anschl. Puddemin Hafen	
17,93	Groß Schoritz		
19,5	Wendorf		
20,65	Renz		
22,41	Garz (Rügen) West	>Klein Stubben Kreidebruch	
23,14	Garz (Rügen)		
26,1	Karnitz (Rügen)	[Carnitz (Rügen)]	
29,62	Ketelshagen		
31,61	Güstelitz		
32,95	Darseband		
33,42	Putbus West		
34,35	Bergener Reichsstraße		
35,27	Putbus	>Bergen, Lauterbach	
37,8	Beuchow	[Lonvitz]	
39,09	Posewald		
41,32	Seelvitz		
43,35	Serams		
46,12	Binz Ost	[Binz Landesb]	>Lietzow
48,64	Jagdschloß		
49,82	Garftitz		
53,1	Sellin (Rügen) West		
54,3	Sellin (Rügen) Ost	[Sellin (Rügen)]	
55,58	Baabe		

57,3	Philippshagen		
59,46	Göhren (Rügen)		
Altenberg Zinnbahn		**Werkbahn**	**Sm 600**
Altenburg-Rochlitz		**509**	**Norm**
38,6	Altenburg (Thür)	[Altenburg (Thür) Hbf]	>Zeitz, Neukieritzsch
	Abzw.	>Poschwitz	
|	Windischleube		
40,0	*(Schloßbergtunnel 0,375)*		
41,1	Wilchwitz Bk		
41,7	Abzw. Kotteritz	>Ronneburg, Gößnitz	
42,6	(3,9) Nobitz	[Kotteritz]	>Militärflugplatz Altenb.-Nobitz ?
7,4	Klausa	>Militärflugplatz Altenburg-Nobitz	
9,5	Ehrenhain		
11,9	Boderitz (Kr Altenburg)		
13,5	Wiesebach		
16,3	Beiern-Langenleuba		
19,3	Steinbach (Kr Geithain)	[Steinbach (Kr Altenburg)]	
21,8	Wernsdorf (b Penig)		
	Abzw.	>0,0 Penig (6,7)	
24,8	(14,7) Langenleuba-Oberhain	[Langenleuba]	
27,3	Obergräfenhain		
0,0	Narsdorf Bogendreieck Abzw.	>Chemnitz	
29,6	(9,6) Narsdorf	>Geithain	
32	Breitenborn		
36	Köttwitzsch		
38,9	Rochlitz (Sachs)	>Waldheim, Chemnitz	
Altenburg-Werdau		**460**	**Norm, EL**
38,6	Altenburg (Thür)	[Altenburg (Thür) Hbf]	>Zeitz, Leipzig
|	Windischleube		
39,5	Altenburger Tunnel At		
40	*(Schloßbergtunnel 0,375)*		
41,1	Wilchwitz Bk	[Altenburger Tunnel Atw]	
41,8	Abzw. Kotteritz	>Narsdorf, Penig	
	(Pleißebrücke)		
42,5	Nobitz	[Kotteritz]	>Militärflugplatz Altenb.-Nobitz ?
43,8	Paditz		
45	*(Rbd-Grenze)*		
48,1	Lehndorf (Kr Altenburg)		
	(Pleißebrücke)		
	Abzw.	>Ronneburg	
52,6	Gößnitz	>Ronneburg, Glauchau	
57,7	Ponitz		
	(Pleißebrücke)		
	Frankenhausen Bk		
63,0	Crimmitschau	>Schweinsburg	
	(Pleißebrücke)		
66,7	Schweinsburg-Culten		
	Langenhessen Bk		
71,8	Werdau Nord		
73,8	Werdau	>Wünschendorf, Zwickau, Plauen	
Altenburg Schloßbergtunnel		**Werkbahn**	**Sm 760**
Altenburg Schloßbergtunnel		**Werkbahn**	**Sm 600?**
Altengrabow-Lübars-Loburg-Gommern		**207s**	**Sm 750**
33	Altengrabow	>Magdeburgerforth	
28,5	(7,4) Lübars (Kr Burg)	[Größ Lübars]	
0,0	Abzw. Lübars	>Burg	
4,9	(29,2) Bomsdorf		
7,4	(26,7) (0,0) Loburg Bf	>Biederitz	
9	Loburg Süd	[Loburg Haltestelle]	
10,1	Klepps	>Anschl. Ziegelei	
12,6	(5,2) Kalitz	>0,0 Göbel (2,1)	
14	Brietzke		
15,8	Dalchau		
	(Brücke)		
18,7	Ladeburg		
20,3	Leitzkau		
23,2	Leitzkau West	[Kressow] [Cressow]	>Anschl. Cressow Gut
25,9	Dannigkow		
	(Ehlebrücke)		
27,9	Gommern Hp		

31,1	(13,2) (19,5) Gommern	>Biederitz, Güterglück, Pretzien	>Anschl. Zuckerfabrik
Altenpleen-Klausdorf		**123d, e, 125c**	**Sm 1000**
0,0	Altenpleen	[Alten Pleen]	>Stralsund, Barth, Damgarten
2,4	Günz	>FB	
4,56	Klein Mohrdorf		
5,1	Groß Mohrdorf	>FB	
6,95	Hohendorf (b Stralsund)	>FB	
9,41	Klausdorf (Pommern)	[Clausdorf]	
9,52	*(Gleisende)*		
Altglietzen Tonrohrwerk		**Werkbahn**	**Sm 600**
0,0			
2,2			
Althirschstein Ziegelei		**Werkbahn**	**Sm 600**
Angermünde-Bad Freienwalde		**922**	**Norm**
0,0	Angermünde	>Eberswalde, Schwedt, Prenzlau, Stettin	
6,2	Neu Künkendorf		
10,9	Lüdersdorf (Kr Eberswalde)	[Lüdersdorf (Kr Angermünde)]	
16,5	Saaten-Neuendorf		
18,9	Oderberg (Mark)		
22,3	Oderberg-Bralitz		
24,4	Bralitz		
	(Alte Oderbrücke 0,02975)		
30,0	Bad Freienwalde (Oder)	[Freienwalde]	>Wriezen, Eberswalde
Angermünde-Casekow-Tantow-(Stettin)		**122d, 122f, 923, PKP**	**Norm, Angermünde-Passow EL**
0,0	(70,7) Angermünde	>Prenzlau, Schwedt, Bad Freienwalde	>Eberswalde
6,9	(77,5) Welsow-Bruchhagen		
12	(82,7) Schönermark (Kr Angermünde)	>Damme	
18,6	(89,3) Passow (Kr Angermünde)	[Passow (Uckerm)]	>Stendell, Schwedt PCK
24	(94,7) Schönow (Kr Angermünde)	[Schönow (Bz Stettin)] [Schönow (Uckerm)]	
28,9	(99,6) Casekow	>Penkun	
33,1	(103,8) Petershagen (Kr Angermünde)	[Petershagen (Bz Stettin)]	[Petershagen (Uckerm)]
40,33	(111,0) Tantow	>0,0 Gartz (7,2)	
45,84	Rosow		
119,6	*(Tantow Grenze)*		
	Colbitzow		
	Klein Reinkendorf	>Casekow, Penkun	
	Scheune	>Pasewalk	
	Stettin Pommerensdorf	[Szczecin Pomorzany]	>Altdamm, Ziegenort
Angermünde-Schwedt		**921**	**Norm**
0,0	Angermünde	>Prenzlau, Bad Freienwalde, Eberswalde	>Stettin
5,4	Mürow		
8,9	Pinnow (Kr Angermünde)	[Pinnow (Uckerm)]	
10	Pinnow (Kr Angermünde) Ost		
12	Niederlandin		
16,8	Schwedt Heinersdorf (Kr Angermünde)	[Heinersdorf (Kr Angermünde)]	
20	Abzw.	>Schwedt PCK	
20,8	Schwedt (Oder) West	[Schwedt (Oder) Mitte]	
23,1	Schwedt (Oder)		
25,5	Anschl.		
Angermünde Kalksandsteinwerk		**Werkbahn**	**Sm 600**
0,0			
1,0			
Angersdorf-Holleben-Bad Lauchstädt			**Norm**
20,6	Angersdorf	[Schlettau (b Halle/ Saale)]	>Halle, Röblingen
17,96	(13,1) Holleben	>Buna Werke	
16,23	Holleben Süd	[Benkendorf]	>Anschl. Baustoffversorgung

km	Bahnhof		
	Anschl.	>Bad Lauchstädt Umspannwerk	
	Bad Lauchstädt	[Lauchstädt]	>Merseburg, Schafstädt
Angersdorf-Holleben-Buna Werke			**Norm**
9,9	Angersdorf Abzw.	>Halle, Halle Neustadt, Röblingen	
	Abzw.	>Angersdorf	
13,1	Holleben	>Bad Lauchstädt	
	Buna Werke	>Merseburg, Bad Lauchstädt	
Anklam-Janow		**122r, 929**	**Sm 600**
0,0	Anklam	[Anclam]	>Greifswald, Pasewalk
1,9	Anklam Vorstadt	>Falcksche Mühle	
4,0	(19,1) Gellendin	>Dargibell	
5,5	Pelsin		
7,6	Lüskow		
10,0	Blesewitz	>Nerdin	
12,7	Sanitz (Kr Anklam)		
14,6	Nerdin	>Blesewitz	
16,2	Thurow (Kr Anklam)		
18,4	Wegezin	>Stretense	
20,5	Wegezin-Dennin	[Dennin]	>Drewelow, Friedland, Klein Below
24,5	Iven		
27,9	Janow		
Anklam-Lassan		**126 d**	**Sm 600**
	Anklam Hafen		
0,0	Anklam	>0,0 Anklam Zuckerfabrik (1,325)	>Greifswald, Pasewalk, Uhlenhorst, Friedland
4,1	Relzow		
7	Daugzin		
8,1	Murchin		
10,4	Krenzow (Kr Greifswald)	[Crenzow]	>Buddenhagen
14,5	Pinnow (Kr Greifswald)		
15,3	Lentschow	>Anschl. Lentschow Gut	
18,2	Papendorf	>Anschl. Papendorf Gut	
19,4	Lassan		
20,5	Lassan Hafen		
Anklam-Leopoldshagen			**Sm 600**
0,0	Anklam	[Anclam]	>Greifswald, Pasewalk, Uhlenhorst, Friedland
	(niveaugleiche Kreuzung mit Hauptbahn)		
3,9	Bargischow		
6,8	Auerose	>Auerose Gut	
9,6	Rosenhagen (Kr Anklam)		
10,9	Busow	>Busow Gut	
12,5	Bugewitz Dorf		
13,9	Bugewitz Gut		
15,2	Hoheheide		
17,8	Leopoldshagen		
Anklam Vorstadt-Falcksche Mühle			**Sm 600**
0,0	Anklam Vorstadt	>Anklam, Janow	
1	Falcksche Mühle		
Anklam Zuckerfabrik		**Werkbahn**	**Sm 600**
Antonsthal Papierfabrik		**Werkbahn**	**Sm 600**
Apolda Ziegelei		**Werkbahn**	**Sm 500**
Arnsdorf Ziegelei		**Werkbahn**	**Sm 600**
0,0	Arnsdorf (b Hainichen) Ziegelei		
0,4			
Arnstadt-Ichtershausen		**189b**	**Norm**
0,0	Arnstadt Hbf	>Rudolstadt, Neudietendorf, Suhl	
0,37	Arnstadt Ost	[Arnstadt AIE] [Arnstadt Arnst I E]	
0,775	Anschl.		
0,8	Anschl.		
0,9	Anschl.		
1,18	Anschl.		
1,2	Anschl.		
1,225	Anschl.		
1,24	Anschl.		
1,25	Arnstadt Bierweg	[Papierfabrik]?	>Wagenabstellgleis

km	Bahnhof		
1,62	Anschl.		
1,7	Anschl.		
1,8	Anschl.		
1,92	Anschl.		
2,36	Anschl.		
2,65	Anschl.		
2,7	Anschl.		
2,9	Rudisleben		
3	Anschl.		
3,1	Anschl.		
3,2	Anschl.		
4,4	Ichtershausen Hp		
	(Gleisende)		
5,4	Ichtershausen		
5,6	*(Gleisende)*		
Arnstadt-Plaue		**622**	**Norm**
9,9	Arnstadt Hbf	>Erfurt, Ichtershausen, Saalfeld	
11,3	Arnstadt Süd		
12,2	Goerdelerdamm Bk		
18,2	Plaue (Thür)	>Gräfenroda, Schleusingen	
Arnstadt-Saalfeld		**621**	**Norm**
0,0	Arnstadt Hbf	>Ichtershausen, Neudietendorf, Suhl	
	(Gerabrücke)		
5,6	Marlishausen		
10,9	Niederwillingen		
	(Ilmviadukt 0,201)		
15,9	Stadtilm		
20,9	Singen (Thür)		
25,83	Paulinzella		
31,1	Rottenbach	>Königsee, Katzhütte, Cursdorf	
	(Rinnebrücke)		
34,3	Quittelsdorf	[Leutnitz]	
	(Schwarzabrücke)		
39,1	Bad Blankenburg (Thüringerwald)		
	Abzw.	>Rudolstadt	
42,9	Wöhlsdorf		
	(Saalebrücke)		
47,8	Saalfeld (Saale)	>Rudolstadt, Probstzella, Lobenstein	>Pößneck
Aschersleben-Quedlinburg		**673**	**Norm**
56,39	Aschersleben	>Schneidlingen, Güsten	
60,88	Wilsleben Bk		
64,3	(0,34) Frose	>Halberstadt	
3,27	Reinstedt		
	(Selkebrücke)		
	(Selkebrücke)		
7,84	Ermsleben	>Ermsleben Gbf	
10,54	Meisdorf		
13,51	Ballenstedt Ost	>Ballenstedt Gbf	
15,38	Ballenstedt West		
19,43	Rieder (Harz)		
20,5	Gernrode (Harz)	>Straßberg	>Anschl. Kalkwerk
22,6	Bad Suderode	>Anschl.	
24,9	Quedlinburg Quarmbeck	[Römergraben]	
27	Abzw.	>Thale	
29,52	Quedlinburg Reichsb	>Wegeleben, Blankenburg	
Aschersleben-Schneidlingen-Nienhagen		**205k, m**	**Norm**
0,0	Aschersleben Hecklinger Str.	>Aschersleben	
0,85	Aschersleben Nord	[Aschersleben West]	>Anschl. Schlachthof
4,45	Wilsleben		
8,42	Königsaue	>Grube Jacob, Grube Georg	
9,97	Schadeleben		
10,46	Schadeleben Ort		
12,76	Hakelforst		
	Abzw.	>Cochstedt Süd (17,0)	
17,47	Kochstedt (Kr Aschersleben)	[Cochstedt (Kr Quedlinburg)]	[Cochstedt (Kr Aschersleben)] >Anschl.
21,31	Abzw. Schneidlingen		

km	Bahnhof	alter Name	Anschluss
22,25	Schneidlingen	[Schneidlingen Nord]	>Staßfurt, Egeln
	Abzw. Schneidlingen		
23,99	Anschl.		
24,31	Anschl.		
25,5	Anschl.		
28,5	Hakeborn	>Grube Archibald	>Westeregeln Alkaliwerk
34	Kroppenstedt	[Croppenstedt]	
37,25	Gröningen-Heynburg		
39,94	Gröningen (Bz Magdeburg)		
	(Bodebrücke 0,0286)		
41,3	Anschl.	>Gröningen Zuckerfabrik	
42,1	Kloster Gröningen	[Gröningen Kloster]	>Anschl. Kiesgrube
45,54	Nienhagen (b Halberstadt) Süd	>Oschersleben, Halberstadt, Jerxheim	
Athensleben Feldbahn		**Werkbahn**	**Sm 600**
Aue-Muldenberg-Erlbach		**171n, 440, 446**	**Norm**
0,0	(50,8) Aue (Sachs)	>Bockau (Erzgeb) Ost, Chemnitz	
	Auerhammer		
	(Bockauer Tunnel 0,294)		
8,1	Bockau (Erzgeb)	>Bockau (Erzgeb) Ost	
	(80,86) Anschl.	>Papierfabrik	
12,22	(63,0) Blauenthal		
13,64	(64,4) Wolfsgrün		
17,91	(68,0) Eibenstock unt Bf	>Eibenstock ob Bf	
20,56	(71,1) Schönheide Ost	[Schönheiderhammer]	
26,04	(76,8) Schönheide Süd	[Wilzschhaus]	>Wilkau-Haßlau, Carlsfeld
28,85	(79,6) Rautenkranz		
31,3	(82,1) Tannenbergsthal (Vogtl)		
36,9	(87,7) Hammerbrücke		
38,32	(89,1) Muldenberg	>Falkenstein	
39,8	(90,6) Muldenberg Floßplatz		
45,5	(96,3) Schöneck (Vogtl)		
46,6	(97,4) Schöneck (Vogtl) Ferienpark		
50,8	(101,6) Zwotenthal	>Klingenthal	
53,8	(104,6) Gunzen		
59,96	(110,8) (0,0) Siebenbrunn	[Markneukirchen-Siebenbrunn]	>Adorf
61,64	Markneukirchen Hp		
62,45	Markneukirchen	[Markneukirchen Stadt]	
64,64	(4,7) Erlbach (Vogtl)		
Auerswalde-Ottendorf Waldeisenbahn			**Sm 600**
Baalberge-Baalberge Ziegelei		**Anschlußbahn**	**Norm**
0,0	Baalberge	>Köthen, Güsten, Könnern	
0,5	*(Fuhnebrücke)*		
1	Baalberge Ziegelei	>FB	
Baalberge-Bernburg Kaliwerk		**Werkbahn**	**Norm**
0,0	Baalberge	>Köthen, Güsten, Könnern	
	Bernburg Friedenshall	[Solvayhall]	
3	Bernburg Kaliwerk	[Bernburg Steinsalzwerk]	
Baalberge-Plömnitz		**Grubenbahn**	**Norm**
0,0	Baalberge	>Köthen, Güsten, Könnern	
3	Plömnitz Grube Antoinette	>FB	
Baalberge Ziegelei		**Werkbahn**	**Sm 600**
0,0	Baalberge Ziegelei	>Baalberge	
0,3	Grube		
Bad Berka-Blankenhain			**Norm**
0,0	Bad Berka	[Berka]	>Weimar, Kranichfeld
	(Ilmbrücke)		
3,22	Saalborn		
6,15	Blankenhain (Thür)		
Bad Doberan-Ostseebad Kühlungsborn		**119c, 785**	**Sm 900**
0,0	Bad Doberan	[Doberan]	>Rostock, Neubukow
0,6	Bad Doberan Stadtmitte		
1,1	Bad Doberan Goethestraße	[Goethestraße] [Poststraße]	[Severinstraße]?
	Doberaner Chaussee		
3,9	Doberaner Rennbahn	[Bad Doberan Rennbahn]	
	(6,4) Heiligendamm	*(alt)*	
	(6,5) (Gleisende)		
6,5	Heiligendamm		
10,2	Heiligendamm Steilküste	[Wittenbeck]	
	Fulgen		
12,7	Ostseebad Kühlungsborn Ost	[Brunshaupten]	
13,5	Ostseebad Kühlungsborn Mitte		
15,4	Ostseebad Kühlungsborn West	[Arendsee]	
Bad Düben Moorbad		**Werkbahn**	**Sm 600**
0,0			
0,075			
Bad Freienwalde-Hohenwutzen-(Zehden)		**109e, PKP**	**Norm**
	Bad Freienwalde (Oder) Reichsb	[Freienwalde]	>Wriezen
0,0	Bad Freienwalde (Oder) Kleinb		
	(Alte Oderbrücke 0,02975)		
	Abzw. Oderbrücke	>Angermünde	
2,71	Schiffmühle		
3,91	Neuenhagen (Kr Bad Freienwalde) Ziegelei	[Neuenhagen (Neumark) Ziegelei]	
4,2	Abzw.	>Neuenhagen Ziegelei	
5,93	Neuenhagen (Kr Bad Freienwalde)	[Neuenhagen (Neumark)]	
7,2	Abzw.	>Altglietzen Ziegelei	
8,09	Alt Glietzen		
10,1	Hohenwutzen	[Hohen Wutzen Bf]	
10,2	*(Gleisende)*		
10,4	Hohen Wutzen Saldernbrücke		
	(Oderbrücke)		
10,9	*(Grenze)*		
10,98	*Johannesmühle*	[Alt Küstrinchen]	>Anschl. Niederwutzen Zellstofffabrik
12,06	*Niederwutzen*	[Nieder Wutzen] [Osinow Dolny]	
14,76	*Hagershorst*		
17,43	*Zehden (Oder)*	[Cedynia]	
Bad Freienwalde Tonrohrwerk		**Werkbahn**	**Sm 600**
0,0			
0,8			
Bad Kleinen-(Lübeck)		**782, DB**	**Norm**
0,0	(59,3) Bad Kleinen	[Kleinen]	>Wismar, Schwerin, Blankenberg
4	Wendisch Rambow		
8,7	(50,6) Bobitz		
15,3	(44,0) Plüschow		
22,6	(36,7) Grevesmühlen	>Grevesmühlen Industriegelände	
	Abzw.	>Klütz	
	Börzow		
30,3	(29,0) Grieben (Meckl)		
34	(25,3) Menzendorf		
39,9	(19,4) (0,0) Schönberg (Meckl)	>Dassow	
48,1	(11,2) Lüdersdorf (Meckl)		
	(13,5) (10,9) (Kilometerwechsel)		
51,8	(10,1) Herrnburg		
	(Grenze)		
54	*Abzw.*	>Schlutup	
	(6,4) Lübeck St. Jürgen		
	Abzw.	>Lübeck LBE, Büchen	
56,2	*(1,2) Lübeck Gbf*	[Lübeck Meckl Rangierbf]	
59,3	*(0,0) Lübeck Stadtbf*	[Lübeck Stadtbf] [Lübeck Hbf]	>Bad Schwartau, Büchen, Bad Oldesloe
Bad Kleinen-Wismar-Rostock		**780**	**Norm, Bad Kleinen-Wismar EL**
81,5	Bad Kleinen	[Kleinen]	>Schwerin, Grevesmühlen, Blankenberg
	(Wallensteingrabenbrücke)		
87,8	Moidentin		
	(Wallensteingrabenbrücke)		
89,5	Petersdorf (Meckl)		
	(Wallensteingrabenbrücke)		
92,1	Mecklenburg Dorf		
	Rosental		
98,4	(0,0) Wismar	[Seestadt Wismar]	>Wismar Hafen

	Wismar Zuckerfabrik		
	Lemberg		
5,4	Hornstorf	>Blankenberg	
8,7	Kartlow	[Kalsow]	>FB
10,7	Steinhausen-Neuburg	[Steinhausen]	
12,7	Hagebök		
	Lischow		
17,3	Teschow		
20,0	Neubukow OW	[Neubukow Obere Weiche]	>Bastorf
22,2	Neubukow		
27,0	Sandhagen (Kr Bad Doberan)	[Sandhagen (Kr Wismar)]	
31,4	Kröpelin		
36,5	Reddelich		
	Anschl.	>Stülow Ziegelei	
40,7	Bad Doberan	[Doberan]	>Ostseebad Kühlungsborn
42,4	Althof		
46,2	Parkentin		
50,8	Groß Schwaß		
54,1	Rostock Thierfelder Straße		
56,5	Rostock Hbf	[Seestadt Rostock Hbf] [Zentralbf] [Lloyd-Bf]	>Warnemünde, Schwaan, Tessin, Rövershagen
Bad Langensalza-Haussömmern		**186m**	**Norm**
0,0	Bad Langensalza Süd	[Langensalza Süd]	>Mühlhausen, Gräfentonna
	Anschl.	>Konservenfabrik	
1,73	Bad Langensalza Ost	[Langensalza Ost]	>Anschlüsse
3,31	Merxleben	>Anschl. Kallenberg-Mühle	
3,86	Anschl.	>Wehrmachtsflugplatz	
4,7	*(Unstrutbrücke)*		
6,56	Thamsbrück	>Anschl. Konservenfabrik Kaiser	
9,33	Groß Welsbach		
11,77	Klein Welsbach		
14,97	Kirchheilingen	>Anschl. Raiffeisen	
18,53	Tottleben		
19,73	Groß Urleben		
23,84	Bruchstedt		
	(Fenebachbrücke)		
27,52	Haussömmern		
Bad Langensalza Ziegelei		**Werkbahn**	**Sm 600**
0,0			
0,05			
(Bad Lauterberg-Barytwerk)		**Werkbahn, DB**	**Sm 750**
0,0	*Bad Lauterberg*	>Scharzfeld, St Andreasberg	
6,0	*Bad Lauterberg Barytwerk*		
Bad Liebenstein Aschenberg		**Grubenbahn**	**Sm 600**
Bad Muskau-Halbendorf		**Werkbahn**	**Sm 600**
2,1	Papierfabrik		
0,0	Bad Muskau Bf	>Weißwasser, Weißkeißel	
	Muskau Kleinb		
	Salmonhütte		
	Gora Weiche	>Köbeln	
	Krauschwitz West	>0,0 Kiesgrube (0,4)	
	Abzw.	>0,0 Röhrenziehwerk (0,8)	
	Abzw.	>0,0 Weißwasser Ladestelle (1,5)	
	Abzw.	>0,0 Tonschacht (0,4)	
	Abzw.	>Bärenhütte	
10	Halbendorf (Kr Weißwasser)	>Weißwasser	
10,3	Halbendorf Verladerampe		
Bad Muskau-Krauschwitz Raw		**Werkbahn**	**Sm 600**
Bad Muskau-Weißkeißel		**Werkbahn**	**Sm 600**
	Bad Muskau	>Weißwasser, Halbendorf	
0,0	Gleisdreieck	>Werkstätten	
	Abzw.	>0,0 Sägewerk (0,6)	
	Abzw.	>0,0 Moorstich, Pechern	
10	Weißkeißel Ladestelle		
12	Weißkeißel		
Bad Muskau WEM		**Museumsbahn**	**Sm 600/ 630**
13	Pechern		

3	Keula		
0,0	Bad Muskau	>Weißwasser, Teuplitz	
	Abzw.		
	Weißwasser		
	Kromlau		
	Abzw.		
	Mühlrose		
Bad Salzungen-Vacha			**Sm 1000**
0,0	Salzungen	>Eisenach, Schmalkalden	
2,3	Leimbach		
4,9	Kaiseroda		
5,2	Tiefenort		
8,8	Merkers		
11,2	Dorndorf (Rhön)		
16,3	Vacha (Rhön)	>Geisa	
Bad Salzungen-Vacha		**632**	**Norm**
0,0	Bad Salzungen	[Salzungen]	>Meiningen
2,2	Leimbach-Kaiseroda		
	Leimbach Abzw.	>Merkers Kaliwerk	
5,3	Tiefenort		
8,1	Merkers		
	Dorndorf (Rhön) Kaliwerk		
11,2	Dorndorf (Rhön)	>Kaltennordheim	
16,3	Vacha	>Unterbreizbach, Heimboldshausen	
Bad Schandau-Bautzen		**314**	**Norm**
64,2	Bad Schandau	[Schandau]	>Schöna, Pirna, Lichtenhainer Wasserfall
	(Elbebrücke 0,18)		
62,9	Rathmannsdorf (Kr Pirna)	[Rathmannsdorf (Sächs Schweiz)]	>Anschl. Forst, Prossen Getreidewirtschaft
	(Mühltunnel VII 0,377)	[Mühlhorntunnel]	
60,9	Porschdorf (Kr Pirna)	[Porschdorf (Sächs Schweiz)]	
	Anschl.		
58,8	Goßdorf-Kohlmühle	[Kohlmühle] >Hohnstein	>Anschl. Kohlmühle Linoleumwerk
57,0	Mittelndorf		
	(Tunnel VI 0,077)		
	(Tunnel V 0,091)		
54,2	Ulbersdorf (Kr Pirna)	[Ulbersdorf (Sächs Schweiz)]	
	(Tunnel IV 0,109)		
	(Tunnel III 0,093)		
	(Tunnel II 0,089)		
52,4	Amtshainersdorf		
	(Umspannwerkviadukt)		
	Anschl.	>0,0 Fortschritt Landmaschinen (0,7)	
	(Tunnel I 0,147)		
	(Stadtviadukt)		
48,7	Sebnitz (Sachs)	>Mikulasovice dol. n., Rumburk	
42,3	Krumhermsdorf	[Krumhermsdorf (Sächs Schweiz)]	[Krumhermsdorf (Kr Pirna)]
36,3	Neustadt (Sachs)	>Dürröhrsdorf	
	Anschl.	>Neustadt Landmaschinenbau	
34,6	Langburkersdorf Wiekor		
30,1	Oberottendorf		
27,3	Hohwald Sutter		
	(Rbd-Grenze)		
23,4	(0,0) Neukirch (Laus) West	>Bischofswerda	
19,3	Neukirch (Laus) Ost		
14,0	(50,2) (33,4) Wilthen	>Ebersbach	
10,6	Rodewitz Umspannwerk		
10,0	Rodewitz		
8,1	Großpostwitz	[Budestecy]	>Löbau
5,04	Singwitz	[Dzeznikecy]	
0,0	Bautzen	[Budysin]	>Hoyerswerda, Radibor, Löbau, Seidau
Bad Schandau-Lichtenhainer Wasserfall		**980 Überlandstraßenbahn**	**Sm 1000, EL**
0,0	Bad Schandau Zentrum	>Schöna, Pirna, Sebnitz	

	Bad Schandau Kurpark	[Bad Schandau Stadtpark]	
	Abzw.	>Bahndepot	
	Ostrauer Brücke		
	Ostrauer Mühle	[Waldhäusl]	
	Nasser Grund		
	Beuthenfall		
8,3	Lichtenhainer Wasserfall		
Bad Sülze Moorbahn		**Werkbahn**	**Sm 600**
0,0			
0,8			
Bad Wilsnack Moorbahn		**Werkbahn**	**Sm 500**
Ballstädt-Gräfentonna		**643**	**Norm**
0,0	Ballstädt (Kr Gotha)	>Bad Langensalza, Gotha	
3	Burgtonna		
6,2	Gräfentonna	>Bad Langensalza, Döllstädt	
Bannewitz Lerchenberg		**Parkeisenbahn**	**Sm 600**
Barenthin-Zichtow		**Werkbahn**	**Sm 600**
0,0	Barenthin Abbau	>Kyritz, Breddin	
4	Zichtow Gut		
Baruth Basaltwerk		**Werkbahn**	**Sm 600**
0,0	Baruth (Sachs) Bf	>Radibor, Weißenberg	
	Abzw.	>Lokschuppen	
0,4	Abzw.	>Schotterwerk	
	Alter Bruch		
	Neuer Bruch		
Basdorf-Groß Schönebeck		**194**	**Norm**
0,0	Basdorf	>Liebenwalde, Reinickendorf	
1,8	Basdorf Hp		
4,0	Wandlitz	>Anschl. Wandlitz Ölheizkraftwerk	
5,3	Wandlitzsee		
9,4	Klosterfelde		
12,3	Lottschesee		
16,8	Ruhlsdorf-Zerpenschleuse		
	(Oder-Havel-Kanal-Brücke)		
20,9	Klandorf		
24,1	Groß Schönebeck (Schorfheide)		
Basedow-Faulenrost			**Norm?**
0,0	Basedow	>Waren, Malchin	
	Christinenhof?		
	Faulenrost		
Bautzen-Königswartha-Hoyerswerda		**160c, 246**	**Norm**
0,0	Bautzen	[Budysin]	>Bischofswerda, Löbau, Großpostwitz
2,5	Rattwitz	[Ratarjecy]	
	Seidau	[Zidow]	>0,0 Seidau (Spreetalbahn) (3,69)
6,17	Kleinwelka	[Maly Wjelkow]	
8,25	Cölln	[Chelno]	
10,03	Radibor (Sachs)	[Radwor (Sakska)]	>Weißenberg
11,72	Quoos	[Chasow]	
14,79	Neschwitz (Sachs)	[Njeswacidlo (Sakska)]	
17,19	Zescha	[Sesow]	
19,88	Königswartha	[Rakecy]	
24,6	Caminau Kaolinwerk		
	(23,38) Commerau	[Komorow]	
	(26,1) Groß Särchen (Kr Hoyerswerda)	[Wulke Zdzary]	
	(29,15) Hoske	[Hozk]	
	(32,35) Wittichenau	[Kulow]	
	Elsterode?		
	(36,11) Dörgenhausen	[Nemcy]	
	(38,79) Hoyerswerda	[Wojerecy]	>Hohenbocka, Knappenrode, Bluno
27,4	Koblenz (Kr Hoyerswerda)	[Koblicy]	>Gubenbahn
30,3	Knappenrode Süd	[Hornikecy poludnjo]	
	Abzw.	>Horka, Spremberg	
31,4	(66,5) (4,1) Knappenrode	[Hornikecy] [Werminghoff]	>Cottbus >Grubenbahn
37,7	(70,2) Hoyerswerda Neustadt	[Wojerecy Nowe Mesto]	
40,7	(72,8) Hoyerswerda	[Wojerecy]	>Hohenbocka, Knappenrode, Bluno
Bautzen Oberkaina Granitwerk		**Werkbahn**	**Sm 600**
Bautzen Straßenbahn-Versuchsstrecke		**Werkbahn**	**Sm 1000, Norm, EL**
0,0	(0,8) Ringbahn		
Bebitz-Alsleben		**184b, 203d**	**Norm**
0,0	Bebitz	[Bebitz (Saalkr)] >Bernburg, Könnern	>Anschl. Bebitz Flanschenwerk, Leau
0,5	*(Gleisende)*		
3,67	Beesedau (Kr Bernburg)	[Beesedau (Saalkr)]	
5,14	Beesenlaublingen	>Anschl. Bürstenfabrik, Zuckerfabrik	>Saalehafen
	(Saalebrücke 0,214)		
7,63	Alsleben (Saale)	>7,65 Alsleben Zuckerfabrik (8,0)	
	(Wiesenbachbrücke 0,01)		
8,35	Alsleben (Saale) Stadtmühle		
Bebitz-Mukrena		**Grubenbahn**	**Sm 733**
0,0	Grube Wilhelm-Adolf	[Bebitz Flanschenwerk]	
1	Bebitz (Saalkr)	>Bernburg, Könnern	>0,0 Grube Leopold (0,5)
4,5	Beesedau Zollhaus		
5	Beesenlaublingen Gipsbruch		
5,5	Beesenlaublingen Ziegelei	>Mukrena Ziegelei	
6	Beesenlaublingen Saline		
7	Mukrena-Zweihausen Kohlehafen		
Beerwalde-Drosen-Löbichau		**Werkbahn**	**Norm**
22,6	(0,0) Nordkurve Abzw.	>Großenstein	
23,62	Beerwalde (Kr Schmölln)	[Beerwalde (Kr Gera)]	>Ronneburg
23,67	(0,22) Südkurve Abzw.	>Raitzhain	
1,477	Beerwalde Bergbaubetrieb		
3,683	Abzw.	>Löbichau (4,26)	
5,354	Drosen		
Beetzendorf-Rohrberg-(Zasenbeck)		**DR, DB**	**Norm**
42,26	Beetzendorf (Sachs-Anh)	[Beetzendorf (Prov Sachs)]	>Klötze, Salzwedel, Badel
46,2	(0,0) Rohrberg	>Wittingen	
2,1	Anschl.		
2,88	Ahlum (Kr Klötze)	[Ahlum Dorf] [Ahlum (Kr Salzwedel)]	
5,1	Nieps	[Rittergut Nieps] [Ahlum Gut]	
7,57	Lüdelsen		
10,04	Anschl.		
10,57	Jübar		
14,01	Hanum		
14,19	*(Grenze)*		
16,1	*Zasenbeck*	>Brome, Wittingen	
Beetzendorf-Waddekath=Rade-(Wittingen)		**DR, DB**	**Norm**
42,26	(0,0) Beetzendorf (Sachs-Anh)	[Beetzendorf (Prov Sachs)]	>Klötze, Salzwedel, Badel
46,2	(3,9) Rohrberg	>Zasenbeck	
49,4	Stöckheim		
53,35	Wüllmersen-Mehmke		
56,18	Abbendorf	[Dankensen-Abbendorf]	
59,46	(17,2) Diesdorf (Altm)	>Salzwedel	
62,46	Forst Vier		
65,2	Waddekath-Rade		
65,4	*(Grenze)*		
	Wittingen Süd	>Brome	
51,0	*(0,0) Wittingen Kleinb*		
35,1	*Wittingen Reichsb*	>Wieren, Gifhorn, Celle	
Belleben Zuckerfabrik		**Werkbahn**	**Sm 600? 800?**
0,0	Belleben Piesdorfer Zuckerfabrik		
1,5	Belleben Bf	>Könnern, Halberstadt	
Belzig B 1 Abzw-Belzig B 2 Abzw		**Verbindungsbahn**	**Norm**
Bennstedt=Falzminde Ziegelei		**Werkbahn**	**Sm 600**
0,0			
0,2			

Benzin Ziegelei		**Werkbahn**	**Sm 600**
Berga-Schwalbe 5		**Werkbahn**	**Norm**
0,0	(18,2) Berga (Elster)	>Gera, Greiz	
	Schwalbe 5	>FB	
Berga Schwalbe 5		**Werkbahn**	**Sm**
	Schwalbe 5	>Berga	
Berga=Kelbra-Artern		**185c**	**Norm**
0,0	Berga-Kelbra	>Sangerhausen	>Stolberg
	Berga-Kelbra Süd	[Berga-Kelbra Anschluß]	
2,82	Anschl.	>Kelbraer Mühle ?	
3,13	Altendorf		
3,66	Anschl.	>Brauerei ?	
3,93	Kelbra (Kyffh)		
8,12	Sittendorf (Kyffh)		
11,31	Tilleda (Kyffh)		
15,34	Hackpfüffel		
16,8 ?	Anschl.	>Sandgrube	
18,97	Ichstedt (Kyffh)	>FB	
20,06	Anschl.		
20,29	Borxleben	>Kohlenanschlußbahn	>Anschl. BHG
	(niveaugleiche Kreuzg. mit 600mm-Feldbahn)		
22,55	Kachstedt		
	(Unstrutbrücke)		
25,79	Artern West		
	(Unstrutbrücke)		
	Artern Ost	[Artern Anschluß]	
28,69	Artern (Unstrut)	>Sangerhausen	
Berga=Kelbra-Stolberg		**662**	**Norm**
0,0	Berga-Kelbra	>Artern, Sangerhausen, Nordhausen	
5,9	Uftrungen		
7,9	Rottleberode Süd	[Erzladestelle Rottleberode]	
8,15	Anschl.	>Knauf	
8,3	Rottleberode Mitte		
9,52	Rottleberode	[Stolberg-Rottleberode]	
10,73	Anschl.		
	Tyratal		
14,93	Stolberg (Harz)		
Berge-Putlitz		**107v, 120h, 120k**	**Norm**
0,0	Berge (Prign)	[Klein Berge]	>Perleberg Süd, Karstädt
0,5	Berge VEAB		
1,91	Grenzheim	[Schweinekofen]	
4,02	Muggerkuhl		
6,44	Hülsebeck		
8,14	Sagast		
10,31	Lütkendorf		
13,37	Putlitz West		
14,5	Putlitz	>Pritzwalk, Suckow	
Bergen-Altenkirchen		**121r, 123k, 125a, 957**	**Sm 750**
0,0	Bergen (Rügen) Ost	[Bergen (Rügen) Kleinb]	>Stralsund, Saßnitz
4,58	Thesenvitz		
5,43	Lipsitz		
6,97	Patzig (Rügen)		
8,5	Neu Kartzitz		
9,63	Kartzitz	[Cartzitz]	
10,57	Bubkevitz		
12,45	Zirmoisel		
12,9	Gut Usedom		
14,05	Tribbevitz		
15,07	Neuendorf (Rügen)		
16,7	Kiesgleis Anschluß		
17,71	Jabeltitz		
18,52	Trent		
20,11	Tribkevitz	[Büssow]	
22,66	Wittower Fähre		
23,15	Fährhof		
28,49	Woldenitz		
29,12	Schmantevitz		
30,24	Bohlendorf		
32,75	Zürkvitz		
33,23	Kinderheim Frohe Zukunft		
33,36	Wiek (Rügen)	>Anschl. Wiek Hafen	
34,47	Buhrkow Abzw	>Bug	
35,82	Lüttkevitz		
36,76	Lanckensburg		
37,8	Altenkirchen (Rügen)		
Bergen-Lauterbach		**955**	**Norm, Norm/ Sm 750**
0,0	Bergen (Rügen)	>Stralsund, Saßnitz	>Altenkirchen
7,7	Pastitz		
9,7	Putbus	>Altefähr, Göhren	
12,0	Lauterbach (Rügen)		
12,3	Lauterbach (Rügen) Landungsstelle	[Lauterbach Mole]	
Bergwitz-Kemberg		**181b**	**Norm**
0,0	Bergwitz	>Bitterfeld, Lu Wittenberg	
1,64	Bergwitz Dorf	[Bergwitz West]	
3,8	Reuden (Anh)	[Reuden (Kr Wittenberg)]	
6,06	Kemberg (Kr Wittenberg)		
Berlin-Cottbus-Görlitz-(Lauban)		**200, PKP**	**Norm, Berlin-Cottb. u. Görlitz-Lauban EL**
	Berlin Lichtenberg	>Berlin Industrieumschlagbf	>Karow, Ostkreuz
	...		
7,1	Berlin Schöneweide	>Spindlersfeld	
	...		
12,6	Grünauer Kreuz	>Schönefeld, Wuhlheide	
13,6	Berlin Grünau	[Grünau]	>Diepensee
	Abzw.	>Flughafen Berlin Schönefeld Süd	
18,9	Eichwalde	[Eichwalde (Kr Teltow)] [Schmöckwitz]?	
21,6	Zeuthen	[Hankels Ablage]	
25,1	Wildau	>Anschl. BMAG Schwartzkopff	
	(Nottekanalbrücke)		
27,7	Königs Wusterhausen	>Mittenwalde, Beeskow	>Königs Wusterhausen Hafen
30	*(Rbd-Grenze)*		
31,2	Zeesen		
33,8	Bestensee		
43,8	Teupitz-Groß Köris		
50,4	Halbe		
	(Dahmebrücke)		
54,7	Oderin		
59,7	Brand (Niederlaus)	[Spalene]	
65,6	Schönwalde (Spreew)	[Sonwald (Blota)]	
69,9	Lubolz	[Lubolce]	
74,6	Lübben Hbf	[Lubin] [Lübben Reichsb]	>Beeskow, Luckau, Straupitz
80,6	Ragow	[Rogow]	
81,5	Ragow Umspannwerk		
85,6	Lübbenau (Spreew)	[Lubnjow (Blota)]	>Calau
92,8	Raddusch	[Radus]	
97,5	Vetschau	[Wetosow]	>Grubenbahn
99,2	Vetschau Kraftwerk	[Wetosow milinarnja]	>Grubenbahn, Seese West Tagebau
105,0	Papitz	[Popojce] [Kunersdorf (b Cottbus)]	
109,7	Kolkwitz	[Golkojce]	
	Abzw.	>Calau, Senftenberg	
	Anschl.	>Raw Cottbus	
114,7	Cottbus	[Chosebuz]	>Calau, Senftenberg, Peitz, Senftenberg
119,9	Kiekebusch (b Cottbus)	[Kibus]	
124,6	Neuhausen (b Cottbus)	[Kopance]	
128,4	Bagenz	[Bagenc]	
138,9	Spremberg	[Grodk]	>Spremberg Stadtbahn
142,2	(20,3) Graustein Betriebsbf		
144	Abzw.	>Spreewitz	
148,9	Schleife	[Slepo]	
154,6	*(Waldbahnbrücke)*		
157,1	Weißwasser (Oberlaus)	[Bela Woda (Hornja Luzyca)]	>Forst, Bad Muskau

165,7	Weißkeißel	[Wuskidz]	
173,1	Rietschen	[Recicy]	
179,5	Hähnichen	[Woseck]	
184,3	Uhsmannsdorf	[Wusmanecy]	
187,0	Horka	[Wehrkirch]	>Hoyerswerda, Kohlfurt
188,4	(1,8) Mückenhain Abzw.	>Niesky	
192,2	Kodersdorf	[Kodrecy]	>Anschl. Klausner-Holz
198,5	Charlottenhof (Oberlaus)	[Sarlociny dwor]	>Ludwigsdorf Kalkwerk
205,3	Görlitz Industriebf		
205,9	Abzw. Svt	>Waggonfabrik	>Görlitz Rbf, Schlauroth
207,9	Görlitz	[Zhorjelc]	>Löbau, Zittau
	(Neißetalviadukt 0,475)		
251,7	*(Görlitz Grenze)*		
	Görlitz Moys	[Moys] [Zgorzelec]	>Kohlfurt, Wegliniec
	...		
	Lauban		
Berlin-Dessau		**123, 680**	**Norm, Roßlau-Dessau EL**
12,7	Berlin Wannsee	>Stahnsdorf	>Berlin
17,3	(21,0) Griebnitzsee Abzw Gbo	>Potsdam	
0,0	(18,6) Drewitz	[Medienstadt Babelsberg]	
2,3	(21,7) Rehbrücke	[Potsdam Rehbrücke]	>Rehbrücke Industriebahn
5,2	(10,9) Bergholz (b Potsdam)		
	(25,1) Wilhelmshorst Abzw.	>Potsdam	
6,3	(25,5) Wilhelmshorst		
7	(26,2) Bk 18		
9,5	(28,5) (0,0) Michendorf	>Genshagener Heide	
32,6	Seddin	>Seddin Vbf, Seddin Süd	[Seddin Gbf]
	Seddin Ausfahrt West	>Potsdam	
	Seddin Bla Abzw.	>Potsdam, Treuenbrietzen	
37,9	Beelitz Heilstätten		
39,2	*(Rbd-Grenze)*		
43,88	Borkheide	>Borkheide Heide	
52,07	Brück (Mark)		
57,91	Baitz		
	Preußnitz a B	>Treuenbrietzen, Brandenburg	
65,23	Belzig	[Belzig Reichsb]	
72,68	Borne (Mark)		
77,83	(0,0) Wiesenburg (Mark)	>Güterglück	
5,66	Medewitz (Mark)	>Anschl. Staatsreservelager	
7,59	*(Rbd-Grenze)*		
10,4	Stackelitz Bk		
14,66	Jeber Bergfrieden		
19,24	Thießen	[Thiessen]	
25,02	Roßlau Ai Abzw.	>Güterglück	
26,9	Roßlau Ra Abzw.	>Lu Wittenberg	
26,9	Meinsdorf		
	Roßlau Gbf	>Roßlau (Elbe) West	>Güterglück
29,55	Roßlau (Elbe)	[Dessau-Roßlau]	>Güterglück
20,48	Dessau Wallwitzhafen		
22,96	Dessau Hbf	>Wörlitz, Bitterfeld, Güsten	
Berlin-Dresden		**117, 300**	**Norm, EL**
0,0	Berlin Hbf	[Berlin Ostbf] [Berlin Schles Bf]	>Friedrichstraße
	...		
5,6	(35,4) Flughafen Berlin Schönefeld	>Teltow, Grünau	
31,0	Waßmannsdorf		
28,1	Glasower Damm Ost Agdo Abzw.	>Bln Tempelhof, Genshagener Heide	
19,2	Glasower Damm Süd Adgs Abzw.	>Berliner Ring	
19,4	Blankenfelde (Kr Zossen)	[Blankenfelde (Kr Teltow-Fläming)]	
20,6	Dahlewitz		
24,3	Rangsdorf		
26,58	Pramsdorf Bk		
30,7	Dabendorf		
	Abzw.	>Mittenwalde	
32,7	Zossen	>Jüterbog	
	(Nottekanalbrücke)		
39,1	Wünsdorf	[Wünsd. (Kr Teltow)] [Wünsdorf Waldstadt]	>Anschl. Wünsdorf Sowjetarmee (Garnison)
40	*(Rbd-Grenze)*		
42,1	Neuhof (Kr Zossen)	[Neuhof (Kr Teltow)]	
51,4	Baruth (Mark)	[Baruth (Brandenburg)]	
56,1	Klasdorf	>Anschl. Glashütte	
61,8	Golßen (Niederlaus)		
68,6	Drahnsdorf	>Dahme	
	(Dahmebrücke)		
76,0	Uckro	[Uckro Reichsb]	>Lübben
	Abzw.	>Dahme	
79,4	*(Kreuzungsbauwerk)*		
81,2	Gehren (Kr Luckau)		
85,5	Walddrehna	[Wendisch Drehna]	
93,7	Brenitz-Sonnenwalde		
	(Kleine Elsterbrücke)		
99,9	(3,1) Doberlug-Kirchhain Nord Abzw.	>Falkenberg	>Finsterwalde
102,7	Doberlug-Kirchhain ob Bf	[Dobrilugk-Kirchhain]	>Cottbus, Falkenberg, Elsterwerda
108,9	Rückersdorf-Oppelhain	[Rückersdorf (Niederlaus)]	
112,9	Gorden		
116,5	Hohenleipisch		
122,8	(52,2) Elsterwerda	>Elsterwerda Biehla	
	(Schwarze Elsterbrücke)		
	Abzw.	>Riesa	
48,1	Prösen-Wainsdorf	[Prösen Ost]	
43,5	Frauenhain		
41	*(Rbd-Grenze)*		
39,5	Zabeltitz		
	Abzw.	>Priestewitz, Großenhain Cottb Bf	
33,5	Großenhain Berl Bf		
26,0	Böhla		
17,5	Weinböhla		
13,3	Neucoswig		
	...		
0,0	Dresden Hbf	>Klotzsche, Bad Schandau, Freital	
Berlin-Frankfurt		**106, 180**	**Norm, zeitweise 1524, EL**
0,0	Berlin Ostbf	[Berlin Hbf] [Berlin Schles Bf]	>Friedrichstraße
|	(0,0) Berlin Frankfurter Bf		
	...		
7,2	Berlin Karlshorst	[Karlshorst]	
9	Wuhlheide	>Grünau, Karow	
11,7	Berlin Köpenick	[Cöpenick]	
12,5	Hirschgarten	[Berlin Hirschgarten]	
14,6	Berlin-Friedrichshagen		
19,2	Rahnsdorf		
22,0	Wilhelmshagen		
24,3	Erkner		
	(Flakenfließbrücke)		
30,5	Fangschleuse	>0,0 Freienbrink GVZ Berlin Ost (3,0)	
37,1	Hangelsberg		
47,3	Fürstenwalde (Spree)	>Beeskow, Hasenfelde	
54,6	Berkenbrück		
62,6	Briesen (Mark)		
67,7	Jacobsdorf (Mark)		
70,9	Pillgram		
76	Frankfurt (Oder) Rosengarten	[Rosengarten (Kr Lebus) Pbf]	>Frankfurt (Oder) Rbf
81,4	Frankfurt (Oder)	>Seelow, Küstrin, Grunow, Guben, Reppen	

Die Gesamtstrecke Brest-Warschau-Frankfurt-Berlin Ostbf-Potsdam war nach 1945 zeitweise auf Breitspur 1524 umgebaut.

Berlin-Halberstadt		**700**	**Norm, Berlin-Magdeburg EL**
0,0	Berlin Hbf	[Berlin Ostbf] [Berlin Schles Bf]	>Friedrichstraße
	...		
7,2	Berlin Karlshorst		
	...		
19,3	(35,4) Flughafen Berlin Schönefeld	>Teltow, Grünau	
	...		
26,1	(4,9) (33,1) Potsdam Hbf		
28,2	Potsdam Charlottenhof		
28,9	(0,5) Potsdam Wildpark Ost Abzw.	[Wildpark Ost]	
30,1	(58,8) Potsdam Park Sanssouci		
	Abzw. Golm	>Wustermark, Wannsee	
	(Große Zernseebrücke)		
36,0	Werder (Havel)		
37,9	*(Rbd-Grenze)*		
41,2	Kemnitz		
46,75	Groß Kreutz	>Lehnin	
50,19	Götz		
55,9	Gollwitz		
61,32	Brandenburg Hbf	[Brandenburg Reichsb]	>Rathenow, Belzig
68,2	Malge		
	Gränert		
73,07	Kirchmöser	>Eisenbahnwerk Brandenburg West	
76,51	Wusterwitz	[Großwusterwitz Reichsb]	>Ziesar, Karow
80,22	Herrenhölzer Bk		
83,03	Kade	[Kader Schleuse]	
85,52	Belicke		
	(Grenzgrabenbrücke)		
91,52	Genthin	[Genthin Reichsb]	>Milow, Jerichow
98,71	Bergzow-Parchen		
101,8	Parey Bk	[Parey Kreuzungsbf]	
106,2	Güsen (Kr Genthin)	[Güsen (Bz Magdeburg)]	>Jerichow, Ziesar
111,8	Parchau		
117,6	Burg (b Magdeburg)	>Magdeburgerforth, Lübars	
	(niveaugleiche Kreuzung mit Sm 750)		
120,8	Detershagen Bk		
125	Möser		
130,5	Gerwisch		
133,68	Biederitz	>Güterglück, Loburg, Magdeburg Buckau	
135,7	Herrenkrug Bk		
136,2	Magdeburg Herrenkrug		
	(Herrenkrugbrücke 0,478)		
137,7	(0,0) Brücke Abzw.	>Magdeburg Rothensee	
139,6	Magdeburg Neustadt		
	Anschl.		
141,9	(0,0) Magdeburg Hbf	>Marienborn	
2,48	Magdeburg Buckau	[Buckau]	>Magdeburg Elbebf, Biederitz
	Anschl.		
	Anschl.		
4,0	Magdeburg Thälmannwerk		
4,47	Fermersleben Bk	>Halle	
6,69	(2,8) Wolfsfelde Bk	>Magdeburg Buckau Rbf	
8,28	Beyendorf		
10,19	Dodendorf		
12,73	Osterweddingen		
15,77	Langenweddingen		
21,1	Blumenberg	>Schönebeck, Egeln, Eilsleben	
25,22	Sarre		
31,07	Hadmersleben		
38,24	Oschersleben (Bode) Reichsb	>Jerxheim, Schöningen	
42,67	Hordorf		
45,7	Krottorf	[Crottorf]	
48,46	Nienhagen (b Halberstadt)	>Jerxheim, Schneidlingen	
	(Holtemmebrücke)		
53,31	Groß Quenstedt		
	(Holtemmebrücke)		
	(Holtemmebrücke)		
58,52	Halberstadt	>Langenstein, Heudeber-Danstedt	>Halberstadt Rbf

Berlin-Reinickendorf-Liebenwalde		**193**	**Norm**
	Berlin Nordbf	[Berlin Stettiner Bf]	
	...		
3,9	Berlin Schönholz	[Schönholz-Reinickendorf]	>Tegel
|	*(niveaugleiche Kreuzung mit Straßenbahn)*		
	(5,5) (0,0) Berlin Wilhelmsruh Anschl.	>Stadler	
	(Grenze)		
	Betriebsbf Bergmann Borsig		
0,0	Reinickendorf-Rosenthal	>Anschl. Bergmann Elektrizitätswerke	
	Wilhelmsruh Kleinb		
	(Grenze)		
2,6	Rosenthal (b Berlin)	[Rosenthal (Kr Niederbarnim)] >Tegel	[Berlin Rosenthal a B] >Niederschönhausen
4,6	Berlin Blankenfelde	[Blankenfelde (Kr Niederbarnim)]	[Blankenfelde (b Berlin)]
6,9	Schildow		
8,1	Schildow Mönchmühle	[Mühlenbeck-Mönchmühle]	
10,1	Mühlenbeck (b Berlin)		
	(54,3) Schönwalde (Kr Bernau)	[Schönwalde (Kr Niederbarnim)]	[Schönwalde (Barnim)]
13,7	(54,8) Schönwalde Asw Abzw.	>Karow	
17,4	(58,3) (0,0) Basdorf Anschl.	>Groß Schönebeck >Bramowerk	
20,3	(61,2) Zühlsdorf	[Zühlsdorf (Kr Niederbarnim)]	
23,0	(63,9) Wensickendorf		
	Abzw.	>Fichtengrund, Sachsenhausen	
26,4	Zehlendorf (Kr Oranienburg)	[Zehlendorf (Kr Niederbarnim)]	
32,4	Kreuzbruch		
	(Oder-Havel-Kanal-Brücke)		
34,9	Sandberge		
	(Finowkanalbrücke)		
36,3	Liebenwalde		

Berlin-Sperenberg Schießplatz			**Norm**
0,0	Berlin Schöneberg Militärbf Abzw.	>Anhalter Bf >Tempelhof	
	...		
30,48	Zossen	>Jüterbog	
45,61	(0,0) Sperenberg Schießplatz		
1,73	Anschl. Batterien		

Berlin-Wittenberge-(Dannenberg-Lüneburg)		**800, DB**	**Norm, Berlin-Wittenberge EL**
11,7	Berlin Spandau Mitte	>Wustermark, Westkreuz, Charlottenburg	
13,4	Spandau West	[Spandau West]	
	(Grenze)		
17,3	Berlin Albrechtshof	[Albrechtshof]	
18,3	Seegefeld		
20,4	Falkensee		
23,2	Finkenkrug		
24,6	Finkenkrug Afi Abzw.	>Berliner Ring	
26,7	Brieselang		
	(Havelkanalbrücke)		
	Abzw.	>0,0 Briesleang GVZ Berlin West (2,0)	
	(Paretzkanalbrücke)		
35,37	Nauen	>Kremmen, Wustermark, Röthehof	
38,2	*(Rbd-Grenze)*		
	Graben Bk		
42,21	Berger Damm		
48,99	Paulinenaue	>Neuruppin	
	(Havelkanalbrücke)		
57,15	Vietznitz	[Vietznitz (Kr Westhavelland)]	
61,67	Friesack (Mark)		

km	Bahnhof	Verbindung	
	(Rhinkanalbrücke)		
66,58	Segeletz		
75,44	Neustadt (Dosse) Reichsb	>Rathenow, Kyritz, Neuruppin	
	(Dossebrücke)		
83,5	Zernitz		
88,83	Stüdenitz		
92,12	Breddin	>Kyritz, Lindenberg	
	Damelack		
101,8	Glöwen	>Lindenberg, Havelberg	
112,8	Bad Wilsnack		
	(Karthanebrücke)		
119,96	Kuhblank		
125,2	Wittenberge Süd		
	(Stepenitzbrücke)		
126,6	Wittenberge	>Perleberg, Magdeburg, Karstädt	
134,1	Cumlosen		
140,3	Lanz		
149,6	Lenzen (Elbe)		
158,4	Polz		
164,7	Dömitz	[Festung Dömitz]	>Ludwigslust
165,8	*(183,8) (Grenze) (Elbebrücke)*		
175,6	*Dannenberg Ost*	>Salzwedel, Uelzen	
182,5	*Hitzacker*		
192,1	*Leitstade*		
196,3	*Göhrde*		
202,4	*Neetzendorf*		
206,0	*Dahlenburg Staatsb*	>Bleckede	
211,8	*Bavendorf*		
216,9	*Vastorf*		
223,7	*Wendisch Evern*		
229,0	*Lüneburg*	>Hamburg, Uelzen, Hützel, Bleckede, Büchen	
Berlin Charlottenburg Siemens & Halske		**Werkbahn**	**Norm**
	Spandau Südhafen		
	Abzw.	>Spandau Mitte	
	Berlin Ruhleben	>Charlottenburg, Westkreuz	
	Berlin Spandau Gbf	>Wustermark, Bürgerablage	
	Heizkraftwerk Reuter West		
	Nonnendammallee Gbf	>Siemens	
	Abzw.	>Siemensstadt Gbf	
	Abzw.	>Charlottenburg Gbf	
	Wernerwerk		
34,5	Berlin Jungfernheide	>Charlottenburg, Spandau, Gesundbrunnen	
	Abzw.	>Spandau Mitte	
	Berlin Ruhleben	>Charlottenburg, Westkreuz	
	Berlin Spandau Gbf	>Wustermark, Bürgerablage	
	Heizkraftwerk Reuter West		
	Nonnendammallee Gbf	>Siemens	
	Abzw.	>Siemensstadt Gbf	
	Abzw.	>Charlottenburg Gbf	
	Wernerwerk		
34,5	Berlin Jungfernheide	>Charlottenburg, Spandau, Gesundbrunnen	
Berlin Grünau-Flughafen Berlin Schönefeld Süd			**Norm**
0,0	Berlin Grünau	>Schöneweide, Wuhlheide	>Königs Wusterhausen
	(0,0) Abzw.	>Königs Wusterhausen	
7,0	(5,6) Flughafen Berlin Schönefeld Süd	>Teltow, Blankenfelde	
Berlin Johannisthal Kopierwerk		**Werkbahn**	**Norm**
Berlin Magerviehhof-Berlin Tegel			**Norm**
6,2	(0,0) Biesdorfer Kreuz West	>Lichtenberg	
6,9	Berlin Magerviehhof	[Magerviehhof]	
7,9	Berlin Sgn Abzw.	>Berlin Nordost	>Anschlüsse
21,9	Berlin Friedrichsfelde Industriebahn		
	Abzw.	>Berlin Nordost	
19,9	Berlin Hohenschönhausen Gbf *(niveaugleiche Kreuzung mit Straßenbahn)*		
	Anschl.	>Eisenhandel	
15,8	Berlin Weißensee	>Anschl. Gaswerk	
13,9	Berlin Heinersdorf		
14	Abzw.		
12	Abzw.	>Berlin Blankenburg	
10,5	Berlin Buchholz		
10	Abzw.	>Berlin Niederschönhausen	>Anschl. Eisenhandlung
8,8	Berlin Nordend		
7	Berlin Rosenthal Industriebahn		
	(Grenze)		
	Abzw.	>Berlin Rosenthal	
5,4	Berlin Lübars		
2,9	Berlin Wittenau		
	(25,23) Berlin Tegel	>Wilhelmsruh, Velten	
0,0	(26) Berlin Tegel Hafen		
Berlin Mahlsdorf-Berlin Köpenick			**Norm**
	Berlin Mahlsdorf	>Bln Ostbf, Strausberg	
	Berlin Köpenick	[Cöpenick]	>Bln Ostbf, Fürstenwalde
Berlin Marx=Engels=Platz		**Parkeisenbahn (Ringbahn)**	**Sm 351**
0,0	Märchenstadt		
	Abzw.	>Lokschuppen	
0,5	Märchenstadt		
Berlin Neukölln-Mittenwalde-Töpchin		**107g, 183, 391, 599f**	**Norm**
0,0	Neukölln Hermannstraße	[Hermannstraße]	>Tempelhof, Neukölln
	(Teltowkanalbrücke)		
2,5	Berlin Teltowkanal	[Teltowkanal]	>Anschl. Müllverladung
4,3	Berlin Britz		
6,6	Berlin Buckow		
	(Grenze)		
	(Grenze)		
	Rudow W		
9,8	Berlin Rudow Nord	>Anschl.	
	Rudow S	>Güteraußenring	
11	*(Grenze)*		
13,1	Schönefeld (Kr Teltow) Dorf	[Schönefeld (Kr Teltow)]	>Grünau, Werkbahnen
16,8	Selchow (Kr Teltow)		
19,4	Groß Kienitz		
21,8	Brusendorf		
27,1	Mittenwalde (Mark) Nord	[Mittenwalde (Mark)]	
11,33	(28,1) (8,3) Mittenwalde (Mark) Ost	>Königs Wusterhausen, Zossen	
13,57	Gallun Dorf	>Schöneicher Plan Ziegelei	
14,74	Gallun Süd		
	Märchenwiese	[Motzen Golfplatz]	
16,91	Motzen Seebad		
18,4	Motzen Mitte	[Motzen Bahnhof]	
19,71	Motzenmühle		
20,77	Töpchin Nord	[Töpchin Kolonie]	
22,09	(10,1) (0,0) Töpchin	>Anschl. Sowjetarmee	
5,0	Kallinchen		
Berlin Oberschöneweide		**Werkbahn**	**Norm**
0,0	Berlin Rummelsburg	>Ostkreuz, Karlshorst	
4	Oberschöneweide Industriebahn		
Berlin Osthafen-Ostkreuz			**Norm**
2	Berlin Osthafen		
	Anschl.	>Stralau Glaswek	
	Ostkreuz Übergabestelle	[Gänsebf]	

km	Strecke / Bahnhof		
0,0	Ostkreuz	[Stralau-Rummelsburg]	>Ostbf, Rummelsburg, Pankow, Lichtenberg
Berlin Parkeisenbahn		**Parkeisenbahn**	**Sm 500**
0,0	Eichgestell	>Hauptbahnhof, Wuhlheide	
	Abzw.		
	FEZ		
Berlin Pioniereisenbahn		**Parkeisenbahn (Ringbahn)**	**Sm 600**
0,0	Hauptbahnhof		
0,8	Eichgestell		
1,6	Badesee	>1,6 S-Bf Wuhlheide (2,25)	
	Abzw.	>Rollschuhbahn	
	Pionierzentrum		
	Abzw.	>Bw mit Umfahrgleis	
	Bärenzwinger		
	Abzw.	>Pionierzentrum	
	Rollschuhbahn	[Freilichtbühne]	
	Gleisdreieck	>Bw mit Umfahrgleis	
6,9	Hauptbahnhof		
Berlin Stralau-Treptow		**Versuchsstrecke**	**Norm**
	Stralau-Rummelsburg	[Ostkreuz]	>Ostbf, Rummelsburg, Pankow, Lichtenberg
	(Tunnel)		
	Berlin Treptow		
Berlin Treptow		**Parkeisenbahn**	**Sm 600**
Berlin Wannsee-Stahnsdorf			
0,0	Berlin Wannsee	>Dessau, Westkreuz	
	(Grenze)		
2	Dreilinden a B		
3	Stahnsdorf a B	[Stahnsdorf Reichsb]	
Berlin Wuhlheide Feldbahnmuseum		**Museumsbahn**	**Sm 600**
Berliner Außenring Baustelle Grünauer Kreuz		**Werkbahn**	**Sm 600**
Berliner Außenring Baustelle Nordabschnitt		**Werkbahn**	**Norm**
Berliner Außenring Baustelle Südabschnitt		**Werkbahn**	**Sm 900**
	Templiner See		
Berliner Außenring (Gesamtzusammenfassung)			**Norm, EL**
7,8	(14,8) Saarmund	>Michendorf, Seddin	
	Ahrensdorf (Kr Zossen)		
16,1	(0,0) Genshagener Heide West	>Teltow, Jüterbog	
16,7	(0,0) Genshagener Heide		
18,4	(1,9) Genshagener Heide Ost	>Jüterbog	
	(Nuthegrabenbrücke)		
24,2	Diedersdorf		
26,7	(1,3) Glasower Damm West Agdw Abzw.	>Zossen	
28,1	(1,2) Glasower Damm Ost Agdo Abzw.	>Zossen	
31,0	Waßmannsdorf		
35,4	Flughafen Berlin Schönefeld	>Teltow, Grünau	
39,7	(1,5) Grünauer Kreuz Süd Abzw.	>Schöneweide, Königs Wusterhausen	
40,7	(2,3) Grünauer Kreuz Nord Abzw.	>Grünau, Adlershof	
	(Teltowkanalbrücke)		
41,8	Berlin Wendenheide	>Adlershof, Schöneweide Rbf	
43	Berlin Spindlersfeld	[Spindlersfeld]	>Schöneweide
	(Spreebrücke 0,15)		
44,2	Eichgestell	[Berlin Eichgestell]	>Erkner, Karlshorst
45	Wuhlheide		
	Berlin Wuhlheide Rbf	>Kaulsdorf	
30,1	(0,0) Biesdorfer Kreuz Süd Abzw.	>Friedrichsfelde Ost	
31,2	(0,0) Biesdorfer Kreuz Mitte Abzw.	>Strausberg	
33,1	(0,0) (8,0) Biesdorfer Kreuz Nord Abzw.	>Lichtenberg	
34	Berlin Sgn Abzw.	>Friedrichsfelde, Heinersdorf	
35,1	*(0,0) (Kilometerwechsel)*		
1,8	Berlin Nordost	>Hohenschönhausen Gbf	
	(12,1) Gehrenseestraße		
3,8	(13,6) Berlin Hohenschönhausen		
	(14,5) Wartenberg		
8,6	Berlin Karow Ost Abzw.	>Karow, Blankenburg	
1,6	Berlin Karow West Abzw.	>Karow, Blankenburg	
7,7	Mühlenbeck-Mönchmühle		
11,0	Schönfließ		
12,5	Bergfelde (b Berlin)		
12,8	(2,6) Schönfließ West Abzw.	>Oranienburg, Gesundbrunnen	
14,3	(3,1) Bergfelde Ost Abzw.	>Hohen Neuendorf	
16,1	(2,1) Hohen Neuendorf West	>Oranienburg	
	(Havelbrücke)		
20,4	(1,7) Hennigsdorf Nord Hdo Abzw.	>Hennigsdorf	
21,5	(1,6) Hennigsdorf Nord Hdw Abzw.	[Hennigsdorf West]	>Hennigsdorf
27,1	Schönwalde (Kr Nauen)		
	(Havelkanalbrücke)		
34,6	(1,4) Falkenhagen (Kr Nauen)		
	Falkenhagener Kreuz Abzw.	>Nauen, Spandau	
38,0	(1,8) Brieselang Hasselberg Abzw.	>Nauen	
	Abzw.	>Wustermark GVZ Berlin West	
37,4	Wustermark Awf Abzw.	>Wustermark, Wustermark Rbf	
39,0	(77,9) Priort Nordkopf	>0,0 Olympisches Dorf (2,0)	
75,1	Priort	>Wustermark	
70,4	Satzkorn		
68,6	Marquardt		
	Bornim-Grube		
63,0	Golm		
	Wildpark	>Potsdam, Groß Kreutz	
2,6	(0,0) Potsdam Wildpark West Abzw.	[Wildpark West]	>Groß Kreutz
	(Templiner Seebrücke 0,14)		
10,9	Wilhelmshorst Nesselgrund	[Nesselgrund] [Bergholz b Potsdam]	
	(Nuthebrücke)		
14,8	(7,8) Saarmund	>Michendorf, Seddin	
Berliner Güterring			**Norm**
0,0	Berlin Stettiner Bf	>Bernau	
	Berlin Hamburger Bf	>Nauen	
5,4	Berlin Lehrter Bf	[Berlin Hbf]	>Wustermark
	Berlin Potsdamer Bf	>Potsdam	
	Berlin Anhalter Bf	>Jüterbog	
	Berlin Görlitzer Bf	>Königs Wusterhausen	
10,5	Berlin Frankfurter Bf	>Erkner	
Berliner Magnetbahn		**Magnetbahn**	
0,0	Gleisdreieck	>U Gleisdreieck	
	Bernburger Straße		
1,6	Kempnerplatz		
Berliner Trümmerbahn		**Werkbahn**	**Sm**
Berlin: Seddinsee-Grube Friedrichsfelde		**Werkbahn**	**Sm 900**
Berlin: Trümmerbahn sonstiges Netz		**Werkbahn**	**Sm 600**
Gesamtnetzlänge 240 km			
Berliner S-Bahn Verkehr (Ost)			
Berlin: Ahrensfelde-Werneuchen		**103**	**Norm**
13,6	Ahrensfelde	>Berlin Lichtenberg	
14,7	Ahrensfelde Friedhof		
15,9	Ahrensfelde Nord		
18,5	Blumberg (b Berlin)	[Blumberg (Bz Potsdam)]	
23,3	Seefeld (Mark)	>Anschl. Minol Großtanklager	
28,0	Werneuchen	>Wriezen	
Berlin: Albrechtshof-Falkenhagen-Nauen		**134**	**Norm, EL**
17,3	Albrechtshof	>Berlin Spandau	
18,3	Seegefeld-Herlitzwerke	[Seegefeld]	
20,4	Falkensee		

23,2	Finkenkrug		
24,6	Finkenkrug Afi Abzw.	>Hennigsdorf	
26,7	Brieselang (Mark)		
35,4	Nauen	>Kremmen, Wustermark, Röthehof	
Berlin:	**Basdorf-Berlin Karow**	**144**	**Norm**
58,3	Basdorf	>Wensickendorf, Groß Schönebeck	
54,8	Schönwalde Abzw.	>Wilhelmsruh	
54,3	Schönwalde Hp	[Schönwalde (Barnim)]	>Schildow
51,2	Schönerlinde (Kr Bernau)	[Betriebsbf Schönerlinde]	
	Abzw.	>Bernau	
11,5	Berlin Karow	[Karow]	>Bernau, Pankow, Hohen Neuendorf
Berlin:	**Berlin Friedrichstraße-Strausberg Nord**	**100, S 5**	**Norm, EL**
4,0	Berlin Friedrichstraße	>Ostbf, Lehrter Bf, Gesundbrunnen, Anh Bf	
2,9	Hackescher Markt	[Börse] [Marx-Engels-Platz]	
2,2	Alexanderplatz	[Berlin Alexanderplatz]	>U-Bahn
1,2	Jannowitzbrücke	>U-Bahn	
0,0	Berlin Hbf	[Berlin Ostbf] [Berlin Schles Bf] [Ostbf]	
1,0	Berlin Ostgüterbf		
1,3	Warschauer Straße	>Wriezener Bf	>U-Bahn
2,3	Ostkreuz	[Stralau-Rummelsburg] >Berlin Ostgüterbf	>Pankow, Rummelsburg, Wuhlheide
3,4	Nöldnerplatz	[Neu Lichtenberg]	
4,3	Berlin Lichtenberg	[Lichtenberg] >Hohenschönhausen	>Berlin Industrieumschlagbf
6,2	Friedrichsfelde Ost	>Berlin Wuhlheide Rbf, Springpfuhl	
	Biesdorfer Kreuz Abzw.	>Berlin Wuhlheide Rbf, Rummelsburg	
8,2	Biesdorf	[Berlin Biesdorf]	
10,0	Wuhletal	[Berlin Wuhletal]	>U-Bahn
10,8	Berlin Kaulsdorf	[Kaulsdorf]	
12,4	Berlin Mahlsdorf	[Mahlsdorf]	
14,9	Birkenstein		
16,6	Hoppegarten (Mark)	>Altlandsberg	
18,5	Neuenhagen (b Berlin)		
22,8	Fredersdorf (b Berlin)	>Rüdersdorf	
24,7	Petershagen Nord	[Giebelsee]	
27,8	(0,0) Strausberg	>Müncheberg, Herzfelde	
3,3	Hegermühle		
7,0	Strausberg Stadt		
9,1	Strausberg Nord		
Berlin:	**Berlin Lichtenberg-Ahrensfelde**	**102, S 7**	**Norm, EL**
4,3	Berlin Lichtenberg	[Lichtenberg] >Hohenschönhausen	>Berlin Industrieumschlagbf
6,2	Abzw.	>Berlin Magerviehhof	
6,2	Friedrichsfelde Ost	>Berlin Wuhlheide Rbf, Strausberg	
	Biesdorfer Kreuz Abzw.	>Strausberg, Wuhlheide	
8,7	Springpfuhl	>Wartenberg	
	Abzw.	>Karower Kreuz	
9,7	Karl-Maron-Straße	[Poelchaustraße]	
10,6	Berlin Marzahn	[Marzahn]	
11,6	Bruno-Leuschner-Straße	[Raoul-Wallenberg-Straße]	
12,5	Otto-Winzer-Straße	[Mehrower Allee]	
13,6	Ahrensfelde	>Werneuchen	
Berlin:	**Berlin Lichtenberg-Wartenberg**	**101, S 75**	**Norm, EL**
4,3	Berlin Lichtenberg	[Lichtenberg]	>Berlin Industrieumschlagbf
	...		

8,7	Springpfuhl		
	Abzw.	>Ahrensfelde	
	Berlin Nordost	>Hohenschönhausen Gbf	
12,1	Gehrenseestraße		
13,6	Hohenschönhausen	[Berlin Hohenschönhausen]	
14,5	Wartenberg	>Karower Kreuz	
Berlin:	**Berlin Schöneweide-Flugh. Bln Schönefeld**	**115, S 9, S 45**	**Norm, EL**
7,1	Berlin Schöneweide	[Schöneweide]	>Baumschulenweg, Spindlersfeld
8,4	Betriebsbahnhof Berlin Schöneweide		
10,2	Berlin Adlershof	[Adlershof]	>Wendenheide
12,6	(0,0) Grünauer Kreuz Südost Abzw.	>Wuhlheide, Königs Wusterhausen	
1,9	Altglienicke	[Alt Glienicke]	
3,4	Grünbergallee		
5,6	Flughafen Berlin Schönefeld	>Grünauer Kreuz, Blankenfelde	
Berlin:	**Berlin Schöneweide-Ludwigsfelde**	**121**	**Norm, EL**
7,1	Berlin Schöneweide	>Baumschulenweg, Spindlersfeld	
	...		
35,4	Flughafen Berlin Schönefeld	>Grünauer Kreuz	
31,0	Waßmannsdorf		
28,1	Glasower Damm Ost Agdo Abzw.	>Zossen	
26,7	Glasower Damm West Agdw Abzw.	>Zossen	
24,2	Diedersdorf		
18,4	(1,9) Genshagener Heide Ost Gho Abzw.	>Teltow, Saarmund	
21,1	(4,3) Birkengrund Nord		
22,4	(0,0) Birkengrund Süd		
24,5	Ludwigsfelde	>Jüterbog	
Berlin:	**Berlin Spindlersfeld-Oranienburg**	**140, 142, S 1, S 8, S 47, S 85**	**Norm, EL**
4,1	Berlin Spindlersfeld	[Spindlersfeld]	>Wuhlheide, Grünauer Kreuz
2,2	Oberspree		
0,0	(7,1) Berlin Schöneweide	[Schöneweide]	>Adlershof, Grünau
5,2	(3,6) Baumschulenweg	[Berlin Baumschulenweg]	
3,5	Plänterwald		
2,8	(15,7) Berlin Treptow Vtw Abzw.	>Neukölln, Görlitzer Bf	
1,5	(14,3) Treptower Park		
0,0	Ostkreuz	[Stralau-Rummelsburg]	>Ostbf, Wuhlheide, Lichtenberg
	Berlin Ostkreuz Nord	>Lichtenberg	
11,7	(0,0) Frankfurter Allee	[Stalinallee] [Friedrichsberg]	>Berlin Frankfurter Allee Gbf >U-Bahn
10,4	Storkower Straße	[Berlin Zentralviehhof] [Central-Viehhof]	>Anschl. Zentralviehhof
9,4	Leninallee	[Landsberger Allee]	
7,8	Ernst Thälmann Park	[Berlin Greifswalder Straße] [Weißensee]	[Greifswalder Straße]
6,8	Prenzlauer Allee		
5,8	(3,8) Schönhauser Allee		
1,3	Berlin Schönhauser Allee Abzw.	>Gesundbrunnen	
0,0	Bornholmer Straße Abzw.	>Schönholz, Berlin Pankow Gbf	
1,6	(3,1) Bornholmer Straße		
	Abzw.	>Oranienburg, Tegel	
4,8	Berlin Pankow	[Pankow] [Pankow-Schönhausen]?	
6,7	Pankow-Heinersdorf	>Berlin Pankow Gbf	
8,3	Berlin Blankenburg	[Blankenburg]	>Tegel, Friedrichsfelde
	Karower Kreuz Abzw.	>Bernau, Friedrichsfelde	

km	Bahnhof		
	Berlin Karow West Abzw.	>Bernau	
7,7	Mühlenbeck-Mönchmühle		
11,0	Schönfließ		
12,5	Bergfelde (b Berlin)	>Hennigsdorf	
12,8	Schönfließ West Abzw.		
17,4	Hohen Neuendorf (b Berlin)		
19,4	Birkenwerder (b Berlin)	>Hennigsdorf	
	(Briesebrücke)		
22,5	Borgsdorf		
25,7	Lehnitz		
	(Oder-Havel-Kanalbrücke)		
27,4	Oranienburg	>Velten, Kremmen, Wensickendorf	>Löwenberg
Berlin:	**Bernau-Berlin Blankenburg**	**141, 143, S 2**	**Norm, EL**
22,7	Bernau (b Berlin)	>Eberswalde	
	Bernau Friedenstal		
18,2	Zepernick (b Bernau)	[Zepernick (Kr Niederbarnim)]	
16,5	Röntgental		
14,4	Berlin Buch	[Buch]	
13	Abzw.	>Basdorf	
11,5	Berlin Karow	[Karow]	
	Karower Kreuz Abzw.	>Biesdorf, Oranienburg	
8,3	Berlin Blankenburg	[Blankenburg]	>Gesundbrunnen, Industriebahn
Berlin:	**Blankenfelde-Mahlow**	**118, S 2**	**Norm, EL**
19,4	Blankenfelde (Kr Zossen)	[Blankenfelde (Kr Teltow-Fläming)]	>Zossen
19,2	Glasower Damm Süd Agds Abzw.	>Schönefeld, Genshagener Heide	
16,8	Mahlow	>Berlin Tempelhof	
Berlin:	**Falkenhagen-Berlin Lichtenberg**	**130**	**Norm, EL**
34,6	Falkenhagen (Kr Nauen)	>Wustermark, Nauen	
27,1	Schönwalde (Kr Nauen)		
21,5	Hennigsdorf Nord Hdw Abzw.	>Hennigsdorf	
20,4	Hennigsdorf Nord Hdo Abzw.	>Hennigsdorf	
16,1	Hohen Neuendorf West	>Oranienburg	
14,3	Bergfelde Ost Abzw.	>Hohen Neuendorf	
12,8	Schönfließ West Abzw.	>Oranienburg	
12,5	Bergfelde (b Berlin)		
11,0	Schönfließ		
	...		
4,3	Berlin Lichtenberg	[Lichtenberg]	>Berlin Industrieumschlagbf, Ostkreuz
Berlin:	**Falkenhagen-Birkenwerder**	**130**	**Norm, EL**
34,6	Falkenhagen (Kr Nauen)	>Wustermark, Nauen	
	...		
16,1	Hohen Neuendorf West	>Karower Kreuz	
19,4	Birkenwerder (b Berlin)	>Oranienburg	
Berlin:	**Flugh. Bln Schönefeld-Potsdam-Werder**	**120**	**Norm, EL**
35,4	Flughafen Berlin Schönefeld	>Teltow, Grünau, Neukölln	
	...		
16,7	Genshagener Heide		
	Ahrensdorf (Kr Zossen)		
7,8	Saarmund		
	...		
2,6	(0,0) Potsdam Wildpark West Abzw.	[Wildpark West]	>Wustermark
3,1	Werder (Havel)	>Brandenburg	
Berlin:	**Genshagener Heide West-Ludwigsfelde**	**Verbindungsbahn**	**Norm**
0,0	(16,1) Genshagener Heide West Ghw Abzw.	>Wildpark	
1,4	Genshagener Heide Nord Ghn Abzw.	>Genshagener Heide	
4,3	(21,1) Birkengrund Nord	>Teltow	
22,4	Birkengrund Süd	>Genshagener Heide Ost	
24,5	Ludwigsfelde	>Jüterbog	
Berlin:	**Hennigsdorf-Velten**	**135**	**Norm, EL**
19,5	Hennigsdorf (b Berlin)	[Hennigsdorf (Kr Osthavelland)]	>Tegel

km	Bahnhof		
	Hennigsdorf Abzw.	>Wustermark, Karower Kreuz	
21	Hennigsdorf Nord		
	Hohenschöpping		
25,7	Velten (Mark)	>Oranienburg, Kremmen, Bötzow	
Berlin:	**Ostkreuz-Erkner**	**104, S 3**	**Norm, EL**
2,3	Ostkreuz	[Stralau-Rummelsburg]	>Ostbf, Wuhlheide, Lichtenberg, Pankow
3,2	Berlin Rummelsburg	[Rummelsburg]	
3,7	Berlin Rummelsburg Rgbv		
3,8	Berlin Rummelsburg Rgbw		
4,9	Betriebsbf Berlin Rummelsburg	[Rummelsburg Betriebsbf]	>Wuhlheide Rbf, Friedrichsfelde, Oberschöneweide
6,3	Berlin Rummelsburg Rgbo		
7,2	Berlin Karlshorst	[Karlshorst]	
8,8	Berlin Ostendgestell Og Abzw.	>Grünauer Kreuz	
9,5	Wuhlheide		
10,7	Berlin Stadtforst Abzw.	>Grünauer Kreuz, Biesdorf	
11,6	Berlin Köpenick	[Köpenick] [Cöpenick]	
13,1	Hirschgarten	[Berlin Hirschgarten]	
14,7	Berlin Friedrichshagen	[Friedrichshagen]	
19,3	Rahnsdorf	[Berlin Rahnsdorf]	
21,9	Wilhelmshagen		
24,4	Erkner	>Fürstenwalde	
Berlin:	**Ostkreuz-Königs Wusterhausen**	**110, S 8, S 46, S 85**	**Norm, EL**
0,0	Ostkreuz	[Stralau-Rummelsburg]	>Ostbf, Pankow, Lichtenberg, Rummelsburg
	...		
7,1	Berlin Schöneweide	>Spindlersfeld	
8,4	Betriebsbf Berlin Schöneweide		
10,1	Berlin Schöneweide Sad Abzw.	>0,0 Schöneweide Gbf	>Wendenheide
10,2	Berlin Adlershof	[Adlershof]	
11,7	Grünauer Kreuz West Abzw.	>Schönefeld	
12,6	Grünauer Kreuz Südost Abzw.	>Schönefeld	
13,6	Berlin Grünau	[Grünau]	>Diepensee
	Abzw.	>Flughafen Berlin Schönefeld Süd	
18,9	Eichwalde		
21,6	Zeuthen		
25,1	Wildau		
27,7	Königs Wusterhausen	>Mittenwalde, Beeskow	>Lübben
Berlin:	**Potsdam-Babelsberg**	**124, S 1**	**Norm, EL**
56,2	Potsdam Hbf	[Potsdam Pirschheide]	>Seddin
58,2	(0,1) Potsdam Wildpark Süd Abzw.	[Wildpark Süd]	>Wildpark
28,9	(0,5) Potsdam Wildpark Ost Abzw.	[Wildpark Ost]	>Wildpark
28,2	Potsdam West	[Charlottenhof (b Potsdam)]	[Potsdam Charlottenhof]
26,1	(33,1) Potsdam Stadt	[Babelsberg Ufastadt] [Potsdam Hbf]	[Potsdam Babelsberg]
31,2	Babelsberg	[Neuendorf]	>Wannsee
Berlin:	**Potsdam-Falkenhagen**	**125**	**Norm, EL**
4,9	Potsdam Hbf	[Potsdam]	
2,6	Potsdam Wildpark West Abzw.	[Wildpark West]	>Werder
63,3	Golm		
	Bornim-Grube		
68,6	Marquardt		
70,4	Satzkorn		
75,1	Priort		
	...		
34,6	Falkenhagen (Kr Nauen)	>Hennigsdorf	
Berlin:	**Teltow-Ludwigsfelde**	**122**	**Norm, EL**
14,2	Teltow	>Tempelhof, Teltow West	
18,4	Großbeeren		
18,7	*(19,7) (Kilometerwechsel)*		
21,1	Birkengrund Nord	>Blankenfelde, Genshagener Heide Nord	
22,4	Birkengrund Süd		
24,5	Ludwigsfelde	>Jüterbog	

Berlin:	**Wustermark-Brieselang**	**133**	**Norm, EL**
26,3	Wustermark Rbf	[Wustermark Vbf]	>Staaken
	...		
26,7	Brieselang (Mark)	>Nauen, Spandau	
Berlin:	**Wustermark-Nauen**	**132**	**Norm, EL**
26,3	Wustermark Rbf	[Wustermark Vbf]	>Staaken
	Abzw.	>Werder, Hennigsdorf	
30,5	Wustermark	>Rathenow	
	Bredow		
	Abzw.	>Brieselang	
9,1	Nauen	>Röthehof, Kremmen, Paulinenaue, Spandau	

Berliner Stadt- und Ringbahn, sowie von der DR betriebene Strecken im ehemaligen Westberlin

Berlin:	**Bln Eberswald. Str.-Bln Frohnau-Oranienbg.**	**S 1, S 85**	**Norm, EL**
	Berlin Eberswalder Straße	[Berlin Nordbf Gbf]	
	Abzw.	>Bln Gesundbrunnen	
	(Grenze)		
0,0	Bornholmer Straße Abzw.		
1,6	Berlin Bornholmer Straße a B	[Bornholmer Straße]	
2,9	Wollankstraße		
	(Grenze)		
3,9	Berlin Schönholz	[Schönholz]	
	Abzw.	>Bln Tegel	
5,5	(0,0) Berlin Wilhelmsruh	[Wilhelmsruh] [Berlin Wilhelmsruh Niedb EB]	>Bln Blankenfelde
8,2	Wittenau (Nordbahn)	[Wilhelmsruher Damm]	
9,5	Waidmannslust		
11,1	Berlin Hermsdorf	[Hermsdorf]	
13,1	Berlin Frohnau	[Frohnau]	
	(Grenze)		
17,4	Hohen Neuendorf (b Berlin)		
	...		
27,4	Oranienburg	>Velten, Kremmen, Wensickendorf	>Löwenberg
Berlin:	**Bln Gesundbrunnen-Teltow**	**S 25**	**Norm, EL**
1,6	Berlin Gesundbrunnen	>Berlin AEG Brunnenstraße	>Viehhof [Lagerhof]
	Abzw.	>Jungfernheide	
1,2	Humboldthain		
	(Grenze)		
0,5	*(Tunneleinfahrt Nord)*		
0,0	Berlin Nordbf a B	[Stettiner Bf] [Nordbf]	
1,3	Oranienburger Straße a B		
2,0	Berlin Friedrichstraße	>Ostbf, Lehrter Bf	
2,7	Unter den Linden a B		
3,6	Potsdamer Platz a B		
	(Grenze)		
4,5	(0,2) Berlin Anhalter Bf	[Anhalter Bf]	
5,4	Abzw.	>Bln Schöneberg	
5,5	*(Tunneleinfahrt Süd)*		
|	(0,0) Berlin Anhalter Gbf a B	[Schöneberger Ufer]	
1,4	Yorckstraße	>U-Bahn	
3,6	Papestraße	[Südkreuz]	
	Abzw.	>Bln Tempelhof, Bln Schöneberg	
5,1	Priesterweg		
6,9	Südende		
7,8	Lankwitz		
9,3	Berlin Lichterfelde Ost	[Lichterfelde Ost]	
10,7	Osdorfer Straße		
11,7	(0,0) Lichterfelde Süd		
	(Grenze)		
	Abzw.	>Lichtenrade	
3,1	Teltow Stadt	[Teltow]	>Teltow West, Genshagener Heide
Berlin:	**Bln Gesundbrunnen-Falkenhagen**	**131, S 41, S 42**	**Norm, EL**
3,1	Berlin Gesundbrunnen	>Berlin AEG Brunnenstraße	>Viehhof [Lagerhof]
	Abzw.	>Bln Nordbf	
2,5	Berlin Wedding	>U-Bahn	
2,1	Berlin Wedding Abzw.	>Bln Lehrter Bf	
0,7	Berlin Westhafen		
0,3	(2,9) Berlin Moabit	>1,4 Berlin Hamburger u. Lehrter Gbf	
36,7	Beußelstraße	[Plötzensee]	
34,5	(5,7) Jungfernheide	[Berlin Jungfernheide]	>U-Bahn
	Kreuz Charlottenburg	>Bln Charlottenburg Gbf	>Westkreuz, Gartenfeld
7,5	Siemensstadt-Fürstenbrunn	[Berlin Charlottenburg Gbf Fürstenbrunn]	>Westkreuz
8,6	Berlin Wiesendamm Abzw.		
10,3	Berlin Spandau Ost	[Spandau Ost]	
10,6	Berlin Ruhleben		
11,7	Berlin Spandau Mitte		
	Abzw.	>Spandau West	
	(17,2) Berlin Spandau Osth E	>Bürgerablage, Hakenfelde	
14,4	Berlin Spandau Gbf		
16,1	Berlin Nennhauser Damm Abzw.	>Spandau West	
16,6	Berlin Staaken Bahnsteig	[Berlin Staaken]	
16,61	*(Grenze)*		
17,5	Staaken		
18,5	Anschl.	>Plastverarbeitung >Quarzschmelze	>Polymat >Tega
18,68	Staaken Kontrollbahnsteig		
22,3	Dallgow (b Berlin)	[Dallgow-Döberitz]	
24,2	Wustermark Rbf Wot Abzw.		
26,3	Wustermark Rbf	[Wustermark Vbf]	
	Abzw.	>Werder, Wustermark	
37,4	Wustermark Awf Abzw.	>Nauen, Spandau	
	...		
34,6	Falkenhagen (Kr Nauen)	>Hennigsdorf	
Berlin:	**Bln Görlitzer Bf-Blankenfelde**	**S 2**	**Norm, EL**
0,0	Berlin Görlitzer Bf	>U-Bahn	
	(Grenze)		
	Berlin Rummelsburg	>Ostkreuz, Bln Schöneweide	
	(Grenze)		
15,7	Berlin Treptow Gbf	>Treptower Park	
16,7	Sonnenallee		
	Abzw.	>Köllnische Heide, Baumschulenweg	
17,7	Berlin Neukölln	[Rixdorf]	>U-Bahn
18,5	Neukölln Hermannstraße	[Hermannstraße]	>Bln Rudow Nord >U-Bahn
21	Anschl.	>Flughafen Bln Tempelhof	[Tempelhof Flughafentunnel]
21,9	Berlin Tempelhof	[Tempelhof]	>Alt Mariendorf, Mehringdamm >U-Bahn
22,4	(0,0) Berlin Tempelhof Abzw.	>Bln Anh Bf, Bln Charlottenburg	
3,9	(1,8) Berlin Tempelhof Rbf		
6,7	Attilastraße		
6,9	Berlin Mariendorf Abzw.	>Priesterweg	
9,4	Berlin Marienfelde	[Marienfelde]	
10	Anschl.		
11,0	Buckower Chaussee		
12	Abzw.	>Teltow, Flugh Bln Schönefeld	
12,3	Schichauweg		
14,0	Lichtenrade		
	(Grenze)		
16,8	Mahlow		
	Kreuz Blankenfelde	>Flughafen Bln Schönefeld	>Genshagener Heide, Zossen
19,4	Blankenfelde (Kr Teltow-Fläming)	>Zossen	
Berlin:	**Bln Lehrter Bf-Potsdam**	**S 1, S 7, S 9**	**Norm, EL**
	Berlin Hamburger und Lehrter Bf		
5,2	Berlin Lehrter Stadtbf		
	Berlin Lehrter Bahnhof	[Hauptbahnhof Lehrter Bahnhof]	>Spandau, Friedrichstraße
	Berlin Spreeufer		
7,1	Bellevue		
8,2	Tiergarten		
9,0	Berlin Zoologischer Garten	[Zoologischer Garten] [Bahnhof Zoo]	>U-Bahn

10,1	Savignyplatz		
11,1	Berlin Charlottenburg	[Charlottenburg]	
12,6	Westkreuz	>Jungfernheide, Schöneberg, Spandau	
14,6	Berlin Grunewald	[Grunewald]	>Anschl. Gleis 17
16	Hundekehle		
22,5	(17,3) Nikolasee	>Bln Zehlendorf	
24,1	(18,6) Berlin Wannsee	[Wannsee]	>Stahnsdorf
	(Teltowkanalbrücke)		
	(Grenze)		
	Kohlhasenbrück Bk	>Drewitz, Zehlendorf	
21,0	Potsdam Griebnitzsee Gbo		
28,7	(21,9) Griebnitzsee	[Kohlhasenbrück] [Potsdam Griebnitzsee]	
31,2	Potsdam Babelsberg	[Neubabelsberg] [Neuendorf]	
33,1	Potsdam Stadt	[Babelsberg Ufastadt] [Potsdam Hbf]	>Potsdam West
Berlin:	**Bln Schönholz-Hennigsdorf**	**S 25**	**Norm, EL**
3,9	Berlin Schönholz	[Schönholz]	>Bln Gesundbrunnen, Oranienburg
6,2	Berlin Reinickendorf	[Alt Reinickendorf]	
7,6	Wittenau (Kremmener Bahn)	[Karl-Bonhoeffer-Nervenklinik]	>U-Bahn
8,4	Eichbornstraße	[Eichborndamm]	>Anschl.
11,0	Berlin Tegel	[Tegel] >U-Bahn	>Bln Tegel Hafen, Bln Blankenburg
15,3	Schulzendorf (b Tegel)		
17,0	Berlin Heiligensee	[Heiligensee]	
	(Grenze)		
	Stolpe Süd a B		
19,5	Hennigsdorf (b Berlin)	[Hennigsdorf (Kr Osthavelland)]	>LEW, Velten, Falkenhagen, Hohen Neuendorf
Berlin:	**Bln Tempelhof-Jungfernheide**	**S 41, S 42**	**Norm, EL**
21,9	Berlin Tempelhof	[Tempelhof]	>Bln Neukölln >U-Bahn
23,2	Papestraße	[Südkreuz]	>Lichterfelde, Bln Anh Bf
	Abzw.	>Betrbf Schöneberg	
24,6	Schöneberg	>Bln Potsd Bf, Bln Zehlendorf	
25,3	Innsbrucker Platz	>U-Bahn	
25,9	Berlin Wilmersdorf	[Bundesplatz] [Wilmersdorf-Friedenau]	>U-Bahn
27,5	Schmargendorf	[Heidelberger Platz]	
28,6	Hohenzollerndamm		
29,2	Berlin Halensee Südkopf	[Berlin Halensee Gbf]	>Grunewald, Wannsee
29,7	Berlin Halensee	[Halensee]	>Anschl. Gaswerk
30,4	Westkreuz	>Charlottenburg, Spandau, Wannsee	
31,2	Witzleben	[Messe Nord ICC]	
32,4	Westend		
33,3	Berlin Charlottenburg Abzw.	>Spandau	
33,5	Berlin Charlottenburg Gbf	>Anschl. Siemens & Halske	
34,5	Jungfernheide	>Gesundbrunnen, Gartenfeld	>U-Bahn
Berlin:	**Bln Wilhelmsruh-Schönwalde**		**Norm**
0,0	Berlin Wilhelmsruh	>Oranienburg, Bln Gesundbrunnen	
	(Grenze)		
	Betrbf Bergmann Borsig	[Stadler]	
2,6	Berlin Rosenthal a B		
3	Abzw.	>Hohenschönhausen, Tegel	
4,6	Berlin Blankenfelde		
6,9	Schildow		
8,1	Schildow Mönchmühle		
10,1	Mühlenbeck (b Berlin)		

13,7	Schönwalde (Kr Bernau) Abzw.	>Basdorf, Bln Blankenfelde	
Berlin:	**Bln Zehlendorf-Nikolasee**	**S 1**	**Norm, EL**
12,0	Berlin Zehlendorf	>Potsdam, Schöneberg	
14,0	Mexikoplatz	[Lindenthaler Allee]	
15,3	Berlin Schlachtensee	[Schlachtensee]	
17,3	Nikolasee	>Grunewald, Wannsee	
Berlin:	**Jungfernheide-Bln Gartenfeld**	**S**	**Norm**
34,5	Jungfernheide	>Gesundbrunnen, Spandau, Westkreuz	>U-Bahn
	Wernerwerk	>Werkbahn Siemens	
	Berlin Siemensstadt	[Siemensstadt]	
	Berlin Gartenfeld	[Gartenfeld]	
Berlin:	**Lichterfelde West-Goerzallee**		**Norm**
	Berlin Lichterfelde West	>Schöneberg, Wannsee	
	Berlin Goerzallee		
	Teltowkanalhafen		
Berlin:	**Neukölln-Baumschulenweg**	**S 47**	**Norm, EL**
0,0	(17,7) Neukölln	>Rudow, Hermannstraße, Ostkreuz	>U-Bahn
1,8	Köllnische Heide		
	(Grenze)		
3,6	(5,2) Baumschulenweg	[Berlin Baumschulenweg]	>Ostkreuz, Schöneweide
Berlin:	**Potsdamer Platz-Potsdam**	**S 1**	**Norm, EL**
	Potsdamer Platz a B		>Friedrichstraße, Berlin Anh Bf
	(Grenze)		
0,0	Berlin Potsdamer Bf	[Potsdamer Bf]	
	(0,0) Berlin Potsdamer Ringbf	[Potsdamer Ringbf]	
	(0,0) Berlin Wannseebf	[Wannseebf]	
1,0	Berlin Potsdamer Gbf		
1,4	(6,1) Großgörschenstraße	[Yorckstraße]	>Bln Anh Bf >U-Bahn
2,5	Kolonnenstraße		
3,5	(24,6) Schöneberg	>Westkreuz, Neukölln	
4,6	Friedenau		
5,7	Feuerbachstraße		
6,3	Berlin Steglitz Gbf		
6,9	Berlin Steglitz	[Rathaus Steglitz]	>U-Bahn
8,2	Botanischer Garten		
9,2	Berlin Lichterfelde West	[Lichterfelde West]	>Goerzallee
10,8	Sundgauer Straße		
12,0	Berlin Zehlendorf	[Zehlendorf West]	>Nikolasee
	Zehlendorf Süd		
	Düppel-Kleinmachnow	[Düppel]	
	(Grenze)		
	Dreilinden a B	>Wannsee, Stahnsdorf	
	(Grenze)		
	...		
	(Grenze)		
21,0	Kohlhasenbrück Bk	>Wannsee, Drewitz	
21,9	(28,7) Griebnitzsee	[Potsdam Griebnitzsee]	
31,2	Babelsberg	[Neubabelsberg] [Neuendorf]	[Potsdam Babelsberg]
33,2	(26,1) Potsdam Stadt	[Babelsberg Ufastadt]	[Potsdam Hbf]
28,2	Potsdam West	[Potsdam Charlottenhof]	
28,9	Potsdam Wildpark Ost Abzw.	[Wildpark Ost]	>Seddin
30,1	Wildpark	[Potsdam Park Sanssouci]	>Werder, Wustermark
Berlin:	**Westkreuz-Bln Spandau**		**Norm, EL**
30,7	Berlin Halensee Nordkopf	[Berlin Halensee Gbf]	>Charlottenburg
12,6	(30,4) Westkreuz	>Zoo, Schöneberg, Wannsee	
13,6	Eichkamp	[Messe Süd]	
14,5	Abzw.	>Messebf	
14,9	Heerstraße	>Bln Ruhleben	
15,1	Olympiastadion Abzw.	>Spandau	
16,2	Olympiastadion	[Reichssportfeld]	

km	Strecke / Bahnhof		
17,3	Pichelsberg		
20,5	Stresow		
21,4	Berlin Spandau	[Spandau]	>Wustermark, Bln Gesundbrunnen
Berliner U-Bahnen Ost			
Berlin:	**Alexanderplatz-Hönow**	**U 5**	**Norm, EL**
	Alexanderplatz	>Pankow, Thälmannplatz	>S-Bahn
	Schillingstraße		
	Strausberger Platz		
	Marchlewskistraße	[Weberwiese]	
	Frankfurter Tor		
	Samariterstraße		
	Frankfurter Allee	>S-Bahn	
	Magdalenenstraße		
	Lichtenberg	>S-Bahn	
	Friedrichsfelde		
	Tierpark		
	(Betriebsende)		
	Biesdorf Süd		
	Elsterwerdaer Platz		
	Wuhletal	>S-Bahn	
	Albert-Norden-Straße	[Kaulsdorf Nord]	
	Heinz-Hoffmann-Straße	[Neue Grottkauer Straße]	
	Cottbuser Platz		
	Hellersdorf		
	Paul-Verner-Straße	[Louis-Lewin-Straße]	
	Hönow		
Berlin:	**Pankow-Potsdamer Platz**	**U 2**	**Norm, EL**
	Pankow	>S-Bahn	
	(Betriebsende)		
	Pankow (Vinetastraße)	[Vinetastraße]	
	Schönhauser Allee	[Nordring]	>S-Bahn
	Dimitroffstraße	[Eberswalder Straße] [Danziger Straße]	
	Senefelderplatz		
	Rosa-Luxemburg-Platz	[Schönhauser Tor]	
	Alexanderplatz	>Hönow	>S-Bahn
	Klosterstraße		
	Märkisches Museum	[Inselbrücke]	
	Spittelmarkt		
	Hausvogteiplatz		
	Stadtmitte	>Friedrichstraße, Hallisches Tor	
	Otto-Grotewohl-Straße	[Thälmannplatz] [Kaiserhof] [Mohrenstraße]	
	(Betriebsende)		
	Potsdamer Platz	[Leipziger Platz]	>S-Bahn
Berliner U-Bahnen West			
Berlin:	**Krumme Lanke-Wittenbergplatz**	**U 1, U 2**	**Norm, EL**
	Krumme Lanke		
	Onkel Toms Hütte		
	Oskar-Helene-Heim		
	Thielplatz		
	Dahlem Dorf		
	Podbielskiallee		
	Breitenbachplatz		
	Rüdesheimer Platz		
	Heidelberger Platz	>Westkreuz, Tempelhof	
	Fehrbelliner Platz	>Rudow, Spandau	
	Hohenzollernplatz		
	Spichernstraße	>Steglitz, Osloer Straße	
	Augsburger Straße		
	Wittenbergplatz	>Zoologischer Garten, Nollendorfplatz	
Berlin:	**Lehrter Bf-Brandenburger Tor**	**U 55**	**Norm, EL**
	Lehrter Bf	>Jungfernheide, Zoo, Friedrichstraße	
	Reichstag		
	Brandenburger Tor		
	Alexanderplatz	>Ostbf, Pankow	
Berlin:	**Nollendorfplatz-Innsbrucker Platz**	**U 4**	**Norm, EL**
	Nollendorfplatz	>Wittenbergplatz, Möckernbrücke	

km	Strecke / Bahnhof		
	Viktoria-Luise-Platz		
	Bayerischer Platz	>Berliner Straße, Yorckstraße	
	Rathaus Schöneberg		
	Innsbrucker Platz	>Westkreuz, Tempelhof	
Berlin:	**Osloer Straße-Rathaus Steglitz**	**U 9**	**Norm, EL**
	Osloer Straße	>Paracelsusbad, Gesundbrunnen	
	Nauener Platz		
	Leopoldplatz	>Tegel, Friedrichstraße	
	Amrumer Straße		
	Putlitzstraße	[Westhafen]	
	Birkenstraße		
	Turmstraße		
	Hansaplatz		
	Zoologischer Garten	>Wittenbergplatz, Bismarckstraße	>S-Bahn
	Kurfürstendamm	>Wittenbergplatz, Uhlandstraße	
	Spichernstraße	>Wittenbergplatz, Fehrbelliner Platz	
	Güntzelstraße		
	Berliner Straße	>Bayerischer Platz, Fehrbelliner Platz	
	Bundesplatz	>Westkreuz, Tempelhof	
	Friedrich-Wilhelm-Platz		
	Walther-Schreiber-Platz		
	Schloßstraße		
	Rathaus Steglitz	>S-Bahn Steglitz	
Berlin:	**Rathaus Spandau-Rudow**	**U 7**	**Norm, EL**
	Rathaus Spandau	>S-Bahn	
	Altstadt Spandau		
	Zitadelle		
	Haselhorst		
	Paulsternstraße		
	Rohrdamm		
	Siemensdamm		
	Halemweg		
	Jakob-Kaiser-Platz		
	Jungfernheide	>Westkreuz	
	Mierendorffplatz		
	Richard-Wagner-Platz		
	Bismarckstraße	>Ruhleben, Zoologischer Garten	
	Wilmersdorfer Straße	>S-Bahn Charlottenburg	
	Adenauerplatz		
	Konstanzer Straße		
	Fehrbelliner Platz	>Spichernstraße, Krumme Lanke	
	Blissestraße		
	Berliner Straße	>Spichernstraße, Steglitz	
	Bayerischer Platz	>Nollendorfplatz, Innsbrucker Platz	
	Eisenacher Straße		
	Kleistpark		
	Yorckstraße	>S-Bahn Großgörschenstraße	
	Möckernbrücke	>Nollendorfplatz, Hallesches Tor	
	Mehringdamm	>Alt Mariendorf, Hallesches Tor	
	Gneisenaustraße		
	Südstern		
	Hermannplatz	>Kottbusser Tor, Leineplatz	
	Rathaus Neukölln		
	Karl-Marx-Straße		
	Neukölln (Südring)	>Hermannstraße, Treptow	
	Grenzallee		
	Blaschkoallee		
	Parchimer Allee		
	Britz Süd		
	Johannisthaler Chaussee		
	Lipschitzallee		
	Wutzkyallee		
	Zwickauer Damm		
	Rudow		

	Berlin: Ruhleben-Potsdamer Platz	**U 1, U 2**	**Norm, EL**
	Ruhleben		
	Olympiastadion	[Olympiastadion Ost] [Reichssportfeld]	
	Neu Westend		
	Theodor-Heuss-Platz	[Reichskanzlerplatz]	
	Kaiserdamm	>S-Bahn Witzleben	
	Sophie-Charlotte-Platz		
	Bismarckstraße	>Rudow, Spandau	
	Deutsche Oper		
	Ernst-Reuter-Platz	[Knie]	
	Zoologischer Garten	>S-Bahn	
	Wittenbergplatz	>Uhlandstraße, Krumme Lanke	
	Nollendorfplatz	>Innsbrucker Platz	
	Bülowstraße		
	Gleisdreieck	>Uhlandstraße, Kottbusser Tor	
	Mendelssohn-Bartholdy-Park		
	Köthener Straße		
	(Grenze)		
	Potsdamer Platz	[Leipziger Platz]	>Alexanderplatz, S-Bahn
	Berlin: Tegel-Alt Mariendorf	**U 6**	**Norm, EL**
	Tegel	>S-Bahn	
	Borsigwerke		
	Holzhauser Straße		
	Seidelstraße	[Otisstraße]	
	Scharnweberstraße		
	Kurt-Schumacher-Platz		
	Afrikanische Straße		
	Rehberge		
	Seestraße		
	Leopoldplatz	>Osloer Straße, Zoologischer Garten	
	Wedding	>S-Bahn	
	Reinickendorfer Straße		
	(Grenze)		
	Stadion der Weltjugend	[Schwartzkopffstraße]	
	Nordbahnhof	[Zinnowitzer Straße]	
	Oranienburger Tor		
	Friedrichstraße	>S-Bahn	
	Französische Straße		
	Stadtmitte	>Alexanderplatz, Thälmannplatz	
	(Grenze)		
	Kochstraße		
	Hallesches Tor	>Möckernbrücke, Kottbusser Tor	
	Mehringdamm	>Möckernbrücke, Hermannplatz	
	Platz der Luftbrücke		
	Paradestraße		
	Tempelhof	>Papestraße, Neukölln	
	Alt Tempelhof		
	Kaiserin-Augusta-Straße		
	Ullsteinstraße		
	Westphalweg		
	Alt Mariendorf		
	Berlin: Uhlandstraße-Warschauer Straße	**U 1, U 3, U 15**	**Norm, EL**
	Uhlandstraße		
	Kurfürstendamm	>Zoologischer Garten, Spichernstraße	
	Wittenbergplatz	>Zoologischer Garten, Nollendorfplatz	
	Nollendorfplatz	>Innsbrucker Platz, Spichernstraße	
	Kurfürstenstraße		
	Gleisdreieck	>Potsdamer Platz	
	Möckernbrücke		
	Hallesches Tor		
	Prinzenstraße		
	Kottbusser Tor		
	Görlitzer Bahnhof		
	Schlesisches Tor	[Schlesisches Thor]	
	(Gleisende)		
	(Oberbaumbrücke)		
	(Grenze)		
	Warschauer Straße	[Warschauer Brücke]	>S-Bahn
	Berlin: Wittenau-Hermannstraße	**U 8**	**Norm, EL**
	Wittenau	>S-Bahn	
	Rathaus Reinickendorf		
	Karl-Bonhoeffer-Nervenklinik	>S-Bahn	
	Lindauer Allee		
	Paracelsus-Bad		
	Residenzstraße		
	Franz-Neumann-Platz Am Schäfersee		
	Osloer Straße	>Leopoldplatz	
	Pankstraße		
	Gesundbrunnen	>S-Bahn	
	Voltastraße		
	(Grenze)		
	Bernauer Straße		
	Rosenthaler Platz		
	Weinmeisterstraße		
	Alexanderplatz	>Pankow, Thälmannplatz, Hönow	>S-Bahn
	Jannowitzbrücke	>S-Bahn	
	Heinrich-Heine-Straße		
	(Grenze)		
	Moritzplatz	>nicht fertiggestellte Strecke	
	Kottbusser Tor	>Hallesches Tor, Warschauer Straße	
	Kottbusser Damm	[Schönleinstraße]	
	Hermannplatz	>Mehringdamm, Rudow	
	Boddinstraße		
	Leinestraße		
	Hermannstraße	>Tempelhof, Neukölln	
	Bernau-Stralsund	**920**	**Norm, EL**
22,5	Bernau (b Berlin)	>Karow, Pankow	
24	*(Rbd-Grenze)*		
28,2	Rüdnitz	[Rüdnitz (Kr Oberbarnim)]	
	Rüdnitz Vbf	[Rüdnitz (Kr Oberbarnim) Vbf]	
33,0	Biesenthal		
35,6	Melchow		
	Wildtränke Bk		
	Anschl.	>Raw Eberswalde	
45,2	Eberswalde Hbf	>Bad Freienwalde	
	Abzw.	>Bad Freienwalde	
47,4	*(Oder-Havel-Kanal-Tunnel)*		
50,0	Britz (Kr Eberswalde)	[Britz (Kr Angermünde)]	
	Abzw.	>Templin	
54,8	Chorin Kloster	[Chorin Hp]	
57,5	Chorin		
62,1	Serwest Bk		
66,1	Herzsprung		
70,7	Angermünde	>Schwedt, Schönermark, Bad Freienwalde	
79,6	Greiffenberg (Kr Angermünde)	[Greiffenberg (Uckerm)]	
83,9	Wilmersdorf (Kr Angermünde)	[Wilmersdorf (Uckerm)]	
92,0	Warnitz (Uckerm)		
95	Quast		
97,0	Seehausen (Uckerm)		
108,3	Prenzlau	>Strasburg, Gramzow, Löcknitz	
116,5	Dauer		
119	*(Ueckerbrücke)*		
122,0	Nechlin		
	Papendorf (Kr Pasewalk)		
132,3	Pasewalk	>Neubrandenburg, Pasewalk Ost	
135,1	Belling Abzw.	>Neubrandenburg	
138,1	Sandförde		
142,9	Jatznick	>Gumnitz, Uekkermünde	>Jatznick Ziegelei
150,2	Ferdinandshof	>Friedland	
	(Zarowbrücke)		

157,3	Borckenfriede		
163,2	Ducherow	>Swinemünde, Dargibell	
	(niveaugleiche Kreuzung mit Sm 600)		
175,3	Anklam	[Anclam]	>Crenzow, Leopoldshagen, Gellendin
	(Peene-Klappbrücke)		
181,5	Salchower Weiche		
184,5	Klein Bünzow		
192,0	Züssow	>Wolgast	
198,2	Groß Kiesow		
	Guest		
204,0	(5,3) Schönwalde	[Schönwalde Bk]	>Lubmin
207,4	(2,2) Greifswald Süd		
209,6	(0,0) Greifswald	>Greifswald Hafen	
	(Ryckbrücke)		
212	Wackerow	>Grimmen	
216,5	Mesekenhagen		
219,8	Jeeser		
225,8	Miltzow		
231,3	Wüstenfelde		
238,3	Stralsund SRG Abzw.	>Grimmen	
	Stralsund Rbf	>Altefähr, Bergen	>Neubrandenburg
240,3	Stralsund	>Rostock	
Bernbruch Schotterwerk		**Werkbahn**	**Sm 600**
	Bernbruch Splitt- und Granitwerke		
Bernburg Pioniereisenbahn		**Parkeisenbahn**	**Sm 600**
0,0	Rosenhag	[Kreis-Kulturhaus]	>Lokschuppen
	Tierpark	[Tiergarten]	
	Sportforum	[Platz der Einheit]	
	Keßlerturm-Waldklinik	[Keßlerturm]	
1,9	Paradies		
Bernburg Solvaywerk-Bernburg Kalksteinbruch		**Grubenbahn**	**Sm 900, EL**
0,0	Bernburg Sodawerk Solvay	>Bernburg	
	(Tunnel)		
	(Tunnel)		
2	Bernburg Kalksteinbruch		
Bernsbach Blechformwerk		**Werkbahn**	**Sm 800/ 1300**
Bernterode-Deuna		**Werkbahn**	**Norm**
127,6	Bernterode	>Bleicherode	
130,4	*(0,0) Bernterode West Abzw.*	>Leinefelde	
4,0	Deuna Zementwerk Werkbf		
Beucha-Trebsen		**504**	**Norm**
0,0	Beucha	[Beucha (b Brandis)] >FB	>Leipzig, Großbothen
0,8	Beucha Ost	[Kleinsteinberg]	
3,1	Brandis	>Polenz	
	Abzw.	>Anschl. Deutsche Tonwerke	[Brandis Silikatwerk]
	Abzw.	>Anschl. Sächs. Tonwerke	
	Frisch Glück		
7,9	Ammelshain	>Anschl. Ebert & Co	>FB
10,6	Altenhain (b Brandis)	>Abzw. Frauenberg	>FB
	Anschl.	>Ladegleis und Muna	
13,4	Seelingstädt (b Brandis)	>Hengstberg-Steinbrüche	>Röcknitz-Hohnstedt
	Anschl.	>Steinbruch	
	Anschl.	>Getreidewirtschaft	
14,8	Trebsen Quarz- und Porphyrwerk		
16,7	Trebsen (Mulde)	[Trebsen-Pauschwitz]	>Wiede & S., Wedning
Beucha Natursteinwerk		**Werkbahn**	**Sm 750**
0,0			
0,3			
Beucha Natursteinwerk		**Werkbahn**	**Sm 900, EL**
Biederitz-Loburg-Altengrabow		**709**	**Norm**
0,18	Biederitz	>Magdeburg Buckau, Magdeburg, Burg	
4,26	Woltersdorf (b Magdeburg)		
8,68	Büden	>Kampf	
11,18	Ziepel		
13,22	Zeddenick (Sachs-Anh)	[Zeddenick (Prov Sachs)]	
16,56	Möckern (b Magdeburg)	[Möckern (Bz Magdeburg)]	

21,88	Zeppernick (b Magdeburg)	[Zeppernick (Bz Magdeburg)]	
26,71	Loburg Reichsb		
0,0	Loburg Bf	>Gommern	
4,9	(29,2) Bomsdorf		
	Abzw. Lübars		
28,5	(7,4) (34,0) Lübars (Kr Burg)	[Groß Lübars]	
33,0	(38,7) (12,1) Altengrabow	>Anschl. Truppenübungsplatz	>Magdeburgerforth
Biederitz-Roßlau		**710**	**Norm, EL**
0,68	Biederitz	>Magdeburg, Burg, Loburg	
4,44	Königsborn		
8,01	Wahlitz		
13,21	Gommern	>Pretzien, Loburg	>Anschl. Gommern Industriepark
19,75	Prödel		
22,26	Lübs (b Magdeburg)	[Lübs (Bz Magdeburg)]	
26,1	Gkn Abzw.	>Wiesenburg	
25,87	Güterglück unt Bf		
27,4	Gks Abzw.	>Calbe	
30,3	(0,0) (Kilometerwechsel)		
30,32	(0,004) Trebnitz Bk		
4,87	Zerbst		
	Abzw.	>Zebst Spargelbf	
8,25	Jütrichau		
11,9	*(Rbd-Grenze)*		
13,48	Neeken		
15,55	Rodleben	[Tornau] >Rodleben Hafen	>Anschl. Rodleben Gewerbegebiet
16,6	Roßlau Rvb Abzw.	>Meinsdorf	
17,95	Roßlau (Elbe)	[Dessau-Roßlau]	>Dessau
Bielatal Ziegelei		**Werkbahn**	**Sm 600**
0,0			
0,3			
Biendorf-Gerlebogk		**204b**	**Norm**
0,0	Biendorf Gbf	>Köthen, Güsten	>Anschlußbf Biendorf Zuckerfabrik
0,2	Biendorf Gerlebogker Bf		
	Körmigk	[Cörmigk]	
4,23	Preußlitz		
6,7	*(15,208) (Rbd-Grenze)*		
7,12	(15,16) Gerlebogk Reichsb	>Nauendorf	
Bischheim=Häslich Granitwerk		**Werkbahn**	**Sm 600**
Bischofferode Kaliwerk		**Werkbahn**	**Norm**
Bischofswerda-Kamenz		**159d**	**Norm**
0,0	Bischofswerda	[Biskopicy]	>Bautzen, Arnsdorf, Neukirch
3,96	Schönbrunn (Laus)	[Sumborn]	
8	Burkau	[Porchow]	
12,36	Rauschwitz	[Rusica]	
	Abzw.	>Kindisch (10,9)	
15,65	(8,0) Elstra	[Halstrow]	
17,79	Prietitz-Thonberg	[Protecy-Hlinowk]	
20,06	Wiesa (b Kamenz/ Sachs)	[Breznja]	
23,65	(0,6) Kamenz (Sachs)	[Kamjenc (Saksa)] [Camenz]	>Straßgräbchen-Bernsdorf, Arnsdorf
Bitterfeld-Abzw. Hi (Kr)-Abzw. Hi (Lei)		**Verbindungsbahn**	**Norm, EL**
	Bitterfeld Hi (Kr)	>Wittenberg	
	Bitterfeld Hi (Le)	>Leipzig	
Bitterfeld-Stumsdorf		**523**	**Norm**
0,0	Bitterfeld	>Halle, Leipzig, Dessau, Wittenbg.	
2,36	Grube Antonie	>Anschl. Bitterfeld Chemiepark	
5,37	Sandersdorf (Kr Bitterfeld)		
9,54	Heideloh		
11,67	Großzöberitz	[Tannepöls]	
15,49	Zörbig	>Radegast	>Anschl. Industriegebiet, Marmeladenfabrik
	Anschl.	>Getreidewirtschaft	
20,47	Stumsdorf	>Halle, Köthen	
Blankenberg Ziegelei		**Werkbahn**	**Sm 600**
Blankenburg-Elbingerode-Tanne		**205a, b, c, 719**	**Norm, Blankenburg-Königshütte EL**
0,0	Blankenburg (Harz)	[Blankenburg a. H.]	>Blankenburg Nord, Quedlinburg, Halberst.

0,935	Anschl.	>0,0 Sandsteinbruch (0,085)	
2,1	Regensteinblock		
2,35	Anschl.	>0,0 Hütte Michaelstein (1,05)	
3,353	Anschl.	>0,0 Hochofenwerk (1,14)	
3,685	Anschl.	>0,0 Ziegelei Schmidt (0,15)	
3,83	Blankenburg Westend	[Westend-Blankenburg]	>Blankenburg Nord, Hütte
4,7	Anschl.	>0,0 Ziegelei Grefe (0,13)	
5,54	Michaelstein	[Bast-Michaelstein] [Bast]	>0,0 Düsterer Grund (0,6)
|	(6,1) Wienrode		
|	(7,1) (Bielsteintunnel 0,4657)		
8,14	Braunesumpf	>Anschl. Erzstollen	
9,7	Hüttenrode		
12	Garkenholz ?		
12,12	Anschl.	>0,0 Kalkwerk Garkenholz (0,126)	
	(Krummer Tunnel 0,307)	[Krumme Grube-Tunnel]	
	(Kreuztalviadukt 0,1)	[Krocksteinviadukt]	
	(Nebelsholztunnel 0,09)	[Bismarcktunnel 0,1865]	
13,03	Neuwerk		
13,5	Rübeland Gbf	[Rübeland]	
14,5	Rübeland	*(neu)*	
15	Anschl.	>0,0 Kalkwerk Rübeland (1,0)	[Rübeland Werk III]
15,56	Rübeland Tropfsteinhöhlen	>Rübeland Gbf	
15,42	Anschl.	>0,0 Steinbrüche Diabas (2,5)	
15,86	Anschl.		
15,93	Anschl.	>Schwefelkiesgrube	
16,19	Mühlental	>Grube Mühlental	
16,3	Anschl.	>Schwefelkiesgrube	
17,4	Elbingerode (Harz)	[Elbingerode Hbf]	
18,57	Elbingerode (Harz) West	[Elbingerode Bornbergstraße 2]	
	Abzw.	>Büchenberg Erzschacht	
20,05	Wechsel Abzw.	>Drei Annen Hohne Ost	
21,1	Hornberg (Harz)		
	Anschl.	>Harzer Kalkwerke III	
23,56	Königshütte (Harz)	[Rothehütte-Königshof]	
24,96	Anschl.		
30,39	(7,8) Tanne	>Braunlage, Walkenried	

In der Strecke befanden sich vor dem Umbau 11 Zahnstangenabschnitte mit einer Gesamtlänge von 7,474 km.

Blankenburg-Quedlinburg		**205a, b, c, 719**	**Norm**
0,0	(18,88) Blankenburg (Harz)	>Halberstadt	>Blankenburg Raw
1	(18) Abzw.	>Elbingerode, Tanne	
2	(17,4) Blankenburg Nord Abzw.	>Halberstadt	
2,2	Anschl.	>Diabas?	
3	Anschl.	>Kiesgrube	
5,05	Helsunger Krug	[Helsungen]	>Anschl. Meyer
5,8	Hetsingen		
7,22	Timmenrode		
8,507	(0,0) Abzw. Thale Nord	>Thale Nord	
9	Abzw.	>Thale Nord	
10,35	Warnstedt		
11,46	Anschl.		
12,5	Weddersleben		
13,41	Anschl.		
14,3	Maasmühle		
15,37	Ziegelei Kratzenstein	[Dippenword]	
16,2	Anschl.	>Waggonfabrik Quedlinburg	
17	Quedlinburg West	>Thale, Ballenstedt, Gernrode	
17,98	Quedlinburg Reichsb	>Wegeleben	
Blankenburg Westend-Erzstollen		**Grubenbahn**	**Norm**
	Hütte		
	Abzw.	>Westend	
	Sturzschacht Stufe 1		
	Sturzschacht Stufe 2		
	Sturzschacht Stufe 3		
	Abzw.	>Bast-Michaelstein	
	(Bielsteintunnel 0,4657)		
	Braunesumpf	>Rübeland	
	Erzstollen		
Blankenburg Ziegelei		**Werkbahn**	**Sm 600**
0,0	Blankenburg (Meckl) Ziegelei		
Blankenstein Vogel		**Parkeisenbahn**	**Sm 600**
Blankenstein Zellstoffwerk		**Werkbahn**	**Sm 600**
Bleicherode-Zwinge-(Herzberg)		**664, 201a, DB**	**Norm**
0,0	Bleicherode Ost	>Wolkramshausen, Leinefelde	>Bleicherode Kaliwerk
2,8	Bleicherode Stadt		
6,9	Kleinbodungen		
10,7	Großbodungen	>Anschl. Schacht	
13,4	(0,0) Bischofferode (Eichsf)	[Bischofferode (Kr Worbis)]	>Anschl. Schacht
4,36	Stöckey		
	(Tunnel 0,2)		
8,65	Weißenborn-Lüderode		
	(Gleisende)		
10,74	Jützenbach		
12,95	(26,3) Zwinge		
	(Grenze)		
26,5	*Zwinge West*		
	Hilkerode		
	Rhumspringe		
	Pöhlde		
41,3	*Herzberg (Harz)*	>Scharzfeld, Wulften, Osterode, Siebertal	
Bleicherode Kaliwerk		**Werkbahn**	**Norm**
	Bleicherode Kaliwerk	>Bleicherode Ost	
Blesewitz-Nerdin			**Sm 600**
0,0	(10,0) Blesewitz	>Anklam, Dennin	
3,1	Postlow		
4	Tramstow		
7,4	Medow		
11,1	Nerdin	>Anklam, Dennin	
Blumenberg-Staßfurt		**205h, 712**	**Norm**
32,63	Blumenberg	>Magdeburg, Oschersleben, Eilsleben	
	Abzw.	>Schönebeck	
28,27	Klein Germersleben		
23,93	Etgersleben	>Förderstedt	
21,37	Westeregeln		
	Abzw.	>0,0 Westeregeln Schacht (3,0)	
18,62	Egeln		
14	Abzw. Schneidlingen	>Aschersleben, Nienhagen	
13,68	Schneidlingen		
11,15	Groß Börnecke	[Preußisch Börnecke (Bz Magdeburg)]	
	Anschl.	>Jakobsgrube	
7,34	Gänsefurth Bk		
5	Anschl.		
4,9	Hecklingen		
4,7	Anschl.		
2,2	Anschl.	>Dachpappenfabrik	
1,9	Anschl.	>Türbeschlägewerk	
	Staßfurt Rbf	>Industriebahn	
0,0	Staßfurt	[Staßfurt-Leopoldshall]	>Güsten, Achenbach, Calbe
Bockau Ost-Aue		**171k**	**Norm**
0,0	Bockau (Erzgeb) Ost	>Bockau	
6,95	Aue (Sachs)	>Muldenberg	
Bockau Ost-Bockau		**171k**	**Norm**
0,0	Bockau (Erzgeb) Ost	>Aue	
1,15	Bockau (Erzgeb)	>Aue, Muldenberg	
Böhlen-Borna		**Grubenbahn**	**Sm 900, EL**

km	Bahnhof	Anschluss	
	Böhlen Werke	>Zwenkau, Witznitz	
	Abzw.	>Peres	
	Neukieritzsch	>Groitzsch, Gaschwitz, Regis-Breitingen	
	Lobstädt		
	Borna	>Fohburg, Fockendorf, Bad Lausick	
Böhlen-Borna		**Grubenbahn**	**Sm 900, EL**
	Böhlen Werke	>Zwenkau, Neukieritzsch	
	Rötha	>Espenhain	
	Witznitz		
	Zöpen	>Kahnsdorf, Pürsten	
	Großzössen	>Lobstädt	
	Borna Nord		
Böhlen-Espenhain		**506**	**Norm, EL**
0,0	Böhlen (b Leipzig)	>Neukieritzsch, Gaschwitz	
3,0	Rötha		
	Abzw.	>Espenhain	
6,7	Espenhain Werkbahnsteig I		
	Espenhain Übergabebf	>Böhlen, Borna	
	Espenhain Werkbahnsteig II		
Böhlen-Lippendorf		**Werkbahn**	**Norm**
0,0	(14,7) Böhlen	>Gaschwitz, Altenburg, Espenhain	>Grubenbahn
	Abzw.	>Böhlen Werke	
	Abzw.	>Dow-Olefin	
	Lippendorf Kraftwerk	>Grubenbahn	
Boizenburg-Boizenburg Stadt		**110c**	**Norm**
0,0	Boizenburg Kleinb	>Hagenow, Büchen	
	Anschl.	>Fliesenwerk	
	Anschl.	>Fliesenwerk	
	(Boizebrücke)		
1,98	Boizenburg (Elbe) Stiftstraße		
	(Boizebrücke)		
2,56	Boizenburg (Elbe) Stadt	>Anschl. Elbewerft	
	Boizenburg (Elbe) Hafen		
Bollstedt Ziegelei		**Werkbahn**	**Sm**
Bolter Mühle		**Bootslorenbahn**	**Sm 750?**
0,0	Steinhavel		
	Bolter Mühle		
0,5	Steinhavel		
Borchtitz-Mukran			**Norm, Mukran Norm+1524, EL**
0,0	Borchtitz Abzw.	>Bergen, Saßnitz	
2	Saßnitz Mukran		
3,1	Mukran Fährhafen	[Saßnitz Fährhafen]	>Fähre Klaipeda
Borna-Bad Lausick-Großbothen			**Norm**
0,0	(7,1) Borna (b Leipzig)	>Neukieritzsch, Geithain	
	(9,7) Petergrube		
5	(12,7) Neukirchen-Wyhra	>Frohburg	
8	Schönau (b Frohburg)		
12	Flößberg		
15	Bad Lausick West	[Heinersdorf]?	
19	(32,7) Bad Lausick	[Lausigk]	>Geithain, Leipzig
22	Glasten		
26	Kleinbardau		
32	Großbothen	>Rochlitz, Döbeln, Grimma	
Borna-Fockendorf		**Grubenbahn**	**Sm 900, EL**
	Borna West	>Böhlen, Espenhain	
	Petergrube	>Borna	
	Neukirchen-Wyhra	>Borna, Geithain	
	Thräna		
	Fockendorf		
Borna-Regis=Breitingen-Mumsdorf		**Grubenbahn**	**Sm 900, EL**
	Borna	>Espenhain, Böhlen	
	Deutzen	>Neukieritzsch, Großhermsdorf, Heuersdorf	
0,0	Regis-Breitingen	>Neukieritzsch, Altenburg	
1,4	Haselbach	>Haselbach BKW	

km	Bahnhof	Anschluss	
6,5	Kammerforst		
8,2	Wintersdorf	>Rositz, Großröda	
10,7	Schnaudertal		
12,5	Meuselwitz Hp		
14,5	Meuselwitz Bf	>Zeitz, Spora, Altenburg, Lucka, Ronneburg	
	Zipsendorf		
	Abzw.	>Wuitz-Mumsdorf	
	Mumsdorf	>Tröglitz, Rusendorf	
	Staschwitz Holzplatz		
	Grube Phönix		
Bötzow-Spandau		**107m**	**Norm**
0,0	Bötzow (Kr Oranienburg)	[Bötzow (Kr Osthavelland)]	>Velten, Nauen
	Blockbrück		
	Abzw.	>Fliegerhorst Schönwalde	
	Nieder Neuendorf Forsthaus		
6,6	Nieder Neuendorf (Kr Osthavelland)	>Straßenbahnlinie 120	>Anschl. AEG
	Papenberge	>Straßenbahnlinie 120	
	(Grenze)		
9,2	Bürgerablage	>Straßenbahnlinie 120	
	Abzw.		
	Abzw.	>Hakenfelde Industriebahn	
12	Berlin Spandau Johannesstift	>Straßenbahnlinie 120	>Spandauer Stadtbahn
	Radelandstraße (Waldkrankenhaus)		
	Berlin Spandau Gbf	>Staaken	
17,2	Spandau West	>Staaken, Bln Spandau	
Brahlstorf-Neuhaus		**110b**	**Norm**
0,0	Brahlstorf Kleinb	>Berlin, Hamburg	
0,3	Anschl.	>Getreidewirtschaft	
5,98	Preten		
6,1	*(Sudebrücke 0,079)*		
8	Dellien		
10,67	Neuhaus (Elbe)		
Brahlstorf Bahnbaustelle		**Werkbahn**	**Sm 600**
0,0	Brahlstorf Bahnbaustelle	>Berlin, Hamburg	
Brand Erbisdorf-Großhartmannsdorf		**169n**	**Norm**
0,0	(3,2) Brand Erbisdorf	[Brand]	>Freiberg, Langenau
5,6	Müdisdorf		
8,58	(11,7) Großhartmannsdorf	[Groß Hartmannsdorf]	
Brandenburg-Roskow-Neugarten		**208k**	**Norm**
0,0	Brandenburg Krakauer Tor	[Brandenburg Dom]	
	Abzw.	>Stärkefabrik	
3,47	Klein Kreutz		
6,12	Klein Kreutz Nord	[Saaringen]	
8,29	Weseram		
10,84	(15,6) (0,0) Roskow	>Brandenburg Altstadt	
15	Päwesin		
18,5	Wachow		
20,36	Niebede		
22,57	Tremmen		
26,46	(7,2) (0,0) Röthehof	>Nauen, Ketzin	
27,4	(35,1) (0,0) Neugarten	>Wustermark, Rathenow	
Brandenburg Altstadt-Roskow		**208k**	**Norm**
0,0	Brandenburg Altstadt	>Rathenow, Belzig	
	Anschl.	>Opel-Werk	
	(niveaugleiche Kreuzung Straßenbahn)		
	Abzw.	>Hafenbahn	
	(Silokanalbrücke)		
1,54	Brandenburg Silokanalbrücke	>Anschl. Heeresverpflegungsamt	
3,1	Abzw.	>Chemische Werke Mark	
4,14	Brielow Ausbau	>Anschl. Stärkefabrik	
5,89	Brielow		
7,62	Radewege Ziegelei		
8,6	Radewege		

km	Strecke / Bahnhof	Anschluss / Bahnart	Spurweite
10,47	Butzow (b Brandenburg/ Havel)	[Butzow (Kr Westhavelland)]	
13,08	Ketzür	[Ketzür (Kr Westhavelland)]	
	(Strengbrücke)		
15,22	Lünow		
17,78	Weseram Chaussee		
19,2	(15,6) (0,0) Roskow	>Brandenburg Krakauer Tor, Neugarten	
	Brandenburg Altstadt-Elektrostahlwerk	**Verbindungsbahn**	**Norm**
	Brandenburg Altstadt	>Belzig, Rathenow	
	Brandenburg ESW		
	Brandenburg Altstadt-Stahl- und Walzwerk	**Verbindungsbahn**	**Norm**
	Brandenburg Altstadt	>Belzig, Rathenow	
	Brandenburg SWB		
	Brandenburg Görden-Plaue-Kirchmöser	**Überlandstraßenbahn**	**Sm 1000, EL**
	Waldcafé Görden	[Kolonie Görden]?	>Brandenburg
	Nervenklinik		
	Kaltenhausener Weg		
	Anton-Saefkow-Allee		
	Waldweg		
	Plauerhof		
	Briester Weg		
	Margarethenhof		
	Plaue Rathaus		
	Plaue Kino		
	Heinrich-Rau-Straße	[Koenigsmarckstraße]?	
	Kirchmöser West	[Kirchmöser Pulverfabrik]	
	Brandenburg Stahl- und Walzwerk	**Werkbahn**	**Sm 600**
	Brandenburg Stahl- und Walzwerk	**Werkbahn**	**Sm 750**
	Brandenburg Süd-Brandenburg Altstadt	**Verbindungsbahn**	**Norm**
	Brandenburg Süd	>Belzig	
	Brandenburg Altstadt	>Belzig, Rathenow	
	Brandis Silikatwerk Aschenbahn	**Werkbahn**	**Sm 600**
0,0	Silikatwerk Ofenhaus	>Förderbahn	
0,2	Abraumkippe		
	Brandis Silikatwerk Förderbahn	**Werkbahn**	**Sm 600**
0,0	Silikatwerk Bahnverladung	>Aschenbahn >Brandis	
0,4	Abzw.	>0,0 Abraumkippe (0,2)	
1,0	Tongrube		
	(Breitengüßbach-Dietersdorf)	**DB**	**Norm**
0,0	*Breitengüßbach*	>Bamberg, Lichtenfels	>Maroldsweisach
5,6	*Rattelsdorf*		
	Medlitz		
	Mürsbach		
14,1	*Busendorf (Oberfr)*		
	Lahm (Itzgrund)		
19,0	*Kaltenbrunn-Untermerzbach*		
21,9	*Memmelsdorf (Oberfr)*		
	Setzelsdorf		
	Heilgersdorf		
28,1	*Seßlach*		
	Abzw.	>Dietersdorf Hafen	
31,8	Dietersdorf (Oberfr)		
	(Breitengüßbach-Maroldsweisach)	**DB**	**Norm**
0,0	*Breitengüßbach*	>Bamberg, Lichtenfels	>Dietersdorf
1,9	*Breitengüßbach Porzner*		
3,8	*Baunach*		
4,5	*Baunach Flüssiggas*		
7,8	*Reckendorf*		
10,3	*Manndorf*		
13,4	*Rentweinsdorf*		
17,7	*Ebern Hp*		
18,3	*Ebern*		
	Eyrichshof		
	Fischbach (b Ebern)		
25,1	*Pfarrweisach*		
	Junkersdorf (b Ebern)		
28,3	*Pfaffendorf*		
	Todtenweisach		
	Voccawind		
33,8	*Maroldsweisach*		

km	Strecke / Bahnhof	Anschluss / Bahnart	Spurweite
	Breitenhagen-Patzetz	**Werkbahn, Pferdebahn**	**Sm 600**
	Breitenhagen		
	Groß Rosenburg Zuckerfabrik		
	Trabitz		
	Patzetz		
	Breitenhagen-Dröbel	**Überlandstraßenbahn, Werkbahn**	**Sm 600**
24	(4,6) Breitenhagen	>Lödderitz Staatsforst Ladestelle	
	Alte Zerbster Straße	>Klein Rosenburg	
	(0,0) Groß Rosenburg		
	Trabitz		
	(4,6) Patzetz	>Kühren	
	(6,9) Patzetz Bahnhof	>Köthen, Magdeburg	
	Colno	[Kolno]	
	Schwarz		
	Zerbster Straße Ladestelle		
	Wedlitz-Wispitz Übergabebf		
	Calbesche Straße Ladestelle		
	Gerbitz		
	Gerbitz Schnapsbrennerei Abzw	>0,0 Zuchau (2,4)	
	Grimschleben Übergabebf	>Grimschleben Zuckerfabrik	>Grimschleben Ladestelle
4,1	Latdorf		
3,5 ?	Pobzig		
0,0	Dröbel Zuckerfabrik	>Bernburg	>0,0 Dröbel Steinbruch (0,5)
	Breitenhagen-Patzetz-Kühren	**Werkbahn**	**Sm 600**
	Breitenhagen	>Lödderitz Staatsforst Ladestelle	
	...		
0,0	Patzetz	>Dröbel	
	Rajoch		
	Diebzig		
	Kühren		
	Breitungen Kraftwerk	**Werkbahn**	**Norm?**
	Bresewitz-Beseritz	**122r**	**Sm 600**
0,0	Bresewitz (b Friedland/ Meckl) Ziegelei	>Friedland, Jarmen	
1,8	Dischley		
4,5	Beseritz		
	Bresewitz-Bornthin	**122r**	**Sm 600**
0,0	Bresewitz (b Friedland/ Meckl) Dorf	>Friedland, Jarmen	
3,5	Zinzow		
5,3	Rubenow (Kr Anklam)		
7,2	Bornthin		
	Bretleben-Sondershausen	**653**	**Norm**
0,0	Bretleben	>Nebra, Sömmerda, Artern	
4,2	Esperstedt (Kyffh)	>Oldisleben	
10,45	Bad Frankenhausen (Kyffh)	[Frankenhausen]	
14,49	Rottleben (Kyffh)		
17,79	Göllingen (Kyffh)	>Anschl. VEB INDUCAL Göllingen	
20,5	Hachelbich		
23,83	Berka (Wipper)		
26,45	Sondershausen Jecha	[Jecha]	
28,44	Sondershausen Süd		
30,88	Sondershausen	>Hohenebra, Wolkramshausen	
	Brieske-Hohenbocka Nord		**Norm, EL**
0,0	Brieske	[Brjazk]	>Senftenberg
7,3	Peickwitz Abzw.	>Ruhland	
	Abzw.	>Ruhland, Hohenbocka	
9,8	Hosena		
	Abzw.	>Straßgräbchen-Bernsdorf	
	Hohenbocka Nord	[Bukow sewjer] >Anschl. Glaswerk	>Schotterwerk Koschenberg
	Brieske Brikettfabrik	**Grubenbahn**	**Sm 900, EL**
	Brieske Stw 9	>Brieske Stw 2	
	Brieske Brikettfabrik Fortschritt		
	Brieske Brikettfabrik	**Grubenbahn**	**Sm 900, EL**
	Brieske Stw 24	>Laubusch	
	Brieske Brikettfabrik Meurostolln		
	Brieske Kraftwerk	**Grubenbahn**	**Sm 900, EL**
	Brieske Stw 2	>Brieske Stw 9	

	Brieske Kraftwerk		
Brietz Ziegelei		**Werkbahn**	**Sm 600**
Britz Eisengießerei		**Werkbahn**	**Sm 600**
0,0			
1,5			
Brohm-Rattey			**Sm 600**
0,0	Brohm	>Sandhagen, Eichhorst	
1,5	Cosa		
2,6	Charlottenhof (Meckl)		
4,3	Rattey		
Brohm-Woldegk			**Sm 750, Gr. Daber.-Woldegk Sm/ Norm**
0,0	Brohm	>Sandhagen, Eichhorst	
3,7	(20,5) Schönbeck (Meckl)		
5,2	(18,5) Golm (Kr Stargard/ Meckl)		
7,6	(16) Lindow (Kr Stargard/ Meckl)		
9,7	(14) Badresch		
12,2	(11,5) Klein Daberkow	>Matzdorf	
14,8	(9) Kreckow (Kr Stargard/ Meckl)		
16,7	(7) Groß Daberkow Kleinb	>Neustrelitz, Strasburg	
23,7	(0,0) Woldegk	>Neustrelitz, Strasburg	>Zuckerfabrik Woldegk
Brossen Ziegelei		**Werkbahn**	**Sm 500**
Bröthen-Heide		**Grubenbahn**	**Sm 900**
	Bröthen Stw	>Laubusch	
	Heide Brikettfabrik		
Bröthen-Knappenrode		**Grubenbahn**	**Sm 900**
	Bröthen Stw	>Laubusch	
	Knappenrode Brikettfabrik		
Bröthen Ziegelei		**Werkbahn**	**Sm 600**
0,0			
3,5			
(Brunnenbachsmühle)-Tanne		**DB, DR**	**Sm 1000**
0,0	*Brunnenbachsmühle*	>Walkenried, Braunlage	
3,96	*(Grenze)*		
5,11	Sorge ob Bf	>Nordhausen, Wernigerode	>Sorge NWE
5,85	Verladestelle		
7,3	Abzw.	>Tanner Hütte	
8,65	Tanne	[Tanne Walkenrieder Bf]	>Blankenburg
Buchenwald Steinbruch		**Werkbahn**	**Sm 600**
	Buchenwald Bahnhof	>Schöndorf, Weimar	
	Buchenwald Steinbruch		
Buhrkow-Bug		**957**	**Sm 750**
0,0	Buhrkow Abzw	>Altenkirchen, Bergen	
1,72	Gramtitz-Starrvitz	[Kuhle]	
3,28	Lancken		
4,78	Dranske Gut		
6,32	Dranske Dorf		
8,12	Bug		
9	Bug Marineflughafen		
Bülzig Ziegelei		**Werkbahn**	**Sm 600**
0,0			
0,1			
Burg-Burg Industriepark			**Norm**
0,0	Burg (b Magdeburg)	>Berlin, Magdeburg	
	Burg Flugplatz		
	Burg Industriepark		
7	Waldfrieden Kaserne		
Burg-Lübars-Altengrabow-Magdeburgerforth		**207r**	**Sm 750/ Norm**
2,1	Burg (b Magdeburg) Mitte	>Burg (b Magdeburg) Kleinb	
6,6	Madel		
11,9	Stegelitz		
14,7	Tryppehna		
17,1	Pabsdorf		
19,25	Lüttgenziatz	>0,0 Lüttgenziatz Mühle (1,5)	
22,3	Hohenziatz		
25,9	Riesdorf		
	Abzw. Lübars	>Loburg	
28,5	Lübars (Kr Burg)	[Groß Lübars]	
33	Altengrabow	[Altengrabow Kaiserbahnsteig]	>Anschl. Truppenübungsplatz

	Drewitz-Altengrabow		
35	Dörnitz		
37,4	Magdeburgerforth Mitte	[Magdeburgerforth Haltestelle]	
37,7	Abzw.	>Ziesar West, Burg	
Burg-Magdeburgerforth-Ziesar		**207p, q, u**	**Sm 750**
-2	Burg Kanalbf	[Ihlehafen]	
	(niveaugleiche Kreuzung Regelspurgleis)		
0,0	Burg Umladebf	[Burg (b Magd) Kleinb]	
1,2	Burg (b Magdeburg) West	[Burg Magdeburger Tor]	>Anschl. Burg Molkerei
2,1	Burg (b Magdeburg) Mitte	[Burg Zerbster Tor]	>Lübars
4,2	Burg (b Magdeburg) Ost		
5,9	Gütter	[Obergütter]?	
6,4	Wolfshagen		
7,45	Polzuhn		
9,3	Grabow (Kr Burg)		
	Sägewerk Grabow		
	(Ihlebrücke)		
12,1	Kähnert		
13,8	Stresow	>Ziegelsdorf	
16,8	Theeßen	[Theessen]	
18,8	Küsel		
20,9	Waldrogäsen		
22,5	Wüstenjerichow	>Anschl. Stärkefabrik	
25	Drewitz (b Altengrabow)		
25,9	Reesdorf		
27,5	Abzw.	>Lübars	
28,3	Magdeburgerforth	[Magdeburgerforth Bahnhof]	
29,1	Anschl.	>Rohpappenfabrik	
30,4	Schopsdorf		
32,2	Gehlsdorf		
34,5	*(niveaugleiche Kreuzung Regelspurgleis)*		
35,3	Ziesar West		
37,1	Ziesar Ost		
Burgkemnitz-Oranienbaum-Vockerode			**Norm**
0,0	Burgkemnitz	>Gröbern, Gräfenhainichen	
1,7	Abzw. Verbindung zur Hauptbahn	>Lu Wittenberg	
3,5	Zschornewitz	>Gräfenhainichen	>Anschlüsse
3,7	Abzw.	>Anschlüsse	
	(zw. 3,7 und 5,5 Umlegung wegen Tagebau)		
5,5	Zschornewitz Kohlenbf		
6,2	(8) Golpa	>Anschlüsse	>Gräfenhainichen
7,2	(9) Möhlau	[Großmöhlau]	
7,6	*(Brücke 0,0093)*		
9,8	Abzw.	>Anschlüsse	
12	Jüdenberg	>Ferropolis	
12,1	Müchauer Mühle		
16,4	Abzw.	>Anschlüsse	
16,8	Oranienbaum (Anh)	>Gohrau-Rehsen, Dessau, Vockerode	
Burgwall Ziegelei		**Werkbahn**	**Sm 630**
Buschenhagen Gut Matthies		**Werkbahn**	**Sm 600**
0,0			
1			
Buschhof-Neustrelitz		**100g, 815**	**Norm**
0,0	Buschhof (Kr Neustrelitz)	>Pritzwalk	
0,15	Anschl.		
7	*(Rbd-Grenze)*		
7,23	Starsow Abzw.	>Rechlin	
	(Mirowkanalbrücke)		
8,95	Mirow		
13,45	Zirtow		
18,7	Wesenberg		
22,2	Groß Quassow		
27,6	Bürgerhorst Abzw.	>0,0 Zierker Seehafen (5,0)	
	(Havelbrücke)		
	Abzw.	>Strelitz Alt	
|	(30,7) Neustrelitz Süd	[Neustrelitz MFWE] [Neustrelitz Kleinb]	>Feldberg, Strasburg

98,5	Neustrelitz Hbf	>Waren, Neubrandenburg, Fürtsenberg	
Busdorf-Klein Zastrow			**Sm 750**
0,0	Busdorf	>Greifswald, Jarmen	
1,5	Neu Dargelin		
2,8	Dargelin		
5	Alt Negentin		
6,2	Neu Negentin		
7,2	Sestelin		
8,93	Klein Zastrow		
Busow-Busow Gut			**Sm 600**
0,0	Busow	>Anklam, Leopoldshagen	
	Busow Gut		
Buttelstedt-Rastenberg		**185f, 203b**	**Sm 1000**
14,68	Buttelstedt	>Weimar, Großrudestedt	
17,7	Krautheim		
20,21	Großbrembach		
24,35	*(niveaugleiche Kreuzung Regelspurgleis)*		
24,5	Guthmannshausen	>Straußfurt, Großheringen	
26,29	Mannstedt		
27,3	Mannstedt Gleisdreieck	>0,0 Buttstädt (2,83)	
29,38	Hardisleben	>Buttstädt	
31,3	Anschl.	>0,0 Billroda Kalkwerk (7,0)	
31,48	Rastenberg		
Buttstädt-Rastenberg			**Sm 1000**
5,7	Buttstädt	>Straußfurt, Großheringen	
	Abzw. Gleisdreieck	>Mannstedt, Buttelstedt	
3,5	(29,4) Hardisleben	>Buttelstedt	
0,0	(31,6) Rastenberg		
Buttstädt-Rastenberg		**185f**	**Norm**
35,1	Buttstädt	>Straußfurt, Großheringen	
0,0	Buttstädt Nebenbahnhof		
3,35	Hardisleben	>Buttelstedt	
5,45	Rastenberg		
5,6	*(Gleisende)*		
Bützow-Neubrandenburg-Pasewalk		**930**	**Norm, Strasburg-Pasewalk EL**
0,0	(99,8) Bützow	>Blankenberg, Schwaan	
	(106,7) Schwiesower Forst		
	Abzw.	>Güstrow Hafen	
	Abzw.	>Schwaan	
	Anschl.	>Güstrow Zuckerfabrik	
13,5	(113,3) Güstrow		
17,0	(116,8) Priemerburg	>Plaatz	
	(Recknitzbrücke)		
21,9	(122,2) Devwinkel		
	Nienhagen		
29,3	(129,0) Lalendorf	>Plaatz, Waren	
37,1	(136,6) Neu Wokern	[Wockern]	
42,5	(142,3) Teterow	>Gnoien	
49,0	(148,8) Hohen Mistorf		
	Remplin		
	(Rbd-Grenze)		
56,5	(156,3) Malchin	>Dargun, Waren	
	Anschl.	>Malchin Zuckerfabrik	
	Leuschentin?		
	Scharpzow		
67,6	(167,5) Reuterstadt Stavenhagen	[Stavenhagen]	>Demmin, Bredenfelde
73,9	(173,7) Grischow (Meckl)		
79,1	(179,0) Kastorf (Meckl)		
82,5	(182,4) Kleeth		
87,1	(187,0) Mölln (Meckl)		
91,2	(191,0) Blankenhof		
	(196,8) Weitin		
101,1	Neubrandenburg	>Demmin, Neustrelitz, Friedland	
	Küssow		
108,2	(208,0) Sponholz		
114,8	Rühlow		
118,0	(217,9) Neetzka		
123,1	(223,0) Oertzenhof		
	(227,3) Kreckow		
128,7	Groß Daberkow	>Woldegk, Strasburg	
132	Lauenhagen		
135,3	(235,2) (61,1) Strasburg (Meckl)	[Strasburg (Uckerm)]	>Prenzlau
144,1	(51,5) Blumenhagen		
	(47,2) Charlottenhof Abzw.	>Jatznick	
153,6	Pasewalk	>Stettin, Prenzlau, Gumnitz, Jatznick	
Byhlen-Lieberose		**177c, 162b, c, 223**	**Sm 1000**
0,0	Byhlen	[Waldseedorf]	>Lübben, Cottbus
7,6	Liebitz-Burghof	[Libice grod]	
13,32	Lieberose Stadt	[Luboraz mesto]	
16,13	Blasdorf		
17,5	Jamlitz	*(bis 1958)*	
19,12	Lieberose Spreewaldbf	[Lieberose Anschlußbf]	*(ab 28.09.58 Jamlitz)*
Caaschwitz Ziegelei		**Werkbahn**	**Sm 750**
Cadow=Padderow-Cadow		**122r**	**Sm 600**
0,0	Cadow-Padderow	[Kadow-Padderow]	>Friedland, Jarmen
1,5	Cadow		
Cainsdorf-Bockwa			**Norm**
0,0	Cainsdorf	>Zwickau, Wilkau-Haßlau	
	...		
10,5	Bockwa		
Calbe Ost-Tornitz Abzw.		**Verbindungsbahn**	**Norm**
2,2	(27,5) Calbe (Saale) Ost	>Köthen, Schönebeck	
	Ausweichanschluß Gelatinewerk		
0,2	(126,8) Tornitz Abzw.	>Calbe West, Güterglück	
Callenberg Süd I Nickelbahn		**Werkbahn**	**Sm 600**
	Callenberg Süd I Bf 5	>St Egidien	
(Carze-Echem)		**DB**	**Sm 750**
	Carze Anschlußbf	>Lüneburg, Bleckede	
	Carze Ort		
	Brackede		
	Garlstorf		
	Wendewisch		
	Hittbergen		
	Echem	>Lüneburg, Büchen	
Casekow-Penkun-Ladenthin-(Pommerensdorf)		**113f, PKP**	**Sm 750**
0,0	Casekow Kleinb	[Casekow Landesb]	>Angermünde, Stettin
2,3	Zimmermannshof		
4,1	Wartin Siedlung		
5,9	Wartin		
9,4	Neuhof (Kr Randow)	[Neuhof (Kr Greifenhagen)]	
11,3	Sommersdorf		
14,3	Penkun (Oder)	[Pencun]	>Anschl. Autobahnbaustelle
15,7	Friedefeld-Wollin (Kr Randow)	[Friedefeld-Wollin (Kr Greifenhagen)]	
17,8	Battinsthal		
20,1	Krackow (Kr Randow)	[Krackow (Kr Greifenhagen)]	
23,3	Hohenholz (Kr Randow)	[Hohenholz (Kr Greifenhagen)]	
24,7	Hohenholz (Kr Randow) Forstweiche		
25,4	Hohenholz (Kr Randow) Försterei		
26,3	Kyritz (Kr Randow)	[Kyritz (Kr Greifenhagen)]	
28,6	Ladenthin		
	(Grenze)		
30,7	*Barnimslow*		
31,4	*Warningshof*		

32,6	*Carow (Kr Randow)*	[Carow (Bz Stettin)]	
34,2	*Mandelkow (Kr Randow)*	[Mandelkow (Bz Stettin)]	
36,6	*Klein Reinkendorf Kleinb*	[Klein Reinkendorf Landesb]	>Angermünde, Pritzwalk, Stettin
38,3	*Scheune Kleinb*	[Szczecin Gumience] [Scheune Landesb]	
40,4	*Güstow*		
42,1	*Pommerensdorf Kleinb*	[Szczecin Pomorzany]	[Pommerensdorf Landesb]
	Pommerensdorf Hafen		
Casel-Senftenberg-Klettwitz-Schwarzheide		**Grubenbahn**	**Norm**
	Casel	>Vetschau, Großdöbbern	
	Abzw.	>Drebkau	
	Großräschen		
	Abzw.	>Meuro Tagebau	
	Abzw.	>Senftenberg	
	Brieske Stw 26	>Brieske Ost	
	Abzw.	>Klettwitz Nord Tagebau	
	Schipkau		
	Kostebrau	>Klettwitz Tagebau	
	Lauchhammer Ost	>Lauchhammer	
	Abzw.	>Schwarzheide West	
	Brikettfabrik 69		
	Brikettfabrik 64/ 65	>Lauchhammer	
Chemnitz-Aue		**440**	**Norm**
0,0	Chemnitz Hbf	[Karl-Marx-Stadt Hbf]	>Wüstenbrand, Flöha, Mittweida, Rochlitz
1,4	Abzw.	>Wüstenbrand	
1,99	Chemnitz Süd	[Karl-Marx-Stadt Süd]	
	(37,6) Abzw.	>Stollberg	
3,8	Chemnitz Metallaufbereitung		
4	Abzw.	>Anschlüsse	
5,6	Chemnitz VTS		
6,11	Chemnitz Reichenhain	[Karl-Marx-Stadt Reichenhain]	
7,36	Chemnitz Erfenschlag	[Karl-Marx-Stadt Erfenschlag] [Erfenschlag]	
	(Zwönitzbrücke)		
8,91	Werkhaltepunkt Einsiedel BBS	[Einsiedel Gymnasium]	
10,39	Einsiedel	[Einsiedel (b Chemnitz)]	
	(Zwönitzbrücke)		
13,11	Dittersdorf	[Dittersdorf (b Chemnitz)]	
	(Zwönitzbrücke)		
	(Zwönitzbrücke)		
	(Zwönitzbrücke)		
	(Zwönitzbrücke)		
17,39	Kemtau	[Eibenberg-Kemtau]	
19,45	Burkhardtsdorf		
20,6	Burkhardtsdorf Mitte		
23,02	Meinersdorf (Erzgeb)	>Thum	
	(Zwönitzbrücke)		
27,29	Thalheim (Erzgeb)		
	(Zwönitzbrücke)		
	(Zwönitzbrücke)		
30,9	Dorfchemnitz (b Zwönitz)		
33,6	Niederzwönitz		
36,4	Zwönitz	>Elterlein, Stollberg	
42,1	Lößnitz ob Bf		
46,6	Lößnitz unt Bf		
48,9	Aue Erzgebirgsstadion		
50,8	Aue (Sachs)	>Blauenthal, Eibenstock	>Schwarzenberg, Wilkau-Haßlau
Chemnitz-Bärenstein-(Weipert)		**420, CSD**	**Norm**
79,6	Chemnitz Hbf	[Karl-Marx-Stadt Hbf]	>Wüstenbrand, Rochlitz, Mittweida, Aue
	...		

43,51	Flöha	>Dresden, Pockau-Lengefeld	
39,33	Erdmannsdorf-Augustusburg	>Augustusburg	
34,7	Hennersdorf (Sachs)		
32,12	Witzschdorf		
	(Zschopaubrücke)		
30,52	Waldkirchen (Erzgeb)	[Waldkirchen (Zschopenthal)]	
	(Zschopaubrücke)		
	(Zschopaubrücke)		
	(Zschopaubrücke)		
	(Zschopaubrücke)		
	Zschopau Nord		
	(Zschopaubrücke)		
26,76	Zschopau		
24,15	Wilischthal	>Thum	
	(Zschopaubrücke)		
	(Zschopaubrücke)		
21,28	Scharfenstein		
	(Zschopaubrücke)		
16,7	Warmbad	[Floßplatz-Warmbad]	[Wolkenstein-Warmbad]
	(Zschopaubrücke)		
	(Zschopaubrücke)		
13,9	(0,0) Wolkenstein		
	(Zschopaubrücke)		
	Niederau		
	(Zschopaubrücke)		
	(1,4) Abzw.	>Jöhstadt	
	Oberau		
	(Zschopaubrücke)		
9,2	(0,0) Plattenthal	>Königswalde unt Bf	
8,4	Thermalbad Wiesenbad	[Wiesenbad]	
	(Zschopaubrücke)		
	(Zschopaubrücke)		
3,9	Schönfeld-Wiesa	>Thum	
0,3	(19,0) Annaberg-Buchholz unt Bf	[Annaberg (Erzgeb) unt Bf]	
	(Buchholzer Tunnel 0,029)		
17,5	Annaberg-Buchholz Mitte	[Buchholz (Sachs) Königstraße]	
16,5	Annaberg-Buchholz Süd	[Buchholz (Sachs)]	>Schlettau
13,3	Sehma		
	(Brücke)		
10,6	Cranzahl	>Oberwiesenthal	
5,5	Königswalde (Erzgeb) ob Bf	>Annaberg-Buchholz ob Bf	
2,6	Kühberg		
	(Tunnel 0,094)		
0,9	Bärenstein (Kr Annaberg)	[Bärenstein (Bz Chemnitz)]	
0,6	*(Grenze)*		
0,0	*Weipert*	[Vejprty]	>Komotau
Chemnitz-Marienberg-Reitzenhain-(Krima)		**169, 425, 427, CSD**	**Norm**
79,6	Chemnitz Hbf	[Karl-Marx-Stadt Hbf]	>Wüstenbrand, Rochlitz, Mittweida, Aue
	...		
57,9	Flöha	>Wolkenstein, Freiberg	
54,3	Falkenau (Sachs) Hp		
52,3	Hetzdorf (Flöhatal)	>Eppendorf	
51,6	*(Hetzdorfer Viadukt)*		
49,2	Hohenfichte		
	(Flöhabrücke)		
46,3	Leubsdorf (Sachs)		
	(Flöhabrücke)		
42,5	Grünhainichen-Borstendorf	>FB Grünhainichen Papierkabrik	
	(Flöhabrücke)		
39,9	Floßmühle		
	(Flöhabrücke)		
	(Flöhabrücke)		
37,2	Reifland-Wünschendorf		
35,9	Lengefeld-Rauenstein		
	(Flöhabrücke)		
31,2	Pockau-Lengefeld	>Olbernhau-Grünthal	
	(Pockaubrücke)		
	(Pockaubrücke)		
	(Pockaubrücke)		
	(Pockaubrücke)		

km	Bahnhof	Frühere Namen	Anschlüsse
23,9	Zöblitz-Pobershau		
21,9	*(Schlettenbachbrücke)*		
18,8	Marienberg (Sachs)		
55,96	(14,8) Marienberg Gebirge	[Gebirge]	
60,88	(9,9) Marienberg Gelobtland	[Gelobtland]	
69,39	(1,3) Reitzenhain		
70,5	Reitzenhain i B Hp	[Reitzenhain (Böhmen)]	
0,0	*(Grenze)*		
	Sebastiansberg		
	Krima Hp		
	Krima	[Krima-Neudorf] [Krimov]	>Komotau, Weipert
Chemnitz-Oberfrohna		**402**	**Norm**
61,8	Chemnitz Hbf	[Karl-Marx-Stadt Hbf]	>Wüstenbrand, Flöha, Aue, Stollberg
	Abzw.	>Mittweida	
	(Chemnitzbrücke)		
58,1	Küchwald		
	Abzw.	>Wechselburg	
57,11	Chemnitz Borna Hp	[Karl-Marx-Stadt Borna]	
54,33	Wittgensdorf Mitte		
51,58	(6,7) Wittgensdorf ob Bf	>Narsdorf	
4,18	Hartmannsdorf (b Chemnitz)	[Hartmannsdorf (b Karl-Marx-Stadt)]	
0,28	Limbach (Sachs)	>Wüstenbrand	
1,81	Oberfrohna		
Chemnitz-Rochlitz		**431**	**Norm**
	Chemnitz Hbf	[Karl-Marx-Stadt Hbf]	>Wüstenbrand, Flöha, Aue, Stollberg
	Abzw.	>Mittweida	
	Küchwald		
	Abzw.	>Wittgensdorf ob Bf, Wüstenbrand	
	Abzw.	>Chemnitz Furth	
27,71	Chemnitz Glösa	[Karl-Marx-Stadt Glösa] [Glösa]	>Anschl. Furth Heizkraftwerk
	Chemnitz Heinersdorf	[Karl-Marx-Stadt Heinersdorf]	[Heinersdorf-Draisdorf]
18,71	Wittgensdorf unt Bf		
	(Köthensdorfer Tunnel 0,1257)		
16,2	Auerswalde-Köthensdorf		
11,75	Markersdorf-Taura		
10,08	Schweizerthal-Diethensdorf	>Anschl. Diethensdorf Steinbruch	>Anschl. Fettchemie
	(Mohsdorfer Tunnel 0,2221)		
8,47	Mohsdorf	>Anschl. Fettchemie Fewa	
5,7	Stein (Chemnitztal)		
4,1	Göritzhain		
0,0	(32,0) Wechselburg	>Penig	
31,2	(35,7) Steudten		
34,8	(39,2) Rochlitz (Sachs)	>Waldheim, Großbothen, Altenburg	
Chemnitz-Roßwein		**417**	**Norm, Chemnitz-Niederwiesa EL**
79,6	Chemnitz Hbf	[Karl-Marx-Stadt Hbf]	>Aue, Rochlitz, Wüstenbrand, Stollberg
	...		
34,45	(71,3) Niederwiesa	>Flöha	
33,89	Braunsdorf-Lichtenwalde		
	(Harras-Tunnel 0,0858)		
31,12	Frankenberg (Sachs) Süd	[Gunnersdorf]	
29,09	Frankenberg (Sachs)		
26,28	Dittersbach (b Frankenberg/ Sachs)		
19,9	Hainichen		
	Kratzmühle		
12,4	Berbersdorf		
9,3	Böhrigen		
	Grunau (Sachs)		
0,0	Roßwein	>Döbeln, Nossen	
Chemnitz-Stollberg		**418**	**Norm**
0,0	Chemnitz Hbf	[Karl-Marx-Stadt Hbf]	>Wüstenbrand, Flöha, Rochlitz, Mittweida

km	Bahnhof	Frühere Namen	Anschlüsse
	Abzw.	>Wüstenbrand	
37,96	(2,0) Chemnitz Süd	[Karl-Marx-Stadt Süd]	>Meinersdorf
37,6	Abzw.	>Meinersdorf	
36,4	Chemnitz Werkstoffhandel		
	Chemnitz Stadtpark	[Karl-Marx-Stadt Stadtpark] [Altchemnitz]	
35,0	Chemnitz Motorenwerk		
33,23	Chemnitz Zwönitzbrücke	[Karl-Marx-Stadt Zwönitzbrücke]	[Oberaltchemnitz]
32,5	Chemnitz Riemenschneiderstraße		
31,47	Chemnitz Harthau	[Karl-Marx-Stadt Harthau]	[Harthau (b Chemnitz)]
	(Harthauer Tunnel 0,046)		
29,5	Klaffenbach Hp		
28,81	Neukirchen-Klaffenbach		
27,09	Adorf (Erzgeb)		
25,8	Jahnsdorf (Erzgeb)		
25,4	Jahnsdorf Gewerbegebiet		
23,08	Pfaffenhain		
19,04	Niederdorf (Erzgeb)		
18,2	Niederdorf Gewerbegebiet		
18	Abzw.	>Neuoelsnitz	
17,3	Stollberg (Sachs) Schlachthofstraße	>Neuoelsnitz	
16,59	Stollberg (Sachs)	>Zwönitz	
Chemnitz-Wüstenbrand			**Norm**
76,52	Chemnitz Hilbersdorf	[Karl-Marx-Stadt Hilbersdorf]	[Hilbersdorf (Sachs)] >Flöha
0,0	Abzw.	>Chemnitz Furth	
0,5	Küchwald		
	Abzw.	>Wittgensdorf	
2,0	Chemnitz Borna	[Karl-Marx-Stadt Borna]	
4,56	Chemnitz Altendorf	[Karl-Marx-Stadt Altendorf]	[Chemnitz Altendorf Nord]
6,19	Chemnitz Rotluff	[Karl-Marx-Stadt Rotluff]	
9,05	Niederrabenstein		
9,8	Grüna (Sachs) ob Bf	[Obergrüna]	>Limbach
12,14	Wüstenbrand	>Neuoelsnitz, Chemnitz, St Egidien	
Chemnitz Altendorf/ Rotluff Ziegelei		**Werkbahn**	**Sm 600**
0,0	Chemnitz Altendorf Ziegelei	[Karl-Marx-Stadt Altendorf Ziegelei]	
	Chemnitz Rotluff Ziegelei	[Karl-Marx-Stadt Rotluff Ziegelei]	
2	Grubengelände		
Chemnitz Feldbahnmuseum			**Sm 600**
Chemnitz Hartmannwerk		**Werkbahn**	**Norm/ Sm 915**
Chemnitz Pioniereisenbahn		**Parkeisenbahn (Ringbahn)**	**Sm 600**
0,0	Junges Leben	[Küchwaldwiese]	
0,4	Abzw.	>1,8 Betriebswerk	
1,2	Tennisplatz Bk		
2,3	Junges Leben	[Küchwaldwiese]	
Chemnitz Stadtwerke		**Werkbahn**	**Norm**
	Chemnitz Stadtwerke	[Karl-Marx-Stadt Stadtwerke]	
(Coburg-Rodach)		**DB**	**Norm**
0,0	*Coburg*	>Eisfeld, Sonneberg, Creidlitz	
2,0	*Coburg Neuses*	[Neuses]	
4	*Beiersdorf (b Coburg)*		
6,1	*Wiesenfeld (b Coburg)*		
7,8	*Meeder*		
11	*Kleinwalbur*	[Klein Walbur]	
12,2	*Großwalbur*	[Groß Walbur]	
16	*Schweighof*		
17,7	*Bad Rodach*	[Rodach (b Coburg)]	
Coswig Spannbetonwerk		**Werkbahn**	**Sm 600**
0,0	Coswig (Bz Dresden) Spannbetonwerk		
0,4			
Cottbus-Falkenberg-Leipzig		**210**	**Norm, EL**
173,9	Cottbus	[Chosebuz]	>Forst, Spremberg, Straupitz, Guben, Grunow
171,4	Cottbus W 10 Abzw.	>Lübbenau	
170,9	Cottbus Cfw Abzw.	>Cottbus Gbf	

km	Bahnhof		
168,3	Kolkwitz Süd	[Golkojce jug]	
	Glinzig Bk		
160,4	Eichow	[Dubje]	
	(Greifenhainer Fließbrücke)		
150,0	Calau (Niederlaus)	[Kalawa]	>Lübbenau, Senftenberg
	Cabel		
142,2	Gollmitz (Niederlaus)		
135,0	Lindthal Abzw.	>Großräschen	
128,0	Finsterwalde (Niederlaus)	>Senftenberg, Luckau	
122,2	Betriebsbf Hennersdorf (Kr Finsterwalde)	[Hennersdorf (Kr Luckau)]	[Hennersdorf (Kr Finsterwalde)]
120,6	Hennersdorf West Abzw.	>Uckro	
117,6	Doberlug-Kirchhain unt Bf	[Dobrilugk-Kirchhain]	>Elsterwerda, Berlin
	Abzw.	>Uckro	
	(Kleine Elsterbrücke)		
	Anschl.	>Bundeswehr	
110,6	Schönborn (b Doberlug)		
108,9	Tröbitz		
106	Abzw.		
103,0	Beutersitz		
	(Schwarze Elsterbrücke)		
100	*(Rbd-Grenze)*		
98,5	(3,4) Uebigau		
96,3	(2,6) Falkenberg (Elster) ob Bf W 11	>Herzberg	
	Abzw.	>Elsterwerda	
95,1	(1,5) Falkenberg (Elster) ob Bf		
88,5	Rehfeld (b Falkenberg/ Elster)	[Rehfeld (b Torgau)]	
82,3	Beilrode	[Zschackau]	
87,7	Torgau Et		
	(Elbebrücke 0,35)		
77,2	Torgau	>Torgau Hafen	>Pretzsch
	Abzw.	>Belgern	
69,7	Klitzschen		
63,5	Mockrehna	>Gneisenaustadt Schildau	>Anschl.
59	Abzw.		
58,1	Doberschütz	>0,0 Strelln (4,0)	
51,7	Eilenburg Ost Hp		
|	(36,1) Eilenburg Ost	[Kültzschau]	>Pretzsch, Wurzen
	(Muldebrücke)		
49,3	(23,6) Eilenburg		
	Abzw.	>Krensitz, Delitzsch	
19,2	Wölpern		
15,6	Jesewitz (b Leipzig)		
13,1	Pönitz (b Leipzig)		
	(Parthebrücke)		
9,1	Taucha (b Leipzig)		
7,0	Leipzig Heiterblick Abzw.	>Leipzig Schönefeld	
	(11,0 Güterringbrücke)		
4,7	Leipzig Thekla		
	Abzw.	>Leipzig Mockau	
0,0	Leipzig Hbf	>Halle, Gaschwitz, Wurzen, Plagwitz	
Cottbus-Forst-(Teuplitz)		**206, PKP**	**Norm**
0,0	Cottbus	[Chosebuz]	>Calau, Guben, Spremberg, Senftenberg, Straupitz
2,2	Cottbus Sandow	>Eliaspark	
2,5	Cottbus Heizkraftwerk		
	Haasow		
13,8	Klinge	[Glinka]	
	Abzw.	>Guben	
22,0	Forst (Laus)	[Barsc (Luzyca)]	>Forst Stadtbahn
	(Neißebrücke)		
23,6	*(Grenze)*		
	Großbademeusel	[Zasieki] [Skurum]	
	Teuplitz	[Tuplice]	>Weißwasser, Lubsko
Cottbus-Goyatz		**Pferdebahn**	**Norm**
	Cottbus Großenhainer Bf		
0,0	Cottbus Berliner Straße Nr. 129/ 130		
	Fehrow		
	Byhlen		
	Butzen		
	Mochow		
31,27	(30,7) Goyatz		

km	Bahnhof		
Cottbus-Spremberg-Hoyerswerda		**207**	**Norm**
114,7	Cottbus	[Chosebuz]	>Calau, Guben, Straupitz, Forst, Grunow
119,9	Kiekebusch (b Cottbus)	[Kibus]	
124,6	Neuhausen (b Cottbus)	[Kopance]	
128,4	Bagenz	[Bagenc]	
138,9	Spremberg	[Grodk]	>Spremberger Stadtbahn
142,3	(20,3) Betriebsbf Graustein		
	Abzw.	>Weißwasser	
18,4	Nochten		
	Abzw.	>Boxberg	
12,1	Spreewitz Nord Abzw.		
|	(12,3) Spreewitz	[Sprjejce]	>Schwarze Pumpe
9,7	Spreewitz Süd Abzw.		
45,6	Weißkollm	[Bely Cholmc]	
32,8	(3,7) Weißkollm Abzw.	>Bautzen, Uhyst	
49,5	(66,5) (4,1) Knappenrode	[Hornikecy]	
53,5	(70,2) Hoyerswerda Neustadt	[Wojerecy Nowe Mesto]	
56,1	(72,8) Hoyerswerda	[Wojerecy]	>Bautzen, Bluno
Cottbus Pioniereisenbahn		**Parkeisenbahn**	**Sm 600**
0,0	Eliaspark	[Freundschaft]	>Lokschuppen
	Pionierlager Otto Grotewohl		
1,1	Zoo		
2,1	Friedenseiche	>Wendeschleife	
2,623	Branitz		
3,4	Sandower Dreieck	>Cottbus, Forst	
Cranzahl-Oberwiesenthal		**169r, 424**	**Sm 750**
0,0	Cranzahl	>Bärenstein, Annaberg-Buchholz	
2,7	Unterneudorf		
4,5	Neudorf (Erzgeb)		
	(Sehmabrücke)		
6,0	Vierenstraße		
8,0	Kretscham-Rothensehma		
10,5	Niederschlag		
13,6	Hammerunterwiesenthal		
15,1	Unterwiesenthal		
	(Oberwiesenthaler Viadukt)		
17,4	Kurort Oberwiesenthal	>Fichtelberg	
Cretzschwitz Dachziegelwerk		**Werkbahn**	**Sm 600**
	Cretzschwitzer Dachziegelwerk	[Reußengrube]	>Söllmnitz
Crimmitzschau-Schweinsburg			**Norm**
0,0	Crimmitzschau	>Altenburg, Werdau	
	Crimmitzschau Wahlen		
3,6	Schweinsburg		
Crimmitzschau Ziegelei		**Werkbahn**	**Sm 600**
Crispendorf Pioniereisenbahn		**Parkeisenbahn**	**Sm 600**
Crossen Zellstoffwerk		**Werkbahn**	**Sm 600**
Culmitzsch Tagebau		**Grubenbahn**	**Sm 600**
	Culmitzsch Tagebau		
	Culmitzsch	[Mücke]	>Gauern
Culmitzsch Tagebau		**Grubenbahn**	**Sm 900**
	Culmitzsch Tagebau		
	Kleinkundorf		
Cunnersdorf Baustoffwerk		**Werkbahn**	**Sm 600**
	Cunnersdorf	>Straßgräbchen-Bernsdorf, Kamenz	
	Cunnersdorf Steinbruch		
Cunnersdorf Tongrube		**Werkbahn**	**Sm 600**
Dahme-Görsdorf-Drahnsdorf			**Sm 750**
0,0	Dahme (Mark)	>Luckenwalde	
2	Rosenthal (Mark)		
3,5	Zagelsdorf		
5,9	Schäferei		
6,3	Mühle Görsdorf		
7,2	Görsdorf		
15	Drahnsdorf	>Zossen, Uckro	
Dahme-Hohenseefeld-Luckenwalde		**107h**	**Sm 750**
0,0	Dahme (Mark)	>Görsdorf	
1,95	Niendorfer Weg		
4	Niendorf		
7,67	Ihlow		
10,87	Hohenseefeld	>Jüterbog	
15,16	Heinsdorf-Niebendorf	[Heinsdorf]	
18,57	Wahlsdorf		
21,7	Petkus Ziegelei		
23,29	Petkus		
25,82	Liessen		
28,7	Stülper Forst	[Brand]	
30,9	Stülpe		
31,6	Oberförsterei Stülpe		

33,8	Forsthaus Holbeck		
35,1	Holbeck		
37	Abzw.	>Rehagen-Klausdorf	
38,76	Jänickendorf	>Jüterbog, Zossen	
41,5	Wasserwerk		
42,5	Kolzenbürger Weg		
43,9	Elsthal		
44,9	Luckenwalde Süd	[Luckenwalde Stadtbad]	
46	Luckenwalde	>Jüterbog, Genshagener Heide	
Dalliendorf Ziegelei		**Werkbahn**	**Sm 600**
Dargezin-Züssow			**Sm 750**
0,0	Dargezin	>Greifswald, Jarmen	
2,1	Fritzow (Kr Greifswald)		
3,5	Kölzin Weiche		
5,4	Gribow		
7,8	Ranzin		
11,4	Züssow Landesbf		
Dargibell-Ducherow			**Sm 600**
0,0	Dargibell	>Uhlenhorst, Anklam	
4,1	Agneshof		
6,9	Ducherow Kleinb	>Anklam, Pasewalk, Swinemünde	
Dedelow-Fürstenwerder		**113c, 122h, 926**	**Norm**
0,0	(0,6) Dedelow	>Prenzlau, Strasburg	
2,8	Falkenhagen (Uckerm)		
4,04	Friedenshof		
6,2	Rittgarten		
9,03	Augustfelde		
10,58	Kraatz		
13,51	Wilhelmshayn		
15,78	(22,4) Fürstenwerder	[Fürstenwerder Kreisb]	>Fährkrug
Delitzsch Gbf-Delitzsch unt Bf		**Verbindungsbahn**	**Norm, EL**
25,8	(34,7) Delitzsch Gbf	>Halle, Eilenburg	
60,4	(37,3) Delitzsch unt Bf	>Bitterfeld, Leipzig	
Delitzsch West-Delitzsch Stadt		**180e, 183a, 178f**	**Norm**
0,0	Delitzsch West	>Delitzsch ob Bf, Krensitz	
1,2	Delitzsch Ah Abzw.	>Leipzig	
2	Delitzsch Süd		
3	Delitzsch Stadt		
Delitzsch Zuckerfabrik		**Werkbahn**	**Norm**
	Delitzsch West	>Rackwitz, Delitzsch Stadt	
	Delitzsch Zuckerfabrik		
Demitz=Thumitz Granitwerk		**Werkbahn**	**Sm 600**
	Steinbearbeitung		
	Abzw.	>Waage	
	Abzw.	>Lokschuppen	
	Abzw.	>Seilbahnverladung	
	Schüttrampe		
	Bahnverladung		
	Demitz-Thumitz Bf	>Görlitz, Dresden	
	Förderbandverladung		
	Abzw.	>Werkstatt	
	Abzw.	>Schmiede	
0,0	Sammelbf		
1,5	Steinbruch		

Gesamtnetzlänge 8 km.

Demmin-Altentreptow		**121k, 126f**	**Sm 750**
0,0	Demmin Landesbf	>0,0 Demmin Peenehafen (2,4) 3schienig	>Grimmen, Neubrandenburg, Metschow
4,9	Eugenienberg		
6,34	Siedenbrünzow	>Tutow	
8,8	Vanselow		
10,8	Schmarsow	>Jarmen	
13,2	Osten (Pommern)		
16,7	Alt Tellin		
17,7	Siedenbüssow		
21,2	Daberkow (Pommern)		
22,4	Hedwigshof		
24	Pritzenow		
26,1	Bartow		
26,6	Wüstenberg		
27,2	Groß Below		
29,7	Breest		
34,7	Kölln (Pommern)		
36,5	Wodarg		
38,7	Siedenbollentin		
41	Werder (Kr Demmin)		
43,2	Grischow (Kr Demmin)		
46,4	Grapzow		
50,6	Altentreptow Landesbf	[Treptow a d Tollense]	>Oranienburg, Stralsund, Metschow
Demmin-Bredenfelde			**Sm 750**
0,0	Demmin Landesbf	>0,0 Demmin Peenehafen (2,4) 3schienig	>Grimmen, Neubrandenburg, Tutow, Schmarsow
	(Tollensebrücke)		
4,8	Lindenfelde (b Demmin)		
7,4	Lindenhof (b Demmin)	[Vorwerk]	
9,8	Pentz		
10,7	Metschow	>Altentreptow	
13,1	Borrentin		
15,1	Gnevzow		
16,5	Wolkwitz		
19	Alt Sommersdorf		
20,6	Neu Sommersdorf		
23,4	Grammentin		
25,6	Grammentin Holzverladestelle		
27,4	Wüstgrabow		
30,3	Stavenhagen Anschlußbf	*(siehe Stavenhagen-Pribbenow)*	>Stavenhagen Zuckerfabrik
31,4	Stavenhagen Landesb	[Stavenhagen Stadt]	
33,4	Neubauhof		
35,5	Pribbenow (b Stavenhagen)	*(siehe Stavenhagen-Pribbenow)*	
36,6	Rottmannshagen Weiche		
38,2	Rottmannshagen		
39,4	Zettemin Haltestelle	[Zettemin]	
40 ?	Zettemin Ladestelle		
42,3	Rützenfelde		
46,3	Mittelhof		
47,5	Kittendorf		
	Klausdorf (b Stavenhagen)		
50,1	Neu Bredenfelde		
51,1	Bredenfelde (b Stavenhagen)		
Demmin-Demmin Hafen			**Sm/ Norm**
0,0	Demmin	>Grimmen, Neubrandenburg	>Metschow, Tutow, Schmarsow
0,212	Abzw.	>Demmin Gemüsehalle (0,265)	
0,9	Demmin Kleinb		
2	Demmin Hafen		
Demmin-Tutow			**Norm**
0,0	Demmin	>Grimmen, Neubrandenburg, Metschow	
6,1	Siedenbrünzow Umspannwerk	[Umspannwerk (b Demmin)]	>Altentreptow
13,5	Tutow		
Dennin-Drewelow		**122r**	**Sm 600**
0,0	Dennin	>Friedland, Jarmen	
2,7	Spantekow		
4,6	Drewelow		
Dessau-Bitterfeld		**720**	**Norm, EL**
22,96	Dessau Hbf	>Roßlau, Wörlitz	
	Anschl.	>Raw Dessau	
	Dessau DRKB	>Radegast	
27,28	Dessau Süd		
29,6	Haideburg	>Haideburg Betrbf	
31,7	*(Rbd-Grenze)*		
34,3	Marke	>Anschl. Umspannwerk	
37,71	Raguhn		
40,9	Jeßnitz (Anh)		
	(Fuhnebrücke)		
43,31	Wolfen (Kr Bitterfeld)	>Anschl. Chemiepark	>Wolfen Thalheim
45,49	Greppin		
	Abzw.	>Grube Antonie, Stumsdorf	
48,51	Bitterfeld	>Halle, Leipzig, Wittenberg	
Dessau-Köthen		**690**	**Norm**

0,0	Dessau Hbf	>Roßlau, Wörlitz, Bitterfeld	
	Abzw.	>Dessau Kienheide	
3,42	Dessau Alten		
	Anschl.	>Industrie- und Gewerbegebiet	
6,75	Dessau Mosigkau	[Mosigkau]	
9,01	*(Rbd-Grenze)*		
	Reppichau Bk		
13,43	Elsnigk (Anh)	>Anschl. Zuckerfabrik	
15,56	Osternienburg		
19	Abzw.	>Aken	
21,18	Köthen	[Cöthen]	>Güsten, Halle, Schönebeck
│	Cöthen Berlin-Halberstädter Bf	>Bernburg	
Dessau-Radegast		**152p, q, r**	**Sm 750**
0,0	Dessau DRKB	>Dessau, Bitterfeld	
0,8	Dessau Kochstedter Straße		
5,05	Kochstedt (Kr Dessau)		
9,1	Diesdorf-Libbsdorf		
11,9	Quellendorf		
12	*(Rbd-Grenze)*		
15,6	Hinsdorf		
18,8	Capelle	[Salzfurtkapelle]	
20,3	Wehlau (Anh)		
22,3	Zehbitz		
24,5	Zehmitz		
26,2	Radegast	>Zörbig, Köthen	>Radegast Zuckerfabrik, Brauerei
Dessau-Roßlau		**Überland-straßenbahn**	**Norm**
0,0	Dessau Bahnhof	>Köthen, Bitterfeld, Wörlitz	
	Ferdinand von Schill-Straße		
	Katholische Kirche		
	Goethestraße		
	Rosenhof	[Rosenhäuschen]	
	Elbhaus		
	Elbzollhaus		
	(Muldebrücke)		
	(Elbebrücke)		
	Roßlau (Elbe) Ausweiche		
	Loeper Straße		
12,3	Roßlau (Elbe) Markt		
Dessau-Wörlitz-Gohrau=Rehsen		**203b, 721**	**Norm**
-0,4	Dessau Hbf	>Roßlau, Köthen, Bitterfeld	
│	(0,0) Dessau Wörlitzer Bf	[Dessau D Wörl E]	
1,9	Anschl.	>Waggonfabrik	
2,4	Anschl.	>Dessau Schlachtbetrieb	[Dessau Viehhof]
	(Muldebrücke 0,261)		
3	*(Jonitzer Brücke)*		
3,4	Anschl.	>Kreisbau Dessau	
3,99	Dessau Waldersee	[Waldersee] [Jonitz]	>Jonitzer Mühle
4,2	Anschl.	>Abus Werk IV	
5	Dessau Ost	[Mildensee West]	
5,7	*(Scholitzer Brücke 0,048)*		
6,47	Dessau Mildensee	[Mildensee] [Dellnau]	
7,8	Dessau Adria	[Mildensee Waldbad] [Dessau Waldbad]	
8,25	*(Wildgatterbrücke I 0,006)*		
8,5	Anschl.	>Kapen	
9,2	Anschl.	>Kapen	
9,3	Anschl.	>Chemiewerk Kapen	
9,4	Kapen	[Haide] [Kapen Biosphärenreservat]	>Gewerbepark
9,5	Anschl.	>Chemiewerk Kapen	
12,9	*(Wildgatterbrücke II 0,006)*		
13,0	Kr Abzw.	>Zschornewitz, Vockerode	
13,87	Oranienbaum (Anh)		
	(Kapengrabenbrücke 0,007)		
16	Horstdorf		
18,7	Wörlitz		
21,98	Riesigk		
24,04	Gohrau-Rehsen		

Deuben BKK		**Werkbahn**	**Sm 900, EL**
	Deuben BKK	[Grube Marie]	
Deuben BKK		**Werkbahn**	**Norm**
	Deuben BKK	[Grube Marie]	
Deuben Ziegelei		**Werkbahn**	**Sm 600**
Deutzen-Phönix		**Grubenbahn**	**Sm 900, EL**
	Deutzen	>Borna, Regis Breitingen	
	Großhermsdorf	>Heuersdorf	
	Wildenhain		
	Lucka (Kr Altenburg)	>Meuselwitz, Groitzsch	
	Prößdorf		
	Grube Phönix	>Mumsdorf	
Dietlas-Menzengraben Kaliwerk		**Werkbahn**	**Norm?**
0,0	Dietlas Kaliwerk	>Dorndorf, Kaltennordheim	
2,5	Menzengraben Kaliwerk	>Dorndorf, Kaltennordheim	
Döbeln Zuckerfabrik		**Werkbahn**	**Sm 750**
	Döbeln Zuckerfabrik	>Döbeln Nord	
Doberlug=Kirchhain-Chemnitz		**400, 323**	**Norm, EL**
102,7	Doberlug-Kirchhain ob Bf	[Dobrilugk-Kirchhain]	>Falkenberg, Finsterwalde
108,9	Rückersdorf-Oppelhain	[Rückersdorf (Niederlaus)]	
116,5	Hohenleipisch		
120,1	(18,9) Elsterwerda		
	(Schwarze Elsterbrücke)		
	Abzw.	>Großenhain	
17	*(Rbd-Grenze)*		
16,6	Prösen		
14,8	Prösen West		
	(Röderbrücke)		
12,2	Gröditz (b Riesa)	>Anschl. Stahlwerk	
9,3	Tiefenau		
6,3	Wülknitz	>Anschl. Wülknitz Oberbauwerk	
2,3	Rohrwerk Zeithain	[Zeithain Rohrwerk]	
1,0	Zeithain		
0,0	(142,0) (69,6) Zeithain Bogendreieck Abzw.	>Priestewitz	
0,0	(142,0) (68,3) Röderau Bogendreieck Abzw.	>Falkenberg, Neuburxdorf	
	(Elbebrücke)		
0,0	Riesa	[Riesa Chemnitz-Riesaer Bf]	>Oschatz, Riesa Hafen
0,9	Riesa Stw 4 Abzw.	>Lommatzsch, Nossen	
5,7	Seerhausen		
9,5	Stauchitz		
15,2	Ostrau		
	(Ostrauer Viadukt 0,1586)		
18,8	Zschaitz		
	Döbeln Gärtitz	[Gärtitz]	>Mügeln, Lommatzsch
	Döbeln Nord	[Bauchlitz] [Großbauchlitz]	
	(Bauchlitz Muldebrücke 0,098)		
25,4	Döbeln Hbf	[Döbeln]	>Großbothen, Roßwein
28,8	Limmritz (Sachs)		
	(Saalbachtunnel 0,128)	[Limmritzer Tunnel]	
	(Limmritz Zschopaubrücke 0,29115)		
	(Saalbacher Viadukt 0,083)		
	(Steinaer Viadukt 0,22545)		
31,6	Steina		
	(Kummermühlenviadukt 0,1037)		
34,93	Waldheim	>Rochlitz, Kriebethal	
	(Diedenmühlentalbrücke 0,2093)	[Diedenmühlenviadukt]	
35,8	*(Pfaffenbergtunnel 0,17)*		
	(Heiligenborntalbrücke 0,21185)	[Heiligenbornviadukt]	
37,99	Reinsdorf Bk		
	(Neu Milkauer Viadukt 0,06885)		
	(Crossener Viadukt 0,1385)		
41,59	Schweikershain		

km	Bahnhof		
45,39	Erlau (Sachs)		
48,08	Mittweida	>Ringethal, Dreiwerden	
	(Altmittweidaer Viadukt 0,08895)		
50,07	Altmittweida		
53,95	Ottendorf (b Mittweida)		
	(Ottendorfer Viadukt 0,1133)		
57,09	Oberlichtenau		
59,76	Chemnitz Kinderwaldstätte	[Karl-Marx-Stadt Kinderwaldstätte]	
63,3	Chemnitz Furth	>Küchwald	
65,9	Chemnitz Hbf	[Karl-Marx-Stadt Hbf]	>Wüstenbrand, Flöha, Aue, Stollberg
Dohna Rütgerswerke		**Werkbahn**	**Sm 750**
	Dohna (Sachs)	>Heidenau, Altenberg	
	Dohna Rütgerswerke		
Dölitz-Grammow			**Norm**
0,0	Dölitz	>Teterow, Gnoien	
	Groß Nieköhr		
	Tessiner Chaussee		
	Samow		
	Viecheln		
	Nustrow		
	Grammow		
Döllstädt-Straußfurt		**642, 643**	**Norm**
0,0	(12,0) Döllstädt	>Erfurt, Bad Langensalza	
4,6	(16,68) Herbsleben		
	(Unstrutbrücke)		
9,2	(71,77) Bad Tennstedt	[Tennstädt]	
11,3	Kleinballhausen		
14,3	Schwerstedt (Unstrut)		
20,1	(32,2) Straußfurt	>Erfurt, Sömmerda, Greußen	
Dömitz-Ludwigslust-Holthusen		**772**	**Norm**
0,0	Dömitz	[Festung Dömitz]	>Dannenberg Ost, Berlin
5,3	Neu Kaliß	[Neu Kaliss]	
9,6	Malliß	>Lübtheen, Conow	
12,7	Göhren (Meckl)		
16,7	Eldena (Meckl)		
20,67	Eulenkrug		
23,9	Alt Karstädt		
26,6	Techentin		
26,82	Techentin Nord		
30,28	Ludwigslust	>Wittenberge, Hagenow, Parchim	
35,1	Wöbbelin		
39,27	Lüblow (Meckl)		
44,93	Rastow		
51,8	Sülstorf		
	Abzw.	>Hagenow	
56,8	Holthusen	>Schwerin	
Dommitzsch Ziegelei		**Werkbahn**	**Sm 600**
Dora=Mittelbau		**Werkbahn**	**Sm 600?**
0,0	Industriegelände Mittelwerk	>Niedersachswerfen	
3	Lebensmittelmagazin		
3,2	Küche		
3,5	Kohlenschuppen		
4	Anschl.	>Gerätekammer	
5	Kehre Wäscherei		
Dornburg Zementwerk		**Werkbahn**	**Norm**
15,23	Dornburg (Saale)	>Naumburg, Saalfeld	
14,3	Dornburg (Saale) Zementwerk		
Dorndorf-Kaltennordheim			**Sm 1000**
0,0	Dorndorf (Rhön)	>Bad Salzungen, Vacha	
2,6	Dietlas		
8,4	Lengsfeld		
10,8	Weilar		
13,8	Urnshausen		
17	Dermbach (Rhön)		
18,3	Glattbach		
20,8	Neidhardshausen		
22	Zella (Rhön)		
23,8	Diedorf		
24,5	Fischbach (Rhön)		
27,8	Kaltennordheim		

km	Bahnhof		
Dorndorf-Kaltennordheim		**632**	**Norm**
0,0	Dorndorf (Rhön)	>Bad Salzungen, Vacha	
2,95	Dietlas	>0,0 Dietlas Kaliwerk	
5,6	Menzengraben	>0,0 Menzengraben Kaliwerk (2,5)	
7,1	Stadtlengsfeld		
11,5	Weilar-Urnshausen		
13,9	Hartschwinden		
17,29	Dermbach (Rhön)		
21,8	Zella (Rhön)		
24,1	Diedorf-Fischbach		
	Anschl.	>Umpfen Basaltwerk	
27,8	Kaltennordheim		
Drei Annen Hohne-Brocken		**676**	**Sm 1000**
0,0	Drei Annen Hohne	[Drei Annen Hohne West]	>Nordhausen Nord, Wernigerode
3,54	Abzw. Knaupsholz	>Knaupsholz Granitwerke	
5,36	Schierke		
13,55	Goetheweg		
	(Eckernlochbrücke)		
18,9	Brocken		
Dresden-Arnsdorf		**304**	**Norm**
62,5	Dresden Hbf	[Böhmischer Bf]	>Bad Schandau, Freital
	...		
94,4	Dresden Klotzsche	[Klotzsche]	>10,6 Dresden Grenzstraße (13,5)
	Abzw.	>Straßgräbchen-Bernsdorf	
90,8	Langebrück (Sachs)		
85,6	Radeberg		
	(Große Röderbrücke)		
80,2	Arnsdorf (b Dresden)	[Arnsdorf (Sachs)]	>Kamenz, Bischofswerda, Dürröhrsdorf
Dresden-Dresden Flughafen			**Norm**
0,0	Dresden Klotzsche	[Klotzsche]	>Arnsdorf, Straßgräbchen-Bernsdorf
1,4	Dresden Klotzsche Bbf		
2,9	Dresden Grenzstraße		
	(Tunnel 0,596)		
	Dresden Flughafen		
Dresden-Freital		**Überlandstraßenbahn**	**1450**
	Dresden		
	...		
	Freital	[Deuben]	
Dresden-Plauen		**410, 305, 401**	**Norm, Dresden-Reichenbach EL**
0,0	Dresden Hbf	[Böhmischer Bf]	>Bad Schandau
	Dresden Albertsbf		
	Abzw.	>DD Mitte, DD Friedrichstadt	
1,7	Dresden Altstadt	>Dresden Kohlenbf, Altstadt Gbf	
2,9	Dresden Plauen		
3,8	Felsenkeller Bk	>Anschl. König Friedrich August Mühle	
	(Weißeritzbrücke)		
5,7	Freital Ost		
	Freital Birkigt	[Potschappel-Birkigt]	>Possendorf
	(Weißeritzbrücke)		
	(Weißeritzbrücke)		
6,8	Freital Potschappel	[Potschappel]	>Wilsdruff
8,7	Freital Deuben		
10,1	Freital Hainsberg	[Hainsberg (Sachs)]	>Kurort Kipsdorf
11,6	Freital Hainsberg West		
13,2	Tharandt		
	(Weißeritzbrücke)		
	(Weißeritzbrücke)		
	(Weißeritzbrücke)		
18,0	Edle Krone		
	(Weißeritzbrücke)		

km	Bahnhof		
	(Weißeritzbrücke)		
19	*(Edle Krone Tunnel 0,122)*		
	(Weißeritzbrücke)		
21,5	Seerenteich Bk		
25,4	Klingenberg-Colmnitz	>Frauenstein, Oberdittmannsdorf	
	(Viadukt 0,147)		
30,6	Niederbobritzsch		
	(Bobritzschtalviadukt 0,175)		
35,9	Muldenhütten	[Muldner Hütte]	
	(Muldeviadukt 0,196)		
	Abzw.	>Halsbrücke	
	Abzw.	>Holzhau	
39	Freiberg Bk		
40,1	Freiberg (Sachs)	>Nossen	
45,4	Kleinschirma		
	(Frankensteiner Viadukt 0,3485)	[Striegistalviadukt]	
49,8	Frankenstein (Sachs)		
52,1	Kaltes Feld Bk		
54,4	Memmendorf Bk		
57,2	Oederan		
59,1	Breitenau Bk		
61,6	Hetzdorf Bk		
61,8	*(Hetzdorfer Viadukt 0,344)*		
|	*(62,1) (Hetzdorfer Viadukt 0,326)*		
64,6	Falkenau (Sachs) Süd	[Falkenau (Sachs)]	
67,37	Flöha	>Pockau-Lengefeld, Wilischthal	
	(Zschopaubrücke)		
70,1	Niederwiesa Bk		
71,28	Niederwiesa	>Roßwein	
73,2	Ebersdorf Bk		
75,4	Chemnitz Hilbersdorf Stw A Bk	[Karl-Marx-Stadt Hilbersdorf Stw A Bk]	
76,52	Chemnitz Hilbersdorf	[Karl-Marx-Stadt Hilbersdorf]	[Hilbersdorf (Sachs)] >Küchwald
77,8	Chemnitz Nord Bk	[Karl-Marx-Stadt Nord Bk]	
79,73	Chemnitz Hbf	[Karl-Marx-Stadt Hbf]	
81,82	Chemnitz Süd	[Karl-Marx-Stadt Süd]	>Stollberg, Meinersdorf
82	Chemnitz Süd Bk	[Karl-Marx-Stadt Süd Bk]	
	(Chemnitzbrücke)		
82,85	Chemnitz Mitte	[Karl-Marx-Stadt Mitte]	
83,48	Chemnitz Kappel	[Karl-Marx-Stadt Kappel]	
85,53	Chemnitz Schönau	[Karl-Marx-Stadt Schönau]	[Chemnitz Nicolaivorstadt]
88,01	Chemnitz Siegmar	[Karl-Marx-Stadt Siegmar]	[Siegmar-Schönau]
91,25	Grüna (Sachs) Hp/ Bk	[Grüna (Sachs) unt Bf]	
94,31	Wüstenbrand	>Neuoelsnitz, Chemnitz, Limbach	
98,23	Hohenstein-Ernstthal	>Oelsnitz	
101,2	Hermsdorf Bk		
104,9	St Egidien	>Neuoelsnitz	
	(Lungwitzbachbrücke)		
107,8	Lobsdorf Bk		
112,1	Glauchau (Sachs)	>Penig	
	(Muldebrücke)		
114,1	Gösau Bk		
116,0	Glauchau-Schönbörnchen	[Schönbörnchen]	>Gößnitz
120,5	Mosel	>Industriebahn Mosel	>Ortmannsdorf
122,8	Oberrothenbach		
123,7	Niederhohndorf Bk		
125,8	Zwickau Pölbitz	>Industriebahn Mosel	>Anschl. Horch
128,4	Zwickau (Sachs) Hbf		
	Abzw.	>0,0 Industriebahn Mosel	>Mosel Volkswagenwerk
	Anschl.	>Segen Gottes Schacht	
130,7	Zwickau (Sachs) Hbf Stw B 13	>Zwickau Planitz, Lengenfeld	
132,8	Lichtentanne (Sachs)		
134,5	Steinpleis		
	(Römertalviadukt 0,2248)		
135,7	(0,0) Werdau Bogendreieck Zwickauer Spitze Abzw.	>Werdau	
136,3	(75,9) Werdau Bogendr. Neumarker Spitze Abzw.	>Werdau	
77,9	Römertal Bk		
80	Beiersdorf Bk		
82,2	Neumark (Sachs)	>Greiz	
87,1	Linde Bk		
91,0	Reichenbach (Vogtl) ob Bf	>Reichenbach Ost	
	(Göltzschtalbrücke 0,574)		
96,2	Netzschkau		
99,1	Limbach (Vogtl)		
101,6	Herlasgrün	>Falkenstein	
	Christgrün Bk		
105,9	Ruppertsgrün		
108,4	Jocketa		
109	*(43,7) (Elstertalbrücke 0,279)*		
110,0	Röttis		
111,7	Jößnitz		
116,1	Plauen (Vogtl) ob Bf	>Weischlitz, Mehltheuer	

Dresden-Schöna-(Decin)		**165, 306, 310, CSD**	**Norm, EL**
66,3	Dresden Neustadt	[Dresden Schlesischer Bf]	>Dresden Leipziger Bf
	(Marienbrücke)		
64,7	Dresden Mitte	[Dresden Wettiner Straße]	
64,4	Dresden Mitte Stw B 1	>Dresden Friedrichstadt	
63,9	Dresden Mitte Abzw.	>Dresden Friedrichstadt	
	(18,6) Dresden Freiberger Straße		
63,8	Dresden Hbf Abzw.	>Dresden Altstadt, Chemnitz	
63,4	Dresden Hbf Stw W 9	>Dresden Altstadt, Chemnitz	
62,5	(17,4) Dresden Hbf	[Böhmischer Bf]	
60,1	(15,0) Dresden Strehlen		
57,6	(12,5) Dresden Reick		
56,3	(11,2) Dresden Dobritz		
54,2	(9,1) Dresden Niedersedlitz	[Niedersedlitz]	>Kreischa
52,7	(7,6) Dresden Zschachwitz		
51,2	(6,1) Heidenau	[Mügeln (b Pirna)]	>Altenberg
	(Müglitzbrücke)		
49,9	(4,7) Heidenau Süd		
47,9	(2,8) Heidenau Großsedlitz		
	(Gottleubabrücke)		
45,4	(0,0) Pirna	>Gottleuba, Großcotta	>Dürröhrsdorf, Mockethal
40,6	Obervogelgesang (Kr Pirna)	[Obervogelgesang (Sächs Schweiz)]	
37,0	Stadt Wehlen (Sachs)	[Pötscha-Wehlen]	
33,9	Kurort Rathen (Kr Pirna)	[Kurort Rathen (Sächs Schweiz)]	
27,7	Königstein (Sächs Schweiz) Hp		
26,3	Königstein (Sächs Schweiz)	[Königsstein (Kr Pirna)]	
22,8	Bad Schandau	[Schandau]	>Sebnitz, Lichtenhainer Wasserfall
21,2	Krippen		
20,1	Bad Schandau Ost	[Krippen Vbf]	
15,6	Schmilka-Hirschmühle		
13,9	Schöna	[Schöna-Herrnskretschen]	
11,88	*(Schöna Grenze)*		
	Niedergrund (Elbe)	[Dolni Zleb]	
	Mittelgrund		
0,0	*Tetschen*	[Decin hl n]	>Aussig

Dresden-Straßgräbchen=Bernsdorf		**303**	**Norm, Dresden Hbf-Dresden Neustadt EL**
17,4	Dresden Hbf	[Böhmischer Bf]	>Bad Schandau, Freital
	...		
102,1	Dresden Neustadt	[Dresden Schlesischer Bf]	>Dresden Leipziger Bf
101,0	Dresden Neustadt Stw 1/ 4 Abzw.	>Dresden Neustadt Gbf	
100,0	Dresden Industriegelände Anst		

99,8	Dresden Industriegelände		
99	Anschl.		
97,9	Hellerau Bk		
94,4	(0,0) Dresden Klotzsche	[Klotzsche]	
94,0	(1,4) Dresden Klotzsche Bbf	>Dresden Grenzstraße	
	Abzw.	>Arnsdorf	
13	*(Rbd-Grenze)*		
14,1	(3,6) Weixdorf Bad		
15,5	(4,4) Weixdorf		
17,6	(6,5) Hermsdorf (b Dresden)		
19,1	(8,0) Ottendorf-Okrilla Süd		
20,5	(9,5) Ottendorf-Okrilla Hp		
21,6	(10,5) Ottendorf-Okrilla Nord		
28,5	(17,5) Laußnitz		
30,6	(19,5) Königsbrück		
32	Königsbrück Ost		
33,7	Weißbach (b Königsbrück)		
36,2	Schmorkau (b Königsbrück)		
40,5	(29,4) Schwepnitz		
45	Bulleritz-Großgrabe		
50,3	(39,2) Straßgräbchen-Bernsdorf (Oberlaus)	>Hohenbocka, Kamenz, Hoyerswerda	>Skaska
Dresden-Weinböhla		**302**	**Norm, EL**
0,0	Dresden Hbf	[Böhmischer Bf]	>Bad Schandau, Freital
	...		
63,9	Dresden Mitte Abzw.	>DD Neustadt	
0,0	Dresden Friedrichstadt Hp	[Dresden Berliner Bf]	>Dresden Friedrichstadt Raw
0,3	Dresden Friedrichstadt Gbf	[Dresden Werksbf]	>Dresden Hafen (3,1)
2,2	Dresden Cotta	[Cotta]	
	Briessnitz		
3,9	Dresden Kemnitz	[Kemnitz]	
5,4	Dresden Stetzsch	[Stetzsch]	
6,8	Cossebaude		
8,8	Niederwartha Pumpspeicherwerk		
9,0	Niederwartha	[Nieder Wartha]	
10,8	Radebeul Naundorf	[Naundorf]	>Coswig
12,0	Radebeul Az Abzw.	>DD Neustadt	
13,3	Neucoswig		
17,5	Weinböhla	>Großenhain	
Dresden-Weinböhla		**Überlandstraßenbahn**	**1450, EL**
0,0	Pillnitz		
	...		
	Dresden Zentrum		
	...		
	Radebeul West		
	...		
	Coswig (Bz Dresden)		
	...		
32,5	Weinböhla		
Dresden Großer Garten		**Parkeisenbahn**	**Sm 381**
0,0	Landwirtschaft		
	Kugelhaus		
	Haupteingang		
1,71	Bürgerwiese		
Mehrfacher Umbau der Strecke			
Dresden Klotzsche Feldbahngelände		**Museumsbahn**	**Sm 500/ 600/ 750**
Dresden Lockwitz Ziegelei		**Werkbahn**	**Sm 600**
0,0			
0,4			
Dresden Loschwitz-Dresden Oberloschwitz		**Schwebeseilbahn**	
0,0	Dresden Loschwitz		
0,2738	Dresden Oberloschwitz		
Dresden Loschwitz-Lingnerschloß		**Standseilbahn**	**Sm 825/ 1000 (zweigleisig)**
0,0	Dresden Loschwitz Lingnerpark		
0,09	Lingnerschloß		
Dresden Loschwitz-Weißer Hirsch		**Standseilbahn**	**Sm 1000**
0,0	Loschwitz Körnerplatz		
	Ausweiche		
0,563	Weißer Hirsch Bergbahnstraße		
Dresden Luga Ziegelei Asche		**Werkbahn**	**Sm 500**
0,0			
0,3			
Dresden Luga Ziegelei Ton		**Werkbahn**	**Sm 600**
0,0			
0,5			
Dresden Niedersedlitz Plattenwerk		**Werkbahn**	**Sm 600**

0,0			
0,2			
Dresden Pioniereisenbahn		**Parkeisenbahn**	**Sm 381**
0,0	Frohe Zukunft/ Fucikplatz	>Wendeschleife	
1,71	Freundschaft/ Zoo	>Wendeschleife	>Lokschuppen
	Frieden/ Carolasee	>Verbindung Aufbau	
	Aufbau/ Palaisteich	>Verbindung Frieden	
5,6	Einheit/ Karcherallee		
Dresden Tanklager Minol		**Werkbahn**	**Norm**
Dresden Torna Ziegelei		**Werkbahn**	**Sm 600**
0,0			
1,0			
Dresden Trümmerbahn		**Werkbahn**	**Sm 600**
Dresden Verkehrsbetriebe		**Werkbahn**	**Norm**
Drispeth Torfwerk		**Werkbahn**	**Sm 600**
Dröbel Zuckerfabrik		**Werkbahn**	**Sm 600**
	Dröbel Zuckerfabrik	>Breitenhagen, Kühren, Benburg	>Dröbel Steinbruch
Drosen Bergbaubetrieb		**Grubenbahn**	**Sm 600**
Dubring Steinwerke		**Werkbahn**	**Norm**
Dubring Steinwerke		**Werkbahn**	**Sm 600**
Ducherow-Usedom-(Swinemünde)		**65a, 122e, PKP**	**Norm**
163,0	Ducherow	>Pasewalk, Dargibell	
165	Abzw.	>Anklam	
	(Hubbrücke Karnin)		
	Karnin	[Carnin]	
179,1	Usedom		
	Stolpe (b Usedom)		
	Dargen	>Anschl. Mellenthiner Heide	
193,7	Kutzow		
194,5	Anschl.	>Flugplatz Heringsdorf	
196,7	Garz Bk		
198,7	Golm		
199,2	*(Grenze)*		
201,0	*(0,0) Swinemünde Hbf*	[Swinoujscie]	>Zinnowitz
0,3	*Abzw.*	>Swinemünde Westfähre	
3,3	*Swinemünde Seedienstbf*	[Swinemünde Landungsstelle]	>Anschl.
Ducherow Ziegelei		**Werkbahn**	**Sm 600**
0,0			
3,5			
(Duderstadt-Westerode-Göttingen)		**DB**	**Sm, Duderstadt-Westerode Norm/ Sm**
36,1	*(20,6) Duderstadt*	>Wulften, Leinefelde	
	(17,9) Westerode	>Duderstadt, Wulften	
	Nesselröden		
	Etzenborn		
	Weißenborn		
	Beienrode		
	Kerstlingerode		
17,6	*Rittmarshausen*		
	Wollmarshausen		
	Waterloo		
	Eichenkrug		
	Steinsmühle		
	Benniehausen		
	Klein Lengden		
	Diemarden Güterhaltestelle		
	Diemarden Personenhaltestelle		
	Diemarden Steinbruch		
	Garteschenke		
	Lindenkrug		
0,0	*Göttingen Kleinb*	[Göttingen Süd]	>Eichenberg, Hann. Münden, Northeim, Bodenfelde
Dürröhrsdorf-Arnsdorf		**312**	**Norm**
12,5	Dürröhrsdorf	>Pirna, Neustadt, Weißig-Bühlau	
14,9	Dittersbach (b Dürröhrsdorf)		
20,9	Arnsdorf (b Dresden)	[Arnsdorf (Sachs)]	>Klotzsche, Kamenz, Bischofswerda

km	Bahnhof		
Dürröhrsdorf-Weißig=Bühlau			**Norm**
0,0	Dürröhrsdorf	>Pirna, Neustadt, Arnsdorf	
2	Porschendorf (b Lohmen)		
5	Wünschendorf (b Lohmen)		
7	Eschdorf		
8	Schullwitz-Eschdorf		
11	Schönfeld (b Dresden)		
12	Cunnersdorf (b Helfenberg)		
14,6	Weißig-Bühlau		
Ebeleben-Mühlhausen		**647**	**Norm**
0,0	Ebeleben	>Hohenebra, Greußen, Keula	>Ebeleben Mischfutterwerk
	(Helbebrücke)		
	Ebeleben West		
4,2	Rockensußra		
6,35	Mehrstedt		
8,86	Schlotheim		
	(Wilde Grabenbrücke 0,018)		
12,29	Oesterkörner	[Oester-Körner]	
15,04	Körner	>Anschl. Ziegelei	
18,23	Grabe		
21,48	Bollstedt		
	(Unstrutbrücke 0,02)		
	Abzw.	>Bad Langensalza	
25,6	Mühlhausen Thomas-Müntzer-Stadt	[Mühlhausen MEE]	>Treffurt, Leinefelde, Bad Langensalza
Ebeleben Zuckerfabrik		**Werkbahn**	**Norm**
(Ebersdorf-Neustadt)		**DB**	**Norm**
0,0	*Ebersdorf (b Coburg)*	>Coburg, Lichtenfels	
	Frohnlach		
5,7	*Sonnefeld*		
7,8	*Weidhausen (b Coburg)*		
	Mödlitz		
	Leutendorf (b Coburg)		
17,8	*Hof-Steinach*		
	Weickenbach		
20,4	*Wörlsdorf-Hassenberg*		
	Fürth am Berge		
24	*(Grenze)*		
25,7	Heubisch-Mupperg		
27	*(Grenze)*		
28,7	*Neustadt Süd*	>Anschl. Rolly-Toys	
30,2	*Neustadt (b Coburg)*	>Coburg, Sonneberg	
Eberswalde-Finow			**Norm**
45,2	Eberswalde Hbf	>Finowfurt, Wriezen, Bernau	
	Abzw.	>Britz	
	Finow (Mark)		
	Finow Walzwerk		
Eberswalde-Finowfurt		**122a**	**Norm**
-1,1	Eberswalde Hbf	>Britz, Wriezen, Bernau	
0,0	Eberswalde West	[Eberswalde Westend] [Eberswalde Kleinb]	>Spechthausen
1,62	Abzw.	>0,0 Umladebf (1,1)	[Eberswalde Umschlagstelle]
1,83	Eisenspalterei		
	Eberswalde Ardeltwerke		
4,8	Abzw.	>0,0 Kraftwerk (1,0)	
4,85	Finow (Mark)	[Heegermühle]	
6,18	Abzw.	>0,0 Messingwerk (2,5)	
7,88	Finowfurt Ost	[Finow (Mark) Süd]?	
8,66	Finowfurt	[Schöpfurth]	
Eberswalde-Spechthausen		**122a**	**Norm**
0,0	Eberswalde West	>Finowfurt	
	Abzw.	>Eberswalde Hbf	
0,28	Wasserfall		
2,2	Spechthausen		
Edderitz-Gröbzig		**Werkbahn**	**Norm**
0,0	Edderitz Gp Abzw.	>Köthen, Güsten	
6	Edderitz	>Grube Leopold	
8	Gröbzig Betonwerk		
Ehrenfriedersdorf Zinngrube		**Werkbahn**	**Sm 600**
Eibau-Mittelherwigsdorf		**250**	**Norm**

km	Bahnhof		
23,5	Eibau	>Ebersbach, Zittau	
19,7	Leutersdorf		
15,5	Seifhennersdorf		
13,7	*(Grenze)*		
12,3	*Altwarnsdorf*	[Stary Varnsdorf]	
10,1	*Warnsdorf*	[Varnsdorf (Red. Praha)]	>Teichstadt
9,7	*(Großschönau Grenze)*		
7,5	Großschönau (Sachs)		
3,7	Hainewalde		
0,2	Mittelherwigsdorf (Sachs)	>Zittau, Oberoderwitz	
Eibenstock ob Bf-Eibenstock unt Bf		**442**	**Norm**
0,0	Eibenstock unt Bf	>Schwarzenberg, Schönheide	
3,15	Eibenstock ob Bf		
Eibenstock Talsperrenbaustelle		**Werkbahn**	**Sm 750**
(Eichenberg-Eschwege West)		**DB**	**Norm, EL**
227,3	*Eichenberg*	>Heiligenstadt, Kassel, Göttingen	
	(Grenze)		
	(Bebenroth-Tunnel 0,934)		
220,8	Werleshausen		
	(Oberriedener Viadukt)		
	(Schürzenberg-Tunnel 0,173)		
	(Grenze)		
218,3	*Oberrieden*	[Ober-Rieden]	
212,5	*Bad Sooden-Allendorf*	[Sooden-Allendorf]	
205,5	*Albungen*		
201,6	*Eschwege West*	[Niederhone]	>Eschwege, Bebra
Eichow Tonbahn		**Werkbahn**	**Sm 600**
0,0			
0,5			
Eilenburg-Halle		**216**	**Norm, EL**
49,5	Eilenburg	>Wittenberg, Wurzen	
	Abzw.	>Leipzig	
44,8	Schanzberg		
	Cospa		
	Abzw. Kospa	>Mörtitz	
41,6	Kämmereiforst	>Anschl.	
35,8	Krensitz	>Krostitz, Delitzsch Süd	
32,66	Hohenroda	>Hohenroda Flughafen	
26,82	Delitzsch ob Bf	[Delitzsch Sor Bf] [Delitzsch HSG]	
25,8	Delitzsch Gbf		
	Delitzsch Südwest	>Hayna	
20,99	Kyhna		
18,37	Klitschmar		
14,41	Landsberg (b Halle/ Saale) Süd	[Gollma]	
11,82	Reußen		
9	Abzw. Zwebendorf	>Hohenthurm	
6,57	Peißen		
	(157,0) Ab Abzw.	>Bitterfeld, Köthen	
	Betriebsbf As		
	(158,2) Am Abzw.	>Halle (Saale) Gbf (160,7)	
0,0	Halle (Saale) Hbf	[Halle (Saale) Pbf]	>Wallwitz, Hettstedt, Merseburg, Röblingen
Eilenburg-Pratau		**215**	**Norm**
38,5	Eilenburg	>Halle, Wurzen, Delitzsch	
	Abzw.	>Eilenburg Steinaue, Sprotta	
36,1	Eilenburg Ost	[Kültzschau]	>Cottbus
	Anschl.	>Getreidewirtschaft	
	Anschl.	>EBAWE	
34,0	Anschl.	>Kieswerk Sprotta	
	Anschl.	>Mörtitz Montagegleis	
31,7	Mörtitz	>Kospa	
29,3	Rotes Haus		
26,8	Laußig (b Düben)		
	Anschl.	>Laußig (b Düben) Kieswerk	
22,71	Pristäblich		

20,81	Bad Düben (Mulde) *(Schwarzbachbrücke)*	[Düben (Mulde)]	
14,28	Söllichau		
11,5	Abzw. Buche	>Mutterloser Berg	
	Abzw. Moschwig		
7,41	Bad Schmiedeberg Süd	[Moschwig]	
4,91	Bad Schmiedeberg	[Schmiedeberg]	
2,98	Bad Schmiedeberg Nord	[Splau]	
0,0	(18,44) Pretzsch	>Torgau	
13,94	Trebitz (Elbe)		
10,53	Globig		
8,18	Rackith (Elbe) Süd	[Bietegast]	
6,63	Rackith (Elbe)		
2,1	Eutzsch		
	Abzw.	>Bergwitz	
0,0	(98,3) Pratau	>Wittenberg	

Eilenburg-Wurzen		**164a, 503**	**Norm**
0,0	Eilenburg	>Halle, Wittenberg	
1,4	Eilenburg Ost		
1,8	*(Gleisende)*		
2,07	Eilenburg Süd		
5,3	Thallwitz		
9,02	(12,6) Collmen-Böhlitz		
	(9,3) Anschl.	>Röcknitz	
13,31	(8,3) Zschepa-Hohburg	>Anschl. Kaolingrube	
15,45	(6,1) Lüptitz		
	Anschl.	>Steinbruch Breiter Berg	
18,05	Wurzen Ost	[Roitzsch (b Wurzen)]	
21,58	(0,0) Wurzen	>Oschatz, Leipzig, Grimma	

Eilsleben-Schönebeck		**205f, 711**	**Norm**
25,3	Eilsleben (b Magdeburg)	[Eilsleben (Bz Magdeburg)]	>Helmstedt, Haldensleben
	Eilsleben (b Magdeburg) Gbf		
	Abzw.	>Magdeburg	
19,85	Eggenstedt		
17,61	Seehausen (Kr Wanzleben)		
12,65	Remkersleben		
10,32	Klein Wanzleben		
8,6	Wanzleben Zuckerfabrik		
4,29	Wanzleben (b Magdeburg)	[Wanzleben (Bz Magdeburg)]	
2,8	Blumenberg Westfalen AG		
0,0	(25,45) Blumenberg	>Oschersleben, Magdeburg	
	Abzw.	>Etgersleben	
19,84	Schwaneberg		
16,46	Altenweddingen		
13,23	Bahrendorf		
7,2	Welsleben		
3,4	Anschl.	>Sprengstoffwerk	
3	Schönebeck (Elbe) West		
0,0	Schönebeck (Elbe)	>Calbe, Staßfurt, Magdeburg	
1,6	Schönebeck (Elbe) Süd	>Schönebeck (Elbe) Hafen	

Eilsleben-Völpke-(Schöningen)		**DR, DB**	**Norm**
171,68	Eilsleben (b Magdeburg)	[Eilsleben (Bz Magdeburg)]	>Helmstedt, Magdeburg, Haldensleben
176,04	Badeleben		
179,48	Völpke (Kr Oschersleben)	[Völpke (Kr Haldensleben)]	[Völpke (Kr Neuhaldensleben)]
181,17	Völpke (Kr Oschersleben) Kohlensammelbf	[Völpke (Kr Haldensleben) Kohlensammelbf]	>Harbke
	Abzw.	>Tagebau	
183,977	*(Grenze)*		
	Buschhaus Kraftwerk		
	Offleben	>Offleben Kohlensammelbf	
189,0	*Schöningen Reichsb*	>Helmstedt, Jerxheim	

Eisenach-Förtha-Gerstungen-Vacha		**631**	**Norm**
0,0	Eisenach	>Gotha, Wartha	
3,88	Höpfen Bk *(Förthaer Tunnel 0,544)*		
7,91	(0,0) Förtha (Kr Eisenach)	[Epichnellen (Wilhelmsthal)]	
	Abzw.	>Bad Salzungen	
2,4	Abzw. Elte	>Bad Salzungen	
8,3	Dietrichsberg		
	Abzw.	>Wartha	
15,78	(0,0) Gerstungen	>Bebra	
	Berka (Werra)		
6,9	Dankmarshausen		
7,684	*(Grenze ist Gleisende)*		
	Widdershausen		
11,6	*Heringen (Werra)*	>Anschl. Herfagrund Heeresmunitionsantalt	
	Lengers		
18,3	*26,0) Heimboldshausen*	>Bad Hersfeld	
21,6	*Philippsthal (Werra)*	>Unterbreizbach	
	Philippsthal Süd	>Hattorf Kaliwerk	
22,45	*(Grenze ist Gleisende)*		
24,75	Vacha	>Dorndorf, Unterbreizbach	>Vacha Kaliwerk

Eisenach-Meiningen-Eisfeld		**630**	**Norm**
0,0	Eisenach	>Wartha, Wutha	
3,88	Höpfen Bk *(Förthaer Tunnel 0,544)*		
7,91	Förtha (Kr Eisenach)	[Epichnellen (Wilhelmsthal)]	
	Abzw. Gleisdreieck	>Gerstungen	
	Abzw. Gleisdreieck	>Gerstungen	
13,1	Marksuhl		
17,0	Ettenhausen an der Suhl	[Ettenhausen]	
20,0	Oberrohn *(Werrabrücke)*		
	Leimbach Abzw.	>Dorndorf	
2,2	Leimbach-Kaiseroda	>Merkers Kaliwerk	[Leimbach Kaiseroda Kaliwerk]
	Anschl		
26,7	(0,0) Bad Salzungen	[Salzungen]	
31,3	Immelborn	>Steinbach	
36,85	Breitungen (Werra)		
41,35	Wernshausen	>Schmalkalden, Trusetal, Brotterode	
44,99	Schwallungen		
	Schwallungen Bk		
48,5	Wasungen *(Werrabrücke)*		
54,9	Walldorf (Werra)		
	Anschl.	>Raw Meiningen	
60,7	Meiningen		
65,1	Untermaßfeld	>Römhild, Suhl	
67,8	Grimmenthal *(Haselbrücke)*	>Suhl	
73,9	Vachdorf		
81,3	Themar		
	Abzw. Veßra *(Schleusebrücke)*	>Schleusingen	
87,2	Reurieth *(Werrabrücke)*		
93,3	Hildburghausen	>Lindenau-Friedrichshall	
	(Werrabrücke)		
100,7	Veilsdorf		
104,5	Harras (Thür) *(Werrabrücke)*		
108,3	Eisfeld	>Sonneberg, Schönbrunn, Coburg	

Eisenach Strengda Ziegelei		**Werkbahn**	**Sm 600**
0,0			
1			

Eisenach-Wartha-(Bebra)		**617, DB**	**Norm, EL**
165,27	Eisenach	>Gotha	
	Abzw.	>Förtha	
167,385	Eisenach West		
168,8	Eisenach Opelwerk		
169,9	Stedtfeld	[Eisenach Stedtfeld]	
173,9	Hörschel		
	Abzw.	>Treffurt	
175,67	Wartha (Werra)		
176,706	*(Grenze)*		
178,36	*Herleshausen*		
182,7	*Wommen*		
183,825	*(Grenze)*		
	Abzw.	>Förtha, Eisenach	
189,32	Gerstungen	>Vacha	
191,343	*(Grenze)*		

192,5	*Obersuhl*	[Wildeck-Obersuhl]	
195,1	*Bosserode*	[Wildeck-Bosserode]	
195,246	*(Grenze)*		
197,962	*(Grenze)*		
198,8	*Hönebach*	[Wildeck-Hönebach]	
	(Hönebacher Tunnel 0,983)		
205,2	*Ronshausen*		
206,3	*Faßdorf Abzw.*		
210,4	*Bebra*	>Bad Hersfeld, Kassel, Eschwege	
Eisenach-Wartha-Mihla-Treffurt		**192d, 617**	**Norm**
165,27	(0,0) Eisenach	>Gotha	
167,3	(2,03) Eisenach West	>Eisenach AWE (2,6)	
168,8	Eisenach Opelwerk		
173,9	(8,68) Hörschel		
175,6	(10,35) (45,9) Wartha (Werra)	>Gerstungen	
13,32	Pferdsdorf (Werra)		
17,33	(38,9) Creuzburg (Werra)		
22,67	Buchenau (Werra)		
25,65	(30,6) Mihla		
	Frankenroda		
	Falken		
31,8	(16,6) Treffurt	>Mühlhausen, Eschwege	>FB Treffurt Kieswerk
Eisenberg Gartenbahn		**Parkeisenbahn**	**Sm 600**
Eisenberg Ziegelei		**Werkbahn**	**Sm 600**
Eisfeld-(Coburg)		**190, DB**	**Norm**
108,3	Eisfeld	>Meiningen, Schönbrunn	
	Abzw.	>Sonneberg	
114,7	Görsdorf (Thür)		
	(Grenze)		
119,6	*Tiefenlauter*		
	Coburg Nord	>Sonneberg	
	Abzw.	>Bad Rodach	
131,8	*Coburg*	>Creidlitz	
Eisfeld-Schönbrunn		**190g**	**Sm 1000**
0,0	Eisfeld	>Meiningen, Sonneberg	
1,78	Eisfeld Stadt		
5,81	Brünn (Thür)		
8,13	Brattendorf		
8,95	Brattendorf Porzellanfabrik		
	Rother Haag?		
11	Schwarzbach (Kr Hilburghausen)		
14,41	Biberau	[Lichtenau (Thür)]	
17,82	Schönbrunn (Kr Hildburghausen)	[Unterneubrunn]	>Anschl. Sägewerk, Glaswerk
Eisfeld-Sonneberg		**109h, 633**	**Norm**
32,87	(0,0) Eisfeld	>Schönbrunn, Hildburghausen	>Grimmenthal
	Abzw.	>Coburg	
28	Katzberg		
23,77	(9,1) Bachfeld		
	(Itzbrücke)		
10,6	Schalkau		
11,3	Schalkau Mitte		
13,6	Grümpen		
15,9	Rauenstein (Thür)		
20,2	Seltendorf		
21,5	Effelder (Thür)		
25,4	Mengersgereuth-Hämmern		
	(Effelderbachviadukt 0,097)		
26,9	Mengersgereuth-Hämmern Ost		
	(Teufelbachstalviadukt 0,171)		
30,6	Sonneberg (Thür) West		
32,9	Sonneberg (Thür) Hbf	[Sonneberg (Thür)]	>Ernstthal, Neuhaus-Schierschnitz
Elbingerode-Drei Annen Hohne			**Norm**
18,57	Elbingerode (Harz) West	>Blankenburg	
20,05	(0,0) Abzw. Wechsel	>Tanne	
4,19	Drei Annen Hohne Ost	[Drei Annen Hohne Halb Bl E]	>Nordhausen, Wernigerode, Brocken
Elbingerode Grube Mühlental		**Werkbahn**	**Sm 600**
0,0	Elbingerode Drei Kronen & Ehrt	>Mühlental	>Mühlental
50	Bergwerksnetz		
Ellrich-Ellrich Stadt-(Zorge)		**DR, DB**	**Norm**
142,9	Ellrich	[Ellrich Reichsbahn] [Ellrich Staatsbahn]	>Nordhausen, Walkenried
0,0	Ellrich West	[Ellrich Anschlußbf]	
1,26	Ellrich Stadt	[Ellrich Stadtbahnhof]	
3,55	Königstuhl	>Eisengießerei	
3,968	*(Grenze)*		
4,25	*Unterzorge*	*(alt)*	
5,1	*Unterzorge*	*(neu)*	
7,316	*Zorge (Südharz)*	>0,0 Harzer Werke AG (0,25)	
Elsterwerda=Biehla Kalksandsteinwerk		**Werkbahn**	**Sm 900**
0,0	Kalksandsteinwerk		
1,0	Kiesgrube		
Elterlein-Schlettau		**171g**	**Norm**
0,0	Elterlein	>Stollberg	
3,35	Hermannsdorf		
8,09	Scheibenberg		
11,49	Schlettau (Erzgeb)	>Crottendorf, Schwarzenberg	
Engelsdorf-Borsdorf		**Verbindungsbahn**	**Norm**
16,7	Engelsdorf (b Leipzig)	>Leipzig Hbf	
17,8	Engelsdorf Ost		
	Borsdorf (Sachs)	>Beucha, Wurzen	
Engelsdorf-Leipzig Paunsdorf		**Verbindungsbahn**	**Norm**
Engelsdorf-Lpz Stötteritz-Lpz Connewitz		**Verbindungsbahn**	**Norm, EL**
Engelsdorf Stw 4-Stw B 1		**Verbindungsbahn**	**Norm, EL**
Erdeborn Zuckerfabrik		**Werkbahn**	**Norm**
	Abzw.	>Röblingen, Eisleben	
	Erdeborn Zuckerfabrik		
Erdmannsdorf=Augustusburg-Augustusburg		**990 Standseilbahn**	**Sm 1000**
0,0	Erdmannsdorf-Augustusburg	>Wolkenstein, Flöha	
0,624	Ausweiche		
1,24755	Augustusburg		
Erfurt-Bad Langensalza		**641**	**Norm**
0,0	(71,2) Erfurt Hbf	[Erfurt]	>Neudietendorf, Weimar
5,9	(65,3) Erfurt Nord	>Nottleben	
8,8	(62,8) Erfurt Gispersleben	[Gispersleben]	
11	(60,1) (0,0) Kühnhausen	>Straußfurt	
13,5	(2,5) Elxleben		
18,1	Witterda		
21,8	(10,8) Dachwig		
24,9	(12,0) Döllstädt	>Straußfurt	
30,8	(6,16) Gräfentonna	>Ballstädt	
34	(3,19) Nägelstedt		
38	(0,0) Bad Langensalza	[Langensalza]	> Mühlhausen, Gotha, Haussömmern
Erfurt-Neudietendorf-Gotha		**600, 618**	**Norm, EL**
108,35	Erfurt Hbf	[Erfurt]	>Erfurt Nord, Erfurt Ost, Weimar
108,6	Abzw.	>Erfurt Gbf	
	(Gerabrücke)		
111,3	Erfurt Hochheim Bk		
	(Gerabrücke)		
	(Gerabrücke)		
114,17	Erfurt Bischleben	[Bischleben]	
117,23	Marienthal Bk		
	Ingersleben Bk		
120,89	Neudietendorf	[Dietendorf]	>Arnstadt
125,51	Wandersleben		
130,46	Seebergen		
	(Gothaer Viadukt)		
135,5	Gotha Gk Abzw.	>Bufleben	
136,37	Gotha	>Georgenthal, Bufleben	>Raw Gotha
Erfurt-Nordhausen		**640, 649**	**Norm**
71,2	Erfurt Hbf	[Erfurt]	>Weimar, Neudietendorf
	Erfurt Gbf	>Sömmerda	
|	Erfurt Nordhäuser Bf		
65,3	Erfurt Nord	>Nottleben, Erfurt Ost	
62,8	Erfurt Gispersleben	[Gispersleben]	
60,1	Kühnhausen	>Döllstädt	
56,2	Walschleben		
52,1	Ringleben-Gebesee		

	(Unstrutbrücke)		
45,0	Straußfurt	>Sömmerda, Döllstädt	
40,73	Gangloffsömmern		
35,77	Greußen Reichsb	>Ebeleben	
	(Helbebrücke)		
30,73	Wasserthaleben		
	(Helbebrücke)		
	(Helbebrücke)		
25,05	Niederspier		
21,79	Hohenebra Ort		
19,25	Hohenebra	>Ebeleben	
15,87	Geschling Bk		
12,03	Sondershausen	>Bretleben, Esperstedt	
	(Wipperbrücke)		
9,11	Glückauf	[Sondershausen Glückauf]	
8,28	Anschl.	>Kaliwerk Glückauf	
7,05	Großfurra		
7,01	Anschl.		
3,44	Kleinfurra	[Klein Furra]	
105,29	(0,0) Wolkramshausen	>Bleicherode Ost	
101,82	Werther	[Großwerther]	
	Abzw.		
99,65	Abzw. Kleinwerther		
	(Helmebrücke)		
	Abzw.	>Nordhausen Gbf	
97,07	Nordhausen	>Ellrich, Sangerhausen, Wernigerode	
Erfurt-Nottleben		**185k, 644, 642**	**Norm**
	(0,0) Erfurt Hbf	[Erfurt]	>Neudietendorf, Weimar
-0,8	(5,9) Erfurt Nord	>Nordhausen	>Anschl. Lokfabrik Hagans
0,0	Erfurt Nord Kleinb	[Erfurt Nordwest]	>Gispersleben Kleinb Güterladestelle
	(7,6) Erfurt Györer Straße		
	(8,6) Erfurt Berliner Straße		
3,7	Erfurt Marbach	[Marbach (b Erfurt)]	>Anschl. Heeresverpflegungsamt (4,6)
5,14	Abzw.	>(5,14) Deutsche Werke AG (6,6)	[Gewehrfabrik]
5,99	(0,0) Erfurt West	>Anschl. Olympia/ Optima	
8,7	(2,72) Erfurt Schmira	[Schmira]	
11,84	Anschl.	>Flugplatz	
12,0	Anschl.	>Flugplatz	
12,5	(5,34) Erfurt Bindersleben	[Bindersleben]	>Anschl. Holzwerke
	(7,22) Alach (b Erfurt)		
	(10,22) Zimmernsupra-Töttelstedt		
	(12,79) Ermstedt		
21,24	(15,23) Nottleben		
21,26	*(Gleisende)*		
Erfurt-Schönebeck		**650**	**Norm, Erfurt-Sangerhausen EL**
69,8	Erfurt Hbf	[Erfurt]	>Neudietendorf, Weimar
	Erfurt Gbf		
	Abzw.	>Erfurt Dieselstraße	
	Erfurt ElB		
63,8	Erfurt Ost	>Anschl. Schlachthof/ Fleischkombinat	>Erfurt Nord
	Anschl.		
58,9	Stotternheim		
	(Grammebrücke)		
53,1	Großrudestedt	>Buttelstedt	>Anschl. Zuckerfabrik
	Abzw.	>Alperstedt	
53,4	*(Mühlgrabenbrücke)*		
53,5	*(Vippachbrücke)*		
44,9	Sömmerda	>Großheringen, Straußfurt	>Sömmerda Rheinmetall-Borsig
	(Lossabrücke)		
39,8	Leubingen		
36,5	Griefstedt		
31,7	Etzleben		
26,11	Heldrungen		
22,99	Unstrut Bk		
20,07	Bretleben	>Esperstedt, Sondershausen	
17	Reinsdorf B 2 Abzw.	>Nebra	
16,86	Reinsdorf (b Artern)		
	Abzw.	>Nebra	
	(Unstrutbrücke)		
14,01	Artern (Unstrut)	>Berga-Kelbra	
10,71	Voigtstedt		
9,11	Edersleben Kreuzungsbf		
	(Helmebrücke)		
5,13	Oberröblingen (Helme)	>Allstedt	
2,96	Helme Bk		
2,85	Anschl.		
59,2	(0,0) Sangerhausen	>Eisleben, Nordhausen	
52,61	Riestedt		
48,39	Blankenheim (Kr Sangerhausen)		
48,2	*(Blankenheimer Tunnel 0,875)*		
46,59	(188,4) Blankenheim Trennungsbahnhof	>Eisleben, Röblingen	
185,4	*(Rbd-Grenze)*		
184,64	Hergisdorf		
181,3	Ausweichanschluß Helbra	>Helbra	
179,01	Klostermansfeld	>Wippra, Siersleben	
	Abzw.	>Anschl. Umformwerk	
175,73	Thondorf Bk		
173,22	Siersleben	>Mansfelder Bergwerksbahn	
	Abzw.	>Gerbstedt, Halle, Friedeburg	
169,84	Hettstedt	>Hettstedt Kupfer- u. Messingwerke	>Mansfelder Bergwerksbahn
165,54	Wiederstedt Bk		
	(Wipperbrücke)		
163,41	Sandersleben (Anh)	>Aschersleben, Könnern	
	(Wipperbrücke)		
158,66	Wickenhof Bk		
155,31	Heidelberg Bk		
151,4	Giersleben		
150,6	Giersleben Go Abzw.	>Aschersleben	
149,1	Anschl.	>Güsten Abstellgleise 101-103 (149,7)	
	(Wipperbrücke)		
148	Güsten Gbf	>Anschl. Osmarsleben Zuckerfabrik	
147,34	(28,53) Güsten	>Bernburg, Aschersleben, Wiesenburg	
24,97	Neundorf (Anh)		
24	Abzw.	>Bw Staßfurt (Museums-Bw)	
23	Staßfurt Rbf	>Staßfurt Industriebahn	
21,97	Staßfurt	[Staßfurt-Leopoldshall]	>Neustaßfurt, Blumenberg
	(Bodebrücke)		
20,06	Abzw. Ludwig	>Anschl. Kalkwerk	
20,056	Abzw.	>Getreidewirtschaft, Gießerei, Schrottplatz	
17,16	Steinbruch		
	Anschl.	>Förderstedt Kalkwerk	[Förderstedt Düngemittel und Baustoffe]
	Anschl.		
15,27	Förderstedt	>Egeln, Etgersleben	
	Anschl.	>Umspannwerk	
	Abzw.	>0,0 Glöthe (2,1)	
9,66	Eickendorf		
6,28	Eggersdorf		
3,0	Schönebeck Salzelmen	[Groß Salze]	

km	Bahnhof		
1,6	Schönebeck (Elbe) Süd	>Schönebeck (Elbe) Hafen	
0,0	Schönebeck (Elbe)	>Magdeburg, Calbe, Blumenberg	
Erfurt-Steinsalzwerk Ilversgehofen			
0,0	Erfurt	>Neudietendorf, Weimar	
	Steinsalzwerk Ilversgehofen		
Erfurt Ausstellungsbahn		**Parkeisenbahn (Ringbahn)**	**Sm 600?**
0,0			
1,6			
Erfurt Gispersleben Ziegelei		**Werkbahn**	**Sm 600**
0,0			
1,5			
Erfurt Industriebahn		**Werkbahn**	**Norm**
Erfurt Nord-Erfurt Optima		**Straßenbahn/ Werkbahn**	**Sm 1000, EL**
0,0	Erfurt Nord	>Erfurt	
0,1	Erfurt Nord Wendeschleife		
	(Straßenbahn Erfurt)		
	Erfurt Lauentor Ladestelle Optima		
Espenfeld		**Werkbahn**	**Sm 600?**
	Espenfeld Tunnelbaustelle		
Esperstedt-Oldisleben			**Norm**
0,09	Esperstedt (Kyffh)	>Bretleben, Sondershausen	
	Esperstedt (Kyffh) Esp O E		
1,3	Anschl.	>Flugplatz Esperstedt	
	Anschl.	>0,0 Kaliwerk (1,4)	
4,295	Oldisleben		
	Anschl.	>Zuckerfabrik	
Etgersleben-Förderstedt		**205e**	
0,0	Etgersleben	>Schneidlingen, Blumenberg	
2,27	Egeln Nord	[Bleckendorf]	>Anschl.
	(Gleisende)		
6,21	Wolmirsleben	>Anschl. Schacht	
9,56	Unseburg		
	(Gleisende)		
10	Abzw.	>Unseburg Betonaufbereitung	[Grube Henriette]
11,6	Grube Marie		
12,62	Marbe		
15,55	Anschl.		
17	*(Gleisende)*		
17,62	Förderstedt	>Güsten, Schönebeck	>0,0 Glöthe (2,1)
Fähre Warnemünde-Forsthaus Markgrafenheide		**Überland-straßenbahn**	**Sm 1000**
0,0	Fähre Warnemünde	>Hafenbecken	
0,7	Tor Mitte		
1	Tor Ost		
1,2	Hohe Düne Kreuzungsbf	>Betriebshof	
4	Heid-Eck		
4,9	Forsthaus Markgrafenheide		
Falkenberg-Luckau-Lübben-Beeskow		**162w, 212, 205**	**Norm**
0,0	Falkenberg (Elster) unt Bf	[Falkenberg (b Torgau)]	>Torgau, Neuburxdorf, Doberlug-Kirchhain
2,3	Falkenberg (Elster) Nord	[Falkenberg (b Torgau) Nord]	>Wittenberg, Falkenberg Rbf
6,6	Klein Rössen		
7,7	Rössen Ausweiche	>Großrössen, Beyern	
12,3	Herzberg (Elster) Stadt	>Anschl. Großhandel, Kraftfuttermischwerk	
	(Schwarze Elsterbrücke)		
	Herzberg (Elster) Nord	[Alt Herzberg]	
	Polzen		
18,5	Kolochau	[Colochau]	
23,7	Schlieben		
	Anschl.	>Sowjetarmee	
31,55	Hohenbucko-Lebusa	[Hohenbucko]	
36,51	Rochau West		
39,72	Rochau Ost	[Rochauer Heide]	>Munitionsfabrik
42,8	Wüstermarke	[Wüstermarke-Höllberghof]	
46,3	Langengrassau		
49,4	Uckro	[Uckro Süd]	>Doberlug-Kirchhain, Zossen, Dahme
53,3	Zöllmersdorf		
57,4	Luckau	>Finsterwalde, Crinitz	
	(Berstebrücke)		
64,9	Duben (Niederlaus)	>Alteno Flugplatz	>Anschl. Kieswerk
69,1	Neuendorf (Niederlaus)	[Nowa Wjas]	
72,5	Lübben Süd	[Lubin jug] >Anschl Ziegelei, Brauerei	>Lübben Hbf (74,6)
73,2	(15,8) Lübben Hp	[Lübben Nord] [Lubin zapad] [Lubin zastan]	
19,8	(77,3) Hartmannsdorf (Niederlaus)		
	(Spreebrücke 0,2685)		
21	Anschl.	>Militärbahn	
24	(81,4) Börnichen-Schlepzig		
28,8	(86,8) Anschl.	>Munitionsfabrik	[Krugau Lager]
29,8	(87,2) Krugau	[Dubrawa]	
33,1	(90,5) Groß Leuthen-Gröditsch	>0,0 Militärbahn (0,4)	
35,7	Bückchen		
37,8	Wittmannsdorf (Niederlaus)		
	(Spreebrücke 0,0854)		
43,6	Briescht		
48,1	Tauche (b Beeskow)	[Tauche (Kr Beeskow)]	
51,2	Kohlsdorf		
	(Rbd-Grenze)		
	Abzw.	>Königs Wusterhausen	
	(0,0) Beeskow West		
55,9	(0,3) (113,7) Beeskow	>Grunow, Fürstenwalde	
Falkenberg Holzverarbeitung		**Werkbahn**	**Sm 600/ 1000**
	Falkenberg Imprägnierwerk		
Falkenberg Kalksandsteinwerk		**Werkbahn**	**Sm 600**
0,0			
1,5			
Falkenberg Kalksandsteinwerk		**Werkbahn**	**Sm 750**
Falkenberg ob Bf B 3-Falkenberg unt Bf W 15		**Verbindungsbahn**	**Norm**
Falkenberg ob Bf B 3-Falkenberg unt Bf W 17		**Verbindungsbahn**	**Norm**
Falkenberg ob Bf W 2-Falkenberg unt Bf W 15		**Verbindungsbahn**	**Norm**
Falkenberg ob Bf W 2-Falkenberg unt Bf W 17		**Verbindungsbahn**	**Norm**
Falkenberg ob Bf W 11-Falkenberg unt Bf W 26		**Verbindungsbahn**	**Norm**
2,6	Falkenberg (Elster) ob Bf W 11	>Cottbus	
96,3	(1,5) Falkenberg (Elster) ob Bf	>>	
111,8	(148,2) (0,0) Falkenberg (Elster) unt Bf	>>	
110,5	(149) (0,8) Falkenberg (Elster) unt Bf W 26	>>	
Falkenberg ob Bf W 12-Falkenberg unt Bf B 20		**Verbindungsbahn**	**Norm**
Falkenstein-Herlasgrün		**444**	**Norm**
0,0	(22,3) Falkenstein (Vogtl)	>Plauen, Zwickau, Adorf	
3,2	(18,8) Auerbach (Vogtl) Hp		
4,7	(17,5) Auerbach (Vogtl) ob Bf		
10,4	(11,8) Eich (Sachs)		
14,1	(8,1) Treuen		
18,2	Thoßfell		
22,0	(0,2) Herlasgrün	>Plauen, Reichenbach	
Falkenstein-Plauen		**171r**	**Norm**
0,0	Falkenstein (Vogtl)	>Herlasgrün, Zwickau, Adorf	
6,15	Bergen (Vogtl)		
11,82	(34,1) Lottengrün	>Oelsnitz	
15,15	Theuma		
16,91	Großfriesen		
18,59	Neuensalz		
21,03	Plauen (Vogtl) Kleinfriesen		
24,56	(49,7) Plauen (Vogtl) Chrieschwitz	>Greiz	
27,6	Plauen (Vogtl) unt Bf	>Weischlitz	
Faulenhorst-Kalbe			**Sm 750**
17,1	Faulenhorst	>Klötze, Vinzelberg	

18,5	Wernstedt		
22,4	Kalbe (Milde)	[Calbe (Milde)] [Calbe a. M.]	
Ferdinandshof-Friedland		**122s, 125g**	**Sm 600**
0,0	Ferdinandshof Kleinb	>Jatznick, Anklam	
4,8	Große Wiese (Moorhof)	>Anschl. Torfbrikettfabrik Ferdinandshof	
5,2	Mariawerth Heuweiche	>Anschl. VEG Mariawerth Gut	
7,5	Rimpau (Kr Stargard/ Meckl)		
9,3	Mariawerth		
10,5	Anschl.	>Kiesgrube Fleeth	
14,1	(12,8) Uhlenhorst	>Anklam	>Anschl. Kiesgrube
	Abzw. Schulwald		
15,6	(11,3) Schwichtenberg (Kr Neubrandenburg)	[Schwichtenberg (Kr Stargard/ Meckl)]	
17,6	(9,4) Klockow (b Friedland/ Meckl)	[Klockow (Kr Neubrandenburg)]	
19,8	(7,5) Kotelow		
20,3	(6,3) Sandhagen (b Friedland/ Meckl)		
21,3	Anschl.	>LPG „Breites Land"	
23	(4,0) Heinrichshöh		
23,5	(3,6) Kiesgrube		
25	Bauersheim		
27,1	(0,0) Friedland (Meckl) Kleinb	[Friedland (Meckl) Nord]	>Dennin, Neubrandenburg
Ferna Ziegelei		**Werkbahn**	**Sm 600**
0,0	Ziegelwerk		
0,4	Grube		
Finkenheerd-(Kunitz)		**DR, PKP**	**Norm**
91,7	Finkenheerd	>Frankfurt	
92,7	(0,0) Oderdeich Abzw.	>Guben	
7	Oderdeich		
	(Oderbrücke Ponton)		
	(Grenze)		
	Kunice	[Kunitz]	>Kunersdorf, Ziebingen
Finowfurt Mühlenwerk		**Werkbahn**	**Norm**
	Finowfurt	>Eberswalde	
	Finowfurt Ost		
	Schöpfurther Mühlenwerke		
Finsterbergen		**Parkeisenbahn**	**Sm 600**
Finsterwalde-Crinitz-Luckau		**162p**	**Norm**
0,0	Finsterwalde (Niederlaus)	>Senftenberg	
5,83	Möllendorf (Niederlaus)		
7,75	Breitenau (Niederlaus)		
10,29	Klein Bahren (Niederlaus)	>Anschl.	
16,98	Crinitz (Niederlaus)		
24	Beesdau		
27	Frankendorf		
33	Luckau	>Lübben, Uckro	
Fleetmark Ziegelei		**Werkbahn**	**Sm 600**
0,0	Ziegelei		
5,0	Grube		
Fluor		**Werkbahn**	**Sm 600?**
	Fluor	>Gernrode, Hasselfelde	
Fockendorf Papierfabrik		**Werkbahn**	**Sm 900**
Forberge Ziegelei		**Werkbahn**	**Sm 600**
0,0	Forberge (b Riesa) Dachziegelwerk		
1,0			
Förderstedt Kalkwerk		**Werkbahn**	**Sm 500**
0,0			
0,2			
Forst-Weißwasser		**206**	**Norm**
29,9	Forst (Laus)	[Barsc (Luzyca)]	>Cottbus
23,3	Simmersdorf	[Zimerojce]	
	Groß Kölzig	[Kolsk]	>Groß Kölzig Minol
14,6	Döbern (b Forst)	[Derbno]	
13,6	Döbern Hohlglaswerk		
13,2	Döbern Betonwerk		
12,2	Friedrichshain	[Stara Heta]	
10,3	Wolfshain Schuttgleis		
9,2	Wolfshain	[Sisej]	
4,6	Halbendorf (Kr Weißwasser)	[Halbendorf (Kr Rothenburg/ Oberlaus)]	[Brezowka]
0,0	Weißwasser (Oberlaus)	[Bela Woda (Hornja Luzyca)]	>Horka, Spremberg, Bad Muskau

Forster Stadteisenbahn			**Sm 1000**
	Forst (Laus) Stadtbf	>Cottbus, Weißwasser, Guben, Teuplitz	

Mit umfangreichen Verzweigungen im gesamten Stadtgebiet.

Förstgen Schamottewerk		**Werkbahn**	**Sm 600**
0,0			
0,3			
Frankfurt-Cottbus		**222**	**Norm**
152	Frankfurt (Oder) Pbf	>Fürstenwalde, Seelow, Kietz, Reppen	
151,0	Frankfurt (Oder) Neuberesinchen Abzw.	>Eisenhüttenstadt	
148,7	Fauler See	[Frankfurt (Oder) Fauler See]	>FF Güldendorf
	Abzw.	>Anschl. Frankfurt Halbleiterwerk	
144,2	Helene-See	[Helenesee]	
139,0	Müllrose		
133,1	Mixdorf		
129,3	Grunow (Niederlaus)	>Beeskow	
130,8	*(Rbd-Grenze)*		
134,7	Groß Briesen		
120,8	Weichensdorf		
127,8	Ullersdorf (Schwansee)	[Ullersdorf-Schwansee]	
109,8	Jamlitz	[Lieberose] [Jemjelica]	
103,0	Betriebsbf Tauer	[Turjej] [Tauer]	>Jänschwalde
	Preilack Abzw.	>Jänschwalde	
84,8	Peitz	[Picnjo]	
77,7	Willmersdorf (Kr Cottbus)	[Rogozna] [Cottbus Willmersdorf]	
	Abzw.	>Guben	
1,2	Cottbus Merzdorf		
0,0	(176,7) Merzdorf Awanst	>Neuendorf	
2,2	(176,1) Cottbus Sandow	>Eliaspark	>Forst
	Abzw.	>Görlitz	
72,8	Cottbus	[Chosebuz]	>Calau, Lübbenau, Senftenberg, Straupitz
Frankfurt-Cottbus-Dresden		**220**	**Norm, EL**
81,4	Frankfurt (Oder)	>Fürstenwalde, Seelow, Kietz	
	Abzw.	>Reppen	
83,8	Frankfurt (Oder) Güldendorf	>Fauler See	
86,8	Lossow	[Buschmühle]	
90,0	Kraftwerk Finkenheerd		
90,3	Kraftwerk Finkenheerd Kohlebf		
91,2	Finkenheerd		
	(Brieskowkanalbrücke)		
92,7	Oderdeich Abzw.	>Aurith	
94,4	Wiesenau Hp	[Wiesenau (Kr Guben)] [Krebsjauche]	
94,3	(0,0) Wiesenau Abzw.	>1,9 Ziltendorf Werkbf EKO (5,0)	[Ziltendorf Eisenhüttenkombinat]
98,1	(3,7) Ziltendorf		
100,1	Vogelsang (Kr Eisenhüttenstadt)		
104,6	Eisenhüttenstadt	[Fürstenberg (Oder)] [Stalinstadt]	>Anschl. Grube Präsident, Stahlwerk EKO
	(Oder-Spree-Kanal-Brücke)		
107	*(Rbd-Grenze)*		
110,2	Neuzelle		
116,5	Wellmitz		
122,0	Coschen		
126,1	Wilhelm-Pieck-Stadt Guben Nord	[W.-P.-mesto Gubin wjacor] [Guben Nord]	[Groß Breesen]
129,7	(211,6) Wilhelm-Pieck-Stadt Guben	[W.-P.-mesto Gubin] [Guben]	>Anschl. Moltkekaserne >Gubin
208,5	(27,3) Wilhelm-Pieck-Stadt Guben Süd	[W.-P.-mesto Gubin jug] [Guben Süd]	[Kaltenborn] >Gubinek, Forst
202,6	Kerkwitz	[Kerkojce]	
197,8	Betriebsbf Grabkow	[Zelezn. zaw. dworn Grabkow]	
195,6	Jänschwalde Ost	[Jansojce podzajtso jutso]	

km	Bahnhof	Name/Verbindung	Verbindung
192,6	Jänschwalde	[Jansojce]	
	Abzw.	>Preilack, Peitz	
188,2	Peitz Ost	[Picnjo podzajtso jutso]	>Jänschwalde Kraftwerk, Tagebau Cottbus Nord
183,7	(11,4) Abzw.	>Neuendorf	
9,4	Teichland		
|	(183,9) Neuendorf (Kr Cottbus)	[Nowa Wjas (wokr. Chosebuz)]	>Heinersbrück, Bärenbrück, Grötsch
|	(179,0) Merzdorf (Kr Cottbus)	[Zylowk (wokr. Chosebuz)]	
1,2	Cottbus Merzdorf		
0,0	(176,7) Merzdorf Awanst	>Neuendorf	
2,2	(176,1) Cottbus Sandow	>Forst, Eliaspark	
	(Spreebrücke)		
	Abzw.	>Görlitz	
173,9	(79,9) Cottbus	[Chosebuz]	>Spremberg, Straupitz, Lübbenau, Calau
77,6	Betriebsbf Cottbus Südwest	[Chosebuz krotki wjacor]	
71,3	Leuthen (b Cottbus)	[Lutol]	
66,3	Drebkau	[Drjowk]	>Großräschen
59,3	Neupetershain	[Nowe Wiki] [Neu Petershain)]	>Spremberg, Welzow
55,0	Bahnsdorf	[Bobosojce]	
54,6	(37,3) Sornoer Buden Nord Abzw.	>Bluno	
53,0	(123,2) Sornoer Buden West Abzw.	>Großräschen	
49,8	(124,1) Sedlitz Ost	[Sedlisco jutso]	>Großräschen
48,3	(125,7) Senftenberg B 10 Abzw.	>Grube Ilse Bückgen, Klettwitz	
	Reppist	[Repisco]	
45,3	Senftenberg	[Zly Komorow] [Senftenberg (Niederlaus)]	>Schipkau, Hosena >Grubenbahn
41,8	Brieske	[Brjazk]	>Hosena
	Abzw.	>Hohenbocka	
36,6	Grube Victoria		
35,5	Schwarzheide Ost	[Corny Gozd jutso]	
	Betriebsbf Skyrow	[Zelezniske zawodne dwornisco Skyro]	
	Abzw.	>Lauchhammer	
32,9	Ruhland	[Rolany]	>Elsterwerda, Hosena
21,2	Ortrand		
11,5	Lampertswalde		
7	Brockwitz		
2	*(Rbd-Grenze)*		
0,2	Abzw.	>Elsterwerda	
0,0	Großenhain Cottb Bf	>Großenhain Berl Bf	
171,5	(84,7) (5,3) Priestewitz	>Riesa	
182,5	(95,7) Niederau		
	(97,5) Weinböhla Hp		
	Neusörnewitz Abzw.	>Meißen	
188,7	(101,9) Coswig (Bz Dresden)	>Cossebaude	
	Abzw.	>Weinböhla	
	(103,8) Radebeul Zitzschewig		
192,6	(105,8) Radebeul West	[Kötzschenbroda]	
	(107,8) Radebeul Weintraube	[Weintraube]	
196,2	(109,5) Radebeul Ost	[Radebeul]	>Radeburg
	(111,6) Dresden Trachau	[Trachau]	
	(112,9) Dresden Pieschen Abzw.	>0,0 Dresden Neustadt Gbf (1,3)	
	(113,3) Dresden Pieschen	[Pieschen]	
	(Stadtviadukt)		
202,7	(115,9) Dresden Neustadt	[Dresden Leipziger Bf]	>Dresden Schles Bf
	(Marienbrücke)		
204,4	(19,6) Dresden Mitte		
	...	>Dresden Altstadt	
206,6	(17,4) Dresden Hbf	>Heidenau	
Frankfurt-Eberswalde		**176**	**Norm**
131,4	Frankfurt (Oder) Pbf	>Reppen, Grunow, Eisenhüttenstadt	
	Abzw.	>FF Rosengarten	
130	Frankfurt (Oder) Rbf	>Frankfurt (Oder) Oderhafen	>Küstrin
128,4	Fgr Abzw.	>FF Rosengarten	
	(80,1) Fgw Abzw.	>FF Rosengarten	
127,8	Frankfurt (Oder) Klingetal		
125,0	Booßen		
	Abzw.	>Küstrin	
	Gronenfelde		
	Simonsmühle		
	Paulinenhof		
117,6	Schönfließ Dorf		
114,8	Carzig		
112,7	Libbenichen		
109,9	Dolgelin	>Golzow, Hasenfelde	
105,1	Seelow (Mark)		
101,9	Werbig Pbf		
101,2	Wro Abzw.	>Küstrin	
94	Abzw.	>Voßberg, Wollup	
93,2	Letschin		
88,5	Sietzing		
84,3	Neutrebbin	>Neutrebbin I	
79,3	(92,531) Alt Bliesdorf	>Thöringswerder	
75,6	Wriezen	>Werneuchen, Neu Rüdnitz	
68,7	Altranft		
	(Rbd-Grenze)		
64,4	Bad Freienwalde (Oder)	[Freienwalde]	>Angermünde, Zehden
	Ziegelei		
58,5	Falkenberg (Mark)		
55,2	Niederfinow	>Niederfinow Hafen	
	(Finowkanalbrücke)		
	Abzw.	>Britz	
45,2	Eberswalde Hbf	>Templin, Bernau, Angermünde	>Finowfurt
Frankfurt-Frankfurt Fauler See		**Verbindungsbahn**	**Norm**
83,8	Frankfurt (Oder) Güldendorf	>FF Pbf, Guben	
148,7	Frankfurt (Oder) Fauler See	>FF Pbf, Grunow	
Frankfurt-Frankfurt Rosengarten			**Norm, EL**
131,4	Frankfurt (Oder) Pbf	>Reppen, Grunow, Eisenhüttenstadt	
	Abzw.	>Rosengarten	
130	Frankfurt (Oder) Rbf	>Oderhafen	>Küstrin
128,4	Fgr Abzw.	>Eberswalde	
80,1	Fgw Abzw.	>Eberswalde	
77,7	Frankfurt (Oder) Rosengarten Gbf	[Rosengarten (Kr Lebus) Gbf]	>Booßen
	(0,0) Abzw.	>FF (Oder) Pbf	
76,0	Frankfurt (Oder) Rosengarten	[Rosengarten (Kr Lebus) Pbf]	>Frankfurt, Fürstenwalde
Frankfurt-Kietz-(Küstrin)		**175, PKP**	**Norm**
28,57	Frankfurt (Oder) Pbf	>Reppen, Grunow, Eisenhüttenstadt	
	...		
24,4	Booßen		
	Abzw.	>Seelow	
20,6	Abzw. Wüste Kunersdorf	[Kliestow (Kr Lebus)]	>Frankfurt Rbf
17,3	Lebus		
10,7	Podelzig		
	Reitwein		
	Neu Manschow		
	Abzw.	>Strausberg	
0,0	(81,0) Kietz	[Cüstrin-Kietz] [Küstrin-Kietz]	>Golzow
83,0	*(Kietz Grenze)*		
	(Oderbrücke)		
	Küstrin (Neustadt) Hbf	[Cüstrin Vorstadt] [Kostrzyn]	>Küstrin Hafen
Frankfurt-(Slubice-Reppen)		**DR, PKP**	**Norm**
0,0	Frankfurt (Oder) Pbf	>Booßen, Fürstenwalde	
	Abzw.	>Cottbus	
	Abzw.	>Guben	
3,4	Frankfurt (Oder) Oderbrücke		
	(Oderbrücke)		
4,1	*(Frankfurt Grenze)*		
	Slubice	[Dammvorstadt]	
	Kunowice	[Kunersdorf (Kr Weststernberg)]	>Ziebingen-Sandow

	Reppen	[Rzepin]	>Küstrin
Frankfurt-Wüste Kunersdorf			**Norm**
0,0	Frankfurt (Oder) Pbf	>Reppen, Grunow, Eisenhüttenstadt, Kietz	
	Frankfurt (Oder) Güterbahn	*(28 Anschlüsse mit 12 km Gleislänge)*	>Frankfurt (Oder) Konservenfabrik
0,0	(2,32) Frankfurt (Oder) Rbf	>Frankfurt (Oder) Oderhafen	
	Abzw.	>FF Rosengarten	
4,06	Grube Vaterland		
	Kliestow (Kr Lebus)		
	Abzw. Wüste Kunersdorf	>Booßen, Küstrin	
Fredersdorf-Rüdersdorf			**Norm**
0,0	Fredersdorf (b Berlin)	>Strausberg, Bln Ostbf	
	Petershagen (b Berlin)		
4,6	Rüdersdorf (b Berlin)	>Rüdersdorf Hafen	>Herzfelde
	Werkbf Rüdersdorf	[Kalkberge]	
Freiberg-Halsbrücke		**169m, 414**	**Norm**
0,0	Freiberg (Sachs)	>Nossen, Mulda, Brand Erbisdorf, Freital	>Chemnitz
1,7	Freiberg (Sachs) Metallaufbereitung		
2,36	Freiberg (Sachs) Ost	[Freiberg Schachtbf]	>FB Silberbergwerk
5,03	Tuttendorf		
7,45	Halsbrücke		
Freiberg-Holzhau-(Moldau)		**169f, 415, CSD**	**Norm**
24,0	(0,0) Freiberg (Sachs)	>Chemnitz, Halsbrücke, Nossen, Freital	
29,0	(5,0) Berthelsdorf (Erzgeb)	>Brand Erbisdorf	
	Abzw.	>Weißenborn Papierfabrik	
30,5	Berthelsdorf (Erzgeb) Ort		
34,2	(10,2) Lichtenberg (Erzgeb)		
38,2	(14,3) Mulda (Sachs)	[Mulda-Randeck]	>Sayda
45,5	(21,5) Nassau (Erzgeb)		
47,3	(23,2) Clausnitz		
	Anschl.	>VEB Fahrzeug- und Metallbau	
50,1	(26,1) Bienenmühle	>Anschl. ACZ	
52,4	(28,4) Rechenberg		
53,6	Holzhau Skilift		
54,7	(30,74) Holzhau	>Hermsdorf Kalkwerk	
	(33,7) Teichhaus		
60,7	(36,72) Hermsdorf-Rehefeld		
	(Grenze)		
	(39,0) Moldau	[Moldava v. Krus. horach]	
	Neustadt (Erzgeb)	[Mikulov Nove Mesto]	
	Niklasberg	[Mikulov]	
	Eichwald (Erzgeb)	[Dubi]	>Ober Leutensdorf
Freiberg-Langenau		**416**	**Norm**
24,0	Freiberg (Sachs)	>Chemnitz, Halsbrücke, Nossen, Freital	
29,0	(0,0) (5,0) Berthelsdorf (Erzgeb)	>Holzhau, Moldau	
	(7,1) Zug		
3,2	(8,2) (0,0) Brand Erbisdorf	[Brand]	>Großhartmannsdorf
	(9,0) Brand Erbisdorf Hp	[Erbisdorf]	
	(10,6) Himmelsfürst		
4,2	(12,4) Langenau (Sachs)		
Freiberg Silberbergwerk		**Grubenbahn**	**Sm 600**
	Freiberg (Sachs) Silberbergwerk		
	Freiberg Schachtbf	>Freiberg, Halsbrücke	
Freital-Possendorf		**131f**	**Norm**
0,0	Dresden Hbf	>Bad Schandau, Dresden Neustadt	
	...		
5,7	(0,0) Freital Ost	[Niedergittersee] [Gittersee]	>Tharandt, Freital Ost Güteranlage
0,492	Freital-Birkigt	[Potschappel-Birkigt] [Birkigt]	
1,069	Anschl.	>Elektrizitätswerk Coschütz	

1,476	Anschl.	>0,0 Moritzschacht (0,245) [Ziegelwerk]	[Maschinenfabrik Otto Hänsel]
5,035	Anschl.	>0,0 Meiselschacht (0,187)	
5,68	Dresden Gittersee	[Obergittersee] [Gittersee (b Dresden)]	>Anschl. Reifenwerk
6,59	Anschl.	>Reiboldschacht	
7,68	Anschl.	>0,0 Windbergschacht (1,475)	>0,0 Segen-Gottes-Schacht (0,833)
8,314	Kleinnaundorf	>Anschl. Glückaufschacht	[Anschl. Tankholzwerk]
8,99	Anschl.	>0,0 Steinbruch Thürk (0,075)	
9,531	Cunnersdorf (b Freital)	[Boderitz-Cunnersdorf]	>Anschl. Marienschacht
10,501	Bannewitz		
11,673	Anschl.	>0,0 Beckerschacht (0,336)	
11,753	Hänichen-Goldene Höhe	[Hänichen]	
12,142	Anschl.	>0,0 Beharrlichkeitsschacht (0,935)	
12,422	Anschl.	>0,0 Berglustschacht (0,055)	
13,266	Possendorf	>Anschl. Hermannschacht	
Freital Glaswerk		**Werkbahn**	**Norm**
Freital Hainsberg-Freital Potschappel			**Sm 750**
0,0	Freital Hainsberg	[Hainsberg (Sachs)]	>Kipsdorf, Freiberg
3,25	Freital Potschappel	[Potschappel]	>Wilsdruff, Dresden
Freital Hainsberg-Kurort Kipsdorf		**168b, 309**	**Sm 750**
0,0	Freital Hainsberg	[Hainsberg (Sachs)]	>Dresden, Tharandt
	(Weißeritzbrücke)		
1,6	Freital Coßmannsdorf	[Hainsberg (Sachs) Süd]	
	(Weißeritzbrücke)		
3,1	*(Rabenauer Tunnel 0,018)*		
	(Weißeritzbrücke)		
5,3	Rabenau	>Anschl. Möbelwerk	
6,9	Spechtritz		
	(Weißeritzbrücke)		
8,8	Seifersdorf		
10,9	Malter		
	(Weißeritzbrücke)		
15,0	Dippoldiswalde	>Anschl. Baustoffhandel Dippon	
17,5	Ulberndorf		
19,0	Obercarsdorf		
20,9	Schmiedeberg-Naundorf	[Naundorf (b Schmiedeberg/ Bz Dresden)]	
	(Schmiedeberger Viadukt 0,191)		
|	(21,5) Schmiedeberg		
22,2	Schmiedeberg (Bz Dresden)	>Bärenfels	>Anschl. GISAG [Tempergußwerk]
23,5	Buschmühle		
	(Weißeritzbrücke)		
|	(25,99) Kipsdorf		
26,3	Kurort Kipsdorf		
Freital Potschappel-Niederhermsdorf		**Grubenbahn**	**Norm/ Sm 750**
	Freital Potschappel	[Potschappel]	>Birkigt, Tharandt, Dresden
0,3	Abzw.	>Freital Potschappel	
1,88	Zauckerode	>Steinkohlengrube	
2,6	Abzw. Niederhermsdorf	>Wilsdruff	
Freital Potschappel-Wisdruff-Nossen		**164h**	**Sm 750, bis Fr.-Zauckerode Sm/ Norm**
0,0	Freital Potschappel	[Potschappel]	>Dresden, Freiberg

0,3	Abzw.	>Kohlenbahn	
1,88	Freital Zauckerode	[Zauckerode]	>Anschl. Norm
2,6	Abzw.	>Kohlenbahn	
2,89	Wurgwitz	[Niederhermsdorf]	
	(Kesselsdorfer Viadukt 0,0622)		
6,59	Kesselsdorf		
9,29	Grumbach (b Wilsdruff)		
10,9	Wilsdruff	>Meißen	
13,77	Birkenhain-Limbach		
17,91	Helbigsdorf (b Wilsdruff)		
20,16	Herzogswalde		
22,2	Mohorn		
26,02	Oberdittmannsdorf	>Klingenberg-Colmnitz	
27,82	Niederdittmannsdorf		
29,42	Oberreinsberg		
30,9	Niederreinsberg		
32,54	Obergruna-Bieberstein		
34,82	Siebenlehn		
37,64	Nossen Hp		
38,79	Nossen	>Freiberg, Lommatzsch, Roßwein, Meißen	
Freital Zauckerode		**Grubenbahn**	**Sm (?), EL**
Friedland-Jarmen		**122r, 125f, 929**	**Sm 600**
0,0	Friedland (Meckl) Kleinb	[Friedland (Meckl) Nord]	>0,0 Friedland (M) Zuckerfabrik (2,0)
	Abzw.	>Anklam	>Anschl. Zementwerk
3,0	Salow		
4,05	Bresewitz (b Friedland/ Meckl) Dorf	>Bornthin	
5,56	Bresewitz (b Friedland/ Meckl) Ziegelei	>Beseritz	>Anschl. Ziegelei
7,61	Ramelow (b Friedland/ Meckl) Forsthaus		
9,95	Ramelow (b Friedland/ Meckl) Dorf		
11,85	Rebelow		
13,65	Japenzin		
15,0	Dennin	>Drewelow	>Anschl. Molkereigenossenschaft Dennin
15,5	Wegezin-Dennin		
16,8	Stern (Kr Anklam)		
	Crien-Dornbusch		
20,1	Krien	[Crien Dorf]	
23,0	Steinmocker		
24,1	Krusenfelde		
26,4	Klein Below		
28,1	Cadow-Padderow	[Kadow-Padderow]	>Cadow
30,5	Toitin		
34,5	Jarmen	[Jarmen Süd]	>Schmarsow, Dargezin
Friedland Fliesenwerk		**Werkbahn**	**Sm 600**
0,0			
2,0			
Friedländer Wiese		**Werkbahn**	**Sm 800**
Friedrichsaue-Genschmar		**108b, 115g, 109c**	**Norm**
0,0	Friedrichsaue	>Fürstenwalde, Wriezen	
	Wilhelminenhof		
3,8	Genschmar		
Frohburg-Kohren=Sahlis		**176b**	**Norm**
0,0	Frohburg	>Borna, Geithain	
1,72	Frohburg Ost	[Frohburg Schützenhaus]	
3,6	Streitwald	[Wolftitz Jägerhaus]	
7,75	Kohren-Sahlis	[Kohren]	>FB Schotterwerk
Frohnau Bergwerksmuseum		**Museumsbahn**	**Sm 600**
	Frohnau Markus Röhling Stollen		
Fröttstedt-Friedrichroda-Georgenthal		**616**	**Norm**
0,0	Fröttstedt	>Gotha, Eisenach	
0,8	Hörselgau		
2,2	Anschl.		
3,57	Waltershausen	>Waltershausen Fahrzeugwerk	>Thüringerwaldbahn
6,1	Waltershausen-Schnepfenthal	[Schnepfenthal]	>Thüringerwaldbahn
8,8	Reinhardsbrunn-Friedrichroda	>Thüringerwaldbahn	

9,9	(0,0) Friedrichroda		
2	Schweizerhof		
4	Schönau-Ernstroda		
9	Georgenthal (Thür)	>Tambach-Dietharz, Gotha	>Gräfenroda
Fürstenberg-Templin-Eberswalde		**121d, 916**	**Norm**
123,2	Fürstenberg (Havel)	[Fürstenberg (Meckl)]	>Neustrelitz, Oranienburg
	Abzw.	>Neustrelitz	
	Anschl.	>Fürstenberg Gleisjochmontageplatz	
121,8	*(Gleisende)*		
121,8	Fürstenberg Weidendamm		
199,0	Ravensbrück		
116,3	Himmelpfort		
115,5	Piansee		
112,5	Fischerei		
111,5	Lychen		
110,4	Rastplatz 7		
109,0	Hohenlychen		
105,5	Tangersdorf		
101,2	Alt Placht		
99,3	Neu Placht		
94,3	Kanalbrücke		
93,8	*(Gleisende)*		
92,7	Templin	>Löwenberg	
91,3	Templin Vorstadt	[Templin Stadt]	
88,3	Abzw.	>Prenzlau	
86,3	Templin Ahrensdorf	[Ahrensdorf]	
81,1	Milmersdorf		
79,4	Götschendorf		
74,8	Ringenwalde (Kr Templin)		
71,8	Friedrichswalde (Kr Eberswalde)	[Friedrichswalde (Kr Angermünde)]	
65,2	Joachimsthal		
63,0	Werbellinsee	[Joachimsthal Kaiserbf]	
	(Neue Grabenbrücke)		
60,7	Alt Hüttendorf		
54,8	Golzow (Kr Eberswalde)	[Golzow (Kr Angermünde)]	
	Abzw.	>Angermünde	
50,0	Britz (Kr Eberswalde)	[Britz (Kr Angermünde)]	
47,6	*(Oder-Havel-Kanal-Unterführung)*	*(neu)*	
47,4	*(Oder-Havel-Kanal-Unterführung)*	*(alt)*	
	(Finowkanalbrücke)		
45,2	Eberswalde Hbf	>Bad Freienwalde, Bernau	
Fürstenwalde-Beeskow		**107d, 181**	**Norm**
0,0	Fürstenwalde (Spree) Kleinb	>Berlin, Müncheberg	
2,57	Buschgarten	>Frankfurt	
	(Eisenbahnbrücke)		
5,0	Fürstenwalde (Spree) Hafen		
	(Spreebrücke)	[Rote Brücke]	
5,7	Fürstenwalde (Spree) Süd	[Ketschendorf] >Hafenbahn	>Anschl. Kabelwerk, Gaswerk
7,0	Anschl.	>Kasczemeck	
7,7	Anschl.	>Ceres	
	Petersdorf Seebad		
10,3	Petersdorf (Kr Fürstenwalde/ Spree)	[Petersdorf (b Ketschendorf/ Spree)] [Petersdorf (Kr Beeskow-Storkow)]	>Silberberg Waldschänke
12,4	Bad Saarow-Pieskow	[Bad Saarow]	
14,4	Bad Saarow-Pieskow Süd	[Pieskow]	
18,8	Wilmersdorf (Kr Beeskow)	>Sauen	
20,4	Pfaffendorf (Mark)	[Lamitsch-Wilmersdorf]	>Anschl. Sonnenburg
24,1	Görzig		
26,4	Groß Rietz		
30,4	Beeskow Nord	[Neuendorf (b Beeskow)]	
32,7	Beeskow Krsbf	[Beeskow West]	>Lübben, Königs Wusterhausen, Grunow
Fürstenwalde-Golzow-Wriezen		**108b, 115g, 109c**	**Norm**

km	Bahnhof		
0,0	Fürstenwalde (Spree)	>Berlin, Frankfurt, Beeskow	
	Anschl.		
	Anschl.		
2,9	Waldfrieden		
3,4	*(Gleisende)*		
4,91	Neuendorf-Buchholz		
9,52	Steinhöfel		
14,2	Hasenfelde	>Müncheberg (Mark)	
16,89	Arensdorf (Kr Fürstenwalde/ Spree)	[Arensdorf (Kr Lebus)]	
19,2	Jochenshof		
21,52	Falkenhagen (Kr Seelow)	[Falkenhagen (Kr Lebus)]	>Anschl. Falkenhagen Gut
23,4	Regenmantel		
26,46	Lietzen	[Lietzen Dorf]	
27,79	Lietzen Nord	[Lietzen Komturei]	
31,11	Diedersdorf (Mark)	>Anschluß Diedersdorf Gut	
36,0	Seelow (Mark) Stadt	[Seelow (Mark) Kleinb]	>Anschl. Bothe
38,08	Friedersdorf (Kr Seelow)	[Friedersdorf (Kr Lebus)]	
40,22	Dolgelin Kleinb	>Bad Freienwalde, Frankfurt	
45,98	Sachsendorf (Oderbruch)	>Anschl. Zuckerfabrik	
48,78	Alt Tucheband		
50,7	Neu Tucheband		
51,85	Golzow (Oderbruch) Kleinb	>Verbindungsbahn Golzow (1,3)	
	(Eisenbahnbrücke 0,043)		
53,86	Golzow Dorf		
57,26	Friedrichsaue	>Genschmar	
59,16	Zechin		
61,31	Wollup	>Voßberg	
63,8	Rehfeld (Oderbruch)		
67,43	Kienitz (Oder)	[Kienitz Dorf]	>Oderhafen
69,58	Kienitz (Oder) Nord	[Kienitz Amt]	
71,51	Groß Neuendorf	>Oderhafen	
75,65	Ortwig		
79,15	Neubarnim		
81,34	Neulewin		
82,48	Kerstenbruch		
84,62	Heinrichsdorf (Kr Oberbarnim)		
86,35	Beauregard		
	(Alte Oderbrücke)		
87,97	Eichwerder		
89	Abzw.	>Thöringswerder Zuckerfabrik	
89,67	Herrnhof		
91,8	Alt Bliesdorf Abzw.	>Frankfurt, Wriezen	
92,42	Alt Bliesdorf		
96,0	Wriezen Kleinb	>Eberswalde, Berlin, Königsberg	
Fürstenwerder-Fährkrug			**Norm**
36,7	Fürstenwerder Reichsb	>Dedelow	
	Parmen		
	Weggun-Arendsee	[Arendsee-Weggun]	
	Krewitz		
	Boitzenburg	>Berkholz	
	Hardenbeck		
	Warthe		
	Metzelthin (Kr Templin)		
0,0	Fährkrug (Kr Templin)	>Templin, Prenzlau	
Ganzlin-Röbel		**119g**	**Norm**
0,0	Ganzlin	>Meyenburg, Karow	
6,9	Stuer		
9,5	Altenhof (Meckl)		
13,2	Knüppeldamm		
15,7	Fincken		
20	Dambeck (Meckl)		
26,7	Röbel (Meckl)		
Gardelegen-Kalbe			**Norm**
0,0	Gardelegen Südost	[Gardelegen Anschlbf]	>Stendal, Oebisfelde, Haldensleben
1,75	Gardelegen Stendaler Tor		
2,67	Gardelegen Nord	[Gardelegen Salzwedeler Tor]	
4,79	Ackendorf (Kr Gardelegen)		
6,03	Berge (Kr Gardelegen)		
7,04	Laatzke		
8,6	Estedt		
11,76	Wiepke		
13,68	Groß Engersen	[Engersen]	>Vinzelberg
17,31	(18,74) Wernstedt	>Klötze	
21,31	Kalbe (Milde)	[Calbe (Milde)] [Calbe a. M.]	>Hohenwulsch, Badel
Gauern-Culmitzsch		**Werkbahn**	**Norm**
0,0	Gauern	>Werdau, Weida	
0,287	*(Gleisende)*		
2,25	Culmitzsch	[Mücke]	
Gehren Flußspatwerk		**Werkbahn**	**Sm 600**
Gehren Stollenbaustelle		**Werkbahn**	**Sm 600**
Gehrhof-Rengerslage		**Werkbahn**	**Norm**
	Gehrhof Abzw.	>Goldbeck, Werben	
	Rengerslage Sandgrube		
	Rengerslage Gut		
	Rengerslage Kohlenlager		
	Rengerslage Getreidelager		
Geithain Ziegelei		**Werkbahn**	**Sm 900**
0,0			
3,0			
Genthin-Milow			**Norm**
0,0	Genthin	>Brandenburg, Güsen	
1,76	Abzw. Milow	>Schönhausen, Jerichow	
2,26	Abzw.	>Genthin Zuckerfabrik	
4,18	Brettin		
4,2	*(Gleisende)*		
6,75	Annenhof		
8,6	Zabakuck		
9,7	Kleinwusterwitz		
12,3	Schlagenthin		
14,5	Kuxwinkel		
17	Neudessau		
19,42	Milow (Havel) Süd	[Leopoldsburg]	
20,64	Milow (Havel)		
Genthin-Schönhausen		**207v, 264, 706**	**Norm**
0,0	Genthin	>Wusterwitz, Güsen	
1,7	Anschl.	>Industriegleis	
1,76	Abzw. Milow	>Milow	
2,2	Anschl.	>Genthin Zuckerfabrik	
2,75	Anschl.	>Genthin Nord, Waschmittelwerk	
3,52	Anschl.	>Genthin Nord, Waschmittelwerk	
3,9	Anschl.	>ACZ	
4,4	Genthin A	[Genthin Altenplatow]	[Altenplathow (b Genthin)]
5,46	Anschl.	>Forstwirtschaft	
6,67	Anschl.		
7,8	Genthin Wald	[Genthin W]	
9,2	Scharteucke		
11,9	Redekin		
17,1	Jerichow	>Güsen	
22,03	Fischbeck (Elbe)	>Tangermünde	
	Schönhausen Siedlung		
28,7	Schönhausen (Elbe)	>Sandau, Rathenow, Stendal	
Georgenthal-Tambach=Dietharz		**192f**	**Norm**
0,0	Georgenthal (Thür)	>Gotha, Gräfenroda	
1,68	Georgenthal (Thür) Ort		
3,26	Rodebachsmühle		
4,5	Lohmühle		
6,22	Tambach-Diethar z		
Gera-Weischlitz		**540**	**Norm**
72,8	Gera Hbf	[Gera Reuss PrStB]	>Krossen, Göschwitz
	Gera Debschwitz Gbf	[Gera Sächsischer Gbf]	>Anschl. Straßenbahnnetz
0,0	(3,0) (74,6) Gera Süd Abzw.	[Gera Reuss SäStB] >Ronneburg	>Weida
2,3	Gera Ost		
4,1	Gera Liebschwitz	[Liebschwitz (Elster)]	
	(Weiße Elsterbrücke)		
	(Weiße Elsterbrücke)		

6,5	Wünschendorf (Elster) Nord	[Meilitz]	
9,4	Wünschendorf (Elster)	>Wünschendorf Dolomitwerk	>Weida, Werdau
	(Lochgut-Tunnel 0,054)		
	(Weiße Elsterbrücke)		
18,2	Berga (Elster)	>Anschl. Schwalbe 5	
	(Weiße Elsterbrücke)		
	(Rüßdorfer Tunnel 0,278)		
24,1	Neumühle (Elster)	>Lehnamühle, Rüßdorf	
	(Weiße Elsterbrücke)		
	(Bretmühlentunnel 0,1183)		
	(Weiße Elsterbrücke)		
	(Schloßbergtunnel 0,27)		
	(Weiße Elsterbrücke)		
30,7	Greiz		
31,5	Abzw.	>Neumark	
	(Weiße Elsterbrücke)		
	(Weiße Elsterbrücke)		
	(Rothenthaler Tunnel 0,137)	[Döhlauer Tunnel]	
	(Weiße Elsterbrücke)		
33,6	Greiz Dölau		
35,9	Elsterberg		
	(Weiße Elsterbrücke)		
	(Elsterberger Tunnel 0,358)		
37	Elsterberg Kunstseidewerk		
38,5	*(Steinicht-Tunnel 0,0883)*		
	(Weiße Elsterbrücke)		
	(Weiße Elsterbrücke)		
40,1	Rentzschmühle		
	(Weiße Elsterbrücke)		
42,9	Barthmühle		
	(Elstertalbrücke 0,283)		
	(Möschwitzer Tunnel 0,191)		
	(Weiße Elsterbrücke)		
	(Weiße Elsterbrücke)		
	(Weiße Elsterbrücke)		
	(Weiße Elsterbrücke)		
49,6	Plauen (Vogtl) Chrieschwitz	>Falkenstein	
52,7	Plauen (Vogtl) unt Bf		
54,4	Plauen (Vogtl) Zellwolle		
55	Plauen (Vogtl) Scholz		
58,0	Kürbitz	>Plauen ob Bf	
	(Weiße Elsterbrücke)		
60,0	Weischlitz	>Adorf	
Gera-Wuitz=Mumsdorf		**160k, 172f, 187f, 188h, 551, 553**	**Sm 1000**
0,0	Anschl.	Gera Farbenfabrik	
0,0	Gera-Pforten	[Gera-Reuss] [Gera Reuss Meuselwitzer Bf]	>0,0 Verbindung Straßenbahnnetz (0,9)
2,9	Anschl.	>0,0 Ziegeleien (0,45)	
2,96	Gera Leumnitz	[Leumnitz]	>Anschl. Kohlehandel Schmidt
3,2	Anschl.	>0,0 Leumnitz Kalkwerk (0,3)	
	Anschl.	>Brahmetalstraße	
5,2	Anschl.	>FB	
5,29	Trebnitz (Kr Gera)	[Trebnitz (Reuss)]	
5,35	Anschl.	>Autobahnbaustelle	
7	Schwaara		
8,3	Anschl.	>Zschippach Kalkwerk	
8,7	Brahmenau Süd	[Zschippach]	
9,25	*(Brahmebachbrücke 0,0073)*		
9,58	Anschl.	>Culmer Kalkwerk	
9,67	Brahmenau	[Culm] [Culm (Reuss)]	>Anschl. Getreidewirtschaft
9,7	Anschl.	>Thüringer Hauptgenossenschaft	
10,75	*(Brahmebachbrücke 0,0069)*		
10,85	Anschl.	>Söllmnitz Tongrube	>FB
11,02	Söllmnitz	[Söllmnitz-Reussengrube]	
11,15	Abzw.	>Cretzschwitzer Dachziegelwerke	
13	Wernsdorf (Kr Gera)	[Wernsdorf (Reuss)]	
	Wernsdorf Hp		

15,28	Pölzig		
17,38	Wittgendorf (Kr Zeitz)		
21,3	Kayna		
23,95	*(Schnauderbrücke 0,0081)*		
24,12	Anschl.	>Kaynaer Quarzwerke	
24,2	Kaynaer Quarzwerke	[Quarzwerk Kayna]	
24,65	Anschl.	>0,0 Kaynaer Quarzwerke Grube (0,7)	
26,8	Oelsen		
27,8	Anschl.	>Vereinsglück III, Leonhard II	[Zipsendorf II]
27,84	Spora	>Meuselwitz	
28,9	*(Schnauderbrücke 0,024)*		
29,5	Zipsendorf	>Anschl. Grube Fürst Bismarck	
29,6	*(Grubenbahnbrücke 0,0071)*		
29,8	*(Rbd-Grenze)*		
30,8	Anschl.	>Grubenbahn	
30,98	*(Rbd-Grenze)*		
30,98	Wuitz-Mumsdorf	>Altenburg, Zeitz	>Mumsdorf, Wuitz, Zipsendorf
31,55	Anschl.	>0,0 Leonhard I (0,7)	[Zipsendorf I]
Gera Kalkwerk		**Werkbahn**	**Sm 500**
	Gera-Leumnitzer Kalkwerk	>Gera Leumnitz	
	(Werksnetz)		
	Kalksteinbruch		
Gera Leumnitz Ziegelei		**Werkbahn**	**Sm 600**
	Gera Ziegelei Scheibe	>Gera Leumnitz	
	Lehmgrube		
Gera=Pforten		**Werkbahn**	**Sm 600?**
0,05	Gera-Pforten Schlackegleis	>Wuitz-Mumsdorf	
0,2	Gera-Porten Schlackeplatz		
Gera Pioniereisenbahn		**Parkeisenbahn**	**Sm 600**
0,0	Martinsgrund		
0,8	Wolfsgehege	>Lokschuppen	
	(Tunnel)		
2	Ausstellungszentrum	>Lokschuppen	
Gera Ziegelei		**Werkbahn**	**Sm 600**
	Gera Ziegelei Sommermeyer	>Gera Leumnitz	
	Lehmgrube		
Gerbstedt-Friedeburg		**180f, g**	**Norm**
0,0	Gerbstedt	>Halle, Hettstedt	
3,98	Zabenstedt		
5,2	Friedeburgerhütte	[Friedeburger Hütte]	
7,43	Freist	[Zabitz]	
9,36	Friedeburg (Saale)		
9,8	Friedeburg (Saale) Hafen		
Gerlebogk Silikatgruben		**Werkbahn**	**Sm 500 und 600**
Gerlebogk Zuckerfabrik		**Werkbahn**	**Sm 600?**
3	Wiendorf		
0,0	Gerlebogk Zuckerfabrik	>Nauendorf, Biendorf	
2	Berwitz		
5	Mitteledlau		
Gernrode-Hasselfelde-Eisfelder Talmühle		**204n, 674**	**Sm 1000**
0,0	Gernrode (Harz) Gernr H E	>Quedlinburg, Frose	>Anschl. Kalkwerk
1,3	Osterteich	*(alt)*	
1,5	Osterteich	*(neu)*	
5,71	Sternhaus-Haferfeld		
6,91	Sternhaus-Ramberg		
10,17	Mägdesprung		
11,62	Drahtzug		
13	Klostermühle		
14,55	Alexisbad	>Harzgerode	
17,4	Anschl.	>Eisfeld [Pyrotechnik]	
17,6	Anschl.	>Sägewerk, Heizwerk	
17,7	Silberhütte (Anh)		
18,32	Anschl.	>0,0 Rinkemühle I (0,115)	
20,7	Straßberg (Harz) Glasebach		
21,8	Lindenberg (Harz)	[Straßberg (Harz)]	
	(Gleisende)		
	(Selkebrücke)		
22,66	Anschl.	>0,0 Fluor (0,062)	>FB

22,91	Anschl.	>0,0 Herzogschacht (1,5)	
24,6	Anschl.	>0,0 Selkewiesen (0,69)	
26,53	Anschl.	>0,0 Zellstofffabrik Nickol (0,298)	
27,12	Güntersberge (Harz)		
30,62	Friedrichshöhe		
31,33	Albrechtshaus		
31,42	Anschl.	>0,0 Albrechtshaus Heilstätten (0,18)	
0,0	(35,71) Stiege	>0,0 Wendeschleife (0,38)	
|	(40,58) Hasselfelde		
|	(40,9) Sägewerk Buchholz		
2,9	Birkenmoor	>0,0 Anschl. Holzladestelle (0,064)	
6,83	Anschl.	>0,0 Steinbruch Pauer (0,0805)	
7,24	Anschl.	>0,0 Steinbruch Georgi (0,153)	
7,3	Unterberg		
8,6	(17) Eisfelder Talmühle	[Eisfelder Talmühle Gernr H E]	>Nordhausen, Wernigerode
Gernrode-Quedlinburg			**Sm 1000**
20,8	Gernrode (Harz) Gernr H E	>Alexisbad, Frose	
22,6	Bad Suderode		
24,9	Quedlinburg Quarmbeck		
29,5	Quedlinburg	>Wegeleben, Blankenburg	
Gernrode Kalkwerk		**Werkbahn**	**Sm 600**
0,0	Gernrode (Harz)	>Hasselfelde, Frose, Quedlinburg	
0,4	Gernrode Kalkwerk		
1,4	Steinbruch		
Gerwisch Kiesgrube		**Werkbahn**	**Sm**
Gerwisch Zuckerfabrik		**Werkbahn**	**Sm**
Giegengrün Steinbruch		**Werkbahn**	**Sm**
	Giegengrün (Erzgeb) Steinbruch		
Glauchau-Gera-Weimar		**550**	**Norm**
112,1	Glauchau (Sachs)	>Chemnitz, Penig	
	(Zwickauer Muldebrücke)		
0,0	(116,0) Glauchau Schönbörnchen	[Schönbörnchen]	>Zwickau
2,6	Dennheritz		
6,7	Meerane		
10,2	Gößnitz Betonwerk		
	(Pleißebrücke)		
12,3	(0,0) Gößnitz	>Altenburg, Werdau, Nobitz	
4,3	Saara Abzw.	>Altenburg, Nobitz	
6,6	Großstöbnitz		
10,4	Schmölln (Bz Leipzig)	[Schmölln (Thür)]	
16,3	Nöbdenitz		
22,5	Raitzhain	>Seelingstädt, Paitzdorf	
23,9	Abzw.	>Meuselwitz, Kayna	
27,9	(24,2) Ronneburg (Thür)		
|	Abzw.		
25	*(Ronneburger Tunnel 0,196)*		
|	*(27,9) (Rbd Grenze)*		
|	Abzw.		
28,5	(29,1) Gera Kaimberg	[Gessental]	
	Abzw.	>Wünschendorf	
33,0	(74,6) Gera Süd	[Gera Reuss SäStB]	>Weida
	Gera Debschwitz Gbf	[Gera Süd-Debschwitz] [Gera Sächs Gbf]	>Anschl. Straßenbahnnetz
34,7	(72,8) (68,0) Gera Hbf	[Gera Reuss PrStB]	
	Gera Hbf Gmi Abzw.	>Zeitz, Krossen	
	(Weiße Elsterbrücke 0,113)		
64,3	Gera Thieschitz		
63	*(Rbd-Grenze)*		
61,2	Töppeln		
55,6	Kraftsdorf		
50	Oberndorf Bk	>Anschl. Munitionsfabrik	
48,4	Hermsdorf-Klosterlausnitz	>Anschl. Keramische Werke	>FB

42,9	Papiermühle (Kr Stadtroda)		
37,2	Stadtroda		
30,8	Neue Schenke	>Anschl. Baustoffwerke	
28,25	Anschl.	>Autobahnbaustelle	
	(Saalebrücke)		
27,5	Göschwitz (Saale)	>Porstendorf, Orlamünde	
22,6	Jena West	[Jena Weimar-Geraer Bf] >Brauerei	>Anschl. Schott & Gen.
18,2	Schlettwein Bk		
14,3	Großschwabhausen	[Schwabhausen]	>Anschl. ACZ
7,59	Mellingen (Thür)		
4,01	Oberweimar		
1,6	Abzw.		
	(Ilmbrücke 0,152)		
0,0	Weimar Reichsb	>Apolda, Erfurt	>Großrudestedt, Buchenwald
Glauchau-Großbothen		**170e, 432**	**Norm**
0,0	Glauchau (Sachs)	>Hohenstein-Ernstthal, Gößnitz, Zwickau	
	(Lungwitzbachbrücke)		
4,2	Remse		
7,4	Waldenburg (Sachs)	[Waldenburg in Sachsen]	
13,2	Wolkenburg	>Anschl. Papierfabrik	
	(Muldebrücke)		
16,5	Thierbach-Zinnberg		
18,51	Penig	>Narsdorf, Altenburg	
21,65	Amerika (Sachs)		
24,41	Rochsburg		
24,8	*(Schloßbergtunnel 0,286)*	[Rochsburger Tunnel]	
	(Muldebrücke)		
27,4	Lunzenau Papierfabrik		
27,47	Lunzenau		
	(Muldebrücke)	[Göhrener Viadukt]	
	(Chemnitzbrücke)		
31,97	Wechselburg	>Chemnitz	
35,68	Steudten	>Anschl. Sandwerk Biesern	
	(Silberbachbrücke)		
	(Muldebrücke)		
39,24	Rochlitz (Sachs)	[Rochlitz in Sachsen]	>Waldheim, Altenburg
	(Muldebrücke)		
41,5	Penna		
44,7	Lastau		
	(Muldebrücke 0,102)		
47,65	Colditz Porzellanwerk	[Werkhaltepunkt Colditz Porzellanwerk]	>Anschl. Colditz Werk
49,09	Colditz	>Anschlüsse	
52,65	Sermuth	[Großsermuth]	>Anschl. Schönbach Kiesgrube
56,77	Großbothen	[Großbothen Colditzer Bf]	>Grimma, Döbeln, Borna
Glienick Ziegelei		**Werkbahn**	**Sm 600**
Glindow Tonwarenfabrik		**Werkbahn**	**Sm 600**
Glossen Silikatwerk Quarzitgrube		**Werkbahn**	**Sm 600**
0,0	Glossen Silikatwerk	>Mügeln, Neichen	
	Glossen Quarzitgrube		
Glöwen-Havelberg			**Norm**
0,0	Glöwen	>Neustadt, Wittenberge	>Pritzwalk, Lindenberg
4	Nitzow		
9,2	Havelberg		
Glöwen-Havelberg		**110c, 110e**	**Sm 750**
0,0	Glöwen	>Wittenberge, Neustadt, Breddin	>Pritzwalk, Lindenberg
3,94	Nitzow		
5,5	Dahlen		
7,1	Toppel		
9,24	Havelberg	>Anschl. Hafen	
Glöwen-Kreuzweg-Lindenberg-Pritzwalk		**120e**	**Sm 750**

km	Bahnhof		
17	Glöwen Kleinb	>Wittenberge, Neustadt, Breddin	>Havelberg
15,01	Glöwen Dorf		
13,17	Schwanesee		
12,07	Klein Leppin	[Leppin]	
10,17	Kreuzweg	>Viesecke	
7,82	Schrepkow		
6	Kunow Süd		
5,14	Kunow Nord		
2,84	Krams		
0,0	(24,83) Lindenberg (Prign)	>Viesecke	
1,2	(23,75) Vettin	>Rehfeld, Kyritz	
4,99	Brünkendorf		
7,29	Klenzenhof		
8,96	Mesendorf		
10,51	Bullendorf (Prign)		
12,33	Kuhsdorf		
14,45	Holzländerhof	>Perleberg	
18,0	Pritzwalk Kleinbf	>Wittstock, Meyenburg, Putlitz	
Gnoien Feldbahn			**Sm**
	Gnoien	>Teterow	
Goldbeck-Werben			**Norm**
0,0	Goldbeck (Kr Osterburg) Kleinb	>Stendal, Wittenberge	>Anschl. Zuckerfabrik
2,168	Möllendorf (Kr Osterburg)		
4,318	Walsleben (Kr Osterburg)		
6,38	Rohrbeck (Kr Osterburg)		
8,7	Iden		
9,64	Abzw. Gehrhof	>Rengerslage	
12,735	Giesenslage		
15,224	Behrendorf (Kr Osterburg)	[Behrendorf-Berge]	
18,4	Werben Stadt		
19,64	Werben (Elbe)	[Werben Bf]	
21,4	Werben (Elbe) Hafen		
Gommern-Pretzien		**Werkbahn**	**Sm 750**
0,0	Gommern	>Lübars, Biederitz, Güterglück	
2,4	Gommern Steinbruch		
	Anschl.	>Sandgruben, Steinbrüche	
4,3	Pretzien (Elbe)	>Betriebswerkstatt	
	(Alte Elbe-Brücke)		
	Pretzien (Elbe) Hafen		
Gommern Zuckerfabrik		**Werkbahn**	**Sm 750**
0,0	Gommern Zuckerfabrik		
	Gommern	>Biederitz, Güterglück, Lübars, Pretzien	
Gora Weiche-Köbeln		**Werkbahn**	**Sm 600**
0,0	Gora Weiche	>Bad Muskau, Weißwasser	
	Jämlitz Glashütte		
6,7	Köbeln Papierfabrik		
Görlitz-Arnsdorf-Dresden		**240**	**Norm, Görlitz-Schlauroth EL**
0,0	Görlitz	[Zhorjelc]	>Moys, Hagenwerder
	Abzw.	>Ebersbach, Horka	
	Schlauroth		
3,9	Schlauroth Hp	[Görlitz Rauschwalde]	
	Abzw.	>Görlitz Rbf, Ebersbach	
9,8	Gersdorf (b Görlitz)	[Gerhacicy (wokr. Zhorjelc)]	[Gersdorf (Kr Görlitz)]
	(Schöpsbrücke)		
14,0	Reichenbach (Oberlaus)	[Rychbach]	
	(Schöpsbrücke)		
17,7	Zoblitz	[Sobolsk]	
	Rosenhain Bk		
	(Löbauer Wasser-Viadukt)		
24,2	Löbau (Sachs)	[Lubij (Sakska)]	>Ebersbach, Großpostwitz, Weißenberg
	(Bachtalviadukt 0,181)		
30,4	Breitendorf	[Wujezd]	
34,6	Pommritz	[Pomorcy]	
39,5	Kubschütz	[Kubsicy]	
45,9	Bautzen	[Budysin]	>Seidau, Großpostwitz
	(Spreetalviadukt 0,258)		
	Abzw.	>Radibor	
54	Seitschen	[Zicen]	
	Demitz-Thumitz Ladestelle	>FB Demitz-Thumitz Granitwerk	
	(Schwarzwasserviadukt)		
57,7	Demitz Thumitz Awanst	>FB Demitz-Thumitz Granitwerk	
60,3	Demitz-Thumitz	[Zemicy-Tumicy] [Demitz]	
64,9	Bischofswerda	[Biskopicy]	>Neukirch, Kamenz
67,9	Weickersdorf (Sachs)		
72,5	Großharthau		
80,2	Arnsdorf (b Dresden)	[Arnsdorf (Sachs)]	>Kamenz, Dürröhrsdorf
	...		
102,1	Dresden Neustadt	>Dresden Hbf	
Görlitz-Klein Biesnitz		**Überlandstraßenbahn**	**Sm 1000, EL**
0,0	Görlitz Zentrum	>Moys, Leschwitz	
	...		
	Klein Biesnitz		
Görlitz-(Kohlfurt)		**PKP**	**Norm**
252,6	Görlitz	>Horka, Weißenberg, Löbau, Hagenwerder	
	(Neißebrücke)		
251,7	*(Görlitz Grenze)*		
	Görlitz Moys	[Moys] [Zgorzelec]	>Lauban
	Hennersdorf (b Görlitz)	[Jedrzychowice]	
	Lissa (Oberlaus)	[Lasow]	
	Penzig (Oberlaus)	[Piensk]	
	Kohlfurt	[Wegliniec]	
Görlitz-Leschwitz		**Überlandstraßenbahn**	**Sm 1000, EL**
0,0	Görlitz Zentrum	>Moys, Klein Biesnitz, Rauschwalde	
	...		
	Leschwitz		
Görlitz-(Moys)		**Überlandstraßenbahn**	**Sm 1000, EL**
0,0	Görlitz Zentrum	>Klein Biesnitz, Leschwitz, Rauschwalde	
	...		
	(Neißebrücke)		
	(Grenze)		
	...		
	Moys	[Zgorzelec]	
Görlitz-Rauschwalde		**Überlandstraßenbahn**	**Sm 1000, EL**
0,0	Görlitz Zentrum	>Moys, Klein Biesnitz, Leschwitz	
	...		
	Rauschwalde		
Görlitz-Weißenberg		**160h, 242, 232**	**Norm**
0,0	Görlitz Rauschwalder Straße Kleinb	[Görlitz West]?	>Anschl.
|	(0,0) Görlitz Rotundawerk		
205,3	Abzw.	>Görlitz Industriegleis mit Anschlüssen	
205,9	Abzw. Industrieübergabebf	>Stw Görlitz Svt	>Waggonfabrik
2?	Ebersbacher Brücke Hp		
	(Schöpsbrücke)		
	(Straßenbrücke)		
	Abzw.	>Görlitz Nord	
	Schlauroth Ost		
6,4	Ebersbach (b Görlitz)	>Anschl. Granit- u. Grünschotterwerk	
9,5	Königshain-Liebstein	[Liebstein]	
10,6	Nieder Königshain		
13,0	Königshain-Hochstein	>Anschl. Königshain Granitwerke	
15,1	Königshain Wald		
	(Zahnstangenabschnitt 1,7)		
	(Straßenbrücke)		
17,0	Hilbersdorf (Kr Görlitz)	>FB	
18,0	Arnsdorf (Kr Görlitz)	>Anschl. Granitwerke	
19,7	Döbschütz		

km	Bahnhof		
23,6	Buchholz (Kr Görlitz)	[Krischa-Tetta] [Buchholz (Niederschles)]	
	(Löbauer Wasser-Brücke)		
28,2	Weißenberg (Sachs) Süd	[Wospork (Sakska)]	>Löbau, Radibor
Görlitz-Zittau		**241**	**Norm**
207,9	(0,0) Görlitz	[Zhorjelc]	>Horka, Weißenberg, Löbau, Moys
208,8	*(Blockhaustunnel)*		
210,8	(2,8) Görlitz Weinhübel	[Weinhübel] [Leschwitz]	
	(Umlegung wegen Tagebau)		
	(7,0) Deutsch Ossig		
217,4	(23,6) (10,0) Hagenwerder	[Nikrisch]	>Seidenberg, Friedland
	(Neißebrücke)		
21,0	*(Hagenwerder Grenze)*		
	Reutnitz Abzw.	[Reczyn]	>Seidenberg, Nikolausdorf
16,5	*Ostritz (b Görlitz)*	[Krzewina Zgorzelecka]	
	Marienthal (Sachs)	[Rußdorf] [Posada]	[Blumberg (b Görlitz)] [Bratkow Zgorzelecki]
	Rosenthal		
10,3	*(Hirschfelde Grenze 3)*		
9,8	*(Hirschfelde Grenze 2)*		
9,0	*Rohnau*	[Trzcieniec Zgorzelecki]	
	(Neißebrücke)		
8,4	*(Hirschfelde Grenze 1)*		
7,7	(26,6) Hirschfelde	>Reichenau	
	(28,5) Drausendorf		
0,0	(33,6) Zittau	>Mittelherwigsdorf, Bertsdorf	>Markersdorf
Görlitz Pioniereisenbahn		**Parkeisenbahn (Ringbahn)**	**Sm 600**
0,0	Am Weinberg	[Pionierpark]	>Lokschuppen
0,85	(0,0) Am Weinberg		
Görlitz Svt-Görlitz Rbf			**Norm, EL**
205,9	Görlitz Abzw. Svt	>Horka, Görlitz	
	Görlitz Rbf	[Schlauroth Gbf]	
	Abzw.	>Dresden, Görlitz	
Görlitz Ziegelei		**Werkbahn**	**Sm 600**
Goßdorf=Kohlmühle-Hohnstein			**Sm 750**
0,0	Goßdorf-Kohlmühle	[Kohlmühle]	>Bad Schandau, Sebnitz
	(Tunnel 0,063)		
1,8	*(Tunnel 0,037)*		
4,76	Lohsdorf		
7,18	Unterehrenberg		
8,6	Oberehrenberg		
10,82	Anschl.	>Wittig	
	(Brücke)		
12,1	Hohnstein (Sächs Schweiz)	[Hohnstein (Kr Pirna)]	
Gößnitz=Hainichen Ziegelei		**Werkbahn**	**Sm 600**
0,0			
0,3			
Gotha-Bufleben-Friedrichswerth-Großenbehringen		**186h, 646**	**Norm**
0,0	Gotha	>Neudietendorf, Eisenach	>Gräfenroda
	(Gothaer Viadukt)		
3,17	Gotha Ost	[Kindleben]	
0,0	(7,62) Bufleben	>Bad Langensalza	
	(9,32) Warza		
	(11,94) Goldbach (Kr Gotha)		
	(14,14) Wangenheim		
	(15,76) Eberstädt (Kr Gotha)		
10,62	(17,88) Brüheim-Sonneborn		
13,36	(20,62) Friedrichswerth (Thür)		
	(Gleisende)		
17,2	(24,0) Großenbehringen		
Gotha-Eisenach		**617, 600**	**Norm, EL**
136,37	Gotha	>Georgenthal, Bufleben	>Raw Gotha
141,3	Leinakanal Kreuzungsbf	[Leinakanal]	
	(Hörselbrücke)		
146,92	Fröttstedt	>Friedrichroda	
148,72	Laucha (Kr Gotha) Bk		
150,9	Mechterstädt		
152,22	Mechterstädt-Sättelstädt		
153,8	Sättelstädt		
155,32	Kälberfeld Bk		
157,49	Schönau (Hörsel)		
158,0	Schönau Bk	>Anschl. Forstwirtschaft	
160,2	Wutha	>Ruhla	
164,8	Eisenach Gbf		
165,27	Eisenach	>Wartha, Mihla, Förtha	
Gotha-Gräfenroda		**614**	**Norm**
0,0	Gotha	>Neudietendorf, Eisenach, Bufleben	
6,4	Emleben		
9,2	Petriroda		
13,1	Georgenthal (Thür)	>Tambach-Dietharz	
17,3	Ohrdruf		
20,9	Luisenthal (Thür)		
	(Ohrabrücke)		
25,3	Crawinkel		
29,9	Frankenhain		
33,9	Gräfenroda Ort	>Zella-Mehlis	
35,7	Gräfenroda	>Plaue, Arnstadt	
Gotha-Leinefelde		**645**	**Norm**
0,0	Gotha	>Erfurt, Georgenthal, Eisenach, Tabarz	
	Abzw.	>Gotha Gk Abzw.	
	(Gothaer Viadukt)		
3,2	Gotha Ost	[Kindleben]	
7,3	Bufleben	>Friedrichswerth, Großenbehningen	
12,1	Ballstädt (Kr Gotha)	>Gräfentonna	
16,2	Eckardtsleben		
	Abzw.	>Döllstädt, Haussömmern	
21,34	Bad Langensalza	[Langensalza]	
26,0	Schönstedt		
29,35	Großengottern		
33,3	Seebach (Kr Mühlhausen)	[Seebach (Kr Langensalza)]	
37,4	Abzw. Bollstedt	>Ebeleben	
39,9	Mühlhausen Thomas-Müntzer-Stadt	[Mühlhausen (Thür)]	>Wendehausen
	(Unstrutbrücke)		
43,0	Ammern		
48,4	Dachrieden		
53,15	Breitenbich		
57,77	Silberhausen		
58,9	Abzw. SN	[Silberhausen Trennungsbf]	>Geismar, Hüpstedt
63,7	(3,41) Birkungen		
64	Bk		
67,1	Leinefelde	>Teistungen, Arenshausen	>Bleicherode Ost
Gotha-Waltershausen-Tabarz		**192g, 981 Überlandstraßenbahn**	**Sm 1000, EL**
0,0	Gotha Hbf	>Straßenbahnnetz Gotha	>Neudietendorf, Eisenach, Bufleben, Georgenthal
1,2	Huttenstraße	>Straßenbahnnetz Gotha	
2	Berta von Suttner-Straße	>Straßenbahnnetz Gotha	
2,6	Myconiusplatz	>Straßenbahnnetz Gotha	
3,2	Dr. Hans-Loch-Straße	>Straßenbahnnetz Gotha	
3,7	Waltershäuser Straße	>Wagenhalle	
4,1	Schöne Aussicht		
5,2	Am Anger	[Sundhausen]	
6,4	*(Ausweiche)*		
8,1	Boxberg		
	(Leinakanalbrücke)		
	(Hörselbrücke)		
9,9	Leina (Thüringerwaldbahn)		
12,3	Wahlwinkel		
	(Eisenbahnbrücke)		
14,2	(0,0) Gleisdreieck	>Waltershausen	
|	(14,9) Waltershausen Schnepfenthal	[Schnepfenthal]	>Fröttstedt, Friedrichroda
|	(16,7) Reinhardsbrunner Teiche		
|	(17,5) Reinhardsbrunn Bf		
|	(18,2) Friedrichroda	>Fröttstedt	

| (19,3) Marienglashöhle | | |
| (21,7) Tabarz | | |
0,0 Gleisdreieck >Tabarz
0,4 Ohrdrufer Straße [Ibenhain]
0,8 Goethe-Straße
Abzw. >Anschl.
Brühl
Claustor
1,5 Bahnhofstraße [Friedrich-Engels-Straße]
2,4 Waltershausen Bf
Weiterhin wird die Industriebahn Gotha durch die ThW-Bahn betrieben.

Gotha Ost Ziegelei **Werkbahn** **Sm 600**

Gotha Ost Ziegelei **Werkbahn** **Norm**
0,0
1,5

Gotha Spanplattenwerk **Werkbahn** **Sm 1000**

Göttwitz Ziegelei **Werkbahn** **Sm 600**
0,0
0,3

(Götzenhof-Hilders) **DB** **Norm**
0,2 *Götzenhof* >Fulda, Hünfeld
Melzdorf-Almendorf
Wiesen (Kr Fulda)
Niederbieber
9,1 *Langenbieber*
12,9 *Bieberstein*
(Milseburg-Tunnel)
Milseburg
Rupsroth
Eckweisbach
26,1 *Hilders (Rhön)* >Tann, Wüstensachsen

Gräfenhain Steinbruch **Werkbahn** **Sm 600**
Gräfenhain (b Königsbrück)

Gräfenwarth-Sperrmauer **Werkbahn** **Sm 900**
0,0 Gräfenwarth >Saalburg, Schleiz
2,1 Sperrmauer
Talsperre Baugleis

Gräfenwarth-Sperrmauer **Norm, EL**
0,0 Gräfenwarth >Saalburg, Schleiz
Gräfenwarth Hst [Gräfenwarth Übergabebf]
2,1 Sperrmauer >Anschl. Kraftwerk
Talsperre Baubf

Grana Ziegelei **Werkbahn** **Sm 600**
0,0 Verladerampe >Zeitz, Osterfeld
Abzw. >Tongrube alt
1,6 *(Brücke)*
1,8 Grana Tongrube

Gransee-Schulzendorf-Neuglobsow **121d** **Norm**
0,0 Gransee >Löwenberg, Fürstenberg
2,37 Gransee West
3,65 Schönermark (Kr Gransee) [Schönermark (Kr Ruppin)]
6,21 Sonnenberg (Kr Gransee) [Sonnenberg (Kr Ruppin)]
Rönnebeck (Kr Ruppin)
9,42 Schulzendorf (Kr Gransee) [Schulzendorf (Kr Ruppin)] >Lindow (Mark) >Anschl. Bundeswehr
(Gleisende)
12,39 Wolfsruh [Königstädt]
13,79 Großwoltersdorf [Groß Woltersdorf (Kr Ruppin)]
Menz (Kr Ruppin)
(Polzowkanalbrücke)
22,84 Neuglobsow

Gransee Tongrube Badingen **Werkbahn** **Sm 750/ 500**
0,0
8

Grechwitz Ziegelei **Werkbahn** **Sm 600**
0,0
0,2

Greifswald-Busdorf-Gützkow-Jarmen **Sm 750**
0,0 Greifswald Reichsbf >Grimmen, Stralsund, Anklam, Wiek
0,5 Greifswald Landesbf
5,2 Klein Schönwalde
6,5 Potthagen-Weitenhagen
9,9 Grubenhagen
13,1 Busdorf >Klein Zastrow
14,8 Behrenhoff
17,8 Kammin (Kr Greifswald) [Cammin]
Dargezin Gut
19,3 Dargezin >Züssow
21,3 Vargatz
22,9 Gützkow >Gützkower Fähre
26,9 Neuendorf (Kr Greifswald)
28,9 Jarmen Nord >0,0 Jarmen Hafen (0,8)

Greifswald-Grimmen-Tribsees **Norm**
0,0 Greifswald >Stralsund, Anklam, Wiek, Dargezin
(Ryckbrücke)
2,11 Wackerow >Stralsund
5,4 Steffenshagen
8,2 Petershagen (b Greifswald) >FB
11,5 Horst (b Greifswald)
12,8 Segebadenau (b Greifswald) >FB
14,5 Freiholz (b Bremerhagen) >FB
16,5 Bremerhagen
19,8 Hohenwarth (Kr Grimmen)
23,3 Anschl. >Reichsgetreidespeicher
23,5 Grimmen Schützenplatz >FB, Ziegelei, Groß Lehmhagen
25,5 Grimmen >Stralsund
27,9 Vietlipp >Demmin >FB
Dönnie-Jessin [Jessin-Dönnie] >FB
30,5 Borgstedt (Kr Grimmen) >FB
34,6 Strelow (Kr Grimmen) >FB
36,7 Voigtsdorf (Kr Grimmen) >FB nach Wendisch Baggendorf, Leyerhof, Kirch Baggendorf, Langenfelde, Voigtsdorf
40 Zarnekow (Kr Grimmen) >FB
41,4 Grammendorf >FB
43,8 Deyelsdorf >FB
45,8 Stremlow >FB
Tribsees Ost >Franzburg
48,83 Abzw. Tribsees Stadtwald >Velgast
50,54 Tribsees >Sanitz

Greifswald-Kemnitz-Wolgast **122u** **Sm 750**
0,0 Greifswald Reichsbf >Stralsund, Anklam, Dargezin
1 Greifswald Neumorgenstraße
1,7 Greifswald Hohenzollernplatz [Roßmarkt] >0,0 Greifswald Hafen (0,91)
3,1 Normandie
5,9 Wieck-Eldena >Anschl. Hafenbahn
7,6 Eisenhain
8,8 Weiße Buche
11,4 Diedrichshagen
14 Hanshagen Gut
17,3 Kemnitzerhagen
18,5 Kemnitz (Pommern) >Kühlenhagen
20,5 Neuendorf (b Kemnitz/ Pommern)
23,8 Loissin
25,1 Gahlkow
26,5 Vierow
29,9 Lubmin Dorf >0,0 Lubmin Seebad (0,7)
32,1 Wusterhusen
34,9 Pritzwald
37,3 Rubenow (Kr Greifswald)
39,2 Voddow
41,7 Kröslin (Kr Greifswald) *(siehe auch Wolgast-Kröslin)*
43,5 Karrin [Carrin]
45 Groß Ernsthof >0,0 Wolgast Hafen (4,3)
48 Tannenwäldchen
48,7 Wolgast Schlachthof >0,0 Wolgast Hafen (0,7)
49,41 Wolgast Kleinb [Wolgast Landesb] >Züssow, Zinnowitz

Greifswald-Lubmin **929** **Norm**
0,0 (209,6) Greifswald >Stralsund, Anklam, Dargezin, Wiek

2,2	(207,4) Greifswald Süd		
6	(204,3) Schönwalde Bk	>Anklam	
23,2	Lubmin Seebad	[Seebad Lubmin]	
24,3	Lubmin Mitte	[Lubmin Zentrale Baustellen-Einrichtung]	
25,4	Lubmin Werkbf	>Anschl. KKW	
Greifswald-Wiek			**Norm**
0,0	Greifswald	>Stralsund, Anklam, Dargezin	
2	Greifswald Hafen	>Greifswald, Lubmin	
4	Wiek		
Greifswald Baustoffwerk		**Werkbahn**	**Sm 600**
Greifswald Zeigelei		**Werkbahn**	**Sm 600**
Greiz-Neumark		**543**	**Norm**
0,0	Greiz	>Wünschendorf	
0,8	Abzw.	>Plauen	
	(Weiße Elsterbrücke)		
	(Aubachtaler Tunnel 0,24)	[Irchwitzer Tunnel] [Hainbergtunnel]	
2,1	Greiz Aubachtal		
7,1	Mohlsdorf		
11,8	Brunn (Sachs)		
13,8	Neumark (Sachs)	>Reichenbach, Werdau	
Greußen-Ebeleben-Keula		**186e**	**Norm**
0,3	Greußen West	[Greußen Nebenbahnhof]	>Sondershausen, Erfurt
	Anschl.	>Greußen Zuckerfabrik	
0,832	Anschl.		
1,4	Westgreußen		
6,15	Rohnstedt		
8,73	Großenehrich		
	(Brücke)		
11,49	Großenehrich West	[Wenigenehrich]	
14,08	Abtsbessingen-Bellstedt		
16,51	Rockstedt (Thür)		
	(Brücke)		
17,86	Ebeleben	>Hohenebra, Mühlhausen	>Ebeleben Mischfutterwerk
	(Helbebrücke)		
21,06	Holzsußra		
25,03	Kleinbrüchter		
27,67	Urbach (Thür)		
30,48	Menteroda (Thür)	>Anschl. Kaliwerk Volkenroda	
	(Gleisende)		
31,88	Holzthaleben		
33,438	Anschl.		
37,09	Keula (Thür)		
Grevesmühlen-Klütz		**783**	**Norm**
0,0	Grevesmühlen	>Bad Kleinen	>Grevesmühlen Industriegelände
	Abzw.	>Lübeck	
4,3	Gostorf		
6,8	Moor		
10,0	Reppenhagen		
12,2	Stellshagen		
15,3	Klütz (Meckl)		
Grevesmühlen Ziegelei		**Werkbahn**	**Sm 600**
Grimmen-Groß Lehmhagen		**Werkbahn**	**Sm 600**
0,0	Grimmen Schützenplatz	>Greifswald, Tribsees	
	Groß Lehmhagen Gut		
Grimmen Ziegelei		**Werkbahn**	**Sm 600 700?**
0,0	Grimmen Schützenplatz	>Greifswald, Tribsees	
	Grimmen Ziegelei Leitner		
Gröna Ziegelei		**Werkbahn**	**Sm 600**
Gröningen Ziegelei		**Werkbahn**	**Sm 600**
0,0			
0,2			
Großdeuben-Thierbach		**Grubenbahn**	**Sm 900, EL**
	Großdeuben	>Gaschwitz, Böhlen	
	Muckern		
	Espenhain	>Rötha	
	Espenhain Werke	>Böhlen	
	Thierbach Kraftwerk		
Großdöbbern-Jänschwalde-Peitz		**Grubenbahn**	**Norm, EL**
	Großdöbbern	>Casel, Welzow	
	Jänschwalde Tagebau		

	Abzw.	>Cottbus Nord Tagebau	
	Peitz Ost	>Cottbus, Guben	
Großheringen-Weimar-Erfurt		**600, 618**	**Norm, EL**
58,48	Großheringen	>Naumburg, Straußfurt, Jena	
	(Ilmbrücke)		
60,66	Bad Sulza	[Sulza]	
	(Ilmbrücke)		
63,3	Darnstedt Bk		
66,1	Niedertrebra		
68,9	Flurstedt Bk		
71,68	Apolda		
	(Apoldaer Viadukt 0,09)		
74,47	Oberroßla Bk		
	(Ilmbrücke)		
76,61	Ilm Bk		
79,01	Oßmannstedt		
82,2	Denstedt Bk		
86,6	Anschl.	>Waggonfabrik Busch	
	Weimar Gbf	>Weimar Bw	
87,13	Weimar Reichsb	>Bad Berka, Kranichfeld	>Großrudestedt, Buchenwald
91,76	Ulla Abzw.		
94,82	Hopfgarten (Kr Weimar)		
98,23	Niederzimmern Bk		
100,88	Vieselbach	>Anschl. Umspannwerk	
	Vieselbach Gbf	>Anschl. IKEA	
103,28	Azmannsdorf Bk		
105,37	(3,3) Erfurt Gbf Eo Abzw.	>105,37 Erfurt Gbf (107,1)	
	(2,6) Erfurt Gbf Eb Abzw.	>Erfurt Ost, Erfurt Nord	
107,1	Erfurt Gbf		
	(Schmidtstedter Brücke)		
108,35	Erfurt Hbf	[Erfurt]	>Neudietendorf, Sömmerda, Nordhausen
Großkayna Brikettfabrik		**Werkbahn**	**Norm**
	Großkayna Brikettfabrik	>Beuna (Geiseltal)	
Großkorbetha-Deuben		**607**	**Norm**
0,0	Großkorbetha	[Corbetha]	>Leipzig, Halle, Leuna Werke
	Anschl.	>Unterwerk	
2,5	Schkortleben	>Weißenfels	
	(Saalebrücke)		
4,9	Dehlitz (Saale)		
7,9	Pörsten	[Poserna]	>Leipzig
12,6	Webau	>Profen	>Anschl. Chemiewerk
14,5	Wählitz		
15,5	Hohenmölsen		
19,6	Oberwerschen	[Oberwerschen (Kr Weißenfels)]	
22,8	Deuben	>Zeitz, Teuchern	>Anschl. Brikettfabrik, Kraftwerk
Groß Köris-Neubrück Kiesbahn		**Werkbahn**	**Sm 600/ 900**
0,0	Groß Köris Kiesverladung		
1,5	Werkstatt		
3,0	Ausweiche	>Kiesgrube	
4,0	Neubrück Kiesgrube		
Groß Kreutz-Lehnin			**Norm**
0,0	Groß Kreutz Kleinb	>Brandenburg, Potsdam	
	Anschl.	>Militärbahn	
4,5	Neubochow	[Neu Bochow]	
6	Damsdorf (Lkr Brandenburg)	[Damsdorf (Kreis Zauch-Belzig)]	
9,04	Nahmitz	>Anschl. Sägewerk	
11,43	Lehnin	>FB Michelsdorf, Rädel	
Groß Lichterfelde-Stahnsdorf		**Dampfstraßen-bahn**	**Norm**
0,0	Groß Lichterfelde		
	Seehof		
	Teltow		
10	Stahnsdorf		
Großräschen-Finsterwalde			**Norm**
117,4	Großräschen	[Ran] [Groß Räschen]	>Senftenberg
112,5	(16,7) Altdöbern Süd Abzw.	>Calau	
6,8	Saadow-Rutzkau		

135,0	(0,0) Lindthal Abzw.	>Calau	
128,0	Finsterwalde (Niederlaus)	>Senftenberg, Luckau	>Doberlug-Kirchhain
Großräschen Tagebau		**Werkbahn**	**Norm**
Großräschen Ziegelei		**Werkbahn**	**Sm 500**
0,0			
2			
Großräschen Ziegelei		**Werkbahn**	**Sm 600**
0,0			
14			
Großröhrsdorf Ziegelei		**Werkbahn**	**Sm 600**
Großrössen Abzw.-Abzw. Beyern		**Verbindungsbahn**	**Norm**
Großrössen Abzw.-Abzw. Großrössen (Hr)		**Verbindungsbahn**	**Norm**
Großrössen Abzw. (Hz)-Abzw. Großrössen (Fk)		**Verbindungsbahn**	**Norm**
Großrudestedt-Alperstedt			**Norm/ Sm 1000**
0,0	Großrudestedt	>Weimar, Erfurt, Sömmerda	
3	Alperstedt Militärflugplatz		
Großsaubernitz Ziegelei		**Werkbahn**	**Sm 600**
Grumbach Ziegelei		**Werkbahn**	**Sm 600**
0,0	Grumbach (b Tharandt) Ziegelei		
0,2			
Grünhainichen Papierfabrik		**Werkbahn**	**Sm 750**
0,0	Grünhainichen-Borstendorf	>Flöha, Pockau-Lengefeld	
3,5	Grünhainichen Papierfabrik		
Grünstädtel-Oberrittersgrün		**171c**	**Sm 750**
0,0	Grünstädtel	>Schwarzenberg, Schlettau	
2,37	Pöhla		
2,37	Anschl.	>Eisenwerk Pöhla	
3,64	Siegelhof		
3,98	Anschl.	>Pappen- u. Kartonagenwerk	
5,42	Niederglobenstein		
6,37	Anschl.	>Möbelfabrik u. Pappfabrik	
6,42	Oberglobenstein		
6,84	Anschl.	>Holzwerk Marienberg Werk I	
7,23	Unterrittersgrün		
7,65	Anschl.	>VEB Holzindustrie BT Rittersgrün	
9	*(Gleisende)*		
9,36	Oberrittersgrün	>Rittersgrün Parkeisenbahn	
Guben-(Crossen)		**DR, PKP**	**Norm**
0,9	Wilhelm-Pieck-Stadt Guben	[W.-P.-Mesto Gubin] [Guben]	>Cottbus, Sommerfeld
	Abzw.	>Frankfurt	
	(Neißebrücke)		
1,7	*(Guben Grenze)*		
	Gubin		
	Guben Stadtforst	[Jaromirowice]	
	Wallwitz (b Guben)	[Walowice]	
	Merzwiese	[Wezyska]	
	Neu Rehfeld Abzw.	[Nowy Raduszec]	>Sommerfeld
	Str. Raduszec		
	Crossen (Oder)	[Krosno Odrzanskie]	>Bentschen
Guben-Forst		**162h, 206**	**Norm**
0,0	(211,5) Wilhelm-Pieck-Stadt Guben	[W.-P.-Mesto Gubin] [Guben]	>Eisenhüttenstadt, Gubin
27,3	(208,5) Wilhelm-Pieck-Stadt Guben Süd	[W.-P.-Mesto Gubin jug] [Guben Süd]	[Kaltenborn] >Anschl. Chemiefaserwerk
	Abzw.	>Peitz Ost	
	Abzw.	>Gubinchen	
6,8	(23,8) Schlagsdorf	[Slawkojce]	
10,06	(20,6) Groß Gastrose	[Gosceraz]	>Anschl. Mühlen- und Kraftfutterwerk
12,45	Taubendorf	[Dubojce]	
16,33	(14,3) Grießen (Niederlaus)	[Gresna] [Griessen]	
18,93	Horno	[Rogow]	
	(Rbd-Grenze)		
22,71	(7,9) Briesnig	[Rjasnik] [Briesnigk]	
26	(4,6) Mulknitz	[Mulkojce]	
	Abzw.	>Cottbus	
30,63	(0,0) Forst (Laus)	[Barsc (Luzyca)]	>Weißwasser, Teuplitz

	Forst Stadtbahn		
Guben-(Sommerfeld)		**DR, PKP**	**Norm**
129,7	Wilhelm-Pieck-Stadt Guben	[W.-P.-Mesto Gubin] [Guben]	>Frankfurt, Crossen
	Abzw.	>Cottbus	
	(Neißebrücke)		
132,1	*(Guben Grenze)*		
	Gubinchen	[Gubinek]	
	Abzw.	>Schlagsdorf	
	Amtitz	[Stargard Gubinski]	
	Jeßnitz (Kr Guben)	[Jasienica Gubinska]	
	Merke	[Mierkow]	
	Abzw.	>Crossen	
	Sommerfeld	[Lubsko]	>Sorau, Teuplitz
Guben Lutzketal		**Parkeisenbahn**	**Sm 600**
Gubkow Moorbahn Torfwerk		**Werkbahn**	**Sm 600**
0,0	Gubkow (b Tessin) Torfwerk		
4,0			
Gumnitz-Pasewalk		**122e, 928**	**Norm**
0,0	Abzw. Gumnitz W 1	>Jatznick, Ueckermünde	
0,95	Spechtberg	>Gumnitz	
5	Drögenheide Nord *(Gleisende)*		
6,7	Drögenheide	[Torgelow Drögenheide]	
10,85	Uhlenkrug	>0,0 Anschl. NVA (2,0)	
16,22	Abzw. Krugsdorf W 2	>Krugsdorf W 1, Stettin	
19,43	Pasewalk Ost	>Pasewalk, Stettin	
Gumnitz Bf-Spechtberg		**Verbindungsbahn**	**Norm**
Güsen-Jerichow		**263, 708**	**Norm**
0,0	Güsen (Kr Genthin)	[Güsen (Bz Magdeburg)]	>Burg, Genthin, Ziesar
2,28	Güsen Dorf	[Güsen Süd]?	
	(Elbe-Havel-Kanalbrücke)		
3,85	Zerben		
5,35	Anschl.		
6,24	Parey		
7	Anschl.	>MLK Parey	
8,25	Neuderben	[Derben Süd]?	
10,6	Derben		
12,7	Anschl.	>Metall-aufbereitung	
13,55	Ferchland		
17,26	Klietznick		
	Abzw.	>Genthin	
21,13	Jerichow	>Schönhausen	
Güsen-Ziesar		**262, 707**	**Norm**
0,0	Güsen Kleinb	[Güsen (Bz Magdeburg)]	>Burg, Genthin, Jerichow
4,1	Hohenseeden		
6,7	Schattberge		
9,3	Gladau (Kr Genthin)	[Gladau (Bz Magdeburg)]	
11,0	Dretzel		
15,9	Tucheim		
16,57	Anschl.		
16,7	Tucheim Schule		
17,5	Lüttchen-Tucheim		
20,4	Paplitz		
	Kreuzung Hellgrund		
25,6	Ziesar	[Ziesar Hbf]	>Wusterwitz, Görzke
Güsen Betonschwellenwerk		**Werkbahn**	**Sm 600**
0,0			
3,0			
Güsten-Osmarsleben			**Norm**
0,0	Güsten	>Aschersleben, Bernburg, Sandersleben	>Wiesenburg
	(Wipperbrücke)		
	Osmarsleben Zuckerfabrik		
Güsten-Wiesenburg		**682**	**Norm**
147,34	Güsten	>Aschersleben, Bernburg, Sandersleben	>Osmarsleben, Staßfurt
	(Überführungsbauwerk)		
145,8	*(Gleisende)*		

145,45	*(Köxbuschbrücke)*		
145,4	*(Gleisende)*		
143,85	Rathmannsdorf (Kr Staßfurt)		
139,87	Hohenerxleben		
137,6	Neugattersleben	>FB	
130,75	Calbe (Saale) West	[Calbe]	>Bernburg
	Calbe (Saale) West Gbf	>Anschl. Stahlwerk, Kraftwerk	
126,77	Tornitz Abzw.	>Schönebeck, Köthen	>Anschl. Gelatinewerk
124,45	Werkleitz Abzw.	>Abzw. Seehof	
120,16	Barby		
119	Abzw.	>0,0 Barby Hafen (2,2)	
115,53	Flötz Bk		
112,6	Güterglück Gkw Abzw.	>Roßlau	
111,15	Güterglück		
110,2	Güterglück Gbf	>Biederitz	
107,02	Buhlendorf Bk		
101,98	Lindau (Anh)		
100	Anschl.		
97,61	Deetz (Kr Zerbst)		
92,85	Nedlitz		
89,23	Reuden Bk		
86,035	*(Rbd-Grenze)*		
84,94	Reetz Bk		
81,03	Schmerwitz Bk		
77,83	Wiesenburg (Mark)	>Roßlau, Belzig	
Güstrow-Schwaan			**Norm**
0,0	Güstrow	>Neustrelitz, Plaatz	
	Abzw.	>Bützow	
6,3	Lüssow (Meckl)		
10,6	Mistorf		
15,2	Schwaan Abzw.	>Bützow	
17,4	Schwaan	>Rostock	
Güterglück unt Bf-Güterglück ob Bf Nordkurve		**Verbindungsbahn**	**Norm**
0,0	(110,2) Güterglück Gwf Abzw.	>Wiesenburg	
	Güterglück Gbf		
	Güterglück Gmi		
2,2	(26,2) Güterglück Gkn Abzw.	>Biederitz	
Güterglück unt Bf-Güterglück ob Bf Südkurve		**Verbindungsbahn**	**Norm**
0,0	(112,6) Güterglück Gkw Abzw.	>Calbe	
1,4	(27,4) Güterglück Gks Abzw.	>Zerbst	
Gützkow-Gützkower Fähre			**Sm 750**
0,0	Gützkow	>Greifswald, Jarmen	
2	Gützkow Stärkefabrik		
6,3	Gützkower Fähre		
Hagenow Ziegelei		**Werkbahn**	**Sm 600**
Hagenwerder-Berzdorf		**Grubenbahn**	**Sm 900**
	Hagenwerder Kraftwerk	>Zittau, Görlitz, Seidenberg, Friedland	
	Hagenwerder Braunkohlenwerk		
	Berzdorf Tagebau		
Hagenwerder-(Friedland-Reichenberg)		**DR, PKP, CSD**	**Norm**
23,6	Hagenwerder	[Nikrisch]	>Zittau, Görlitz
|	*(Neißebrücke)*		
|	*(Hagenwerder Grenze)*		
	(Neißebrücke)		
21,0	*(Hagenwerder Grenze)*		
20,5	*Reutnitz Abzw.*	[Reczyn]	>Zittau
|	*Abzw.*	>Hagenwerder	
	Abzw.	>Ostritz	
	Abzw.	>Nikolausdorf	
	Seidenberg	[Zawidow]	
	(Grenze)		
	Tschernhausen	[Cernousy]	
	Filipovka		
	Weigsdorf	[Visnova]	
	Minkwitz	[Minkovice]	
	Friedland (Isergeb)	[Frydlant]	>Zittau
	Raspenau	[Raspenava]	
	Buschullersdorf	[Buschullersdorf-Hemmrich]	[Oldrichov v Hajich]
	Einsiedel (b Reichenberg)	[Mnicek]	
	Habendorf-Ratschendorf	[Radcice]	
	Abzw.	>Zittau	
	Reichenberg	[Liberec]	>Tannwald
Haidemühl Brikettfabrik		**Werkbahn**	**Sm 500**
Haidemühl Brikettfabrik		**Werkbahn**	**Norm**
Hainichen Ziegelei		**Werkbahn**	**Sm 600**
0,0			

1,5			
Hainichen Ziegelei		**Werkbahn**	**Sm 900**
Halberstadt-Blankenburg		**205a, b, c, 717**	**Norm**
0,0	(88,9) Halberstadt	>Aschersleben, Wernigerode, Magdeburg	
1	(87,7) Halberstadt Gbf		
1,225	Harsleben Abzw.	>Wegeleben	
2,4	Harsleben Abzw.	>Wegeleben	
2,6	Harsleben		
2,9	Halberstadt Oststraße	>Anschlüsse	
3,5	*(niveaugleiche Kreuzung mit Straßenbahn)*		
4,1	Halberstadt Spiegelsberge	[Spiegelsberge]	
5,1	Abzw.	>Langenstein-Zwieberge [Kamerun]	
9,6	Langenstein	>Derenburg, Minsleben	
10,5	Langenstein Hilfsbahnsteig	>Derenburg, Minsleben	
	(Goldbachbrücke)		
14,78	Börnecke (Harz)		
16	Regenstein Militäranschlußbf		
16	Abzw.	>Thale	
17,4	(1,4) Blankenburg Nord Abzw.	>Elbingerode, Tanne	
18,88	(0,0) Blankenburg (Harz)	>Elbingerode, Tanne	>Blankenburg Raw
Halberstadt-Ilsenburg-(Bad Harzburg)		**71, 675, DB**	**Norm**
88,9	Halberstadt	>Blankenburg, Nienhagen	
	(Holtemmebrücke)		
	Anschl.	>Raw Halberstadt	
93,05	Braunschweiger Straße Bk		
96,15	Ströbeck		
103,37	(0,0) Heudeber-Danstedt	[Heudeber]	>Abzw. Mulmke
4,78	Minsleben	[Minsleben Reichsb]	>Langenstein, Derenburg
	(Holtemmebrücke)		
9,18	Wernigerode	[Wernigerode Reichsb]	>Nordhausen
10	Wernigerode Übergabebf	>Wernigerode Westerntor	
10,6	Wernigerode Elmowerk		
13,5	Darlingerode		
14,125	Drübeck	>Anschl.	
17,4	Wahrberg		
17,6	Anschl.	>Stahl- und Walzwerk	
	(Ilsebrücke)		
18,43	Ilsenburg		
21,85	Stapelburg a B	>Vienenburg	
23,22	*(Grenze)*		
	Eckertal		
	Westerode		
31,5	*Bad Harzburg*	[Harzburg]	>Vienenburg, Oker
Halberstadt-Langenstein=Zwieberge			**Norm**
4,0	Halberstadt Spiegelsberge	>Halberstadt	
	Abzw.	>Langenstein	
	Langenstein-Zwieberge	[Kamerun]	>FB Zwieberge
	Militäranschluß		Lagerbahn
	(Zwieberge Tunnel 0,5)		
Halberstadt Stw Hof-Abzw. Harsleben		**Verbindungsbahn**	**Norm**
87,0	Halberstadt Hof Abzw.	>Wegeleben	
2,7	Harsleben Abzw.	>Halberstadt, Blankenburg	
Haldensleben-Bebertal			**Norm**
0,0	Haldensleben	>Wegenstedt, Magdeburg, Eilsleben	
	...		
0,0	(4,74) Süplingen Sla Abzw.	>Weferlingen	
2,35	Forsthaus Eiche	>Steinwerk Eiche	
3,75	Kuckucksberg		
5,0	Bebertal-Dönstedt	[Dönstedt] [Alvensleben-Dönstedt]	>Dönstedt Steinwerk
5,78	Bebertal	[Alvensleben]	
6,2	*(Gleisende)*		

km	Bahnhof		
Haldensleben-Eilsleben		**741**	**Norm**
0,0	Haldensleben	[Neuhaldensleben]	>0,0 Neuhaldenslebener Werke (3,63)
1,366	Abzw.	>0,0 Haldensleben Hafen (0,75)	
2,0	*(Mittellandkanalbrücke)*		
2,6	Haldensleben Ost		
3,55	Haldensleben Alt	[Althaldensleben]	>Anschl. Steingutfabrik
5,19	Hundisburg		
8,09	Ackendorf (Kr Haldensleben)	>Anschl. Zuckerfabrik	
11,07	Schackensleben		
16,42	Nordgermersleben	>Anschl. Zuckerfabrik	
19,01	Brumby-Emden		
22,45	Erxleben-Uhrsleben		
26,09	Hakenstedt		
31,71	Eilsleben (b Magdeburg)	[Eilsleben (Bz Magdeburg)] >Magdeburg	>Schöningen, Marienborn, Wanzleben
Haldensleben-Gardelegen			**Norm**
0,0	Haldensleben	[Neuhaldensleben]	>Wegenstedt, Magdeburg, Eilsleben, Bebertal
1,4	Loeper Lager	[Haldensleben Süd]	
2,2	Flora-Papenberg	[Haldensleben Papenberg]	
2,38	Anschl.		
	(Mittellandkanalbrücke)		
4,74	Bülstringen Awanst	>Weferlingen	
5,32	Bülstringen		
	(Mittellandkanalbrücke)		
	(Ohrebrücke)		
7,42	Satuelle		
9,25	Uthmöden		
12,29	Dorst		
14,77	Zobbenitz		
17,22	Klüden	[Clüden]	
19,78	Roxförde		
22,86	Wannefeld-Roxförde	[Wannefeld (Kr Haldensleben)]	
23,835	*(Gleisende)*		
24,83	Letzlingen		
25,66	Anschl.	>Holzindustrie, Bundeswehr	
30,66	Letzlinger Forst	[Forst]	
	Gardelegen Südost?		
34,13	Kloster Neuendorf		
	Anschl.	>Gardelegen Flugplatz	
37,76	Gardelegen Anschlußbf	>Stendal, Oebisfelde, Wernstedt	
Haldensleben-Hillersleben			**Norm**
0,0	Haldensleben	>Eilsleben, Weferlingen, Magdeburg	>Wegenstedt
	Anschl.	>Industriestraße	
6	Hillersleben	>Anschl. Bundeswehr	
Haldensleben-Magdeburg		**702, 740**	**Norm**
20,06	Haldensleben	[Neuhaldensleben] [Haldensleben Reichsb]	>Eilsleben, Weferlingen, Oebisfelde
	Abzw.	>Eilsleben	
17,7	Haldensleben Euroglas		
12,72	Vahldorf		
	(Mittellandkanalbrücke)		
10,09	Groß Ammensleben		
6,42	Meitzendorf		
1,98	Barleben		
0,0	(25,5) Glindenberg Bk Abzw.	>Zielitz, Stendal	
21,5	Magdeburg Rothensee	>Magdeburg Hbf, MD Elbbf	
Haldensleben-Oebisfelde		**764**	**Norm**
20,06	(0,0) Haldensleben	[Neuhaldensleben] [Haldensleben Reichsb]	>Magdeburg, Eilsleben
	(2,38) Anschl.		
22,8	Bülstringen Awanst	>Weferlingen, Bebertal	
25,89	Bülstringen		
32,66	Flechtingen	>0,0 Flechtingen Tagebau (4,0)	
38,39	Wegenstedt	>Calvörde	
44,75	Rätzlingen		
49,07	Bösdorf (Sachs-Anh)	[Bösdorf (Prov Sachs)]	
55,08	Oebisfelde	>Oebisfelde Nord, Brome	>Gardelegen, Klötze, Wolfsburg, Weferlingen
Haldensleben-Weferlingen		**314, 742**	**Norm**
0,0	Haldensleben	[Neuhaldensleben]	>Wegenstedt, Magdeburg, Eilsleben
1,4	Loeper Lager	[Haldensleben Süd]?	
2,2	Flora-Papenberg	[Haldensleben Papenberg]	>Letzlingen, Gardelegen
2,38	Anschl.		
	(22,8) Bülstringen Awanst	>Oebisfelde, Wegenstedt	
4,74	Süplingen Sla Abzw.	>Bebertal	
6,15	Süplingen		
7,6	Anschl.		
7,72	Anschl.	>Steinbruch	
8,43	Bodendorf (Kr Haldensleben)	>Steinbruch	
9,89	Emden (Kr Haldensleben)		
11,75	Altenhausen (Kr Haldensleben)		
13,87	Ivenrode		
15,91	Bischofswald (Kr Haldensleben)		
18,13	Hörsingen	[Hörsingen Ort]	
20,1	Hörsingen Ziegeleien		
21,54	Behnsdorf		
24,02	Graui		
26,03	Hödingen	[Hödingen-Siestedt]	
27,81	Walbeck	[Walbeck (Kr Gardelegen)]	
28,08	Anschl.	>Kalkwerk II	
28,46	Anschl.	>Kalkwerk I	
28,82	Anschl.	>Drachenberg	
29,144	Anschl.	>Kalkwerk I	
30,45	Weferlingen Zuckerfabrik		
31,16	Anschl.	>Sand- und Tonwerke Weferlingen	>Weferlingen Zementwerk
31,91	Weferlingen West	>Oebisfelde, Helmstedt	
Haldensleben Privatfeldbahn			**Sm 600**
Halle-Bad Dürrenberg		**Überlandstraßenbahn**	**Sm 1000, EL**
	Halle Trotha		
	...		
0,0	Halle Thälmannplatz	[Riebeckplatz]	
	...		
	Damaschkestraße		
|	*(niveaugleiche Kreuzung mit Eisenbahn)*		
	Rosengarten		
	Abzw.	>Rosengarten Betriebshof	
	...		
	Ammendorf	>Wendeschleife	
	Kollenbyer Weg		
	Korbethaer Straße		
	Schkopau Bunawerke		
	Am Mühlteich	[Schkopau Teich]	
	Ludwig Uhland-Straße	[Siedlung II]	
	Hohendorfer Marke	[Freiimfelde]	
	Stadtstadion	[Merseburg Sportplatz]	
	Bootshaus		
	(0,0) Merseburg Salvador	[Hölle am Damm]	
	Allende-Platz	[Merseburg Zentrum]	
14,5	Merseburg Bahnhofstraße		
	Herweghstraße		
	Haeckelstraße		
	Merseburg Leninallee	[Weißenfelser Straße] [Leunaweg]	>Mücheln
	Leunatorstraße	[Leunator]	
	Industrietor	[Rössener Brücke]	
	Abzw.	>Umgehungsstrecke	

	Am Hauptor	[Rössen] [Leuna Thälmannplatz]	
	Leuna Werke	[Karl-Marx-Platz]	>Umgehungsstrecke
	Pfalzplatz		
	Sachsenplatz		
	Krähenberg		
	Wasserwerk	[Daspig]	>Umgehungsstrecke
	Leuna-Kröllwitz	[Kröllwitz]	
	Spergau	>Umgehungsstrecke	
	Kirchfährendorf	[Fährendorf]	
	Kurpark		
	Platz der Freiheit		
30,7	(10,5) Bad Dürrenberg		
Halle-Bitterfeld-Berlin		**180, 500**	**Norm, EL**
161,8	Halle (Saale) Hbf	[Halle (Saale) Pbf]	>Merseburg, Leipzig, Röblingen, Hettstedt
160,7	Halle (Saale) Gbf		
	Abzw.	>Könnern	
158,2	Halle Am Abzw.	>Köthen	
157,0	Halle Ab Abzw.	>Halle (Saale) Gbf	
151,96	Hohenthurm	>Niemberg, Abzw. Zwebendorf	
146,67	Landsberg (b Halle/ Saale)		
142,0	Brehna		
138,648	Roitzsch (Kr Bitterfeld)	>Löbnitz, Hayna	
	Holzweißig Bk		
135,1	Roitzsch Abzw.	[Hi (Kr) Abzw.]	>Dessau, Delitzsch
131,61	Bitterfeld	>Leipzig, Stumsdorf	
	Muldebrücke (b Bitterfeld) Bk		
	(Muldebrücke)		
127,4	*(127,9) (Kilometerwechsel)*		
126,51	Muldenstein	>Anschl. Bahnkraftwerk	
121,46	Burgkemnitz	>Burgkemnitz Übergabebf, Zschornewitz	
	Abzw.	>Gröbern	
	Abzw.	>Oranienbaum, Vockerode	
116,13	Gräfenhainichen	>Golpa, Zschornewitz	
111,63	Radis		
107,83	Pietschkau Bk		
104,2	Bergwitz	>Kemberg	
101,51	Bleesern Bk		
	Abzw.	>Pretzsch	
98,3	Pratau	>Pretzsch	>Anschl. Margarinewerk
│	*(Flutbrücke 3)*	*(alt)*	
	(Flutbrücke)	*(neu)*	
│	*(96,4) (Flutbrücke 2 und Elbebrücke)*	*(alt)*	
	(Elbebrücke 0,333)	*(neu)*	
│	(96,22) Elbebrücke Bk		
│	*(Flutbrücke 1)*	*(alt)*	
94,76	Lutherstadt Wittenberg	[Wittenberg (Prov Sachs)]	>Roßlau, Falkenberg
│	Wittenberg Berlin-Anhalter Bf		
91,98	Labetz Bk		
89,46	Zörnigall		
88,3	Bülzig Güterhaltestelle		
87,46	Bülzig		
84,01	Zahna		
79,535	Klebitz		
75,1	Blönsdorf		
	Wölmsdorf Bk	>Treuenbrietzen	
69,2	Niedergörsdorf		
	(Rbd-Grenze)		
	Dennewitz Abzw.	>Falkenberg	
	Abzw.	>Treuenbrietzen	
62,8	Jüterbog	[Jüterbogk]	>Zossen, Dahme
58,6	Grüna-Kloster Zinna		
54,8	Forst Zinna	[Zinna]	
49,8	Luckenwalde	>Dahme	
46,1	Woltersdorf (b Luckenwalde)		
	(Hammerfließbrücke)		
	(Nuthebrücke)		

	Ruhlsdorf Bk		
	Scharfenbrück		
	Cliestow		
34,3	Trebbin	[Trebbin (Kr Teltow)]	
30,3	Thyrow		
29,6	Anschl.	>0,0 Nunsdorf Umspannwerk (4,3)	
24,5	Ludwigsfelde		
22,4	Birkengrund Süd		
21,1	Birkengrund Nord		
	Kreuz Genshagener Heide	>Bergholz, Teltow	
18,4	Genshagener Heide Ost Gho		
	Abzw.		
	...		
	Flughafen Berlin Schönefeld	[Zentralflughafen Berlin Schönefeld]	>Grünau, Teltow
	...		
	Grünauer Kreuz	>Schöneweide, Grünau	
	...		
	Berlin Hbf	[Berlin Ostbf]	>Friedrichstraße
Halle-Gerbstedt-Hettstedt		**180f, g, 656**	**Norm**
0,0	Halle (Saale) Hbf	[Halle (Saale) Pbf]	>Könnern, Köthen, Merseburg, Leipzig, Röblingen
	Halle (Saale) Thüringer Güterbahnhof		
	Halle (Saale) Industriebahnhof	[Halle (Saale) Turmstraße]	>Industriebahn Sm (1,21)
	(Saalebrücke 0,072)		
	Halle Pulverweiden	>Sophienhafen	
5,07	(0,0) Halle (Saale) Klaustor	[Halle Hettstedter Bf]	>Halle (Saale) Hbf, Sophienhafen
1,5	Halle Pfännerschaft Anschlußbf	>Sm 900	
2,35	Anschl.		
3,56	Halle (Saale) West	[Nietleben] [Halle Nietleben]	>Heide Süd, Heidesee
5,82	Halle (Saale) Heidebf	[Dölauer Heide]	
6,2	*(Kreuzung Kohlebahn Sm)*		
7,06	Halle Dölau	[Dölau (Saalkreis) Pbf]	>Halle (Saale) Hbf
	Halle Dölau Gbf	[Dölau (Saalkreis) Gbf]	
8,3	Lieskau (Saalkr)		
11,19	Salzmünde Süd	[Coellme] [Koellme]	>Teutschenthal, Salzmünde
	(Salzabrücke 0,03)		
15,3	Fienstedt		
16,8	Anschl.	Schochwitz Obsthalle	
17	*(Gleisende)*		
17,1	Schochwitz	[Gorsleben (Mansfelder Seekreis)]	
19,2	Beesenstedt Ost	[Naundorf (Mansfelder Seekreis)]	[Naundorf (b Beesenstedt)]
20,74	Beesenstedt	>0,0 Johannashall (7,0)	
22,24	Schwittersdorf	>Zuckerfabrik	
24,05	Rottelsdorf		
26,1	Burgsdorf (Kr Eisleben)	[Burgsdorf (Mansfelder Seekreis)]	
30,15	Polleben		
	(Schlenzebrücke 0,008)		
	(Schlenzebrücke 0,0184)		
32,8	*(Gleisende)*		
32,9	Heiligenthal	[Helmsdorf (Mansfelder Seekreis)]	>Anschl. Helmsdorf Ziegelei
33	Abzw.	>0,0 Heiligenthal Zuckerfabrik (2,0)	
34	*(Straßenbrücke)*		
36	*(Gleisende)*		
36,1	Gerbstedt	>Friedeburg	
40,2	Welfesholz		
43,6	*(Rbd-Grenze)*		
44,57	Hettstedt	>Sandersleben, Blankenheim	
Halle-Halberstadt		**670**	**Norm, Halle Hbf-Halle Trotha EL**

km	Bahnhof		
0,0	Halle (Saale) Hbf	[Halle (Saale) Pbf]	>Merseburg, Hettstedt, Röblingen, Leipzig
│	Halle (Saale) Gbf	>Halle (Saale) Steintorbf	
│	Abzw.	>Köthen, Bitterfeld	
3,6	(1,8) Halle Steintorbrücke		
2,8	Halle Dessauer Brücke	>Halle (Saale) Gbf	
3,8	Halle Zoo		
6,15	Halle Trotha	[Trotha]	>Halle Hafen
9,55	Teicha		
13,92	Wallwitz (Saalkr)	>Wettin	
17,8	Nauendorf (Saalkr) Reichsb	[Nauendorf (Saalkr) StBf]	>Biendorf, Gerlebogk
22,69	Domnitz (Saalkr)		
24,7	*(Rbd-Grenze)*		
28,52	Könnern	[Cönnern]	>Baalberge, Rothenburg
	(Saalebrücke)		
31,533	Anschl.		
31,982	Anschl.		
32,31	Gnölbzig		
34	Strenz Bk		
38,85	Belleben	>0,0 Belleben Zuckerfabrik (1,5)	
39,8	Belleben Hp		
	(Wipperbrücke)		
45,42	Sandersleben (Anh)	>Hettstedt, Güsten	
	(Wipperbrücke)		
	(Wipperbrücke)		
48,42	Freckleben		
51,33	Drohndorf-Mehringen		
	(Einebrücke)		
56,39	Aschersleben	>Güsten, Scheidlingen	
	Aschersleben Gbf		
60,88	Wilsleben Bk		
64,28	Frose	>Gernrode	
67,45	Nachterstedt-Hoym	>Anschl. Kohlegruben	
71,34	Gatersleben		
	(Selkebrücke)		
74,76	Hedersleben-Wedderstedt		
	(Bodebrücke)		
81,65	(65,82) Wegeleben	>Quedlinburg	>Gewerbegebiet West
	(Goldbachbrücke)		
84	Goldbach Bk		
85,47	(61,96) Harsleben Bk		
87,0	Halberstadt Hof Abzw.	>Langenstein	
87,7	Halberstadt Gbf	>Langenstein	
88,9	(58,52) Halberstadt	>Nienhagen, Heudeber-Danstedt	
Halle-Lochau-Leuna		**Grubenbahn**	**Norm**
160,7	Halle (Saale) Gbf	>Halle (Saale) Hbf	
	Kanena Deutsche Grube	>Gröbers	
	Abzw.	>Halle Messe	
	Osendorf	>Ammendorf	
	Döllnitz	>Lochau Deponie	>Döllnitz Pumpwerk, Anschl.
	Lössen	>Wallendorf (Luppe) Tagebau	>Merseburg Ost Tagebau
	Abzw.	>Zöschen Tagebau	
8,3	Leuna Abzw.	>Leuna, Leipzig	
Halle-Nordhausen-Arenshausen-(Eichenberg)		**660, DB**	**Norm, EL**
0,0	Halle (Saale) Hbf	[Halle (Saale) Pbf]	>Leipzig, Köthen, Bitterfeld, Hettstedt
3,5	Halle Ac Abzw.	>Merseburg	
4,0	Halle Rosengarten	[Rosengarten]	
4,6	(0,0) Halle Aw (S) Abzw.		
	(0,4) Halle Silberhöhe	[Silberhöhe]	
5,6	(0,0) Halle Aw Abzw.		
	(2,5) Halle Südstadt	[Südstadt]	
7,7	(3,9) Halle Südstadt Sa Abzw.		
	(Saaleviadukt)		
9,1	Angesdorf Awo Abzw.	>Halle Neustadt	
9,87	Angersdorf	[Schlettau (b Halle/ Saale)] >Anschl.	Holleben, Bad Lauchstädt
	Anschl.	>Angersdorf Schacht	
12,68	Zscherben		
14,97	Bk		
15,88	Teutschenthal Ost	[Eisdorf]	
18	Abzw.	>Salzmünde	
18,28	Teutschenthal	>Anschl.	
20	Abzw.	>Tagebau	
	Anschl.	>Wansleben Ziegelei	
21,05	Wansleben am See		
22,9	Amsdorf		
25,05	Unterröblingen am See	>Grube Credner	>Amsdorf Umspannwerk
25,5	Röblingen Ar Abzw.	>Amsdorf Romonta	>Querfurt
26,74	Röblingen am See	[Oberröblingen am See]	>Querfurt
	Abzw.	>Erdeborn Zuckerfabrik	
29,1	Erdeborn		
30,99	Bk		
34,5	Helfta	>Hettstedt	
37,76	Lutherstadt Eisleben	[Eisleben]	>Hettstedt, Helfta
41,52	Wolferode		
44,4	Wimmelburg Bk		
46,59	Blankenheim Trennungsbf	>Klostermansfeld	
48,2	*(Blankenheimer Tunnel 0,875)*		
48,39	Blankenheim (Kr Sangerhausen)		
52,61	Riestedt		
54,925	Steinberg Bk		
56,81	Gonna Bk		
	(Gonnabrücke)		
59,22	Sangerhausen	>Oberröblingen	
65,88	Wallhausen (Helme)		
71,0	Bennungen Bk		
71,58	Bennungen		
75,29	Roßla		
79,36	Berga-Kelbra	>Stolberg, Artern	
84,6	Görsbach	[Aumühle (b Nordhausen)]	
	(Zorgebrücke)		
89,5	Heringen (Helme)		
97,1	Nordhausen	>Wernigerode, Herzberg	
	(Helmebrücke)		
101,8	Werther	[Großwerther]	
105,3	Wolkramshausen	>Sondershausen	
108,7	Nohra (Wipper)		
111,5	Wipperdorf	[Pustleben]	
115,4	Bleicherode Ost	>Zwinge	
118,9	Gebra (Hainleite)	[Niedergebra]	
123,9	Sollstedt	>Sollstedt Kaliwerk	
127,59	Bernterode	>0,0 Anschl. Bernterode Schacht (3,0)	
130,4	Bernterode West Abzw.	>Deuna Zementwerk	
132,86	Niederorschel		
135,6	Hausen		
139,35	Leinefelde	>Mühlhausen, Geismar	
143,24	Beuren		
144	Bk		
146,2	Wingerode		
148,6	Bodenrode		
	(Leinebrücke)		
	(Leinebrücke)		
	(Leinebrücke)		
155,1	Heiligenstadt (Eichsf)	[Heilbad Heiligenstadt]	>Schwebda
159,6	Uder		
166,9	Arenshausen		
169,1	(0,0) Eichenberg Ostkopf Abzw.	>Eichenberg Nordkopf Abzw.	
169,164	*(Grenze)*		
170,5	*Eichenberg*	>Bebra, Kassel, Göttingen	
Halle-Schönebeck		**730**	**Norm, EL**
86,03	Halle (Saale) Hbf	[Halle (Saale) Pbf]	>Merseburg, Leipzig, Röblingen, Hettstedt
│	Halle (Saale) Gbf		

|	Halle Am Abzw.		
	Abzw.	>Könnern	
	Halle Hno Abzw.	>Delitzsch, Bitterfeld	>Abstellgr. Hnw
81,078	Zöberitz		
	Braschwitz		
74,13	Niemberg	>Hohenthurm	
	Abzw.	>Spickendorf	
70,5	Eismannsdorf Bk		
66,37	Stumsdorf	>Bitterfeld	
	(Fuhnebrücke)		
58,86	Weißandt-Gölzau	[Groß Weißandt]	>Schwelwerk Gölzau
55,21	Arensdorf (b Köthen)		
54,5	*(Rbd-Grenze)*		
53,2	Köthen W 7 Abzw.	>Köthen B 4, Baalberge	
	Köthen R 5		
	Köthen Gbf		
49,8	Köthen	[Cöthen]	>Aken, Dessau, Baalberge
	(Ziethebrücke)		
46,05	Ostermark Bk	[Ostermark]	
41,43	Wulfen (Anh)		
34,42	Sachsendorf (b Calbe)	[Sachsendorf (Kr Calbe)] [Patzetz]	>Groß Rosenburg, Dröbel
30,8	Gottesgnaden Bk	[Gottesgnaden Ldst]	
	(Saalebrücke)		
27,48	Calbe (Saale) Ost	[Grizehne]	
	Tornitz Abzw.	>Bernburg, Güsten	>Anschl. Calbe Gelatinewerk
24,4	Tornitz Seehof Abzw.	[Seehof Abzw.]	>Güterglück, Werkleitz Abzw.
20,51	Gnadau	>Anschl. Tagebau	
17,63	Schönebeck Felgeleben		
	(1,6) Schönebeck (Elbe) Süd	>Schönebeck (Elbe) Hafen	
15,04	(0,0) Schönebeck (Elbe)	>Magdeburg, Blumenberg, Förderstedt	
Halle-Weißenfels		**601**	**Norm, EL**
0,0	Halle (Saale) Hbf	[Halle (Saale) Pbf]	>Köthen, Bitterfeld, Hettstedt
	Abzw.	>Leipzig	
3,5	Halle At Abzw.	>Angersdorf, Röblingen, Halle Neustadt	
5,86	Halle (Saale) Süd	[Ammendorf] >Anschl. Waggonbau	>Lochau, Kanena
	(Weiße Elsterbrücke)		
7,91	Burg Bk		
	(Saalebrücke)		
9,95	Schkopau		
11	Abzw.	>Schafstädt	
13,5	Merseburg		
14,62	Merseburg Gbf	>Merseburg Süd, Frankleben	>Querfurt, Leipzig
17,54	Leuna Werke Nord	>Leuna Werke I	>Merseburg Süd
19,29	Leuna Werke Süd	>Leuna Werke II	
	Großkorbetha (Leunawerk)		
23,8	Großkorbetha	[Corbetha]	>Leipzig, Leuna Werke
	Schkortleben	>Pörsten	
	(Rbd-Grenze)		
26,9	Kriechau Bk		
29,2	Burgwerben Bk		
32,0	Weißenfels	>Naumburg, Zeitz, Roßbach Süd	
Halle Al Abzw.-Halle Gbf Hg18-Hg3-Am Abzw.		**Verbindungsbahn**	**Norm, EL**
Halle Ammendorf-Abzw. Ac		**Verbindungsbahn**	**Norm, EL**
Halle Ammendorf-Abzw. At		**Verbindungsbahn**	**Norm, EL**
Halle Ammendorf Waggonbau		**Werkbahn**	**Sm 600?**
Halle At Abzw.-Dieskau		**Verbindungsbahn**	**Norm, EL**
Halle Bruckdorf Ziegelei		**Werkbahn**	**Sm 600**
0,0			
0,2			
Halle Dölau-Halle Trotha		**601, 602**	**Norm, EL**

7,1	Halle Dölau	>Hettstedt	
	Halle (Saale) Heidebf		
4,1	(19,2) Halle Nietleben	>Heide Süd	>Anschl. Neuglück
	(Tunnel)		
2,9	(18,0) Halle Neustadt	[Halle Neustadt Tunnelbf]	
	(Tunnel)		
1,8	(16,9) Halle Zscherbener Straße	[Zscherbener Straße]	
0,0	(9,1) Angersdorf Awo Abzw.	>Röblingen, Bad Lauchstädt	
3,9	(7,7) Halle Südstadt Sa Abzw.		
2,5	Halle Südstadt	[Südstadt]	
0,0	(5,6) Halle Aw Abzw.		
0,4	Halle Silberhöhe	[Silberhöhe]	
	Brühlstraße		
0,0	(4,6) Halle Aw (S) Abzw.		
4,0	Halle Rosengarten	[Rosengarten]	
3,5	Halle Ac Abzw.	>Merseburg	
0,0	Halle (Saale) Hbf	[Halle (Saale) Pbf]	>Leipzig, Bitterfeld, Delitzsch
1,8	(3,6) Halle Steintorbrücke	[Steintorbrücke]	>Halle (Saale) Steintorbf
2,8	Halle Dessauer Brücke	[Dessauer Brücke]	>Halle (Saale) Gbf
3,8	Halle Zoo	[Zoo]	
5	Halle Wohnstadt Nord	[Wohnstadt Nord]	
6,2	Halle Trotha	>Könnern	>Halle (Saale) Hafen
Halle Gbf-Peißen			**Norm, EL**
158,2	Halle (Saale) Gbf Am Abzw.	>Halle (Saale) Hbf	>Köthen, Bitterfeld
	Halle (Saale) Gbf Umspanngruppe Ost		
	Halle (Saale) Gbf Bezirk II		
	Halle (Saale) Gbf Einfahrgruppe Nord		
	Halle (Saale) Gbf Umspanngruppe West		
6,6	Peißen	>Eilenburg	
Halle Gbf Hg12-Abzw. Al		**Verbindungsbahn**	**Norm, EL**
Halle Hbf-Halle Thür Bf		**Verbindungsbahn**	**Norm**
Halle Hno-Abstellgruppe Hnw		**Verbindungsbahn**	**Norm, EL**
Halle Industriebahn			**Sm 1000**
0,0	Halle (Saale) Industriebf	[Halle Turmstraße]	>Halle Hbf, Hettstedt
	Anschlüsse	>Halle Pumpenwerke	
0,7	WÜST Maschinenfabrik		
1,21	Anschlüsse		
Umfangreiches Anschlußnetz einer größeren Zahl von Betrieben im Stadtzentrum.			
Halle Pfännerschaft		**Werkbahn**	**Sm 900**
	Halle Pfännerschaft Anschlußbf	>Halle, Gerbstedt	
Halle Pioniereisenbahn		**Parkeisenbahn (Ringbahn)**	**Sm 600**
0,0	Völkerfreundschaft		
	Schwanenbrücke	>Lokschuppen	
	Birkenallee		
1,94	Völkerfreundschaft		
Halle Steintorbf-Halle Gbf		**Verbindungsbahn**	**Norm**
Hammerunterwiesenthal Kalkwerk		**Werkbahn**	**Sm 600**
Harbke-Völpke		**Werkbahn**	**Norm**
0,0	Abzw. Harbker Forst	>Magdeburg, Helmstedt	
	Anschl.	>Halde	
	Anschl.	>Harbke Kraftwerk	
	Harbke		
	Anschl.	>Grube Wulfersdorf	[Wulfersdorf Tagebau]
	Völpke (Kr Haldensleben) Kohlensammelbf	>Eilsleben, Schöningen	
Hartmannsdorf Torfwerk		**Werkbahn**	**Sm 600**
0,0	Entladehalle		
0,1	Abzw.	>Kompostierflächen	
1,5	Torfabbau		
Haselbach Braunkohlenwerk		**Werkbahn**	**Sm 600**
	Haselbach Braunkohlenwerk	>Regis Breitingen, Meuselwitz	
Hayna-Delitzsch-Löbnitz		**Grubenbahn**	**Norm, EL**
	Hayna		

km	Betriebsstelle		
	Abzw.	>Zwochau	
	Wolteritz		
	Neuwerbelin		
	Abzw.	>Pfleiderer	
	Delitzsch Südwest	>Halle, Eilenburg	
	Petersroda		
	Roitzsch (Kr Bitterfeld)	>Bitterfeld CKB	
	Holzweißig	>Bitterfeld, Delitzsch	
	Bärenholz Tagebau	>Umspannwerk	
	Goitsche Tagebau	>Petersroda	
	Löbnitz		
Hecklingen-Staßfurt-Löderburg		**Überlandstraßenbahn**	**Sm 1000**
0,0	Hecklingen	>Staßfurt, Blumenberg	
	Staßfurt Bodebrücke	>Staßfurt Bahnhof	
	Achenbach Schacht	[Schacht Achenbach]	>Staßfurt
9,92	Löderburg		
Heidenau-Altenberg		**165d, 311**	**Sm 750**
0,0	Heidenau	[Mügeln (b Pirna)]	>Dresden, Pirna
	Anschl.	>Heidenau Gußstahlzieherei	
2,37	Dohna (Sachs)	>Anschl. Kornhaus, Kohlehandel	
3	Anschl.	>Dohna Hiebsch	
3,4	Anschl.	>Dohna Schloßmühle	
3,7	Anschl.	>Chemische Fabrik, Dohna Rütgerswerke	
3,8	Anschl.	>Köttewitz Strohstoffwerk	
4,65	Köttewitz		
4,87	Anschl.	>Köttewitz Papierfabrik	
5,3	Anschl.	>Köttewitz Ziegelei	
6,34	Weesenstein	>Anschl. Weesenstein Apparatefabrik	
8,83	Burkhardswalde-Maxen	>Anschl. Zellstoffwerk Mühlbach	
11,01	Häselich	>Anschl. Pappenfabrik Schlottwitz	
14,21	Niederschlottwitz	>Anschl. Kornhaus, Eisengießerei	
16,43	Oberschlottwitz		
19,51	Dittersdorf	>Anschl. Pappenfabrik Brückenmühle	
20,96	Glashütte (Sachs)	>Anschl. Kohlehandel, Pappenfabrik	
23,44	Schüllermühle		
25,7	Bärenhecke-Johnsbach	>Anschl. Kornhaus, Brotfabrik	
28,32	Bärenstein	>Anschl. Sägewerk	
31,89	Lauenstein (Sachs)	>Anschl. Kohlehandel, Gaswerk	
33,85	Hartmannmühle	>Anschl. Hartsteinwerke	
36,1	Geising	[Geising-Altenberg]	>Anschl. Kohlehandel
41,54	Altenberg (Erzgeb)		
Heidenau-Altenberg		**165d, 311**	**Norm**
0,0	Heidenau	>Dresden, Pirna	
2,143	Anschl.	>Gußstahlwerk, BHG	
2,384	Anschl.	>Groß Dohna	
	Dohna (Sachs) Rütgerswerke		
2,58	Dohna (Sachs)		
2,871	Anschl.	>Burkhardswalde Kredit- u. Bezugsverein	
3,662	Anschl.	>Dohna Strohstofffabrik	
3,79	Anschl.	>Dohna Strohstofffabrik	
3,948	Anschl.	>Dohna Strohstofffabrik	
4,355	Köttewitz Gbf	Anschl. Fluorwerk, Papierfabrik	
4,71	Köttewitz		
4,906	Anschl.	>untere Papierfabrik	
	(Müglitzbrücke)		
	(Weesensteintunnel I 0,198)		
5,28	Weesenstein		
5,311	Anschl.	>obere Papierfabrik	
	(Müglitzbrücke)		
	(Weesensteintunnel II 0,24)		
	(Müglitzbrücke)		
	(Müglitzbrücke)		
	(Müglitzbrücke)		
	(Müglitzbrücke)		
8	Burkhardswalde-Maxen	>Anschl. Metallverarbeitung Maxen	
	(Müglitzbrücke)		
9,42	Anschl.	>Mühlbach Zellstoffwerk	
10,09	Mühlbach (b Pirna)		
	(Müglitzbrücke)		
	(Müglitzbrücke)		
	(Müglitzbrücke)		
13,32	Niederschlottwitz	>Anschl. BHG, ACZ, Maschinenbau	
	(Müglitzbrücke)		
14,443	Anschl.	>Kornhaus	
14,59	Anschl.	>Kornhaus	
14,67	Anschl.	>Eisengießerei	
	(Müglitzbrücke)		
15,54	Oberschlottwitz		
	(Müglitzbrücke)		
	(Müglitzbrücke)		
	(Müglitzbrücke)		
	(Müglitzbrücke)		
	(Pilztunnel 0,292)		
	(Müglitzbrücke)		
19	Glashütte (Sachs)	>Kornhaus, Lagerplatz, Pappfabrik	
20,282	Anschl.	>Osthushenrich Werke	
	(Gleisberg-Tunnel 0,539)		
	(Müglitzbrücke)		
	(Müglitzbrücke)		
	(Müglitzbrücke)		
22,68	Bärenhecke-Johnsbach	>Kornhaus, BHG, Brotfabrik	
	(Müglitzbrücke)		
22,773	Anschl.	>Glashütte Holzmehlfabrik Gleisberg	
	(Müglitzbrücke)		
24,94	Bärenstein (b Glashütte/ Sachs)		
26,65	Anschl.	>Sägewerk Bärenstein	
28,48	Lauenstein (Sachs)	>Anschl. BHG	
29,998	Anschl.	>von Lüttichenau	
	(Müglitzbrücke)		
30,32	Hartmannmühle		
	(Müglitzbrücke)		
30,87	Anschl.	>Hartsteinwerke	
	(Geisingunnel 0,235)		
32,6	Geising	>Anschl. Getreidelager, Behr	
33	Anschl.	>Elektrizitätswerk	
	(Müglitzbrücke)		
34414	Anschl.	>Hartsteinwerke	
36,13	Geisingberg Sprungschanze		
38	Altenberg (Erzgeb)	>Anschl. Zinnerz, Heizwerk	
Heiligenstadt-Großtöpfer-(Schwebda)		**DR, DB**	**Norm**

0,0	Heiligenstadt (Eichsf)	[Heilbad Heiligenstadt]	>Halle, Arenshausen, Eichenberg
2,56	Heiligenstadt (Eichsf) Ost	[Heiligenstadt-Dün]	>Papierfabrik
	(Gleisende)		
	(Zahnstangenabschnitt)		
6,2	Pferdebachthal		
	(Zahnstangenabschnitt)		
10,36	Kalteneber		
14,14	Fürstenhagen (Eichsf)		
	(Zahnstangenabschnitt)		
16,14	Dieterode		
18,63	Krombach (Eichsf)		
23,76	Ershausen		
26,73	Großtöpfer		
	Abzw.	>Silberhausen	
28,2	*(Grenze)*		
	(Gleisende)		
	(Frieda Viadukt)		
	(Frieda Tunnel 1,066)		
32,06	*Schwebda*	>Leinefelde, Treffurt, Eschwege	
Helbra August-Bebel-Hütte		**Werkbahn**	**Sm 500**
	Helbra August-Bebel-Hütte	>Mansfelder Bergwerksbahn	
Helbra August-Bebel-Hütte		**Werkbahn**	**Sm 1000**
	Helbra August-Bebel-Hütte	>Mansfelder Bergwerksbahn	
Helbra August-Bebel-Hütte		**Werkbahn**	**Norm**
	Helbra August-Bebel-Hütte	>Mansfelder Bergwerksbahn	>Klostermansfeld, Blankenheim
Helmsdorf Ziegelei		**Werkbahn**	**Sm 600**
	Helmsdorf (Sachs)		
(Helmstedt-Jerxheim)		**DB**	**Norm**
0,0	*Helmstedt*	>Eilsleben, Braunschweig, Weferlingen	
2,6	*Helmstedt Umspannwerk*		
|	*(5,8) Büddenstedt*	>0,0 Trendelbusch (4,2)	
|	*(Umlegung wegen Tagebau)*		
5,5	*Neu Büddenstedt*		
8,4	*Schöningen-Braunschweig Kohlen-Bw*		
9,1	*Alversdorf*		
	Abzw.	>Buschhaus Kraftwerk, Völpke	
10,9	*Schöningen Reichsb*	>Oschersleben, Schöppenstedt	
16,5	*Söllingen (Braunschw)*		
22,3	*Jerxheim*	>Mattierzoll, Schöppenstedt, Dedeleben	>Oschersleben
(Helmstedt)-Oebisfelde		**DB, DR**	**Norm**
	Helmstedt	>Schöningen, Braunschweig, Eilsleben	
	Emmerstedt		
	Grube Erna		
	Barmke		
15,9	*Grasleben*	>Anschl. Tagebau	
	Anschl.	>Kaliwerk	
17,53	*(Grenze)*		
19,13	Weferlingen Reichsb	>0,0 Walbeck (2,5)	>Haldensleben
23,17	Döhren (Sachs-Anh)	[Döhren (Prov Sachs)]	
23,6	*(Grenze)*		
	Bahrdorf (Braunschw)		
	Wahrstedt		
34,11	*(Grenze)*		
35,45	Oebisfelde	>Salzwedel, Wegenstedt, Wolfsburg	
Hennigsdorf Stahl- und Walzwerk		**Werkbahn**	**Sm 600/ 750/ 900**
Hennigsdorf Testgelände		**Werkbahn**	**Norm**
19,5	(0,9) Hennigsdorf (b Berlin)	[Hennigsdorf (Kr Osthavelland)]	>LEW, Stahlwerk Hennigsdorf, Tegel
	Abzw.	>Falkenhagen, Hohen Neuendorf	
25,7	Velten (Mark)	>Bötzow, Kremmen	
Herrnhut-Bernstadt		**135k**	**Sm 750**

0,0	Herrnhut	>Löbau, Zittau	
1,54	Niederstrahwalde		
3,07	Anschl.	>Weberei G. Paul	
3,33	Berthelsdorf (b Herrnhut)		
5,87	Rennersdorf (Oberlaus)	[Oberrennersdorf]	
7,01	Rennersdorf (Oberlaus) Hp	[Niederrennersdorf]	
8,7	Kunnersdorf a. d. Eigen	[Cunnersdorf a. d. Eigen]	
10,1	Bernstadt (Oberlaus)	[Bernstadt]	
Herzfelde-Herzfelde Ziegeleien		**Werkbahn**	**Sm 600**
0,0	Herzfelde	>Strausberg	
5,53	Herzfelde Ziegeleien		
Herzfelde-Rüdersdorf		**Anschlußbahn**	**Sm 750, 1945 Sm 600**
0,0	Herzfelde	>Strausberg	
12,53	Rittergut Rüdersdorf		
Hettstedt-Eisleben-Helfta		**Überlandstraßenbahn**	**Sm 1000, EL**
0,0	Hettstedt	>Güsten, Erfurt, Gerbstedt	
	Groß Örner		
	Leimbach		
	Mansfeld	>Klostermansfeld, Wippra	
	Klostermansfeld	[Bahnhof Mansfeld] >Wagenhalle	>Güsten, Erfurt
	Helbra	>Mansfelder Bergwerksbahn	
	Ziegelrode		
	Ahlsdorf		
	Hergisdorf		
	Creisfeld	[Kreisfeld]	
	Wimmelburg		
	Eisleben	>Eisleben Bahnhof	>Eisleben Friedhof
	Helfta	>Eisleben, Halle	
Hettstedt Mansfeldkombinat Asche		**Werkbahn**	**Sm 500**
0,0			
0,3			
Hettstedt Mansfeldkombinat Sägewerk		**Werkbahn**	**Sm 750**
0,0			
0,07			
Hettstedt Mansfeldkombinat Schlacke		**Werkbahn**	**Sm 750**
0,0			
15			
Hettstedt Mansfeldkombinat Schlacke		**Werkbahn**	**Sm 1000**
Hettstedt Mansfeldkombinat Untertage		**Werkbahn**	**Sm 500**
Hetzdorf-Eppendorf-Großwaltersdorf		**169d**	**Sm 750**
0,0	Hetzdorf (Flöhatal)	>Flöha, Pockau-Lengefeld	
2,3	Hohenfichte Hp	[Metzdorf]	
3,7	Lößnitztal		
5,6	Hammerleubsdorf	[Leubsdorfer Hammer]	
8,5	Gersberg		
9,77	Eppendorf		
12,5	Großwaltersdorf (Sachs) Hp		
13,6	Großwaltersdorf (Sachs)		
Heudeber=Danstedt-(Mattierzoll-Wendessen)		**204k, DB**	**Norm**
103,37	Heudeber-Danstedt	[Heudeber]	>Halberstadt, Wernigerode
	Heudeber Ost		
105,06	(0,0) Abzw. Mulmke	>Wasserleben	
0,42	Mulmke		
4,19	Zilly		
8,36	Dardesheim		
9,67	Deersheim		
13,48	Anschl.		
14,75	Hessen (Kr Halberstadt)	[Hessen (Kr Wernigerode)]	>Anschl. Zuckerfabrik, Kiesgrube, Ziegelei
18,59	Veltheim (Fallstein)	[Hessendamm]	>Anschl. Kornhaus
20	*(Grenze)*		
20,7	*Mattierzoll Süd*	[Mattierzoll Ost]	>Jerxheim, Börßum
	Winnigstedt		
	Semmenstedt		
	Remlingen		

	Wittmar	>Grube Asse	
	Wendessen	>Hötzum, Wolfenbüttel, Schöppenstedt	
Heudeber=Danstedt-Wasserleben-(Vienenburg)		**204c, 677, DB**	**Norm**
103,37	Heudeber-Danstedt	[Heudeber]	>Halberstadt
	Heudeber Ost		
105,06	Mulmke Abzw.	>Mattierzoll	
108,35	Langeln		
111,52	Wasserleben	>Osterwieck, Börßum	
115,27	Schauen		
	Abzw.	>Stapelburg	
120,6	*(Grenze)*		
	Vienenburg	>Börßum, Bad Harzburg, Oker, Grauhof	
Heyrothsberge Brand- u. Katastrophenschutzschule		**Übungsanlage Bahn**	**Norm, EL**
0,0	Heyrothsberge BKS	*(kein Anschluß an Buckau-Biederitz)*	
0,21	Heyrothsberge BKS		
Hilbersdorf Steinbruch		**Werkbahn**	**Sm 600**
	Hilbersdorf (Kr Görlitz) Bf	>Görlitz, Weißenberg	
	Hilbersdorf Steinbruch		
Hildburghausen-Lindenau=Friedrichshall			**Sm 1000**
0,0	Hildburghausen	>Meiningen, Sonneberg	
3,3	Leimrieth		
6,5	Stressenhausen	[Streßenhausen]	
9,2	Bedheim		
11	Anschl. ?		
12	Simmershausen-Gleicherwiesen	[Simmershausen]	>FB Basaltwerk Gleichamberg
15,5	Streufdorf		
16,8	Westhausen		
18,2	Seidingstadt		
21,1	Völkershausen		
23,5	Gellershausen		
24,6	Heldburg		
27,6	Einöd		
29,3	Lindenau-Friedrichshall		
29,5	Anschl.	>Oppel & Co	
30,3	Anschl.	>Saline	
Hirschfelde-(Reichenau)		**DR, PKP**	**Norm**
7,7	Hirschfelde	>Görlitz, Zittau	
8,4	*(Hirschfelde Grenze)*		
	Türchau	[Turoszow]	
	Reichenau (Sachs)	[Bogatynia]	>Zittau, Friedland
Hirschfelde-(Turow)		**Grubenbahn**	**Sm 900**
	Hirschfelde Kraftwerk		
	(Grenze)		
	Turow Tagebau		
Hohburg Bergbaumuseum		**Museumsbahn**	**Sm 600**
Hohburg Kaolinwerke		**Werkbahn**	**Sm 600**
Hohenbocka Glassandwerk Werk 1		**Werkbahn**	**Sm 900**
Hohenbocka Glassandwerk Werk 4		**Werkbahn**	**Norm, Sm 600, EL**
0,0	Hohenbocka Nord Rbf	>Brieske	
1,2			
Hohenebra-Ebeleben		**186f, 644**	**Norm**
0,0	Hohenebra	>Sondershausen, Erfurt	
2,94	Schernberg		
4,51	Gundersleben	[Schernberg-Gundersleben]	
	Schernberg Ziegelei		
7,3	Ebeleben Süd	>Ebeleben Mischfutterwerk	
8,7	Ebeleben	>Greußen, Keula, Mühlhausen	
Hohenebra Ziegelei		**Werkbahn**	**Sm 600**
0,0			
0,1			
Hohenmölsen Ziegelei		**Werkbahn**	**Sm 500**
0,0			
0,45			
Hohenseefeld-Jüterbog		**107h**	**Sm 750**
0,0	Hohenseefeld	>Luckenwalde, Dahme	
3,78	Nonnendorf		
6,38	Reinsdorf		
9,6	Werbig Ziegelei		
10,06	Werbig (Kr Jüterbog)		
12,28	Hohengörsdorf		
16,5	Markendorf Ost	[Fröhden]	
17,9	Markendorf	>0,0 Markendorf Truppenübungsplatz (4,0)	
23,43	Bürgermühle		
25,01	Jüterbog Zinnaer Vorstadt		
27,37	Jüterbog	[Jüterbogk]	>Wittenberg, Treuenbrietzen, Zossen, Herzberg
Hohenstein=Ernstthal-Oelsnitz			**Norm**
	Hohenstein-Ernstthal Überlandbf	>Wüstenbrand, St Egidien	
	Hermsdorf-Oberlungwitz		
	Gersdorf Gbf	>Lugau Überlandbf	
	Gersdorf Kohlenmühle		
	Oelsnitz (Erzgeb) Überlandbf	>Stollberg, St Egidien	
Hohenthurm-Niemberg		**Verbindungsbahn**	**Norm**
152,0	Hohenthurm	>Halle, Bitterfeld	
	(Gleisende niveaugleiche Straßenkreuzung)		
74,1	Niemberg	>Halle, Stumsdorf	
Hohenwarte Pumpspeicherwerk		**Standseilbahn**	**Sm 1250**
0,0	Krafthaus Unterbecken		
0,693	Drosselklappenhaus Oberbecken		
Hohenwulsch-Kalbe-Beetzendorf		**761, 307, 758, 759**	**Norm**
0,02	Hohenwulsch	[Bismark Anschlußbf] [Bismark (Altm) Ost]	>Peulingen, Stendal Ost
2,82	Bismark (Altm)	[Bismark (Altm) Stadt]	
8,13	Berkau		
10,82	Neuendorf-Karritz	[Neuendorf-Carritz]	
15,16	Kalbe (Milde)	[Calbe (Milde)] [Calbe a. M.]	>Gardelegen, Klötze
17,54	Vahrholz		
20,47	Bühne-Güssefeld		
24,94	Badel	>Salzwedel	
27,3	Parchen		
29,79	Winterfeld	>Salzwedel	
33,65	Apenburg	[Groß Apenburg]	
37,41	Hohentramm	[Stapen-Hohentramm]	
42,26	Beetzendorf Süd	>Salzwedel, Rohrberg, Diesdorf, Klötze	
Holleben Baustoffversorgung		**Werkbahn**	**Norm**
16,23	Holleben Süd	>Angersdorf, Bad Lauchstädt	
	Holleben Baustoffversorgung		
Höngeda Ziegelei Seebach		**Werkbahn**	**Sm 600**
0,0			
6,0			
Hoppegarten-Altlandsberg		**107b**	**Norm**
0,1	Hoppegarten (Mark) Kleinb		
	Abzw. Verbindungsbahn	>Hoppegarten, Berlin, Strausberg	
1,22	Anschl.	>Tonwarenhandlung Ott	
1,67	Neuenhagen Dorf	>Anschl. Gut, BHG	
1,84	Anschl.	>Schmäcke	
3,4	Anschl.	>Altlandsberg Umspannwerk	[Umspannwerk (b Hoppegarten)]
3,8	Altlandsberg Seeberg		
4,16	Seeberg Gartenstadt	[Kolonie Seeberg]	
	(Brücke)		
5,6	Anschl.	>Sägewerk, Brauerei	
5,67	Altlandsberg Vorstadt	[Altlandsberg Amtsgericht]	[Altlandsberg Schützenhaus]
6,61	Altlandsberg	[Alt Landsberg]	
Horka-Falkenberg-Dessau		**230, 233**	**Norm, Hoyerswerda-Dessau EL**

0,0	Horka Staatsbf	[Wehrkirch] >Kohlfurt	>Weißwasser, Kohlfurt, Steinbach
		(22,8) Horka Hp		
23,9	Särichen Abzw.	>Görlitz	
27,8	Niesky	[Niska] [Nizka]	
33,8	Petershain	[Wiki]	>Anschl. Sproitz Feuerfestwerk
36,9	Mücka	[Mikow] [Stockteich]	
45,8	Klitten	[Kletno]	
	Spreefurt Vorbf		
52,0	Uhyst	[Delni Wujezd] [Spreefurt]	>Boxberg, Grubenbahn
	(Umlegung wegen Tagebau)		
60,4	Lohsa	[Laz]	>Grubenbahn
	Abzw.	>Spremberg, Bautzen	
66,5	Knappenrode	[Hornikecy] [Werminghoff]	>Grubenbahn
70,2	Hoyerswerda Neustadt	[Wojerecy Nowe mesto]	
72,8	Hoyerswerda	[Wojerecy]	>Bluno, Bautzen, Straßgräbchen-Bernsdorf
79,7	Schwarzkollm	[Corny Cholmc]	
	Abzw.	>0,0 Schwarzkollm Lautawerk (3,5)	
82,6	Lauta (Niederlaus)	[Lauta (Niederlaus) Hp] [Luta]	
	Betriebsbf Lauta (Niederlaus)	[Zelezn. zaw. dworn Luta (Dolnal)]	
	Abzw.	>Hohenbocka Nord, Kamenz	
87,9	Hohenbocka	[Bukow] [Hosena]	
	Peickwitz Abzw.	>Senftenberg	
93,6	Schwarzbach (b Ruhland)	[Corna Woda]	
98,3	Ruhland	[Rolany]	>Senftenberg, Großenhain
106,5	Lauchhammer Süd	[Dolsthaida]	
109,0	Lauchhammer West	[Mückenberg] [Lauchhammer]	
117,8	Plessa		
120,8	Kahla (Oberlaus)		
124,7	Elsterwerda-Biehla	[Biehla]	>Elsterwerda
128,3	Haida (Oberlaus)		
	Betriebsbf Zeischa		
130,0	Zeischa		
134,6	Bad Liebenwerda	[Liebenwerda]	
139,3	Wahrenbrück		
143,0	Beiersdorf (Kr Liebenwerda)		
145	*(Rbd-Grenze)*		
	Abzw.	>Doberlug-Kirchhain	
148,2	Falkenberg (Elster) unt Bf	>Herzberg, Torgau, Jüterbog	
	Abzw.	>Uckro	
153,7	Beyern	>Großrössen	
156,4	Fermerswalde		
	Mollgraben		
170,0	Annaburg	[Annaburg (Kr Torgau)]	>Prettin
179,1	Jessen (Elster)		
189,0	Elster (Elbe)		
195,09	Mühlanger	[Prühlitz]	
199,07	Wendel	>Umspannwerk	
200	Wendel Bk		
201,93	Lutherstadt Wittenberg	[Wittenberg (Provinz Sachsen)]	>Eilenburg, Leipzig, Berlin
203,62	Lutherstadt Wittenberg Elbtor	[Wittenberg Elbtor]	[Lutherstadt Wittenberg Altstadt]
204,43	Abzw.	>Lutherstadt Wittenberg Hafen	
206,11	Lutherstadt Wittenberg West	[Klein Wittenberg]	>Straach
208,29	Lutherstadt Wittenberg Piesteritz	[Piesteritz]	>Stickstoffwerk, Straach
211,3	*(Rbd-Grenze)*		
	Abzw.	>Griebo Mülldeponie	
212,06	Griebo	[Criebo]	
216,69	Coswig (Anh)	>Holländermühle, Hohe Mühle	
217,6	Coswig (Anh) Gbf	>Gewerbegebiet, Hafen	
222,68	Klieken		
227,35	Luko Bk		
229,258	Anschl.		
229,31	Roßlau Aw Abzw.	>Wiesenburg	
231,06	Meinsdorf	>Wiesenburg, Belzig	
231,2	Roßlau Ra Abzw.	>Güterglück	
	Roßlau (Elbe) Rbf Ost	[Dessau-Roßlau Gbf Ost]	
	Roßlau (Elbe) Rbf	[Dessau-Roßlau Gbf]	>Rodleben
233,7	(17,95) Roßlau (Elbe)	[Dessau-Roßlau Pbf]	>Güterglück
	(Elbebrücke 0,216)		
	(Muldebrücke)		
20,48	Dessau Wallwitzhafen	[Wallwitzhafen]	
	Abzw.	>Dessau Wörl Bf	
22,96	Dessau Hbf	>Köthen, Bitterfeld, Radegast	
Horka-(Kohlfurt)		**DR, PKP**	**Norm**
1,7	Horka Staatsbf	[Horka Pbf]	>Cottbus, Görlitz
		(22,8) Horka Hp	>Knappenrode	
0,0	(21,2) Horka Gbf	>Priebus	
	(Neißebrücke)		
13,5	*(Horka Grenze)*		
	Nieder Bielau	[Bielawa Dolna]	
	Glaserberg		
	Abzw.	>Zielonka	
	Kohlfurt	[Wegliniec]	>Görlitz
Horka-Steinbach-(Priebus)		**162t**	**Norm**
0,0	Horka Kleinb	[Wehrkirch Nord]	>Horka Staatsbf
	Horka Gbf	>Kohlfurt	
2	Biehain	>Anschlüsse	
5,7	Nieder-Neundorf		
7,471	Rothenburg (Laus)	>Anschl. Sägewerk, Raiffeisenlager	
12,6	Lodenau	>Anschl. Papierfabrik	
15,1	Steinbach (b Niesky)		
	(Neißebrücke 0,18)		
	(Grenze)		
	(Gleisende)		
17,2	*Sänitz*	[Sanice]	
	Selingersruh		
21,1	*Buchwalde*	[Leippa] [Lipna]	
25,9	*Priebus Süd*		
	Priebus	[Przewoz]	>Sorau, Potok, Lichtenberg
Hornberg Felswerke		**Werkbahn**	**Norm**
	Harzer Kalkwerke III	>Blankenburg, Elbingerode	
Horst Moorbahn Torfwerk		**Werkbahn**	**Sm 600**
0,0	Horst (b Tessin)	>Rostock, Tessin	
0,6	Horst Torfwerk		
Hosena		**Werkbahn**	**Sm**
Hoyerswerda-Bluno-Proschim=Haidemühl			**Norm**
17,3	Hoyerswerda	[Wojerecy]	>Knappenrode, Hohenbocka, Königswartha
	Bergen (Kr Hoyerswerda)	[Hory]	
12,2	Bluno	[Blun] [Blunau]	>Senftenberg, Spreewitz
8,6	Proschim-Haidemühl	[Prozym]	>Neupetershain, Spremberg
Hoyerswerda-Straßgräbchen=Bernsdorf			**Norm**
23,8	Hoyerswerda	[Wojerecy]	>Knappenrode, Hohenbocka, Königswartha, Bluno
	Zeißholz	[Cisow]	
	Bernsdorf Grube		
0,0	Straßgräbchen-Bernsdorf (Oberlaus)	[Nadrozna Hrabowka Njedzichow]	>Hohenbocka, Kamenz, Dresden
Hundisburg Ziegelei		**Werkbahn**	**Sm 600**
(Hünfeld)-Wenigentaft=Mansbach		**DB, DR**	**Norm**

0,0	*Hünfeld*	>Fulda, Hersfeld	
4	*Burghaun Ost*		
8,7	*Steinbach (Rhön)*		
	Leimbach (Rhön)		
14,5	*Eiterfeld*		
	Großentaft		
21,5	*Treischfeld*		
24,62	*(Grenze)*		
26,44	Wenigentaft-Mansbach	>Unterbreizbach, Vacha, Öchsen	
Ichstedt Rübenbahn		**Werkbahn**	**Sm 600?**
	Ichstedt (Kyffh)	>Artern, Berga-Kelbra	
	Feldbahn		
Ilfeld Grube Rabenstein		**Werkbahn**	**Sm 600**
	Ilfeld Rabensteiner Stollen		
Ilmenau-Großbreitenbach		**189f, 623**	**Norm**
0,0	Ilmenau	>Plaue, Schleusingen	
	(Ilmbrücke 0,01)		
0,9	Anschl.	>Farbenfabrik Fischer, Naumann & Co	
1,3	Anschl.	>Städtisches Gaswerk	
1,72	Anschl.		
1,95	Grenzhammer		
2,1	Anschl.		
2,9	Anschl.		
3	Anschl.		
3,74	Langewiesen (Thür)	>Anschl. Sägewerk Kuhstedt	
7,66	Gehren (Thür) Stadt		
8,36	Gehren (Thür)	>Anschl. Sägewerk	
9,1	*(Wohlrosetalbrücke)*		
10,5	*(0,75) Abzw. auf alte Trasse*		
13,76	(3,95) Möhrenbach		
17,26	Neustadt-Gillersdorf	>Anschl. Glashütte	
20,58	Großbreitenbach (Thür)	>Anschl. Glaswerk	
Ilmenau Flußspatwerk		**Werkbahn**	**Sm 600**
Immelborn-Steinbach		**190a**	**Norm**
0,1	Immelborn	>Bad Salzungen, Schmalkalden	
	Anschl.	>Immelborn Kieswerk	
1,68	Barchfeld (Werra)		
4,97	Marienthal (Thür)		
6,57	Bad Liebenstein	[Bad Liebenstein-Schweina]	
8,44	Steinbach (Kr Bad Salzungen)	[Steinbach (Kr Meiningen)]	
Jänickendorf-Rehagen=Klausdorf			**Sm 750**
39,0	Jänickendorf	>Luckenwalde, Jüterbog, Zossen	
0,0	Abzw.	>Hohenseefeld	
10	Rehagen-Klausdorf Heeresfeldbahnpark	>Rehagen-Klausdorf	
Jänschwalde-Tauer			**Norm**
192,6	Jänschwalde	[Jansojce]	>Cottbus, Guben
	Preilack Abzw.		
103,0	Betriebsbahnhof Tauer	[Turjej]	>Cottbus, Frankfurt
Jarmen-Tutow			**Sm 600**
	Jarmen	>Dennin, Schmarsow	
	Tutow	>Demmin	
Jarmen Zuckerfabrik		**Werkbahn**	**Sm 600/ 750**
	Jarmen Werkhafen		
	Jarmen Zuckerfabrik	>Bf Jarmen Nord, Gützkow	
	Jarmen	[Jarmen Süd]	
	Jarmen Hafen		
Jatzke Feldbahn		**Werkbahn**	**Sm 600**
	Jatzke (Meckl)	>Sandhagen, Eichhorst	
Jatznick-Ueckermünde		**122m, 928**	**Norm**
142,9	Jatznick	>Berlin, Stralsund	
149,5	Torgelow	>Industriebahn Torgelow	
151,9	Abzw. Gumnitz W 1	>Pasewalk Ost	
152,6	Gumnitz	>Pasewalk Ost	
156,5	Eggesin		

159,4	Hoppenwalde		
162,3	Ueckermünde	[Ückermünde]	
163,5	Ueckermünde Hafen	[Ückermünde Hafen]	
Jena West-Brauerei		**Werkbahn**	**Sm 600**
0,0	Jena West	[Jena Weimar-Geraer Bf]	>Weimar, Gera
	Jena Brauerei		
Jena West-Glaswerk		**Werkbahn**	**Sm 600**
0,0	Jena West	[Jena Weimar-Geraer Bf]	>Weimar, Gera
	Jenaer Glaswerk Schott & Genossen		
Jessen=Gorrenberg Ziegelwerk		**Werkbahn**	**Sm 600**
Johanngeorgenstadt Wismut		**Werkbahn**	**Sm 600**
Jüterbog-Riesa		**214**	**Norm, EL**
0,0	(62,8) Jüterbog	[Jüterbogk]	>Zossen, Treuenbrietzen, Berlin, Wittenberg
	Abzw.	>Treuenbrietzen	
	Dennewitz Abzw.	>Halle	
	(Rbd-Grenze)		
8,0	(70,8) Oehna		
12,9	Zellendorf		
17,1	(80,0) Linda (Elster)	[Wendisch Linda]	
25,2	(88,3) Holzdorf (Elster)	>0,0 Holzdorf Ost (6,0)	
	Arnsnesta		
38,3	(101,1) Herzberg (Elster) West	[Herzberg (Elster) Reichsb]	
	Großrössen Abzw.	>Beyern, Herzberg Stadt	
149	(111,8) (49,4) Falkenberg (Elster) unt Bf	>Torgau, Finsterwalde, Bad Liebenwerda	
121,6	Saxdorf		
125,6	Neuburxdorf	[Burxdorf (Prov Sachs)]	>Mühlberg
135,7	Jacobsthal		
	(Rbd-Grenze)		
140,9	Röderau	>Elbeufer (Strehla)	
142,0	(68,3) Röderau Bogendreieck Abzw.	>Elsterwerda	>Dresden
65,9	Riesa	>Nossen, Döbeln, Oschatz	>Riesa Hafen
Jüterbog-Zossen		**184**	**Norm**
0,0	(40,8) Jüterbog	[Jüterbogk]	>Treuenbrietzen, Wittenberg, Berlin, Dahme
6,4	Werder (b Jüterbog)		
	Kolzenburg		
15,1	(24,7) Jänickendorf	>Luckenwalde, Hohenseefeld	>Rehagen-Klausdorf Heeresfeldpark
22,6	Schönefeld (Kr Luckenwalde)	[Schönefeld (Kr Jüterbog)]	
25,5	Kummersdorf Gut	[Kummersdorf Schießplatz]	>Stülpe
31,1	(9,7) Sperenberg	[Sperenberg (Kr Teltow)]	>Kummersdorf
33,5	Rehagen-Klausdorf	>Kasernen, Feldbahndepot	
36,2	(4,6) Mellensee-Saalow		
40,8	(0,0) Zossen Kleinb	>Berlin, Uckro	
Kachstedt Domäne Böving		**Werkbahn**	**Sm 600**
	(niveaugleiche Kreuzung mit Regelspur)		
Kahla Ziegelei		**Werkbahn**	**Sm 600**
Kaiseroda Gewerkschaft		**Werkbahn**	**Sm?**
Kaltwasser Ziegelei		**Werkbahn**	**Sm 500**
Kamenz Jesau Baustoffwerk		**Werkbahn**	**Sm 600**
Kamenz Wiesa Granitwerk		**Werkbahn**	**Sm 600**
Kamenz Wiesa Schamottewerk		**Werkbahn**	**Sm 600**
Karnsdorf Tagebau		**Werkbahn**	**Sm 1000**
Karow-Waren		**773**	**Norm**
61,0	Karow (Meckl)	>Pritzwalk, Güstrow, Sternberg	>Ludwigslust
67,4	Alt Schwerin		
72,8	Malchow (Meckl) Stadtforst	[Malchow (Meckl) Bauhof]	
73,8	Malchow (Meckl)	>0,0 Anschl. Munitionsfabrik (34,0)	

km	Strecke / Bahnhof		
78,6	Nossentin		
86,2	Jabel (Meckl)		
90,6	Schwenzin		
92,1	Anschl.		
93,0	Warenshof		
	(Rbd-Grenze)		
95,7	Waren (Müritz)	>Waren (Müritz) Hafen	>Lalendorf, Malchin, Kargow
Karsdorf Zementwerk		**Werkbahn**	**Sm 600**
0,0			
2,5			
Karsdorf Zementwerk		**Werkbahn**	**Sm 900**
Karsdorf Zementwerk		**Werkbahn**	**Norm**
	Karsdorf Zementwerk	>Naumburg, Arten	
Kartlow Feldbahndepot		**Werkbahn**	**Sm 600**
Katzhütte Katzestollen		**Werkbahn**	**Sm 600**
Kausche Brikettfabrik		**Werkbahn**	**Sm 500**
Kavelsdorf-Rostock Bramow			**Norm, EL**
103,9	Kavelstorf (Kr Rostock)	>Anschl. Kavelstorf Waffenlager	Plaatz, Rostock Seehafen
	Abzw.	>Rostock Hbf	
29,1	(0,0) Dalwitzhof Nordkopf	>Rostock Seehafen	
	(0,7) Rostock Warnowbrücke West Abzw.	>Rostock Hbf	
	Rostock Gbf Süd Abzw.	>Rostock Seehafen	
30,7	Rostock Gbf	[Friedrich-Franz-Bahnhof]	[Seestadt Rostock Gbf]
	Grubenstraße-Viergelindenbrücke		
	Rostock Hafen	>Lloyd-Hafenbahn	>Vögenteichplatz
	Rostock Neptunwerft		
	Rostock Bramow	[Bramow] [Seestadt Rostock Bramow]	>Warnemünde, Rostock Hbf
	Rostock Unterwarnowhafen		
Kavelstorf-Rostock Seehafen			**Norm, EL**
0,0	(12,657) Kavelstorf (Kr Rostock)	>Anschl. Kavelstorf Waffenlager	>Rostock Hbf, Plaatz
6,0	Neuroggentin		
11,0	Rostock Seehafen Süd Abzw.	[Rostock Überseehafen Süd]	>Rostock, Rövershagen
	...		
12,7	Rostock Seehafen	[Seestadt Rostock Hafen] [R. Überseehafen]	>Rostock Hafenbahnbetriebswerk
Kayna Quarzwerk		**Kettenbahn**	
0,0	Kaynaer Quarzwerk Hochrampe	>Wuitz-Mumsdorf, Gera	
0,33	Siebwerk		
Kemmlitz Kaolinwerke		**Werkbahn**	**Sm 600/ 750**
Kemnitz-Kühlenhagen		**122u**	**Sm 750**
0,0	Kemnitz (Pommern)	>Greifswald, Wolgast	
1,5	Rappenhagen		
4,1	Boltenhagen (Kr Greifswald)		
6,2	Lodmannshagen		
7,3	Kühlenhagen		
Ketelshagen Ziegelei		**Werkbahn**	**Sm 600**
Kiebitz Kalksandsteinwerk		**Werkbahn**	**Sm 600, EL**
0,0	Kalksandsteinwerk		
1,2	Grube		
Kiebitz Kalksandsteinwerk		**Werkbahn**	**Sm 750**
0,0			
0,1			
Kietz-Strausberg		**173**	**Norm**
81,0	Kietz	[Küstrin-Kietz]	>Frankfurt, Küstrin
	Abzw.	>Frankfurt	
77,1	Gorgast		
74,5	Golzow (Oderbruch)	>Fürstenwalde, Wriezen	
69	Werbig Gbf	>Wriezen	
67,9	Werbig	>Frankfurt, Wriezen	
63,5	Gusow	[Seelow-Gusow]	
58,4	Alt Rosenthal		
53,5	Trebnitz (Mark)		
50,7	Obersdorf		
45,4	Müncheberg (Mark)	[Dahmsdorf-Müncheberg]	>Buckow, Hasenfelde
41,2	Rotes Luch	[Waldsieversdorf-Rotes Luch]	
35	Garzau		
33,7	Rehfelde (Kr Strausberg)	[Rehfelde (Kr Niederbarnim)]	
31,3	Herrensee		
	Abzw.	>Herzfelde	
27,8	Strausberg	>Berlin Lichtenberg	>Strausberg Nord
Kirschau Friese		**Werkbahn**	**Sm?**
	Kirschau (b Bautzen) Fa. Friese		
Kläden Waschmittelfabrik		**Werkbahn**	**Sm 600**
0,0	Kläden Waschmittelfabrik		
0,4	Kläden Quarzsandgrube		
Klausdorf Feldbahndepot		*(siehe Rehagen-Klausdorf)*	
Klausdorf Ziegelei		**Werkbahn**	**Sm 600**
Klein Daberkow-Matzdorf			**Sm 750**
0,0	(11,5) Klein Daberkow	>Brohm, Woldegk	
3,1	(14,6) Schönhausen	>0,0 Gut Schönhausen (2,0)	
6	(17,5) Matzdorf		
Klementelvitz Kreidebahn		**Werkbahn**	**Sm 900**
0,0	Klementelvitz Kreideverarbeitungswerk		
1,5	Ausweiche		
3,0	Klementelvitz Kreidetagebau		
Klepps Ziegelei		**Werkbahn**	**Sm 600**
0,0	Ziegelei		
0,6	Grube		
Klettwitz-Brieske-Laubusch		**Grubenbahn**	**Sm 900, EL**
	Klettwitz Tagebau		
	Brieske Stw 38	>Lauchhammer	
	Brieske Stw 9	>Brieske Stw 2	
	Brieske Stw 26		
	Brieske Stw 24	>Brieske Bkf Meurostolln	
	Laubusch Stw 9	>>	
Klingenberg=Colmnitz-Frauenstein		**168d, 411**	**Sm 750**
0,0	Klingenberg-Colmnitz	>Mohorn	
3,85	Obercolmnitz		
5,49	Niederpretzschendorf	[Nieder Pretzschendorf]	
6,93	Pretzschendorf		
10,58	Friedersdorf (b Frauenstein)		
12,55	Oberbobritzsch		
15,62	Burkersdorf (b Frauenstein)		
19,71	Frauenstein (Erzgeb)		
Klingenberg=Colmnitz-Oberdittmannsdorf		**164g, 412**	**Sm 750**
0,0	Klingenberg-Colmnitz	>Frauenstein	
1,77	Colmnitz (b Freital)		
3,23	Niedercolmnitz		
7,83	Naundorf (b Freiberg/ Sachs)		
8,9	Naundorf (b Freiberg/ Sachs) Hp		
11	Falkenberg (b Freiberg/ Sachs)		
14,11	Niederschöna		
16,22	Oberschaar		
18,47	Oberdittmannsdorf	>Wilsdruff, Nossen	
Klingenthal-Sachsenberg=Georgenthal		**171p Überlandstraßenbahn**	**Sm 1000, EL**
0,0	Klingenthal	>Klingenthal Gbf	>Zwotental
1	Klingenthal Untere Marktstraße		
1	Klingenthal Graslitzer Straße		
1	Klingenthal Kreuzstraße		
1	Klingenthal Nord	>Anschl.	
2	Brunndöbra Grüner Baum		
2	Brunndöbra Wettinstraße	[Brunndöbra Friedrich Engels-Straße]	
2,4	Brunndöbra Königsplatz	[Brunndöbra Karl Marx-Platz]	
	Brunndöbra Gbf	>Anschl. Elektrizitätswerk	
3	Brunndöbra Reichsadler	[Brunndöbra Mittelberg]	
3	Brunndöbra Glaßentempel	[Untersachsenberg Glaßentempel]	
3	Brunndöbra Bärenloch	[Untersachsenberg Bärenloch] [Bärenloch]	
4,1	Sachsenberg-Georgenthal		
Klingenthal Brunndöbra Flußspatwerk		**Werkbahn**	**Sm 600**
Klingenthal Steinbachtal		**Seilbahn**	
0,0	Klingenthal Steinbachtal		
0,319	Aschbergschanze		
Klostermansfeld-Wippra		**655**	**Norm**
0,0	Klostermansfeld	[Mansfeld]	>Hettstedt, Blankenheim
	(Mansfelder Viadukt)		

6,07	Mansfeld (Südharz)	[Leimbach-Mansfeld]	
7,73	Vatterode	>Pioniereisenbahn	
8,9	Vatteröder Teich		
9,78	Gräfenstuhl-Klippmühle		
11,52	Biesenrode		
	(Rammelburgtunnel 0,287)		
15,93	Friesdorf Ost	[Rammelburg]	
17,75	Friesdorf		
19,68	Wippra		
Klostermansfeld Möbelwerk		**Werkbahn**	**Sm 900**
Klostermansfeld Sägewerk		**Werkbahn**	**Sm 750**
Klötze-Kalbe			**Norm**
0,0	Klötze (Altm) West	>Oebisfelde, Beetzendorf	
1,93	Klötze (Altm) Nord		
4,04	Hohenhenningen		
6,06	Lockstedt (b Klötze)		
7,67	Neuendorf (b Klötze)		
9,57	Brüchau	[Ziegelei Mosel]	
11,43	Kakerbeck		
14,32	Winkelstedt (Kr Kalbe)	[Winkelstedt (Kr Gardelegen)]	
17,16	Faulenhorst		
18,47	Wernstedt	>Gardelegen	
21,31	Kalbe (Milde)	[Calbe (Milde)] [Calbe a. M.]	>Badel, Hohenwulsch
Klötze-Faulenhorst-Vinzelberg			**Sm 750**
0,0	Klötze (Altm)	>Oebisfelde, Salzwedel	
4	Hohenhenningen		
5,8	Lockstedt (b Klötze)	[Lockstedt (Kr Klötze)]	
7,4	Neuendorf (b Klötze)		
9,3	Brüchau	[Ziegelei Mosel]	
11,2	Kakerbeck		
14,1	Winkelstedt (Kr Kalbe)	[Winkelstedt (Kr Gardelegen)]	
16	Faulenhorst	>Kalbe	
18,3	Wernstedt		
21,6	Groß Engersen	>Kalbe, Gardelegen	
25,7	Schenkenhorst		
29,1	Algenstedt		
32,2	Kassiek	[Cassiek]	
36	Lindstedt		
37,9	Seethen		
38,6	Lotsche		
41,5	Klinke		
43,4	Deetzer Warte		
44,7	Käthen		
46,5	Vinzelberg	>Oebisfelde, Stendal	
Klotzsche-Königsbrück		**303**	**Sm 750**
0,0	Klotzsche	>Dresden, Arnsdorf	
2,77	Weixdorf		
4,41	Lausa-Friedersdorf		
6,49	Hermsdorf (b Dresden)		
7,98	Cunnersdorf (b Medingen)		
9,45	Ottendorf (b Medingen)		
10,2	Moritzdorf		
17,43	Laußnitz		
19,49	Königsbrück		
Knappenrode-Schwarze Pumpe-Senftenberg		**162v, 207**	**Norm, EL**
66,5	Knappenrode	[Hornikecy] [Werminghoff]	>Hoyerswerda
	Abzw.	>Horka, Königswartha	
3,91	Weißkollm	[Bely Cholmc]	>Königswartha
9	Abzw.	>Spreewitz	
9,7	Spreewitz Süd Abzw.	>Spreewitz Nord	
	Abzw.	>Spreewitz Nord	
12,3	Spreewitz	>Spremberg	>Trattendorf
18,16	Schwarze Pumpe	[Carna Pumpa]	>Grubenbahn
22,5	Sabrodt	[Zabrod]	>Grubenbahn
	(12,2) Bluno	[Blun] [Blunau]	>Hoyerswerda
32,8	Lieske	[Leska]	
35,8	Sornoer Buden Ost Abzw.	>Cottbus	
123,2	(37,5) Sornoer Buden West Abzw.	>Großräschen, Cottbus	
124,1	Sedlitz Ost	[Sedlisco jutso]	>Großräschen
125,7	Senftenberg B 10 Abzw.		
	Reppist	[Repisco]	
126,3	Senftenberg Hbf	[Zly Komorow] [Senftenberg (Niederlaus)]	>Calau, Cottbus, Finsterwalde, Ruhland, Brieske
Knappenrode BKK Glückauf		**Werkbahn**	**Sm 500**
Knappenrode Laubag		**Grubenbahn**	**Sm 900**
Knappenrode Museumsbahn		**Museumsbahn**	**Sm 900**
Kodersdorf Dachsteinwerk		**Werkbahn**	**Sm 500**
Köditzberg-Katzhütte		**563**	**Norm**
2,48	Köditzberg	>Rottenbach, Königsee	
4,8	Bechstedt-Trippstein		
7,36	Schwarzburg		
10,64	Sitzendorf-Unterweißbach	[Sitzendorf]	
	(Schwarzabrücke)		
	(Schwarzabrücke)		
	(Schwarzabrücke)		
14,41	Obstfelderschmiede	>Cursdorf	
	(Schwarzabrücke)		
16,44	Mellenbach-Glasbach		
18,23	Anschl.		
18,38	Zirkel		
	(Schwarzabrücke)		
22,01	Meuselbach-Schwarzmühle		
23,14	Anschl.		
24,93	Katzhütte		
Kohren-Sahlis Schotterwerk		**Werkbahn**	**Sm 600**
Kölsa Heckenwegbahn		**Parkeisenbahn**	**Sm 600**
Königsbrück Sägewerk		**Werkbahn**	**Sm 600**
0,0			
0,05			
Königswalde-Annaberg=Buchholz		**169a**	**Norm**
0,0	Königswalde (Erzgeb) ob Bf	>Bärenstein, Cranzahl	
	Cunersdorf (b Buchholz/ Sachs)		
	Kleinrückerswalde		
5,88	Annaberg-Buchholz ob Bf	[Annaberg (Erzgeb) ob Bf]	
Königs Wusterhausen-Grunow		**182**	**Norm**
58,0	Königs Wusterhausen	>Berlin, Lübben, Mittenwalde	>Königs Wusterhausen Hafen
56,1	Niederlehme	>Anschl. Rüdersdorf Kalkwerk	>Anschl. Niederlehme Tanklager
54,1	Zernsdorf Schwellenwerk		
53,2	Zernsdorf		
51,3	Kablow		
46,6	Friedersdorf (Kr Königs Wusterhausen)	[Friedersdorf (Kr Beeskow)]	
40,4	Kummersdorf (b Storkow)	[Kummersdorf (Kr Beeskow-Storkow)]	
	(Storkower Kanalbrücke)		
36,2	Storkow (Mark)	>Anschl. Schuhfabrik	
32,6	Hubertushöhe		
32,0	Storkow Küchensee		
28,2	Scharmützelsee	[Wendisch Rietz]	>Anschl. Rosenberg Scharmützelsee
	(Viadukt)		
20,5	Lindenberg-Glienicke	[Lindenberg (Mark)]	
16,0	Buckow (b Beeskow)		
	Abzw.	>Lübben	
12,7	Beeskow	[Beeskow Reichsbf]	>Fürstenwalde
7,6	Oegeln		
3,6	Schneeberg (Mark)	>Anschl. Krügersdorf Rittergut	
2,2	Schneeberg (Mark) Anschl.		
0,0	Grunow (Niederlaus)	>Frankfurt, Cottbus	
Könnern-Bernburg-Calbe		**671**	**Norm**
0,0	Könnern	[Cönnern]	>Rothenburg, Halle, Sandersleben
2	Anschl.	>Zuckerfabrik Könnern	
3,91	Trebitz (b Könnern)	>FB Trebitz Ziegelei	
6,22	Bebitz	[Bebitz (Saalkr)] >Alsleben, Leau	>Anschl. Bebitz Flanschenwerk

km	Bahnhof		
	Abzw.	>Peißen Schacht, Grube Solvayhall II	
11,29	(15,91) Baalberge	>Köthen	>Anschl. Ziegelei , Plömnitz Schacht
17,57	Bernburg Friedenshall	[Solvayhall]	>Bernburg Kaliwerk
19	Abzw.	>Bernburg Stadtbf	[Bernburg Stadt Gbf]
	Bernburg Gbf	>Bernburg Sodawerk Solvay	>Dröbel Zuckerfabrik
20,34	Bernburg		
22,5	(0,18) Bernburg Waldau Hp	[Waldau]	>Güsten
2,15	Bernburg Strenzfeld	[Strenzfeld]	>Strenzfeld Junkerswerke
3,2	Abzw.	>Bernburg Zementwerk	
4,3	Abzw.	>Bernburg Zementwerk	
5,95	Nienburg (Saale)		
7,6	Anschl.	>Jesarbruch, Zementwerk	
8,5	Anschl.	>Nienburg Getreidewirtschaft	>Nienburg Chemiefabrik
9,65	Damaschkeplan		
14,10	Calbe (Saale) West	[Calbe]	>Güsten, Güterglück
Könnern-Rothenburg		**204h**	**Norm**
0,0	Könnern Nord	[Cönnern]	>Halle, Sandersleben, Bernburg
	Anschl.		
1,26	Wietschke		
2,51	Georgsburg	>Könnern Saalehafen	
2,8	Abzw.	>Könnern Betonwerk	>Saalehafen
4,7	*(Mühlgrabenbrücke 0,0344)*		
	(Mühlgrabenbrücke 0,0449)		
5,2	Anschl.		
5,44	Rothenburg (Saale)		
	Rothenburg (Saale) Draht- und Seilwerk Gbf		
Könnern Ziegelei		**Werkbahn**	**Sm 600?**
0,0	Könnern Ziegelei		
0,5	Könnern Lettebruch		
Köritz-Barsikow		**Verbindungsbahn**	**Norm**
122	Köritz Abzw.	>Rathenow	
0,0	Barsikow	>Neustadt, Neuruppin	
Köthen-Aken		**691**	**Norm**
0,0	Köthen	[Cöthen]	>Aschersleben, Radegast, Halle, Magdeburg
2,1	Abzw.	>Dessau	
7,6	Abzw.	>Umspannwerk, Grube	
7,66	Trebbichau	>Anschl.	
12,5	Aken (Elbe)		
13,5	Abzw.	>Aken (Elbe) Hafen	
15	Aken (Elbe) Tanklager		
Köthen-Aschersleben		**690**	**Norm**
0,0	Köthen	[Cöthen]	>Magdeburg, Calbe, Radegast, Aken
|	Cöthen Berlin-Halberstädter Bf	>Dessau	
	Köthen W 3 Abzw.	>Köthen Gbf	
1,6	Köthen B 4 Abzw.	>Halle, Köthen Gbf	
	Anschl.	>0,0 Köthen Flugplatz (1,0)	
5,74	Edderitz Gp Abzw.	>Gröbzig	
7,5	Frenz		
9,9	Biendorf W 1 Abzw.	[Biendorf Bo]	
10,4	Biendorf Gbf	>Gerlebogk, Nauendorf	>Anschlbf Biendorf Zuckerfabrik
10,67	Biendorf		
10,89	*(Ziethebrücke)*		
	(Fuhnebrücke)		
15,91	Baalberge	>Bebitz, Plömnitz	>Anschl. Ziegelei
17,57	Bernburg Friedenshall	[Solvayhall]	>Bernburg Kaliwerk
19	Abzw.	>Bernburg Stadtbf	[Bernburg Stadt Gbf]
	Bernburg Gbf	>Bernburg Sodawerk Solvay	>Dröbel Zuckerfabrik
20,34	Bernburg		
	(Saalebrücke)		
22,5	Bernburg Waldau	[Waldau]	>Calbe
28,21	Ilberstedt	>Anschl. Zuckerfabrik, Galvano	
28,8	Abzw.	>0,0 Grube Johanna (3,0)	
31,91	Güsten	>Wiesenburg, Staßfurt	
	Güsten Gbf	>Anschl. Osmarsleben Zuckerfabrik	
	Anschl.	>Ziegelei Hopfenberg	
35,1	Giersleben Go Abzw.	>Sandersleben	
35,91	Giersleben		
39,69	Schierstedt	[Groß Schierstedt]	
	Abzw.	>Sandersleben	
43,73	Aschersleben	>Frose, Schneidlingen	
	Aschersleben Gbf	[Aschersleben Vbf]	
Köthen-Klepzig		**Werkbahn**	**Norm**
0,0	Köthen DRKB	>Köthen	
	Köthen Junkerswerke		
	Klepzig Zuckerfabrik		
Köthen-Radegast		**152p, q, r**	**Sm 750, Köthen-Osterköthen Norm**
1,3	Köthen Gbf	>Köthen	
-1,4	(0,0) Osterköthen	[Ostercöthen]	>Anschl. Kranbau
0,0	Köthen DRKB	[Köthen Ost]	
1,7	Klepzig	[Köthen-Klepzig]	
3,7	Groß Badegast		
4,4	Klein Badegast		
4,6	Ladestelle		
4,8	*(Rbd-Grenze)*		
5,8	Libehna		
7,5	Prosigk		
8,4	Cosa		
10,5	Gnetsch		
11,4	Schwelwerk Gölzau	>Weißandt-Gölzau	
11,9	Gölzau		
13,7	Radegast	>Zörbig, Dessau	>Radegast Zuckerfabrik, Brauerei
Köthen B 4-Köthen W 7		**Verbindungsbahn**	**Norm, EL**
1,6	Köthen B 4 Abzw.	>Köthen, Güsten, Köthen Flugplatz	
	Köthen Gbf R 5		
53,2	Köthen W 7 Abzw.	>Halle, Köthen	
Köttewitz Papierfabrik		**Werkbahn**	**Sm 750**
	Köttewitz	>Heidenau, Altenberg	
	Köttewitz Papierfabrik		
Kremmen-Neuruppin-Wittstock-Meyenburg		**119e, 192**	**Norm**
0,0	Kremmen	[Cremmen]	>Velten, Oranienburg
2	*(Rbd-Grenze)*		
6,2	Beetz-Sommerfeld		
10,6	Wall		
16,97	Radensleben		
19,18	Karwe (Kr Neuruppin)	[Wustrau-Radensleben]	
22,91	Gnewikow		
26,5	Neuruppin NRZ Abzw.	>Herzberg	
27,55	Neuruppin Rheinsberger Tor		
28,61	Neuruppin	>Neustadt, Paulinenaue	
29,0	Neuruppin West		
32,16	Kränzlin		
37,85	Walsleben (Kr Neuruppin)	[Walsleben (Kr Ruppin)]	
44,12	Netzeband		
46,6	Darsikow		

51,13	Rossow (b Fretzdorf)		
54,29	Fretzdorf		
60,35	Dossow (Prign)		
63,9	Scharfenberg		
65,82	Wittstock (Dosse)	>Pritzwalk, Mirow	
68,7	Jabel (Prign)		
70,5	Glienicke (Prign)		
72,0	Zaatzke		
74,31	Volkwig		
78,5	Wulfersdorf		
	Neu Cölln (Prign)	[Neu Kölln]	
83,88	Freyenstein		
88,93	Schmolde		
	Penzlin (Prign)		
93,18	Meyenburg Privatb	>Pritzwalk, Karow	
Krensitz-Krensitz Nord			**Sm 1000**
	Krensitz Reichsb	>Delitzsch, Eilenburg	
	Krensitz Nord	>Delitzsch, Eilenburg	
Krensitz-Rackwitz-Delitzsch		**180e, 183a, 178f**	**Norm**
0,0	Krensitz Nord	>Eilenburg, Delitzsch	
	Niederossig		
2,11	Krostitz Nord	[Lehelitz]	
3	Krostitz Ost	[Tanne (Kr Delitzsch)]	>Malzfabrik
3,46	Krostitz	[Crostitz-Hohenleima]	>Anschl. Brauerei
4,99	Krostitz Süd	[Pröttitz]	
6,12	Kletzen		
6,85	Zschölkau Nord	[Hohenossig]	
7,87	Zschölkau		
9	Rackwitz Süd	[Güntheritz] [Rackwitz Ost]?	>Delitzsch, Leipzig
10,4	Rackwitz (b Leipzig)	[Rackwitz Anschlußbf]	>Anschl. Leichtmetallwerk
	(Loberbachbrücke 0,012)		
13,44	Wolteritz	[Wolteritz-Lössen] [Lössen]	
17,42	Radefeld-Hayna		
19,17	Freiroda (Kr Delitzsch)		
23,2	(12,8) Glesien		
25,36	Kölsa (Kr Delitzsch)		
27,99	Zwochau (Kr Delitzsch)		
28,88	Zwochau (Kr Delitzsch) Ost	[Grabschütz]	
31,32	Lissa (Kr Delitzsch)		
34,7	Delitzsch West	>Delitzsch Stadt	>Anschl. Zuckerfabrik
	Delitzsch Gbf		
37,34	Delitzsch ob Bf	>Halle, Eilenburg	
Krenzow-Buddenhagen			**Sm 600**
0,0	Krenzow (Kr Greifswald)	[Crenzow]	>Anklam, Lassan
0,5	Rubkow		
2,8	Buggow		
7,8	Wahlendow	>Pamitz	
10,5	Buddenhagen	>Züssow, Wolgast	
Kreuzweg-Viesecke		**120c**	**Sm 750**
8,73	Kreuzweg	>Lindenberg, Glöwen	
	Zernickow		
	Kletzke		
0,0	Viesecke	>Perleberg, Kyritz	
Kriebitzsch-Heinrichschacht		**Grubenbahn**	**Norm**
0,0	Kriebitzsch Kohlenbf	>Zeitz, Altenburg	>Agnesschacht, Mariengrube
0,3	Ottoschacht		
1,3	Heinrichschacht		
Kriebitzsch-Mariengrube		**Grubenbahn**	**Norm**
0,0	Kriebitzsch Kohlenbf	>Zeitz, Altenburg	>Agnesschacht, Heinrichschacht
	Anschl.	>Glückaufschacht	
1	Bruderzeche		
1,6	Mariengrube	>Seilbahn Gustavschacht	
(Kronach-Nordhalben)		**DB**	**Norm**
0,0	*Kronach*	>Probstzella, Lichtenfels	
2,0	*Kronach Loewe-Opta*		
3,7	*Höfles*		
6,0	*Zeyern Schneider*	[Unterrodach]	
8,3	*Zeyern*		
11,0	*Wallenfels*		
13,9	*Steinwiesen*		

18,7	*Mauthaus*		
	Dürrenwaid		
24,9	*Nordhalben*		
Kröslin Fischkistenwerk		**Werkbahn**	**Sm 600**
0,0	Kröslin (Kr Greifswald)	>Wolgast	
0,5	Kröslin Fischkisten- und Sägewerk		
Krossen-Eisenberg-Porstendorf		**532**	**Norm**
0,0	(8,22) Krossen (Elster)	[Crossen]	>Gera, Zeitz
2	*(Rbd-Grenze)*		
3,6	(4,95) Rauda		
|	(3,3) Cursdorf		
6,69	(2) Eisenberg (Thür) Ost	[Kastanie]	
|	(0,0) Eisenberg (Thür)	*(alt)*	>Anschlüsse
8,71	Eisenberg (Thür)	*(neu)*	>Anschlüsse
	(Gleisende)		
12,82	Hainspitz	>Anschl. Autobahnbaustelle	
14,79	Serba		
19,12	Bürgel (Thür)		
22,61	Graitschen		
24,58	Löberschütz		
26,38	Beutnitz (Thür)		
29,41	Porstendorf	>Camburg, Jena	
Krugsdorf W 2-Krugsdorf W 1		**Verbindungsbahn**	**Norm**
(Kunersdorf-Ziebingen)		**PKP**	**Norm**
	Kunersdorf (Kr Weststernberg) Kleinb	[Kunowice]	>Frankfurt, Reppen
	Schwetig	[Swiecko] [Kunersdorf Ladestelle]	
	Reipzig	[Rybocice]	
	Pulverkrug		
	Kunitz	[Kunice]	>Wiesenau
	Aurith	[Urad]	
	Matschdorf	[Maczkow]	
	Steinbockwerk	[Sadow] [Sandow]	
	Ziebingen-Sandow	[Ziebingen] [Cybinka]	
Kunnersdorf Steinbruchbahn		**Werkbahn**	**Sm 600**
	Kunnersdorf (b Kamenz)		
Kurort Oberwiesenthal-Fichtelberg		**991 Schwebebahn**	
0,0	Kurort Oberwiesenthal Vierenstraße	>Cranzahl	
1,175	Fichtelberg		
Kurort Oberwiesenthal Schönjungferngrund		**Seilbahn**	
0,0	Schönjungferngrund		
0,2627	Große Fichtelbergschanze		
Kurort Oberwiesenthal Viehtrift		**Seilbahn**	
0,0	Viehtrift		
0,734	Kleiner Fichtelberg		
(Küstrin)-Kietz		**Überlandstraßenbahn**	**Sm 1000, EL**
	Küstrin	[Kostrzyn]	>Landsberg, Reppen
	(Grenze)		
	(Oderbrücke)		
	Kietz	[Küstrin-Kietz]	>Berlin
(Küstrin-Kriescht-Landsberg)		**PKP**	**Norm**
0,0	*Küstrin*	[Kostrzyn]	>Kietz, Reppen
	Kietzerbusch		
	Neu Amerika		
	Am Kanal	[Racza Struga]? [Czerwony Kan.]?	
	Schernow	[Tschernow] [Czarnow]	
	Sonnenburg (Neum)	[Slonsk]	
	Limmritz (Neum) Forst		
	Limmritz (Neum)	[Lemierzyce]	
	Mauskow	[Muszkowo]	
	Kriescht (Neum)	[Krzeszyce]	
	...		
	Landsberg (Warthe)	[Gorzow Wlkp.]	
Kyritz-Breddin		**120d**	**Sm 750**
0,0	Kyritz Kleinb	>Neustadt, Pritzwalk	>Anschl. Stärkefabrik
2,68	Klosterhof		
4,4	Rehfeld (Prign)		
6	(0,0) Rehfeld Abzw.	>Perleberg	
2,27	Berlitt		
3,78	Barenthin Abbau	>Zichtow	
6,3	Barenthin		

km	Strecke / Bahnhof		
8,33	Kötzlin		
10,55	Breddin Kleinb	>Glöwen, Neustadt	
Kyritz Stärkefabrik		**Werkbahn**	**Norm**
	Kyritz	>Neustadt, Pritzwalk, Breddin	
	Kyritz Stärkefabrik		
Kyritzer Waldbahn		**Werkbahn**	**Sm 500**
	Kyritz	>Neustadt, Pritzwalk, Breddin	
	Fichtengrund		
	Waldfrieden		
Langenstein-Derenburg-Minsleben		**205a, b, c, 719**	**Norm**
0,0	Langenstein	>Halberstadt, Blankenburg	
0,6	Abzw.	>Blankenburg	
2,06	Böhnshausen	>Anschl. Hertzer	
4	Anschl.	>Moosbake	
5,5	Derenburg		
7,5	Überlandzentrale		
7,52	*(Gleisende)*		
9,8	Silstedt		
11	Minsleben Dorf		
12,3	Minsleben Reichsb	>Wernigerode, Halberstadt	
Langenstein=Zwieberge		**Werkbahn**	**Sm 600**
0,0	Langenstein-Zwieberge Militäranschluß	[Kamerun]	>Halberstadt
	Zwieberge Tunnel		
2,2	Zwieberge Lagerbahn		
Langewiesen Grube Volle Rose		**Grubenbahn**	**Sm 600**
	Grube Volle Rose		
Laubusch-Bröthen		**Grubenbahn**	**Sm 900, EL**
	Laubusch Stw 1	>>	
	Bröthen Stw	>>	
Laubusch-Sabrodt		**Grubenbahn**	**Sm 900, EL**
	Laubusch Stw 9	>>	
	Sabrodt Stw	>>	
Laubusch Brikettfabrik		**Werkbahn**	**Sm 900, EL**
Laubusch Brikettfabrik		**Grubenbahn**	**Sm 900, EL**
	Laubusch Stw 9	>Sabrodt, Brieske	
	Laubusch Stw 1	>Bröthen	
	Laubusch Brikettfabrik		
Laucha-Kölleda		**185g**	**Norm**
0,0	Laucha (Unstrut)	>Naumburg, Nebra	
3,78	Golzen (Finne)	[Golzen (Thür)]	
7,57	Bad Bibra		
12,06	Saubach (Thür)		
16,01	Billroda		
	(Gleisende)		
19,54	Lossa (Finne)		
22,13	Rothenberga		
27	Bachra		
30	Ostramondra		
33	Großmonra-Burgwenden		
35	Battgendorf		
39	Kölleda	>Straußfurt, Großheringen	
Laucha Ziegelwerk		**Werkbahn**	**Sm 600**
	Laucha (b Gotha) Ziegelwerk		
Lauchhammer-Brieske		**Grubenbahn**	**Sm 900, EL**
	Lauchhammer Stw 33	>>	
	Brieske Stw 38	>>	
Lauchhammer-Klettwitz		**Grubenbahn**	**Sm 900, EL**
	Lauchhammer Stw 5	>>	
	Klettwitz Nord Tagebau		
Lauchhammer-Plessa		**Grubenbahn**	**Sm 900, EL**
	Lauchhammer Stw 3	>>	
	Plessa Brikettfabrik		
	Plessa Kraftwerk		
Lauchhammer-Wildgrube		**Grubenbahn**	**Sm 900, EL**
	Lauchhammer Stw 5	>>	
	Wildgrube Brikettfabrik		
Lauchhammer Braunkohlenwerk		**Werkbahn**	**Sm 600**
Lauchhammer Brikettfabrik		**Grubenbahn**	**Sm 900, EL**
	Lauchhammer Stw 3	>>	
	Lauchhammer Brikettfabrik 64/ 65		
Lauchhammer Brikettfabrik		**Grubenbahn**	**Sm 900, EL**
	Lauchhammer Stw 3	>>	
	Lauchhammer Brikettfabrik 69		
Lauchhammer Brikettfabrik		**Grubenbahn**	**Sm 900, EL**
	Lauchhammer Stw 5	>>	
	Lauchhammer Stw 34		
	Lauchhammer Brikettfabrik 67		
	Lauchhammer Stw 33	>Brieske	
	Lauchhammer Brikettfabrik 69		
Lauchhammer Kokerei		**Werkbahn**	**Sm 600**
Lauchhammer Pioniereisenbahn		**Parkeisenbahn (Ringbahn)**	**Sm 500**
	Lauchhammer Volkspark West		
Lauenstein-Altenberg			**Sm 600**
0,0	Lauenstein (Sachs)	>Heidenau	
2	Hartmannmühle		
4,2	Geising	[Geising-Altenberg]	
9,7	Altenberg (Erzgeb)		
Lausen-Markranstädt			**Norm**
5,58	Lausen	>Pörsten, Leipzig Plagwitz	
8,97	Markranstädt	>Großkorbetha, Leipzig	
Laußnitz Granitbruch		**Werkbahn**	**Sm 600/ 700**
Lauter Papierfabrik		**Werkbahn**	**Sm 600**
Leau Tongrube		**Werkbahn**	**Sm 600**
0,0	Leau Tongrube		
3	Bebitz (Saalkr)	[Bebitz]	>Alsleben, Baalberge, Könnern
Lehesten-Lehesten Oertelsbrüche			**Norm/ Sm 1000/ Sm 690**
0,0	Lehesten	>Ludwigstadt	
1	*(Zahnstangenabschnitt 1,3)*		
2,7	Lehesten Oertelsbrüche Reichsb	>FB	
Lehesten Schiefergrube		**Werkbahn**	**Sm 690**
0,0	Lehesten Oertelsbrüche Reichsb	>Lehesten	
	(Zahnstangenabschnitt 0,7)		
	Lehesten Schiefergrube	>Schleiferei, Lokschuppen	
	Abzw.	>Gießerei	
5	Abraumkippe		
Lehnamühle Papierfabrik		**Werkbahn**	**Sm 750**
	Lehnamühle Hartpappewerk		
Lehndorf Ziegelei		**Werkbahn**	**Sm 600**
Lehnin-Michelsdorf		**Werkbahn**	**Sm 675**
0,0	Lehnin		
	Michelsdorf		
Lehnin-Rädel		**Werkbahn**	**Sm 675**
0,0	Lehnin		
	Rädel		
Leibis Trinkwasserstollen		**Werkbahn**	**Sm 600**
0,0	Abraumkippe		
1,5	Ausweiche		
4,0	Stollenbaustelle		
Leinefelde-Geismar-(Schwebda-Eschwege)		**666, DB**	**Norm**
0,0	Leinefelde	>Nordhausen, Heiligenstadt, Mühlhausen	
3	Bk		
3,41	Birkungen		
8,22	Silberhausen Trennungsbf	[Silberhausen SN Abzw.]	>Mühlhausen, Hüpstedt
10,14	Dingelstädt (Eichsf)		
12,68	Kefferhausen		
17,9	Küllstedt		
	(Küllstedter Tunnel 1,530)		
	(Mühlenbergtunnel I 0,155)		
23,8	Effelder (Eichsf)		
	(Mühlenbergtunnel II 0,343)		
25,8	Großbartloff		
	(Heiligenbergtunnel 0,198)		
	(Entenbergtunnel 0,288)		
31,3	Lengenfeld unterm Stein		
34,6	(28,17) Geismar		
	(Gleisende)		
	Abzw.	>Heiligenstadt	
	(Grenze)		
	(Gleisende)		
	(Frieda Viadukt)		
	(Frieda Tunnel 1,066)		
43,8	*(37,38) Schwebda*	>Treffurt, Heiligenstadt	
45,9	*Eschwege*		
49,3	*Eschwege West*	>Eichenberg, Bebra	
Leinefelde-Teistungen-(Wulften)		**665, DB**	**Norm**
0,0	(39,8) Leinefelde	>Dingelstädt, Heiligenstadt, Bleicherode	
2,8	Breitenbach (Eichsf)		
4,9	(34,9) Worbis		

km	Bahnhof		
8,5	Wintzingerode		
11,2	Ferna		
14,4	(25,5) Teistungen		
	(Gleisende)		
	(Grenze)		
20,6	*Duderstadt*	>Göttingen	
17,9	*Westerode*	>Göttingen	
	Obernfeld		
	Rollshausen		
8,2	*Gieboldehausen*		
	Bilshausen		
0,0	*Wulften*	>Herzberg, Northeim	
Leipzig-Bitterfeld		**520**	**Norm, EL**
81,3	Leipzig Hbf	>Gaschwitz, Halle, Plagwitz, Wurzen	
	Leipzig Hbf B 10		
|	Leipzig Berl Bf		
77,04	Leipzig Mockau Vbf	>Wiederitzsch, Leipzig Thekla	>Anschl. Quelle-Versand, Messegelände
75,3	Leipzig Messe Süd		
74,56	Leipzig Messe	[Neuwiederitzsch Leipziger Messe]	[Neuwiederitzsch]
70,0	Rackwitz (b Leipzig)	[Rackwitz-Güntheritz]	>Krensitz, Delitzsch
65,13	Zschortau		
61,6	Delitzsch Ah Abzw.	>Delitzsch Gbf	
60,38	Delitzsch unt Bf	[Delitzsch Berl Bf]	>Delitzsch West
	Anschl.	>Raw Delitzsch	
59,5	*(58,0) (Kilometerwechsel)*		
	(Loberbrücke)		
56,64	Rödgen Bk		
55,0	Petersroda	[Grube Ludwig]	
52,94	Holzweißig Lu Abzw.	>Halle	
51,76	Bitterfeld Hi (Kr) Abzw.	>Wittenberg	
48,5	Bitterfeld	>Dessau, Stumsdorf, Wittenberg	>CKB, Chemiepark
Leipzig-Böhlitz=Ehrenberg		**Überlandstraßenbahn**	**1450, EL**
	Fleischerplatz	[Friedrich Engels-Platz]	
	Rathaus Leutzsch		
	Philipp Reis-Straße		
	Friedrich Engels-Straße		
	Jahnstraße		
	Böhlitz-Ehrenberg	[Gundorf]	
Leipzig-Chemnitz		**430**	**Norm**
0,0	Leipzig Hbf	>Wurzen, Plagwitz, Halle, Bitterfeld	
|	Leipzig Dresdner Gbf		
1,7	Leipzig Volkmarsdorf		
2,1	Leipzig Ost	[Leipzig Alfred Kindler-Straße]	>Leipzig Stötteritz
2,7	Leipzig Torgauer Straße Abzw.	>Gaschwitz	
3,5	Leipzig Püchauer Straße Abzw.		
4,69	Leipzig Paunsdorf	>Engelsdorf Ost	
5,6	Engelsdorf Werkstätten		
7,6	Leipzig Mölkau	[Mölkau]	
9,7	Leipzig Holzhausen	[Holzhausen (Sachs)]	
12,36	Leipzig Liebertwolkwitz	[Liebertwolkwitz]	>Colmberg Tongrube
14,6	Großpösna		
16,2	Oberholz		
20,0	Belgershain		
25,6	Otterwisch		
28,7	Lauterbach-Steinbach		
32,7	Bad Lausick	[Lausigk]	>Borna, Großbothen
37,4	Hopfgarten (Sachs)		
39,6	Tautenhain		
42,3	(25,1) Geithain	>Frohburg	
31,2	Narsdorf		
34,2	Obergräfenhain Abzw.	[Narsdorf Bogendreieck Abzw.]	>Altenburg, Penig
35	*(Rbd-Grenze)*		
	(Muldebrücke 0,381)	[Göhrener Viadukt]	
39,85	Cossen		
46,98	Burgstädt		
51,58	Wittgensdorf ob Bf	>Limbach-Oberfrohna	

km	Bahnhof		
	...		
61,8	Chemnitz Hbf	[Karl-Marx-Stadt Hbf]	>Wüstenbrand, Flöha, Aue, Stollberg
Leipzig-Döbeln-Dresden		**330, 504**	**Norm, Meißen Triebischtal-Dresden EL**
0,0	Leipzig Hbf	>Halle, Gaschwitz, Bitterfeld, Plagwitz	
	...		
11,6	Borsdorf (Sachs)		
0,0	Borsdorf Az Abzw.	>Riesa	
3,6	Beucha	[Beucha (b Brandis)] >FB	>Trebsen
	Anschl.	>Beucha Fiedler	
8,9	Naunhof		
13,2	Großsteinberg		
19,3	Grimma ob Bf	>Wurzen	
22,2	*(21,2) (Kilometerwechsel)*		
25	*(Rbd-Grenze)*		
26,2	Großbothen	[Großbothen Colditzer Bf]	>Anschl. Schaddelmühle
	Kössern Abzw.	>Rochlitz	
	(Muldebrücke)		
	Muldebrücke (b Großbothen) Bk		
34,3	Tanndorf		
35,9	Marschwitz Papierfabrik		
	(Muldebrücke)		
41,5	Leisnig		
	(Muldebrücke)		
46,3	Klosterbuch		
49,3	Westewitz-Hochweitzschen		
	Schweta (b Döbeln)		
	(Muldebrücke)		
54,5	Döbeln Hbf	>Riesa, Waldheim, Lommatzsch, Mügeln	
56,9	Döbeln Ost	[Döbeln Zentrum]	
	(Muldebrücke)		
	(Muldebrücke)		
61,3	Niederstriegis		
65,2	Roßwein		
	Abzw.	>Chemnitz	
	(Muldebrücke)		
69,4	Gleisberg-Marbach		
	(Muldebrücke)		
73,4	Nossen	>Riesa, Freiberg, Oberdittmannsdorf	
	(Muldebrücke)		
77,6	Deutschenbora		
80,9	Rothschönberg Bk		
86,4	Miltitz-Roitzschen		
	Götterfelsen Bk		
93,4	Meißen Triebischtal	>Garsebach	
	(Elbebrücke 0,26)		
95,3	Meißen		
100,7	Neusörnewitz	>Weinböhla	
102,5	(100,3) Coswig (Bz Dresden) W 1 Abzw.	>Priestewitz	
101,9	Coswig (Bz Dresden)		
	...		
	Dresden Hbf	>Bad Schandau	
Leipzig-Engelsdorf		**Überlandstraßenbahn**	**1450, EL**
	Leipzig Paunsdorf	>Leipzig	
	Ausweiche		
	Engelsdorf Ost		
	Engelsdorf Apotheke		
	Engelsdorf Gleisdreieck		
Leipzig-Geithain		**505**	**Norm, Leipzig-Borna EL**
0,0	Leipzig Hbf	>Halle, Bitterfeld, Plagwitz, Wurzen	
	Leipzig Hbf B 21		
1,4	Leipzig Volkmarsdorf		
2,1	Leipzig Ost		
2,7	Leipzig Torgauer Straße Abzw.		
3,6	Leipzig Sellerhausen		
4,7	Leipzig Anger-Crottendorf	>Eilenburger Bf, Engelsdorf	
5,99	Leipzig Stötteritz	>Engelsdorf	>Anschl. Messegelände
|	(2,19) (0,0) Leipzig Bayer Bf		

	(1,7) (0,7) Leipzig Bayer Bf B 3 Abzw.	>Messegelände, Stötteritz	
	Leipzig Großmarkthalle	>Leipzig Schlachthof	
6,5	(0,0) Tabakmühle Abzw.		
9,3	(3,52) Leipzig Connewitz	>Leipzig Plagwitz	
	(Pleißebrücke)		
6,18	Markkleeberg	>Leipzig Plagwitz	
7,9	Markkleeberg Großstädteln		
10,0	Gaschwitz	>Zwenkau	
11,5	Großdeuben		
14,6	Böhlen (b Leipzig)	>Espenhain, Witznitz, Zwenkau	>Böhlenwerk, Lippendorf
16,7	Böhlen Werke	>Grubenbahn	
	Trachenau Bk		
21,1	(0,3) Neukieritzsch	>Altenburg, Pegau	
24,3	(3,5) Lobstädt		
	Witznitz		
27,9	(7,1) Borna (b Leipzig)	>Grubenbahnen	
30,5	(9,1) Petergrube		
33,4	(1,7) Neukirchen-Wyhra	>Bad Lausick	
35,8	(15,1) Frohburg	>Kohren Sahlis	
40	(19,3) Frauendorf (Sachs)		
45,9	(25,1) Geithain	>Bad Lausick, Narsdorf	
Leipzig-Gröbers-Erfurt		**Neubaustrecke**	**Norm, EL**
0,0	Leipzig Hbf	>Wurzen, Gaschwitz, Plagwitz, Eilenburg	
	Leipzig Mockau	[Mockau]	>Anschl. Quelle-Versand, Messegelände
	Leipzig Messe Süd		
305,7	Leipzig Messe		
	Abzw.	>Wahren	
293,3	Flughafen Leipzig/ Halle	[Schkeuditz Flughafen]	
287,1	Gröbers Ost Abzw.	>Leipzig, Halle	
285,5	Gröbers	>Schkeuditz, Halle	

Geplant ist die Weiterführung nach Erfurt, wird wahrscheinlich aber nicht ausgeführt.

Leipzig-Großkorbetha		**510**	**Norm, EL**
0,0	Leipzig Hbf	>Halle, Bitterfeld, Wurzen, Gaschwitz	
	Leipzig Thür Bf	>Leipzig Gbf	
	Abzw.	>Leipzig Eutritzsch	
2,37	Leipzig Gohlis	>Lützschena	
2,8	Leipzig Coppiplatz	[Coppiplatz]	
3,4	Leipzig Möckern		
	(Weiße Elsterbrücke)		
	Elsteraue Bk		
6,69	Leipzig Leutzsch	>Leipzig Wahren, Leipzig Plagwitz	
	Abzw.	>Leuna, Merseburg	
	(Saale-Elster-Kanalbrücke)		
9,47	Leipzig Rückmarsdorf	[Rückmarsdorf]	
12,13	Miltitz (b Leipzig)	[Leipzig Miltitz]	
15,04	Markranstädt	>Lausen, Göhrenz-Albersdorf	
19,0	Großlehna		
22,14	Kötzschau	>Anschl. VEB Eiweißfutterwerk Kötzschau	
25,82	Bad Dürrenberg		
	(Saalebrücke)		
27,87	Fährendorf Bk		
32,0	Großkorbetha	[Corbetha]	>Halle, Leuna, Zeitz, Pörsten
Leipzig-Halle		**515**	**Norm, EL**
123,7	Leipzig Hbf	>Eilenburg, Wurzen, Gaschwitz	
	Abzw.	>Leipzig Thekla	
	Leipzig Mockau	[Mockau]	>Anschl. Quelle-Versand, Messegelände
118,2	Leipzig Messe Süd	>Delitzsch	
116,3	Wiederitzsch		
112,72	Leipzig Wahren	>Leipzig Gohlis, Leipzig Leutzsch	>S-Bahn Leipzig Hbf
111,0	Leipzig Wahren Rbf		
110,23	Lützschena	[Leipzig Lützschena]	
109,81	Leipzig Wahren Westkopf Abzw.	>Leipzig Porschewerk	
105,08	Schkeuditz		
103,2	Schkeuditz West		
100,4	Großkugel		
98,4	Gröbers Süd Abzw.	>Flughafen Leipzig/ Halle	
96,78	Gröbers	>Neuwiederitzsch	
95,6	*(Kreuzungsbauwerk)*		
91,69	Dieskau		
90,0	Halle Messe		
89,9	Halle Kanena	>Ammendorf, Lössen	
88,67	Halle (Saale) Leuchtturm Abzw.	[Halle Lpz Abzw.]	>Halle Süd, Halle Rbf, Angersdorf
	Anschl.	>Raw Halle	
0,0	Halle (Saale) Hbf	[Halle (Saale) Pbf]	>Hettstedt, Könnern, Köthen, Röblingen
Leipzig-Liebertwolkwitz		**Überlandstraßenbahn**	**1450, EL**
	Probstheida		
	Leipzig Meusdorf		
	Ausweiche Monarchenhügel		
	Ausweiche Gärtnerei		
	Ausweiche Schwarzes Roß		
	Liebertwolkwitz		
Leipzig-Markkleeberg		**Überlandstraßenbahn**	**1450, EL**
	Koburger Brücke		
	Connewitz		
	Forsthaus Raschwitz		
	Markkleeberg Mitte	[Oetzsch]	
	(niveaugleiche Kreuzung mit Regelspurbahn)		
	Markkleeberg West	[Gautzsch]	
	Weißer Stern		
Leipzig-Neukieritzsch		**511**	**Norm, Leipzig Hbf-Leipzig Plagwitz EL**
0,0	Leipzig Hbf	>Halle, Bitterfeld, Wurzen, Eilenburg	
2,1	Leipzig Gohlis	>Leipzig Wahren	
2,8	Leipzig Coppiplatz	[Coppiplatz]	
	Leipzig Möckern	[Möckern]	
	(Weiße Elsterbrücke)		
6,69	Leipzig Leutzsch	>Leuna, Großkorbetha	>Leipzig Wahren
8,2	Leipzig Industriegelände West		
10,1	Leipzig Lindenau		
10,84	Leipzig Plagwitz	[Plagwitz (b Leipzig)] [Plagwitz-Lindenau]	>Lindenau, Pörsten, Gaschwitz
13,7	Leipzig Großzschocher	>Leipzig Kleinzschocher	
16,37	Leipzig Knauthain		
	(19,86) Bösdorf (Elster)		
20,8	Knautnaundorf	>Anschl. Hartgußwerk Bösdorf	
	(21,76) Eythra (b Leipzig)		
24,95	Groß Dalzig		
27,7	Groß Dalzig Umspannwerk		
29,9	(15,1) Pegau	>Zeitz	
31,2	Pegau Ost	[Pegau Hp]	
	(Weiße Elsterbrücke)		
	Anschl.	>Filzfabrik	
34,5	(13,4) (10,4) Groitzsch	>Meuselwitz, Zwenkau	
38	Großstolpen	[Groß Klein Stolpen]	
39,9	Pödelwitz		
41,4	Droßdorf		
44,9	(21,1) (0,3) Neukieritzsch	[Kieritzsch]	>Böhlen, Altenburg, Geithain
Leipzig-Pörsten		**512**	**Norm**
0,0	Leipzig Plagwitz	[Plagwitz-Lindenau] >Markkleeberg	>Leipzig Knauthain, Connewitz
2,4	Leipzig Schönauer Straße		
3,9	Leipzig Südwest		
5,58	Lausen	>Markranstädt	>Anschl. Blechverarbeitung

7,23	Göhrenz-Albersdorf	>Markranstädt	>Anschl. Kraftwerk, Brikettfabrik
9,7	Kulkwitz Süd	[Seebenisch]	
11,4	Schkölen-Räpitz		
14,5	Meuchen		
17,2	Lützen	>Anschl. Zuckerfabrik, ACZ	
19,2	Röcken	>Anschl. Kieswerk	
23,6	Pörsten	[Poserna]	>Großkorbetha, Deuben
Leipzig-Riesa-Dresden		**320, 502**	**Norm, EL**
0,0	Leipzig Hbf	>Halle, Bitterfeld, Eilenburg, Plagwitz	
	Leipzig Dresdner Gbf		
1,4	Leipzig Volkmarsdorf		
1,9	Leipzig Ost	[Leipzig Alfred Kindler Straße]	>Leipzig Stötteritz
2,7	Leipzig Torgauer Straße Abzw.	>Gaschwitz	
3,5	Leipzig Püchauer Straße Abzw.	[Sellerhausen]	
3,7	Püchauer Straße Abzw.	>Verbindungsgleis	
4,69	Leipzig Paunsdorf	[Paunsdorf-Stünz]	>Geithain
6	Industriegelände Ost		
6,4	Engelsdorf	[Engelsdorf (Bz Leipzig)]	>Anschl. Heizkraftwerk
7,0	Engelsdorf Hp	[Leipzig Engelsdorf]	
7,7	Engelsdorf Ost	[Sommerfeld (b Leipzig)]	
10,1	Althen		
	(Parthebrücke)		
11,45	Borsdorf (Sachs)	>Beucha	>Anschl. VEB Kunstleder
14,8	Gerichshain		
15,7	Posthausen		
17,7	Machern (Sachs)		
20	Zauche Bk		
21,4	Altenbach		
23,4	Wurzen West	[Bennewitz] [Bennewitz-Altenbach]	>Anschl. Schamottewerk
	(Muldebrücke 0,225)		
25,7	Wurzen	>Grimma	>Anschl. Nahrungsmittelwerk A. Kuntz
	Wurzen Gbf	>Wurzen Nordweg, Tonneborn	>Anschl. Maschinenfabrik u. Eisengießerei
27,2	Wurzen Stw W 4	>Eilenburg	
28,8	Kornhain Abzw.	>Eilenburg	
	(Kührener Brücke)		
	Burkartshain Bk		
32,6	Kühren		
35,8	Dornreichenbach		
36	Abzw.	>Anschl. Splittwerk Röcknitz	
39,4	Knatewitz Bk		
43,2	Dahlen (Sachs)	>Anschl. Mischfutterwerk, Kühlhaus	
48,3	Großböhla Bk		
50	*(Rbd-Grenze)*		
51,7	Abzw.	>Anschl. Glasseidewerk	
52,8	Oschatz	>Strehla, Mügeln	>Zuckerfabrik
	(Döllnitzbrücke)		
54,2	Abzw.	>Anschl. Elbehafen, Strehla	
57,191	*(Bornitzer Brücke)*		
57,9	Bornitz (b Oschatz)		
61,6	Canitz Bk		
63,1	Abzw.	>Anschl. Flugplatz	
65,9	Riesa	[Riesa Leipzig-Dresdner Bf] >Riesa Hafen	>Anschl. Stahl- und Walzwerk
	(Elbebrücke 0,35)		
	(Elbebrücke 0,365)		
68,3	Röderau Bogendreieck Abzw.	>Falkenberg	
69,5	Zeithain Bogendreieck Abzw.	>Elsterwerda, Falkenberg	
72,3	Glaubitz (b Riesa)	[Langenberg (b Riesa)]	
74,7	Nünchritz		
77,4	Weißig (b Großenhain)	>Seelingstadt	>Anschl. Chemiewerk Nünchritz
80,8	Medessen Bk		
84,4	Abzw.	>Großenhain	
84,7	Priestewitz		
88,4	Baßlitz Bk		
92	Gröbern Bk		
92,7	*(Oberauer Tunnel 0,515)*	>FB	
93,2	Tunnel Bk		
94	Oberau		
95,7	Niederau		
96	Anschl.	>Teerfabrik	
96,2	Niederau Stw W 2	>Anschlüsse	
97,5	Weinböhla Hp		
98,6	Elbgaubad Abzw.	>Meißen, Döbeln	
100,3	Coswig (Bz Dresden) Stw W 1 Abzw	>Dresden Friedrichstadt	
101,9	Coswig (Bz Dresden)	[Coswig (Sachs)]	>Anschlüsse
103,8	Radebeul Zitzschewig	[Zitzschewig]	
104,8	Radebeul West Stw B	>Berlin	
105,8	Radebeul West	[Kötzschenbroda]	
107,7	Radebeul Weintraube	[Weintraube]	
109,5	Radebeul Ost	[Radebeul]	>Radeburg
111,6	Dresden Trachau	[Trachau]	
112,9	Dresden Pieschen Abzw.	>0,0 Dresden Neustadt Gbf	
113,3	Dresden Pieschen	[Pieschen]	
113,6	Abzw.	>Gütergleis	
	(Stadtviadukt)		
115,9	Dresden Neustadt	[Dresden Leipziger Bf]	>Dresden Schlesischer Bf
	(Marienbrücke 0,49)		
	Dresden Mitte		
	...		
120,0	Dresden Hbf	>Bad Schandau, Freital	
Leipzig-Schkeuditz		**Überlandstraßenbahn**	**1450, EL**
	Leipzig Hbf	>>	
	Blücherplatz	[Platz der Republik]	
	Chausseehaus		
	Rathaus Wahren		
	Stahmeln		
	Abzw.	>Mülldeponie	
	Gleisdreieck		
	Lützschena Gasthof		
	Freirodaer Weg		
	Hänichen		
	Modelwitz		
	Gartenstadt		
	Paetzstraße		
	Altscherbitz Krankenhaus		
	Rathaus Schkeuditz		
	Schkeuditz	>Straßenbahndepot	
Leipzig-Taucha		**Überlandstraßenbahn**	**1450, EL**
	Ernst Thälmann-Straße	[Eisenbahnstraße]	
	Volksgarten		
	Hammerwerkbrücke		
	Heiterblick		
	Wodanstraße		
	Ausweiche		
	Ausweiche		
	Ausweiche		
	Taucha (b Leipzig)	>Anschl. VEB Bodenbearbeitungsgeräte	
Leipzig-Taucha-Eilenburg		**176g, 210**	**Norm**
0	Leipzig Eilenburger Bf		
	Abzw.	>Leipzig Stötteritz	
2,2	Leipzig Anger Abzw.	>Engelsdorf	
4,5	Leipzig Schönefeld		
	Abzw.	>Leipzig Thekla	
7,0	Leipzig Heiterblick	>Leipzig Thekla	
9,1	Taucha (b Leipzig)	>Eilenburg	
	...		
21,6	Eilenburg	>Wurzen, Pretzsch, Torgau	>Eilenburg Ost

km	Strecke / Bahnhof	Art / Verbindung	Spur
	Leipzig Anger Abzw.-Leipzig Heiterblick Abzw.	**Verbindungsbahn**	**Norm**
	Leipzig Ausstellungsbahn Bauausstellung	**Parkeisenbahn (Ringbahn)**	**Sm 600**
0,0			
0,4			
	Leipzig Ausstellungsbahn Lunapark	**Parkeisenbahn (Ringbahn)**	**Sm 600**
0,0	Haupteingang		
	Reitzenhainer Straße		
	Friedhofsweg		
	Abzw.	>Lokschuppen	
	Gutenbergplatz		
	Haupteingang		
	Leipzig Ausstellungsbahn Messe	**Parkeisenbahn (Ringbahn)**	**Sm 457**
	Leipzig Bayer Bf-Leipzig Dresdn Bf	**Verbindungsbahn**	**Norm**
0,2	Leipzig Bayer Bf		
	Leipzig Bayer Bf B 3 Abzw.	>Altenburg	
	Abzw.	>Dresden	>Übergabebf
	Leipzig Dresdn Bf		
	Leipzig Dresdn Bf B 34-Lpz Dresdn Gbf	**Verbindungsbahn**	**Norm**
	Leipzig Großzschocher	**Werkbahn**	**Sm 600**
	Leipzig Hbf B 10-Leipzig Berl Bf	**Verbindungsbahn**	**Norm**
	Leipzig Hbf Ostseite-Leipzig Hbf Westseite	**Verbindungsbahn**	**Norm, EL**
	Leipzig Leutzsch-Leipzig Wahren Rbf	**Verbindungsbahn**	**Norm, EL**
	Leipzig Lindenau Kiesbahn	**Werkbahn**	**Sm 800**
0,0	Leipzig Lindenau Kieswerk	>Leipzig Plagwitz	
	Hp		
	Hp		
1,5	Schönauer Lachen		
2,5			
4,0			
	Leipzig Lindenau Kiesbahn Abraum	**Werkbahn**	**Sm 700**
	Leipzig Lindenau Kiesbahn Abraum	**Werkbahn**	**Sm 600**
	Leipzig Metallgußwerk	**Werkbahn**	**Sm 600**
	Leipzig Parkbahn	**Parkeisenbahn**	**Sm 600**
0,0	Karl-Marx-Platz	>Lokschuppen	
	Strandbad		
	Gondelstation		
1,2	Hauptrestaurant		
	Leipzig Pioniereisenbahn	**Parkeisenbahn (Ringbahn)**	**Sm 381**
0,0	Junger Pionier	>Lokschuppen	
	Gustav Esche-Straße		
	Strandbad		
	Elsteraue		
1,9	Junger Pionier		
	Leipzig Plagwitz-Leipzig Connewitz	**Verbindungsbahn**	**Norm**
	Leipzig Plagwitz-Leipzig Lindenau		**Norm**
0,0	Leipzig Plagwitz	>Makkleeberg, Pörsten, Connewitz	>Leipzig Knauthain
	Leipzig Plagwitz Guts-Muths-Straße		
	Anschl.	>S. M. Kirow-Werk	
	Anschl.	>Lindenau Kieswerk	
4,53	Leipzig Lindenau a B		
	Leipzig Püchauer Str. Abzw. D-Püch. Str. Abzw. C	**Verbindungsbahn**	**Norm**
	Leipzig Stötteritz-Leipzig Connewitz	**Verbindungsbahn**	**Norm, EL**
	Leipzig Trümmerbahn	**Werkbahn**	**Sm 600**
	Leipzig Wahren Abzw. S-Wiederitzsch	**Verbindungsbahn**	**Norm, EL**
	Leipzig Wahren Rbf-Leipzig Mth Bf	**Verbindungsbahn**	**Norm, EL**
	Leipziger S-Bahn-Verkehr		
	Leipzig: Gaschwitz-Miltitzer Allee	**501**	**Norm, EL**
9,4	Gaschwitz	>Pegau, Neukieritzsch, Böhlen	
8,1	Markkleeberg Großstädteln		
6,2	Markkleeberg	>Leipzig Plagwitz	
8,7	(3,5) Leipzig Connewitz	>Leipzig Plagwitz	
	Abzw.	>Leipzig Bayer Bf	
8,3	Leipzig Marienbrunn	[Marienbrunn]	
7,0	Leipzig Völkerschlachtdenkmal	[Messegelände] [Völkerschlachtdenkmal]	

km	Strecke / Bahnhof	Verbindung	Spur / Verbindung
5,9	Leipzig Stötteritz	>Anschl. Messegelände	
	Abzw.	>Leipzig Eilenburger Bf, Engelsdorf	
4,7	Leipzig Anger-Crottendorf	[Anger-Crottendorf]	
3,6	Leipzig Sellerhausen	[Sellerhausen]	
	Leipzig Torgauer Straße Abzw.	>Engelsdorf	
2,1	Leipzig Ost		
1,4	Leipzig Volkmarsdorf		
0,0	Leipzig Hbf	>Dresdner Gbf, Magdeburg-Thür-Bf	
2,1	Leipzig Gohlis		
2,8	Leipzig Coppiplatz	[Coppiplatz]	
3,9	Leipzig Möckern		
6,6	Leipzig Leutzsch	>Rückmarsdorf	
8,1	Leipzig Industriegelände West	[Industriegelände West]	
10,1	Leipzig Lindenau	[Lindenau]	
10,8	(0,0) Leipzig Plagwitz	[Plagwitz (b Leipzig)]	>Leipzig Knauthain, Markkleeberg
1,9	Leipzig Grünauer Allee	[Grünauer Allee]	
2,7	Leipzig Allee-Center	[Wilhelm-Pieck-Allee] [Stuttgarter Allee]	
3,6	Leipzig Karlsruher Straße	[Ho-Chi-Minh-Straße] [Karlsruher Allee]	
4,4	Leipzig Miltitzer Allee	[Miltitzer Allee]	>Leipzig Lindenau Gbf
	Leipzig: Leipzig Hbf-Halle	**(515)**	**Norm, EL**
	(0,0) Leipzig Hbf	>Wurzen, Gaschwitz, Eilenburg, Bitterfeld	
6,8	Leipzig Gohlis	>Coppiplatz	
5,4	Leipzig Olbrichtstraße		
4,5	Leipzig Slevogtstraße		
2,8	(112,72) Leipzig Wahren	>Leipzig Hbf, Leipzig Leutzsch	
0,6	(110,23) Leipzig Lützschena	[Lützschena]	
0,0	(109,8) Leipzig Wahren Westkopf Abzw.		
105,08	Schkeuditz		
103,2	Schkeuditz West	[Roßberg]	
100,4	Großkugel		
98,2	Gröbers Süd Abzw.	>Gröbers	
96,8	Gröbers Hp		
91,2	Dieskau		
90,0	Halle Messe		
89,9	Halle Kanena	>Ammendorf, Lochau	
88,67	Halle (Saale) Leuchtturm Abzw.	[Halle Lpz Abzw.]	>Halle Süd, Halle Rbf, Angersdorf
86,0	Halle (Saale) Hbf	[Halle (Saale) Pbf]	>Könnern, Köthen, Hettstedt, Röblingen
	Leipzig: Leipzig Plagwitz-Gaschwitz	**503**	**Norm, EL**
0,0	Leipzig Plagwitz	[Plagwitz (b Leipzig)]	>Pegau, Pörsten, Connewitz
1,1	Schwartzestraße	[Leipzig Schwartzestraße]	
2,08	Leipzig Kleinzschocher	>Leipzig Großzschocher	
	(Weiße Elsterbrücke)		
	Lauer		
5,58	Markkleeberg West		
6,5	Markkleeberg Mitte	[Markkleeberg]	>Leipzig Connewitz
8,1	Markkleeberg Großstädteln		
9,4	Gaschwitz	>Neukieritzsch, Groitzsch, Böhlen	

S-Bahn-Verkahr auch auf den Strecken nach Neukieritzsch und Wurzen.

Strecke	Art	Spur
Leisnig Muldebrückenbaustelle	**Werkbahn**	**Sm 600?**
Lerchenberg-Stregda Ziegelei	**Werkbahn**	**Sm 600**
Leubnitz Ziegelei	**Werkbahn**	**Sm 500**
Leuna-Frankleben	**Werkbahn**	**Norm**
Leuna Abzw. Ln-Lössen Werkbf	**Werkbahn**	**Norm**
Leuna Werke Walter Ulbricht	**Werkbahn**	**Norm**

km	Bahnhof		
Lichtenhain Museumsbahn			**Sm 600**
	Lichtenhain an der Bergbahn		
Lichterfeld Ziegelei		**Werkbahn**	**Sm 750**
0,0			
4			
Liebertwolkwitz Klinkerwerk		**Werkbahn**	**Sm 600**
0,0			
1,5			
Liebertwolkwitz Pfannsteinwerk		**Werkbahn**	**Sm 500**
0,0			
0,7			
Liessow Betonwerk		**Werkbahn**	**Sm 600**
Lietzow-Binz		**958**	**Norm**
0,0	Lietzow (Rügen)	>Bergen, Saßnitz	
7,1	Prora	[KdF-Seebad Rügen]	
8,8	Prora Ost		
12,1	Binz	[Ostseebad Binz]	>Putbus, Göhren
Limbach-Wüstenbrand			**Norm**
0,0	Limbach (Sachs)	>Oberfrohna, Wittgensdorf	
1,52	Kändler		
2,77	*(Gleisende)*		
3	Röhrsdorf (b Chemnitz)		
7	Rabenstein (Sachs)		
10	Grüna (Sachs) ob Bf	[Obergrüna]	>Chemnitz Hilbersdorf
12,14	Wüstenbrand	>St. Egidien, Chemnitz, Neuoelsnitz	
Limbach Ziegelei		**Werkbahn**	**Sm 500**
Löbau-Bautzen		**244**	**Norm**
0,0	(19,4) Löbau (Sachs)	[Lubij (Sakska)]	>Görlitz, Großpostwitz, Ebersbach, Zittau
4,1	Großdehsa Hp	[Großdehsa-Oelsa] [Dazink-Wolesnica]	
6,2	Kleindehsa	[Dazink]	
7,3	Halbau am Hochstein	[Jilow]	
9,7	Obercunewalde Hp	[Horni Kumwald zast.]	
11,0	(8,4) Obercunewalde	[Horni Kumwald]	
12,7	Mittelcunewalde	[Srjedzny Kumwald]	
14,0	(5,4) Cunewalde	[Kumwald]	
15,4	Köblitz	[Koblica]	
16,1	Halbendorf (Sachs)	[Wbohow (Sakska)]	
17,4	Bederwitz	[Bjedrusk]	
19,4	(0,0) (8,1) Großpostwitz	[Budestecy]	>Wilthen
22,9	(4,7) Singwitz	[Dzeznikecy]	
27,9	(0,0) Bautzen	[Budysin]	>Bischofswerda, Löbau, Radibor, Seidau
Löbau-Ebersbach		**252**	**Norm**
14,6	Löbau (Sachs)	[Lubij (Sakska)]	>Bautzen, Großpostwitz, Zittau, Görlitz
10,0	(56,2) Großschweidnitz	[Wulka Swidnica]	
8,7	(54,8) Niedercunnersdorf Abzw.	>Zittau	
6,0	(12,0) Dürrhennersdorf	>Taubenheim	
0,3	Ebersbach (Sachs)	>Eibau, Wilthen	
Löbau-Weißenberg-Radibor		**160d**	**Norm**
0,0	Löbau (Sachs)	[Lubij (Sakska)] >Bautzen, Görlitz	>Großpostwitz, Ebersbach
4,21	Kittlitz (Sachs)	[Ketlicy (Sakska)]	
5,63	Oppeln (Kr Löbau)	[Wopalen]	
7,32	Kleinradmeritz	[Male Radmercy]	
8,63	Glossen (b Löbau/ Sachs)	[Hlusina (Wokr. Lubij/ Sakska)]	
11,17	Lautitz	[Luwocicy]	
13,3	Maltitz	[Malecicy]	
15,49	Weißenberg (Sachs)	[Wospork (Sakska)]	>Görlitz
18,41	Gröditz (Oberlaus)	[Hrodzisco]	
22,27	Baruth (Sachs)	[Bart (Sakska)] >FB Basaltwerk	>0,0 Klein Saubernitz (5,0)
26,28	Guttau (Sachs)	[Hucina (Sakska)]	
30,22	Klix	[Kluks]	
34,11	Großdubrau	[Wulka Dubrawa]	
36,12	Luttowitz	[Lutowc]	
37,95	Radibor (Sachs) Hp	[Radwor zastanisco]	
40,45	Radibor (Sachs)	[Radwor (Sakska)]	>Hoyerswerda, Bautzen
Löbau Werners Gartenbahn		**Parkeisenbahn**	**Sm 600**
Lohmen Feldbahngelände		**Museumsbahn**	**Sm 500, 600, 750**
	Herrenleite (b Lohmen)		
Lohmen Steinbruch		**Werkbahn**	**Sm 600**
Lommatzsch-Döbeln		**164n**	**Sm 750**
0,0	Lommatzsch	>Riesa, Nossen	
1,98	Mertitz Gabelstelle	>Meißen, Wilsdruff	
	Mertitz Dorf		
4,47	Wahnitz		
6,23	Leuben-Schleinitz		
8,37	Lossen (b Lommatzsch)		
10,57	Beicha		
11,96	Kleinmockritz		
14,4	Mochau		
16,4	Simselwitz		
20,61	Döbeln-Gärtitz	[Gärtitz]	
21,91	Döbeln Nord Anschl.	[Großbauchlitz] >Döbeln Zuckerfabrik	
22,83	Döbeln Hbf	>Nossen, Großbothen, Riesa, Waldheim	
An der gesamten Strecke befanden sich Rübenverladeeinrichtungen.			
Lottengrün-Oelsnitz			**Norm**
0,0	Lottengrün	>Falkenstein, Plauen	
7	Untermarxgrün		
10	Taltitz		
14	Oelsnitz (Vogtl)	>Plauen, Bad Brambach	
Löwenberg-Herzberg-Rheinsberg-Fecken Zechlin		**913, 914**	**Norm**
0,0	Löwenberg (Mark) Privatb	>Neustrelitz, Berlin	
2,6	Löwenberg (Mark) Dorf		
4,3	Linde (Mark)		
9,9	Grieben (Kr Gransee)	[Grieben (Kr Ruppin)]	
14,8	Herzberg (Mark)		
	(0,0) Abzw.	>Neuruppin	
	(3,2) Schönberg (Mark)		
21,3	(6,5) Lindow (Mark)		
	Schulzendorf Abzw.	>Schulzendorf, Neuglobsow, Gransee	
	(10,3) Klosterheide (Mark)		
	(13,8) Dierberg		
	(17,7) Köpernitz (Kr Neuruppin)	[Köpernitz (Kr Ruppin)]	
36,6	Abzw.	>Stechlinsee Werkbf	
37,6	(22,8) Rheinsberg (Mark)	>Anschl. Steingutfabrik	>Anschl. Forst
	Linow See	[Linowsee]	
	Linow		
	Kagar	[Kagar-Dorf Zechlin]	
	Reiherhorst		
50,65	Flecken Zechlin	[Zechlin Flecken]	
Löwitz-Putzar			**Sm 600**
0,0	Löwitz	>Uhlenhorst, Anklam	
0,9	Sophienhof (Kr Anklam)		
4,3	Putzar		
Lübben-Straupitz-Cottbus		**177b, 162b, 223**	**Sm 1000**
0,0	Lübben Spreewaldbf	[Lübben Anschlußbf] [Lubin gl. dwornisco]	
4,757	Lübben Ost	[Lübben Ostbf] [Lubin jutso]	
9,993	Radensdorf	[Radowasojce]	
11,337	Altzauche-Burglehn	[Burglehne] [Stara Niwa]	
13,92	Wußwerk	[Wusswergk] [Wozwjerch]	
17,197	Neuzauche	[Neu Zauche] [Nowa Niwa]	>Anschl. Furnierfabrik

20,374	Straupitz	[Tsupc]	>Goyatz
24,801	Byhlen	[Waldseedorf] [Belin]	>Lieberose
26,7	Rosenhof		
28,054	Byhleguhre	[Geroburg] [Bela Gora]	
30,607	Schmogrow	[Smogarjow]	
32,132	Burg Jugendturm	[Burg Bismarckturm]	[Borkowy Torm mloziny]
33,914	Burg (Spreewald)	[Borkowy (Blota)]	
37,483	Werben (Spreewald)	[Wjerbno (Blota)]	
40,82	Ruben-Guhrow	[Rubyn-Gory]	
42,425	Briesen (b Cottbus)	[Brjazyn]	
46,366	Sielow	[Zylow]	
	Rennplatz	[Cottbus Rennplatz]	
49,5	Cottbus Flughafen	[Cottbus Westbf] [Chosebuz Flughafen]	[Cottbus W.B.]
51,765	Cottbus Spreewaldbahn	[Cottbus Anschlußbf] [Cottbus A .B.]	[Chosebuz Blosanske dwornisco]
Lübbenau-Boxberg-Uhyst		**Grubenbahn**	**Norm, EL**
	Lübbenau (Spreew) Süd	>Lübbenau	
	Lübbenau Kraftwerk	>Seese Ost Tagebau	
	Abzw.	>Schlabendorf Nord Tagebau	>Schlabendorf Ost Tagebau
	Abzw.	>Schlabendorf Süd Tagebau	
	Abzw.	>Schlabendorf West Tagebau	>Schlabendorf Ost Tagebau
	Koßwig	>Vetschau	
	Gräbendorf Tagebau		
	Abzw.	>Greifenhain Tagebau	
	Casel	>Großräschen, Senftenberg	
	Großdöbbern	>Jänschwalde, Cottbus	
	Abzw.	>Welzow Süd Tagebau	
	Abzw.	>Schwarze Pumpe	
	Abzw.	>Spreetal Nord Tagebau	
	Schwarze Pumpe	>Trattendorf Kraftwerk	
	Abzw.	>Spreewitz, Spremberg	
	Mulkwitz	>Knappenrode	
	Nochten Tagebau		
	Abzw.	>Weißkollm	
	Boxberg	>Reichwalde Tagebau	
	Bärwalde Tagebau		
	Uhyst	[Delni Wujezd] [Spreefurt]	>Hoyerswerda, Niesky
Lübbenau-Senftenberg-Dresden		**221**	**Norm, Lübbenau-Hohenbocka EL**
85,6	Lübbenau (Spreew)	[Lubnjow (Blota)]	>Berlin, Cottbus
87,6	Lübbenau (Spreew) Süd	[Lubnjow (Blota) jug]	>Grubenbahn
93,2	Bischdorf (Laus)	[Wozsowce]	
100,3	Calau (Niederlaus)	[Kalawa]	>Cottbus, Finsterwalde
103,8	Buchwäldchen		
	Abzw.	>Anschl.	
106,9	Schöllnitz	[Zelnica] [Luckaitz]	
110,5	Altdöbern	[Stara Darbnja] [Alt Neu Döbern]	
112,5	Altdöbern Süd Abzw.	>Finsterwalde	
117,4	Großräschen	[Ran] [Groß Räschen]	>Anschl. Grube Ilse
|	Großräschen Süd	[Ran jug]	
121,5	Dörrwalde	>Sornoer Buden West	
124,1	Sedlitz Ost	[Sedlisco jutso]	>Cottbus
|	Reppist	[Repisco]	
125,7	Senftenberg B 10 Abzw.		
128,7	Senftenberg	[Zly Komorow] [Senftenberg (Niederlaus)]	>Schipkau, Hosena, Grubenbahn
0,0	Brieske	[Brjazk]	>Schipkau
	Abzw.	>Ruhland	
7,3	Peickwitz Abzw.	>Ruhland, Hohenbocka Nord	
135,1	(7,9) Hohenbocka	[Bukow] [Hosena]	>Hoyerswerda, Senftenberg
142,2	Wiednitz	[Welnica]	
145,7	Straßgräbchen-Bernsdorf (Oberlaus)	[Nadrozna Hrabowka Njedzichow]	>Hoyerswerda, Königsbrück
	Abzw.	>Skaska, Oßling Kieswerk	
149,6	Hausdorf	[Lukecy]	
152,3	Cunnersdorf (b Kamenz)	[Hlinka] >Cunnersdorf Tanklager	>Cunnersdorf Steinbruch
154,5	Kamenz (Sachs) Nord	>0,0 Kamenz (Sachs) Nord (3,0)	
156,4	*(0,0) (Kilometerwechsel)*		
0,6	Kamenz (Sachs)	[Kamjenc (Sakska)] [Camenz]	>Bischofswerda
1,6	*(Kamenzer Tunnel)*		
7,4	Bischheim-Gersdorf		
12,5	Pulsnitz		
17,2	Großröhrsdorf		
19,9	Kleinröhrsdorf		
23	*(Rbd-Grenze)*		
24,7	(80,2) Arnsdorf (b Dresden)	[Arnsdorf (Sachs)]	>Bischofswerda, Dürröhrsdorf
85,6	Radeberg		
90,8	Langebrück (Sachs)		
94,0	Dresden Klotzsche Bbf		
95,4	Dresden Klotzsche	>Straßgräbchen-Bernsdorf	
99,2	Dresden Industriegelände		
100,0	Dresden Industriegelände Abzw.	>Dresden Gbf	
102,1	Dresden Neustadt	[Dresden Schlesicher Bf]	
Lübbersdorf-Gehren			**Sm 600**
0,0	Lübbersdorf	>Sandhagen, Eichhorst	
5	Wittenborn		
12	Gehren		
(Lübeck-Schlutup)		**DB**	**Norm**
6,4	*(4,4) Lübeck St. Jürgen*	>Lübeck, Schönberg	
8,5	*Brandenbaum*	>Lübeck Konstinbf	
9,8	*Wesloe*	[Lübeck Kirschallee]	
11,3	*Lübeck Schlutuper Tannen*	[Schlutuper Tannen]	>Lübeck Schlutup Breitling
13,6	*Abzw.*	>0,0 Lübeck Schlutup Fischreihafen (1,9)	
14,6	*Lübeck Schlutup*	[Schlutup]	
Lübschütz Ziegelei		**Werkbahn**	**Sm 600**
(Lüchow-Schmarsau)		**DB**	**Norm**
15,9	*Lüchow*	>Salzwedel, Dannenberg	
0,0	*Lüchow Süd*	[Lüchow Kleinb]	
3,8	*Woltersdorf (Kr Dannenberg)*		
6,1	*Oerenburg*		
7,3	*Thurau*		
9,6	*Lichtenberg (Kr Dannenberg)*		
12,2	*Schweskau*		
13,6	*Prezier*		
14,7	*Großwitzeetze*		
16,2	*Bockleben*		
17,2	*Schmarsau (Lemgow)*		
Ludwigsdorf Kalkwerk		**Werkbahn**	**Norm**
0,2	(198,5) Charlottenhof (Oberlaus)	>Berlin, Görlitz	
3	Ludwigsdorf Kalkwerk		
Ludwigsdorf Kalkwerk		**Werkbahn**	**Sm 600**
0,0	Charlottenhof (Oberlaus)	>Berlin, Görlitz	
	Ludwigsdorf Kalkmühle		
	Ludwigsdorf Kalksteingrube		
3	Kodersdorf Kalksteingrube		
Ludwigshof Ammoniakwerk		**Werkbahn**	**Sm 600?**
0,0	Ludwigshof (Kr Ückermünde)	>Stöven, Neuwarp	
	Ludwigshof Ammoniakwerk		

Ludwigslust-Parchim-Karow		**773**	**Norm**
0,6	Ludwigslust	>Dömitz, Wittenberge, Hagenow	>Holthusen
3,59	Groß Laasch		
8,9	Neustadt Glewe		
11,0	Neustadt Glewe Bauhof		
15,2	Dütschow		
17,63	Spornitz		
25,9	Parchim	>Putlitz, Schwerin	
27,2	Neuhof (b Parchim)		
28,1	Zölkow		
30,9	Darze		
34,4	Rom (Meckl)		
40,2	Lübz		
45,4	Passow (Meckl)		
50,7	Gallin		
56,8	Zarchlin		
58,7	Karow (Meckl) Saatzucht	[Karow (Meckl) VEG]	
61,0	Karow (Meckl)	>Pritzwalk, Güstrow, Sternberg	>Waren
Ludwigslust-Zarrentin-(Ratzeburg)		**774, DB**	**Norm**
170,76	(30,3) Ludwigslust	>Dömitz, Parchim	>Wittenberge
170,8	Abzw.	>Holthusen	
174,5	Weselsdorf		
175,67	Niendorf Bk		
180,63	Jasnitz	>Picher	
	(Neue Kanalbrücke)		
184,7	Strohkirchen		
	(Sudebrücke)		
191,8	(21) (0,0) Hagenow Land	>Holthusen, Brahlstorf	
24,6	(3,6) Hagenow	[Hagenow Stadt]	
30,9	(9,9) Bobzin		
36,4	(15,4) Wittenburg (Meckl)	>Wittenburg ACZ	
44,4	(23,4) Bantin		
48,4	(27,5) Zarrentin (Meckl)		
	(Grenze)		
	Klein Zecher		
36,2	*Hollenbek*	>Mölln	
44,3	*Schmilau*		
49,2	*Ratzeburg Staatsbf*	>Klein Thurow	>Büchen, Bad Oldesloe, Lübeck
(Ludwigsstadt)-Lehesten		**DB, DR**	**Norm**
0,0	*Ludwigsstadt*	>Probstzella, Kronach	
5,34	*(Grenze)*		
7,6	Lehesten	>Lehesten Oertelsbrüche	
Lugau Ziegelei		**Werkbahn**	**Sm 600**
(Lüneburg-Bleckede-Dahlenburg)		**DB**	**Sm 750**
0,0	*Lüneburg Nord*	>Lüneburg	
3,4	*Erbstorf Ziegelei*		
4,7	*Erbstorf*		
7,3	*Scharnebeck*		
8,9	*Rullstorf*		
10	*Bockelkathen*		
11,7	*Boltersen*		
16,0	*Neetze*		
18	*Neu Neetze*	>Walmsburg	
	Bleckede M.		
	Carze Anschlußbf.	>Brackede	
	Garze		
	Kleinburg		
	Bleckede	>Bleckede Hafen	
	Nindorf		
	Göddingen		
	Barscamp		
	Schieringen		
	Tosterglope		
	Horndorf		
	Dahlenburg Ort	[Flecken]	
	Dahlenburg	>Dömitz, Lüneburg	
(Lüneburg-Büchen-Lübeck)		**DB**	**Norm**
131,6	*Lüneburg*	>Hamburg, Uelzen, Bleckede	>Lüneburg Ost
133,4	*Jäger*		
135,9	*Adendorf*		
144,1	*Echem*	>Hohnstorf Ulferladestelle (147,5)	>Bleckede
148	*(Elbebrücke)*		
148,5	*Lauenburg (Elbe)*		
155,9	*Dalldorf*		
161,6	*(47,6) Büchen*	>Lübeck, Hamburg, Boizenburg	
	Roseburg		
39,3	*Güster*		
32,2	*Mölln (Lauenburg) Industriegleis*		
29,2	*Mölln (Lauenburg)*	>Hollenbek	
20,0	*Ratzeburg Staatsbf*	>Bad Oldesloe, Hollenbek, Klein Thurow	
13,6	*Pogeez*	[Sarau]	
7,7	*Lübeck Blankensee*	[Blankensee]	
	Abzw.	>Lübeck Hbf, Schönberg	
0,0	*Lübeck LBE*	>Lübeck Hbf, Konstinbf	>Lübeck Hafenbahn
1,4	*Lübeck Hafen*		
4,7	*Schwartau Waldhalle Abzw.*	>Bad Schwartau	
5,6	*Schwartau Waldhalle*		
8,2	*Lübeck Dänischburg*	>0,0 Lübeck Herrenwyk (6,0)	
11,8	*Lübeck Kücknitz Bbf*		
12,6	*Abzw.*	>0,0 Lübeck Skandinavienkai	
13,4	*Lübeck Kücknitz*	[Waldhausen]	
17,9	*Lübeck-Travemünde Skandinavienkai*	[Pöppendorf] [Lübeck Pöppendorf]	
19,6	*(0,0) Lübeck-Travemünde Hafen*	>Lübeck-Travemünde Strand (20,6)	
	Lübeck Brodten		
4,8	*Niendorf (Ostsee)*		
(Lüneburg-Walmsburg)		**DB**	**Norm**
0,0	*Lüneburg Nord*	>Lüneburg, Lüneburg Gbf	
1,2	*Meisterweg*	>Lüneburg Ost	
3,4	*Erbstorf Ziegelei*		
4,7	*Erbstorf*		
7,3	*Scharnebeck*		
8,9	*Rullstorf*		
10	*Bockelkathen*		
11,7	*Boltersen*		
16,0	*Neetze*		
19,2	*Neu Neetze*	>Karze	
23,8	*Bleckede*	>Brackede	
25	*Waldfrieden*	>Dahlenburg	
29,9	*Alt Garge*		
31	*Walmsburg*		
Lutherstadt Wittenberg Piesteritz-Straach			**Norm**
|	(0,0) Lutherstadt Wittenberg West	>Wittenberg, Roßlau	
0,0	Lutherstadt Wittenberg Piesteritz	>Wittenberg, Roßlau	
	Anschl.	>ACA	
0,22	Reinsdorfer Weg aB		
3,52	Reinsdorf (b Wittenberg)	>Anschl.	
6,39	Reinsdorf-Braunsdorf		
8,0	Nudersdorf	>Anschl. Gießereiwerke Nudersdorf	
10,22	Straach		
Lutherstadt Wittenberg Spiritus		**Werkbahn**	**Norm**
Magdeburg-Biederitz		**701**	**Norm, EL**
141,9	Magdeburg Hbf	>Eilsleben, Schönebeck, Blumenberg	
139,6	Magdeburg Neustadt		
	Abzw.	>Magdeburg Rothensee	
137,7	Brücke Abzw.	>Magdeburg Rothensee	
136,2	Magdeburg Herrenkrug		
133,7	Biederitz	>Burg, Loburg, Güterglück	
Magdeburg-Marienborn-(Helmstedt)		**731, DB**	**Norm, EL**
141,87	Magdeburg Hbf	>Zielitz, Biederitz, Haldensleben	
	Abzw.	>Magdeburg Buckau	
	Magdeburg Sudenburg Gbf	>Magdeburg Sudenburg Schlachthof	
144,75	Magdeburg Sudenburg		

km	Strecke / Bahnhof		
	Anschl.	>Diesdorf	
147,27	Diesdorf Bk		
151,24	Niederndodeleben		
156,37	Wellen (b Magdeburg)	[Wellen (Bz Magdeburg)]	
159,97	Ochtmersleben		
162,79	Dreileben-Drackenstedt		
165,12	Bk		
167,7	Ovelgünne		
	Abzw.	>Wanzleben	
171,68	(0,0) Eilsleben (b Magdeburg)	[Eilsleben (Bz Magdeburg)]	>Haldensleben, Schöningen
5,17	Wefensleben		
8,78	Marienborn (Sachs-Anh)	[Marienborn (Prov Sachs)]	>Beendorf
13,79	Harbker Forst Abzw.	>Völpke	
14,15	Harbke		
14,83	*(Grenze)*		
17,7	*Helmstedt*	>Weferlingen, Schöningen	
Magdeburg-Rostock		**770**	**Norm, EL**
0,0	Magdeburg Hbf	>Schönebeck, Blumenberg, Biederitz	>Eilsleben
	...		
19,87	Zielitz	>Anschl. Kaliwerk, Industriegebiet	
23,51	Loitsche	>Anschl. Kaliwerk, Industriegebiet	
28,35	Angern-Rogätz		
30,87	Mahlwinkel	>Anschl.	
39,82	Tangerhütte		
	(Tangerbrücke)		
49,36	Demker	>Tangermünde, Lüderitz	
53,92	Heeren Bk		
58,73	(0,0) Stendal Pbf	>Stendal Ost, Tangermünde, Schönhausen	
	Stendal Gbf		
2,3	Abzw.	>Salzwedel, Gardelegen	
4,44	Stendal Nord Bk		
4,7	Stendal Stadtsee		
	Borstel Abzw.	>Niedergörne, Stendal Ost	
7,75	Borstel (Kr Stendal)	>Arendsee	
13,05	Eichstedt (Altm)		
	(Uchtebrücke)		
17,63	Goldbeck (Kr Osterburg)	>Werben	
	(Uchtebrücke)		
24,5	Düsedau		
28,89	Osterburg (Altm)	>Klein Rossau	
	(Biesebrücke)		
35,33	Behrend		
40,15	Seehausen (Altm)		
43	Vielbaum Bk		
	(Alandbrücke)		
48	Geestgottberg	>Salzwedel	
50,3	*(Rbd-Grenze)*		
50,9	Elbebrücke Süd Bk		
	(Elbebrücke 1,03)		
51,7	Elbebrücke Nord Bk		
126,62	(53,84) Wittenberge	>Glöwen, Perleberg, Dömitz	>Raw Wittenberge
128,5	Wittenberge Nordbf		
132,1	Schilde		
135,78	Dergenthin		
139,29	Nebelin Bk (Stavenow)		
144,32	Karstädt	>Perleberg, Berge	
	(Löcknitzbrücke)		
149,94	Streesow		
154,83	Klein Warnow	[Wendisch Warnow]	
158,56	Neese Bk		
	(Eldebrücke)		
163,21	Grabow (Meckl)		
166,21	Grünhof Bk		
	Abzw.	>Dömitz	
	Abzw.	>Parchim	
	(Ludwigsluster Kanalbrücke)		
170,76	(30,6) Ludwigslust	>Holthusen, Hagenow	
	Wöbbelin		
39,3	Lüblow (Meckl)		
44,9	Rastow		
51,8	Sülstorf		
	Abzw.	>Hagenow	
56,8	Holthusen		
59,1	Schwerin (Meckl) Süd		
61	Abzw.	>Parchim	
61,9	Schwerin (Meckl) Görries	[Görries]	>Görries Nord
63,2	Schwerin (Meckl) Görries Nord		
65,6	Schwein (Meckl) Mitte		
66,4	Schwerin (Meckl) Hbf	>Schwerin (Meckl) Gbf	>Gadebusch
	Abzw.	>0,0 Schwerin Hafen (1,5)	
68,1	Schwerin Abzw.	>Schwerin (Meckl) Gbf	
71,6	Carlshöhe		
77,0	Lübstorf	[Willigrad]	
81,5	(59,3) Bad Kleinen	[Kleinen]	>Grevesmühlen, Wismar
	Hohe Viecheln		
67,6	Ventschow		
	Bibow		
76,8	Blankenberg (Meckl)	>Wismar, Karow	
	Friedrichswalde (Meckl)		
89,7	Warnow (Meckl)		
93,3	Zernin		
99,8	(0,0) Bützow	>Güstrow	
	Oettelin	[Öttelin]	
	Kassow		
	Dalwitzhof		
11,9	Schwaan Abzw.	>Güstrow	
14,1	Schwaan		
19,3	Huckstorf		
22,3	Pölchow		
25,4	Papendorf (Meckl) Hp		
26,7	Papendorf (Meckl)		
	Abzw.	>Tessin	
	Abzw.	>Kavelstorf	
	Abzw.	>Rost. Gbf, Rost. Überseehafen	
30,5	Rostock Hbf	[Seestadt Rostock Hbf] [Zentralbf] [Lloyd-Bf]	>Rövershagen, Bad Doberan, Warnemünde
Magdeburg-Schönebeck		**Überland-straßenbahn**	**Norm, EL**
0,0	Magdeburg Staatsbürgerplatz	>Magdeburg	
	Hasselbachplatz		
	Buckau		
	Fermersleben		
	Salbke		
	Westerhüsen		
	Heerstraße		
	Magdeburg Salzer Straße		
	Schönebeck Frohse		
	Polizeiamt		
16,99	Schönebeck Salzer Straße	>Halle, Staßfurt, Magdeburg	
Magdeburg Abzw. Brücke-Magd. Rothensee Gbf		**Verbindungs-bahn**	**Norm, EL**
Magdeburg Buckau Rbf-Wolfsfelde Abzw.		**Verbindungs-bahn**	**Norm**
13,3	Magdeburg Buckau	>Magdeburg Hbf, Elbebf, Biederitz	
12	Abzw.	>Magdeburg Thälmannwerk	
11,2	Magdeburg Buckau Rbf		
10,1	Magdeburg Buckau Rbf Einfahrgruppe		
	Magdeburg Salbke	>Magdeburg Südost	
6,9	Wolfsfelde Abzw	>Halberstadt, Magdeburg Hbf	
Magdeburg Elbauenpark		**Magnetbahn**	
Magdeburg Elbbf-Magdeburg Rothensee			**Norm**
	Magdeburg Elbebf An der Sülze	[Magdeburg Sülzebf]	>Anschl.
	(niveaugleiche Kreuzung mit Straßenbahn)		
	(niveaugleiche Kreuzung mit Regelspur)		
1,7	Magdeburg Elbbf	>Magdeburg Buckau, Biederitz	

km	Strecke / Bahnhof	Anschluss	Spur
	Magdeburg Altstadt		
4,8	Magdeburg Nord		
	Brücke Abzw.	>Magdeburg Neustadt, Biederitz	
	Magdeburg Eichenweiler		
7,97	(5,91) (2,4) Magdeburg Rothensee Gbf	>Magdeburg Hafen	>Industriehafen
7,25	Magdeburg Rothensee	>Wolmirstedt	
Magdeburg Hafenbahn		**Werkbahn**	**Norm**
2,4	Magdeburg Rothensee	>Elbebf, Biederitz, Zielitz, Magdeburg Hbf	
	Magdeburg Hafen	>Anschl. Röstfein	>Anschl. Minol Tanklager
Magdeburg Pioniereisenbahn		**Parkbahn**	**Sm 600**
0,0	Elbeexpress		
0,5	Freundschaft		
	Einheit		
2,2	Frieden		
Magdeburg Rothensee Imprägnierwerk		**Werkbahn**	**Sm 860**
Magdeburg Sudenburg-Magd Buckau Pbf		**Verbindungsbahn**	**Norm**
0,0	(144,8) Magdeburg Sudenburg	>Magdeburg Hbf, Eilsleben	
1,8	(2,5) Magdeburg Buckau Pbf	>Magdeburg Buckau Rbf, Magdeburg Hbf	
Magdeburg Südost-Biederitz			**Norm**
7,56	Magdeburg Südost	>Schönebeck	
6,23	Magdeburg Salbke		
4,74	Fermersleben Abzw.		
4,84	(0,0) Magdeburg Buckau Vbf		
2,48	(0,0) Magdeburg Buckau *(niveaugleiche Kreuzung mit Straßenbahn)*	[Buckau]	
0,7	*(10,5) (niveaugleiche Schienenkreuzung)*		
10,1	(1,5) (0,0) Magdeburg Elbbf	>Magdeburg Rothensee	>MD Elbbf An der Sülze [MD Sülzebf]
8,4	*(Elbebrücke Hubbrücke 1,4)*		
8,3	*(niveaugleiche Kreuzung mit Straßenbahn)*		
	Anschl.		
7,77	Magdeburg Brückfeld		
	Anschl.	>Metallleichtbaukombinat Magdeburg	
	Anschl.	>Industriebau Magdeburg	
4,2	Magdeburg Friedensweiler		
2,9	*(Ehlebrücke 0,5)*		
	Abzw.	>Königsborn, Loburg	
0,18	Biederitz	>Magdeburg Nord, Burg	
Mahlis Ziegelei		**Werkbahn**	**Sm 600**
0,0			
0,3			
Malchin-Dargun		**931**	**Norm**
0,0	Malchin	>Teterow, Waren, Neubrandenburg	
2,3	Pisede		
6,9	Gorschendorf	[Gorschendorf (Salem)]	
11,5	Neukalen		
14,7	Lelkendorf		
17,9	Schorrentin		
24,7	Dargun		
Malchow Sägewerk		**Werkbahn**	**Sm 600**
Malliß-Lübtheen			**Norm**
23,3	Malliß	>Dömitz, Ludwigslust	>0,0 Conow (2,46)
20	Heiddorf		
17,9	Raddenfort		
12,48	Woosmer		
8,55	Alt Jabel		
2,1	Jessenitz (Meckl)		
0,0	Lübtheen		
Malliß Braunkohlenwerk		**Werkbahn**	**Sm 600**
Malliß Ziegelei		**Werkbahn**	**Sm 600**
Mansfelder Bergwerksbahn (Einstellungszustand)		**Werkbahn**	**Sm 750**
	Helbra Rohhütte Rätter		
	Abzw.	>Rollbf Hochbunker	
	Abzw.	>Hüttenhof	
	Rohhütte Helbra Bf ABH		
	Abzw.	>Ofenhaus, Schlackenrampe	
	Bf Ernst-Schacht	>Eisleben	
	Abzw. Bockstal Trbf	>Bwst Klostermansfeld	
	Zirkel-Schacht		
	Gleisdreieck	>Siersleben	
	Eduardschacht		
	Hettstedt Personenbf		
	Hettstedt Rbf		
	Abzw.	>Rollbf	
	Abzw.	>Bleihütte	
	Abzw.	>Kupfer-Silber-Hütte	
	Abzw.	>Bessemerei	
	Hettstedt Feinhütte		

Der gesamte Bereich um Hettstedt/ Groß Örner/ Mansfeld/ Helbra/ Siersleben war durch die Bahn erschlossen. Die Gleise wurden den jeweiligen Erfordernissen zu verschiedenen Zeiten gelegt bzw. demontiert. Zum Zeitpunkt der Einstellung war der größte Teil des weitverzweigten Netzes bereits abgebaut.

km	Strecke / Bahnhof	Anschluss	Spur
Marienborn-Beendorf-(Helmstedt)		**207t, DB**	**Norm**
0,0	Marienborn (Sachs-Anh)	[Marienborn (Prov Sachs)]	>Helmstedt, Eilsleben >Anschl. Burbach II
3	Morsleben		
5,4	Beendorf	>Anschl. Kaliwerk Burbach I	>Alleringersleben
	(Grenze)		
	Bad Helmstedt		
Mark Schönstedt Steinwerke		**Werkbahn**	**Sm**
(Marxgrün-Bad Steben)		**DB**	**Norm**
22,9	*Marxgrün*	>Naila, Unterlemnitz	
24,2	*Höllenthal*		
27,0	*Bad Steben*		
Meiningen-Rentwertshausen-(Mellrichstadt)		**417, 627, DB**	**Norm**
60,7	(0,0) Meiningen	>Schmalkalden	
65,1	(4,4) Untermaßfeld	>Grimmenthal, Hildburghausen	
70,5	(7,4) Ritschenhausen	>Grimmenthal, Suhl	
67,7	(10,2) Wölfershausen		
65,0	(12,9) Bibra		
63,65	(14,7) Rentwertshausen	>Römhild	
	(Gleisende)		
58	*(Grenze)*		
57,68	*Mühlfeld*		
52,1	*Mellrichstadt Bahnhof*	>Bad Neustadt, Fladungen	
Meißen-Lommatzsch		**164k**	**Sm 750**
0,0	Meißen Triebischtal	>Meißen, Nossen	
0,65	Meißen Jaspisstraße		
2,09	Meißen Buschbad		
4,19	Garsebach	>Wilsdruff	
7,19	Löthain	>Weißig, Seelingstadt	
9,13	Görna-Krögis		
10,5	Mauna		
12,74	Leutewitz		
14,46	Käbschütz		
17,2	Zöthain		
17,89	Mertitz Gabelstelle	>Döbeln	
19,87	Lommatzsch	>Nossen, Riesa	
Meißen Steinbruch		**Werkbahn**	**Sm 600**
Meißen Ziegelei		**Werkbahn**	**Sm 600**
0,0			
0,3			
Mellenthiner Heide		**Werkbahn**	**Sm 600?**
0,0	Mellentiner Heide Munitionsbunker Marinestellungen	>Dargen	
3	Dargen Hafen		
(Mellrichstadt-Fladungen)		**DB**	**Norm**
0,0	*Mellrichstadt Bahnhof*	>Meiningen, Schweinfurt	
1,2	*Mellrichstadt Stadt*		

5,1	*Stockheim (Mainfr)*		
8,0	*Ostheim v Rhön*		
12,9	*Nordheim v Rhön*		
	Heufurt		
18,4	*Fladungen*		
Merseburg-Bad Lauchstädt-Schafstädt		**180c, 604**	**Norm**
0,0	Merseburg	>Leipzig, Querfurt, Großkorbetha	
	Abzw.	>Halle	
3,65	Merseburg Elisabethhöhe	[Merseburg Friedenshöhe]	
|	(5,75) Knapendorf		
5,62	Buna-Werke Pbf	>Buna Werke Gbf, Buna Werke	>Schkopau Kraftwerk
	Abzw.	>Angersdorf	
9,2	*(8,0) (Kilometerwechsel)*		
8,14	Milzau		
|	(9,26) Milzau		
10,45	Bad Lauchstädt	[Lauchstädt]	>Angersdorf
	Bad Lauchstädt Brunnenverwaltung		
12,5	Bad Lauchstädt West	[Schotterey]	
14,46	Groß Gräfendorf		
17,7	Schafstädt		
Merseburg-Leipzig		**605**	**Norm**
0,0	Merseburg	>Halle, Schafstädt	
1,1	Merseburg Gbf		
	Abzw.	>Querfurt, Großkorbetha	
4,31	Leuna		
6,55	Kreypau	[Trebnitz (b Merseburg)]	
8,3	Leuna Abzw.	>Kanena-Bruckdorf, Lössen, Lochau	
9,59	Wallendorf (b Merseburg)		
12,41	Zöschen		
16,62	Kötschlitz		
19,58	Dölzig		
23,61	Böhlitz-Ehrenberg		
27,73	Leipzig Leutzsch	>Leipzig Hbf, Großkorbetha	>Leipzig Plagwitz
Merseburg-Mücheln		**Überlandstraßenbahn**	**Sm 1000, EL**
	Merseburg Hölle am Damm	[Salvador Allende-Platz]	
0,0	Merseburg Leninstraße	[Weißenfelser Straße] [Leunaweg]	>Halle, Bad Dürrenberg
	Zscherben		
	Kötzschen		
	Oberbeuna		
	Niederbeuna		
	Reipisch		
	Frankleben		
	Naundorf		
	Körbisdorf		
	Benndorf-Neumark		
	Geiselröhlitz		
	Kämmeritz		
	Lützkendorf		
	Möckerling		
	Zöbigker		
17,2	Mücheln	[Eptingen]	
Merseburg-Querfurt		**606**	**Norm, Merseburg-Mücheln EL**
0,0	Merseburg	>Halle, Schäfstädt	
1,1	Merseburg Gbf	>Leipzig, Großkorbetha	
2,2	Merseburg Bergmannsring		
3,84	Merseburg Süd	[Kötzschen (Übergabebf)]	>Leuna
4,84	Beuna (Geiseltal)	[Niederbeuna]	>Großkayna
5,0	Abzw.	>5,0 Frankleben (7,12)	
7,67	Frankleben Nord		
10,5	Braunsbedra Ost	[Wernsdorf (b Merseburg)]	
11,865	Neumark (Geiseltal)	[Neumark-Bedra]	>0,0 Braunsbedra (2,3)
|	Lützkendorf		
13,89	Krumpa		
|	Mücheln		
17,4	Mücheln Stadt		
18,2	Mücheln (Geiseltal)		
	(Geiseltalviadukt 0,271)		
22,3	*(20,4) (Kilometerwechsel)*		
24,1	(22,1) Langeneichstädt	[Niedereichstädt]	
31,0	(29,0) Nemsdorf-Göhrendorf		
	Abzw.	>Röblingen	
36,7	(34,7) Querfurt	>Vitzenburg	

Die Strecke wurde im Bereich Merseburg-Mücheln mehrfach wegen Tagebau umgelegt.

Merseburg Gbf-Merseburg Süd		**Verbindungsbahn**	**Norm, EL**
Merseburg Süd Betonwerk Abraum		**Werkbahn**	**Sm 900**
0,0			
0,8			
Merseburg Süd Betonwerk Kies		**Werkbahn**	**Sm 600**
0,0			
0,4			
Metschow-Altentreptow			**Sm 750**
10,7	Metschow	>Bredenfelde, Demmin	
12,5	Schwichtenberg (Pommern)		
15,5	Hohenbollentin		
17,9	Gehmkow		
20,1	Törpin		
21,3	Sarow (b Altentreptow)		
25	Altenhagen (b Altentreptow)		
26,5	Neuenhagen (b Altentreptow)		
29,7	Tützpatz		
31,9	Schossow		
35,2	Japzow		
38,9	Wildberg (b Altentreptow)		
39,9	Wischershausen		
41,7	Wolkow (b Altentreptow)		
42,6	Rottenhof		
46,5	Tetzleben	[Klein Tetzleben]	
48,3	Thalberg		
	Altentreptow Ladestelle ?		
52,8	Altentreptow Landesbf	[Treptow a d Tollense]	>Demmin, Neubrandenburg
Meuselwitz-Falkenhain-Mumsdorf		**Grubenbahn**	**Sm 900, EL**
	Meuselwitz	>Altenburg, Zeitz, Spora, Pegau, Groitzsch	>Zipsendorf, Mumsdorf
	Falkenhain		
	Mumsdorf	>Tröglitz, Phönix, Rusendorf	>Zipsendorf, Wintersdorf
Meuselwitz-Ronneburg		**172d**	**Norm**
0,0	Meuselwitz (Thür)	>Altenburg, Zeitz, Spora, Pegau, Groitzsch	>Zipsendorf, Mumsdorf
	(Gleisende)		
4,7	Großröda	>Anschl. Eugenschacht	
7,65	Starkenberg	[Kostitz]	
9	*(Rbd-Grenze)*		
	(Gleisende)		
9,75	(2,0) Abzw.	>2,0 Kayna (0,0)	
11,8	Dobitzschen		
	Dobitzschen I		
12,95	*(Rbd-Grenze)*		
14,59	(6,8) Lumpzig	[Großbraunshain]	
17,05	Reichstädt	[Frankenau (Thür)]	
19,5	*(Gleisende)*		
20,22	Großenstein (Kr Gera)		
20,9	Anschl.	>Großenstein ACZ	
22,6	(0,0) Nordkurve Abzw.	>Beerwalde Bergbaubf, Drosen	
23,62	Beerwalde (Kr Schmölln)	[Beerwalde (Kr Gera)]	
23,67	(0,22) Südkurve Abzw.	>Beerwalde Bergbaubetrieb, Drosen	
23,9	Abzw.	>Gößnitz	
25,4	(22,5) Raitzhain	>Paitzdorf, Seelingstädt	
27,15	*(Rbd-Grenze)*		
27,16	(24,2) Ronneburg (Thür)	>Gera	
Meuselwitz-Spora		**Grubenbahn**	**Norm**

0,0	Meuselwitz (Thür)	>Zeitz, Altenburg, Ronneburg, Pegau	>Vereinsglück I
1,4	Vereinsglück II	>Prehlitz	
1,4	Abzw.	>Leonhard II, Spora Ziegelei	
1,8	Spora	>Wuitz-Mumsdorf, Gera-Pforten	
2,2	Vereinsglück III	[Spora Zuckerfabrik]	
Meuselwitz Ziegelei		**Werkbahn**	**Sm 500?**
Mildenberg Ziegelei		**Werkbahn**	**Sm 630**
0,0	Mildenberg		
4,0	Burgwall		
Miltitz Granitwerk		**Werkbahn**	**Sm 600**
Mirow-Rechlin		**100t, 120a**	**Norm**
8,95	Mirow	>Neustrelitz Süd	
7,23	(0,0) Starsow Abzw.	>Pritzwalk, Wittstock	
4,25	Lärz		
	(Mirowkanalbrücke)		
6,55	Lärz Kanal	[Lärz Flugplatz]?	
9,84	Rechlin		
10,9	Rechlin Kohlengleis	[Kohlengleis]	
11,55	Rechlin Nord	[Ellerholz]	
Mittelherwigsdorf Steinbruch		**Werkbahn**	**Sm 600**
Mittweida-Dreiwerden		**400**	**Norm**
0,45	Mittweida	[Mittweida Bahnhof]	>Chemnitz, Waldheim
	(Brücke 0,1)		
1,6	Anschl.	>Schrottplatz	
4,32	Mittweida Industriebf	[Mittweida Ladestelle] >Ringethal	>Anschl. Spinnerei
	(Zschopautalbrücke 0,2)		
5,4	Anschl.	>Spinnerei	
5,56	Dreiwerden	>Anschl. Dreiwerden Papierfabrik	
Mittweida-Ringethal			**Norm**
0,3	Mittweida Industriebf	[Mittweida Ladestelle]	>Mittweida, Dreiwerden
	Mittweida Kraftwerk	[Kraftwerk Mittweida]	
	(Zschopaubrücke)		
	Liebenhain		
4,22	Ringethal	>Anschl. Steinbruch	
Mittweida Ziegelei		**Werkbahn**	**Sm 600**
0,0			
0,3			
Möckern Ziegelei		**Werkbahn**	**Sm 600**
0,0			
0,2			
Mockrehna-Schildau		**178d**	**Norm**
0,0	(10,6) Mockrehna Süd	>Torgau, Eilenburg	
2,0	Audenhain	[Oberaudenhain]	
4,86	Wildschütz (Kr Torgau)		
8,0	Probsthain (Kr Torgau)		
10,6	(0,0) Gneisenaustadt Schildau	[Schildau (Kr Torgau)]	
Mockrehna-Wildschütz		**Werkbahn**	**Sm 600**
	Mockrehna	>Eilenburg, Torgau	
	Wildschütz Steinbrüche		
Möllenhagen Ziegelei		**Werkbahn**	**Sm 600**
0,0			
0,8			
(Mölln-Hollenbek)		**DB**	**Norm**
0,0	*Mölln (Lauenburg)*	>Ratzeburg, Büchen	
	Drüsensee		
11,7	*Hollenbek*	>Ratzeburg, Hagenow	
Mosel-Ortmannsdorf		**168e**	**Sm 750**
0,0	Mosel	>Zwickau, Glauchau	
2,3	Wulm		
4,04	Niedermülsen		
5,82	Thurm		
6,72	Stangendorf		
8,65	Mülsen Sankt Micheln		
9,79	Mülsen Sankt Jacob		
11,64	Mülsen Sankt Niclas		
13,94	Ortmannsdorf		

Mügeln-Döbeln		**164p**	**Sm 750, Döbeln-Dö. Gärtitz Norm/ Sm**
0,0	(11,3) Mügeln (b Oschatz)	>Oschatz, Kroptewitz	
2,86	(13,9) Lüttnitz		
4,76	(15,8) Schrebitz Nord	[Görlitz (b Oschatz)]	
5,52	(16,5) Schrebitz		
7,38	(18,4) Kiebitz	[Töllschütz]	
9,15	(20,2) Zaschwitz		
9,88	(21,0) Tronitz		
11,42	(22,4) Mockritz-Jeßnitz		
12,97	(24) Döschütz		
15,04	(26,2) Gadewitz		
	(4,31) Abzw.	[Gadewitz Signalstation]	>Riesa
17,67	Döbeln-Gärtitz	[Gärtitz]	>Lommatzsch
18,97	(0,9) (30) Döbeln Nord Anschl.	[Großbauchlitz] >Döbeln Zuckerfabrik	
19,89	(0,0) (30,91) Döbeln Hbf	>Großbothen, Nossen, Waldheim	
An der gesamten Strecke befanden sich Rübenverladestellen.			
Mügeln-Nebitzschen-Kroptewitz		**164q**	**Sm 750**
0,0	Mügeln (b Oschatz)	>Oschatz, Döbeln	
1,3	(12,68) Altmügeln		
3,04	(14,24) Nebitzschen	>Neichen	
5,7	Kemmlitz (b Oschatz)	>Anschlüsse Kaolinwerke	
	(Gleisende)		
7,55	Börtewitz		
9,35	Kroptewitz		
An der gesamten Strecke befanden sich Rübenverladestellen.			
Muggerkuhl Ziegelei		**Werkbahn**	**Sm 600**
0,0			
3,0			
Mühlhausen-Treffurt-(Schwebda)		**186g, 648, DB**	**Norm**
0,01	Mühlhausen Thomas-Müntzer-Stadt	[Mühlhausen (Thür)] >Güterstraßenbahn	>Leinefelde, Bad Langensalza, Ebeleben
6,96	Oberdorla		
9,11	Langula		
17,26	Heyerode		
21,07	Diedorf (Eichsf)		
24,38	Wendehausen		
29,0	Normannstein		
	(Grenze)		
30,0	*Feldmühle*		
	(Grenze)		
31,9	(16,6) Treffurt	>Wartha	>FB Treffurt Baustoffwerk
	(Grenze)		
14,2	*Heldra*		
	(Grenze)		
13,0	Großburschla		
	(Grenze)		
	Altenburschla		
	Wanfried Süd		
7,4	*Wanfried*		
	Frieda		
0,0	*Schwebda*	>Leinefelde, Heiligenstadt, Eschwege	
Mukrena-Zweihausen Saaledammbaustelle		**Werkbahn**	**Sm 600**
Mulda-Sayda		**169k**	**Sm 750**
0,0	Mulda (Sachs)	[Mulda-Randeck]	>Berthelsdorf, Holzhau
4,89	Wolfsgrund		
7	Dorfchemnitz (b Sayda)		
8,97	Voigtsdorf (Sachs)		
11,53	Unterfriedebach	[Unter Friedebach]	
12,48	Friedebach		
15,48	Sayda		
Mulda-Randeck Feldbahn			**Sm 600**
Muldenberg Torfwerk		**Werkbahn**	**Sm 600**
Mulkwitz-Knappenrode		**Grubenbahn**	**Norm**
	Mulkwitz	>Schwarze Pumpe, Boxberg	
	Abzw.	>Boxberg	
	Abzw.	>Lohsa Tagebau	
	Weißkollm		
	Knappenrode	>Hoyerswerda, Bautzen	

Müncheberg-Buckow			**Sm 750**
0,0	Dahmsdorf-Müncheberg	>Strausberg, Kietz	
2,4	Waldsieversdorf		
4,7	Buckow (Märk Schweiz)		

Müncheberg-Buckow		**174**	**Norm, EL**
0,0	Müncheberg (Mark)	[Dahmsdorf-Müncheberg]	>Berlin, Seelow
0,2	Müncheberg (Mark) Kleinb	[Dahmsdorf-Müncheberg Kleinb]	>Hasenfelde
2,432	Waldsieversdorf	[Sieversdorf] [Wald Sieversdorf]	[Wüste-Waldsieversdorf]
4,733	Buckow (Märkische Schweiz)	[Buckow (Märk Höhenland)]	

Müncheberg-Hasenfelde		**108b, 115g, 109c**	**Norm**
0,0	Müncheberg (Mark) Kleinb	[Dahmsdorf-Müncheberg Kleinb]	>Buckow, Berlin, Seelow
4,2	Müncheberg (Mark) Stadt	>Anschl. BHG	
6,5	Abzw.	>Hauptwerkstatt	
6,84	Elisenhof		
9,85	Behlendorf		
11,87	Heinersdorf (Kr Fürstenwalde/Spree)	[Heinersdorf (Kr Lebus)]	
15,31	Hasenfelde	>Fürstenwalde, Wriezen	

Nachterstedt-Schadeleben-Königsaue		**Grubenbahn**	**Norm, EL**
	Nachterstedt Kohleverarbeitung	[Nachterstedt-Hoym Braunkohlenwerke]	
	Nachterstedt-Hoym	>Aschersleben, Halberstadt	
	Abzw.		
	Abzw.		
	Abzw.	>Schadeleben	
	Abzw.		
	Königsaue		

Narsdorf Bogendreieck		**Verbindungsbahn**	**Norm**
11,6	Langenleubaer Spitze	>Altenburg, Penig	
33,2	Cossener Spitze	>Chemnitz	

Nauen-Bötzow-Velten		**107m**	**Norm**
0,0	Nauen Kleinbf	[Nauen Osth E] >Oranienburg, Ketzin	>Rathenow, Neustadt, Neugarten
2,5	Nauen Ludwig Jahn Straße		
4,9	Nauen Stadtforst		
9,6	Paaren		
10,7	Perwenitz		
13,6	Pausin (Kr Osthavelland)		
16,5	Wansdorf (Kr Osthavelland)		
18,8	Bötzow West		
20,4	Bötzow (Kr Oranienburg)	[Bötzow (Kr Osthavelland)]	>Spandau West
22,0	Bötzow Nord		
22,9	Marwitz (Kr Osthavelland)		
25,7	Velten (Mark) Kreisbf	[Velten (Mark) Osth E]	>Oranienburg, Kremmen

Nauen-Ketzin		**107m**	**Norm**
0,0	Nauen Kleinbf	[Nauen Osth E]	>Rathenow, Oranienburg
2,05	Nauen Chausseestraße	[Nauen Berliner Straße]	[Nauen Stalinstraße]
2,5	*(Rbd-Grenze)*		
4,0	Markee Nord	[Markee]	
4,91	Markee	[Markau]	
7,2	(0,0) Röthehof	>Neugarten, Brandenburg, Roskow	
	(2,6) Etzin Mosolf		
11,16	Etzin		
12,57	Vorketzin		
	(5,8) Ketzin Mülldeponie		
15,3	(9,6) Ketzin	>Anschl. Zuckerfabrik	
15,6	Ketzin Hafen		

Nauen-Oranienburg		**107r**	**Norm**
0,0	Nauen	>Ketzin, Bötzow, Velten	
6,3	Kienberg		
9,6	Börnicke		
14,29	Flatow (Kr Osthavelland)		
20,63	Kremmen	>Velten, Neuruppin	
31,0	Germendorf		
	Eden	>Velten	
38,15	Oranienburg	>Wensickendorf, Hohen Neuendorf	>Löwenberg

Nauen-Wustermark		**132**	**Norm, EL**
	Nauen	>Albrechtshof, Neustadt	
	Bredow	[Bredow (Kr Osthavelland)]	
	Abzw.	>Rathenow	
	Wustermark	>Berlin, Potsdam	

Nauendorf-Gerlebogk		**204b**	**Norm**
0,0	Nauendorf (Saalkreis) Reichsb	[Nauendorf (Saalkr) StBf]	>Könnern, Halle
	Nauendorf (Saalkreis) Nord		
2,8	Domnitz (Saalkreis) Kautzenberg	>Anschl. Porphyrsteinbruch	
4,0	Löbejün Post		
4,7	Löbejün (Saalkreis)	>Löbejün Zuckerfabrik	>Löbejün Hartsteinwerk
6,95	Gottgau	>0,0 Plötz Steinkohlenzeche (4,9)	
8,79	Werdershausen		
11,2	Gröbzig (Anh)	>Edderitz	
15,16	Gerlebogk Nord	>Biendorf	

Naumburg-Laucha-Artern		**612**	**Norm**
0,0	Naumburg (Saale) Hbf	[Naumburg a. S.]	>Weißenfels, Großheringen, Teuchern
	(Saalebrücke)		
3,1	Kleinjena		
6,2	Freyburg (Unstrut)	[Freyburg a. d. Unstrut]	
8,6	Balgstädt		
13,2	Laucha (Unstrut)	>Kölleda	
16,1	Kirchscheidungen		
	(Unstrutbrücke)		
18,7	Abzw. ZB 1	>Anschl. Karsdorf Zementwerk	
19,8	Zementwerke Karsdorf Werkhaltepunkt		
20,8	Karsdorf		
25,7	Vitzenburg	>Querfurt	
29,1	Nebra		
35,86	Memleben		
40,1	Roßleben	>Anschl. Kaliwerk Heinrich Rau	
	(Unstrutbrücke)		
	(Flutkanalbrücke)		
44,4	Donndorf (Unstrut)		
48,8	Gehofen		
	Reinsdorf B 2 Abzw.	>Bretleben	
52,6	Reinsdorf (b Artern)	>Bretleben	
	(Flutkanalbrücke)		
	(Unstrutbrücke)		
55,5	Artern (Unstrut)	>Sangerhausen	

Naumburg-Saalfeld		**560**	**Norm, EL**
45,5	Naumburg (Saale) Hbf	[Naumburg a. S.]	>Laucha, Weißenfels, Teuchern
46,9	Naumburg (Saale) Nw		
49,4	Schulpforte Bk		
	(Saalebrücke)		
52,6	Bad Kösen		
	(Saalebrücke)		
0,0	(55,9) Saaleck Abzw.		
	(Saalebrücke)		
0,21	(57,2) Abzw. Großheringen Go	>Großheringen	
1,5	(58,2) (3,2) (2,4) Großheringen Gs Bk Abzw.	>Großheringen, Bad Sulza	
5,0	Stöben Bk		
8,14	Camburg (Saale)	>Anschl. Zuckerfabrik, Mühle	>Zeitz
12,4	Würchhausen Bk		
15,23	Dornburg (Saale)	>Anschl. Kalksteinfabrik [Zementwerk]	
19,61	Porstendorf	>Krossen	>Anschl. Maschinenfabrik
22,6	Jena Zwätzen	[Zwätzen-Kunitzburg]	

25,5	Jena Saalbf	>Anschlüsse	
27,4	Jena Paradies	[Paradies bei Jena]	
28,33	Ammerbach Bk		
32,22	Göschwitz (Saale)	>Gera, Weimar	
33	*(Autobahnbrücke)*		
35,74	Rothenstein (Saale)	*(alt1)*	
36,1	Rothenstein (Saale)	*(neu)*	
36,44	Rothenstein (Saale)	*(alt2)*	
39,2	Schöps		
41,7	Kahla (Thür)	>Anschl. Porzellanfabrik	
45,3	Großeutersdorf		
47,35	Orlamünde	>Pößneck	
51,4	Zeutsch		
55,22	Uhlstädt		
56,3	Abzw. Uhlstädt Uw	*(alt)*	
56,48	Abzw. Uhlstädt Uw	*(neu)*	
60,4	Kirchhasel		
64,55	Rudolstadt (Thür)	>Anschlüsse	
66,2	Rudolsbad	[Richtersche Weiche] [Schwarza West]?	>Anschl. Ankerwerk
68,74	Rudolstadt-Schwarza	[Schwarza (Saale)] >Anschlüsse	>Bad Blankenburg, Arnstadt
	(Saalebrücke)		
72,11	Remschütz Bk	>Anschl. Mühle Hädrich	
74,83	Saalfeld (Saale)	>Bad Blankenburg, Pößneck, Probstzella	
Naumburg-Teuchern		**611**	**Norm**
0,0	Naumburg (Saale) Hbf	[Naumburg a. S.]	>Weißenfels, Großheringen, Laucha
2,8	Naumburg (Saale) Ost		
5,9	Wethau		
7,7	Mertendorf		
10,3	Scheiplitz		
14,7	Stößen		
18,1	Krauschwitz (b Teuchern)		
22,0	Teuchern	>Weißenfels, Deuben, Zeitz	
Nebra Steinbrüche		**Werkbahn**	**Sm 500?**
Netzkater Rabensteiner Stollen		**Werkbahn**	**Sm 600**
Netzschkau Ziegelei		**Werkbahn**	**Sm**
Neubrandenburg-Friedland		**108h, 918**	**Norm**
0,0	Neubrandenburg	>Strasburg, Neustrelitz, Demmin, Malchin	
	(Bahnbrücke)		
2,7	Neubrandenburg Industriegelände	>Neubrandenburg	
3,3	Neubrandenburg Vorstadt	>Anschl. Industriebahn	
6,2	Trollenhagen Abzw.	>0,0 Trollenhagen Flugplatz (0,9)	
9,8	Neuenkirchen (Meckl)		
	Anschl.	>Bassower Koppel	
14,0	Staven		
17,5	Roggenhagen		
19,8	Pleetz		
	Salow (Ladestelle)	[Forst (Ladestelle)]	
	Abzw.	>Anschlüsse	
25,63	Friedland (Meckl)	>Anschl. Friedländer Landhandel	>Anklam
Neubrandenburg Melioration		**Werkbahn**	**Sm 600**
Neubukow-Bastorf			**Sm 900**
0,0	(20,0) Neubukow OW	[Neubukow Obere Weiche]	>Wismar, Rostock
	Questin		
	Buschmühlen		
4,1	Abzw.	>Rakow	
	Wasserstation		
	Abzw.	>Russow	
7,4	Roggow		
10,5	Blengow		
	Garfsmühlen		
12,0	Wendelstorf		
	Mechelsdorf		
	Bastorf		
14,4	Kägsdorf		

Neuburxdorf-Mühlberg		**153u**	**Norm**
125,6	Neuburxdorf	[Burxdorf (Prov Sachs)]	>Falkenberg, Riesa
0,0	Neuburxdorf West		
2,3	Langenrieth		
4,3	Anschl.	>Brottewitz Zuckerfabrik	
5,0	Brottewitz		
5,2	Anschl.		
5,7	Weinberge	[Mühlberg-Weinberge]	
6,7	Anschl.	>Mühlberg Kieswerk (7,5)	
	Anschl.	>Getreidewirtschaft	
7,4	Mühlberg (Elbe)		
	Mühlberg Hafenbahn		
Neudietendorf-Arnstadt-Suhl-Meiningen		**417, 620**	**Norm, Neudietendorf-Arnstadt EL**
0,21	Neudietendorf	[Dietendorf]	>Erfurt, Gotha
1,3	Neudietendorf Stw Ds		
	(Gerabrücke)		
3,4	Sülzenbrücken		
3,6	Sülzenbrücken Bk		
5,69	Haarhausen		
9,94	Arnstadt Hbf	>Ichtershausen, Rudolstadt	
	Anschl.		
11,31	Arnstadt Süd		
12,18	Lohmühle Bk		
15	Siegelbach Bk		
18,2	Plaue (Thür)	>Ilmenau	
	(Zahme Gerabrücke)		
24,2	Gräfenroda	>Gotha, Georgenthal	
28,0	Dörrberg		
30,32	*(Zwangtunnel 0,1045)*	[Tunnel am Zwang]	
32,3	Kehltal Bk		
35,58	Gehlberg		
36,85	*(Brandleitetunnel 3,039)*		
40,1	Oberhof (Thür)		
45,5	Zella-Mehlis	[Zella-St Blasii]	>Schmalkalden
	(Zellaer Tunnel 0,233)	[Zella-Mehlis-Tunnel]	
	(Suhler Stadtbrücke)		
51,7	Suhl	>Schleusingen	
55,1	Suhl Heinrichs	[Suhl Heinrichswerk]	
56	Mäbendorf-Albrechts		
58,2	Dietzhausen		
	(Haselbrücke)		
64,9	Rohr (Thür)		
	(Haselbrücke)		
	(Haselbrücke)		
71,7	(67,9) Grimmenthal	>Hildburghausen, Römhild	>Anschl. Gasturbinenkraftwerk
65,1	(73,5) Untermaßfeld	>Römhild	
60,7	(77,9) Meiningen	>Schmalkalden	
Neugattersleben-Neugattersleben Ort			**Sm 600**
0,0	Neugattersleben	>Güsten, Calbe	
	Neugattersleben Ort		
Neugattersleben Brikettfabrik		**Kohlenseilbahn**	
0,0	Neugattersleben Brikettfabrik		
	Neugattersleben Grube		
Neuhaus Ziegelei		**Werkbahn**	**Sm 600**
	Neuhaus (Elbe) Ziegelei		
Neukalen Ziegelei		**Werkbahn**	**Sm 600**
0,0			
2,0			
Neukieritzsch-Trachenau Bk		**Verbindungsbahn**	**Norm**
Neukieritzsch-Altenburg		**505**	**Norm, EL**
21,1	Neukieritzsch	[Kieritzsch]	>Leipzig, Geithain, Pegau
25,1	Deutzen		
28,7	Regis-Breitingen	>Meuselwitz, Grubenbahn	
32,9	Treben-Lehma	[Trebanz-Treben]	
	Altenburg Stw 1 Abzw.	>Zeitz	
38,6	Altenburg (Thür)	[Altenburg Hbf]	>Narsdorf, Gößnitz, Ronneburg
Neukirchen Ziegelei		**Werkbahn**	**Sm 600**
0,0	Neukirchen (b Borna) Baustoffwerke		

0,3			
Neukirchen Ziegelei		**Werkbahn**	**Sm 500**
	Neukirchen (b Chemnitz) Ziegelei		
Neu Königsaue Ziegelei		**Werkbahn**	**Sm 600**
0,0			
0,5			
Neumühle-Rüßdorf		**Werkbahn**	**Sm 600**
0,0	Neumühle (Elster)	>Gera, Weischlitz, Lehnamühle	
4	Rüßdorf		
Neuoelsnitz-Wüstenbrand		**419**	**Norm**
0,0	Neuoelsnitz	[Höhlteich]	>St Egidien, Stollberg
1,0	Neuoelsnitz Betonwerk		
3,03	Lugau	>Hohenstein-Ernstthal, Oelsnitz [Lugau Hp]	
6,1	Erlbach-Kirchberg		
7,93	Ursprung		
10,08	Mittelbach		
11,1	Chemnitz Sekundärrohstoffhandel		
12,99	Wüstenbrand	>St Egidien, Chemnitz, Kändler	
Neu Seehagen-Franzburg		**123c**	**Norm**
0,0	Neu Seehagen	>Velgast, Tribsees	
3,22	Wolfshagen		
7,15	Müggenhall (Kr Stralsund)	[Müggenhall (Kr Franzburg)]	
9,14	Franzburg Landesb	>Tribsees, Stralsund	
Neustadt-Neuruppin-Herzberg		**802, 913**	**Norm**
0,0	Neustadt (Dosse)	>Kyritz, Wittenberge, Nauen	
	Abzw.	>Köritz, Rathenow	
4,52	Barsikow	>Köritz, Rathenow	
7,2	Metzelthin (Kr Kyritz)	[Metzelthin (Kr Ruppin)]	
9,97	Dessow (Mark)		
12,1	Emilienhof		
15,82	Wildberg (Kr Neuruppin)	[Wildberg (Kr Ruppin)]	
19,38	Gottberg	[Gottberg (Kr Ruppin)]	
22,12	Werder (Kr Neuruppin)	[Werder (Kr Ruppin)]	
25,5	Bechlin		
26	Neuruppin West	>Paulinenaue, Wittstock	
26,43	Neuruppin		
27,55	Neuruppin Rheinsberger Tor *(Seedamm)*		
30,5	Neuruppin NRZ Abzw.	>Kremmen	
32,1	Gildenhall		
33,65	Altruppin	[Alt Ruppin]	
37,9	Wulkow (Kr Neuruppin)	[Wulkow (Kr Ruppin)]	>Anschl. Munitionslager
	(Rbd-Grenze)		
	Abzw.	>Rheinsberg	
43,4	Herzberg (Mark)	>Löwenberg	
Neustadt Ziegelei		**Werkbahn**	**Sm 600**
	Neustadt (Orla) Ziegelwerke		
Neustaßfurt Kaliwerk		**Grubenbahn**	**Sm 750, EL**
Neustrelitz-Blankensee-Strasburg		**100g**	**Norm**
0,0	(30,7) Neustrelitz Süd	[Neustrelitz MFWE] [Neustrelitz Kleinb]	>Mirow, Fürstenberg
4,8	(35,5) Glambeck		
7,9	(38,5) Thurow (Meckl)	>Feldberg	
11,2	Rödlin		
14,2	(44,9) Blankensee (Meckl) Ost	[Blankensee (Meckl) MFWE]	>Blankensee Reichsb
17,6	Warbende		
20,8	Quadenschönfeld	[Quaden-Schönfeld]	
25,7	Bredenfelde		
	Vorheide	[Weiche Vorheide]	
31,0	Hinrichshagen (b Woldegk)		
36,4	(66,8) Woldegk	>Sandhagen, Eichhorst	
40,2	Mildenitz		
43,2	(73,6) Groß Daberkow	>Brohm, Woldegk	
50,4	Strasburg (Meckl)	[Strasburg (Uckerm)]	>Neubrandenburg, Pasewalk
Neustrelitz-Thurow-Feldberg		**917**	**Norm**
30,7	Neustrelitz Süd	[Neustrelitz MFWE] [Neustrelitz Kleinb]	>Buschhof, Mirow
35,5	Glambeck		
38,5	(0,0) Thurow (Meckl)	>Neubrandenburg, Strasburg	
	Teerofen		
5,42	Carpin		
8,24	Bergfeld		
12,81	Dolgen (Meckl)		
15,32	Weitendorf (b Feldberg)		
19,1	Feldberg (Meckl)		
Neuwiederitzsch-Leipzig Mockau		**Verbindungsbahn**	**Norm, EL**
Niederfinow Treidelbahn		**Werkbahn**	**Sm 1000, EL**
	Werkhof		
	Schleuse I	>Unterhafen	
	Schleuse II	>Oberhafen	
	Schleuse III		
	Schleuse IV		
Niederlehme Kalksandsteinwerk		**Werkbahn**	**Sm 700, EL**
0,0			
0,4			
Niederlehme Kalksandsteinwerk		**Werkbahn**	**Sm 900**
0,0			
1,8			
Niederpöllnitz-Münchenbernsdorf		**187e**	**Norm**
0,0	Niederpöllnitz	>Weida, Triptis	
2,7	Großebersdorf		
6,19	Lederhose	>Anschl. Tanklager	
8,68	Münchenbernsdorf		
Niedersachswerfen-Dora=Mittelbau		**Werkbahn**	**Norm**
0,0	Abzw.	>Nordhausen, Ellrich	
1	Abzw.	>Fahrstollen A	>Tongrube
1,5	Abzw.	>Fahrstollen B	
2	Industriegelände Mittelwerk	>FB Lagerbahn	
Niedersedlitz-Kreischa		**Überlandstraßenbahn**	**Sm 1000, EL**
0,0	Niedersedlitz	>Dresden Hbf, Heidenau	
	(13 Stationen)		
9,1	Kreischa		
Niederwürschnitz Ziegelei		**Werkbahn**	**Sm 600**
Niemegk Ziegelei		**Werkbahn**	**Sm 600**
Nienhagen-Dedeleben-(Jerxheim)		**205d, 715, DB**	**Norm**
32,87	Nienhagen (b Halberstadt)	>Oschersleben, Halberstadt	
29,6	Abzw.	>0,0 Schwanebeck Zementwerk (2,0)	
28	Abzw.	>0,0 Krähenberg Steinwerk (5,5)	
28,62	Schwanebeck	>0,0 Zementwerk (2,5)	>Anschl. Zuckerfabrik Schwanebeck
20,01	Eilenstedt	>Anschl. Zuckerfabrik Eilenstedt	
18,26	*(Brücke)*		
16,22	Dingelstedt (b Halberstadt)		
13,0	Anderbeck		
9,58	Badersleben	>Anschl. Zuckerfabrik Badersleben	
7,6	Vogelsdorf		
4,99	Dedeleben	>Anschl. Zuckerfabrik Dedeleben	
1,86	*(Grenze)*		
0,0	*Jerxheim*	>Mattierzoll, Schnöningen	>Oschersleben, Schöppenstedt
Nordhausen-Ellrich-(Herzberg)		**663, DB**	**Norm**
157,43	Nordhausen	>Wolkramshausen, Berga-Kelbra	>Wernigerode
155,39	Steinmühle Bk		
155,32	Anschl.		
154,47	Nordhausen-Salza	[Salza]	
153	Kohnstein Abzw.	>Dora-Mittelbau	
151,5	Niedersachswerfen Reichsb		
147,68	Woffleben		
145,35	Anschl.	>Ellrich Eisengießerei ?	
142,89	Ellrich	[Ellrich Reichsbahn]	>Zorge

142,04	*(Grenze)*		
	(Himmelreichtunnel 0,269)	[Walkenrieder Tunnel]	
138,4	*Walkenried*	>Braunlage	
135,7	*Bad Sachsa*		
	Tettenborn		
129,0	*Osterhagen*		
121,3	*Scharzfeld*	>St Andreasberg, Bad Lauterberg	>Scharzfeld Kalkwerk
	Abzw.	>Siebertal, Zwinge	
115,7	*Herzberg (Harz)*	>Osterode, Wulften	
Nordhausen Nord-Wernigerode		**204e, 676**	**Sm 1000, Anschl. in Ndhsn. auch Norm**
	Nordhausen Bahnhofsvorplatz	>Straßenbahn	
0,0	Nordhausen Nord	[Nordhausen Nordh W E]	>Elleich, Wolkramshausen, Berga-Kelbra
0,4	Anschl.	>0,0 Baumaterialien Tolle (0,05)	
0,5	Nordhausen Nord Gbf		
0,51	Anschl.	>0,0 Gasolin [Minol] (0,1)	
0,58	Anschl.	>0,0 BV (0,05)	
1,1	Nordhausen Übergabebf	[Nordhausen Umladebf]	>Anschl. Eisenhandlung Goldschmidt
1,15	Anschl.	>0,0 Baumaterialien Schulze (0,25)	
1,2	Anschl.	>Tiefbau und Kälteindustrie	[Gebhardt & König]
1,29	Anschl.	>0,0 Eisengroßhandlung Wolfram (0,25)	
1,3	Anschl.	>0,0 OSSAG (0,15)	
1,36	Anschl.	>0,0 Schachtbau (0,3)	
1,41	Anschl.	>0,0 Schachtbau (0,15)	
1,44	Anschl.	>0,0 Hetzel (0,1)	
1,5	Nordhausen Hasseröder Straße		
2,18	Nordhausen Altentor	[Altentor-Nordhausen]	
	Altentor Bk		
3,0	Nordhausen Ricarda Huch Straße		
4,5	Nordhausen Krimderode	[Crimderode]	
	(Zorgebrücke)		
5,35	Krimderode		
6,0	Niedersachswerfen Herkulesmarkt		
6,92	Abzw. Dora	>0,0 Harzungen Lager (2,5)	
6,99	Niedersachswerfen Ost	[Niedersachswerfen Nordh W E]	
8,0	Niedersachswerfen Ilfelder Straße		
8,2	Anschl.	>Niedersachswerfen Gipswerke	[A & F Probst GmbH]
9,9	Ilfeld Schreiberwiese		
10	Anschl.	>Niedersachswerfen Gipswerke	[Kaselitz AG]
10,71	Ilfeld		
11,14	Anschl.	>Ilfeld Papierfabrik	
11,5	Ilfeld Neanderklinik		
12,6	Talbrauerei		
13,0	Ilfeld Bad		
13,5	Abzw. Teutschenthal	>Anschl. Wentzelzeche	
14,82	Netzkater	>Rabensteiner Stollen	
15,2	Anschl.	>Grauwackebruch	
17,29	Eisfelder Talmühle	[Eisfelder Talmühle Nordh W E]	>Stiege, Hasselfelde
19,46	Tiefenbachmühle		
21,5	Sophienhof		
25,1	Kälberbruch		
	(Rappbodebrücke)		
29,8	Anschl.	>0,0 Marens (0,15) [Kompressorenwerk?]	
29,84	Benneckenstein	>Anschl. Kohlenhandlung Baumgarten	>Anschl. Zimmerei Baumgarten
29,95	Anschl.	>0,0 Hantzsche (0,1)	
33,35	Sorge	*(neu)*	
34,15	Sorge	[Sorge NWE]	>Tanne
34,3	Abzw.	>0,1 Braunlage	
37,34	Allerbach		
41,62	Elend		
46,44	Drei Annen Hohne	[Drei Annen Hohne West] >0,0 Brocken	[Drei Annen Hohne Nordh W E]
50,67	Drängetal		
	(Thumkuhlenkopf-Tunnel 0,058)		
54,51	Steinerne Renne		
54,96	Anschl.	>Marmorwerke	
55,71	Steinrampe		
55,9 ?	Anschl.	>Transatlantische Handels AG	
56,2	Anschl.	>0,0 Schokoladenfabrik Argenta (0,3)	[Ferdinand Karnatzki AG]
56,23	Wernigerode Hasserode	[Hasserode II]	
56,5	Anschl.	>Wegener, Kohlehandel	>Sägewerk Niewerth
57,1	Wernigerode Frankenfeldstraße		
57,6	Anschl.	>Papierfabrik Marschhausen	
58,0	Wernigerode Kirchstraße		
58,56	Anschl.	>Papierfabrik Heidenau	
58,88	Wernigerode Hochschule Harz	[Hasserode I]	
59,2	Wernigerode Westerntor Hp		
	(Zillerbachbrücke)		
59,47	Wernigerode Westerntor	>Anschl. Bahnbetriebswerk	
59,6	Anschl.	>Sägewerk Hering & Co	
59,7	Abzw.	>0,0 Wernigerode Umladebf (1,1)	>Anschl. Elmowerk und weitere
60,1	Anschl.	>Futter- u. Düngemittelgroßhandlung Rhin	
60,5	Wernigerode Nordh W E	>Heudeber-Danstedt, Stapelburg	
Nordhausen Ziegelei		**Werkbahn**	**Sm 600**
0,0			
0,2			
Nossen-Freiberg		**169e, 413**	**Norm**
0,0	Nossen	>Meißen, Riesa, Roßwein	
1,5	Kloster Altzella		
5,14	Zellwald		
10,22	Großvoigtsberg		
13,65	Großschirma	>Anschl. Getreidewirtschaft [Baywa AG]	
18,29	Kleinwaltersdorf		
23,97	Freiberg (Sachs)	>Halsbrüxke, Klingenberg-Colmnitz, Flöha	>Brand Erbisdorf
Nossen Ziegelei		**Werkbahn**	**Sm 600**
Nudersdorf Gießereisandwerk		**Werkbahn**	**Sm 600**
0,0	Nudersdorf Gießereisandwerk		
1,9	Nudersdorf Quarzsandgrube		
Oberauer Tunnel		**Werkbahn**	**Sm 900**
Oberhof Kanzlersgrund		**Seilbahn**	
0,0	Oberhof Kanzlersgrund		
0,32	Schanze am Rennsteig		
Oberlungwitz Ziegelei		**Werkbahn**	**Sm 600**
Oberröblingen-Allstedt		**185b**	**Norm**
0,0	Oberröblingen (Helme)	>Sangerhausen, Artern	
1,1	Anschl.		
1,6	Anschl.		
3,63	Niederröblingen		
	Abzw.	>0,0 Landgrafroda (10,0)	
7,42	Allstedt		

Obstfelderschmiede-Cursdorf		**564**	**Norm/ 1800**
0,0	Obstfelderschmiede	>Köditzberg, Katzhütte	
	(Ausweiche)		
1,3878	(0,0) Lichtenhain an der Bergbahn	[Lichtenhain (Kr Rudolstadt)]	
2,96	(1,56) Oberweißbach-Deesbach		
3,94	(2,54) Cursdorf		
Oebisfelde-Klötze-Salzwedel		**764**	**Norm**
0,0	Oebisfelde	>Wolfsburg, Wegenstedt, Gardelegen	
6,31	Buchhorst		
15,28	Kunrau (Altm)	[Cunrau]	
20,47	Kusey		
27,47	Klötze (Altm)	>Kalbe	
32,51	Bandau		
36,73	Beetzendorf (Sachs-Anh)	[Beetzendorf (Prov Sachs)]	>Kalbe, Rohrberg, Diesdorf
42,77	Siedenlangenbeck		
46,9	Kuhfelde		
50,68	Dambeck (Altm)		
	Abzw.	>Badel	
	Abzw.	>Diesdorf	
55,34	Anschl.	>Umspannwerk	
55,5	Salzwedel Altstadt		
57,12	Salzwedel	>Pretzier, Arendsee, Lüchow, Uelzen	
Oehrenstock Feldbahnmuseum		**Museumsbahn**	**Sm 600**
Oelsnitz Bergbaumuseum			**Sm 600**
Ogrosen Ziegelei		**Werkbahn**	**Sm 600**
Olbernhau=Grünthal-Deutschneudorf		**169b**	**Norm**
0,0	Olbernhau-Grünthal	>Pockau-Lengefeld	>Olbernhau Obermühle
	Abzw.	>Neuhausen	
	(Grenze)		
3	*(17,7) Brandau*	[Brandov]	
	(Grenze)		
4,3	Niederlochmühle		
6,37	Oberlochmühle		
7,44	Deutschkatharinenberg		
9,46	Deutschneudorf		
Olbernhau=Grünthal-Obermühle		**Werkbahn**	**Sm 750, EL**
	Olbernhau-Grünthal Bf	>Pockau-Lengefeld, Deutschneudorf	
	Olbernhau Obermühle		
Olbersdorf Grube Glückauf		**Grubenbahn**	**Sm 900, EL**
	Olbersdorf Grube Glückauf	[Olbersdorf Laubag]	
	Olbersdorf Anschlüse		
Olbersdorf Oberdorf Holz- und Imprägnierwerk		**Werkbahn**	**Sm 750**
0,0			
1			
Oldisleben Zuckerfabrik		**Werkbahn**	**Norm**
	Oldisleben	>Esperstedt	
	Oldisleben Zuckerfabrik		
Oppurg-Orlamünde		**562**	**Norm**
3,23	Oppurg	>Triptis, Saalfeld	
	Anschl.	>Phönix	
	(Rehmerbrücke)		
11,66	(0,0) Pößneck unt Bf	[Pößneck Saalbahn] [Jüdewein]	>Anschl. Gaswerk
7,31	Langenorla Ost	[Kleindembach]	>Anschl. Porzellanfabriken
	(Orlabrücke)		
5,58	Langenorla West	[Langenorla]	>Anschl. Holzverarbeitung
	(Orlabrücke)		
2,6	Waldhaus (Orla)		
0,56	Freienorla		
	(Saalebrücke)		
0,0	Orlamünde	>Göschwitz, Rudolstadt	
Oranienbaum-Vockerode			**Norm**
0,0	Oranienbaum (Anh)	>Gohrau-Rehsen, Dessau, Burgkemnitz	
7,5	Vockerode	>Vockerode Kraftwerk	
Oranienburg-Stralsund		**910**	**Norm, EL**
27,4	Oranienburg	>Berlin	
29,5	Sachsenhausen (Nordb)	>Wensickendorf	
	Abzw.	>Wensickendorf	
31,5	Fichtengrund		
	(Havelbrücke)		
32	*(Rbd-Grenze)*		
34,8	Nassenheide	[Nassenheide (Nordbahn)]	
40,8	Grüneberg	[Grüneberg (Nordbahn)]	
44,3	Löwenberg (Mark) Reichsb	>Templin, Herzberg	
45,8	Löwenberg Abzw.	>Herzberg	
49,7	Guten Germendorf		
51,7	Buberow		
56,2	Gransee	>Großwoltersdorf	
60,8	Altlüdersdorf		
65,4	Dannenwalde (Kr Gransee)	[Dannenwalde (Meckl)]	>0,0 Anschl. Dannenwalde Munitionslager (3,0)
72,9	Drögen		
76,6	Fürstenberg (Havel)	[Fürstenberg (Meckl)]	>Templin
	Abzw.	>Templin	
85,2	Düsterförde		
88,7	Drewin		
95,2	Strelitz Alt	>Neustrelitz Hafen	
	Abzw.	>Bürgerhorst	
98,5	Neustrelitz Hbf	>Neustrelitz Süd	
	Abzw.	>Kargow, Waren	
	Anschl.		
106,3	Thurow Kreuzungsbf		
113,4	Blankensee (Meckl)	[Blankensee (Meckl) Reichsb]	[Blankensee (Meckl) Hbf] >Thurow
117,6	Cammin (Meckl)		
125,4	Burg Stargard (Meckl)	[Stargard]	
	Abzw.	>Strasburg, Industriebahn	
133,7	Neubrandenburg		
	Abzw.	>Kargow, Malchin, Friedland	
142,3	Neddemin		
	(Tollensebrücke)		
149,1	Altentreptow	[Treptow a d Tollense] >Metschow, Demmin	>0,0 Viehladegleis (0,8)
157,3	Gültz		
161,4	Gnevkow		
165,3	Sternfeld		
170	Utzedel		
172,4	Zachariae		
	(Tollensebrücke)		
176	Demmin	>Tutow, Hafen, Metschow	
	(Peenebrücke)		
181,4	Randow		
184,9	Toitz-Rustow	>Loitz	
189,2	Düvier		
192,7	Rakow	[Rakow (Pommern)]	
197,4	Vietlipp	>Tribsees	
199,7	Grimmen	>Greifswald	
	(Trebelbrücke)		
208,3	Wittenhagen		
211,3	Elmenhorst		
214,7	Zarrendorf	[Alt Zarrendorf]	
218,9	Voigdehagen		
220,1	Stralsund SRG Abzw.	>Greifswald, Rügendamm	
	Abzw.	>Stralsund Rügendamm, Bergen	
	Abzw.	>Stralsund Hafen, Velgast	
222,6	Stralsund	>Barth	
Oranienburg Versuchsbahn		**Werkbahn Gleisoval**	**Norm, EL**
0,0			
1,757	(0,0)		
Oschatz-Mügeln-Neichen		**164f, 325**	**Sm 750**
0,0	Oschatz	>Dresden, Leipzig, Strehla	
0,8	Oschatz Lichtstraße		

km	Bahnhof		
1	Oschatz Körnerstraße		
2,08	Oschatz Süd	[Oschatz Hst]	
	Kleinforst Rosensee		
3,29	Altoschatz-Rosenthal	[Rosenthal]	
4,34	Thalheim (b Oschatz)	[Kreischa-Saalhausen]	
7,21	Naundorf (b Oschatz)		
9,4	Schweta Gasthof		
9,87	Schweta Park	[Schweta (b Oschatz)]	
11,38	Mügeln (b Oschatz)	>Döbeln	>Anschl. Lipsia
12	Mügeln Stadt		
12,68	Altmügeln		
14,42	Nebitzschen	>Kroptewitz	
15,99	Glossen (b Oschatz)	>Anschl. Steinbrüche	
17,11	Gröppendorf		
19,29	Mahlis		
21	Reckwitz		
22,68	Wermsdorf (b Oschatz)		
25,72	Mutzschen		
27,15	Böhlitz-Roda		
28,74	Wagelwitz		
30,26	Cannewitz		
31,66	Denkwitz		
33,17	Nerchau-Gornewitz		
35	*(Rbd-Grenze)*		
35,32	Neichen	[Nerchau-Trebsen]	>Wurzen, Grimma
Oschatz-Strehla		**164c**	**Sm 750**
0,0	Oschatz	>Dresden, Leipzig, Mügeln	
0,22	Abzw.	>Döbeln	
3,2	Schmorkau (b Oschatz)		
8,17	Zaußwitz		
9,95	Kleinrügeln		
11,3	Strehla		
12,03	Strehla Elbkaibf		
16	Elbeufer (Röderau)		
Oschatz-Oschatz Zuckerfabrik			**Sm 750/ Norm Dreischienengleis**
0,0	Oschatz	>Dresden, Leipzig, Strehla, Mügeln	
	Oschatz Zuckerfabrik		
Oschersleben-Gunsleben-(Mattierzoll-Börßum)		**714, DB**	**Norm**
65,65	Oschersleben (Bode) Reichsb	>Schöningen, Halberstadt, Blumenberg	
56,5	Neuwegersleben	>Anschl. Tagebau	
51,39	Gunsleben	>0,0 Aderstedt (2,5)	
47,17	*(Grenze)*		
	Abzw.	>Schöningen	
41,2	*Jerxheim*	>Schöningen, Dedeleben	
30,8	*Mattierzoll Reichsb*	>Heudeber, Wittmar	
	Hedeper		
45,3	*Börßum*	>Braunschweig, Goslar, Salzgitter	>Osterwieck
Oschersleben-Hötensleben-(Schöppenstedt)		**DR, DB**	**Norm**
0,0	Oschersleben (Bode) Reichsb	>Gunsleben, Nienhagen, Blumenberg	
1,97	Oschersleben (Bode) Nord		
3,06	Oschersleben (Bode) Nordwest		
6,25	Hornhausen		
7,55	Hornhausen Nord		
12,87	Ottleben	>Ottleben Zuckerfabrik, BHG	
	(Brücke 0,01)		
14	Anschl.	>Altonaer Zeche	
14,8	Ausleben		
17,75	Barneberg		
19,3	Kauzleben	>Kiesgrube	>Pumpwerk
21,89	Hötensleben	>Zuckerfabrik	>Rothkuhle
23,06	*(Grenze)*		
26,3	*(42,6) Schöningen Süd*	>Jerxheim, Helmstedt, Eilsleben	
	Abzw.	>0,0 Hoiersdorf Nord (1,2)	
39,8	*Hoiersdorf Süd*		

km	Bahnhof		
	Twieflingen		
	Wobeck		
	Groß Dahlum		
	Eitzum (Elm)		
26,7	*Schöppenstedt Nord*	>Lucklum, Hemkenrode	
Oschersleben-Neindorf		**Grubenbahn**	**Norm**
0,0	Oschersleben (Bode) Reichsb	>Gunsleben, Nienhagen, Blumenberg	>Hötensleben
5,5	Neindorf Grube Marie-Louise		
Ottendorf=Okrilla Kieswerk		**Werkbahn**	**Sm 750**
Pasewalk-Grambow-(Stettin)		**122d, 122k, 927, PKP**	**Norm**
0,0	(41,9) Pasewalk	>Strasburg, Templin	
1,6	(40,3) Pasewalk Ost	>Klockow	
	Abzw. Krugsdorf W 1	>Gumnitz	
7,9	(34,1) Zerrenthin		
11,3	Rossow (Kr Pasewalk)	[Rossow (Kr Prenzlau)]	
	Abzw.	>Damme	
17,1	(24,8) Löcknitz		
27,1	(14,9) Grambow		
28,98	*(13,2) (Grambow Grenze)*		
	Stöven (Bz Stettin)	[Stobno Szczecinski]	>Neuwarp
	Scheune	[Szczecin Gumience]	>Angermünde
	Stettin Pommerensdorf	[Szczecin Pomorzany]	>Ziegenort
Pasewalk-Klockow		**113e, 125k, 122e**	**Sm 750**
0,0	Pasewalk Ost	[Pasewalk KKP] >Pasewalk, Stettin	>Anschl. Mühle, Kartoffelflockenfabrik
7	Bröllin	[Broellin]	>Anschl. LPG
9	Züsedom	>Anschl. Düngerschuppen	
11	Neuenfeld		
14	Schönfeld (b Klockow)	>Anschl. LPG	>FB
15	Klockow Gut		
	(Gleisende)		
	Anschl.	>Schönfeld Gut	
16	Klockow (Uckerm)	>Prenzlau	>Anschl. Überladerampe
Passow-Stendell-Schwedt			**Norm, EL**
0,0	Passow (Kr Angermünde)	[Passow (Uckerm)]	>Angermünde, Stettin
5,8	Stendell		
12	Schwedt PCK	[Schwedt Raffinerie]	
15	Abzw.	>Angermünde, Schwedt	
Pätz Kieswerk		**Werkbahn**	**Sm 900**
Paulinenaue-Neuruppin		**110f**	**Norm**
0,0	Paulinenaue	>Berlin, Wittenberge, Rathenow	
2,55	Eichberge		
	(Luchkanalbrücke)		
5,83	Lobeofsund		
10,12	Betzin-Karwesee	[Betzin-Carwesee]	
15,84	Fehrbellin		
	(Rhinbrücke)		
	(Rhinbrücke)		
	(Rhinbrücke)		
19,13	Dammkrug		
22,53	Buskow (Kr Neuruppin)		
25,7	Treskow		
27,13	Neuruppin Süd	[Neuruppin Anstalt]	>Anschl. Neuruppin Feuerlöschgerätewerk
28,26	Neuruppin Fehrbelliner Straße	[Neuruppin Königstor]?	
29,83	Neuruppin Paulinenauer Bf		
30,47	Neuruppin	>Herzberg, Neustadt, Wittsock	
Peenemünde Prüfstände		**Werkbahn**	**Sm 600**
Peenemünde Heeresversuchsanstalt			
Peen.: Gleisdreieck-Peenemünde Flugplatz		**Werkbahn**	**Norm, EL**

	Gleisdreieck	>Karlshagen, Prüfstände	
10,3	Gleiskreuz Nord	>Kraftwerk, Hafen 2, Sauerstoffwerk	
10,33	Peenemünde Werk Ost Hp		
	Westgleis		
	Abzw.	>Peenemünde Werk West	
	Abzw.	>Hafen 1	
	Abzw.	>Hafen 1	
	Peenemünde Flugplatz	>Raketen-schienenschlitten	
Peen.:	**Gleisdreieck-Peenemünde Kraftwerk**	**Werkbahn**	**Norm, EL**
	Gleisdreieck	>Karlshagen, Prüfstände	
10,3	Gleiskreuz Nord	>Flugplatz	>Wasserwerk Süd
10,8	Hauptwache Nord		
	Anschl.	>Sauerstoffwerk	
12,4	Peenemünde Wasserwerk		
12,5	Abzw.	>Peenemünde Hafen 2	
12,76	Peenemünde Dorf		
	Anschl.	>Bunker	
	Anschl.	>Trafostation	
13,6	Peenemünde Kraftwerk		
Peen.:	**Gleisdreieck-Prüfstände**	**Werkbahn**	**Norm, EL**
	Gleisdreieck	>Karlshagen, Kraftwerk, Flugplatz	
	Peenemünde Werkbf		
	Peenemünde Werk Ost	>Anschlüsse	
	Abzw.	>Prüfstände II, III, IV, V, IX	>FB
	Abzw.	>Prüfstand VIII	>FB
	Abzw.	>Prüfstand I	>FB
	Anschl.		
	Prüfstand VII	>FB	
Peen.:	**Karlshagen-Gleisdreieck**	**Werkbahn**	**Norm, EL**
6,6	Karlshagen	[Karlshagen Dorf]	>Zinnowitz
	Abzw.	>Außenring	
7,26	Karlshagen Siedlung		
	Karlshagen Gbf	>Hafen 3	
7,82	Karlshagen Behelfsbahnsteig		
8,4	Abzw.	>Druckprüfstand	
8,83	Halle F 1	[Karlshagen Bahnhofshalle]	>Anschl. Werk Süd
	Rangierbf		
	Abzw.	>Prüfstand XI	>FB
9,5	Übernahmegleise Werke Ost/ West		
9,73	Halle IW	[Wasserwerk Süd] >Anschl.	>Gleiskreuz Nord
	Abzw.	>Innenring	
9,9	Peenemünde Endbf		
	Gleisdreieck	>Außenring, Peenemünde	
Peen.:	**Karlshagen Gbf-Hafen 3**	**Werkbahn**	**Norm, EL**
	Karlshagen Gbf Abzw Stw 2 Kas	>Karlshagen, Gleisdreieck	
6,2	Karlshagen Werkbf		>Anschl. Unterwerk 3
	Abzw.	Karlshagen Lager- und Wirtschaftsgleis	[Kartoffelgleis]
	Hafen 3		
Peen.:	**Zinnowitz-Gleisdreieck**	**Werkbahn**	**Norm, EL**
1,5	Zinnowitz Werkbf	>Zinnowitz	
3	Trassenmoor Dorf	[Trassenheide Dorf]	
4,5	Trassenmoor Lager	[Trassenheide Lager]	
6,2	Abzw.	>Karlshagen Gbf	
6,6	Karlshagen	[Karlshagen Dorf]	
	Abzw.	>Außenring	
7,26	Karlshagen Siedlung		
	Abzw. Süd	>Werk Süd	
8,5	Hauptverwaltung		
9,6	Holzwerkstatt	>Anschl. Holzwerkstatt	
	Abzw.	>Innenring	
	Gleisdreieck	>Außenring, Peenemünde	
Pegau-Gaschwitz		**511**	**Norm**
0,0	Pegau	>Zeitz, Leipzig	
1,3	Pegau Ost	[Pegau Hp]	

	Anschl.	>Filzfabrik	
4,6	(13,4) Groitzsch	>Meuselwitz, Neukieritzsch	
8,76	Rüssen-Kleinstorkwitz	[Rüssen]	
12,84	(5,3) Zwenkau (Bz Leipzig)		
	Zwenkau Übergabebf	>Tagebau Cospuden	>Böhlen Werke
18	(0,0) Gaschwitz	>Leipzig, Neukieritzsch	
Pegau-Groitzsch-Meuselwitz		**176e, f, 511**	**Norm**
0,0	Pegau	>Leipzig, Zeitz	
1,3	Pegau Ost	[Pegau Hp]	
	(Weiße Elsterbrücke)		
	Anschl.	>Filzfabrik	
4,6	(13,4) Groitzsch	>Neukieritzsch, Gaschwitz	
5,5	Abzw.	>0,0 Altengroitzsch Grube (2,0)	
	Käferhain Montageplatz		
	(Gleisende)		
8,56	Käferhain		
	(Gleisende)		
	Lucka (Kr Altenburg) Gbf	>Anschl. Lucka Wellpappefabrik	
11,83	(20,7) Lucka (Kr Altenburg)		
13,97	Lucka (Kr Altenburg) Süd	[Wintersdorf (Kr Altenburg)]	
	(Gleisende)		
14,6	Meuselwitz Gießerei	>Anschl. Gießerei	
15,5	Meuselwitz Heurekagrube	>Anschl. Heureka	
	Anschl.	>Kölbel	
	Anschl.	>BWG	
	Anschl.	>Taubert	
19,01	(27,8) Meuselwitz (Thür)	>Ronneburg, Altenburg, Zeitz	
Pegau-Saalfeld		**530**	**Norm**
29,9	Pegau	>Groitzsch, Gaschwitz, Leipzig	
34,6	Profen	>Anschl. Tagebau	>Grube Kurt
37,3	Reuden (Kr Zeitz)	[Reuden (Elster)]	>Anschl. Ziegelwerke
39,5	Bornitz (b Zeitz)		
41	Abzw. Zangenberg Za		
41,9	Abzw. Zangenberg Zn	>Tröglitz Werk	
	(Überführungsbauwerk)		
43	Zeitz Gbf	>Weißenfels, Tröglitz Werk	
44,6	Zeitz	>Altenburg, Camburg	
46	*(Rbd-Grenze)*		
50,6	Haynsburg		
55	Wetterzeube		
	Crossen Ort		
60,9	Krossen (Elster)	[Crossen (Elster)]	
	Abzw.	>Porstendorf	
	Caaschwitz		
	(Weiße Elsterbrücke)		
66,4	Bad Köstritz		
68,5	Gera Langenberg	[Langenberg (Thür)]	
	Gera Hbf Gmi Abzw.	>Göschwitz	
72,81	Gera Hbf	[Gera Reuss PrStB]	
	Gera Debschwitz Gbf	[Gera Sächsischer Güterbahnhof]	>Anschl. Straßenbahnnetz
74,6	Gera Süd	[Gera Reuss SäStB]	>Ronneburg, Wünschendorf
	(Weiße Elsterbrücke)		
76,9	Gera Zwötzen		
79,8	Gera Röppisch	[Wolfsgefährt]	
85,09	Weida	>Wünschendorf, Zeulenroda	
87	*(Rbd-Grenze)*		
93,6	Niederpöllnitz	>Münchenbernsdorf	
100,49	Triptis	>Lobenstein	
104,4	Traun		
108,9	Neustadt (Orla)		
112,2	Neunhofen		
	(Tunnel 0,117)		
117,6	Oppurg	>Orlamünde	
122,5	Pößneck ob Bf		
126,2	Krölpa-Ranis		

km	Bahnhof		
130,6	Könitz (Thür)	>Anschl. Maxhütte Unterwellenborn	
133,9	Unterwellenborn	>Anschl. Maxhütte Unterwellenborn	
139,5	*(Bahnhofsbrücke)*		
140,01	Saalfeld (Saale)	>Rudolstadt, Bad Blankenburg, Kaulsdorf	
Pegau Museumsbahn			**Sm 500**
Peitz-Schwarze Pumpe-Boxberg		**Grubenbahn**	**Norm, EL**
	Peitz Ost	>Cottbus, Guben	
	Jänschwalde Kraftwerk		
	Cottbus Nord Tagebau		
	Jänschwalde Tagebau		
	Abzw.	>Großräschen	
	Spremberg Grube Terpe		
	Abzw.	>Welzow Süd Tagebau	
	Schwarze Pumpe Kraftwerk		
	Spreewitz	>Graustein, Knappenrode	
	Abzw.	>Nochten	
	Abzw.	>Nochten Tagebau	
	Boxberg Kraftwerk	>Knappenrode Süd, Uhyst	
	Reichwalde Tagebau		
	Reichwalde Spülstelle		
Penig Papierfabrik		**Werkbahn**	**Sm 600**
Perleberg-Berge-Karstädt-Perleberg		**107v, 120h, 120k, 542, 811**	**Norm**
0,0	Perleberg Süd	>Wittenberge, Lindenberg, Pritzwalk	
1,48	Perleberg Nord		
	Abzw.	>Berge	
4,14	Quitzow		
7,04	Schönfeld (b Perleberg)		
9,39	Premslin	[Premslin-Glöwzin]	
	Glöwzin?		
12,97	Stavenow		
14,78	Karstädt Kleinb	>Wittenberge, Ludwigslust	
16,54	Postlin		
20,23	Dallmin	>Anschl. Molkerei	
21,73	Margaretental		
23,46	Karwe (Prign)		
24,73	Klüß (Prign)	[Klüß Westprign Kreisb]	
26,92	Neuhausen (Prign)		
28,46	Berge (Prign)	[Klein Berge]	>Putlitz
31,35	Pirow		
33,9	Vahrnow (Prign)		
35,06	Wüsten-Vahrnow		
37,69	Baek		
39,67	Strigleben		
41,95	Gramzow (Prign)		
44,19	Groß Buchholz		
	Abzw.	>Karstädt	
48,79	Perleberg Nord		
50,27	Perleberg Süd	>Wittenberge, Lindenberg, Pritzwalk	
Perleberg-Viesecke-Lindenberg-Kyritz		**120c**	**Sm 750**
47,28	Perleberg Kleinb	>Berge, Pritzwalk, Wittenberge	
	(Stepnitzbrücke)		
	(niveaugleiche Kreuzung mit Regelspur)	[Perleberg Kreuzung]	
45?	Perleberg Wilsnacker Straße		
43,42	Düpow		
40,35	Kleinow Ziegelei		
39,36	Kleinow (Prign)		
37,74	Ponitz (Prign)		
34,65	Groß Werzin		
33,29	Viesecke	>Kreuzweg	
29,63	Hoppenrade (Prign)		
27,76	Garz (Prign)		
24,83	Lindenberg (Prign)	>Glöwen	
23,75	Vettin	>Pritzwalk	
20,72	Kehrberg (Prign)		
16,63	Dannenwalde (Kr Kyritz)	[Dannenwalde (Prign)]	
	Dannenwalde Ziegelei		
13,52	Bärensprung (Prign)		
11,29	Gumtow		
9,08	Demerthin		
6	Rehfeld Abzw.	>Breddin	
4,4	Rehfeld (Prign)		
2,68	Klosterhof		
0,0	Kyritz Kleinb	>Pritzwalk, Neustadt	
Petersdorf-Silberberg Waldschänke		**107d, 181**	**Norm**
0,0	Petersdorf (Kr Fürstenwalde/ Spree)	[Petersdorf (b Ketschendorf/ Spree)]	>Fürstenwalde, Beeskow
	Anschl.	>Formsandgrube	
1,0	Kinderferienlager		
2,5	Saarow Kurhaus		
3,2	Saarow West	[Bad Saarow West]	>Anschl. Sägewerk
4,7	Saarow Alte Eichen		
6,6	Saarow Silberstrand	[Bad Saarow Silberstrand]	
7,6	Saarow Silberberg	[Bad Saarow Silberberg]	
8,2	Silberberg Waldschänke		
Pettstädt Ziegelei		**Werkbahn**	**Sm 500**
0,0			
0,05			
Peulingen-Hohenwulsch			**Norm**
0,0	Peulingen	>Arendsee, Stendal	
2,45	Belkau (Kr Stendal)		
5,03	Schinne		
6,55	Darnewitz		
9,78	Grassau (Kr Stendal)		
14,65	Schorstedt		
17,9	Dobberkau		
22,23	Hohenwulsch	[Bismark Anschlußbf] [Bismark Ost]	>Stendal, Salzwedel, Kalbe
(Philippsthal)-Unterbreizbach		**Werkbahn**	**Norm**
0,0	*(21,6) Philippsthal (Werra)*	>Gerstungen, Vacha	>Hattorf Kaliwerk
	(Grenze)		
3,4	(22,3) Unterbreizbach	>Tann, Vacha	>Unterbreizbach Kaliwerk
Picher-Jasnitz Erzbahn		**Werkbahn**	**Sm 600**
0,0	Picher		
5	Jasnitz	>Ludwigslust, Hagenow	
Pirna-Gottleuba		**165c, 313**	**Norm**
0,0	Pirna	>Dresden, Schöna, Dürröhrsdorf	
1,07	Pirna Solidarität	>Großcotta	
1,88	Pirna Süd		
3,9	Pirna Ost	[Pirna von Richthofenstraße]	
6,45	Pirna Rottwerndorf		
7,59	Pirna Neundorf		
11,66	Langenhennersdorf	>Anschl. Hartpappenwerk	
13,75	Berggießhübel-Zwiesel	[Zwiesel]	
14,93	Berggießhübel		
	Gießenstein Gut		
17,61	Gottleuba	[Bad Gottleuba]	
Pirna-Großcotta			**Norm**
0,0	Pirna	>Dresden, Schöna, Dürröhrsdorf	
1,07	(0,0) Pirna Solidarität	>Gottleuba	
3,8	Pirna Zehista		
	Dohma		
8,23	Großcotta		
	(Großcottaer Tunnel 0,257)	[Cottaer Tunnel]	
8,9	Großcotta Sandsteingruben	[Lohmgrund]	
Pirna-Mockethal			**Norm**
0,0	(46,3) Pirna	>Dresden, Schöna, Gottleuba	
	(Elbebrücke)		
0,0	(45,4) Pirna Copitz	[Copitz]	>Dürröhrsdorf
	Pirna Copitz Hp		
1,8	Mockethal		
Pirna-Neustadt		**312**	**Norm**
0,0	(46,3) Pirna	>Dresden, Schöna, Gottleuba	

km	Strecke / Bahnhof		
	(Elbebrücke)		
0,9	(45,4) Pirna Copitz	[Copitz]	>Mockethal
	(44,3) Pirna Copitz Nord		
6,9	(39,4) Lohmen		
12,5	(33,8) (16,1) Dürröhrsdorf	>Arnsdorf, Weißig-Bühlau	
15,6	(12,9) Helmsdorf (b Pirna)		
18,7	(9,9) Stolpen		
21,6	(7,0) Langenwolmsdorf Mitte		
23,7	(4,9) Langenwolmsdorf		
28,6	(0,0) Neustadt (Sachs)	>Sebnitz, Neukirch	
Pirna Herrenleite Felbahnmuseum		**Museumsbahn**	**Sm 500/ 600/ 750**
Plau Ziegelei		**Werkbahn**	**Sm 600**
Plaue-Ilmenau-Schleusingen		**622**	**Norm**
0,0	Plaue (Thür)	>Arnstadt, Zella-Mehlis	
	(Gerabrücke)		
	(Angelrodaer Brücke)		
7,35	Anschl.		
7,4	Martinroda		
10,32	Geraberg	[Gera]	
12,06	Elgersburg		
15,0	Ilmenau-Roda	[Roda (b Ilmenau)]	
17,6	Ilmenau Pörlitzer Höhe		
19,18	Ilmenau	>Großbreitenbach	
	(Ilmbrücke)		
20	Anschl.		
20,45	Ilmenau Bad		
21,65	Anschl.		
23,83	Manebach		
27,58	Meyersgrund		
28,98	Stützerbach		
30,795	*(Zahnstangenabschitt A)*		
	(Ilmbrücke)		
32,936	*(Zahnstangenabschitt E)*		
33,38	Rennsteig	>Frauenwald	
33,933	*(Zahnstangenabschitt A)*		
35,131	*(Zahnstangenabschitt E)*		
	(Nahebrücke)		
35,27	Schmiedefeld am Rennsteig		
35,759	*(Zahnstangenabschitt A)*		
36,937	*(Zahnstangenabschitt E)*		
36,98	Anschl.		
37,97	*(Zahnstangenabschitt A)*		
38,929	*(Zahnstangenabschitt E)*		
40,0	Thomasmühle		
	(Nahebrücke)		
42,92	Schleusinger Neundorf		
	(Nahebrücke)		
	(Nahebrücke)		
47,25	Hinternah		
	(Nahebrücke)		
49,0	Schleusingen Ost		
49,236	*(Zahnstangenabschitt A)*		
49,995	*(Zahnstangenabschitt E)*		
50,98	Schleusingen	>Veßra, Suhl	
Plauen-Bad Brambach-(Eger)		**470, CSD**	**Norm**
0,0	Plauen (Vogtl) ob Bf	>Herlasgrün, Mehltheuer	
	(Syratalbrücke 0,2)		
2,8	Plauen (Vogtl) West	[Plauen Westbf]	
5,4	Plauen (Vogtl) Straßberg		
7,7	Kürbitz		
9,5	Weischlitz	>Plauen (Vogtl) unt Bf	
	(Weiße Elsterbrücke)		
13,4	Pirk		
19,8	Oelsnitz (Vogtl)	>Lottengrün	
26,6	Hundsgrün		
30,0	Rebersreuth		
	(Weiße Elsterbrücke)		
	Abzw.	>Arnsgrün	
33,1	Adorf (Vogtl)	>Siebenbrunn	
	(Weiße Elsterbrücke)		
36,3	Bad Elster		
39,6	Sohl		
41,6	Raun		
	(Grenze)		
	(Grenze)		
49,9	Bad Brambach	[Radiumbad Brambach] [Brambach]	
51,325	*(Bad Brambach Grenze)*		
	(Grenze)		
	(Grenze)		
	Fleißen	[Plesna] [Fleissen-Brendorf]	
	(Grenze)		
	Schönberg (b Bad Brambach)		
59,5	*(Voitersreuth Grenze)*		
	Voitersreuth	[Vojtanov]	
	Abzw.	>Asch	
	Antonienhütte		
	Franzensbad	[Frantiskovy Lazne]	>Karlsbad
	Eger	[Cheb]	
Plauen-Gutenfürst-(Hof)		**472, DB**	**Norm**
115,9	Plauen (Vogtl) ob Bf	>Herlasgrün, Adorf	
122,3	Syrau		
127,2	Mehltheuer	>Zeulenroda	
133,5	Schönberg (Vogtl)	>Hirschberg, Schleiz	
141,4	Reuth (b Plauen/ Vogtl)		
147,7	Grobau		
149,3	Gutenfürst W 1 Abzw.	>Gutenfürst Binnenverkehrsgleis 6 (149,6)	
149,7	Gutenfürst		
151,699	*(Gutenfürst Grenze)*		
	Feilitzsch		
	Hof Nord	>Naila	
164,8	*Hof Hbf*	>Oberkotzau	
Plauen Pioniereisenbahn		**Parkeisenbahn (Ringbahn)**	**Sm 600**
0,0	Hainstraße		
	Abzw.	>Lokschuppen	
1	Hainstraße		
Plessa Ziegelei		**Werkbahn**	**Sm 900**
Plieskendorf=Buchwäldchen Ziegelei		**Werkbahn**	**Sm 600**
0,0			
7			
Plömnitz Grube Antoinette		**Werkbahn**	**Sm 600**
Pockau=Lengefeld-Neuhausen		**425**	**Norm**
0,0	Pockau-Lengefeld	>Flöha, Marienberg	
	(Flöhabrücke)		
2,9	Nennigmühle		
	(Flöhabrücke)		
	(Flöhabrücke)		
	(Flöhabrücke)		
6,8	Blumenau		
10,6	Olbernhau		
12,9	Olbernhau Grünthal	[Grünthal Kupferhütte]	
	Abzw.	>Deutschneudorf	
15,4	Oberneuschönberg	[Schweinitzthal]	
	(Flöhabrücke)		
	(Flöhabrücke)		
17,9	Heidersdorf (Erzgeb)	[Nieder Seiffenberg]	
	(Flöhabrücke)		
19,8	Seiffen (Erzgeb)	[Dittersbach-Seiffen]	
22,1	Neuhausen (Erzgeb)	[Neuhausen (Sachs)]	
Pödelwitz Gießereisandwerk		**Werkbahn**	**Sm 600**
0,0			
0,7			
Pöhla Bergwerksbahn		**Museumsbahn**	**Sm 600**
Pölchow Ziegelei		**Werkbahn**	**Sm 600**
Porstendorf Maschinenpappenfabrik		**Werkbahn**	**Norm**
Prenzlau-Damme-Löcknitz		**113a, 125m, 924, 925**	**Norm**
0,0	Prenzlau	>Templin, Klockow, Angermünde, Dedelow	>Pasewalk
4,8	Bündigershof		
6,7	Grünow		
9,4	Drense		
13,1	Damme (Uckerm)	>Schönermark	
14,6	Eickstedt		
18,0	Schmölln (Uckerm)		
	Krügershof		
20,0	Schwaneberg (Uckerm)		
21,9	Wallmow		
23,6	Klausthal		
25,9	Grünberg (Uckerm)		
28,5	Frauenhagen		

31,3	Brüssow		
32,6	Butterholz		
33,8	Grimme		
36,8	Bergholz		
	(Randowbrücke)		
42,0	Löcknitz	>Pasewalk, Stettin	
Prenzlau-Klockow		**125k, 113e, 122e**	**Norm**
0,0	Prenzlau	[Prenzlau Kreisbf] >Anschl. Zuckerfabrik	>Strasburg (Meckl)
4,96	Wittenhof		
7,56	Schenkenberg (Uckerm)		
9,98	Ludwigsburg (Uckerm)		
12,08	Kleptow		
14,96	Klockow (Uckerm)	>Pasewalk Ost	
Prenzlau-Strasburg		**113b, 125g, 926**	**Norm**
0,0	Prenzlau	>Klockow, Templin	
	(Uckertalbrücke)		
4,4	Ellingen (Uckerm)		
6,5	Dedelow	>Fürstenwerder	
9,9	Holzendorf		
13,4	Kutzerow		
15,4	Taschenberg		
16,6	Lindhorst (Uckerm)		
18,6	Fahrenholz		
21,9	Güterberg		
26,0	Strasburg (Meckl)	[Strasburg (Uckerm) Kreisb]	>Thurow, Blankensee
Prenzlau-Templin-Löwenberg		**912**	**Norm**
119,4	Prenzlau	>Angermünde	
	Abzw.	>Pasewalk, Klockow, Löcknitz	
	Abzw.	>Strasburg	
115,2	Prenzlau West	>Prenzlau	
111,9	Prenzlau Vorstadt		
	Thiesorter Mühle		
106,5	Groß Sperrenwalde		
102,9	Beenz		
	Birkenhain		
95,7	Haßleben		
92,0	Mittenwalde (Kr Templin)		
86,3	Kreuzkrug (Kr Templin)		
82,3	Fährkrug (Kr Templin)	>Fürstenwerder	
	Abzw.	>Britz	
	Knehden		
78,7	Templin Vorstadt	[Templin Stadt]	
77,3	Templin	>Fürstenberg	
71,4	Hammelspring		
66,3	Vogelsang (Kr Gransee)	[Vogelsang (Kr Templin)]	>0,0 Groß Dölln (10,0)
61,0	Zehdenick-Neuhof	[Neuhof (Kr Templin)]	
	Anschl.	>Zehdenick Ziegelwerke	>Umspannwerk (b Zehdenick)
57,7	(0,0) Zehdenick (Mark)		
	Klein Mutz		
51,5	Bergsdorf		
44,3	Löwenberg (Mark)	>Neuruppin, Oranienburg	>Neustrelitz
Prerow Pioniereisenbahn		**Parkeisenbahn**	**Sm 600**
0,0	Kinderferienlager		
2	Dünenhaus		
(Pressig=Rothenkirchen-Tettau)		**414g, DB**	**Norm**
0,0	*Pressig-Rothenkirchen*	[Pressig] [Rothenkirchen]	>Kronach, Probstzella
	Welitsch		
	(Grenze)		
2,9	Heinersdorf (b Rothenkirchen)		
	(Grenze)		
	Räppoldsburg		
9,5	*Schauberg*		
	(9x Grenzwechsel)		
14,0	*Sattelgrund*		
15,7	*Alexanderhütte*		
16,8	*Tettau*		
Prettin-Annaburg		**177s**	**Norm**
	Prettin Hafen	>Elbeufer (Dommitzsch)	
	Anschl.	>Kieswerk	
0,0	Prettin	[Prettin (Kr Torgau)]	

	Anschl.	>Stanz- und Emaillierwerk	
2,8	Hohndorf (Kr Jessen)	[Hohndorf (Kr Torgau)]	
5,6	Plossig		
7,9	Naundorf (Kr Jessen)	[Naundorf (b Prettin)] [Naundorf (Kr Torgau)]	
10	Eichenhalde		
	Anschl.	>Annaburg Sowjetarmee	
12,5	Annaburg West a B	[Annaburg (Kr Torgau) West]	
13,1	Annaburg	[Annaburg (Kr Torgau)]	>Falkenberg, Lu Wittenberg
Pretzien Wehr		**Werkbahn**	**Norm?**
0,0	Pretziener Wehr		
0,16	Pretziener Wehr		
Pretzier-Osterburg		**755**	**Norm**
0,0	Pretzier (Altm) Ost	[Deutsch Pretzier]	>Salzwedel, Stendal
3,55	Klein Gartz		
5,64	Vissum		
8,47	Schernikau (Altm)		
11,61	Sanne-Kerkuhn		
14,24	Kleinau West	[Dessau (Altm)]	
16,17	Anschl.		
17,11	Kleinau		
20,18	Boock (Kr Osterburg)		
22,44	Gladigau		
	(Biesebrücke)		
24,64	Schmersau (Altm)		
25,45	Orpensdorf-Natterheide	[Späningen] [Natterheide]	
27,5	Rönnebeck (Altm)		
29,67	(29,415) Klein Rossau	>Arendsee, Stendal	
32,64	Storbeck (Altm)		
35,78	Osterburg Siedlung	[Osterburg (Altm) Süd]?	
36,92	Osterburg Schilddorf	[Schilddorf]	>Anschl. Molkerei, Getreidewirtschaft
39,04	Osterburg (Altm)	>Wittenberge, Stendal	
(Priebus-Lichtenberg)		**PKP**	**Norm**
0,0	*Priebus*	[Przewoz]	>Horka, Sagan
7	*Lichtenberg*	[Przysieka]	
Pritzwalk-Güstrow		**810**	**Norm**
41,8	Pritzwalk	>Wittstock, Perleberg, Lindenberg, Kyritz	>Putlitz
48,9	Falkenhagen (Prign)	>Anschl.	
55,1	Brügge (Prign)		
	Abzw.		
61,5	Meyenburg Reichsb	>Wittstock	
63,5	*(0,0) (Kilometerwechsel)*		
1,1	Wendisch Priborn	[Freienhagen]	
	Abzw.	>Röbel	
6,4	Ganzlin		
	(Gehlsbachbrücke)		
10,6	Silbermühle		
	(Eldebrücke)		
	Anschl.	>Plau Stärkefabrik	
15,2	Plau (Meckl)	[Plau am See]	
24,6	Karow (Meckl)	>Parchim, Blankenberg, Waren	
	Bossow		
38,1	Krakow am See (Meckl)	>Anschl. Holzbau, VP-Lager, Getreidelager	>Anschl. Spiritusfabrik, Düngerschuppen
41,1	Marienhof		
44,4	Klein Grabow		
47,8	Hoppenrade (Meckl)		
52,9	Klueß		
	Abzw.	>Lalendorf, Plaatz	
56,3	Priemerburg	>Plaatz	
	Anschl.	>Güstrow Waggonfabrik	
59,8	Güstrow	>Bützow, Schwaan	
Pritzwalk-Neustadt		**814**	**Norm**
41,81	Pritzwalk	>Wittstock, Perleberg, Lindenberg, Putlitz	>Meyenburg

36,54	Sarnow		
33,57	Bölzke		
27,73	Blumenthal (Mark)		
23,4	Rosenwinkel		
19,53	Wutike		
11,98	Kyritz	>Breddin, Lindenberg	
4,88	Wusterhausen (Dosse)		
1,9	Abzw.	>Wittenberge	
0,0	Neustadt (Dosse)	>Glöwen, Neuruppin, Rathenow, Paulinenaue	
Pritzwalk-Putlitz-Suckow-Parchim		**120g, 813**	**Norm**
0,0	Pritzwalk	>Meyenburg, Kyritz, Wittstock	
3	Abzw.	>Perleberg, Vettin	
5,74	Kuhbier		
8,25	Groß Langerwisch		
10,22	Jakobsdorf (Prign)		
12,45	Laaske		
17,05	Putlitz	>Berge	
	(Stepenitzbrücke)		
21,69	Nettelbeck		
24,23	Porep		
26,12	Drenkow		
28,23	Suckow (Kr Parchim) Hp		
28,88	(19,4) Suckow (Kr Parchim) Marnitz		
12,5	Tessenow		
7,29	Parchim Slate Süd		
5,6	Parchim Slate		
4,43	Parchim Brunnen		
0,0	Parchim	>Karow, Ludwigslust, Schwerin	
Probstzella-Ernstthal-Neuhaus		**190k, 190n, 566**	**Norm**
165,0	Probstzella	>Saalfeld, Kronach	
0,0	Probstzella Hp Gleisdreieck		
2,5	Zopten		
5,5	Gräfenthal		
8,7	*(Sommersdorfer Viadukt)*		
9,2	Gebersdorf		
11	*(Lippelsdorfer Tunnel 0,125)*	[Froschbergtunnel]	
11,44	Lippelsdorf		
14,64	Schmiedefeld (b Probstzella)	[Taubenbach]	>Anschl. Schaumglas- u. Isolierplattenwerk
16,25	Lichte (Thür) Ost	[Bock-Wallendorf]	
	(Piesauviadukt 0,258)		
18,24	Lichte (Thür)		
	(Finsterer Grund-Viadukt)		
23,32	(45,03) Ernstthal am Rennsteig	>Sonneberg	>Anschl. Glashütte
25,4	Igelshieb Ort	[Neuhaus Igelshieb]	
26,33	Neuhaus am Rennweg		
Profen-Deuben-Luckenau		**Grubenbahn**	**Sm 900, EL**
	Profen Tagebau	[Grube Kurt]	>Pegau, Zeitz, Webau
	Reuden		
	Schwerzau		
	Pirkau		
	Nonnewitz	>Döbris	
	Abzw.	>Theißen	
	Sammelbf	>Gruben	
	Deuben	>Kraftwerk, Grube Marie	>Naundorf, Weißenfels
	Luckenau	>Zeitz	
Profen-Hohenmölsen-Webau		**Grubenbahn**	**Sm 900, EL**
0,0	Profen Tagebau	[Grube Kurt]	>Pegau, Zeitz, Deuben
	Bösau Hp		
	Grunau Hp		
	Großgrimma Hp		
	Hohenmölsen Hp		
	Webau Spitzkehre	>Großkorbetha, Deuben	
	Wählitz Hp		
10	Wählitz Brikettfabrik Bunker		
Quatzendorf Kreide- und Kohlenbahn		**Werkbahn**	**Sm 600**
0,0	Quatzendorf (Rügen)		
0,08			
Quedlinburg Ziegelei		**Werkbahn**	**Sm 600**
0,0			

1,5			
Querbitzsch Kaolinwerk		**Werkbahn**	**Sm 600, EL**
0,0			
0,6			
Rackwitz Anschlußbf			**Sm 1000**
	Rackwitz (b Leipzig) Reichsb	>Leipzig, Delitzsch	
	Rackwitz (b Leipzig) Del Kleinb	>Krensitz, Delitzsch	
Radebeul-Radeburg		**159e, 308**	**Sm 750**
0,0	Radebeul Ost	>Dresden, Coswig	
1,6	Weißes Roß *(niveaugleiche Kreuzung mit Straßenbahn)*	>Straßenbahn	
3	Anschl.	>Elektrizitätswerk	
3,5	Lößnitzgrund		
4,7	Friedewald (Kr Dresden) Hp	[Buchholz-Friedewald]	
6,1	Friedewald (Kr Dresden) Bad	[Dippelsdorf] [Friedewald (Kr Dresden)]	
8,6	Moritzburg	[Moritzburg-Eisenberg]	
10,3	Cunnertswalde		
11,6	Bärnsdorf		
13,9	Berbisdorf		
15,2	Berbisdorf Anbau Hp		
16,6	Radeburg	[Radeburg Süd]	>0,0 Radeburg Schamottewerk (2,4)
	(Gleisende)		
17,6	Anschl.	>Autobahnbaustelle	
18,6	Radeburg Nord	>Böhla, Priestewitz	
Radebeul West Gartenbau		**Werkbahn**	**Sm 500**
Radeburg Baustoffwerk		**Werkbahn**	**Sm 600**
0,0			
0,4			
Radeburg Nord-Priestewitz			**Norm**
0,0	Radeburg Nord	>Radebeul	
12	Böhla	>Großenhain, Dresden	
16	Priestewitz	>Riesa, Dresden	
Radegast-Zörbig		**152p, q, r**	**Norm/ Sm 1000**
0,0	Radegast	>Köthen, Dessau	>Radegast Zuckerfabrik, Brauerei
	(Fuhnebrücke 0,0035)		
0,7	Domäne		
1,9	Ziegelei		
3,5	Zörbig Nord	>Stumsdorf, Bitterfeld	
Rathenow-Senzke-Paulinenaue		**107n**	**Sm 750**
0,0	Rathenow Kleinb	>Brandenburg, Neustadt	>Neugarten, Schönhausen
8,2	Stechow		
9,2	Ferchesar		
13,7	Kotzen		
15,7	Kriele		
19,9	Haage		
22,5	Senzke	>Nauen	
25,2	Wagenitz		
27,2	Brädikow		
31,6	Paulinenaue	>Neuruppin, Nauen, Neustadt	
(Ratzeburg)-Klein Thurow		**DB, DR**	**Norm**
0,0	*Ratzeburg Staatsbf*	[Ratzeburg LBE] [Ratzeburg Land]	>Hagenow, Lübeck, Büchen
2	*St. Georgsberg*		
2,7	*Ratzeburg Stadtbf* *(Küchenseedamm 0,5)*		
5,2	*Dermin*	>0,0 Schaalseekanalhafen (2,8)	
6,6	*Ziethen*		
10,5	*Chausseehaus Mustin*		
11,8	*Mustin*		
13,2	*(Grenze)*		
15,4	Groß Thurow		
18,5	Klein Thurow	[Thurow-Horst]	
Ravensbrück		**Werkbahn**	**Sm 600**
Reetz Ziegelei		**Werkbahn**	**Sm 600**
Regis=Breitingen Kohlenbahn		**Werkbahn**	**Sm 900**

km	Bahnhof	Anschluss	
Regis=Breitingen Maschinenfabrik		**Werkbahn**	**Sm 900**
Rehagen=Klausdorf-Klausdorf Feldbahndepot			**Norm/ Sm 600**
0,0	Rehagen-Klausdorf	>Zossen, Jüterbog	>Kasernen
2	Klausdorf Feldbahndepot		
Rehbrücke Industriebahn		**Werkbahn**	**Norm**
	Rehbrücke	>Drewitz, Seddin	
	Potsdam Heizwerk Süd I bis III		
	Potsdam Betonleichtbaukombinat		
	Potsdam Baustoffversorgung		
	Potsdam Minol		
	Potsdam Post		
	Potsdam Getränkekombinat		
	Potsdam Verkehrskombinat		
Rehmsdorf-Grube Neuglück		**Grubenbahn**	**Sm 600?**
0,0	Brikettfabrik Grube Neuglück	>Rehmsdorf	
0,2	Spitzkehre		
0,8	Rehmsdorf Tagebau		
2,5	Techwitz Tagebau		
Rehmsdorf-Grube Neuglück		**Werkbahn**	**Norm**
0,0	(6,6) Rehmsdorf	>Zeitz, Altenburg	
0,2	Rehmsdorf Chemische Fabrik	[Aseol]	
0,4	Brikettfabrik Grube Neuglück	>Grubenbahn	
Reichenbach-Lengenfeld		**168g**	**Norm**
0,0	Reichenbach (Vogtl) ob Bf	>Neumark, Herlasgrün	
2,72	Reichenbach (Vogtl) Ost	>Ober Reichenbach	
3	Reichenbach (Vogtl) Ditteschule		
4,54	Reichenbach (Vogtl) Karolinenstraße		
5,03	Reichenbach (Vogtl) Reichsstraße		
5,4	Reichenbach (Vogtl) unt Bf	>Oberheinsdorf	
6,52	Reichenbach (Vogtl) Elektrizitätswerk		
7,8	Mylau		
8,0	Mylau Anker		
9,03	Göltzschtalbrücke		
10,18	Mylau Hp		
11,0	Mylau Bad		
12,71	Mühlwand		
14,57	Schneidenbach		
16,39	Weißensand		
18,08	(3,4) Wolfspfütz		
19,78	Lengenfeld (Vogtl) Baumwollspinnerei		
21,13	(0,0) Lengenfeld (Vogtl)	>Falkenstein, Zwickau	
Reichenbach-Oberheinsdorf			**Sm 1000**
0,0	Reichenbach (Vogtl) unt Bf	>Reichenbach Ost	
0,2	Abzw.	>Lengenfeld	
0,4	Reichenbach (Vogtl) Altstadt		
0,8	Reichenbach (Vogtl) Annenplatz		
1,3	Reichenbach (Vogtl) Bergstraße		
2,6	Unterheinsdorf West		
3,1	Unterheinsdorf		
4,0	Unterheinsdorf Ost		
5,4	Oberheinsdorf		
Reinsdorf Flugplatz		**Werkbahn**	**Sm 750**
Reisdorf Ziegelei		**Werkbahn**	**Sm 500**
0,0			
0,1			
Reitzenhain Torf- und Düngerwerk		**Werkbahn**	**Sm 500**
Rennsteig-Frauenwald		**189e**	**Norm**
33,608	*(Gleisende)*		
0,0	(33,38) Rennsteig	>Plaue, Schleusingen	
0,183	Anschl.	>0,0 Thür. Holzverwertung (0,262)	
0,282	Anschl.	>0,0 Rennsteigwerk (0,3)	
2,28	Allzunah		
4,82	Frauenwald		
Rentwertshausen-Römhild		**191b, 627**	**Norm**
14,7	(0,0) Rentwertshausen	>Meiningen, Mellrichstadt	
16,6	Queienfeld		
17,9	(3,2) Wolfmannshausen		
20,9	Westenfeld		
24,0	(9,3) Haina		
25,4	(10,7) Römhild		
Rethwisch Betonschwellenwerk		**Werkbahn**	**Sm 600**
0,0			
2			
Reuden Ziegelwerke		**Werkbahn**	**Sm 500/ 600**
	Reuden Ziegelwerke	>Zeitz, Pegau	
Rheinsberg-Stechlinsee			**Norm**
0,0	Rheinsberg (Mark)	>Flecken Zechlin, Forst	>Anschl. Steingutfabrik
1	Abzw.	>Löwenberg	
7,2	Beerenbusch		
9,8	Abzw.	>Stechlinsee Werkbf	
10,2	Stechlinsee		
Ribnitz-Damgarten Boddenwerft		**Werkbahn**	**Norm**
	Ribnitz-Damgarten Ost	>Rostock, Stralsund	
	(niveaugleiche Kreuzung mit Sm-Bahn)		
	Ribnitz-Damgarten Boddenwerft		
Riems-Kalkvitz (Riems 26)		**Seilbahn**	
0,0	Riems		
0,747	Kalkvitz		
Riems-Kalkvitz (Riems 42)		**Seilbahn**	
0,0	Riems		
0,7476	Kalkvitz		
Riesa-Nossen		**324**	**Norm**
0,0	Riesa	>Oschatz, Hafen, Röderau, Zeithain	
0,9	Riesa Stw 4 Abzw.	>Döbeln	
1,1	Anschl.	>Aropharmwerk	
4,5	Nickritz		
7,9	Prausitz		
14,3	Lommatzsch	>Döbeln, Meißen	
19,2	Leuben (b Riesa)		
22,6	Ziegenhain (Sachs)		
25,6	Oberstößwitz		
27,5	Starbach		
29,8	Rhäsa Werkbf	>Anschl. Tanklager	
33,5	Nossen	>Döbeln, Meißen, Freiberg	>Oberdittmannsdorf
Riesa-Riesa Hafen			**Norm**
|	Riesa Stw 4 Abzw.	>Nossen, Döbeln	
0,0	Riesa	>Oschatz, Röderau, Zeithain	
1,2	Riesa Hafen		
	Riesa Ufer		
Riesa Rohrwerk		**Werkbahn**	**Sm**
Riesa Stahl-und Walzwerk		**Werkbahn**	**Sm 600/ 900**
Rietschen Feuerfestwerk		**Werkbahn**	**Sm 600**
0,0			
4			
Rittersgrün Parkeisenbahn		**Parkeisenbahn**	**Sm 600**
0,0	Rittersgrün Bahnhof	>Oberrittersgrün	
0,02	Abzw.	>Betriebswerk Oberrittersgrün	
0,05	Abzw.	>Abstellbf	
1	Wendeschleife		
Röblingen-Querfurt-Vitzenburg		**661**	**Norm**
0,0	Röblingen am See	[Oberröblingen am See]	>Teutschenthal, Blankenheim
	Abzw. Ar	>Teutschenthal	
1,4	Anschl.		
2,4	Stedten	>Steuden Tagebau	
	Anschl.		
4,05	Schraplau		
7,48	Esperstedt (b Querfurt)		
9,76	Esperstedt (b Querfurt) Süd	[Kuckenburg]	
11,83	Obhausen		
13,085	Querfurt K Abzw.	>Merseburg	
15,1	Querfurt		
16,4	Querfurt West	[Thaldorf]	
	Abzw.	>0,0 Rainholz, Bundeswehr (9,0)	
17	Anschl.	>Zuckerfabrik	
	Anschl.	>Objekt 542	
19,8	Lodersleben		
21,0	Leimbacher Gasthof		
22,9	Schmon	[Niederschmon]	
	(Straßenbrücke)		
26,7	Grockstädt	[Spielberg (b Vitzenburg)]	
	(Grockstädter Viadukt)		
30	*(Rbd-Grenze)*		
31,0	Vitzenburg	>Laucha, Nebra	
Rogäsen-Karow			**Norm**

km	Strecke / Bahnhof		
0,0	Rogäsen (Bz Magdeburg)	>Wusterwitz, Görzke	
1,5	Zitz		
5,9	Karow (Kr Genthin)	[Karow (Kr Jerichow II)]	
	Roggendorf=Breesen Torfwerk	**Werkbahn**	**Sm 600**
	Rosenthal Zellstoffwerk	**Werkbahn**	**Sm 600**
	Rosenthal Zellstoffwerk	>Saalfeld, Triptis	
	Rositz-Zechau	**Grubenbahn**	**Norm**
0,0	Rositz	>Zeitz, Altenburg	>Wintersdorf
0,4	Rositz Brikettfabriken		
1	Rositz Zuckerraffinerie		
1,9	Gertrudschacht	>Grubenbahn	
	Roßlau Abzw. Ai-Roßlau Rbf	**Verbindungsbahn**	**Norm**
	Roßlau Abzw. Aw-Roßlau Rbf	**Verbindungsbahn**	**Norm**
	Roßlau Abzw. Rvb-Roßlau Rbf	**Verbindungsbahn**	**Norm**
	Roßlau Rbf-Roßlau Pbf	**Verbindungsbahn**	**Norm**
	Rostock-Laage-Güstrow	**119, 904**	**Norm, EL**
113,2	Rostock Hbf	[Seestadt Rostock Hbf] [Zentralbf] [Lloyd-Bf]	>Warnemünde, Wismar
	Abzw.	>Gbf, Hafen	>Schwaan
	Abzw.	>Dalwitzhof	
	Abzw.	>Tessin	
103,9	Kavelstorf (Kr Rostock)	>Anschl. Kavelstorf Waffenlager	>Rostock Seehafen
101,3	Prisannewitz		
98,7	Scharstorf		
97,7	*(97,1) (Kilometerwechsel)*		
93,7	Kronskamp		
	(Recknitzbrücke)		
90,6	Laage (Meckl)	>0,0 Laage Flughafen (4,0)	
85,7	Subzin-Liessow		
83,9	Knegendorf		
81,5	(9,7) Plaatz	>Lalendorf	
7,9	Mierendorf		
	Glasewitz		
1,5	Priemerwald Ost Abzw.	>Karow, Lalendorf	
0,0	(56,3) Priemerburg		
0,0	(59,8) Güstrow	>Bützow, Schwaan	
	Rostock-Rostock Seehafen	**119j, 902**	**Norm, EL**
73,1	Rostock Hbf	[Seestadt Rostock Hbf] [Zentralbf] [Lloyd-Bf]	>Warnemünde, Wismar
	Abzw.	>Dalwitzhof, Kaverlstorf	
71,4	Rostock Warnowbrücke West Abzw.	>Rostck Gbf, Hafen, Dalwitzhof Nord	
	(Warnowbrücke)		
70,8	Rostock Warnowbrücke Ost Abzw.	>Rostock Gbf, Hafen	
69,1	(0,0) Rostock Kassebohm	[Cassebohm] [Kassebohm]	
68,6	(0,8) Riekdahl Abzw.	>Rövershagen	
	Rostock Dierkow West		
2,9	Rostock Seehafen Süd Abzw.	[Rostock Überseehafen Süd]	>Rövershagen, Kavelstorf
3,1	Rostock Dierkow		
4,8	(7,75) Rostock Seehafen	[Seestadt Rostock Hafen] [R. Überseehafen]	>Rostock Hafenbahnbetriebswerk
4,8	Rostock Hinrichsdorfer Straße		
	(9,15) Rostock Überseehafen Mitte		
6,3	Rostock Toitenwinkel		
9,1	(11,79) Rostock Seehafen Nord	[Rostock Überseehafen Nord]	>Rostock Ölhafen, Tanklager
	Rostock Überseehafen Hafenbahn		
	Rostock-Stralsund-Saßnitz	**950**	**Norm, EL**
72,2	Rostock Hbf	[Seestadt Rostock Hbf] [Zentralbf] [Lloyd-Bf]	>Warnemünde, Bad Doberan, Schwaan, Tessin
	...		
68,2	Riekdahl Abzw.	>Rostock Seehafen	
64,7	(0,0) Bentwisch		
	(1,4) Abzw.	>1,4 Poppendorf (6,8)	
61,6	Mönchhagen		
57,7	Rövershagen	>Ostseebad Graal-Müritz	
55,6	Schwarzenpfost		
53,2	Gelbensande		
48,9	Altheide (Meckl)		
43,3	Ribnitz-Damgarten West	[Ribnitz]	
	(Recknitzbrücke)		
39,7	Ribnitz-Damgarten Ost	[Damgarten] >Stralsund, Barth	>Anschl. Flugplatz >Anschl. Boddenwerft
38	*(Rbd-Grenze)*		
34,1	Altenwillershagen		
28,5	Langenhanshagen		
	(Saaler Bachbrücke)		
25,9	Buchenhorst	[Königlich Horst] [Staatlich Horst]	
22,6	Starkow		
	(Barthebrücke)		
18,9	Velgast	>Barth, Franzburg, Tribsees	
13,1	Kummerow (Kr Stralsund)	[Kummerow (Kr Franzburg)]	
10,1	Martensdorf		
7,7	Pantelitz		
4,1	Langendorf (Kr Stralsund) Kreuzungsbf		
	Abzw.	>Franzburg	
0,0	(222,6) Stralsund	>Barth, Klausdorf	
	Abzw.	>Stalsund Hafen	
	Abzw.	>Greifswald, Demmin	
226,5	Stralsund Rügendamm		
	(Ziegelgrabenbrücke 0,028)		
	(Rügendamm 2,540)		
228,1	Altefähr Sund		
	(Sundbrücke 0,54)		
229,4	Altefähr	[Altefähre]	>Putbus
235,2	Rambin (Rügen)		
240,6	Samtens		
247,5	Teschenhagen		
252,1	Bergen (Rügen)	>Altenkirchen, Putbus	
	Sabitz		
261,6	Lietzow (Rügen)	>Binz	
265,0	Borchtitz Abzw.	>Mukran Fährhafen	
268,5	Sagard	>Anschl. Kreidewerk	
271,5	Lancken	>Anschl. Kreidewerk	
	Abzw.	>Saßnitz Hafen (275,8)	
273,8	(0,0) Saßnitz		
2	Saßnitz Fährhafen	>Fähre Trelleborg	
	Rostock-Tessin	**903**	**Norm**
0,0	Rostock Hbf	[Seestadt Rostock Hbf] [Zentralbf] [Lloyd-Bf]	>Warnemünde, Wismar
	Abzw.	>Gbf, Hafen, Stralsund	
	Abzw.	>Schwaan	
	Abzw.	>Kavelstorf	
6,6	Roggentin		
10,6	Broderstorf		
12,8	Teschendorf (Meckl)		
15,2	Groß Lüsewitz		
18,7	(0,0) Sanitz (Kr Rostock)	>Tribsees	
22,9	(4,6) Horst	[Tessin West]	>FB Horst Torfwerk
26,7	(8,7) Tessin		
27	Tessin Zuckerfabrik	>Gnewitz, Thelkow, Stierow	
	Rostock-Warnemünde	**901**	**Norm, EL**
113,2	Rostock Hbf	[Seestadt Rostock Hbf] [Zentralbf] [Lloyd-Bf]	>Schwaan, Tessin, Rövershagen, Kavelstorf
	(Wilhelm-Pieck-Ring-Brücke)		
	Abzw.	>Wismar	
115,1	Rostock Parkstraße	[Rostock Klement Gottwald Straße]	[Seestadt Rostock Parkstraße]
116,0	Rostock Holbeinplatz		
117,1	Rostock Bramow	[Bramow] [Seestadt Rostock Bramow]	>Rostock Gbf, Fischkombinat, Kraftwerk

	Bramow (Heinkelwerk Marienehe)		
118,5	Rostock Marienehe	[Marienehe] [Seestadt Rostock Marienehe]	>Rostock Fischereihafen
119,9	Rostock Evershagen	[Evershagen]	
121,6	Rostock Lütten Klein	[Lütten Klein Süd]	
	Schmarl		
123,2	Rostock Lichtenhagen	[Lichtenhagen]	
	(Laakanalbrücke)		
125,1	Warnemünde Werft		
125,5	Warnemünde Gbf	>Warnowwerft	
126,3	Warnemünde		
128,5	Warnemünde Hafen	[Warnemünde Fährhafen]	>Fähre Gedser
Rostock Baustoffwerk Pölchow		**Werkbahn**	**Sm 600**
Rostock Torf- und Düngerwerke		**Werkbahn**	**Sm 600**
Rottenbach-Königsee		**188a, 563**	**Norm**
0,0	Rottenbach	>Rudolstadt, Arnstadt	
2,48	Köditzberg	>Katzhütte	
3,53	Köditz (Thür)	[Unterköditz]	
6,88	Königsee (Thür)		
Rottleberode Fluß- und Schwerspatwerk		**Werkbahn**	**Sm 600**
Rottleberode Gipswerke		**Werkbahn**	**Sm 600**
Rövershagen-Graal=Müritz		**951**	**Norm**
0,0	Rövershagen Kleinb	>Rostock, Velgast	
	Rövershagen Ost		
	Abzw.	>Anschl. Mischfutterwerk	
2,9	Hinrichshagen	[Müggenburg (b Rövershagen)]?	
4,7	Georg-Schneise		
	Holzverladestelle Torfbrücke		
8,2	Ostseebad Graal-Müritz Schwanenberg	[Torfbrücke] [Rostock Torfbrücke]	
10,3	Ostseebad Graal-Müritz		
Rövershagen Sägewerk		**Werkbahn**	**Sm 600**
Rüdersdorf Kalkwerk		**Werkbahn**	**Sm**
	Rüdersdorf Kalkwerk	>Fredersdorf, Herzfelde	
	Rüdersdorf Kalksteinbrüche		
Rudolstadt-Bad Blankenburg			**Norm**
0,0	(68,7) Rudolstadt-Schwarza	[Schwarza (Saale)]	>Rudolstadt, Saalfeld
	(Schwarzabrücke)		
1,2	Rudolstadt-Schwarza West	[Schwarza West]	
4,3	(39,1) Bad Blankenburg (Thürw)	>Rottenbach, Saalfeld	
Ruhland-Sallgast		**162m**	**Norm**
0,0	Ruhland	>Hoyerswerda, Großenhain	
2,96	Schwarzheide Synthesewerk		
3,82	Wandelhof		
5,61	Schwarzheide West	[Schwarzheide]	
7,59	Lauchhammer Ost	[Lauchhammer]	>Grubenbahn
8,1	*(Gleisende)*		
8,38	Lauchhammer Nord		
	Lauchhammer Werk	[Lauchhammerwerk]	
12,53	(7,5) Kostebrau	[Costebrau-Friedrichsthal]	>Grubenbahn
15,0	Römerkeller		
20,0	(11,5) Sallgast	>Senftenberg, Finsterwalde	
Ruhland Quarzwerk		**Werkbahn**	**Sm 900**
Saal Ziegelei		**Werkbahn**	**Sm 600**
0,0			
2,0			
Saalfeld-Hockeroda-Blankenstein-(Marxgrün)		**565, DB**	**Norm**
140,0	Saalfeld (Saale)	>Bad Blankenburg, Rudolstadt, Pößneck	
145,8	Breternitz		
149,9	Kaulsdorf (Saale)	[Eichicht (Saale)]	
150,3	Anschl.		
152,1	(0,0) Hockeroda	>Probstzella	
4,0	Leutenberg		
9,7	Lichtentanne (Thür)		
12,9	Heberndorf		
14,8	Zschachenmühle		

19,43	Wurzbach (Thür)		
24,01	Heinersdorf (b Lobenstein)	[Heinersdorf (Kr Schleiz)]	
28,27	(51,8) Unterlemnitz	>Triptis, Blankenstein	
30,9	(54,4) Lobenstein (Thür)		
	Lobenstein (Thür) Süd		
34,9	(58,4) Harra Nord	[Lemnitzhammer Pbf]	>Lemnitzhammer Gbf
	(Totenfelstunnel 0,221)		
36,5	(60,0) Harra		
39,0	(62,5) Blankenstein (Saale)	>Anschl. Rosenthal Zellstoffwerk	
	(Grenze)		
63,6	*Lichtenberg (Oberfr)*		
	(Kesselsbergtunnel 0,16)		
	(Kanzelfelsen-Tunnel 0,036)		
	Hölle	>Kohlensäurefabrik	
68,8	*Marxgrün*	>Naila, Bad Steben	
Saalfeld-Probstzella-(Kronach)		**414, 566, DB**	**Norm, EL**
140,0	Saalfeld	>Bad Blankenburg, Rudolstadt, Pößneck	
	Anschl.	>Saalfeld Schokoladenfabrik Rotstern	
	(Saalebrücke)		
145,8	Breternitz		
149,9	Kaulsdorf (Saale)	[Eichicht (Saale)]	
	(Loquitzbrücke)		
150,3	Anschl.		
152,1	Hockeroda	>Unterlemnitz, Lobenstein	
	(Loquitzbrücke)		
155,4	Anschl.		
155,8	Unterloquitz		
	(Loquitzbrücke)		
	(Loquitzbrücke)		
161,0	Marktgölitz		
	Abzw.	>Verbindungsbahn	
	(Zoptebrücke)		
165,0	(0,0) Probstzella	>Ernstthal, Neuhaus	
166,4	*(Grenze)*		
166,7	*(52,9) (Kilometerwechsel)*		
	Lauenstein (Oberfranken)		
47,6	*Ludwigsstadt*	>Lehesten	
41,4	*Steinbach a Wald*		
31,1	*Förtschendorf*		
29,2	*Pressig-Rothenkirchen*	[Pressig] [Rothenkirchen]	>Tettau
23,7	*Stockheim (Oberfr)*	>Sonneberg, Lauscha	
20,3	*Gundelsdorf*		
15,4	*Kronach*	>Lichtenfels, Nordhalben	
Sabrodt-Kausche		**Grubenbahn**	**Sm 900, EL**
	Sabrodt Umladebf	>Kohlenbahn Norm	
	Sabrodt Stw	>Laubusch	
	Kausche		
Salzwedel-Dähre-Diesdorf			**Sm 1000**
0,0	Salzwedel Neustadt	[Salzwedel]	>Arendsee, Pretzier, Oebisfelde, Uelzen, Lüchow
1,6	Salzwedel Altperver Tor		
2,1	Salzwedel Neuetor		
4,2	Ziethnitz	[Steinitz (Altm) Ost]	
5,3	Kemnitz (Altm)	[Steinitz (Altm)]	
8,4	Wieblitz-Eversdorf	[Wieblitz]	
10,6	Tylsen		
12,8	Wallstawe		
17,2	Ellenberg (Altm)		
19,7	Deutsch Horst	[Wiershorst]	
21	Dähre		
25,4	Wendisch Horst	[Dähre West]	
26,8	Dülseberg		
27,8	Schadewohl		

30,2	Diesdorf	>Anschl. Zuckerfabrik	

Salzwedel-Dähre-Diesdorf | **766** | **Norm**

0,0	Salzwedel	[Salzwedel Neustadt]	>Arendsee, Pretzier, Oebisfelde, Uelzen, Lüchow
	Salzwedel Gbf		
	Salzwedel Südbezirk		
	Salzwedel Altstadt		
1,11	Anschl.	>DSG	
1,58	Salzwedel Altperver Tor	>Badel	
5,62	Steinitz (Altm) Ost	[Ziethnitz]	
6,67	Steinitz (Altm)	[Kemnitz (Altm)]	
9,44	Wieblitz-Eversdorf	[Wieblitz]	
11,74	Tylsen		
13,81	Wallstawe		
	(Jeetzebrücke)		
18,19	Ellenberg (Altm)		
20,74	Wiershorst	[Deutsch Horst] [Wiershorst-Deutschhorst]	
22,32	Dähre		
25,3	Dähre West	[Wendisch Horst] [Winkelstedt-Kleistau]	
26,8	Bonese Ost	[Winkelstedt Dorf]	[Winkelstedt (Kr Salzwedel)]
27,81	Bonese		
29,35	Bonese Süd		
30,83	Schadeberg Dülseberg	[Rustenbeck]	[Schadeberg Dülseberger Straße]
32,54	Schadeberg	[Höddelsen-Reddigau] [Dülseberg]	[Neuekrug (Altm)]
33,55	Schadeberg-Schadewohl	[Schadewohl] [Schadeberg]	
36,63	Diesdorf (Altm)	>Wittingen, Beetzendorf	

Salzwedel-Jeggeleben-Badel | **759** | **Norm**

0,0	Salzwedel	[Salzwedel Neustadt]	
1,58	Salzwedel Altperver Tor		
2,81	(0,0) Abzw. Jeetze	[Abzw. Krinau] [Kricheldorf Anschluß]	>Beetzendorf, SAW Altstadt
4,11	Krinau	[Kricheldorf]	
6,08	(3,2) Krinau Fuchsberger Straße	[Fuchsberg (Altm)]	
6,83	Stappenbeck Nord	[Buchwitz (Altm)]	
7,89	Stappenbeck		
9,57	Mahlsdorf (Altm)		
11,91	Benkendorf (Altm)		
13,54	Benkendorf (Altm) Süd	[Büssen]	
15,58	Jeggeleben		
17,59	Jeggeleben Süd	[Mösenthin-Zierau]	
20	Badel	>Kalbe, Beetzendorf	

Salzwedel-(Lüchow-Dannenberg) | **DR, DB** | **Norm**

0,0	Salzwedel	>Uelzen, Arendsee, Diesdorf, Pretzier, Badel	
	Bürgerholz		
6,132	*(Grenze)*		
	Lübbow		
	Teplingen		
10,7	*Wustrow (Hannover)*		
15,9	*Lüchow*	>Schmarsau, Lüchow Süd	
	Tarmitz		
	Müggenburg		
20,4	*Gollau*		
23,6	*Grabow (Kr Dannenberg)*		
26,7	*Jameln (Kr Dannenberg)*		
	Tramm		
	Schaafhausen		
	Abzw.	>Uelzen	
33,3	*Dannenberg West*		
36,2	*Dannenberg Ost*	>Wittenberge	

Salzwedel-(Uelzen) | **DR, DB** | **Norm**

59,17	Salzwedel	>Lüchow, Arendsee, Diesdorf, Pretzier, Badel	
71,154	*(Grenze)*		
72,0	*Nienbergen*	[Bergen (Dumme)]	
76,2	*Schnega*		
	Varbitz		
86,2	*Soltendieck*		
55,1	*Wieren*	>Wittingen	
98,3	*Stederdorf (Kr Uelzen)*		
107,5	*Uelzen Pbf*	>Munster, Lüneburg, Dannenberg, Celle	

Salzwedel-Winterfeld | | **Sm 1000**

0,0	Salzwedel	[Salzwedel Neustadt]	>Uelzen, Lüchow, Arendsee, Diesdorf, Pretzier
1,6	Salzwedel Altperver Tor Anschl.	>Chemische Fabrik Neukranz & Co	
4,1	Kricheldorf		
6	Fuchsberg		
6,8	Buchwitz		
7,9	Stappenbeck		
9,5	Mahlsdorf (Altm)		
11,9	Benkendorf (Altm)		
13,6	Büssen		
15,7	Jeggeleben		
19,6	Winterfeld		

Salzwedel-Wittenberge | **756** | **Norm**

0,0	Salzwedel	>Uelzen, Lüchow, Diesdorf, Oebisfelde	
	Salzwedel Gbf	>SAW Altperver Tor	
	Abzw.	>Stendal, Klein Rossau	
4,01	Ritze		
7,68	Riebau		
12,5	Mechau		
15,87	Binde-Kaulitz		
18,79	Kläden (b Arendsee/ Altm)	[Kläden (Kr Osterburg)]	
22,64	Arendsee (Altm)	[Arendsee (Altm) Anschlußbf]	>Klein Rossau
25,35	Genzien		
29,85	Harpe		
32,95	Groß Garz		
	(Seegebrücke)		
37,39	Krüden		
	(Alandbrücke)		
42,99	(48,0) Geestgottberg	>Osterburg	
53,84	Wittenberge	>Perleberg, Glöwen, Dömitz, Karstädt	

Salzwedel WBK | **Werkbahn** | **Sm 600**

	Salzwedel Baustoffwerk		

Sandhagen-Eichhorst | | **Sm 600**

0,0	Sandhagen (b Friedland/ Meckl)	>Friedland, Ferdinandshof	
3,3	Lübbersdorf	>Gehren	
6,1	Hohenstein (b Friedland/ Meckl)		
7,7	Brohm	>Woldegk, Rattey	
10,3	Heinrichswalde (b Friedland/ Meckl)		
12,1	Jatzke (Meckl)	>FB	
15,1	Eichhorst		

Sanitz-Tribsees | | **Norm**

18,2	Sanitz (Kr Rostock)	>Rostock, Tessin	
	Reppelin		
	Dammerstorf		
	Dettmannsdorf-Kölzow		
	Reddersdorf		
37,6	Bad Sülze	[Sülze]	
	Langsdorf (Meckl)		
46,05	Tribsees	>Franzburg, Velgast, Grimmen	

Sankt Egidien-Callenberg | **Werkbahn** | **Sm 900, EL**

0,0	St Egidien Nickelhütte Bf 2		
	Lobsdorf Bf 3		
	Obercallenberg Bf 4		
	Callenberg Süd I Bf 5	>Callenberg Süd Nickelbahn	
15	Callenberg Nord II Bf 6		

Sankt Egidien-Stollberg | **419** | **Norm**

19,8	St Egidien	>Glauchau, Wüstenbrand	
17,7	Lichtenstein (Sachs) Gewerbegebiet		

16,4	Lichtenstein (Sachs) Ernst Schneller-Siedlung		
15,6	Lichtenstein (Sachs)	[Lichtenstein-Callenberg]	
14,1	Lichtenstein (Sachs) Hartensteiner Straße		
12,7	Rödlitz-Hohndorf		
11,1	Hohndorf Mitte		
9,44	Oelsnitz (Erzgeb)	>Hohenstein-Ernstthal	
8,5	Oelsnitz (Erzgeb) Bahnhofstraße		
7,0	Mitteloelsnitz		
5,52	Neuoelsnitz	[Höhlteich]	>Wüstenbrand
3,32	Niederwürschnitz		
	Abzw.	>Niederdorf	
0,33	Stollberg (Sachs)	>Chemnitz, Zwönitz	
Saßnitz Hafen			**Sm 600**
	Saßnitz Hafen	>Saßnitz	
	Krangleis		
	Abzw.	>Kohlenlager	
	Kaianlage		
Schacksdorf Ziegelei		**Werkbahn**	**Sm 750**
0,0			
3			
(Scharzfeld-St Andreasberg)		**DB**	**Norm**
0,0	*Scharzfeld*	>Ellrich, Herzberg	>Scharzfeld Kaliwerk
	Zoll		
4,1	*Bad Lauterberg*	>Bad Lauterberg Barytwerke	
	Bad Lauterberg Kurpark		
	Odertal (Harz)		
	Sperrluttertal		
	Anschl.	>Silberhütte	
15,3	*(0,0) St Andreasberg Reichsb*		
1,7	*St Andreasberg Stadt*		
Schkeuditz-Leipzig Wahren Rbf		**Verbindungsbahn**	**Norm**
Schlanstedt Feldbahnmuseum		**Museumsbahn**	**Sm 600**
Schleiz-Saalburg		**173f, 475**	**Norm, EL**
0,0	Schleiz	[Schleiz Reichsbf]	>Schönberg
1,125	Schleiz West	[Schleiz Kleinb]	
2	Anschl.	>Schleiz Getreidewirtschaft	
2,85	Glücksmühle-Möchgrün		
	(Autobahnbrücke)		
4,8	Oschitz	[Schleiz Oschitz]	
6,89	Möschlitz		
7,9	Burgk		
11,75	Gräfenwarth	>Sperrmauer	
12,7	Gräfenwarth Steinbruch	[Steinbruch]	
	Wetterabrücke Hp		
	(Wetterabrücke 0,18)		
13,66	Kloster	[Kloster zum heiligen Kreuz]	
	(Saalburger Brücke)		
15,3	Saalburg (Saale)	>Anschl. Marmorwerk, Munitionsfabrik	
Schlema Blaufarbenwerk		**Werkbahn**	**Norm**
	Schlema ob Bf	>Schlema unt Bf, Schneeberg	
	Schlema Blaufarbenwek		
Schlema Hartenstein Bergwerk		**Museumsbahn**	**Sm 600**
	Schlema Hartenstein Schacht 371		
Schlema Osterlammzeche		**Werkbahn**	**Sm**
	Weiße Erde Stollen		
Schlema Papierfabrik		**Werkbahn**	**Norm**
Schlettau-Crottendorf		**453**	**Norm**
0,0	Schlettau (Erzgeb)	>Elterlein	
	(Zschopaubrücke)		
1,3	Walthersdorf (Erzgeb)	>Schwarzenberg, Annaberg-Buchholz	
2,6	Walthersdorf (Erzgeb) Hp		
5,2	Crottendorf unt Bf		
6,5	Crottendorf ob Bf		
Schmalkalden-Brotterode		**625**	**Norm**
0,06	Schmalkalden	>Zella-Mehlis, Bad Salzungen	
1,05	Schmalkalden Reiherstor		
5,37	Floh-Seligenthal		
7,2	Hohleborn		

	(Kleinschmalkalden-Tunnel 0,086)		
9,54	(0,0) Pappenheim (Thür)	[Kleinschmalkalden]	
3,23	Auwallenburg		
5,36	Mommelstein		
	Brotterode Kraftwerk		
8,45	Brotterode	>Wernshausen	
Schmarsow-Jarmen			**Sm 750**
10,8	Schmarsow	>Demmin, Altentreptow	
14,7	Heydenhof		
16,6	Plötz	[Alt Plötz]	
18,3	Wilhelminenthal (Pommern)		
21,1	Müssenthin		
23,3	Jarmen	>Kiesgrube Zarrenthin	>Greifswald, Wegezin-Dennin
Schmarsow-Jarmen		**121k, 125p**	**Sm 600**
14,4	*(Gleisende)*	[Vanselow]	
12,4	Schmarsow		
11,4	Schmarsow Ladestelle	[Schmarsower Weiche]	
8,6	Heydenhof		
6,6	Plötz		
4,8	Wilhelminenthal (Pommern)		
2,3	Müssenthin		
0,0	Jarmen Nord	>Anschl. LEVV	
	Anschl.	>Zuckerfabrik, Werkhafen	
	Jarmen	[Jarmen Süd]	>Jarmen Hafen
Schmiedeberg Gießerei		**Werkbahn**	**Sm 750**
0,0	Schmiedeberg (Bz Dresden)	>Freital, Kurort Kipsdorf	
0,3	Schmiedeberg GISAG		
Schmirchau-Paitzdorf		**Werkbahn**	**Norm**
11,6	Schmirchau Gbf	>Seelingstädt	
13,0	Raitzhain	>Gera, Großenstein, Beerwalde	
14,5	Paitzdorf	>Paitzdorf Schacht 384	
15,05	*(Gleisende)*		
Schmirchau Schacht		**Grubenbahn**	**Sm 600**
Schneeberg-Schlema			**Norm**
-0,4	Schneeberg Bergwerk Weißer Hirsch		
0,0	Schneeberg-Neustädtel	[Schneeberg (Erzgeb)]	>Anschl. Kohlenhandlung
1	Schneeberg (Erzgeb) Hp		
3	Radiumbad Oberschlema		
	(Gleisende)		
4,8	Anschl.	>Fa. Leonhard	
5	Schlema ob Bf	[Oberschlema]	>Anschl. Blaufarbenwerk
6,2	Schlema unt Bf	[Niederschlema]	>Zwickau, Aue
Schöna Steinbrüche		**Werkbahn**	**Sm**
Schönberg-Dassow-Pötenitz			**Norm**
0,0	Schönberg (Meckl)	>Bad Kleinen, Lübeck	
5	Groß Bünsdorf		
7,5	Prieschendorf		
10,0	(0,0) Dassow (Meckl)		
	(Gleisende)		
3,5	Johannstorf		
7	Pötenitz		
8,4	Pötenitz Luftwaffenzeugamt		
Schönberg-Hirschberg		**473**	**Norm**
0,0	Schönberg (Vogtl)	>Plauen, Hof, Schleiz, Saalburg	
5,74	Unterkoskau		
8,38	Tanna		
14,068	Göttengrün-Gefell		
16,2	Hirschberg (Saale) Rettenmeier		
19,9	Hirschberg (Saale)		
Schönberg-Schleiz		**474**	**Norm**
0,0	Schönberg (Vogtl)	>Plauen, Hof, Hirschberg	
3,0	Mühltroff		
7,0	Langenbuch		
9,967	Lössau		
11,667	Wüstendittersdorf		
14,4	Anschl.		
14,899	Schleiz	[Schleiz Reichsbf]	>Saalburg
Schönbrunn Flußspatwerk		**Werkbahn**	**Sm 600**

km	Strecke / Bahnhof		
Schöndorf-Buchenwald		**Werkbahn**	**Sm 600**
0,0	Schöndorf a B	>Großrudestedt, Weimar	
	Wolfshorn		
4,6	Großobringen		
10	Abzw.	>Gustloff-Werke	
11	Buchenwald	>FB Steinbruch	
Schöndorf-Buchenwald			**Norm**
0,0	(3,47) Schöndorf a B	>Weimar	
1,5	(5) Abzw.	>Großrudestedt	
2	Wolfshorn		
4,6	Großobringen	[Kreuzungsgleis] [Rübenverladestelle]	
7,278	Anschl.	>0,0 Geschützverladestelle (0,183)	
7,5	Wasser- und Bekohlungsstelle		
8,831	Anschl.	>0,0 Holzverladestelle (0,12)	
10	Anschl.	>0,0 Gustloff-Werke II (0,42)	
10,7	Anschl.	>Gustloff-Werke	
10,8	Buchenwald	>FB Steinbruch	
10,92	*(Gleisende)*		
Schönermark-Damme		**113d, 125n, 122g, 924, 925a**	**Norm**
0,0	Schönermark (Kr Angermünde)	[Schönermark (Kr Angermünde) Kreisbf]	>Angermünde, Stettin
	(Welsebrücke)		
1,87	Biesenbrow Haltestelle	[Biesenbrow Haltepunkt]	
2,85	Biesenbrow Ladestelle		
5,99	Golm (Uckerm)		
8,7	Fredersdorf (Uckerm)		
12,35	Zichow		
	(Gleisende)		
15,06	Gramzow (Uckerm)		
17,84	Lützlow		
21,88	Kleinow (Uckerm)	[Falkenwalde]	
25,09	Damme (Uckerm)	>Prenzlau, Löcknitz	
Schönfeld-Schönfeld Gut		**Werkbahn**	**Sm 600**
	Schönfeld (b Klockow)	>Pasewalk, Klockow	
	Schönfeld (b Klockow) Gut	>Klockow	
Schönfeld-Schönfeld Papierfabrik		**Werkbahn**	**Norm**
0,0	Schönfeld-Wiesa	[Schönfeld (Zschopautal) Bf]	>Wolkenstein, Annaberg-Buchholz
1,4	Schönfeld Papierfabrik		
Schönfeld-Thum-Meinersdorf		**169p, 441**	**Sm 750**
0,0	Schönfeld-Wiesa	[Schönfeld (Zschopautal) Bf]	>Wolkenstein, Annaberg-Buchholz
1,34	Schönfeld (Zschopautal)	[Schönfeld (Zschopautal) Hp]	
	Anschl.	>Papierfabrik	
3,99	Tannenberg Ost	>Anschl. Garnveredlungswerk	
5	Tannenberg		
6,1	Obertannenberg	>Anschl. Werk	
7,32	Siebenhöfen	>Anschl. Werk	
8,25	Geyer Hp		
9,04	Geyer		
	(Greifenbachviadukt 0,1806)		
13,81	Ehrenfriedersdorf		
13,9	Ehrenfriedersdorf	*(alt)*	
15,95	Ehrenfriedersdorf Hp		
17,23	Thum	>Wilischthal	
19,19	Jahnsbach		
22,32	Hormersdorf	>Anschl. Holzwerk	
23,96	Auerbach (Erzgeb)		
25,53	Auerbach (Erzgeb) Hp		
27,09	Gornsdorf		
28,39	Gornsdorf Hp		
29,78	Meinersdorf (Erzgeb)	>Chemnitz-Zwönitz	
Schönhausen-Göhrener Damm		**Verbindungsbahn**	**Norm**
	Schönhausen (Elbe) Nord Abzw.	>Genthin, Sandau	
	Göhrener Damm Abzw.	>Stendal, Rathenow	
Schönhausen-Sandau		**207v, 706**	**Norm**
0,0	Schönhausen (Elbe) Nord	>Genthin	
1,703	Anschl.		
4,55	Hohengöhren		
	Anschl.	>Lübars (Elbe)	
8,58	Neuermark-Lübars	[Lübars-Neuermark]	>0,0 Elbeufer (Hassel) (2,0)
10,61	Klietz		
14,46	Scharlibbe		
17,88	Schönfeld (Elbe)		
21,6	Wulkau		
24,2	Sandau (Elbe)		
Schorfheide Waldbahn			**Sm 600**
6,5	Döllnkrug		
0,0	Spitzkehre		
21,0	Höpen		
Schulzendorf-Lindow		**121d**	**Norm**
0,0	Schulzendorf (Kr Gransee)	>Gransee, Neuglobsow	
	Rönnebeck (Kr Ruppin)		
	Abzw. Schulzendorf	>Rheinsberg	
8,94	Lindow (Mark)	>Herzberg	
Schwanebeck Zementwerk		**Werkbahn**	**Sm 600, später 600 /900**
0,0	Schwanebeck Brecheranlage	>Schwanebeck Ort	
2,5	Schwanebeck Steinbrüche		
Schwanebeck Zementwerk		**Werkbahn**	**Sm 750**
0,0	Schwanebeck Zementwerk		
2,5	Schwanebeck Bahnhof	>Nienhagen, Dedeleben	
Schwarzenberg-Johanngeorgenstadt-(Karlsbad)		**450, CSD**	**Norm**
17,33	(0,0) Schwarzenberg (Erzgeb)	>Annaberg-Buchholz, Aue	
	(Schwarzwasserbrücke)		
	(16,2) (Schloßbergtunnel 0,1023)	*(alt)*	
	(Schwarzwasserbrücke)		
16,7	*(Schloßbergtunnel 0,231)*	[Schwarzenberger Tunnel]	
15,76	Schwarzenberg (Erzgeb) Hp		
14,19	Erla	>Anschl. Eisenwerk	
	(Schwarzwasserbrücke)		
10,56	Antonsthal		
7,04	Breitenbrunn (Erzgeb)	[Breitenhof] (alt)	
5,3	Breitenbrunn (Erzgeb)	*(neu)*	
4,13	Erlabrunn (Erzgeb)		
3,08	Abzw./ Bk	>Anschl. Wismut	
0,0	Johanngeorgenstadt		
0,43	*(Grenze)*		
	Breitenbach (Sudetenland)	[Potucky]	
	Breitenbach (Sudetenland) Hp	[Potucky zastavka]	
	Bergstadt Platten	[Horni Blatna] [Platten]	
	Bärringen-Abertham	[Pernik-Albertamy]	
	Tellerhäuser		
	...		
	Karlsbad Hbf	[Karlovy Vary]	
Schwarzheide Synthesewerk		**Werkbahn**	**Norm**
Schwarzkollm Schotterwerk		**Werkbahn**	**Sm**
Schwerin-Parchim		**777**	**Norm**
0,0	(66,4) Schwerin (Meckl) Hbf	>Bad Kleinen, Gadebusch	
	(65,6) Schwerin (Meckl) Mitte		
	(63,2) Schwerin (Meckl) Görries Nord		
3,2	(61,9) Schwerin (Meckl) Görries	[Görries]	>Görries Nord
	Abzw.	>Hagenow, Ludwigslust	
6,4	Wüstmark	[Krebsförden]	
8,7	Schwerin Haselholz	>Anschl.	
9,2	Stern (Buchholz)	[Consrade] [Schwerin Stern]	
14,4	Plate (Meckl)		
18,0	Sukow (Kr Schwerin)		
24,3	Crivitz		
29,7	Ruthenbeck		
32,73	Friedrichsruhe (Meckl)		
	Severin		

37,47	Domsühl		
39,5	Zieslübbe		
	Möderitz		
45,53	Parchim	>Karow, Ludwigslust, Suckow, Putlitz	
Schwerin-Rehna		**778**	**Norm**
9,6	(0,0) Schwerin (Meckl) Hbf	>Holthusen, Parchim, Bad Kleinen	
	(1,2) Schwerin (Meckl) Gbf	>Bad Kleinen	
12,6	(3,8) Schwerin (Meckl) Lankow		
	(4,4) Schwerin (Meckl) Margaretenhof		
15,1	(5,5) Schwerin (Meckl) Warnitz	[Warnitz (Meckl)]	
	Schwerin (Meckl) Friedrichsthal Ost		
17,9	Schwerin (Meckl) Friedrichsthal	[Friedrichsthal (Meckl)]	
21,5	(11,9) Groß Brütz		
26,5	(16,9) Lützow		
33,2	(23,6) Gadebusch	>Gadebusch Industriegelände	
38,9	(29,3) Holdorf (Meckl)		
43,5	(33,9) Rehna		
Schwerin-Schwanheide-(Friedrichsruh)		**775, DB**	**Norm**
0,0	(66,4) Schwerin (Meckl) Hbf	>Bad Kleinen, Gadebusch	
	(65,6) Schwerin (Meckl) Mitte		
	(63,2) Schwerin (Meckl) Görries Nord		
3,2	(61,9) Schwerin (Meckl) Görries	[Görries]	>Schwerin Sackt.
	Abzw.	>Parchim	
7,3	(59,1) Schwerin (Meckl) Süd		
19,0	(56,8) Holthusen		
	Abzw.	>Ludwigslust	
12,5	Zachun		
5,3	Kirch Jesar		
0,0	(191,8) Hagenow Land	>Ludwigslust	
	Abzw.	>Zarrentin	
202,6	Pritzier		
211,5	Brahlstorf	>Neuhaus	
218,1	Kuhlenfeld		
224,9	Boizenburg (Elbe)	>Boizenburg Stadt	
232,0	Schwanheide		
	(Grenze)		
238,9	*Büchen*	>Ratzeburg, Lüneburg	
240,0	*Büchen Bbf*		
244,0	*Müssen*		
249,2	*Schwarzenbek*	>Trtttau	
259,57	*Friedrichsruh*	>Hamburg	
Schwerin-Schwerin Sacktannen			**Norm**
0,0	(61,9) Schwerin (Meckl) Görries	[Görries]	>Schwerin Hbf, Schwerin Süd
6,5	Schwerin (Meckl) Sacktannen		
Sebnitz-(Nixdorf)-Ebersbach		**DR, CSD, DR**	**Norm**
48,7	Sebnitz (Sachs)	>Bad Schandau, Neustadt	
	(Grenze)		
	...		
	Nixdorf unt Bf	[Mikulasovice dol. n.]	>Schluckenau
	Nixdorf Mitte	[Mikulasovice stred]	
	Nixdorf ob Bf	[Ober Nixdorf] [Mikulasovice horni n.]	
	Zeidler	[Brtniky]	
	Herrnwalde	[Pansky]	
	Abzw.	>Schönlinde	
	Alt Ehrenberg	[Stara Krecany]	
	Nieder Ehrenberg	[Dolny Krecany]	
	Rumburg	[Rumburk]	>Schönlinde, Schluckenau
	...		
97,7	*(Ebersbach Grenze)*		
	Abzw.	>Neugersdorf	
98,1	Ebersbach (Sachs)	>Bischofswerda, Löbau	
Sebnitz-(Schluckenau)-Ebersbach		**DR, CSD, DR**	**Norm**
48,7	Sebnitz (Sachs)	>Bad Schandau, Neustadt	
	(Grenze)		
	Nieder Einsiedel	[Dolny Poustevna]	
	Ober Einsiedel	[Horny Poustevna]	
	Vilemov		
	Nixdorf unt Bf	[Mikulasovice]	>Nixdorf
	Hainspach	[Hainspach-Wölmsdorf]	
	Groß Schönau (Böhmen)	[Velki Senov]	
	Groß Schönau (Böhmen) Hp	[Velki Senov zastavka]	
	Kaiserswalde	[Lipova]	
	Schluckenau Hp	[Sluknov zastavka]	
	Schluckenau Karltal	[Sluknov Udoli]	
	Schluckenau	[Sluknov]	
	Waldecke	[Valdek]	
	Rumburg	[Rumburk]	>Schönlinde, Nixdorf
	Georgswalde-Philippsdorf	[Jirikov-Filipov]	
	Georgswalde	[Jirikov] [Stary Jirikov]	
97,7	*(Ebersbach Grenze)*		
	Abzw.	>Neugersdorf	
98,1	Ebersbach (Sachs)	>Bischofswerda, Löbau	
Seelingstädt-Naundorf		**Werkbahn**	**Norm**
1,1	Erzbunker	>Neue Fabrik	
	(Verbindungsgleis)	[Taigakurve]	
0,0	Seelingstädt (b Werdau)	>Werdau, Weida	
1,4	(0,0) Braunichswalde Rußdorf		
8,7	Reust	>8,7 Lichtenberg Werkstätten (9,8)	>8,7 Reust Schacht (10,3)
9,867	(10,52) Abzw.	>Lichtenberg Werkstätten	[Waldschacht 375]
10,25	Schmirchau Pbf		
11	Abzw. B 2	>Schmirchau Versatzwerk	
11,6	Schmirchau Gbf	>Reust Versatzwerk	
	Anschl.	>Schmirchau Räderwerk	
11,866	*(12,518) Gleisende*		
	Abzw.	>Ronneburg	>Paitzdorf
	Abzw.	>Raitzhain, Gößnitz	
23,62	Beerwalde (Kr Schmölln)	[Beerwalde (Kr Gera)]	>Löbichau
20,22	Großenstein		
	...	*(siehe auch Meuselwitz-Ronneburg)*	
	Naundorf		
Sellin Schrägaufzug		**Standseilbahn**	
0,0	Straße der Freundschaft		
0,025	Seebrücke		
Senftenberg-Sallgast-Finsterwalde		**162k**	**Norm, EL**
0,0	Senftenberg Hbf	[Zly Komorow] [Senftenberg (Niederlaus)]	>Calau, Cottbus, Ruhland
2,95	Senftenberg West	[Senftenberg (Niederlaus) II]	[Zly Komorow wjacor]
7,33	(20,2) Schipkau	[Zschipkau] [Sejkow]	
9,84	Klettwitz		
11,09	Klettwitz Krankenhaus	[Annahütte Reichsstraße]	
12,38	(15,1) Annahütte		
13,88	Poley		
16,03	(11,5) Sallgast	>Lauchhammer, Ruhland	
18,98	(8,5) Klingmühl-Lichterfeld		
22,56	(5,4) Schacksdorf		
26,08	(1,2) Massen		
27,49	(0,0) Finsterwalde (Niederlaus)	>Calau, Doberlug, Crinitz	
Senftenberg Laubag		**Grubenbahn**	**Sm 900, EL**
Senzke-Nauen		**107n**	**Sm 750**
0,0	Senzke	>Rathenow, Paulinenaue	
3,78	Pessin		
5,57	Retzow		

7,77	Selbelang		
10,82	Ribbeck		
12,43	Berge (Mark)		
15,84	Lietzow (Mark)		
19	Nauen Kreisb	>Röthehof, Kremmen, Paulinenaue, Spandau	>Wustermark
Siedenbrünzow-Tutow		**121k**	**Sm 750**
6,34	Siedenbrünzow	>Demmin, Altentreptow	
8,25	Heidekrug		
12,5	Kruckow		
13,73	Tutow	>Jarmen	
Silberhausen-Hüpstedt			**Sm 600 750?**
	Silberhausen Bf		
	Hüpstedt Kaliwerk		
Silberhausen-Hüpstedt			**Norm**
57,8	Silberhausen	>Mühlhausen, Leinefelde	
	SN Abzw.	>Mühlhausen, Leinefelde, Geismar	
0,0	Silberhausen Nord		
	Beberstedt	>Anschl. Sägewerk	
8,15	Hüpstedt		
9,6	Hüpstedt Schachtbf	[Ausweichlager Ost]	>Anschl. Felsenfest Schachtbf
Silberhütte-Neudorf		**Werkbahn**	**Sm 750**
0,0	Silberhütte (Anh)	>Gernrode, Hasselfelde	>Bremsberg
4,5	Neudorf		
Silberhütte Bremsberg		**Standseilbahn**	
	Silberhütte Bremsberg	>Neudorf	
Simmershausen-Gleichamberg		**Werkbahn**	**Sm 750**
0,0	Simmershausen-Gleicherwiesen	[Simmershausen]	>Hildburghausen, Lindenau
6	Gleichamberg Basaltwerk		
Söllmnitz-Cretzschwitzer Dachziegelwerke		**172f, 551 Anschlußbahn**	**Sm 1000**
0,0	(11,15) Söllmnitz	>Wuitz-Mumsdorf, Gera-Pforten	
0,22	*(Rothenbachbrücke)*		
1,64	Kretschwitz Ladestelle	[Cretzschwitz] [Reußengrube Ladestelle]	
2,04	Cretzschwitzer Dachziegelwerke	[Reußengrube]	
Söllmnitz Tongruben		**Werkbahn**	**Sm 600**
0,0	Söllmnitz Werkstatt		
	Abzw.	>Lokschuppen	
	Söllmnitz Schüttrampe Tongruben	>Söllmnitz	
Sollstedt Kaliwerk		**Werkbahn**	**Sm**
Sömmerda Ziegelei		**Werkbahn**	**Sm 600**
0,0			
2,5			
Sonneberg-Ernstthal		**190k, 566**	**Norm**
19,5	Sonneberg (Thür) Hbf	[Sonneberg (Thür)]	>Eisfeld, Coburg
	Anschl.	>Sonneberg Elektrokeramische Werke	
22,1	Sonneberg (Thür) Ost	[Köppelsdorf-Oberlind]	>Neuhaus-Schierschnitz
	(Steinachbrücke)		
24,1	Sonneberg (Thür) Nord	[Köppelsdorf Nord]	
25,6	Hüttengrund Hp		
26,3	Hüttengrund		
	(Steinachbrücke)		
28,0	Blechhammer (Thür)		
33	*(Steinachbrücke)*		
33,4	Steinach (Thür)	>Anschlüsse	
38,6	Lauscha (Thür)		
	(Viadukt 0,093)		
40	*(Lauschensteintunnel 0,275)*		
	(Nasse Delle-Viadukt)		
43,22	Oberlauscha		
43,48	Anschl.	>Lauscha Glaswerk	
45,03	(23,32) Ernstthal am Rennsteig	>Neuhaus, Probstzella	>Anschl. Glashütte
Sonneberg-Neuhaus=Schierschnitz-(Stockheim)		**190m, DB**	**Norm**

19,5	Sonneberg (Thür) Hbf	[Sonneberg (Thür)]	>Eisfeld, Ernstthal, Coburg
21,8	Sonneberg (Thür) Ost	[Köppelsdorf-Oberlind]	>Sonneberg, Ernstthal
24,3	Föritz		
28	Neuhaus-Schierschnitz		
	(Grenze)		
30,4	*Burggrub*		
34,3	*Stockheim (Oberfr)*	>Kronach, Probstzella	
Sonneberg-(Neustadt-Coburg)		**190k, DB**	**Norm**
19,5	Sonneberg (Thür) Hbf	[Sonneberg (Thür)]	>Eisfeld, Stockheim, Ernstthal
17,2	*(Grenze)*		
15,2	*Neustadt (b Coburg)*	>Ebersdorf	
9,0	*Mönchröden*		
7,5	*Rödental Mitte*		
6,4	*Rödental*	[Oeslau]	
3,9	*Dörfles-Esbach*		
	Abzw.	>Eisfeld	
	Coburg Nord		
0,0	*Coburg*	>Bad Rodach, Creidlitz	
Sorge SHE-Sorge NWE		**Verbindungsbahn**	**Sm 1000**
0,0	Sorge SHE	[Sorge ob Bf]	>Brunnenbachsmühle, Tanne
0,23	Sorge	[Sorge NWE]	>Nordhausen, Wernigerode
Spergau Kaolinwerk		**Werkbahn**	**Sm 500**
Spreenhagen Sägewerk		**Werkbahn**	**Sm 600**
Spreenhagen Wermke		**Parkeisenbahn**	**Sm 600**
	Drehscheibe		
	Abzw.	>Umfahrgleis	
	Jumboshausen		
	Abzw.	>Lokschuppen	
	Abzw.	>Umfahrgleis	
	Abzw.	>Wagenwerkstatt	
	Wendeschleife		
Spremberg-Neupetershain			**Norm**
	Spremberg West	>Spremberg Stadt, Spremberger Stadtbahn	
	Roitz (Niederlaus)		
	Jessen (Kr Spremberg)		
	Haidemühl Brikettfabrik		
8,6	Proschim-Haidemühl	[Prozym]	>Bluno, Hoyerswerda
4,2	Welzow	[Wjelcej]	
0,0	Neupetershain	[Nowe Wiki] [Neu Petershain]	>Senftenberg, Cottbus
Spremberg-Spremberg Stadt			**Norm**
0,0	Spremberg Hbf	>Cottbus, Weißwasser	
3,25	Spremberg Stadtbf	>Spremberger Stadtbahn	>Grube Terpe
Spremberg Kohlebf-Grube Clara-Grube Brigitta		**Grubenbahn**	**Sm 1000**
9,8	Grube Clara		
	(Eisenbahnbrücke)		
2,3	Grube Consul		
0,5	(0,0) Grube Anna	>0,0 Spremberg Kohlebf (2,4)	
2,8	Grube Gustav Adolf		
	Brigittehof	[Schwarze Pumpe]	
11,5	Grube Brigitta		
Spremberger Stadteisenbahn			**Sm 1000**
	Spremberg Stadtbf	>Spremberg Hbf	
Verzweigtes Stadtnetz mit zahlreichen Anschlüssen.			
Sproitz Feuerfestwerk		**Werkbahn**	**Sm 750**
0,0	Sproitz Feuerfestwerk	>Petershain	
1,0	Verbindungsbahn		
2,5	Grube		
Staßfurt-Neustaßfurt-Löderburg			**Norm**
0,0	Staßfurt	[Staßfurt-Leopoldshall]	>Güsten, Förderstedt, Egeln
2,95	Staßfurt Achenbach	[Achenbach]	
	Anschl.	>Staßfurt Sodawerk	
4,25	Neustaßfurt		
	Anschl.	>Kraftwerk	
	Abzw.		
	Löderburg-Lust Schacht VI		

Staßfurt-Rathmannsdorf-Güsten		**Werkbahn**	**Norm**
0,0	Staßfurt Rbf	[Staßfurt-Leopoldshall]	>Staßfurt, Güsten, Hecklingen
	Staßfurt Industriebahn	>Anschlüsse	
	Abzw.	>Maschinenfabrik	
	Bleicherde Schacht III		
	(Straßenbrücke)		
	Güsten Schacht IV	>Güsten	

Staßfurt Sodawerk		**Werkbahn**	**Sm 600, EL**
0,0	Förderstedt Schacht		
	(Eisenbahnbrücke)		
4,1	Staßfurt Sodawerk	>Staßfurt Achenbach	

Stavenhagen-Pribbenow			**Sm 600**
	Stavenhagen Zuckerfabrik	*(siehe auch Demmin-Bredenfelde)*	
0,0	(30,3) Stavenhagen Anschlußbf	*(siehe auch Demmin-Bredenfelde)*	
5,2	(35,5) Pribbenow (b Stavenhagen)	*(siehe auch Demmin-Bredenfelde)*	

Steinbach Flußspatwerk		**Werkbahn**	**Sm 600**
	Steinbach Grube Fortschritt		

Stendal-Arendsee		**210a, 754**	**Norm**
0,0	Stendal	>Rathenow, Gardelegen, Magdeburg	>Stendal Ost
1,2	(3,8) Stendal Vorbf	[Vor Stendal]	>Anschl. Zuckerfabrik
1,4	(3,5) Abzw.	>Tangermünde	
1,04	Anschl.	>RAW Stendal	>Stendal Gaswerk
0,0	Stendal Ost	>Arneburg	>Anschl. Sachsenwerk, Konservenfabrik
1,3	Abzw. Borstel	>Stendal, Goldbeck	
4,14	Borstel (Kr Stendal)	>Anschl. Stendal Flugplatz	
5,64	Anschl.		
7,15	Peulingen	>Hohenwulsch	
8,8	Neuendorf am Speck		
11,03	Groß Schwechten		
15,45	Rochau (Kr Stendal)	[Rochau-Schwarzenhagen]	
16,9	Rochau (Kr Stendal) Nord	[Schartau (Altm)]	
19,92	Ballerstedt (Altm)	[Groß Ballerstedt]	
23,94	Flessau		
27,0	Klein Rossau	>Pretzier, Osterburg	
	(Biesebrücke)		
28,3	Groß Rossau		
30,25	Stapel (Kr Osterburg)	[Bretsch-Stapel]	
32,72	Wohlenberg (Altm)		
33,98	Lückstedt-Dewitz		
36,39	Gagel		
38,35	Neulingen		
44,3	Arendsee (Altm) Süd	>Salzwedel, Wittenberge	

Stendal-Arneburg			**Sm 1000**
0,0	Stendal Ost	>Stendal, Borstel	
1,5	Heinrichslust		
3,4	Jarchau (Altm)	[Chausseehaus Heinrichsburg]	[Chausseehaus Jarchau]
5,7	Hassel (Kr Stendal)		
7,7	Sanne (Kr Stendal)		
10,4	Arneburg (Elbe) West	[Bürs] [Arneburg-Bürs]	
12,6	Arneburg (Elbe)		

Stendal-Arneburg		**210b, 751**	**Norm**
0,0	Stendal Ost	>Stendal, Borstel	>Anschl. Sachsenwerk, Konservenfabrik
0,39	Anschl.		
3,44	Jarchau (Altm)		
5,7	Hassel (Kr Stendal)	>Stendal Stadtsee	
7,67	Sanne (Kr Stendal)	>Niedergörne	
10,47	Arneburg (Elbe) West	[Bürs] [Arneburg-Bürs]	
12,61	Arneburg (Elbe)	>Anschl. Konservenfabrik	

Stendal-Niedergörne		**753**	**Norm**
0,0	Stendal	>Magdeburg, Rathenow, Gardelegen	>Stendal Ost
4,8	Stendal Stadtsee		
8,7	(0,0) Borstel (Kr Stendal) Krzbf	>Arendsee, Wittenberge, Stendal Ost	
	Jarchau (Altm) Awanst	>Stendal Ost	
5,9	Hassel (Kr Stendal) Awanst		
6,0	Abzw.	>0,0 Elbeufer (Neuermark-Lübars) (6,0)	
7,7	Sanne (Kr Stendal)	>Arneburg	
16,4	Niedergörne		
17	Niedergörne Atomkraftwerk	[Niedergörne Zellstoffwerk]	

Stendal-Salzwedel		**757**	**Norm**
0,0	Stendal	>Magdeburg, Rathenow, Arneburg, Goldbeck	>Stendal Ost
	Stendal Gbf		
	Abzw.	>Borstel, Gardelegen	
9,13	Steinfeld (b Stendal)	[Schönfeld (b Stendal)]	
14,77	Kläden (Kr Stendal)		
19,95	Hohenwulsch	[Bismark Anschluß] [Bismark (Altm)]	>Peulingen, Kalbe
25,73	Meßdorf		
32,05	Brunau-Packebusch		
40,5	Fleetmark	[Kallehne]	
44,6	Rademin		
49,43	Pretzier (Altm)	[Deutsch Pretzier]	>Klein Rossau
	Abzw.	>Wittenberge	
	Salzwedel Gbf		
57,12	Salzwedel	>Uelzen, Lüchow, Diesdorf, Oebisfelde	

Stendal-Tangermünde		**210c, 752, 269**	**Norm**
0,0	Stendal	>Gardelegen, Rathenow, Borstel	
1,2	Stendal Vorbf	[Vor Stendal]	>Anschl. Zuckerfabrik
	Abzw.	>Stendal Ost	
3,42	Bindfelde		
	Abzw.	>Rittergut Charlottenhof	
6,9	Miltern	>Anschl. Miltern Getreidewirtschaft	
10,22	Tangermünde	>0,0 Tangermünde Zuckerfabrik (1,4)	>Lüderitz
11,1	Tangermünde Nord	>Fischbeck	
12,96	Tangermünde Hafen	[Tangermünde am Elb- u. Hafenufer (Ldst)]	

Stendal Südumfahrung			**Norm, EL**
198,8	(98,8) Staffelde Abzw.	>Wustermark, Stendal	
217,0	(116,0) Nahrstedt Abzw.	>Oebisfelde, Stendal	

Stöbnitz-Lützkendorf		**Grubenbahn**	**EL**
	Stöbnitz		
	Mücheln Tagebau	>Braunsbedra	
	Frankleben	>Merseburg	
	Braunsbedra Tagebau		
	Geiseltal BKW		
	Braunsbedra	>Mücheln	
	Lützkendorf Mineralölwerk	>Neumark	

Stollberg-Zwönitz-Elterlein		**170p, 171g**	**Norm**
0,0	Stollberg (Sachs)	>Neuoelsnitz, Chemnitz	
2,74	Mitteldorf		
6,47	Oberdorf-Beutha		
11,65	Affalter		
16,61	Zwönitz	>Aue, Meinersdorf	
25	Bernsbach		
27	Beierfeld		

29	Grünhain		
35	Elterlein	>Schlettau	
Stolzenburg Glashütte		**Werkbahn**	**Sm**
0,0	Stolzenburger Glashütte	[Stolzenburg Glashütte]	>Stöven, Neuwarp
	Glashütte		
(Stöven-Neuwarp)		**113g, PKP**	**Norm**
0,0	*Stöven (Bz Stettin) Kleinb*	(Stöven (Bz Stettin) Landesb]	[Stobno Szczecinski] >Stöven Staatsbf
1	*Stöven (Bz Stettin) Dorf*		
3,8	*Neuenkirchen (Kr Randow)*	[Neuenkirchen (Kr Ückermünde)]	
5,4	*Wamlitz*	[Wamlitz (Kr Ückermünde)] [Doluje]	
6,3	*Marienthal (Kr Randow)*	[Marienthal (Bz Stettin)]	
10,2	*Daber (Kr Randow)*	[Dobra] [Daber (Kr Ückermünde)]	
13,6	*Boeck (Kr Randow)*	[Böck] [Boeck (Kr Ückermümde)]	
15,4	*Nassenheider Ziegelei*	[Nassenheider Ziegelei (Kr Ückermünde)]	
17,3	*Nassenheide (Kr Randow)*	[Nassenheide (Kr Ückermünde)]	
20,3	*Stolzenburg*	[Stolec]	
	(Grenze)		
22,5	Lenzen (Kr Randow)	[Lenzen (Kr Ückermünde)]	
26,1	Stolzenburger Glashütte	[Stolzenburg Glashütte]	>FB Glashütte
29,7	Zopfenbeck (Kr Ückermünde)		
32,1	Hintersee (Kr Ückermünde)		
36,8	Ludwigshof (Kr Ückermünde)	>FB Ammoniakfabrik	
40,2	Rieth		
	(Grenze)		
45,3	*Albrechtshof (Kr Ückermünde)*		
47,4	*Neuwarp Kirchhofsweg*		
48,7	*Neuwarp*	[Nowe Warpno]	
Stralau Glaswerk		**Werkbahn**	**Norm**
	Anschl.	>Berlin Osthafen, Ostkreuz	
	Stralau Glaswerk		
Stralendorf Torfwerk		**Werkbahn**	**Sm 600**
Stralsund-Barth-Damgarten		**123a, b, 125c, d**	**Sm 1000**
0,0	Stralsund Landesbahn	[Stralsund Ost]	
0,5	Stralsund Reichsbf	>Velgast, Bergen, Grimmen, Greifswald	
	Stralsund Stadtkoppel		
2,5	Stralsund Stadtwald		
3,04	Groß Kedingshagen	>FB	
5,55	Klein Kordshagen	[Klein Cordshagen]	>FB
8,6	Krönnevitz		
9,74	Schmedshagen	>FB	
10,45	Oldendorf (Meckl)	[Oldendorf (Pommern)]	
11,45	Altenpleen	[Alten Pleen]	>Klausdorf
13,55	Neuenpleen		
15,9	Lassentin	>FB	
17,6	Buschenhagen	>FB Gut Matthies	
18,5	Bartelshagen	>FB	
19,95	Groß Kordshagen	[Groß Cordshagen]	>FB
21,6	Arbshagen		
23,15	Flemendorf		
24,6	Zipke		
26,18	Küstrow		
27,13	Kiesgleis Roggmann		
29,2	Barth Landesbf	>0,0 Barth Hafen (2,2/ 2,55)	>Velgast, Prerow
33,67	Divitz	>FB	
34,8	Frauendorf (b Barth)	>FB	
35,93	Frauendorf Weiche	>FB	
38,05	Spoldershagen	>FB	
39,3	Grünau (Meckl)	[Grünau (Pommern)]	
41,25	Lüdershagen		
42,2	Lüdershagen Weiche		

43,4	Hermannshof	[Hermannshagen]	
45,4	Hessenburg	>FB	
46,41	Staben		
49,05	Saal (Meckl)	[Saal (Pommern)] >FB	
49,52	Anschl.	>Saal Tonwarenfabrik	
50,9	Kückenshagen	>FB	
53,15	Dechowshof	[Adlig Beyershagen]	
	(Kreuzung mit Norm-Anschlußbahn)		
55,49	Ribnitz-Damgarten Stadtwald	[Damgarten Glashütte]	[Damgarten Stadtwald]
56,39	Pütnitz		
57,8	Ribnitz-Damgarten Nord	[Damgarten Landesbf] [Damgarten]	>Rostock, Stralsund
	Damgarten Hafenbf		
Stralsund-Franzburg-Tribsees			**Norm**
0,0	Abzw.	>Stralsund, Rostock	
1,2	Stralsund Vorstadt	>Anschl. Baustoffversorgung	
1,4	*(Gleisende)*		
1,57	Anschl.	>Mühle und Brennerei Rasmus & Röhl	>0,0 Anschl. Zimmerei (0,17)
3,7	Lüssow Gut		
4,5	Lüssow (b Stralsund)		
6,6	Borgwallsee		
8	Negast		
10,9	Steinhagen (Pommern)		
13,2	Berthke		
17,7	Richtenberg		
	(Trebelbrücke)		
20,7	Franzburg	>Velgast	
23,6	Franzburg Lager		
25,1	Grenzin		
25,9	Hohenbarnekow		
26,7	Pöglitz		
30,1	Rekentin		
33	Siemersdorf		
34	Tribsees Stadtwald		
34,7	Abzw. Tribsees Stadtwald	>Grimmen	
36,22	Tribsees Landesb	>Sanitz, Neu Seehagen	
Stralsund Rügendammbaustelle		**Werkbahn**	**Sm 600?**
Straßberg Flußspatwerk		**Werkbahn**	**Sm 600**
Straßberg Glasebacher Stollen		**Werkbahn**	**Sm 600**
Straßberg Grube Heidelberg		**Werkbahn**	**Sm 600**
Straßenbahn Adlershof-Altglienicke		**(Teltower Kreisbahn)**	**Norm, EL**
Straßenbahn Altenburg			**Sm 1000, EL**
Straßenbahn Bad Dürrenberg		*(siehe unter Halle)*	
Straßenbahn Bad Schandau		*(siehe unter Bad Schandau)*	
Straßenbahn Bautzen		*(siehe unter Bautzen)*	
Straßenbahn Berlin			**Sm 1000/ Norm, EL**
Straßenbahn Bernburg			**Sm 1000, EL**
Straßenbahn Böhlitz-Ehrenberg		*(siehe unter Leipzig)*	
Straßenbahn Brandenburg und Plaue			**Sm 1000, EL**
Straßenbahn Chemnitz			**Sm (915) 925/ Norm, EL**
Straßenbahn Cöpenick			**Norm, EL**
Straßenbahn Cottbus			**Sm 1000, EL**
Straßenbahn Dessau		*(siehe auch unter Dessau)*	**Norm, EL**
Straßenbahn Döbeln			**Sm 1000, EL**
Straßenbahn Dresden		*(siehe auch unter Niedersedlitz)*	**1450, EL**
Straßenbahn Eberswalde			**Sm 1000, EL**
Straßenbahn Eisenach			**Sm 1000, EL**
Straßenbahn Eisleben		*(siehe unter Hettstedt)*	
Straßenbahn Engelsdorf		*(siehe unter Leipzig)*	

Straßenbahn Erfurt	*(siehe auch unter Erfurt)*	Sm 1000, EL
Straßenbahn Frankfurt		Sm 1000, EL
Straßenbahn Freiberg		Sm 1000, EL
Straßenbahn Freital	*(siehe unter Dresden)*	
Straßenbahn Friedrichshagen		Sm 1000, EL
Straßenbahn Gera		Sm 1000, EL
Straßenbahn Görlitz	*(siehe auch unter Görlitz)*	Sm 1000/ Norm, EL
Straßenbahn Gotha	*(siehe auch unter Gotha)*	Sm 1000, EL
Straßenbahn Groß Lichterfelde		Sm 1000/ Norm, EL
Straßenbahn Groß Rosenburg	*(siehe unter Breitenhagen)*	
Straßenbahn Guben		Sm 1000, EL
Straßenbahn Halberstadt		Sm 1000, EL
Straßenbahn Halle		Sm 1000, EL
Straßenbahn Heiligensee		Norm, EL
Straßenbahn Hohenstein-Ernstthal		Sm 1000, EL
Straßenbahn Jena		Sm 1000, EL
Straßenbahn Johannisthal		Sm?, EL
Straßenbahn Jüterbog		Sm 1000, EL
Straßenbahn Kirchmöser	*(siehe unter Brandenburg)*	
Straßenbahn Klingenthal	*(siehe unter Klingenthal)*	
Straßenbahn Kreischa		Sm 1000, EL
Straßenbahn Küstrin-Kietz	*(siehe unter Küstrin)*	
Straßenbahn Leipzig		1458, EL
Straßenbahn Liebertwolkwitz	*(siehe unter Leipzig)*	
Straßenbahn Magdeburg		Norm, EL
Straßenbahn Mansfeld	*(siehe unter Hettstedt)*	
Straßenbahn Markkleeberg	*(siehe unter Leipzig)*	
Straßenbahn Meißen		Sm 1000, EL
Straßenbahn Merseburg	*(siehe unter Halle)*	
Straßenbahn Mücheln	*(siehe unter Halle)*	
Straßenbahn Mühlhausen		Sm 1000, EL
Straßenbahn Naumburg		Sm 1000, EL
Straßenbahn Niedersedlitz	*(siehe unter Niedersedlitz)*	
Straßenbahn Nordhausen	*(siehe auch unter Nordhausen)*	Sm 1000, EL
Straßenbahn Plaue	*(zu Straßenbahn Brandenburg)*	
Straßenbahn Plauen		Sm 1000, EL
Straßenbahn Potsdam		Norm, EL
Straßenbahn Radebeul	*(siehe unter Dresden)*	
Straßenbahn Riesa		Sm 1000, EL
Straßenbahn Roßlau	*(siehe unter Dessau)*	
Straßenbahn Rostock		1440, EL
Straßenbahn Schkeuditz	*(siehe unter Leipzig)*	
Straßenbahn Schmöckwitz-Grünau		Norm, EL
Straßenbahn Schönebeck	*(siehe auch unter Magdeburg)*	Sm 1000, EL
Straßenbahn Schöneiche		Sm 1000, EL
Straßenbahn Schwerin		Norm, EL
Straßenbahn Spandau		Sm 1000/ Norm, EL
Straßenbahn Spandau West		Norm, EL
Straßenbahn Staßfurt	*(siehe unter Hecklingen)*	
Straßenbahn Steglitz		Norm, EL
Straßenbahn Stendal		Sm 1000, EL
Straßenbahn Stralsund		Sm 1000, EL
Straßenbahn Strausberg	*(siehe unter Strausberg)*	
Straßenbahn Taucha	*(siehe unter Leipzig)*	
Straßenbahn Teltow		Sm 1000/ Norm, EL
Straßenbahn Warnemünde	*(siehe Fähre Warnemünde)*	
Straßenbahn Weimar		Sm 1000, EL
Straßenbahn Werder		Sm 1000, EL
Straßenbahn Wilkau=Haßlau		Sm 1000, EL
Straßenbahn Wittenberg		Sm 1000, EL
Straßenbahn Woltersdorf		Norm, EL
Straßenbahn Zerbst		Sm 1000, EL
Straßenbahn Zittau		Sm 1000/ 1450, EL
Straßenbahn Zwickau		Sm 1000/ Norm, EL

Die spezifizierten Angaben zur Streckenführung der Straßenbahnen würden den Rahmen dieses Buches sprengen.
Entnehmen Sie diese bei Bedarf bitte weiterführender Literatur (z.B. Transpress-Straßenbahnarchiv).

Straßgräbchen=Bernsdorf-Skaska			**Norm**
0,0	Straßgräbchen-Bernsdorf (Oberlaus)	[Nadrozna Hrabowka Njedzichow]	>Hoyerswerda, Hohenbocka, Kamenz
1	Abzw. Weissig	>Anschl.	
10	Skaska	[Kieswerk Oßling]	
Straupitz-Goyatz		**177a, 162b, 224**	**Sm 1000**
0,0	Straupitz	[Tsupc]	>Lübben, Cottbus
3,276	Laasow	[Laz]	
5,519	Waldow		
9,85	Siegadel	[Sikadel] [Sykadlo]	
13,784	Goyatz	[Gojac] [Schwieloch]	
13,816	Goyatz Umschlaghafen	[Schwielochsee]	>0,0 Hafengleis (0,7)
Strausberg-Herzfelde-Möllensee		**107b**	**Norm**
0,0	Strausberg Kleinb	>Berlin, Kietz	
1,7	Strausberg Kiesgrube		
5,1	Hennickendorf	>0,0 Hennickendorf-Stienitzsee (3,48)	
7	Herzfelde Ziegeleien Anschl.	>Rüdersdorf >Ziegeleien	
8,7	Herzfelde	>0,0 Lichtenow (4,0)	
12,5	Möllenhorst		
13,2	Möllensee Hafen		
Strausberg-Strausberg Nord		**Überlandstraßenbahn**	**Norm, EL**
0,0	Strausberg Vorstadt	[Strausberg Ostbf]	>Strausberg
0,8	Landhaus		
2,1	Schlagmühle		
	Anschl.	>Heizwerk Milchhof	
	Anschl.	>Milchhof	
3,4	Hegermühle	>Güterbahn	
3,9	Wolfstal		
4,6	Käthe Kollwitz-Straße	[Siedlung Eckardstein] [Eckardstein]	
5,3	Elisabethstraße	[Wilhelmstraße]	
5,9	Lustgarten	[Post]	>Güterbahn, Betriebshof
	Große Straße		
	Leninplatz	[Markt]	
	Badstraße		
7,2	Landesjugendheim	[Provinzial-Anstalt] [Wriezener Straße]	
Strausberg-Strausberg Nord			**Norm**
0,0	Strausberg	>Berlin, Kietz	
3,3	Strausberg Hegermühle		
7,0	Strausberg Stadt		
9,1	Strausberg Nord		
Strausberg Hegermühle-Lustgarten		**Überlandstraßenbahn**	**Norm, EL**
3,4	Hegermühle	>Strausberg Vorstadt, Landesjugendheim	
	Anschl.	>Handelszentrum	
	Anschl.	>Sowjetarmee	[Märkische Walzwerke]

km	Bahnhof		
	Anschl.	>Bundeswehr	
	Strausberg Kleinb Betriebshof		
5,9	Lustgarten	>Strausberg Vorstadt, Landesjugendheim	
Straußfurt-Großheringen		**651**	**Norm**
0,0	Straußfurt	>Erfurt, Greußen, Döllstädt	
7,2	Weißensee (Thür)		
	Abzw.	>Erfurt	
12,6	Sömmerda	>Artern, Erfurt	
18,2	Kiebitzhöhe		
21,3	Kölleda	[Cölleda]	>Laucha, Kölleda Flughafen
24,7	Großneuhausen		
28,63	Olbersleben		
31,15	*(Kreuzung mit Sm Buttelstedt-Rastenberg)*		
31,32	Guthmannshausen	>Buttstädt, Weimar	
35,1	Buttstädt	>Rastenberg	
39,81	Tromsdorf		
45,09	Eckartsberga (Thür)		
47,68	Auerstedt		
50,49	Bad Sulza Nord		
52,76	Großheringen	>Naumburg, Apolda, Jena	
Straußfurt Zuckerfabrik		**Werkbahn**	**Norm**
Strehla Steingutfabrik		**Werkbahn**	**Sm 600**
Strelitz Alt-Neustrelitz Hafen			**Norm**
0,0	Strelitz Alt	>Neustrelitz, Fürstenberg	
	Bürgerhorst Abzw.	>Neustrelitz Süd	
	Abzw.	>Mirow	
5,2	Neustrelitz Zierker Seehafen Sandschale		
Stresow-Ziegelsdorf		**207u, 207q**	**Sm 750**
0,0	Stresow	>Burg, Ziesar	
1	Ziegelsdorf		
Stülpe-Sperenberg			**Sm 750**
	Stülpe	>Hohenseefeld, Luckenwalde	
	Kummersdorf		
	Rehagen-Klausdorf	*(siehe auch Rehagen-Klausdorf)*	
	Sperenberg	>Jüterbog, Zossen	
Suhl-Schleusingen-Themar		**626**	**Norm**
0,0	Suhl	>Meiningen, Zella-Mehlis	
1,5	Suhl Neundorf	[Suhler Neundorf]	
5,0	Suhl Friedberg *(Erlebrücke)*	[Suhler Friedberg]	
8,6	Hirschbach (Thür) *(Hirschbacher Viadukt)*		
11,6	Erlau (Thür)		
13,3	St Kilian		
15,8	(51,0) Schleusingen	>Ilmenau	
53,1	Rappelsdorf		
55,7	Zollbrück (Thür)		
	Zollbrück (Thür) Ladestelle		
59,2	Veßra	[Vesser]	
	Veßra Abzw.	>Hildburghausen	
62,0	Themar	>Meiningen	
(Swinemünde-Wietstock)		**PKP**	**Norm**
80,5	*Swinemünde Hbf*	[Swinoujscie] >Swinemünde Seedienstbf	>Ducherow, Heringsdorf
78,6	*Swinemünde Westfähre*	[Swinemünde Landungsstelle]	>0,0 Anschl. (1,5)
	Swinemünde Hafen	>Swinoujscie Odra Warszow	
	Swinemünde Gbf		
	Ostswine	[Swinoujscie Odra]	
	Pritter	[Lunowo]	
	Liebeseele		
	Misdroy	[Miedzyzdroje]	
	Warnow (Pommern)	[Warnowo]	
	Rehberg	[Ladzin]	
	Groß Mokratz	[Mokrzyka Wlk.]	
	Wollin	[Wolin]	
	Hagen (Pommern)	[Reclaw]	
	Alt Tessin	[Troszyn]	

km	Bahnhof		
	Parlowkrug	[Parlowko]	
	Wietstock (Pommern)	[Wysoka Kamienska]	>Stettin, Cammin, Greifenberg
Tangermünde-Fischbeck		**207v**	**Norm**
10,22	Tangermünde	>Stendal, Lüderitz	>Tangermünde Zuckerfabrik
11,1	Tangermünde Nord	[Tangermünde Hp]	>Tangemünde Hafen
	Fischbeck (Elbe)	>Genthin, Schönhausen	
Tangermünde-Lüderitz			**Sm 750**
0,0	Tangermünde	>Stendal, Fischbeck	
1,6	Tangermünde Neustadt	[Klein Asien]	
5,9	Grobleben		
7,8	Elversdorf		
8,8	Demker	>Magdeburg, Wittenberge	
10,2	Bellingen		
11,8	Hüselitz		
14	Klein Schwarzlosen		
16,4	Groß Schwarzlosen		
17,8	Lüderitz		
Tanna Ziegelei		**Werkbahn**	**Sm 600**
Taubenheim-Dürrhennersdorf		**399, 135m**	**Sm 750**
0,0	Taubenheim (Spree)	[Holbin]	>Ebersbach, Wilthen
2,95	Oppach		
5,83	Beiersdorf (b Dürrhennersdorf)	[Beiersdorf (Oberlaus)]	>Anschl. Petroleum-Getreide-Kohlehandlung
7,25	Oberschönbach	[Ober Schönbach]	
8,12	Anschl.	>Kunstseidenweberei	
8,74	Schönbach (b Löbau/ Sachs)		
9,84	Unterschönbach	[Unter Schönbach]	
12,04	Dürrhennersdorf	>Löbau, Ebersbach	
Taucha Ziegelei		**Werkbahn**	**Sm 600**
0,0			
0,6			
Tegkwitz Ziegelei		**Werkbahn**	**Sm 600**
0,0			
0,6			
Teichwolframsdorf-Trünzig		**Werkbahn**	**Norm**
0,0	Teichwolframsdorf	>Werdau, Weida	
0,2	Abzw.	>0,0 Stumpfgleis (0,18)	
0,4	Ausweiche		
3,2	Trünzig Verladebf	[Katzendorf]	>Sorge-Settendorf
3,6	Gleisende		
Teistungen Ziegelei		**Werkbahn**	**Sm 600**
Teltow-Grünau			**Norm**
	Teltow	>Teltow Hafen, Lichterfelde Ost	>Genshagener Heide
	(Grenze)		
	(Grenze)		
	Osdorf		
	(Grenze)		
	Anschl.		
	Kreuz Marienfelde	>Blankenfelde, Marienfelde	
	(Grenze)		
	Groß Ziethen a B		
	(Grenze)		
	(Grenze)		
	Abzw.	>Rudow Nord, Mittenwalde	
	Flughafen Berlin Schönefeld	>Blankenfelde	
	Grünauer Kreuz	>Königs Wusterhausen	>Berlin Schöneweide, Berlin Lichtenberg
Teltow-Teltow Hafen			**Norm**
0,0	Teltow Bf	>Genshagener Heide	>Flughafen Berlin Schönefeld
	Anschl.	>Stahnsdorf Klärwerk	
	(niveaugleiche Kreuzung mit Straßenbahn)		
7,5	Teltow West	>Anschlüsse	
7,92	Teltow Hafen		
Tessin-Gnewitz		**Werkbahn**	**Sm 750**

km	Strecke / Bahnhof		
0,0	Tessin Zuckerfabrik	>Stierow, Thelkow, Rostock	
	Zarnewanz		
	Gnewitz		
Tessin-Ridsenow		**Werkbahn**	**Sm 750**
0,0	Tessin Zuckerfabrik	>Gnewitz, Rostock	
	Vilz	>Thelkow	
	...		
	Abzw.	>Walkendorf	
	Abzw.	>Stierow	
	Neu Polchow		
	Alt Polchow		
	Ridsenow		
Tessin-Stierow		**Werkbahn**	**Sm 750**
0,0	Tessin Zuckerfabrik	>Gnewitz, Rostock	
	Vilz	>Thelkow	
	Reddershof		
	Seipin		
	Wilhelmshof		
	Friedrichshof-Wesselstorf		
	Abzw.	>Walkendorf	
	Abzw.	>Ridsenow	
	Stechow	>Prebberede, Vietschow	
	Dalwitz		
	Stierow		
Tessin-Thelkow		**Werkbahn**	**Sm 750**
0,0	Tessin Zuckerfabrik	>Gnewitz, Stierow, Rostock	
	Vilz	>Stierow	
	Kowalz		
	Thelkow		
Tessin-Vietschow		**Werkbahn**	**Sm 750**
0,0	Tessin Zuckerfabrik	>Gnewitz, Rostock	
	Vilz	>Thelkow	
	...		
	Abzw.	>Walkendorf	
	Abzw.	>Ridsenow	
	Stechow	>Stierow	
	Rensow	>Prebberede	
	Vietschow		
Teterow-Gnoien		**932**	**Norm**
0,0	Teterow	>Güstrow, Malchin	
1,9	Teterow See		
7,2	Thürkow		
10,2	Schwetzin		
12,4	Groß Wüstenfelde		
14,9	Schrödershof		
17,2	Poggelow		
20,8	Klein Lunow	[Lunow]	
24,9	Dölitz	>Grammow	
26,5	Gnoien	>FB	
Teutschenthal-Salzmünde		**201c**	**Norm**
0,0	Teutschenthal	>Angersdorf, Röblingen	
	Anschl.	>Teutschenthal Baustoffwerk	
3,43	Bennstedt	>Langenbogen	
6,39	Zappendorf		
8,56	Salzmünde	>Halle, Hettstedt	
10	Salzmünde Hafen		
Thale-Hexentanzplatz		**992 Seilbahn**	
0,0	Thale	>Quedlinburg	
0,7209	Hexentanzplatz		
Thale-Roßtrappe		**Seilbahn**	
0,0	Thale	>Quedlinburg	
0,559	Roßtrappe		
Thale Nord-Thale Bodetal		**205 a, b, c, 719**	
0,0	Abzw. Thale Nord	>Blankenburg, Quedlinburg	
0,7	(9,16) Thale Nord	>Anschl. Heizhaus [Thale Heizwerk EHW]	
1,5	Thale Roßtrappe		
1,8	Anschl.	>Badenhardt	
2,54	Thale Bodetal	>Anschl. Thale Bodetal Eisenhüttenwerk	
Tharandt Lokomotivreparaturwerk		**Werkbahn**	**Norm/ Sm**
Kein direkter Gleisanschluß an Bahnnetz.			
Themar Möbelwerk		**Werkbahn**	**Sm 600**
Themar Ziegelei		**Werkbahn**	**Sm 600**
0,0	Entladehalle		
	Abzw.	>Lokschuppen	
1,5	Ausweiche		
2,0	Grube		
Thermalbad Wiesenbad Ziegelei		**Werkbahn**	**Sm 500**
0,0	Wiesenbad Ziegelei		
	(Kreuzung mit Norm-Anschlußgleis)		
1	Tongruben		
Toitz=Rustow-Loitz		**121m**	**Norm**
0,0	Toitz-Rustow	>Demmin, Grimmen	
	(Voßbachbrücke)		
	(Voßbachbrücke)		
	(Voßbachbrücke)		
7,02	Loitz		
Torgau-Belgern		**178c**	**Norm**
0,0	Torgau	>Pretzsch, Eilenburg, Falkenberg	>Torgau Hafen
5,83	Pflückuff		
10,1	Mehderitzsch		
13,34	Mahitzschen		
17,23	Belgern		
Torgau-Pretzsch		**213**	**Norm**
41,9	Torgau	>Eilenburg, Falkenberg, Belgern	>Torgau Hafen
	Anschl.	>Umspannwerk	
39,1	Zinna	[Welsau] [Welsau-Zinna]	
36,4	Neiden		
34,6	Elsnig (Elbe)		
32,9	Vogelgesang (Kr Torgau)		
29,6	Dommitzsch		
	Abzw.	>Elbeufer (Prettin)	
	Abzw.	>Elbeufer (Prettin)	
25,7	Wörblitz		
22,9	Sachau		
18,4	Pretzsch	>Lu Wittenberg, Eilenburg	
Torgau Hafenbahn		**Werkbahn**	**Norm**
0,0	Torgau	>Mockrehna, Falkenberg, Belgern	
2,19	Torgau Hafen		
Trebitz Ziegelei		**Werkbahn**	**Sm**
	Trebitz (b Könnern) Ziegelei		
	Trebitz (b Könnern)	>Könnern, Baalberge	
Trebnitz Feldbahn		**Werkbahn**	**Sm 600?**
0,0	Trebnitz (Kr Gera)	>Wuitz-Mumsdorf, Gera-Pforten	
	Trebnitz Dorf		
Treffurt Kieswerk		**Werkbahn**	**Sm 600**
0,0	Entladung		
	Kieswerk	>Treffurt Bf	
	Abzw.	>Lokschuppen	
	Abzw.	>Kiesgrube alt	
1,5	Kiesgrube neu		
Treuenbrietzen-Belzig-Brandenburg-Neustadt		**681, 704**	**Norm**
0,0	Treuenbrietzen Brand St B	>Potsdam, Jüterbog	
2	*(Rbd-Grenze)*		
6,6	Haseloff-Niederwerbig		
11,8	Niemegk	[Niemegk (Kr Zauch-Belzig)]	>Anschl. Dampfziegelei
15,4	Dahnsdorf (b Belzig)	[Dahnsdorf (Kr Zauch-Belzig)]	
19,0	Preußnitz Pra Abzw.	>Belzig Brand St B (21,6)	
20,6	Preußnitz Prb Abzw.	>Belzig Brand St B (21,6)	
29,4	(25,9) Fredersdorf (b Belzig)	[Fredersdorf (Kr Zauch-Belzig)]	
31,7	(28,2) Lütte		
35,3	(31,9) Dippmannsdorf-Ragösen		
37,94	*(34,5) (Rbd-Grenze) (Kilometerwechsel)*		
40,0	Golzow (Lkr Brandenburg)	[Golzow (Kr Zauch-Belzig)]	
42,0	Golzow (Lkr Brandenburg) Nord	[Pernitz]	
46,5	Krahne		
48,5	Reckahn	>Anschl. Autobahnbaustelle	
48,8	Anschl.	>Reckahn	
52,0	Göttin		

	Brandenburg Süd	>Brandenburg Hbf [Neustadt]	
56,6	Abzw.	>Genthin, Potsdam, Berlin	
	Brandenburg Hp		
58,3	Anschl.	>Städtischer Lagerplatz	>Fahrradwerk
	(Havelbrücke)		
60,7	Brandenburg Altstadt	>Roskow	>Anschlüsse
	Anschl.	>Raw Potsdam BT Brandenburg	
62,2	Anschl.	>Görden [Bezirks-] Krankenhaus	[Görden Landes-anstalt]
62,8	*(Havelbrücke)*		
63,4	Görden		
67,25	Bohnenland	[Kalksandstein-werk]	
70,45	Fohrde		
72,15	Pritzerbe	>Anschl. Kraftmühle	
77,5	Döberitz	[Gapel] [Döberitz-Gapel (Kr Westhavelland)]	>Anschl. Chemische Fabrik, Havelufer
79,07	Döberitz Nord	[Döberitz (Kr Westhavelland)]	>Anschl. Premnitz Kunstseidewerk
80,1	Premnitz Süd		
81,29	Anschl.	>Bäckerei Krönig	
82,0	Premnitz	>Anschl. Munitionsfabrik, Kunstseidewerk	
84,95	Mögelin	>Anschl. Witte & Co	
86,17	Heidefeld		
88,25	Anschl.	>Dampfziegelei	
88,4	Anschl.	>Chemie- und Farbenfabrik	
89,01	Anschl.	>Gaswerk, Eisengießerei	
89,16	Rathenow Süd		
89,5	Anschl.	>RAW, Ruhlandwerke	
90,25	Rathenow Brand St B	>Schönhausen, Neugarten	>Paulinenaue, Nauen
91	Anschl.	>Häckselwerk	
93,6	Rathenow Nord	>Senzke, Nauen	
95,069	Anschl.	>Getreide-wirtschaft	
97,91	Anschl.	>Dampfziegelei	
98,04	Albertsheim		
100,14	Hohennauen		
103,89	Spaatz		
110,11	Rhinow	>Anschl. Häckselwerk	
114,5	Großderschau	[Friedrichsdorf (Kr Ruppin)]	
118,65	Sieversdorf (Kr Kyritz)	[Sieversdorf (Kr Ruppin)]	[Sieversdorf (b Neustadt/ Dosse)]
119,8	Anschl.	>Papierfabrik Hohenofen	
119,98	*(Rbd-Grenze)*		
120,6	Hohen Ofen	[Hohenofen]	
122,0	Köritz Abzw.	>Neuruppin	
125,6	Neustadt (Dosse) Brand St B	>Paulinenaue, Glöwen, Kyritz, Neuruppin	
Triptis-Lobenstein		**534**	**Norm**
0,0	Triptis	>Weida, Saalfeld	
6,1	Auma	>Anschl. Auma Porzellanfabrik	
10,2	Krölpa (b Auma)	[Krölpa (Kr Greiz)]	
14,4	Moßbach (b Neustadt/ Orla)		
20,1	Dreba		
22,6	Knau		
24,77	Posenmühle		
	(Kirchbergtunnel 0,105)		
	(Plothenbachtalviadukt)		
30,43	Ziegenrück		
	(Saaleviadukt)		
31	*(Hemmkoppentunnel 0,181)*		
33,5	*(Schweinbachtunnel 0,109)*		
33,99	Liebschütz (Saale)		
35	*(Mühlbergtunnel I 0,072)*		
36	*(Mühlbergtunnel II 0,118)*		
	(Ziemestalviadukt 0,12)		
41,3	Lückenmühle		
42,82	Anschl.	>Remptendorf Umspannwerk	
44,01	Remptendorf		
47,52	Ebersdorf-Friesau	>Anschl. Holzzentrum Ebersdorf	
	(Lemnitzviadukt)		
51,75	Unterlemnitz	>Saalfeld	
54,4	Lobenstein (Thür)	>Blankenstein	
Tröglitz Elsterwehr		**Werkbahn**	**Sm 600?**
Trünzig-Sorge=Settendorf		**Grubenbahn**	**Sm 600**
	Trünzig Verladebf	>Teichwolframs-dorf	
	Sorge-Settendorf		
Trusetal Flußspatwerk		**Werkbahn**	**Sm 600**
Trusetal Grube Hühn		**Werkbahn**	**Sm 600**
Trusetal Grube Mommel		**Werkbahn**	**Sm 600**
Uckro-Dahme		**163b**	**Norm**
0,0	(12,6) Uckro Reichsb	>Dresden, Berlin, Luckau	
6,91	Kemlitz		
12,56	(0,0) Dahme (Mark)	>Görsdorf, Hohenseefeld	
Ueckermünde Ziegelei		**Werkbahn**	**Sm 600**
Uhlenhorst-Löwitz-Dargibell-Anklam		**122r**	**Sm 600**
0,0	Uhlenhorst	>Ferdinandshof, Friedland	
2,3	Charlottenhorst		
4,8	Löwitz	>Putzar	
7,6	Schmuggerow	>0,0 Schwerins-burg (2,7)	
8,2	Marienthal (Kr Anklam)		
9,6	Luisenau		
11,3	Mollwitz (Kr Anklam)		
12	Charlottenhof (Pommern)		
15,3	Dargibell	>Ducherow	
16,1	Kagendorf		
19,1	Gellendin		
23,1	Anklam	[Anclam]	>Züssow, Pasewalk
Uhyst-Boxberg			**Norm**
	Uhyst	[Delni Wujezd] [Spreefurt]	>Knappenrode, Horka
	Boxberg	[Hamor]	>Kraftwerk
Unterbreizbach-Wenigentaft=Mansbach			**Norm**
22,19	Unterbreizbach	>Vacha, Heimboldshausen	
25,7	Pferdsdorf (Rhön)		
28,55	Wenigentaft-Mansbach	>Öchsen, Treischfeld, Tann	
Unterloquitz Schiefergrube		**Werkbahn**	**Sm 690**
Unterwellenborn Maxhütte		**Werkbahn**	**Sm 750**
	Elektrostahlwerk		
	Walzwerk		
	Thomasmühle	>Lokschuppen	
	Abzw.	>Verladung	
	Schlackeplatz		
Unterwellenborn Maxhütte Erzbahn		**Werkbahn**	**Sm 1000**
0,0			
3			
Vacha-Unterbreizbach		**[alt]**	**Norm**
16,3	Vacha	[Vacha (Rhön)]	>Dorndorf, Heim-boldshausen
22,43	*(Grenze)*		
	Philippsthal Süd		
	(Grenze)		
	Unterbreizbach	>Vacha, Weni-gentaft, Geisa, Philippsthal	
Vacha-Unterbreizbach		**[Neubaustrecke]**	**Norm**
16,3	Vacha	[Vacha (Rhön)]	>Dorndorf, Heim-boldshausen
22,19	Unterbreizbach	>Vacha, Weni-gentaft, Geisa, Philippsthal	
Vatterode Pioniereisenbahn		**Parkeisenbahn**	**Sm 500**
0,0	Wippergrund	>Lokschuppen	
1,2	Mansfeld-Schleife		
Vehlitz Ziegelei		**Werkbahn**	**Sm 600**
Velgast-Barth-Prerow		**952**	**Norm**

km	Bahnhof	Anschluss	Weitere
18,9	(0,0) Velgast Landesb	>Rostock, Stralsund	
22,6	(3,7) Saatel		
26,5	(7,6) Kenz		
30,3	(11,4) Barth	>Stralsund, Damgarten	>0,0 Barth Hafen
33,5	Tannenheim	>Anschl. Pomm. Industriewerke	
35,5	Pruchten		
37,8	Bresewitz (Kr Ribnitz-Damgarten)		
	(Meiningenbrücke)		
	Zingst		
	(28) Prerow		
Velgast-Neu Seehagen-Tribsees		**123c, 125e, 953**	**Norm**
0,0	Velgast	>Ribnitz-Damgarten, Barth, Stralsund	
2,8	Heide (Meckl)	[Heide (Pommern)]	
3,9	Hövet		
4,78	Neu Seehagen	>Franzburg	
6,0	Weitenhagen (Kr Stralsund)	[Weitenhagen (Kr Franzburg)]	
7,2	Behrenwalde (b Franzburg)		
8,1	Bärenhof		
9,4	Koitenhagen		
11,5	Ravenhorst (Kr Ribnitz-Damgarten)	[Ravenhorst (Kr Franzburg)]	
14,9	Forkenbeck		
17,2	Semlow		
20	Stormsdorf		
22,2	Kavelsdorf (Kr Ribnitz-Damgarten)	[Kavelsdorf (Pommern)]	
25,9	Landsdorf		
27,7	Tribsees Landstraße		
29,1	Tribsees Steintor		
	(Trebelbrücke)		
30,31	Tribsees Landesb	>Sanitz, Franzburg, Grimmen	
Velgast Ziegelei		**Werkbahn**	**Sm 600**
0,0			
2,0			
Velten-Kremmen		**191**	**Norm**
25,5	(0,0) Velten (Mark)	>Hennigsdorf, Bötzow	>Teststrecke
	Abzw.	>Oranienburg	
28,2	(2,7) Bärenklau		
31,0	(5,6) Vehlefanz		
33,1	(7,7) Schwante		
	Abzw.	>Oranienburg	
37,2	(11,8) Kremmen	[Cremmen]	>Neuruppin, Wittstock
Velten-Oranienburg		**107q**	**Norm**
0,0	Velten (Mark)	>Hennigsdorf, Nauen	>Teststrecke
	Abzw.	>Kremmen	
4,7	Leegebruch		
7,1	Germendorf Süd		
9,4	Eden	>Kremmen	
14,3	Oranienburg	>Wensickendorf, Hohen Neuendorf	>Löwenberg
Ventschow Betonplattenwerk		**Werkbahn**	**Sm 600**
Venusberg Feinspinnerei		**Werkbahn**	**Sm 750**
Vetelshagen Ziegelei		**Werkbahn**	**Sm 600**
0			
1			
(Vienenburg-Börßum)		**DB**	**Norm**
39,5	*Vienenburg*	>Goslar, Bad Harzburg, Grauhof	>Wasserleben
28,1	*Schladen (Harz)*		
23,7	*Börßum*	>Salzgitter, Braunschweig, Mattierzoll	>Osterwieck
Vollrathsruhe-Dahmen		**Werkbahn**	**Sm**
0	Vollrathsruhe	>Lalendorf, Waren	
6,3	Dahmen Zuckerfabrik		
Wahlendow-Pamitz			**Sm 600**
0,0	Wahlendow	>Krenzow, Buddenhagen	
1,5	Pamitz	>Anschl. Pamitz Gut	
Waldenburg Ziegelei		**Werkbahn**	**Sm 600 500?**
Waldheim-Kriebethal			**Norm**

km	Bahnhof	Anschluss	Weitere
0,0	Waldheim	>Döbeln, Chemnitz, Rochlitz	
	(Zschopaubrücke 0,165)		
2,1	Rauschenthal		
3,02	Kriebethal		
Waldheim-Rochlitz		**433**	**Norm**
0,0	Waldheim	>Döbeln, Chemnitz, Kriebethal	
3,7	Hartha (Kr Döbeln)	[Hartha Stadt]	
9,41	Geringswalde		
11,63	Arras		
14,9	Obstmühle		
18,7	Döhlen (b Rochlitz/ Sachs)		
	(Muldebrücke)		
20,7	Rochlitz (Sachs)	>Altenburg, Leipzig, Glauchau, Narsdorf	
(Walkenried-Brunnenbachsmühle-Braunlage)		**DB**	**Sm 1000**
0,0	*Walkenried Südh E*	>Nordhausen, Northeim	>Anschl. Schotterwerk
3,38	*Wieda Süd*	[Zündholzfabrik]	>Anschl. Papierfabrik
5,18	*Wieda*		
6,87	*Wiedaer Hütte*	[Wiedaerhütte]	>Anschl. Ofenfabrik
7,4	*Anschl.*	>Tanner Hütte	
10,45	*Stöberhai*		
16,01	*Kaiserweg*		
20,28	*Brunnenbachsmühle*	>Sorge, Tanne	
24,25	*(0,0) Braunlage Schachtelfabrik*		
3,5	*Wurmberg*	>Schwebebahnen	
Wallwitz-Wettin		**204g**	**Norm**
0,0	Wallwitz (Saalkr)	>Halle, Könnern	
0,7	Wallwitz (Saalkr) West		
2,97	Morl	[Beidersee]	
5,027	Gimritz (Saalkr)	[Raunitz-Gimritz]	
9,643	Wettin (Saale)		
Wansleben Ziegelei		**Werkbahn**	**Sm 600**
	Wansleben Ziegelei	>Halle, Röblingen	
Wanzleben Ziegelei		**Werkbahn**	**Sm 600**
0,0			
0,25			
Waren-Kargow-Möllenhagen-Neubrandenburg		**118k**	**Norm**
95,8	(0,0) Waren (Müritz)	>Waren (Müritz) Hafen, Karow	
	(1,85) Waren (Müritz) Papenbergstraße		
102,3	(6,5) Kargow	>Neustrelitz	
	(8,6) Charlottenhof (Meckl)		
	(10,8) Schwastorf-Dratow		
	(13) Klein Plasten		
	(17) Kraase		
116,2	(20,4) Möllenhagen	>Möllenhagen Betonschwellenwerk	
	Marihn		
	Penzlin (Meckl)	>Rethwisch Betonschwellenwerk	
	Mallin		
	Wulkenzin		
133,7	Neubrandenburg	>Strasburg, Neustrelitz, Friedland, Demmin	
Waren-Malchin		**907**	**Norm**
0,0	Waren (Müritz)	>Waren (Müritz) Hafen	>Neustrelitz, Malchow, Sternberg
7,3	Schönau-Falkenhagen		
9,2	Levenstorf		
	Hinrichshagen		
15,7	Schwinkendorf		
16,9	Basedow	>0,0 Faulenrost	
	Basedower Weiche		
21,7	Gielow	>Gielow Betonwerk	
	Gielower Mühle		
	Anschl.	>Malchin Zuckerfabrik	
27,7	Malchin	>Teterow, Neubrandenburg, Dargun	

Waren-Neustrelitz		**118a, 900**	**Norm**
36,0	Waren (Müritz)	>Waren (Müritz) Hafen, Karow	
	Waren (Müritz) Papenbergstraße		
29,5	Kargow	>Möllenhagen	
21,8	Klockow (Kr Waren/ Müritz)		
14,8	Kratzeburg		
7,2	Adamsdorf		
2,0	Zierke (Meckl)		
	Abzw.	>Neubrandenburg	
0,0	Neustrelitz Hbf	>Mirow, Fürstenberg, Feldberg	>Neustrelitz Hafen

Waren-Plaatz		**900**	**Norm**
36,0	Waren (Müritz)	>Waren (Müritz) Hafen	>Neustrelitz, Malchow, Sternberg
	(Rbd-Grenze)		
	Vielist		
43,6	Grabowhöfe		
49,3	Sophienhof		
	Bliesenhof		
55,0	Vollrathsruhe	>Dahmen Zuckerfabrik	
61,4	Langhagen	[Langhagen Kieswerk]	>Anschl. Kiesgrube
	Dersentin		
70,2	Lalendorf Ost	>Lalendorf	
73	Abzw.	>Lalendorf	
	Reinshagen Kreuzungsbf	[Reinshagen]	
	Niegleve		
81,5	Plaatz	>Güstrow, Karow, Rostock	

Warnemünde Bahnhofsbaustelle		**Werkbahn**	**Sm 900**

Wasserleben-Osterwieck-(Börßum)		**182e, 204c, 327, 677, DB**	**Norm**
0,0	Wasserleben	>Heudeber-Danstedt, Vienenburg	
2,7	Schauen Ladestelle	[Schauen]	
5,2	Osterwieck (Harz)	>Zuckerfabrik	
6,45	Osterwieck (Harz) West		
7,7	Anschl.	>Lackfabrik	
7,98	Osterwiecker Werke		
9,0	Stötterlingen		
10,65	Hoppenstedt	>Anschl. Kalkwerk	
12,42	Bühne-Rimbeck		
	(Ilsebrücke 0,0284)		
13,3	*(Gleisende)*		
14,22	*(Grenze)*		
16,9	*Hornburg (Kr Wernigerode)*	[Hornburg (Kr Wolfenbüttel)]	>Zuckerfabrik
21,334	*Börßum*	>Salzgitter, Jerxheim	>Braunschweig, Vienenburg

Wegeleben-Thale		**716**	**Norm**
65,82	Wegeleben	>Halberstadt, Frose	
70,4	Ditfurt		
	(Bodebrücke)		
75	Anschl.	>Großer Orden	
76,83	Quedlinburg Reichsb	>Thale Nord, Blankenburg	
	Abzw.	>Gernrode, Frose	
82,8	Neinstedt		
85,6	Thale Gbf	[Thale Musestieg]	
86,75	Thale Hbf	[Thale Reichsb]	>Schwebebahnen

Wegenstedt-Calvörde		**209c**	**Norm**
0,0	Wegenstedt Kleinb	>Haldensleben, Oebisfelde	
	Anschl.	>Kalksandsteinwerk	
	(Mittellandkanalbrücke)		
6,2	Calvörde		

Wegezin-Stretense			**Sm 600**
0,0	Wegezin	>Dennin, Blesewitz	
2,6	Neuenkirchen (Kr Anklam)		
5,8	Müggenburg (Kr Anklam)		
9,6	Stretense		

Weimar-Bad Berka-Kranichfeld		**188g, 613**	**Norm**
0,0	Weimar Reichsb	>Großheringen, Erfurt	>Großrudestedt, Buchenwald
	Wm Abzw.		
1,2	Weimar West		
1,77	Anschl.		
2,1	Anschl.		
2,48	Weimar Berkaer Bf		
	Weimar Erfurter Tor		
5	Neuwalldorf		
6,05	Nohra (b Weimar)		
7,71	Obergrunstedt		
8,6	*(Autobahnbrücke)*		
9,4	Holzdorf (b Weimar)		
11,6	Legefeld		
13,8	Hetschburg		
15,33	Bad Berka Nord	[Zementwerk (b Bad Berka)]	[Bad Berka Zeughausplatz]
15,53	Anschl.		
16,71	Anschl.		
17,28	Bad Berka	[Berka]	>Blankenhain
17,5	*(Ilmbrücke)*		
18,05	Anschl.	>Martinswerk	
18,6	Dammbachsgrund	[Martinswerk]	
20,1	Anschl.		
20,6	*(Ilmbrücke)*		
20,95	München (b Bad Berka)		
21,99	Tannroda	>Anschl. Papierfabrik	
25,36	Kranichfeld		

Weimar-Großrudestedt		**203b, 159q, 185h**	**Sm 1000, Weimar-Schöndorf Sm/ Norm**
0,0	*(Gleisende)*		
0,1	Weimar Staatsbf	[Weimar Thür Bf] [Weimar Hbf]	[Weimar Reichsb] >Erfurt, Apolda, Jena
0,15	Anschl.	>Umladehalle, Verbindungsgleis	
0,49	Anschl.	>Thüringische Hauptgenossenschaft	[Inhag]
0,5	Weimar Nord	[Weimar Sekundärbf] [Weimar Sec Bf]	
1,655	*(Dürrebachbrücke 0,02)*		
3,47	(0,0) Schöndorf a B		
5	(1,5) Abzw.	>Buchenwald	
6,33	Wohlsborn		
8,68	Liebstedt		
10,47	Sachsenhausen-Leutenthal		
13,32	Daasdorf		
14,6	Anschl.	>Buttelstedt Ziegelei	
14,68	Buttelstedt	>Rastenberg	
14 ,7	Anschl.	>Raiffeisen	
18,24	Schwerstedt (Kr Weimar)		
21,41	Neumark (Kr Weimar)		
23,98	Vippachedelhausen		
26,04	Markvippach		
26,2	*(Vippachbrücke 0,008)*		
27,91	Dielsdorf		
30,21	Schloßvippach		
34,23	Großrudestedt Weimarer Bf	[Groß Rudestedt] >Alperstedt	>Anschl. Zuckerfabrik
	Großrudestedt Übergang	>Erfurt, Sömmerda	

Weißenfels-Naumburg-Großheringen		**600**	**Norm, EL**
30,3	Weißenfels Stw We	>Großkorbetha	
32,0	Weißenfels		
	(Saaleberücke)		
33,2	Beuditz Bk		
35,0	Abzw. Uichteritz	>Deuben, Zeitz	
37,4	Leißling		
40,0	Goseck Bk		
	(Saaleberücke)		
41,6	Eulau Bk		
42,9	Henne Bk		
	(Saaleberücke)		
45,62	Naumburg (Saale) Hbf	[Naumburg a. S.]	>Großheringen, Teuchern, Laucha
46,9	Naumburg (Saale) Nw		
49,4	Schulpforte Bk		
	(Saaleberücke)		
52,64	Bad Kösen	[Kösen]	
	(Saaleberücke)		
	(Saaleberücke)		
55,9	(0,0) Saaleck Abzw.	>Jena	
57,2	Großheringen Go Abzw.	>Jena	
58,2	(1,5) Großheringen Gs Bk Abzw.		
58,48	Großheringen	>Erfurt, Sömmerda	

km	Bahnhof		
Weißenfels-Roßbach		**Werkbahn**	**Norm**
0,0	Weißenfels	>Zeitz, Naumburg, Großkorbetha	
	Burgwerben		
	Tagewerben		
	Roßbach Süd		
Weißig-Seelingstadt		**Militärbahn**	**Sm 600**
	Weißig (b Großenhain)	>Leipzig, Dresden	
	Nünchritz Anschlußbahn Chemiewerk		
	Überführungsbf Ost		
	(Elbebrücke)		
	Leutewitz Überführungsbf West		
0,0	Schänitz Anfangsbahnhof		
	Oberlommatzsch		
	Zscheilitz		
	Kellerberg		
	(Drahtseilstrecke 0,515)		
	Piskowitz		
	Schieritz		
	Priesa		
	Großkagen		
	Pröda		
	Kaisitz-Stroischen		
	Löthain	>Meißen, Lommatzsch	
	Canitz		
	Luga		
	(Lugaer Viadukt 0,28)		
	Roitzschen		
	Sönitz		
36,7	Seelingstadt		
Weißwasser-Bad Muskau-(Teuplitz)		**162g, 208, PKP**	**Norm**
0,0	Weißwasser (Oberlaus)	[Bela Woda (Hornja Lucyca)]	>Spremberg, Horka, Forst, Waldbahn
2,7	Weißwasser Waldhaus	[Bela Woda Lesny dom]	
	Keulahütte		
5,99	Krauschwitz (Oberlaus)	[Kruswica]	
7,71	Bad Muskau	[Muskau]	>Muskauer Waldbahn
	(Bad Muskau Grenze)		
	(Neißebrücke)		
23,12	*Muskau Ost*	[Lugknitz] [Muzakow Wsch] [Leknica]	
	Birkenstedt	[Braunsdorf] [Bronowice] [Nowe Czaple]	
	Töpferstedt-Quolsdorf	[Tschöpeln-Quolsdorf]	[Czaple Chwaliszowice]
	Groß Särchen (Kr Sorau)	[Zarki Wielkie]	
	Kemnitz (Kr Sorau)	[Kamienica n. Nysa Luz.]	
	Triebel	[Trzebiel]	
	Triebel Spremberger Straße		
	Helmsdorf (Kr Sorau)	[Chelmica]	
	Teuplitz Forster Straße		
0,0	*Teuplitz Nebenbf*	[Tuplice]	>Forst, Sommerfeld
Weißwasser-Ruhlmühle		**Werkbahn**	**Sm 600**
	Weißwasser	>Bad Muskau, Halbendorf	
2,8	Weißwasser Sägewerk Anschl.		
0,0	Tiergarten Ost		
	Abzw.	>0,0 Jagdschloß (2,6)	
	Tiergarten West		
	Abzw.	>0,0 Tzschelln Papierfabrik (2,5)	
10	Ruhlmühle		
10,5	*(Gleisende)*		
Weißwasser Ziegelei		**Werkbahn**	**Sm 600**
0,0			
12,4			
Welzow Braunkohlenwerk		**Werkbahn**	**Norm**
Wendefurth Pumpspeicherwerk		**Standseilbahn**	**Sm 1250**
0,0	Krafthaus		
0,26	Einlaufbauwerk		
Wenigentaft=Mansbach-Geisa-(Wüstensachsen)		**DR, DB**	**Norm**
0,0	Wenigentaft-Mansbach	>Hünfeld, Oechsen, Unterbreizbach, Vacha	
1,92	Buttlar		
4,27	Borsch		
6,11	Geisa		
	Schleid		
	Motzlar (Rhön)		
	(Grenze)		
	Günthers		
16,2	*Tann (Rhön)*		
	Habel-Lahrbach		
	Neuschwambach		
27,3	*Hilders (Rhön)*	>Götzenhof	
32,3	*Seiferts*		
35,3	*Wüstensachsen*		
Wenigentaft=Mansbach-Öchsen			**Norm**
0,0	Wenigentaft-Mansbach W Oe E	>Hünfeld, Tann, Unterbreizbach, Vacha	
	(Taftbrücke)		
	(Ulsterbrücke 0,058)		
1,3	Buttlar Wen Oe E	>Buttlar Schachtbf	
	Anschl.	>Buttlar Schachtbf	
	(Viadukt 0,032)		
5,15	Bermbach		
	Dietrichsberg Basaltwerke		
8,97	Dietrichsberg		
10,33	Öchsen	[Oechsen]	
	Heiligenmühle Schachtbf		
Wensickendorf-Sachsenhausen			**Norm**
63,9	Wensickendorf	>Basdorf, Liebenwalde	
69,5	Schmachtenhagen a B		
	Abzw.	>Fichtengrund	
29,5	Sachsenhausen (Nordb)	>Oranienburg	
Werdau-Weida-Mehltheuer		**541, 542**	**Norm**
0,0	Werdau	>Altenburg, Zwickau, Neumark	
1,8	(0,0) Werdau West		
7,6	Langenbernsdorf		
10,1	(8,2) Teichwolframsdorf		
	(8,7) Abzw.	>Trünzig Verladebahnhof	
12,3	Trünzig		
15,7	Seelingstädt (b Werdau) Hp	[Chursdorf]	
17,4	(15,5) Seelingstädt (b Werdau)		
21,1	(19,2) Gauern		
	(19,5) Abzw.	>Culmitzsch	
23,0	Wolfersdorf (Kr Greiz)		
25,2	Endschütz		
29,8	(27,9) Wünschendorf (Elster)	>Gera, Greiz	>Wünschendorf Dolomitwerk
34,5	(32,7) Weida	[Weida Werdauer Bf]	>Triptis, Gera, Niederpöllnitz
33,8	Weida Mitte		
	(Tunnel 0,079)		
34,9	Weida Altstadt	[Weida Mehltheuer Bf]	
	(Tunnel 0,071)		
39,4	Loitsch-Hohenleuben		
41,5	Schüptitz		
43,9	Hohenleuben		
46,7	Triebes		
49,7	Zeulenroda unt Bf	>0,0 Zeulenroda ob Bf (3,66)	
53,8	Pöllwitz		
60,8	Pausa		
65,3	Bernsgrün		
67,7	Mehltheuer	>Plauen, Schönberg	
Werkleitz Abzw.-Seehof Abzw.		**Verbindungsbahn**	**Norm**
Werneuchen-Wriezen		**171**	**Norm**
0,0	(28,0) Werneuchen	>Berlin Wriezener Bf, Ahrensfelde	
1	(29) Anschl.		
3,2	(32,3) Werftpfuhl		
7,4	(35,5) Tiefensee	[Tiefensee (Kr Oberbarnim)]	
11,9	Leuenberg		
19,7	(47,8) Sternebeck		
24,9	Schulzendorf (Kr Bad Freienwalde)	[Schulzendorf (Kr Oberbarnim)]	
33,1	(61,2) Wriezen	>Frankfurt, Eberswalde	

Wernshausen-Brotterode			**Sm 600**
0,0	Wernshausen	>Bad Salzungen, Meiningen, Zella-Mehlis	
9	Herges		
14,5	Brotterode	>Schmalkalden	
Wernshausen-Trusetal		**190b**	**Sm 750**
0,0	Wernshausen Kleinb	>Bad Salzungen, Meiningen, Zella-Mehlis	
2,05	Fambach		
2,89	Oelmühle		
4,55	Winne		
6,25	Wahles		
7,85	Anschl.		
7,98	(8,3) Trusetal Süd	[Trusen]	
9,1	Trusetal	[Herges-Vogtei] [Herges-Auwallenburg]	
Westeregeln Ziegelei		**Werkbahn**	**Sm 600**
0,0			
0,2			
Wettelrode Schacht		**Grubenbahn**	**Sm 600**
	Wettelrode Bergbaumuseum		
Wiederitzsch-Neuwiederitzsch		**Verbindungsbahn**	**Norm, EL**
Wildpark-Jüterbog		**185**	**Norm**
58,8	(30,1) Wildpark	[Potsdam Park Sanssouci]	>Werder, Wannsee
58,2	(0,1) Potsdam Wildpark Süd Abzw.	[Wildpark Süd]	>Wannsee
56,2	Potsdam Hbf	[Pirschheide] [Potsdam Pirschheide]	
53,0	Caputh-Geltow		
	(Brücke)		
51,9	Schwielowsee	[Caputh Schwielowsee]	
47,4	Ferch-Lienewitz		
44,9	Lienewitz Lia Abzw.	>Seddin, Belzig	
43,9	Beelitz Bea Abzw.	>Seddin	
40,0	Beelitz Stadt		
36,0	Elsholz		
31,3	Buchholz (Zauche)		
19,9	Treuenbrietzen Reichsb	>Belzig	
17,7	Treuenbrietzen Süd	[Treuenbrietzen Landesanstalt]	
15,1	Frohnsdorf		
11,5	Tiefenbrunnen		
7,3	Jüterbog Altes Lager Hp		
7,1	Jüterbog Altes Lager	>Jüterbog Neues Lager	
	Abzw.	>Wittenberg	
58,8	Jüterbog	[Jüterbogk]	>Falkenberg, Zossen, Berlin
Wilischthal-Herold-Thum-Ehrenfriedersdorf		**169q**	**Sm 750**
0,0	Wilischthal	>Flöha, Wolkenstein	
	(Zschopaubrücke 0,0755)		
1,1	Abzw. Spitzkehre	>0,0 Wilischthal Papierfabrik WÜST (0,3)	
	(Gleisende)		
2,31	Wilischau	[Weißbach (Wilischtal)]	
3,74	Grießbach (Wilischtal)	[Griesbach]	
6,24	Gelenau (Erzgeb)		
7,2	Venusberg	*(alt)*	
8,38	Venusberg Spinnerei	>Anschl. Spinnerei	
9,3	Unterherold	*(alt)*	>Anschl. Kalkwerk
9,5	Unterherold		
10,75	Mittelherold		
11,3	(0,0) Herold (Erzgeb)	[Oberherold]	>11,3 Ehrenfriedersdorf (13,91)
13,2	(1,9) Thum	*(alt)*	
13,54	Thum	>Schönfeld-Wiesa, Meinersdorf	
Wilischthal Papierfabrik		**Werkbahn**	**Sm 750**
	Wilischthal Papierfabrik WÜST Werknetz	>Wilischthal	
Wilkau=Haßlau-Schönheide-Carlsfeld		**171h, 451, 447**	**Sm 750**

0,0	Wilkau-Haßlau	[Wilkau (Sachs)]	>Zwickau, Aue
1,12	Wilkau-Haßlau Hp	[Wilkau (Sachs) Hp]	
3,07	Culitzsch		
3,7	Cunersdorf (b Kirchberg/ Sachs)		
4,48	Cunersdorf Hst		
6,72	Kirchberg (Sachs)	[Kirchberg Stadt]	
7,72	Kirchberg (Sachs) Hp	[Kirchberg Stadt Hp]	
9,1	Saupersdorf unt Bf	[Saupersdorf II] [Saupersdorf Haltestelle]	
10,82	Saupersdorf ob Bf	[Saupersdorf I] [Saupersdorf Ladestelle]	
11,88	Hartmannsdorf (b Saupersdorf)		
14,09	Oberhartmannsdorf (Sachs)		
15,27	Bärenwalde (Sachs)		
17,05	Obercrinitz		
21,73	Rothenkirchen (Vogtl)		
23,72	Stützengrün	[Oberstützengrün]	
23,962	*(Stützengrüner großer Viadukt 0,11852)*		
24,536	*(Stützengrüner kleiner Viadukt 0,0859)*		
24,6	Stützengrün-Neulehn		
25,68	Stützengrün Hp		
27,19	Schönheide Nord	[Neuheide]	
29,04	Schönheide Mitte	[Schönheide]	
29,81	Schönheide West	[Oberschönheide]	>Anschl. Bürstenfabrik
33,765	*(Muldentalviadukt 0,1621)*		
34,53	Schönheide Süd	[Wilzschhaus]	>Muldenberg, Aue
36,46	Wiesenhaus		
38,14	Wilzschmühle		
39,62	Blechhammer		
41,85	Carlsfeld		
Wilsdruff-Meißen Triebischtal		**164m**	**Sm 750**
0,0	Wilsdruff	>Freital, Oberdittmannsdorf	
0,88	Wilsdruff Hp		
3,8	Klipphausen		
6,96	Ullendorf-Röhrsdorf		
8,44	Taubenheim (b Meißen)		
10,97	Polenz		
12,16	Preiskermühle		
13,36	Garsebach	>Lommatzsch, Döbeln	
15,46	Meißen Buschbad		
16,9	Meißen Jaspisstraße		
17,55	Meißen Triebischtal	>Dresden, Nossen	
Wilthen Weinbrandfabrik		**Werkbahn**	**Norm**
Wintersdorf-Rositz-Großröda		**Grubenbahn**	**Sm 900, EL**
	Wintersdorf (b Altenburg)	>Regis Breitingen, Meuselwitz	
	Abzw.	>Gorma, Rositz	
	Rositz	>Meuselwitz, Altenburg	>Rositz Teerverarbeitungswerk
	Zechau	>Brikettfabrik	
	Großröda	>Meuselwitz, Eugenschacht	
Wismar-Karow		**784**	**Norm**
0,0	Wismar	[Seestadt Wismar]	>Bad Kleinen
		>Wismar Hafen	
0,0	(5,4) Hornstorf	>Bad Doberan	
	(8,9) Warkstorf		
	(12,0) Goldebee		
10,7	(15,9) Neukloster (Meckl)	>Anschl.	
	(19,4) Neumühler Forst	>Anschl.	
18,3	(23,5) Warin		
22,1	(27,3) Blankenberg (Meckl)	>Bad Kleinen, Bützow	
25,7	(30,9) Brüel (Meckl)		
	(34,7) Weitendorf (b Brüel)		
	Sternberger Ziegelei		
33,9	(39,1) Sternberg (Meckl)		
40,7	(45,9) Dabel		
44,3	(49,5) Borkow		
	(56,2) Below		
	(58,0) Zidderich		
57,4	(62,6) Goldberg (Meckl)		
	Finkenwerder		

km	Bahnhof	Verbindung	Bemerkung
	(66,0) Wendisch Waren		
67,9	(71,2) Damerow		
	Damerower Forst		
71,6	(76,8) Karow (Meckl)	>Pritzwalk, Parchim, Güstrow	
Wittenberge-Perleberg-Pritzwalk-Buschhof		**100g, 100h, 110g, 810, 815**	**Norm**
0,0	Wittenberge	>Geestgottberg, Glöwen	
2,3	Abzw.	>Karstädt, Dömitz	
3,75	Weisen		
	Waldhaus		
9,1	Perleberg West	[Perleberg Schützenhaus] [Schützenhaus]	
10,54	Perleberg	>Karstädt, Berge, Viesecke	
	(Stepnitzbrücke)		
	(niveuagleiche Kreuzung mit Schmalspur)	[Perleberg Kreuzung]	
15,49	Rosenhagen		
20,06	Rohlsdorf-Gottschow		
25,71	Groß Pankow		
	Holzländerhof Abzw.	>Lindenberg, Vettin	
	Abzw.	>Putlitz	
35,41	Pritzwalk	>Neustadt, Meyenburg, Wittstock	
37,95	Beveringen		
41,29	Alt Krüssow		
45,92	Heiligengrabe		
49,55	Liebenthal (Prign)		
55,47	Wittstock (Dosse)	>Neuruppin, Meyenburg	>Anschl. Autobahnbaustelle
61,0	Anschl.		
61,39	Groß Haßlow		
65,75	Dranse		
67,2	Dranser See		
70,7	Kuhlmühle		
73,25	(0,0) Buschhof (Kr Neustrelitz)	>Mirow, Neustrelitz	
(Wittingen-Brome)-Oebisfelde		**DB, DR**	**Norm**
0,0	*Wittingen Kleinb*	[Wittingen West]	>Diesdorf, Celle, Wieren, Gifhorn
	Wittingen Süd	>Diesdorf	
4,2	*Suderwittingen*		
7,9	*Ohrdorf*		
11,1	*Zasenbeck*	>Rohrberg	
	Plastau		
14,2	*Radenbeck*		
18,3	*Benitz-Wiswedel*		
21,6	*Brome*		
24,6	*Tülau-Fahrenhorst*		
27,1	*Croya*		
29,2	*Parsau*		
34,7	*Rühen*		
	(Mittellandkanalbrücke)		
	Grafhorst		
	(Grenze)		
	Oebisfelde Nord	[Oebisfelde Kleinb]	
43,6	Oebisfelde	>Klötze, Gardelegen, Wegenstedt	>Wolfsburg
Wölferbütt Dietrichsberg		**Parkeisenbahn**	**Sm 600**
Woldegk Ziegelei		**Werkbahn**	**Sm 600**
Wolgast-Kröslin		**125j, 122b, 125b**	**Sm 750/ Norm Vierschienengleis**
0,0	Wolgast Reichsbahn	>Züssow, Zinnowitz	
1,2	Wolgast Hafen		
2,5	Wolgast Industriegelände		
5,6	Groß Ernsthof		
7,2	Karrin	[Carrin]	
8,9	Kröslin (Kr Greifswald)	>Greifswald	>FB
Wolkau Ziegelei		**Werkbahn**	**Sm 600**
Wolkenstein-Geyersdorf=Mildenau-Königswalde			**Norm**
13,9	(0,0) Wolkenstein Niederau	>Flöha	
12,5	(1,4) Abzw. Oberau	>Jöhstadt	
9,2	(0,0) Plattenthal Abzw.	>Schönfeld-Wiesa	
	Plattenthal		
2,3	Geyersdorf-Mildenau		
	(Gleisende)		
5,7	Königswalde (Erzgeb) unt Bf		
Wolkenstein-Jöhstadt		**169s, 422**	**Sm 750**
0,0	Wolkenstein	>Chemnitz	
0,5	Abzw.	>Wolkenstein	
1,9	Wolkenstein W 1 Abzw.	>Königswalde unt Bf, Annaberg-Buchholz	
3,83	Streckewalde		
6,04	Großrückerswalde	[Boden]	
9,42	Niederschmiedeberg	>Anschl. VEB DKK Scharfenstein	
13,55	Oberschmiedeberg		
14,96	Steinbach (b Jöhstadt)		
15,5	Wildbach		
16,5	Andreas Gegentrum-Stolln		
18,3	Forellenhof		
18,92	Schmalzgrube		
21,3	Loreleifelsen		
21,77	Schlössel		
22,95	Jöhstadt		
24,33	Jöhstadt Ladestelle		
Wolkenstein Fahrzeugwerk		**Werkbahn**	**Sm 500**
Wollup-Voßberg-Letschin		**108b, 115g, 109c**	**Norm**
0,0	Wollup	>Fürstenwalde, Wriezen	
2	Voßberg	>Anschl. Zuckerfabrik	
5	Letschin	>Frankfurt, Bad Freienwalde	
Wolmirstedt-Colbitz		**209n**	**Norm**
0,0	Wolmirstedt Nord	>Magdeburg, Stendal	
0,12	Anschl.	>Zuckerfabrik	
1	Anschl.	>Gewerbegebiet	
1,5	Anschl.	>Umspannwerk	
3,24	Mose-Farsleben		
5,84	Lindhorst (Kr Wolmirstedt)		
8,44	Colbitz (Bz Magdeburg)		
11	Spitzberge		
Wriezen-Neu Rüdnitz-(Jädickendorf)		**109d, 172, PKP**	**Norm**
0,0	Wriezen	>Ahrensfelde, Seelow, Neu Rüdnitz	
3,7	Altmädewitz		
6,3	Alt Reetz		
8,3	Neu Rüdnitz		
12,3	*(Neu Rüdnitz Grenze)*		
	(Oderbrücke)		
	Zäckerick-Alt Rüdnitz	[Siekierki]	
	Klemzow	[Klepicz]	
	Groß Wubiser		
	Butterfelde-Mohrin	[Przyjezierze-Moryn]	
	Jädickendorf	[Godkow]	>Stettin, Küstrin
Wülknitz Holzimprägnierwerk		**Werkbahn**	**Sm 790**
Wünschendorf Dolomitwerk		**Werkbahn**	**Sm 500**
Wünschendorf Dolomitwerk		**Werkbahn**	**Norm**
	Wünschendorf Dolomitwerk	>Wünschendorf (Elster)	
Wurzen-Grimma-Großbothen		**164b**	**Norm**
82,029	(0,0) Wurzen Nordbf		
	Wurzen	[Wurzen Südbf]	>Leipzig, Oschatz, Eilenburg
76,24	(5,74) Nitzschka	[Oelschütz] [Ölschütz]	
72,63	(9,35) Neichen	[Nerchau-Trebsen] [Neichen-Zöhda]	>Mügeln
70,3	(11,68) Nerchau		
68,07	(13,91) Golzern (Mulde)	>Anschl. Mühle, Papierfabrik	
66,28	(15,7) Dorna-Döben	[Dorna]	
64,13	(17,85) Grimma unt Bf		
60,3	(21) Nimbschen	>Anschl. Grube Martha	

56,77	(25) Großbothen	>Rochlitz, Döbeln, Borna	
Wüstenhagen Gut Zarnekow		**Werkbahn**	**Sm 600**
0,0			
2			
Wustermark-Stendal-Oebisfelde-(Wolfsburg)		**750, DB**	**Norm, EL**
30,4	Wustermark	>Spandau, Potsdam, Nauen	
33,4	*(Rbd-Grenze)*		
35,1	Neugarten Abzw.	>Roskow, Nauen, Ketzin	
35,29	Neugarten		
43,55	Groß Behnitz		
48,5	(148,5) Ribbeck Abzw.		
52,45	(152,4) Buschow (Kr Rathenow)		
60,5	(160,5) Nennhausen		
65,04	(165,0) Bamme		
65,5	(165,5) Bamme Abzw.		
70,87	Rathenow Reichsb	>Neustadt, Brandenburg, Senzke	
75,104	Buckow		
79,36	Großwudicke		
83,43	Schmetzdorf Bk		
86,5	Schönhauser Damm Ausweichanschluß Po 37		
92,3	Schönhausen (Elbe)	>Jerichow, Sandau	
94,7	*(195,0) (Elbebrücke 0,4)*		
97,15	Hämerten		
98,8	(198,8) Staffelde Abzw.	>Stendal Südumfahrung	
100,4	Bindfelde Abzw.	>Stendal Südumfahrung	
101,08	Bindfelde Kreuzungsbf		
105,11	Stendal Pbf	>Borstel, Arneburg, Magdeburg	>Stendal Ost
	Stendal Gbf		
	Abzw.	>Salzwedel	
112,44	Möringen (Altm)	[Groß Möringen]	
115,12	Bk 91		
116,0	(217,0) Nahrstedt Abzw.	>Stendal Südumfahrung	
117,83	Vinzelberg	>Klötze	
121,1	Bk 96		
124,17	Uchtspringe		
128,05	Bk 101		
131,33	Jävenitz		
	(Kloster Neuendorf)		
134,4	(235,0) Abzw.	>Rathenow	
134,51	Bk 107		
137,45	(238,5) Gardelegen	>Wernstedt, Haldensleben	
141,52	Bk 112		
145,22	Solpke		
148,15	Bk 117		
151,48	Mieste		
154,32	Bk 122		
157,67	Miesterhorst		
162,26	Bergfriede		
	Abzw.	>Klötze	
167,33	Oebisfelde	>Oebisfelde Nord	>Klötze, Wegenstedt
	Abzw.	>Weferlingen	
168,93	*(Grenze)*		
	Grafhorst Abzw.	>Velpke, Schandelah	
	Danndorf		
176,5	*Vorsfelde*		
180,9	*Wolfsburg Volkswagenwerk*	[Fallersleben Volkswagenwerk] [Wolfsburg]	>Anschl. Volkswagenwerk
185,6	*Fallersleben*	[Wolfsburg]	>Gifhorn, Braunschweig
Wusterwitz-Rogäsen-Ziesar-Görzke		**705**	**Norm**
0,0	Wusterwitz	[Großwusterwitz Nord]	>Brandenburg, Genthin
4,3	Warchau (Bz Magdeburg)		
9,0	Rogäsen (Bz Magdeburg)	>Karow	
13,36	Bücknitz		
13,336	Anschl.	>Quelle Versandlager	
15,15	Anschl.		
16,2	Ziesar	[Ziesar Hbf]	>Güsen, Magdeburgerforth
18,7	Köpernitz (Lkr Brandenburg)	[Köpernitz (Kr Jerichow I)]	
21,8	Buckau (Lkr Brandenburg)	[Buckau-Pramsdorf]	
23,0	Birkenreismühle		
25,1	Rottstock-Struvenberg		
27,9	Görzke		
Wutha-Ruhla		**192c**	**Norm**
0,0	Wutha	>Eisenach, Gotha	
0,505	Anschl.		
2,24	Farnroda		
4,4	Anschl.		
4,79	Thal (Thür)		
5,66	Heiligenstein		
6,58	Anschl.		
6,67	Anschl.		
6,87	Anschl.		
7,31	Ruhla		
Zauschwitz Abzw.-Pegau Ost Abzw.		**Verbindungsbahn**	**Norm**
Zehdenick Museumsbahn		**Feldbahn**	**Sm 500/ 630/ 750**
Zehdenick=Neuhof-Marienthal Ziegelei		**Werkbahn**	**Sm 630/ 500**
0,0	Zehdenick-Neuhof		
8,0	Marienthal Ziegelei		
Zeischa Kiesgrube		**Werkbahn**	**Sm 600**
Zeitz-Meuselwitz-Altenburg		**507**	**Norm**
0,0	Zeitz	[Zeitz Thür Bf]	>Zangenberg, Camburg, Gera
	(Stadionbrücke)		
	(Tiergartenbrücke)		
	(Weiße Elsterbrücke)		
	Anschl.	>0,0 Tröglitz Kiesgrube (0,25)	
3,5	Tröglitz Stw B 1 Abzw.	>Tröglitz Werkbf, Mumsdorf, Zeitz	>0,0 Anschl. BHG (0,2)
3,6	Tröglitz	[Techwitz]	
	(Schwennickebrücke)		
	(Brunnenplatzbrücke)		
6,4	Rehmsdorf	>0,0 Anschl. Aseol (0,2)	
6,6	Anschl.	>Grube Neuglück BKF	
	(Ochsenbrücke)		
9,0	Wuitz-Mumsdorf	>Gera-Pforten	>0,0 Anschl. Brikettfabrik Leonhard I (1,5)
	Abzw.	>Mumsdorf, Grube Phönix	>Anschl. Schädegrube
	Anschl.	>Schaedeschacht	
	Abzw.	>Vereinsglück II und III, Leonhard II	>Spora
12,2	Meuselwitz (Thür)	>Pegau	>Ronneburg
	Anschl.	>Vereinsglück I	
	Anschl.	>Kautas	
	Anschl.	>Kiefernschacht	
	Anschl.	>Fortschritt, Ottoschacht	
	Anschl.	>Grube Marie	
14,9	Kriebitzsch Kohlenbf	[Kriebitzsch Ladestelle] >Agnesschacht	>Heinrichschacht, Mariengrube
	Anschl.	>0,0 Union I und II (1,2)	
15,7	Kriebitzsch		
	(Waltersdorfer Wegbrücke)		
	(Grubenbahnbrücke)		
	(Kröberner Straßenbrücke)		
18,5	Rositz	[Rositz (Thür)] >Zechau, Wintersdorf	>Anschl. Brikettfabrik
	(Altenburger Straßenbrücke)		
	Anschl.	>Teerverarbeitungswerk	
	Anschl.	>Fichtenhainichen	
19,5	Rositz Teerverarbeitungswerk	[Rositz (Thür) II]	

km	Bahnhof		
	Anschl.	>Teerverarbeitungswerk	
	(Gerstenbachbrücke)		
21,0	Molbitz	[Obermolbitz]	
22,2	Altenburg Nord	[Altenburg (Thür) Nord]	
	(Straßenbrücke)		
	Altenburg Vbf	>Anschl.	
	(Straßenbrücke)		
23,6	Altenburg Rasephas		
	Abzw.	>Neukieritzsch	
	(Kauerndorfer Alleebrücke)		
25,1	Altenburg (Thür)	[Altenburg (Thür) Hbf]	>Gößnitz, Narsdorf, Ronneburg
Zeitz-Osterfeld-Camburg		**187g, 531**	**Norm**
0,0	Zeitz	[Zeitz Thür Bf]	>Zangenberg, Altenburg, Gera
|	Zeitz Camburger Bf		
	Anschl.	>Zeitz Zemag	
1,6	Anschl.	>FB Tongrube Grana [Ziegelwerk]	
3	*(Rbd-Grenze)*		
3,6	Kretzschau	[Groitschen]	
4	Anschl.		
8,1	Droyßig		
12,6	Weickelsdorf		
15,0	Waldau (b Zeitz)	[Waldau (Bz Merseburg)]	
17,4	Osterfeld (b Zeitz)	[Osterfeld (Thür)]	
	(Gleisende)		
21,1	Utenbach	[Cauerwitz]	
25,73	Schkölen		
29,19	Molau		
	(Gleisende)		
32,0	Crauschwitz (Thür)		
	(Saalebrücke)		
37,34	Camburg (Saale)	>Jena, Großheringen	
Zeitz-Tröglitz-Mumsdorf-Rusendorf		**172e Werkbahn**	**Norm**
0,0	Zeitz	>Camburg, Gera	
	Zeitz Gbf	>Weißenfels	
	Zangenberg Zn Abzw.	>Leipzig	
	(Weiße Elsterbrücke)		
3,5	(0,0) Tröglitz Stw B 1 Abzw.	>Altenburg, Zeitz	>0,0 Anschl. BHG (0,2)
	Tröglitz Werkbf Gbf	[Tröglitz Brabag]	
5,39	(1,8) Tröglitz Werkbf Pbf		
	(Werksnetz Hydrierwerk)		
	Tröglitz Kraftwerk		
	Mumsdorf	>Zipsendorf, Meuselwitz	>Grubenbahnen
	Rusendorf Tagebau und Deponie		
Zeitz-Weißenfels		**608**	**Norm**
31,2	Zeitz	>Altenburg, Gera, Camburg	
30	Zeitz Gbf		
28,7	Zangenberg Zn Abzw.	>Leipzig, Tröglitz Werk	
	(Überführungsbauwerk)		
27,55	Unterschwöditz Us Abzw.		
24,5	Theißen	>Profen	
22,1	Luckenau	>Profen	
20,2	Deuben	>Pörsten, Großkorbetha, Profen	>Anschl. Deuben Brikettfabrik, Kraftwerk
19,3	Obernessa Bk		
18	*(Rbd-Grenze)*		
15,7	Teuchern	>Naumburg	
9,4	Prittitz		
5,9	Langendorf (Kr Weißenfels)		
3,8	Weißenfels West		
1,23	Beuditz Bk		
	(Saalebrücke)		
0,0	Weißenfels	>Großkorbetha, Naumburg	
Zeitz Aue Turnplatzbaustelle		**Werkbahn**	**Sm 600**
Zeitz Elsterdammbaustelle		**Werkbahn**	**Sm 600**
Zeitz Innenstadtausbau		**Werkbahn**	**Sm 600**
Zeitzer Drahtseileisenbahn		**Standseilbahn**	**Vierschienengleis 2 x 1435**
0,0	Zeitz Wendisches Tor		
0,15	*(Ausweiche)*		
0,305	Zeitz Gasthaus zur Sonne		
Zella=Mehlis-Schmalkalden-Wernshausen		**624**	**Norm**
0,0	Zella-Mehlis	[Zella-St Blasii]	>Arnstadt, Suhl
2,7	Zella-Mehlis West	[Mehlis]	
	(Mehliser Tunnel 0,118)		
	(Rote Wand-Tunnel 0,136)		
6,3	Benshausen		
6,8	*(Benshausener Tunnel 0,273)*	[Rote Bügel-Tunnel]	
10,1	Viernau		
13,2	Steinbach-Hallenberg		
14,55	Altersbach		
	(Hirschbergtunnel 0,09)		
22,07	Schmalkalden Stillertor	[Schmalkalden Fachhochschule]	
23,82	Schmalkalden	>Brotterode	
25,33	Auehütte		
26,78	Mittelschmalkalden		
28,43	Niederschmalkalden		
30,42	Wernshausen	>Trusetal, Brotterode	>Meiningen, Bad Salzungen
Zepernicker Kleinbahn		**Garten-Museumsbahn**	**Sm 750**
	Neu Wiek		
Zielitz-Magdeburg-Schönebeck		**702**	**Norm, EL**
23,5	Zielitz B 2 Abzw.	>Zielitz Kaliwerk	
20,5	Zielitz	*(neu)*	>Stendal
19,87	Zielitz	*(alt)*	>Zielitz Kaliwerk
19,8	Zielitz Ort		
14,6	Wolmirstedt	>Colbitz	
	(Ohrebrücke)		
	(Mittellandkanal-Unterführung)		
10,4	Barleber See		
9,15	Glindenberg Bk	>Haldensleben, Rothensee Gbf	
	Anschl.		
7,25	Magdeburg Rothensee	>Magdeburg Elbbf	
5,1	Magdeburg Eichenweiler	>Magdeburg Hafen	
	Abzw.	>Burg	
	Anschl.		
2,28	Magdeburg Neustadt		
0,0	Magdeburg Hbf	>Magdeburg Sudenburg	
0,9	Magdeburg Hasselbachplatz		
2,48	Magdeburg Buckau Pbf	>Magdeburg Elbebf, Biederitz	
	Anschl.		
	Anschl.	>Industriegebiet	
3,9	Magdeburg Thälmannwerk		
	Anschl.		
	Magdeburg Buckau Rbf		
4,47	Fermersleben Abzw.	>Blumenberg	
6,23	Magdeburg Salbke		
	Abzw.	>Magdeburg Buckau Rbf	>Anschl.
	Anschl.		
7,66	Magdeburg Südost	>Anschl.	
11,14	Frohse Bk		
12,5	Schönebeck Frohse		
15,04	(0,0) Schönebeck Elbe	>Calbe, Blumenberg	
1,6	Schönebeck (Elbe) Süd		
3,0	Schönebeck Salzelmen	[Groß Salze]	>Förderstedt
Zinnowitz-Peenemünde		**122v, 941**	**Norm**
0,0	Zinnowitz	>Swinemünde, Wolgast	
1,5	Zinnowitz Werkbf		
2,6	(2,7)(2,9) Trassenmoor	[Trassenheide Dorf]	
4,3	(4,4) Trassenmoor Lager	[Trassenheide Lager]	
6,58	(6,3) Karlshagen Dorf	[Karlshagen]	
7,26	Karlshagen Siedlung		
7,82	Karlshagen Kontrollpunkt	[Karlshagen Behelfsbahnsteig]	
8,83	(8,6) Karlshagen Bahnhofshalle	[Halle F 1]	
	Abzw.	>Versuchsserienwerk Süd	
9,5	Abzw.	>Werke Ost/ West	[Peenemünde Ost/ West]

km	Bahnhof		
9,6	Karlshagen Siedlung Hp		
9,73	Wasserwerk Süd	[Halle IW]	
9,9	Peenemünde Endbf		
10,3	Gleiskreuz Nord	>Innen- und Außenring, Werk West	>Peenemünde Flugplatz, Werk Ost
10,33	(9,6)(10,1) Peenemünde Nord Anschl.	[Bahnhof Nord] >Peenemünde Sauerstoffwerk	
12,4	Peenemünde Wasserwerk		
12,5	Abzw.	>Peenemünde Hafen 2	
12,76	(12,1)(12,2) Peenemünde Dorf		
	Peenemünde Kraftwerk	>Anschl.	

Siehe auch Peenemünde Werkbahn.

km	Bahnhof		
Zipsendorf-Bismarck		**Seilförderbahn**	
0,0	Zipsendorf	>Wuitz-Mumsdorf, Gera	
1,25	Grube Fürst Bismarck	>Bismarck	
Zipsendorf-Bismarck		**Großraumförderbahn**	
0,0	Zipsendorf	>Wuitz-Mumsdorf, Gera	
	Grube Fürst Bismarck	>Bismarck	
Zipsendorf-Sprossen		**Grubenbahn**	**Sm 900, EL**
	Oberhaide	[Zipsendorf West]	
	Wuitz-Mumsdorf Gleichrichterstation	>Oberhaide Kulturbodengleis	
	(Tunnel)		
	Abzw.	>Wuitz-Mumsdorf, Zipsendorf	>Leonhard I
	Wuitz Abraumwerkstatt	[Wuitz Maschinenfabrik]	
	Abzw.	>Zipsendorf, Wuitz Abraumbrücke	
	Wuitz Abraumbf		
	Wuitz Tagebaubf		
	Sabissa		
	Sprossen		
Zipsendorf-Staschwitz		**Kettenförderbahn**	
	Zipsendorf BKF		
	Staschwitz Schacht		
Zipsendorf-Wuitz=Mumsdorf		**Grubenbahn**	**Sm 900, EL**
	Spora	>Gera, Wuitz-Mumsdorf	
	Leonhard II	>Vereinsglück III	
	Abzw.	>Prehlitz Tagebau	
	Vereinsglück II		
	Zipsendorf	>Schaedeschacht, Grube Fürst Bismarck	>Bünauroda Gießerei
	Abzw.	>Wuitz Tagebaubf	
	Wuitz-Mumsdorf	>Zeitz, Meuselwitz	>Gera
	Abzw.	>Oberhaide, Wuitz Tagebaubf	
	Leonhard I Druckwasserentladung		
Zittau-Bischofswerda		**250, 252**	**Norm**
26,2	Zittau	>Hagenwerder, Reichenberg, Bertsdorf	
32,7	Mittelherwigsdorf (Sachs)	>Warnsdorf	
	(Mandaubrücke)		
36,4	Niederoderwitz		
37,9	(0,0) Oberoderwitz Abzw.	>Herrnhut	
38,4	(0,5) Oberoderwitz		
2,4	Oberoderwitz Oberdorf		
6,6	Eibau	>Warnsdorf	
9,9	Neugersdorf		
13,5	Ebersbach (Sachs)	[Ebersbach-Georgswalde]	>Dürrhennersdorf, Rumburg
19,4	Neusalza-Spremberg		
	(Grenze)		
	(Grenze)		
22,9	Taubenheim (Spree)	[Holbin]	>Dürrhennersdorf
27,2	Sohland	[Zalom]	
30,2	Schirgiswalde-Kirschau	[Serachow-Korzym]	
33,4	(14,0) Wilthen	[Wjelecin]	>Bautzen
19,3	Neukirch (Laus) Ost		
23,4	(0,0) Neukirch (Laus) West	>Neustadt (Sachs)	
	(Putzkauer Viadukt)		
5,9	Putzkau		
7,9	Schmölln (Oberlaus)		
	(Wesenitzbrücke)		
9,4	Bischofswerda	>Bautzen, Kamenz, Dresden	
Zittau-Löbau		**252**	**Norm**
26,2	Zittau	>Reichenberg, Hagenwerder, Bertsdorf	
...			
38,4	(0,5) Oberoderwitz	>Eibau	
42,1	Ruppersdorf		
45,5	Herrnhut	>Bernstadt	
50,4	Obercunnersdorf	[Hornje Kundracicy]	
53,6	Niedercunnersdorf	[Delnja Kundracicy]	
54,8	(8,7) Niedercunnersdorf Abzw.	>Ebersbach	
56,2	(10,0) Großschweidnitz	[Wulka Swidnica]	
60,7	(14,6) Löbau (Sachs)	[Lubij (Sakska)]	>Görlitz, Bautzen, Weißenberg
Zittau-(Markersdorf-Friedland)		**135 f, PKP, CSD**	**Sm 750**
	Zittau Gbf		
0,0	Zittau	>Reichenberg, Hagenwerder, Bertsdorf	
1,15	Zittau Hp		
1,65	Neißebrücke Abzw.	>Oybin, Jonsdorf	
1,85	Anschl.	>Zittau Schlachthof	
	(Zittau Grenze)		
2,93	*Kleinschönau*	[Sieniawka]	
5,41	*Friedersdorf (b Zittau)*	[Biedrzychowice Gorne] [Zittel]	
7,64	*Reibersdorf*	[Rybarzowice]	
9,61	*Wald-Bad Oppelsdorf*	[Opolno-Zdroj] [Wald-Oppelsdorf]	
12,11	*Reichenau (Sachs)*	[Bogatynia] >Hirschfelde	>0,0 Seitendorf (4,0)
13,52	*Markersdorf (b Reichenau/ Sachs)*		
14,71	*Markersdorf (b Reichenau/ Sachs) Hp*		
	(Grenze)		
15,73	*Hermsdorf (b Friedland)*	[Hermanice]	
	Dittersbach (b Friedland)	[Detrichov]	
	Kunnersdorf (b Friedland)	[Kunratice]	
	Friedland (Isergeb)	[Frydlant]	
Zittau-Oybin-Jonsdorf		**429, 135b, 161d, 251**	**Sm 750**
	Zittau Gbf		
0,0	Zittau	>Mittelherwigsdorf, Görlitz, Reichenberg	
1,13	Zittau Hp		
1,65	Neißebrücke Abzw.	>Markersdorf	
1,92	Anschl.	>Dach- und Isolierwerk [Werner & Co]	
2,15	Anschl.	>Konsumbäckerei	>DHS Holz
2,61	Zittau Süd	[Zittau Schießhaus] >Anschl. Kraftwerk	>Anschl. Textilkombinat
	(Mandaubrücke)		
3,1	Zittau Kasernenstraße	[Zittau Casernenstraße]	
4,34	Zittau Vorstadt	>Anschl. Stahlwerk	
4,8	Anschl.	>Textima	
5,62	Olbersdorf Niederdorf	[Nieder Olbersdorf]	
7,28	Olbersdorf Oberdorf	[Zeißigschänke]	>0,0 Grube Glückauf (2,0)
7,9	Anschl.	>(0,0) Holz- und Imprägnierwerk (0,6)	[Katz & Klumpp]
8,91	(0,0) Bertsdorf		

	(1,82) Anschl. Schlachthof		
	(2,15) Kurort Jonsdorf Hst	[Bad Jonsdorf]	
	(3,83) Kurort Jonsdorf	[Jonsdorf]	
9,93	Kurort Oybin Niederdorf	[Wittigschänke]	
10,97	Oybin Teufelsmühle	[Teufelsmühle]	>Anschl. Eiselt
12,2	Kurort Oybin	[Oybin]	
Zittau-(Reichenberg)		**DR, CSD**	**Norm**
26,2	Zittau	>Bertsdorf, Hagenwerder, Mittelherwigsdorf	
	(Viadukt 0,745)		
	Oberullersdorf		
24,3	*(Zittau Grenze)*		
	(Grenze)		
	Grottau	[Hradek n. Nisou]	
	Ketten	[Chotyne]	
	Weißkirchen (Neiße)	[Bily Kostel nad Nisou]	
	Kratzau	[Chrastava]	
	Engelsberg (b Kratzau)	[Andelska Hora]	
	Machendorf	[Machnin]	
	Abzw.	>Friedland	
	Reichenberg	[Liberec]	>Tannwald
Zittau Federnwerk		**Werkbahn**	**Sm 600**
Zittau Harthau Ziegelei		**Werkbahn**	**Sm 600**
0,0			
0,6			
Zittau Ottersteig Ziegelei		**Werkbahn**	**Sm 600**
0,0			
0,4			
Zossen-Mittenwalde-Königs Wusterhausen		**107f, 183, 184**	**Norm**
0,0	Zossen	>Jüterbog, Uckro	
	Zossen Zoa Abzw.	>Blankenfelde	
	Dabendorf Ost		
	Anschl.	>Mülldeponie	
8,34	(31,1) Schöneicher Plan		
	Abzw.	>Töpchin	
11,33	(28,1) Mittenwalde (Mark) Ost	>Mittenwalde Nord, Neukölln	
	Abzw.	>Töpchin	
14,8	Krummer See		
15,99	Schenkendorf		
17,2	Crummensee		
	Königs Wusterhausen Kwm Abzw.		
19,49	Königs Wusterhausen West	>Lübben, Beeskow, Grünau	>Königs Wusterhausen Hafen
Zschornewitz-Gräfenhainichen			**Norm, EL?**
0,0	Zschornewitz	>Burgkemnitz, Oranienbaum	
5,0	Gräfenhainichen	>Halle, Berlin	
Züssow-Wolgast-Ahlbeck-(Swinemünde)		**940, 122a, PKP**	**Norm, Züssow-Wolgast Hafen EL**
191,9	Züssow	>Greifswald, Dargenzin	
	Abzw.	>Anklam	
196,8	Karlsburg (Kr Greifswald)		
202,1	Buddenhagen	>Krenzow	
206,4	Hohendorf (b Wolgast)		
	(Ziesebrücke)		
209,8	Wolgast	>Greifswald	
211,0	Wolgast Hafen	>Kröslin	
	(Moorbrücke 0,036)		
	(Wolgaster Fähre)		
	(Peenebrücke)		
	(243,5) Wolgaster Fähre	*(alt)*	
	Wolgaster Fähre	*(neu)*	
239,8	Bannemin-Mölschow		
238	*(Brücke)*		
237,4	Trassenheide	[Karlshagen-Trassenheide]	[Carlshagen-Trassenheide]
235,0	Zinnowitz	>Zinnowitz Werkbf, Peenemünde	
	(Brücke)		
231,1	Zempin		
229,3	Damerow		
227,2	Koserow		
225,3	Kölpinsee		
224,2	Stubbenfelde		
222,3	Ückeritz	[Ueckeritz]	
218,3	Schmollensee		
214,2	Bansin Seebad	[Seebad Bansin]	
212,4	Seebad Heringsdorf Neuhof		

208,6	Seebad Heringsdorf	[Heringsdorf Seebad]	
207,5	Ahlbeck Ostseetherme		
206,7	Seebad Ahlbeck	[Ahlbeck Seebad]	
204,3	Seebad Ahlbeck Grenze		
204,2	*(Ahlbeck Grenze)*		
202,5	*Swinemünde Bad*	[Bad Swinemünde]	
201,0	*Swinemunde Hbf*	[Swinoujscie]	>Ducherow, Swinemünde Seedienstbf
Zwenkau Mibrag		**Grubenbahn**	**Sm 900, EL**
Zwickau-Annaberg=Buchholz		**450**	**Norm**
38,0	Zwickau (Sachs) Hbf	>Glauchau, Werdau	
37,7	Zwickau (Sachs) Hbf Stw 4 Abzw.		
37,2	Abzw.	>Zwickau Pöhlau Gbf	
	Anschl.	>Bürgerschacht u.a.	
36,5	Zwickau Falkensteiner Bf	>Stenn	
	Abzw.	>Zwickau Schedewitz Gbf	
	Abzw.	>0,0 Reinsdorfer Kohlebahn (14,48)	>Brückenbergbahn, Schacht Martin Hoop
36,0	Zwickau Schedewitz	[Schedewitz]	>Zwickau Zentrum
	Abzw.	>0,0 Reinsdorfer Kohlebahn (14,48)	>Brückenbergbahn
	Anschl.	>Königin Marienhütte	
34,1	Cainsdorf	[Planitz-Cainsdorf]	>Bockwa
32,6	Wilkau-Haßlau	[Wilkau]	>Schönheide, Carlsfeld
32,1	*(Kreuzung mit Schmalspurbahn)*		
	(Rödelbachbrücke)		
28,9	Silberstraße		
27,2	Wiesenburg (Sachs)	>Anschl. Kammgarnfabrik	
23,0	Fährbrücke	>Anschl. Fabrik	
	Anschl.	>Langenbach Wildenfelser Papierfabrik	
	(Muldebrücke)		
	(Muldebrücke)		
	(Muldebrücke)		
19,3	Hartenstein	[Stein-Hartenstein]	
16,94	Anschl.	>G. Toelles-Fabrik	
	Anschl.	>Niederschlema Holzplatz	
	Poppenwald	>Grubenbahn	
	(Muldebrücke)		
15,29	Anschl.	>Holzstoff- und Papierfabrik	
14,2	Schlema unt Bf	[Niederschlema]	>Schneeberg
	(Niederschlemaer Tunnel 0,347)	[Schlemaer Tunnel]	
	(Muldebrücke)		
	Schlema Süd		
10,6	Aue (Sachs)	>Zwönitz, Eibenstock	
	(Muldebrücke)		
	(Schwarzwasserbrücke)		
	(Schwarzwasserbrücke)		
6,55	Brethaus Bk	>Anschl. Brethaus	
4,5	Lauter (Sachs)	>Anschlüsse	
	Neuwelt	*(alt)*	
2,2	Schwarzenberg Neuwelt	>Anschlüsse	
0,0	(24,1) Schwarzenberg (Erzgeb)	>Johanngeorgenstadt	
	(Mittweidabrücke)		
	(Mittweidabrücke)		
21,4	Grünstädtel	>Oberrittersgrün	
	(Mittweidabrücke)		
19,5	Raschau (b Schwarzenberg/Erzgeb)		

	(Mittweidabrücke)		
17,2	Markersbach (Erzgeb)		
	(Markersbacher Viadukt 0,237)		
	Abzw.	>Elterlein	
10,6	Scheibenberg		
7,2	Schlettau (Erzgeb)		
	(Zschopaubrücke)		
5,9	Walthersdorf (Erzgeb)	>Crottendorf	
16,4	(0,0) Annaberg-Buchholz Süd	[Buchholz (Sachs)]	>Bärenstein, Cranzahl
17,5	Annaberg-Buchholz Mitte	[Buchholz (Sachs) Königsstraße]	
	[Buchholzer Tunnel 0,029)		
19,0	Annaberg-Buchholz unt Bf	[Annaberg (Erzgeb) unt Bf]	>Schönfeld-Wiesa
Zwickau-Falkenstein-Adorf		**443**	**Norm**
0,0	(128,4) Zwickau (Sachs) Hbf	>Glauchau	
0,2	(130,1) Zwickau (Sachs) Hbf Stw B 13 Abzw.	>Werdau	>Zwickau RAW
	Anschl.	>Maxhütte	
2	Zwickau Reichenbacher Straße		
3,7	Planitz Abzw.	>0,0 Zwickau Planitz (0,9)	
4,0	Zwickau Neuplanitz		
5,0	Abzw.	>Falkensteiner Bf	
5,8	Stenn		
9,3	Ebersbrunn		
11,8	Voigtsgrün		
15,0	Irfersgrün		
20,5	Lengenfeld (Vogtl)	>Reichenbach	
26,2	Rodewisch		
28,3	Auerbach (Vogtl) unt Bf		
31,1	Ellefeld		
33,2	(0,0) (22,3) Falkenstein (Vogtl)	>Herlasgrün, Plauen	
6,7	Grünbach		
10,2	(89,1) Muldenberg	>Schönheide	
90,6	Muldenberg Floßplatz		
96,3	Schöneck (Vogtl)		
97,4	Schöneck (Vogtl) Ferienpark		
101,6	(0,0) Zwotental	>Klingenthal	
104,6	Gunzen		
110,8	Siebenbrunn	[Markneukirchen-Siebenbrunn]	>Erlbach
114,5	Adorf (Vogtl)	>Oelsnitz, Bad Brambach, Arnsgrün, Asch	
Zwickau-Werdau		**461**	**Norm, EL**
128,4	Zwickau (Sachs) Hbf	>Glauchau, Aue	
130,4	(0,0) Zwickau (Sachs) Gbf		
131,1	Abzw.	>Zwickau Planitz, Lengenfeld, Maxhütte	
132,8	Lichtentanne (Sachs)		
134,5	Steinpleis	>Neumark	
	(Römertalviadukt 0,2248)		
135,7	(0,0) Werdau Bogendreieck Zwickauer Spitze Abzw.	>Reichenbach	
75,3	(0,6) Werdau Bogendreieck Werdauer Spitze Abzw.	>Reichenbach	
	(Steinpleisviadukt 0,126)		
	(Leubnitzviadukt 0,172)		
73,8	Werdau	>Altenburg, Weida	
Zwickau-Zwickau Planitz		**171s**	**Norm**
0,0	Zwickau (Sachs) Hbf	>0,0 Zwickau Segen Gottes Schacht (0,5)	>Galuchau, Aue, Werdau
2,7	Zwickau (Sachs) Raw 7. Oktober	[Zwickau (Sachs) Hbf RAW]	
4,18	Zwickau (Sachs) Reichenbacher Straße		
5,61	Zwickau Planitz	[Planitz]	
Zwickau Altenburg Ziegelei BA 411		**Werkbahn**	**Sm 600**
0,0			
0,4			
Zwickau August-Bebel-Werk		**Werkbahn**	**Sm**
	Zwickau Bürgerschacht	>Zwickau Hbf	
Zwickau Marienthal Ziegelei BA 413		**Werkbahn**	**Sm 500**
0,0			
1,5			
Zwickau Marktstadt Ziegelei BA 414/ 415		**Werkbahn**	**Sm 500**

0,0			
0,5			
Zwickau Schedewitz-Pöhlau-Brückenberg			**Norm**
0,0	Zwickau (Sachs) Hbf	>0,0 Zwickau Segen Gottes Schacht (0,5)	>Glauchau, Werdau
	Abzw.	>Zwickau Schedewitz, Aue	
	Abzw.	>Zwickau Metallaufbereitung	>Zwickau Schedewitz Kokerei
	Anschl.	>Zwickau Nicolaischacht	
	(Muldebrücke 0,0965)		
	Abzw.	>Lok- u. Wagenwst., Heizkraftwerk K. Marx	>Metalleichtbaukombinat, Kokerei Karl Marx
3,5	0,0 Zwickau Schedewitz Gbf	[Zwickau Schedewitz Sammelbf]	[Zwickau Pöhlau Sammelbf] >Reinsdorf
	Anschl.	>Elmowerk [Schacht Martin Hoop III]	
	Abzw.	>Zwickau Plattenwerk	
2	Zwickau Schacht Martin Hoop IV	[Brückenberg] [Morgenstern-schacht]	
	Anschl.	>Heizkraftwerk Martin Hoop	
	Zwickau Rationalisierungsmittel-bau Braunk.		
Zwickau Schedewitz-Oberhohndorf-Reinsdorf		**Werkbahn**	**Norm**
0,0	Zwickau Schedewitz Oberhohndorf	>Zwickau, Aue	
14,5	Reinsdorf		
Zwickau Schedewitz-Zwickau Zentrum			**Norm/ Sm 1000, teilw. Dreisch.-gleis, EL**
0,0	Zwickau Schedewitz	>Zwickau Hbf, Wilkau Haßlau	
	Zwickau Schedewitz Planitzer Straße		
	Zwickau Planitz		
1,536	Zwickau Glück-Auf-Center		
2,629	Zwickau Zentrum	>Straßenbahnnetz	
Zwickau Weißenborn Ziegelei BA 412		**Werkbahn**	**Sm 500**
0,0			
0,2			
Zwinge Ziegelei		**Werkbahn**	**Sm 600**
0,0	Ziegelei		
0,5	Grube		
Zwotental-Klingenthal-(Graslitz)		**443, CSD**	**Norm**
0,0	Zwotental	>Zwickau, Adorf, Muldenberg	
3,4	Zwota-Zechenbach		
5,7	Zwota		
8,2	Klingenthal	>Sachsenberg-Georgenthal	
8,65	*(Klingenthal Grenze)*		
9,1	*Markhausen*	[Hranicna]	
12,7	*Graslitz ob Bf*	[Kraslice] [Ober Graslitz]	>Falkenau

Streckeneröffnungen und -einstellungen

Zur Benutzung der Tabelle

Da Strecken oftmals in anderen Etappen eröffnet als eingestellt wurden, sind unter Umständen die Daten unter mehreren Abschnitten aufgeteilt. Deshalb fehlen einzelne Daten, sie sind unter anderen Abschnitten aufgeführt. (Norm) und (Sm) sind nur dann aufgeführt, wenn Verwechslungsgefahr besteht. Angaben über die Spurweite finden Sie in der Streckenliste. Die Daten wurden aus Vergleich von über 400 Quellen den wahrscheinlichsten Angaben angeglichen.

(GS) Gesamtstrecke
(NS) Neubaustrecke

Tabelle der Streckeneröffnungen und -einstellungen

Achenbach	Löderburg	(Sm)	17.07.1900	31.12.1957
Adorf	Erlbach			Sep. 1975?
Albrechtshof	Berlin Spandau			06.12.1961
Albrechtshof	Berlin Spandau		26.05.1995	
Alexanderplatz	Friedrichsfelde	(U-Bahn)	21.12.1930	
Alexanderplatz	Schönhauser Allee	(U-Bahn)	27.07.1913	
Alexisbad	Harzgerode		01.07.1888	1946
Alexisbad	Harzgerode		Juli 1950	
Alexisbad	Silberhütte		01.07.1889	1946
Alexisbad	Silberhütte		15.05.1949	
Algenstedt	Lindstedt	(Sm)	22.11.1900	1923
Alsleben	Alsleben Stadtmühle		1926	1996
Alsleben	Alsleben Zuckerfabrik		1908	1992
Altdöbern	Bahnbaustelle	(Sm)		1969
Altefähr	Bergen		01.07.1883	
Altefähr	Bohlwerk		1896	1903
Altefähr	Putbus		04.07.1896	23.09.1967
Altenberg	Zinnbahn			28.03.1991
Altenburg	Crimmitzschau		15.03.1844	
dto.			15.03.1842?	
Altenburg	Schloßbergtunnel	(Sm)	1875	1877
Altenburg	Schloßbergtunnel	(Sm)	1958	1959
Altengrabow	Lübars	(Sm)	08.10.1896	25.09.1965
Altenhain	Seelingstädt		01.10.1899	
Altenpleen	Klausdorf		04.05.1895	30.11.1968
Altentreptow	Viehladegleis			um 1990
Altglietzen	Tonrohrwerk			1987
Althen	Gerichshain		12.11.1837	
Althirschstein	Ziegelei			30.06.1990
Angermünde	Bad Freienwalde			28.05.1995
Angermünde	Frankfurt		1877	
Angermünde	Pasewalk-Anklam		16.03.1863	
dto.			01.11.1863?	
Anklam	Bugewitz		02.05.1896	1945
Anklam	Dennin		19.04.1895	29.09.1969
Anklam	Lassan		1896? 1899	1945
Anklam	Peenehafen		1899	1969
Anklam	Stralsund		01.11.1863	
Anklam	Zuckerfabrik			1966
Annaburg	Prettin		15.06.1902	01.06.1996
Annahütte	Finsterwalde		20.09.1887	
Antonsthal	Papierfabrik			1990
Arenshausen	Eichenberg		1867	1948
Arenshausen	Eichenberg		26.05.1990	
Arenshausen	Göttingen		1867	
Arnsdorf	Dürröhrsdorf			01.06.1997
Arnsdorf	Dürröhrsdorf			23.05.1998?
Arnsdorf	Gassen		1875	
Arnsdorf	Ziegelei			Jan. 1992
Apolda	Ziegelei			Okt. 1990
Arnstadt	Ichtershausen Hst		13.12.1885	
Arnstadt	Plaue-Ilmenau		06.08.1879	
Arnstadt	Saalfeld	(GS)	02.12.1895	
Arnstadt	Stadtilm		1894	
Asch	Hranice			31.12.2005
Aschersleben Nord	Königsaue		20.09.1892	03.11.1963
Athensleben	Feldbahn			vor 1980
Aue	Blauenthal			22.09.1995
Aue	Schöneck		07.09.1875	
Augustusburg	Standseilbahn		24.06.1911	
Baabe	Göhren		13.10.1899	
Baalberge	Baalberge Ziegelei	(Norm)		1992
Baalberge	Peißen Schacht		1901? 1903	um 1950
Baalberge	Plömnitz		1890? 1899	um 1950
Baalberge	Solvayhall I		1887? 1890	1992
Baalberge	Solvayhall II		1904	
Baalberge	Ziegelei	(Sm)		1992
Bad Berka	Blankenhain		15.05.1887	24.09.1967
Bad Doberan	Wismar		22.12.1883	
Bad Düben	Bad Schmiedeberg		01.10.1895	01.10.2002
Badel	Kalbe		02.10.1926	
Bad Franken-hausen	Sondershausen		01.10.1898	
Bad Freienwalde	Hohenwutzen		05.10.1930	01.03.1967
Bad Freienwalde	Oderberg-Bralitz-Angermünde		01.01.1877	
Bad Freienwalde	Tonrohrwerk			Okt. 1993
Bad Harzburg	Ilsenburg		01.10.1894	1945
Bad Harzburg	Ilsenburg		01.06.1996	
Bad Kleinen	Bützow-Rostock		13.05.1850	
Bad Kleinen	Herrnburg-Lübeck		01.07.1870	
Bad Langensalza	Kühnhausen		1897	
Bad Langensalza	Merxleben		21.03.1913	01.12.1969
Bad Langensalza	Ziegelei			22.06.1990
Bad Liebenstein	Steinbach		1926	19.01.1973
Bad Muskau	Krauschwitz Raw			1995
Bad Muskau	Teuplitz		15.06.1898	
dto.			15.07.1898?	
Bad Saarow-Pieskow Süd	Beeskow		20.12.1911	
Bad Schandau	Neustadt-Dürröhrsdorf		01.07.1877	
Bad Schandau Kurpark	Lichtenhainer Wasserfall	(Sm)	28.05.1898	
Bad Schandau Zentrum	Bad Schandau Kurpark	(Sm)	28.05.1898	1963
Bad Schmiedeberg	Pretzsch		01.10.1895	
Bad Schmiedeberg	Wittenberg			2007?
Ballstädt	Gräfentonna		15.12.1889	
Barth	Bresewitz		nach 1960	
Barth	Hafen		1892	
Barth	Hermannshof		04.05.1895	04.01.1971
Barth	Prerow		1910	1945
Barth	Zuckerfabrik		1892	
Baruth	Basaltwerk		1932	Dez. 1993
Basdorf	Wensickendorf		21.05.1901	
Baumschulenweg	Neukölln		1910	
Bautzen	Knappenrode			29.05.1999
Bautzen	Königswartha		02.12.1890	
Bautzen	Löbau		23.12.1846	
Bautzen	Neustadt			2004?
Bautzen	Radibor-Weißenberg		1903-1906	
Bebitz	Beesenlaublingen	(Norm)	01.12.1905	1998
Bebitz	Grube Leopold		20.07.1857	1911
Bebitz	Mukrena	(Sm)	20.07.1857	1905
Beelitz Stadt	Ferch-Lienewitz			23.05.1998
Beerwalde	Beerwalde Bergbaubetrieb		30.09.1972	
Beerwalde	Löbichau		04.12.1979	09.09.1997
Beerwalde	Nordkurve		03.12.1979	
Beesenlaublingen	Alsleben		14.05.1908	1998
Beeskow	Grunow		17.01.1888	
Beetzendorf	Diesdorf		1903	27.04.1975
Behnsdorf	Neuhaldensleben		16.05.1907	30.05.1999
Belleben	Belleben Zuckerfabrik		um 1880	1928
Belzig	Brandenburg		25.03.1904	
Benneckenstein	Drei Annen Hohne		27.03.1899	
Bennstedt-Falzminde	Ziegelei			1990
Berga-Kelbra	Hackpfüffel		13.11.1915	05.06.1966
Berga-Kelbra	Heringen	(NS)	1966	
Berga-Kelbra	Rottleberode		01.06.1890	26.11.1995
Berga-Kelbra	Schwalbe 5		1944	10.04.1945
Berge (Prign)	Perleberg Süd		06.12.1911	28.09.1975
Berge (Prign)	Putlitz		06.12.1911	01.06.1969
Bergen	Putbus		15.08.1889	

Bergen	Saßnitz		01.07.1891	
Bergen	Trent		21.12.1896	1971
Berggießhübel	Gottleuba		1905	1974?
Bergwitz	Kemberg		09.02.1903	03.10.1951
Berka	Tannroda		15.05.1887	
Berlin	Barby-Blankenheim		1879	
Berlin	Boizenburg		15.10.1846	
Berlin	Bromberg	(GS)	27.07.1851	
Berlin	Cottbus		13.09.1866	
Berlin	Danzig	(GS)	06.08.1852	
Berlin	Dresden	(GS)	17.06.1875	
Berlin	Eberswalde		01.08.1842	
Berlin	Frankfurt (Oder)		23.10.1842	
Berlin	Görlitz	(GS)	31.12.1867	
Berlin	Halle	(GS)	10.09.1841	
Berlin	Hamburg	(GS)	15.12.1846	
Berlin	Jüterbog		01.07.1841	
Berlin	Königsberg	(GS)	12.10.1857	
Berlin	Kremmen		20.12.1893	
Berlin	Küstrin	(GS)	01.10.1867	
Berlin	Lehrte	(GS)	01.11.1871	
Berlin	Magdeburg	(GS)	15.09.1846	
Berlin	Neubrandenburg	(GS)	10.07.1877	
Berlin	Rostock	(GS)	01.07.1886	
Berlin	Stettin	(GS)	15.08.1843	
Berlin	Stralsund	(GS)	01.01.1878	
Berlin	Velten-Kremmen		1898	
Berlin	Werneuchen-Wriezen		1898	
Berlin	Zehlendorf		22.09.1838	
Berlin Anhalter Bf	Anhalter Bf Pbf		15.06.1880	17.05.1952
Berlin Blankenburg	Friedrichsfelde		16.12.1907	
Berlin Buchholz	Hohenschönhausen		17.08.1908	01.01.1973
Berlin Friedrichsfelde	Hohenschönhausen		17.08.1908	
Berlin Friedrichsfelde Ost	Ahrensfelde	(NS)	30.12.1982	
Berlin Heerstraße	Olympiastadion		1935?	1980
Berlin Heerstraße	Olympiastadion		17.01.1998	
Berlin Hohenschönhausen	Weißensee		17.08.1908	01.01.1973
Berlin Karow	Birkenwerder		1952	
Berlin Lehrter Bf	Spandau		15.07.1871	
Berlin Lübars	Tegel Hafen		31.10.1908	
Berlin Marx-Engels-Platz	Parkbahn		28.11.1953	10.01.1954
Berlin Marx-Engels-Platz	Parkbahn		Dez. 1954	Jan. 1955
Berlin Nordbf Tunnel Nord	Anhalter Bf Tunnel Süd	(GS)	08.10.1939	
Berlin Nordbf	Unter den Linden		28.07.1936	
Berlin Potsdamer Bf	Potsdam	(GS)	29.10.1838	
Berlin Potsdamer Bf	Zehlendorf-Wannsee		01.10.1891	
Berlin Schles Bf	Charlottenburg		07.02.1882	
Berlin Schlesisches Tor	Warschauer Brücke		Feb. 1902	13.08.1961
Berlin Schlesisches Tor	Warschauer Brücke		1995	
Berlin Schöneberg	Zossen-Sperenberg		15.10.1875	
Berlin Schöneweide	Grünau		1909	
Berlin Spandau	Ruhleben-Charlottenburg		01.06.1882	
Berlin Spandau	Stendal-Gardelegen		01.02.1871	
Berlin Stralau	Berlin Treptow		1899	1945
Berlin Tegel	Berlin Heiligensee			1980
Berlin Tempelhof	Flughafentunnel		1936	
Berlin Warschauer Straße	Knie	(U-Bahn)	Feb. 1902	
Berlin Wedding	Westhafen	(NS)	15.06.2002	
Berlin Weißensee	Berlin Lübars		17.08.1908	
Berlin Westend	Jungfernheide		15.04.1997	
Berliner Außenring	Baustelle	(Sm)	1950	1956
Berliner Güterring	(Bahnhofsverbindungsbahn)		15.10.1851	1877
Berliner Magnetbahn			1984/1986	01.08.1991
Berliner Ring	Bernau		1916	
Berliner Ring	Erkner		1902	
Berliner Ring	Kaulsdorf		1900	
Berliner Ring	Lichterfelde Ost		1901	
Berliner Ringbahn Ost	(Innenring)		1871	
Berliner Ringbahn West	(Innenring)		1877	
Berliner Stadtbahn			07.02.1882	

Berliner Trümmerbahn	Friedrichshain		1945	04.08.1950
Berliner Trümmerbahn	Friedrichshain-Friedrichsfelde		03.04.1951	Ende 1959
Bernau	Kleinbahn Rexzeh		um 1972	
Bernburg	Aschersleben-Wegeleben		10.10.1865	
Bernburg	Bernburg Solvaywerk		1883	
Bernburg	Calbe West		15.08.1890	
Bernburg	Dröbel Zuckerfabrik	(Norm)	1865	
Bernburg Friedenshall	Bernburg Stadtbf		10.09.1846	um 1875
Bernburg Strenzfeld	Fliegerhorst		1936	1946?
Bernburg Strenzfeld	Zementwerk		1964	
Berthelsdorf	Brand Erbisdorf			23.05.1998
Berthelsdorf	Großhartmannsdorf		15.07.1890	
Bertsdorf	Schlachthof			1960
Beucha	Brandis-Altenhain		10.12.1898	
Beucha	Natursteinwerk	(Sm 900)		1995
Beucha	Trebsen			27.09.1997
Biederitz	Wilhelmsgarten-Magdeburg			1890
Biederitz	Güterglück-Zerbst		1874	
Biederitz	Loburg		01.10.1892	
Bielsteintunnel			1872	22.06.1965
Biendorf	Biendorf Zuckerfabrik			1935/1945
Biendorf	Gerlebogk		02.04.1857	1946/1960
Bienenmühle	Moldau		06.12.1884	
Billroda	Laucha		01.10.1914	
Binz	Sellin West		20.03.1896	
Birkengrund	Blankenfelde		1908/1922	
Birkengrund	Blankenfelde	(NS)	1951	
Birkenmoor	Eisfelder Talmühle		15.07.1905	
Birkenwerder	Brieselang		01.10.1953	
Bischofswerda	Bautzen		23.06.1846	
Bischofswerda	Kamenz		1902	
Bischofferode	Großbodungen			22.05.1998
Bischofferode	Zwinge		01.11.1911	Mai 1972
Bitterfeld	Halle		01.02.1859	
Bitterfeld	Leipzig		01.02.1859	
Bitterfeld	Stumsdorf		01.10.1897	01.10.2002
Bitterfeld	Wittenberg		03.08.1859	
Bitterfeld	Zörbig		30.10.2006	
Blankenberg	Ziegelei			1991
Blankenburg	Derenburg		1880	
Blankenburg	Erzstollen (Erzstufenbahn)		1872	1885?
Blankenburg	Rübeland		01.11.1885	
Blankenburg	Thale Bodetal		30.07.1907	30.06.1993
Blankenburg	Hütte Michaelstein		12.07.1875	
Blankenheim	Sangerhausen		1866	
Blankenheimer Tunnel			1886	
Blankensee	Woldegk-Strasburg		08.10.1893	1946? 1947
Blankenstein	Lichtenberg		15.08.1901	1945
Blankenstein	Zellstoffwerk			31.03.1994
Blauenthal	Schönheide Ost		07.09.1875	27.09.1975
Blesewitz	Medow		06.11.1905	1945
Blumenberg	Egeln			30.05.1999
Blumenberg	Schönebeck			30.05.1999
Blumenberg	Wanzleben-Eilsleben		1883	01.10.2002
Böhlen	Rötha-Espenhain		01.05.1913	21.05.1993
Boizenburg	Boizenburg Stadt-Hafen		01.09.1890	
Boizenburg	Hamburg		15.12.1846	
Boltenhagen	Kühlenhagen		03.07.1907	1945
Bolter Mühle	Steinhavel		1995?	
Booßen	Küstrin			01.06.1996
Borna	Bad Lausick-Großbothen		03.10.1937	1945
Borna	Regis Breitingen-Mumsdorf			30.06.2000
Borsdorf	Anschl. Kunstlederwerk			2001
Borsdorf	Grimma		14.05.1866	
Borstel	Stendal Flugplatz		um 1935	
Boxberg	Uhyst			09.07.1986
Bötzow	Spandau Johannesstift		01.07.1908	1952
Brädikow	Paulinenaue		02.04.1900	01.04.1924
Brahlstorf	Bahnbaustelle	(Sm)	Apr. 1911	Apr. 1912
Brahlstorf	Neuhaus		16.04.1912	31.12.1972
Brahmenau	Culmer Kalkwerk		1902	1969
Brahmenau	Thüringer Hauptgenossenschaft		17.07.1919	1963/1969

Brand Erbisdorf	Großhartmannsdorf		15.07.1890	02.12.1973
Brand Erbisdorf	Langenau		15.07.1890	31.05.1997
Brandenburg	Rathenow		25.03.1904	
Brandenburg	Stahl- und Walzwerk	(Sm)		31.12.1993
Brandenburg Silokanalbrücke	Brandenburg Altstadt		01.10.1904	Apr. 1945
Brandenburg Silokanalbrücke	Brandenburg Altstadt		1967	
Brandis	Silikatwerk Aschenbahn			vor 1993
Brandis	Silikatwerk Förderbahn			1993
Brandis	Trebsen			27.09.1997
Brandleitetunnel			01.08.1884	
Braunlage	Wurmberg		20.10.1899	1958? 1959
Braunschweig	Wolfenbüttel		01.12.1839	
Breitenhagen	Patzetz (Pferdebahn)		03.10.1884	1921/22
dto.			26.04.1883?	
Breitenhagen	Patzetz-Dröbel		1921/22	1959
Bresewitz	Beseritz		19.12.1893	1945
Bresewitz	Bornthin		01.08.1907	1945
Bretleben	Bad Frankenhausen		04.07.1894	
Brettin	Milow		27.11.1899	23.09.1967
Brielow	Brandenburg Silokanalbr.		01.10.1904	
Brieselang	Wustermark		1954	
Brietz	Ziegelei			Sep. 1991
Brohm	Groß Daberkow		01.04.1926	1945
Brohm	Rattey		15.07.1910	1945
Bröllin	Bröllin LPG			1960
Brossen	Ziegelei			um 1985
Bröthen	Ziegelei			1991
Bruchstedt	Haussömmern		13.07.1923	24.09.1967
Brünkendorf	Vettin		15.05.2004	
Brunn	Greiz Aubachtal		Okt. 1865	31.05.1997
Brunnenbachs-mühle	Sorge		23.08.1899	16.04.1945
Brüssow	Damme		02.12.1902	1992
Brüssow	Löcknitz		29.11.1898	1992
Büchen	Lauenburg		01.07.1853	
Buchenwald	Steinbruch		1937	11.04.1945
Bücknitz	Wusterwitz		01.10.1901	23.05.1971
Bufleben	Friedrichswerth		1870	
Bufleben	Großenbehringen		01.05.1890	
Bugewitz	Leopoldshagen		28.08.1896	1945
Bühne-Rimbeck	Hornburg		02.11.1908	01.07.1945
Buhrkow Abzw.	Gramtitz-Starrvitz		01.11.1918	1955
Bülzig	Ziegelei			1990
Burg	Burg Hafen		12.12.1896	1956
Burg	Magdeburg		15.05.1873	
Burg	Magdeburgerforth		04.04.1896	25.09.1965
Burg Mitte	Stegelitz		04.04.1896	30.06.1965
Burg (Spreew)	Cottbus West		20.05.1899	03.01.1970
Bürgel	Porstendorf		30.09.1905	01.08.1969
Burgkemnitz	Golpa		08.01.1895	
Burgwall	Ziegelei			30.09.1997
Busdorf	Klein Zastrow		23.03.1912	1945
Büssen	Winterfeld	(Sm)	01.09.1902	29.10.1926
Buttelstedt	Großrudestedt		26.06.1887	11.04.1946
Buttelstedt	Rastenberg	(Sm)	25.06.1887	17.06.1923
Buttstädt	Rastenberg	(Norm)	30.05.1910	20.05.1968
Bützow	Güstrow		13.05.1850	
Byhlen	Lieberose		29.05.1898	18.10.1964
Cainsdorf	Aue-Schwarzenberg		11.05.1858	
Cainsdorf	Bockwa		04.09.1861	um 1900
Cainsdorf	Schwarzenberg		15.05.1858	
Callenberg	St. Egidien	(Sm 900)		08.10.1990
Callenberg Nord	Grubenbahn	(Sm 900)	Nov. 1972	
Callenberg Süd	Grubenbahn	(Sm 600)	10.06.1960	
Camburg	Camburg Zuckerfabrik		1882	
Casekow	Penkun-Scheune		08.04.1899	1945
Charlottenburg	Dreilinden		1882	
Chemnitz	Annaberg		01.02.1866	
Chemnitz	Aue		15.10.1875	
dto.			01.09.1875?	
Chemnitz	Borna		08.04.1872	
Chemnitz	Freiberg		1869	
Chemnitz	Gößnitz		1855	
Chemnitz	Hainichen		1869	
Chemnitz	Hartmannwerk		Sep. 1908	um 1930
Chemnitz	Niederrabenstein-Obergrüna		17.12.1903	
Chemnitz	Limbach		1872	
Chemnitz	Pioniereisenbahn		Juni 1954	
Chemnitz	Rochlitz-Penig		1872	
Chemnitz	Sächsische Webstuhl-fabrik		1898	
Chemnitz	Stollberg		1895	
Chemnitz	Waldheim		1848	
Chemnitz	Wechselburg		30.06.1902	11.12.2001
Chemnitz	Wüstenbrand (Güterbahn)		1903	
Chemnitz	Zwickau		15.11.1858	
Chemnitz Hilbersdorf	Rangierbf		1896	16.12.1996
Chemnitz Rotluff	Ziegelei			08.10.1990
Coburg	Rodach		01.07.1892	
Colbitz	Spitzberge		11.03.1903	01.07.1908
Collmen-Böhlitz	Eilenburg		1927?	
Coswig (Anh)	Wittenberg		28.08.1841	
Coswig (b Dresden)	Meißen		01.12.1860	
Cottbus	Bad Muskau		1872	
Cottbus	Cottbus Flughafen	(Sm)		15.02.1983
Cottbus	Cottbus Flughafen	(Norm)	15.02.1983	
Cottbus	Eilenburg		1872	
Cottbus	Görlitz		31.12.1867	
Cottbus	Großenhain		20.04.1870	
Cottbus	Grunow		31.12.1876	
Cottbus	Guben		30.06.1872	
Cottbus	Hoyerswerda			2004?
Cottbus	Peitz			Jan. 2000
Cottbus	Peitz Ost	(NS)	Aug. 2002	
Cottbus Berliner Straße	Cottbus Großenhainer Bf	(Norm)	01.02.1878	
Cottbus Berliner Straße	Goyatz	(Norm)	24.06.1846	18.04.1879
Cottbus West	Cottbus		01.12.1899	03.01.1970
Cranzahl	Oberwiesenthal		20.07.1897	
Crimmitzschau	Werdau-Zwickau		06.09.1845	
Crimmitzschau	Ziegelei			1996
Crivitz	Parchim		01.08.1899	
Crossener Viadukt			01.09.1852	1989
Culmitzsch Tagebau	Grubenbahn	(Sm 900)	Som. 1957	Ende 1957
Cunnersdorf	Tongrube			um 1991
Cunnersdorf (b Freital)	Marienschacht		1889	1906
Daber	Neuwarp		10.05.1897	08.08.1945
Dahlen	Oschatz		03.11.1838	
Dahme	Görsdorf		20.12.1900	31.12.1947
Dahme	Petkus		20.12.1900	01.05.1965
Dahme	Uckro		31.07.1886	
Dahme	Werbig		20.12.1900	01.05.1965
Dähre	Diesdorf	(Norm)	04.10.1928	um 1980?
Dähre	Diesdorf	(Norm)	Mai 1982	01.04.1997
Dalliendorf	Ziegelei			1991
Damgarten	Hermannshof		04.05.1895	29.05.1965
Damme	Prenzlau		12.02.1902	
Dargibell	Ducherow		01.09.1897	1945
Darnewitz	Bismark		18.10.1921	1950
Dassow	Pötenitz		1938/39	1945
Dedelow	Fürstenwerder		02.12.1902	30.09.1978
Delitzsch West	Zwochau		01.11.1928	24.09.1967
Demitz-Thumitz	Granitwerk			1992
Demker	Lüderitz		10.10.1903	17.06.1920
Demmin	Demmin Gemüsehalle		26.11.1949	
Demmin	Demmin Hafen		03.11.1899	
Demmin	Stavenhagen-Bredenfelde		01.07.1913	1945
Demmin	Schmarsow-Jarmen		15.01.1897	Juli 1945
Demmin	Stralsund		1878	
Demmin	Tutow			01.01.1965
Dennin	Janow		24.04.1894	1945
Dennin	Jarmen		27.04.1893	1945
Dennin	Neuenkirchen		01.10.1892	1945
Dennin	Spantekow		07.10.1897	1945
Derenburg	Minsleben		03.10.1900	01.05.1921
dto.				1934?
Dermbach	Kaltennordheim	(Sm)	22.06.1880	1934
Dermbach	Kaltennordheim	(Norm)	07.10.1934	31.08.2003
Dermin	Schaalenseehafen		1926	08.10.1933
Dessau	Berlin		10.09.1841	
Dessau	Bitterfeld		17.08.1857	
Dessau	Coswig (Anh)		18.08.1841	
Dessau	Köthen		01.09.1840	
Dessau	Wörlitz		23.09.1894	06.10.1991
Deuben	BKK	(Sm)		1976
Diesdorf	Wittingen		01.08.1909	1945
Dingelstädt	Birkungen			02.08.1996
Dingelstädt	Geismar			28.05.1995?
Dippoldiswalde	Anschl. Dippon			Juli 1990
Döbeln	Limmritz		22.09.1847	
dto.			15.11.1858?	
Döbeln	Lommatzsch		27.11.1911	
Döbeln	Nossen	(Norm)	25.10.1868	

Döbeln Nord	Döbeln Hbf	(Sm)	01.11.1884	14.12.1964
Doberan	Heiligendamm		09.07.1886	
Döberitz	Olympisches Dorf	(Sm)	1934	1936
Dolgelin	Sachsendorf		09.06.1912	25.09.1966
Döllstädt	Bad Tennstedt			08.04.1997
Döllstädt	Herbsleben		15.12.1889	
Döllstädt	Straußfurt		1895	17.06.1999
Dömitz	Malliß		29.12.1889	
Dommitzsch	Ziegelei			1991
Dora-Mittelbau	Werkbahn		1944	Apr. 1945
Dorndorf	Lengsfeld	(Sm)	01.06.1879	1934
Dorndorf	Lengsfeld	(Norm)	07.10.1934	31.08.2003
Dorndorf	Vacha	(Sm)	10.08.1879	1906
Dorndorf	Vacha	(Norm)	01.12.1906	09.06.2001?
Dranske Dorf	Bug		01.11.1918	1920
Drei Annen Hohne	Schierke		20.06.1898	
Drei Annen Hohne	Wernigerode		20.06.1898	
Dresden	Bautzen-Görlitz		1846	
Dresden	Bodenbach	(GS)	01.04.1851	
Dresden	Grenzstraße			1998
Dresden	Pirna		31.07.1848	
Dresden	Prag	(GS)	06.04.1851	
Dresden	Radebeul Weintraube		16.07.1838	
Dresden	Tharandt		20.06.1855	
Dresden Altstadt	Dresden Neustadt		19.04.1852	
Dresden Ausstellungsbahn			1930	1937
Dresden Friedrichstadt	Rangierbf		01.05.1894	
Dresden Gittersee	Kleinnaundorf		1856/1908	1967
Dresden Gittersee	Meiselschacht		1856	1906
Dresden Gittersee	Reiboldschacht		1856	1906
Dresden Großer Garten	Kindereisenbahn		01.06.1950	1951
Dresden Klotzsche	Dresden Flughafen		08.03.2001	
Dresden Klotzsche	Feldbahngelände		07.06.1978	31.12.2000
Dresden Loschwitz	Lingnerschloß		1908	1916
Dresden Loschwitz	Oberloschwitz		06.05.1901	18.03.1984
Dresden Loschwitz	Oberloschwitz		31.05.1991	
Dresden Loschwitz	Weißer Hirsch		26.10.1895	
Dresden Luga	Ziegelei			März 1994
Dresden Neustadt	Radeberg		17.11.1845	
Drispeth	Torfwerk			1993
Dröbel Zuckerfabrik	Dröbel Steinbruch		1930?	1959?
Drosen	Grubenbahn		Sep. 1982	13.12.1991
Ducherow	Karniner Brücke		15.05.1876	1948
Ducherow	Ziegelei			Dez. 1992
Dülseberg	Diesdorf	(Sm)	15.10.1901	01.07.1928
Dürröhrsdorf	Arnsdorf		1875-77	
Ebeleben	Menteroda		01.10.1901	1992
Ebersbach	Löbau		01.11.1873	
Ebersbach	Seifhennersdorf		01.11.1874	
Ebersbach	Sohland		01.05.1875	
Eberswalde	Angermünde		15.10.1842	
dto.			15.11.1842?	
Eberswalde	Finow		04.03.1907	04.03.1996
Eberswalde	Spechthausen			1945
Eberswalde	Wasserfall		17.05.1931	25.04.1945
Eberswalde	Wriezen		01.01.1867	
Eberswalde B6	Britz			28.05.1995
Eberswalde West	Finowfurt			01.01.1965
Edderitz	Gröbzig			1992
Edle Krone Tunnel			Dez. 1861	
Ehrenfriedersdorf	Zinnbahn			03.10.1990
Ehrenhain	Narsdorf			27.05.1995
Eibau	Oberoderwitz		1879	
Eibau	Varnsdorf-Zittau		11.03.1951	
Eibenstock unt Bf	Eibenstock ob Bf		02.05.1905	06.10.1975
Eichicht	Probstzella-Höchstadt		01.10.1885	
Eilenburg	Bad Düben			24.05.1998
Eilenburg	Falkenberg		01.05.1872	
dto.			20.04.1872?	
Eilenburg	Halle		30.06.1872	
dto.			01.09.1871?	
Eilsleben	Jerxheim		1872	
Eisenach	Coburg-Sonneberg		02.11.1858	
Eisenach	Eisfeld	(GS)	1858	
Eisenach	Gerstungen		25.09.1849	
Eisenach	Gerstungen	(NS)	1962	
Eisenberg	Bürgel		30.09.1905	01.04.1969
Eisenberg	Krossen	(alt)	01.04.1880	01.10.1906
Eisenberg	Krossen	(NS)	01.10.1906	22.05.1998
Eisenberg	Ziegelei			Mai 1995
Eisfeld	Coburg			1945
Eisfeld	Effelder		15.10.1909	
Eisfeld	Unterneubrunn		01.05.1890	28.02.1973
Eisleben	Berga-Kelbra-Nordhausen		10.07.1866	
Eisleben	Helfta	(Sm)	07.10.1900	02.12.1922
Elbebrücke	Wittenberge		25.10.1851	
Elbingerode	Drei Annen Hohne		01.05.1907	01.12.1964
Elbingerode	Grube Mühlental		Juli 1889	Sommer 1990
Elbingerode	Grube Mühlental Museumsbahn		1993	
Elbingerode	Königshütte		01.06.1886	30.05.1999
Ellrich	Königstuhl		14.08.1907	Juli 1991
Elsterberger Tunnel			1875	
Elstertalbrücke			15.07.1851	
Elsterwerda	Riesa		1875	
Eppendorf	Großwaltersdorf		01.11.1916	24.08.1951
Erdmannsdorf-Augustusburg	Augustusburg		24.06.1911	
Erfurt	Arnstadt		1867	
Erfurt	Gotha		10.05.1847	
Erfurt	Ilversgehofen		1864	
Erfurt	Ritschenhausen		1884	
Erfurt	Sömmerda		1881	
Erfurt Ausstellungsbahn			07.07.1950	17.09.1950
Erfurt Bindersleben	Nottleben		10.11.1926	25.09.1967
Erfurt Gispersleben	Ziegelei			1997
Erfurt Hbf	Erfurt Berliner Straße		13.05.1976	
Erfurt Marbach	Erfurt Bindersleben		10.11.1926	
Erfurt Nord	E. Marbach Deutsche Werke		22.12.1917	
Erfurt Nord	Erfurt Nord Wendeschleife	(Sm)	Sep. 1982	
Ernstthal	Neuhaus			1968
Espenfeld	Werkbahn		1940?	1945
Esperstedt	Oldisleben		04.05.1907	
Etgersleben	Unseburg		15.11.1891	Mai 1967?
Fähre Warnemünde	Forsthaus Markgrafenheide		01.07.1910	30.04.1945
Fährhof	Altenkirchen		21.12.1896	10.09.1968
Fährkrug	Fürstenwerder		15.08.1913	
Falkenberg	Cottbus		01.12.1871	
Falkenberg	Herzberg			24.05.1998
Falkenberg	Imprägnierwerk			2000
Falkenberg	Kohlfurt		1874	
Falkenberg	Röderau		01.10.1848	
Falkenberg	Uckro Süd		15.03.1898	
Falkenberg Rangierbf			1890-1893	
Falkenstein	Muldenberg		1892	
Faulenhorst	Wernstedt	(Sm)	11.11.1897	1922
Fauler See	Anschl. Halbleiterwerk			1995
Fehrbellin	Neuruppin		12.09.1880	20.05.1970
dto.			12.09.1890?	
Ferdinandshof	Friedland		01.11.1891	1945
Ferdinandshof	Mariawerth		Apr. 1888	1945
Ferdinandshof	Uhlenhorst		07.11.1947	30.11.1960
Ferna	Ziegelei			Juli 1990
Finow	Finowfurt		16.10.1907	04.03.1996
Finsterwalde	Luckau		02.10.1911	
Fleetmark	Ziegelei			Okt. 1990
Floh-Seligenthal	Kleinschmalkalden		06.11.1893	17.06.1999
Flöha	Bärenstein		1872	
Flöha	Chemnitz		01.02.1866	
Fockendorf	Papierfabrik			Mai 1992
Forberge	Ziegelei			Mai 1994
Förderstedt	Kalkwerk			31.12.1992
Förderstedt	Unseburg		01.10.1891	Som. 2000
Forellenhof	Andreas Gegentrum Stolln		29.05.1998	
Forst	Sorau		30.06.1872	
Forst	Weißwasser		1891	27.09.1996
Forster Stadteisenbahn			01.06.1893	31.08.1965
Förstgen	Schamottewerk			Apr.1990
Forsthaus Eiche	Bebertal-Dönstedt		08.10.1928	31.07.1970
Förtha	Gerstungen		19.04.1962	
Förthaer Tunnel			1858	
Frankfurt (Oder)	Booßen	(NS)	1910?	
Frankfurt (Oder)	Bunzlau		01.09.1846	
Frankfurt (Oder)	Cottbus		31.12.1876	
Frankfurt (Oder)	Guben		1846	
Frankfurt (Oder)	Güterbahn	(NS)	25.04.1934	
Frankfurt (Oder)	Kietz-Kreuz		12.10.1857	
Frankfurt (Oder)	Posen		26.06.1870	
Frankfurt (Oder)	Seelow		15.05.1877	

Frankfurt (Oder)	Wüste Kunersdorf		20.10.1881	25.04.1934
Franzburg	Tribsees		01.06.1901	06.08.1945
Fredersdorf	Rüdersdorf		15.09.1872	
Freiberg	Flöha		01.03.1869	
Freiberg	Großhartmannsdorf		1890	
Freiberg	Halsbrücke		15.07.1890	Sep. 1975?
Freiberg	Mulda		02.11.1875	
Freiberg	Nossen		15.07.1873	
Freital-Birkigt	Moritzschacht		1856	1906
Freital-Birkigt	Dresden Gittersee		21.10.1856	01.01.1994
Freital-Birkigt	Hänichen-Goldene Höhe		21.10.1856	1951/1994
Freital Hainsberg	Freital Potschappel		10.09.1913	
Freital Hainsberg	Schmiedeberg		01.11.1882	13.08.2002
Freital Potschappel	Mohorn			01.10.1972
Freital Potschappel	Niederhermsdorf	(Norm)	Aug. 1882	
Freital Potschappel	Wilsdruff		01.10.1886	
Freyenstein	Meyenburg		14.04.1912	28.05.1967
Friedeburger Hütte	Friedeburg		01.09.1900	31.12.1973
Friedland	Dennin		27.09.1892	29.09.1969
Friedland	Fliesenwerk			Dez. 1993
Friedland	Gaswerk			1969
Friedland	Stärkefabrik			1969
Friedland	Uhlenhorst			01.06.1966
Friedland	Zuckerfabrik Friedl.			1969
Friedländer Wiese	Werkbahn	(Sm 800)	1884	1891
Friedrichroda	Georgenthal		1896	
Friedrichroda	Fröttstädt		02.07.1876	
Friedrichsaue	Genschmar		08.10.1912	25.09.1966
Friedrichsfelde	Tierpark	(U-Bahn)	25.06.1973	
Frohburg	Kohren-Sahlis			vor 1975
Frose	Ermsleben		07.01.1886	
Fürstenberg	Templin		1899	19.05.1996
Fürstenberg	Templin-Eberswalde		1899	
Fürstenwalde	Bad Saarow-Pieskow Süd		03.06.1911	
Fürstenwalde	Waldfrieden		03.06.1911	
Gallun	Schöneicher Plan		21.09.1895	1913
Ganzlin	Röbel		01.05.1899	
Gardelegen	Kalbe		1904	26.05.1968
Gardelegen	Oebisfelde-Lehrte		01.11.1871	
Garsebach	Löthain		01.12.1909	01.08.1966
Garz	Swinemünde		15.05.1876	1948
Gaschwitz	Meuselwitz		07.09.1874	
Gaschwitz	Plagwitz-Lindenau		1879	
Gauern	Culmitzsch		01.11.1957	Som. 1966
Gehren	Flußspatwerk			31.01.1991
Gehren	Großbreitenbach		12.11.1883	31.05.1997
Gehren	Stollenbaustelle			1991
Geisa	Tann		1909	
Geising	Altenberg	(Sm)	1923	15.08.1938
Geismar	Schwebda Friedaer Tunnel			Apr. 1945
Geithain	Chemnitz		08.04.1872	
Geithain	Ziegelei			Sep. 1990
Genshagener Heide	Schönefeld		08.07.1951	
Genthin	Brettin		27.11.1899	
Genthin	Genthin Waschmittelwerk		1923	
Genthin	Genthin Zuckerfabrik		1902	
Genthin	Schönhausen		25.10.1899	30.05.1999
Georgenthal	Ohrdruf		1876	
Georgenthal	Tambach-Dietharz		1892	
Georgsburg	Könnern Saalehafen			1950
Gera	Saalfeld-Eichicht		20.12.1871	
Gera Leumnitz	Kalkwerk		01.07.1902	1967
Gera Leumnitz	Kalkwerkbahn		1911	
Gera Leumnitz	Ziegelei		01.03.1902	1965
Gera Leumnitz	Ziegelei			1991
Gera Pforten	Gera Straßenbahn		08.11.1901	09.02.1963
Gera Pforten	Kayna		12.11.1901	04.05.1969
Gera Pforten	Schlackegleis		01.04.1923	03.06.1969
Gerbstedt	Friedeburger Hütte		02.10.1899	31.12.1973
Gerbstedt	Hettstedt		20.05.1896	01.10.2002
Gerichshain	Machern		11.05.1838	
Gerlebogk	Zuckerfabrik			um 1935
Gernrode	Ballenstedt		01.07.1885	04.07.2003
Gernrode	Ermsleben		1885/1886	04.07.2003
Gernrode	Kalkwerk			Jan. 1992
Gernrode	Mägdesprung		07.08.1887	1946
Gernrode	Mägdesprung		15.05.1949	
Gerstungen	Dankmarshausen-Grenze			1967
Gerstungen	Kassel		25.09.1849	
Gerstungen	Vacha		1903/1905	
Gerwisch	Kiesgrube			1970?
Geyer	Ehrenfriedersdorf-Thum		01.05.1906	
Geyersdorf-Mildenau	Königswalde unt Bf			1945-1965?
Giesenslage	Werben		01.10.1898	25.09.1971
Glauchau	Großbothen	(GS)	1877	
Glauchau	Penig		10.05.1875	13.08.2002
Glauchau Schönbörnchen	Meerane-Gößnitz		1858	
Gleisberg-Tunnel			1890	
Gleisdreieck	Bülowstraße-Nollendorfplatz			01.01.1972
Gleisdreieck	Potsdamer Pl.-Thälmannplatz			13.08.1961
Glesien	Rackwitz		02.08.1929	
Glienick	Ziegelei			1990
Glossen	Silikatwerk			Juni 1991
Glöwen	Havelberg		15.02.1890	1945
Glöwen	Havelberg		03.09.1948	26.09.1971
Gnoien	Teterow		05.11.1884	
Göhrener Brücke			1871	
Goldbeck	Iden		01.04.1886	25.09.1971
Golpa	Möhlau		1908	
Göltzschtalbrücke			15.07.1851	
Golzern	Wurzen		30.06.1877	31.05.1969
Golzow	Sachsendorf		09.02.1912	25.09.1966
Golzow	Wollup		23.12.1911	25.09.1966
Gommern Steinbruch	Gommern Bf		26.06.1900	31.12.1976
Gommern Steinbruch	Pretzien		01.12.1890	31.12.1976
Gommern Zuckerfabrik	Gommern Bf			1945
Gora Weiche	Köbeln		1926	nach 1980
Görlitz	Görlitz Nord		um 1975	
Görlitz	Hagenwerder-Zittau		23.12.1948	
Görlitz	Hennersdorf		01.09.1847	
Görlitz	Kohlfurt		15.10.1846	
Görlitz	Königshain-Hochstein		31.05.1905	23.05.1993
Görlitz	Ziegelei			Feb. 1990
Görlitz	Zittau		15.10.1875	
Görlitz Industriegleis	Görlitz Schlachthof		Juli 1914	
Görlitz Raw	Probegleis vierschienig		13.10.1983	
Görlitz Weinhübel	Hagenwerder	(NS)	23.05.1985	
Goßdorf-Kohlmühle	Hohnstein		30.04.1897	27.05.1951
Gößnitz	Gera		27.12.1865	
Gößnitz	Zwickau		09.09.1845	
Gotha	Eisenach		24.06.1847	
Gotha	Leinefelde		1870	
Gotha	Mühlhausen		11.04.1870	
Gotha	Ohrdruf		08.05.1876	
Gotha	Waltershausen-Tabarz		17.07.1929	
Gotha Ost	Ziegelei	(Sm)		1990
Gottgau	Gröbzig		18.07.1900	01.01.1974
Gottgau	Plötz		1921	22.05.1993
Göttwitz	Ziegelei			1991
Götzenhof	Tann		1889-1891	
Goyatz	Schwielochsee		14.05.1904	1924? 1929
dto.			01.05.1904?	
Gräfenroda	Ohrdruf		1892	
Gräfenroda	Zella-Mehlis		1884	
Gräfenwarth	Sperrmauer	(Sm)	Anf. 1930	30.11.1932
Gräfenwarth	Sperrmauer	(Norm)	28.06.1930	1968
Grambow	Pasewalk		16.03.1863	
Gramtitz-Starrvitz	Dranske Dorf		16.12.1918	1929
Gramzow	Damme		13.12.1905	
Grana	Ziegelei			Mai 1992
Gransee	Neuglobsow		08.08.1930	1946
Gransee	Wolfsruh		1952	
Grechwitz	Ziegelei			Dez. 1991
Greifswald	Baustoffwerk			Jan. 1992
Greifswald	Greifswald Hafen		21.11.1919	1945
Greifswald	Grimmen		21.11.1896	1945
Greifswald	Gützkow		05.09.1897	1945
Greifswald	Jarmen		1897	
Greifswald	Kröslin		20.12.1898	1945
Greifswald	Lubmin	(Norm)	28.09.1969	28.05.1999
Greifswald	Wolgast Schlachthof	(Sm)	20.12.1898	1945/1962
Greifswald GJK	Greifswald Staatsbf		14.01.1898	1945
Greiz	Greiz Aubachtal		15.10.1879	
Greiz	Neumark		23.10.1865	31.05.1997
Greiz	Plauen		08.09.1875	
Greiz	Schloßbergtunnel		17.07.1875	
Greußen	Ebeleben		01.10.1901	25.06.1968
Grevesmühlen	Klütz		06.06.1905	29.05.1995
Grevesmühlen	Ziegelei			Feb. 1989
Grimma	Leisnig		28.10.1867	

Grimma unt Bf	Golzern		30.06.1877	24.09.1967
Grimmen	Grimmen Schützenplatz		21.11.1896	
Grimmen	Ziegelei			Nov. 1990
Grimmen Schützenplatz	Tribsees Ost		21.11.1896	1945
Grimmenthal	Ritschenhausen		01.08.1884	1945
Grimmenthal	Ritschenhausen		1961	
Grimmenthal	Suhl		Dez. 1882	
Gröbers	Flughafen Halle-Leipzig		30.06.2003	
Gröbzig	Gerlebogk		05.10.1900	01.01.1974
Gröditz	Stahlwerk Gröditz		1878	
Groitschen	Osterfeld		01.05.1897	30.05.1999
Gröningen	Gröningen Zuckerfabrik		1879	10.01.1994
Gröningen	Nienhagen		1879	
Großbauchlitz	Döbeln	(Sm)	01.11.1884	01.01.1968
Großbothen	Grimma unt Bf		30.06.1877	15.04.1945
Groß Daberkow	Brohm	(Sm 600)	01.04.1926	1945?
Groß Engersen	Algenstedt	(Sm)	29.09.1899	1923
Großenhain	Priestewitz		1862	
Großenstein	Kayna		21.12.1977	
Großhartmannsdorf	Langenau		15.07.1890	
Großheringen	Jena-Saalfeld		30.04.1874	
Großheringen	Straußfurt		14.08.1874	
Großheringener	Verbindungsbahn Ost		01.05.1899	
Großkorbetha	Deuben		nach 1890	30.05.1999
Großkorbetha	Leipzig		22.03.1856	
Groß Köris	Kieswerk	(Sm 600)	1917	1922
Groß Köris	Kieswerk	(Sm 600)	1933	1945
Groß Köris	Kieswerk	(Sm 900)	1952	
Groß Kreutz	Lehnin		18.10.1899	09.10.1967
Groß Neuendorf	Hafen		08.10.1912	28.05.1972
Groß Neuendorf	Wollup		23.12.1911	28.05.1972
Großobringen	Holzverladestelle		21.06.1943	Dez. 1955
Großpostwitz	Cunewalde		15.09.1890	
Großröda	Großenstein		16.10.1887	28.05.1972
Großröhrsdorf	Ziegelei			1990
Großrudestedt	Alperstedt		1938	
Großsaubernitz	Ziegelei			1990
Großschönau	Mittelherwigsdorf		02.01.1868	
Großschönau	Warnsdorf		15.08.1871	
Großschwabhausen	Großschwabhausen ACZ		1920	
Großschweidnitz	Oberoderwitz			23.05.1998
Groß Urleben	Bruchstedt		01.11.1922	24.09.1967
Grube Vaterland	Frankfurt		19.11.1881	
Grünauer Kreuz	Eichgestell		Nov. 1951	
Grunow	Beeskow		17.01.1888	
Grunow	Peitz			31.05.1996
Grünstädtel	Annaberg-Buchholz Süd		01.12.1889	27.09.1997
Grünstädtel	Annaberg-Buchholz Süd		23.05.2002	2004
Grünstädtel	Oberrittersgrün		01.07.1889	25.09.1971
Guben	Cottbus		01.09.1871	
Guben	Forst		01.06.1904	
Guben	Sorau		17.07.1846	
Gubkow	Torfwerk		1950?	
Gunsleben	Jerxheim		10.07.1843	Jan. 1946
Güntersberge	Nickol			1946
Güntersberge	Stiege		01.12.1891	1946
Güntersberge	Stiege		30.11.1983	
Güsen	Jerichow			30.05.1999
Güsen	Ziesar			30.05.1999
Gusow	Küstrin		01.10.1866	
Güsten	Abstellgleise 101-103		1944	24.06.1945
Güsten	Blankenheim		1879	
Güsten	Güsten Bw			1994/2002
Güsten	Osmarsleben Zuckerfabrik			um 1950
Güsten	Staßfurt		1865/1866	
Güstrow	Meyenburg		31.05.1881	23.09.2000
Güstrow	Neubrandenburg		11.11.1864	
Güstrow	Plau		04.12.1882	
Güstrow	Schwaan		01.10.1887	
Gutenfürst	Gutenfürst Gleis 6		08.10.1975	1994?
Gützkow	Jarmen		16.09.1897	1945
Hackpfüffel	Artern		21.12.1916	05.06.1966
Hagenow	Schwerin		01.05.1847	
Hagenow	Zarrentin		26.05.1862	2000
Hagenow	Ziegelei			Juni 1990
Hagenwerder	Berzdorf			Dez. 1997
Hainichen	Roßwein		15.08.1874	
Hainichen	Ziegelei	(Sm 600)		Okt. 1990
Hainichen	Ziegelei	(Sm 900)		1989
Hakelforst	Schneidlingen		01.04.1897	10.01.1994
Hakenstedt	Eilsleben		03.11.1887	30.05.1999
Hakenstedt	Haldensleben		13.10.1887	
Halbendorf	Mühlrose	(Sm)	1966	1978
Halberstadt	Aschersleben		12.04.1866	

Halberstadt	Blankenburg		31.03.1873	
Halberstadt	Heudeber-Danstedt		1869	
Halberstadt	Langenstein-Zwieberge		1944	
Halberstadt	Vienenburg		01.03.1869	
Halberstadt	Wegeleben-Thale		02.07.1862	
Haldensleben	Eilsleben			29.05.1999
Haldensleben	Haldensleben Hafen		1938	
Haldensleben	Haldensleben Werke		15.10.1926	
Haldensleben	Weferlingen			29.05.1999
Halle	Berlin	(GS)	03.08.1859	
Halle	Eisleben		01.09.1865	
Halle	Falkenberg	(GS)	30.06.1872	
Halle	Finsterwalde-Forst		30.06.1872	
Halle	Industriebahn	(Sm)	13.02.1895	08.07.1991
Halle	Kassel	(GS)	10.07.1866	
Halle	Leipzig		18.08.1840	
Halle	Röblingen-Blankenheim		10.07.1866	
Halle	Sandersleben		01.10.1872	
Halle	Weißenfels		20.06.1846	
Halle Bruckdorf	Ziegelei			Mai 1993
Halle Dölau	Schochwitz			1992
Halle Hbf	Halle Dölau		23.05.1971	
Halle Hbf	Halle Klaustor			1992
Halle Hbf	Nietleben	(NS)	27.09.1969	
Halle Klaustor	Halle Sophienhafen		09.01.1895	
Halle Klaustor	Nietleben		20.05.1896	28.09.1968
Halle Neustadt	Halle Hbf		1967	
Halle Nietleben	Halle Dölau		23.05.1971	01.08.2002
Halle S-Bahn			27.09.1969	
Halle VESM			1955	Dez. 1996
Hänichen-Goldene Höhe	Beckerschacht		1856	1906
Hänichen-Goldene Höhe	Beharrlichkeitsschacht		1856	1906
Hänichen-Goldene Höhe	Berglustschacht		1856	1906
Hänichen-Goldene Höhe	Possendorf		1908	1951
Hannover	Berlin	(NS)	27.09.1998	
Hanum	Zasenbeck		01.11.1911	01.07.1945
Harsleben Abzw.	Verbindungsgleis neu		01.10.1965	
Hartmannsdorf	Torfwerk			Dez. 2000
Haselbach	Braunkohlenwerk			1991
Hasenfelde	Dolgelin		03.12.1911	29.09.1968
Hecklingen	Achenbach	(Sm)	10.04.1900	31.12.1957
Heerstraße	Spandau		1911	
Heidenau	Geising	(Sm)	18.11.1890	15.08.1938
Heidenau	Lauenstein	(Norm)	29.08.1938	
Heiligendamm	Kühlungsborn		12.05.1910	
Heiligenstadt	Heiligenstadt Ost		28.08.1914	28.05.1995
Heiligenstadt Ost	Schwebda Frieda Tunnel		01.10.1914	02.04.1945
Heiligenstadt Ost	Großtöpfer		23.07.1945	Juli 1947
Heiligenthal	Gerbstedt		20.05.1896	23.05.1998
Heiligenthal	Heiligenthal Zuckerfabrik			1992/1998
Heiligenthal	Helmsdorf Ziegelwerk			1998
Heinersdorf	Hasenfelde		03.06.1911	29.09.1968
Heinrichshöh	Jatzke		04.01.1908	1945
Helbra	Hüttenwerk	(Sm 500)		1991
Helbra	Hüttenwerk	(Sm 1000)		1992
Helbra	Hüttenwerk	(Norm)	1955	
Heldburg	Lindenau-Friedrichshall		01.12.1888	14.05.1946
Helmsdorf (Sachs)	Ziegelei			03.11.1990
Helmstedt	Oebisfelde		nach 1890	
Hennickendorf	Stienitzsee		01.05.1913	
Herbsleben	Bad Tennstedt		nach 1890	
Herlasgrün	Oelsnitz-Eger		01.11.1865	
Hermannshof	Ribnitz-Damgarten Nord		04.05.1895	31.05.1969
Hermsdorf	Friedland		Aug. 1900	13.01.1976
Hermsdorf-Rehefeld	Moldau			Mai 1945
Herrnhof	Groß Neuendorf		23.12.1911	25.09.1966
Herrnhof	Thöringswerder			1994
Herrnhut	Bernstadt		01.12.1893	01.10.1945
Herzberg (Mark)	Neustadt (Dosse)		01.11.1902	
Herzberg	Röderau		01.10.1848	
Herzfelde	Herzfelder Industriebahn		01.04.1974	03.01.1913
Herzfelde	Möllensee Hafen		07.10.1932	1947
Herzfelde	Rüdersdorfer Industriebahn		Juli 1872	1973
Herzfelde	Ziegelei			Dez. 1990
Hessen	Veltheim		01.08.1898	1962
Hettstedt	Eisleben-Helfta		20.03.1900	02.12.1922

Hetzdorf	Eppendorf		01.12.1893	01.01.1968
Hetzdorfer Viadukt			01.03.1869	12.05.1992
Heudeber-Danstedt	Hessen		01.08.1898	02.09.1993
Heudeber-Danstedt	Osterwieck			01.10.2002
Heudeber-Danstedt	Wernigerode		11.05.1872	
Heyerode	Treffurt		01.04.1911	
Heyrothsberge BKS	Übungsanlage Bahn		15.01.2002	
Hildburghausen	Heldburg		01.07.1888	14.05.1946
Hitzacker	Buchholz		15.12.1874	
Hohenbocka	Kamenz			24.05.1998
Hohenbocka Nord	Glaswerk			1989
Hohenebra	Ebeleben		20.11.1883	28.09.1974
Hohenebra	Ebeleben	(NS)	25.09.1975	
Hohenebra	Ziegelei			31.05.1991
Hohenfichte	Eppendorf		nach 1890	
Hohenmölsen	Ziegelei			Apr. 1992
Hohenschönhausen	Wartenberg		20.12.1985	
Hohenwarte	Pumpspeicherwerk		10.02.1964	
Hohenwulsch	Kalbe		18.12.1899	
Hohenwutzen	Zehden		05.10.1930	Feb. 1945
Höhlteich	Lugau		1879	
Hölle	Marxgrün		15.08.1901	1987
Holthusen	Ludwigslust-Dömitz		1888	
Holzhau	Hermsdorf-Rehefeld			07.02.1972
Holzverladestelle	Buchenwald		21.06.1943	Mai 1954
Höngeda	Ziegelei			Sep. 1991
Hoppegarten	Altlandsberg		04.10.1898	29.05.1965
Hoppegarten	Umspannwerk		1959	
Horka	Rothenburg		15.12.1907	
Hornburg	Börßum		01.06.1895	
Hornstorf	Sternberg-Karow		14.11.1887	06.06.1998
Horst	Torfwerk			März 1993
Hötensleben	Schöningen		02.11.1899	01.07.1945
Hundisburg	Ziegelei			31.07.1990
Hünfeld	Wenigentaft		1906	
Ichstedt	Rübenbahn			um 1935
Ichtershausen	Ichtershausen Hst		13.12.1885	1955
Iden	Giesenslage		01.10.1898	25.09.1971
Ilberstedt	Grube Johanna		1911	1922
Ilfeld	Netzkater		07.02.1898	
Ilfeld	Rabensteiner Grube			1896
Ilfeld	Rabensteiner Grube		1946	1949
Ilmenau	Flußspatwerk			1936
Ilmenau	Gehren		13.11.1881	31.05.1997
Ilmenau	Großbreitenbach			31.05.1997
Ilmenau	Schleusingen	(GS)	31.10.1904	24.05.1998
Ilmenau	Stützerbach		13.08.1904	24.05.1998
Immelborn	Bad Liebenstein		01.08.1889	19.01.1973
Jarmen	Ein- u. Verkaufsverein			1945
Jarmen	Klein Toitin		Ende 1948	Mai 1949
Jarmen	Kunstmühle			1945
Jarmen	Peenehafen			1945
Jarmen	Tutow		1934	um 1940
Jarmen	Zuckerfabrik			1945
Jarmen	Zuckerfabrik-Werkbahn		1901	1966
Jatzke	Eichhorst		1928	1945
Jatznick	Ueckermünde		15.09.1884	
Jena West	Brauerei			1975
Jena West	Glaswerk			Okt. 1994
Jerichow	Güsen		25.10.1924	30.05.1999
Jerxheim	Nienhagen		Aug. 1890	
Jessen-Gorrenberg	Ziegelei			1992
Johannesmühle	Zellstofffabrik		1936	
Jöhstadt	Jöhstadt Ladestelle		05.05.1893	1972
Jöhstadt	Schlössel		29.05.1993	
Jöhstadt	Schmalzgrube		03.06.1995	
Jöhstadt	Steinbach		30.06.2000	
Jübar	Hanum		01.11.1911	31.12.1968
Jüterbog	Dahme		1900	1965
Jüterbog	Herzberg		01.07.1848	
Jüterbog	Sperenberg			01.06.1996
Jüterbog	Treuenbrietzen		1893	
Jüterbog	Werbig		20.12.1900	31.12.1963
Jüterbog	Wittenberg		10.09.1841	
Jüterbog	Zossen		1897	
Kahla	Ziegelei			Sep. 1990
Kalbe	Beetzendorf		18.12.1899	01.01.1994
dto.				10.03.1991?
Kamenz	Elstra		20.10.1890	
Kamenz	Kiesgrube			vor 1981
Kamenz	Straßgräbchen		1874	
Kamenz Jesau	Baustoffwerk			Mai 1990
Kamenz Wiesa	Schamottewerk			April 1990
Kargow	Möllenhagen			1945
Kargow	Möllenhagen		1947	
Karlshagen Lagergleis	Hafen 3		Juli 1942	
Karnin	Garz		15.05.1876	1947
Karniner Brücke I			15.05.1876	1933
Karniner Brücke II			1933	28.04.1945
Karow	Birkenwerder		25.11.1952	
Karow	Schönwalde		1950	
Karow (Meckl)	Malchow			1945
Karsdorf	Zementwerk	(Sm)		1991
Karstädt	Berge (Prign)		06.12.1911	28.09.1975
Katzhütte	Katzestollen			1994
Kayna	Wuitz-Mumsdorf		12.11.1901	01.01.1970
Kaynaer Quarzwerk	Grube		1901	30.06.1908
Kaynaer Quarzwerk	Verladung		01.07.1908	28.12.1969
Kemmlitz	Kroptewitz		03.08.1903	30.11.1967
Kemnitz	Boltenhagen		20.12.1898	1945
Ketelshagen	Ziegelei			1991
Kiebitz	Kalksandsteinwerk	(Sm 600)		1997
Kiebitz	Kalksandsteinwerk	(Sm 750)		1994
Kienitz	Hafen		08.10.1912	28.05.1972
Kietz	Berliner Kurve		1944-1954	
Kirchberg	Saupersdorf		01.11.1882	01.01.1971
Kirchheilingen	Groß Urleben		01.10.1920	24.09.1967
Kläden	Waschmittelfabrik			1991
Klausdorf	Ziegelei			Juli 1992
Kleinmockritz	Döbeln Gärtitz		27.11.1911	01.06.1969
Kleinmockritz	Mertitz Gabelstelle		27.11.1911	04.10.1970
Kleinau West	Pretzier		14.07.1914	27.09.1969
Kleinnaundorf	Glückaufschacht		1868	1906
Kleinnaundorf	Possendorf		1856/1908	1951
Kleinnaundorf	Segen-Gottes-Schacht		1868	1906
Kleinnaundorf	Windbergschacht		1857	1906
Klein Rossau	Lückstedt-Dewitz		25.11.1908	28.05.1978
Kleinschmalkalden	Brotterode		19.12.1898	17.06.1999
Kleinschönau	Reichenau		11.11.1884	01.07.1961
Klein Wanzleben	Seehausen		01.08.1883	
Klementelvitz	Kreidewerk			31.12.1990
Klenzenhof	Brünkendorf	(NS)	09.05.2002	
Klepps	Ziegelei			Okt. 1992
Klingenberg-Colmnitz	Frauenstein		15.09.1898	20.10.1971
Klingenberg-Colmnitz	Oberdittmannsdorf		01.11.1923	27.05.1972
Klingenthal	Markhausen		01.10.1886	Apr. 1945
Klingenthal	Aschbergschanze		Jan. 1961	
Klingenthal	Sachsenberg-Georgenthal		28.10.1916	05.04.1964
Klingenthal	Graslitz		1886	
Klingenthal Brunndöbra	Flußspatwerk			1991
Klockow	Klockow Überladerampe			1958
Klockow Gut	Klockow Bf		08.06.1909	27.05.1961
Klostermansfeld	Eisleben	(Sm)	10.04.1900	02.12.1922
Klostermansfeld	Hettstedt	(Sm)	Mai 1900	02.12.1922
Klostermansfeld	Wippra		20.12.1920	
Klötze	Faulenhorst	(Sm)	21.08.1897	1922
Klötze	Groß Engersen	(Norm)	20.06.1922	31.07.1970
Klötze	Vinzelberg	(Sm)	14.01.1901	1926
Klotzsche	Königsbrück	(Sm)	17.10.1884	01.04.1897
Klotzsche	Königsbrück	(Norm)	01.04.1897	
Kohlfurt	Falkenberg		01.07.1874	
Königsaue	Hakelforst		01.04.1897	03.11.1963
Königsbrück	Schwepnitz		01.10.1899	01.06.1998
Königsbrück	Straßgräbchen			23.05.1998
Königshain-Hochstein	Weißenberg		14.12.1914	01.10.1972
dto.			17.12.1913?	
Königshütte	Tanne		15.10.1886	01.11.1968
Königstein	Krippen		09.06.1850	
Königstuhl	Zorge		14.08.1907	01.07.1945
Königs Wusterhausen	Beeskow		20.09.1898	
Königs Wusterhausen	Lübben		13.09.1866	
Königs Wusterhausen	Mittenwalde		01.11.1894	
Könnern	Aschersleben		15.10.1871	
Könnern	Baalberge		01.11.1889	

Könnern	Könnern Zuckerfabrik		1992	
Könnern	Rothenburg		28.12.1916	
Könnern	Ziegelei		um 1920	um 1955
Kostebrau	Lauchhammer		01.09.1902	1941
Kostebrau	Lauchhammer Werk		16.12.1897	01.09.1902
Kostebrau	Lauchhammer Werk		1941-1942	30.09.1962
Köthen	Aken		01.05.1890	2007?
Köthen	Bernburg		10.09.1846	
Köthen	Calbe Ost		19.06.1840	
Köthen	Halle		23.06.1840	
dto.			23.07.1840?	
Köthen	Osterköthen		15.04.1897	
Köthen	Schönebeck	(GS)	28.08.1840	
Kotzen	Kriele		02.04.1900	Ende 1945
Krauschwitz	Bad Muskau		1896	nach 1980
Krauschwitz	Weißkeißel		1896	1974
Kremmen	Neuruppin-Wittstock		15.12.1898	
Krensitz	Krostitz Ost		01.05.1902	03.06.1973
Kriebitzsch	Heinrichschacht		vor 1898	
Kriebitzsch	Mariengrube		vor 1898	
Kriele	Senzke		02.04.1900	01.04.1961
Krinau Fuchsberger Str.	Badel	(Norm)	02.10.1926	29.09.1985
Kroppenstedt	Nienhagen			21.05.1966
Krostitz	Zschölkau		09.12.1914	03.06.1973
Krostitz Ost	Krostitz		18.06.1906	03.06.1973
Küllstedt	Geismar		15.05.1880	31.12.1992
Küllstedter Tunnel			1880	
Kunnersdorf	Steinbruchbahn			1975
Kurort Oberwiesenthal	Fichtelberg		28.12.1924	
Kurort Oberwiesenthal	Große Fichtelberg-schanze		1963	
Kurort Oberwiesenthal	Kleiner Fichtelberg		1963	
Küstrin	Kriescht			2000
Kyritz	Breddin		15.10.1897	31.05.1969
Kyritz	Hoppenrade		15.10.1897	31.05.1969
Lalendorf	Plaatz	(NS)	28.05.1965	
Langenleuba	Altenburg		15.06.1901	
Langensalza	Gräfentonna		nach 1890	
Langenstein	Derenburg		01.09.1880	15.11.1968
Langenstein-Zwieberge	Werkbahn	(Sm)	1944	Apr. 1945
Lauchhammer	Kokerei			26.09.1991
Lauchstädt	Merseburg		nach 1890	
Lauenstein	Altenberg	(Norm)	15.08.1938	
Lauenstein	Altenberg	(Sm 750)	1890/1923	15.08.1938
Lauenstein	Altenberg	(Sm 600)	Aug. 1938	1940
Lauscha	Ernstthal-Lichte Ost		31.10.1913	22.01.1997
Laußnitz	Granitwerk	(Sm 600)		2000
Lauter	Papierfabrik			1993
Lehesten	Ludwigsstadt		01.12.1885	
Lehesten	Schiefergrube	(Sm 690)		1992
Lehnin	Michelsdorf		18.10.1899	1945
Lehnin	Rädel		18.10.1899	1963
Leibis	Trinkwasserstollen			1991
Leinefelde	Eschwege		15.05.1880	1945/1993
Leinefelde	Teistungen			12.07.2000?
Leipzig	Altenburg		19.09.1842	
Leipzig	Bad Lausick-Geithain		30.04.1887	
Leipzig	Döbeln-Dresden		22.12.1868	
Leipzig	Dresden	(GS)	07.04.1839	
Leipzig	Eilenburg		01.11.1874	
Leipzig	Gröbers	(NS)	11.12.2004	
Leipzig	Großkorbetha		1856	
Leipzig	Hof	(GS)	15.07.1851	
Leipzig	Lausigk-Geithain		1886	
Leipzig	Zeitz		20.10.1873	
Leipzig Ausstellungsbahn	Bauausstellung		03.05.1913	31.10.1913
Leipzig Ausstellungsbahn	Lunapark		31.05.1914	1933
Leipzig Ausstellungsbahn	Messe		1925	1925
Leipzig Bayer Bf			19.09.1842	09.06.2001
Leipzig Bayer Bf	Altenburg		19.09.1842	
Leipzig Bayer Bf	Leipzig Dresdner Bf [alt]		1851	1878
Leipzig Berl Bf				Mai 2008
Leipzig Dresdner Bf [alt]	Althen		24.04.1837	
Leipzig Dresdner Bf [alt]	Leipzig Dresdner Bf [neu]		Aug. 1878	01.02.1913
Leipzig Dresdner Bf [neu]	Übergabebf		1874-1879	
Leipzig Eilenburger Bf	Taucha		01.11.1874	02.11.1942
Leipziger S-Bahn			12.07.1969	
Leipzig Hbf			1851	
Leipzig Hbf	Leipzig Thekla		01.05.1915	
Leipzig Knauthain	Eythra-Groß Dalzig			1975
Leipzig Knauthain	Knautnaundorf-Groß Dalzig		1975	
Leipzig Leutzsch	Lpz. Stötteritz (Nordgüterring)		01.05.1906	
Leipzig Leutzsch	Merseburg			23.05.1998
Leipzig Lindenau	Kiesbahn	(Sm 600)	1951	1965
Leipzig Lindenau	Kiesbahn	(Sm 700)	1947?	1951
Leipzig Lindenau	Kiesbahn	(Sm 800)	1887-1888	31.05.1991
Leipzig Lindenau	Museumsbahn	(Sm 800)	Sep. 1992	
Leipzig Parkeisenbahn		(Sm 600)	1946	1946
Leipzig Plagwitz	Lützen		01.09.1897	24.05.1998
Leipzig Plagwitz	Miltitzer Allee		19.12.1983	
Leisnig	Döbeln		02.06.1868	
Lengsfeld	Dermbach	(Sm)	06.10.1879	1934
Lengsfeld	Dermbach	(Norm)	07.10.1934	31.08.2003
Leonhard II	Vereinsglück III	(Norm)	1914	1926
Leopoldplatz	Spichernstraße	(U-Bahn)	02.09.1961	
Lerchenberg-Stregda	Ziegelei			Sept. 1990
Letschin	Voßberg			28.05.1972
Letschin	Voßberg Zuckerfabrik			1992
Letzlingen	Gardelegen		21.05.1911	21.12.1994
Leubnitz	Ziegelei			1992
Leubnitzviadukt			1845	
Lichtenberg	Hölle		15.08.1901	23.05.1971
Lichtenhain	Cursdorf		01.03.1923	
Lichtenrade	Mahlow			13.08.1961
Lichtenrade	Mahlow		1991	
Lichte Ost	Neuhaus		31.10.1913	
Lichte Ost	Probstzella		1899	22.01.1997
Lichterfelde	Teltow-Stahnsdorf		01.07.1888	1961
Lichterfelde	Teltow-Stahnsdorf		2001	
Lichterfelde Süd	Teltow Stadt	(NS)	24.02.2005	
Liebenwalde	Wesickendorf			01.12.1997
Lieberose Stadt	Lieberose		29.05.1898	1952
Liebertwolkwitz	Klinkerwerk			1991
Liebertwolkwitz	Pfannsteinwerk			1996
Liessow	Betonwerk			Sep. 1992
Lietzow	Mukran-Binz		15.05.1939	
Limbach	Grüna-Wüstenbrand		Dez. 1897	
Limbach	Oberfrohna		01.07.1913	14.06.1999
Limbach	Ziegelei			1991
Limmritz	Chemnitz		01.09.1852	
Limmritzer Tunnel			1901	
Lindenberg	Kreuzweg		02.07.1912	31.12.1967
Lindenberg	Pritzwalk		29.07.1909	31.05.1969
dto.			29.07.1908?	
Lindow	Rheinsberg		18.05.1898	
Lindstedt	Vinzelberg	(Sm)	14.07.1901	1923
Löbau	Görlitz		01.10.1847	
Löbau	Großpostwitz			30.09.1997
Löbau	Reichenbach		01.07.1847	
Löbau	Werners Gartenbahn		02.04.1976	
Löbau	Zittau		09.06.1848	
Löbejün	Gottgau		18.07.1900	22.05.1993
Lobenstein	Blankenstein		1888	
Löbichau	Drosen		02.01.1981	09.09.1997
Loburg	Altengrabow	(Sm)	21.07.1902	26.05.1963
Loburg	Altengrabow	(Norm)		30.05.1999
Loburg	Altengrabow	(Norm)		15.01.1999?
Loburg	Gommern		20.04.1903	10.03.1962
Lodenau	Steinbach (b Niesky)		17.05.1908	1968
Lohmen Herrenleite	Felbahngelände		01.01.2001	
Loitz	Toitz-Rustow		08.09.1906	
Lommatzsch	Nossen		15.10.1880	
Löthain	Lommatzsch		01.12.1909	30.10.1972
Löwenberg	Lindow		10.08.1896	
Löwenberg	Templin-Prenzlau		01.05.1888	
Löwitz	Putzar		01.11.1908	1945
Löwitz	Schwerinsburg		27.04.1893	1945
Lübars	Loburg	(Sm)	20.04.1903	25.09.1965
Lübben	Beeskow		24.11.1901	30.05.1995
Lübben	Cottbus		13.09.1866	
Lübben	Groß Leuthen-Gröditsch			20.09.2003?
Lübbenau	Kamenz		1874	
Lübeck	Bad Kleinen		01.07.1870	
Lubmin Dorf	Lubmin Seebad		26.06.1907	1962

Lübschütz	Ziegelei			1991
Lüchow	Dannenberg			1960
Lüchow	Dannenberg		21.08.1965	
Lüchow	Schmarsau		15.12.1911	31.03.1969
Lucka	Groitzsch		1874	27.09.1976
Luckau	Crinitz			1945
Luckau	Lübben Nord		15.03.1898	01.06.1996
dto.			03.03.1898?	28.09.2003?
Luckau	Uckro		26.11.1897	30.05.1995
dto.			25.11.1895?	28.09.2003?
Luckenwalde	Petkus		20.12.1900	31.12.1963
Lückstedt-Dewitz	Arendsee		08.12.1908	28.05.1978
Ludwigsdorf	Kalkwerk	(Sm)		Feb. 1990
Ludwigsfelde	Grünauer Kreuz		10.06.1951	
Ludwigslust	Hagenow-Boizenburg		15.10.1846	
Ludwigslust	Holthusen		01.10.1889	
Ludwigslust	Karow-Waren		20.01.1885	
Ludwigslust	Malliß		20.05.1890	
Ludwigstadt	Lehesten			1945
Ludwigstadt	Lehesten		17.06.1947	12.07.1951
Lugau	Ziegelei			1991
Lütten Klein Süd	Warnemünde Werft	(NS)	28.09.1974	
Lützen	Pörsten		1898	24.05.1998
Machern	Wurzen		31.07.1838	
Magdeburg	Braunschweig		19.08.1848	
Magdeburg	Gerwisch			1873
Magdeburg	Güterglück-Wiesenburg		1874-76	04.08.2002?
Magdeburg	Halberstadt		15.07.1843	
Magdeburg	Hamburg	(GS)	25.10.1849	
Magdeburg	Hannover	(GS)	15.10.1847	
Magdeburg	Helmstedt		15.09.1872	
Magdeburg	Leipzig	(GS)	18.08.1840	
Magdeburg	Neuhaldensleben		16.12.1872	
Magdeburg	Schönebeck		29.06.1839	
Magdeburg	S-Bahn		29.09.1974	
Magdeburg	Seehausen		07.07.1849	
Magdeburg	Zerbst		1874-1876	
Magdeburg Buckau	Magdeburg Elbbf			1998
Magdeburg Elbbf	Biederitz			1998
Magdeburg Elbbf	Magdeburg Rothensee			1945
Magdeburg Friedrichstadt	Magdeburg Hbf		19.08.1848	
Magdeburg Rothensee	Imprägnierwerk			31.12.1992
Magdeburg Rothensee	Magdeburg Rothensee Rbf		1910	
Magdeburgerforth	Altengrabow		08.10.1896	25.09.1965
Magdeburgerforth	Ziesar West		19.07.1896	25.09.1965
Mägdesprung	Alexisbad		01.07.1888	1946
Mägdesprung	Alexisbad		15.05.1949	
Mahlis	Wermsdorf		01.01.1888	01.10.1972
Mahlsdorf	Büssen	(Sm)	24.12.1901	29.10.1926
Malchin	Dargun		01.12.1907	30.05.1996
Malchin	Waren		09.11.1879	30.05.1996
Malchow	Karow		20.01.1885	1946
Malchow	Munitionsfabrik		1939	1945
Malchow	Sägewerk			1997
Malliß	Lübtheen		29.12.1889	
Malliß	Ziegelei			1991
Mannstedt	Buttstädt	(Sm)	18.11.1891	01.10.1910
Mansfelder Bergwerksbahn	Werkbahn		15.11.1880	30.12.1989
Mansfelder Bergwerksbahn	Museumsstrecke		26.05.1990	
Mariawerth	Schwichtenberg		20.07.1891	1945
Marienberg	Pockau-Lengefeld			05.07.1999
Marienberg	Reitzenhain			05.07.1999
Marienborn	Beendorf		17.09.1899	31.07.1970
Markersdorf	Hermsdorf		Aug. 1900	22.06.1945
Markhausen	Ober Graslitz		01.10.1886	17.05.1952
Markneukirchen Stadt	Erlbach		01.10.1911	31.05.1975
Mehltheuer	Weida		1883	
Meiningen	Rentwertshsn.-Mellrichstadt		15.12.1874	
Meiningen	Ritschenhausen-Schweinfurt		12.12.1874	
Meißen	Löthain		01.10.1909	
Meißen Triebischtal	Ullersdorf-Röhrsdorf		29.09.1909	21.05.1966
Mellensee-Glasbach	Katzhütte			01.10.1999
Mellrichstadt	Fladungen		1898	
Menteroda	Keula		01.10.1901	01.03.1970
Menteroda	Volkenroda		1907	1992
Merseburg	Buna-Nietleben			2007?
Merseburg	Leipzig Leutzsch			24.05.1998
Merseburg	Mücheln		15.12.1886	1962
Merseburg	Mücheln	(NS)	07.12.1964	
Merseburg	Schafstädt			2007?
Merseburg Süd	Betonwerk	(Sm 600)		1995
Merseburg Süd	Betonwerk	(Sm 900)		1991
Merxleben	Flugplatz		1937	1945?
Merxleben	Kirchheilingen		03.07.1913	01.12.1969
Mesendorf	Klenzenhof	(NS)	03.10.1997	
Metschow	Altentreptow		01.07.1913	1945
Meuselwitz	Altenburg		19.06.1872	
Meuselwitz	Großröda		16.10.1887	30.05.1965
Meuselwitz	Mumsdorf	(Sm)		1999
Meuselwitz	Pegau-Gaschwitz		1874	1976/1992
Meuselwitz	Ronneburg		16.10.1887	
Meuselwitz	Spora	(Norm)	vor 1898	1967
Meuselwitz	Ziegelei			um 1985
Meuselwitz Gießerei	Anschl. Gießerei		1971	1992
Meuselwitz Hp	Meuselwitz Bf (Museumsb.)		Mai 2001	
Meyenburg	Wendisch Priborn		11.12.1887	
Mihla	Treffurt			1952
Mirow	Buschhof-Wittstock		18.05.1895	24.05.1998
Mirow	Rechlin		27.06.1922	1945
Mirow	Rechlin		27.07.1949	1998?
Mirow	Stichkanal		17.06.1890	
Mittelherwigsdorf	Steinbruch			1988
Mittenwalde	Töpchin		31.12.1894	
Mittenwalde	Schöneicher Plan		26.05.1903	
Mittenwalde Nord	Schönefeld			1951
Mittenwalde Ost	Mittenwalde Nord		1935	
Mittenwalde Ost	Schöneicher Plan		1933	
Mittweida	Dreiwerden		15.05.1907	01.01.1979
Mittweida	Ziegelei			01.08.1990
Mittweida Industriebf	Ringethal		25.01.1909	01.01.1974
Moabit	Gesundbrunnen-Schöneberg		1871	
Möckern	Ziegelei			30.06.1991
Mockrehna	Schildau		01.06.1921	22.05.1971
Möhlau	Oranienbaum		01.04.1919	
Mohorn	Obergruna-Bieberstein			27.05.1972
Molau	Camburg		01.05.1897	11.04.1945
Möllenhagen	Neubrandenburg			1945
Möllenhagen	Ziegelei			Apr. 1993
Morl	Wettin		05.07.1903	01.07.1965
Mosel	Ortmannsdorf		01.11.1885	21.05.1951
Mücheln	Mücheln alter Bf		15.12.1886	1968
Mücheln	Querfurt		30.03.1911	
Mügeln	Großbauchlitz		15.09.1884	01.01.1968
Mügeln	Mahlis		09.1888	
Mügeln	Nerchau-Trebsen		01.11.1888	
Mühlberg	Mühlberg Hafen		17.03.1910	
Mühlhausen	Heyerode		01.07.1911	
dto.			01.07.1886?	
Mühlhausen	Leinefelde		03.10.1870	
Mühlhausen	Schlotheim		03.06.1897	31.05.1997
Mühltunnel			1877	
Mukran	Klaipeda	(Fähre)	1986	
Mukrena-Zweihausen	Saaledammbaustelle		1932	1934
Mulda	Bienenmühle		15.08.1876	
Mulda	Sayda		01.07.1897	29.07.1966
Muldenberg	Torfwerk			1990
Mumsdorf	Sabissa-Techwitz			vor 1960
Mumsdorf	Wuitz-Mumsdorf	(Sm)		1970
Müncheberg	Buckow	(Sm)	26.07.1897	15.05.1930
Müncheberg	Buckow	(Norm)	15.05.1930	20.06.1999
Müncheberg	Müncheberg Stadt		23.09.1909	
Müncheberg Stadt	Heinersdorf		03.06.1911	30.05.1965
Muskauer Waldbahn	Werkbahn		1895-1966	29.03.1978
Muskauer Waldbahn	Museumsbetrieb		1984	
Mutzschen	Neichen		01.11.1888	01.07.1968
Nahmitz	Nahmitz Sägewerk		1906	10.10.1967
Narsdorf	Langenleuba-Penig		08.04.1872	vor 2000
Narsdorf	Rochlitz		1969	2001
Nauen	Boizenburg		15.10.1846	
Nauen	Kremmen-Oranienburg		01.04.1915	
Nauen	Neugarten		03.10.1893	22.05.1966

Nauen	Velten		01.10.1904	01.11.1964
Nauen	Wildpark		1902	
Nauendorf	Löbejün		18.07.1900	
Naumburg	Erfurt		1847	
Naumburg	Laucha-Artern		1889	
Naumburg	Reinsdorf		01.10.1889	
Naumburg	Teuchern		29.06.1900	
Nebitzschen	Glossen		21.04.2006	
Nebitzschen	Kemmlitz		03.08.1903	
Nebitzschen	Wermsdorf		01.11.1888	01.10.1972
Nebra	Artern			10.12.2006
Nebra	Steinbrüche			1960
Nerdin	Medow		10.04.1895	28.11.1906
Netzkater	Benneckenstein		15.09.1898	
Neubrandenburg	Friedland		05.11.1884	
Neubrandenburg	Stralsund		01.01.1878	
Neubrandenburg	Strasburg-Pasewalk		01.01.1867	
Neubukow	Bastorf		1892/1893	1948
Neuburxdorf	Mühlberg		17.09.1909	
Neucoswig	Radebeul Zitzschewig		1894	
Neudietendorf	Arnstadt		16.05.1867	
Neudietendorf	Ritschenhausen		01.08.1884	
Neuenfeld	Klockow		1893/1909	27.05.1961
Neugarten	Ketzin		03.10.1893	
Neugattersleben	Kohlenseilbahn			1906
Neuhaldensleben	Hakenstedt		17.10.1887	30.05.1999
Neuhaldensleben	Letzlingen		21.05.1911	03.10.1951
Neuhaldensleben	Oebisfelde		01.11.1874	
Neuhaus	Igelshieb		31.10.1913	
Neuhaus	Ziegelei			Sept. 1990
Neuhaus-Schierschnitz	Stockheim			um 1950
Neuheide	Stützengrün	(NS)	06.12.1997	
Neukalen	Ziegelei			1990
Neukieritzsch	Borna		14.01.1867	
Neukirchen	Ziegelei			Som. 1990
Neukölln	Schönefeld		25.09.1900	25.10.1948
Neu Königsaue	Ziegelei			1991
Neumarkt	Greiz			30.05.1997
Neumühle	Rüßdorf		1904	1988
Neuruppin	Neuruppin Fehrbelliner Bf		21.06.1905	
Neu Seehagen	Franzburg		18.10.1898	31.12.1975
Neustadt	Dürröhrsdorf			31.05.1997
Neustadt	Wilthen-Bautzen		01.09.1877	
Neustadt (Dosse)	Meyenburg-Plau		11.12.1887	
Neustaßfurt	Löderburg		1857	1998
Neustrelitz	Demmin		1877	
Neustrelitz	Feldberg		1910	27.05.2000
Neustrelitz	Mirow		18.05.1890	
Neustrelitz	Neustrelitz Hafen		1927	
Neustrelitz	Neustrelitz Süd		Mai 2003	
Neustrelitz	Stralsund		01.01.1878	
Neustrelitz	Thurow-Blankensee		15.12.1907	
Neustrelitz	Waren-Rostock		01.06.1886	1945
Neustrelitz	Waren-Rostock	(NS)	28.05.1961	
Neuwarp	Neuwarp Hafen		19.10.1906	08.08.1945
Niederau	Anschl. Dachpappe		1905	
Niederau	Anschl. Teerfabrik		1883	
Niederfinow	Treidelbahn		1914	1978
Niederlehme	Kalksandsteinwerk			1995/96
Niederneukirch	Bischhofswerda		1879	
Niederorschel	Deuna Zementwerk		1976	
Niedersachswerfen Ost	Harzungen		1944	1945
Niederschlema	Schneeberg		19.09.1859	31.07.1952
Niederschmiedeberg	Jöhstadt		31.05.1892	01.10.1984
Niederschöneweide	Spindlersfeld		nach 1890	
Niederwiesa	Hainichen		1869	
Nienburg	Getreidewirtschaft			01.11.2001
Nienburg	Zementwerk		1928	1992
Nienhagen	Dedeleben		15.08.1890	01.04.2000
Nienhagen	Hakeborn			28.11.1965
Nienhagen	Jerxheim		15.08.1890	
Nietleben	Schochwitz		20.05.1896	01.07.1991
Nimbschen	Anschl. Grube Martha		20.06.1882?	1904
Nordhausen	Arenshausen-Kassel		1867	
Nordhausen	Erfurt		17.08.1869	
Nordhausen	Herzberg		01.08.1869	
Nordhausen	Ziegelei			Som. 1994
Nordhausen Nord	Anschl. Minol			1985
Nordhausen Nord	Ilfeld		12.07.1897	
Nordhausen	Leinefelde-Gotha		1870	
Nossen	Freiberg		15.07.1873	
Nossen	Meißen	(Norm)	22.12.1868	

Nossen	Obergruna-Bieberstein		31.01.1899	03.12.1973
Nudersdorf	Quarzsandgrube			Apr. 1990
Oberau Bf			16.09.1838	15.05.1842
Oberauer Tunnel			07.04.1839	01.07.1933
Oberauer Tunnel		(Sm)	1933	1934
Oberherold	Ehrenfriedersdorf		15.12.1886	30.04.1906
Oberhof	Schanze am Rennsteig		04.02.1962	
Oberhohndorf	Reinsdorf-Schedewitz		01.12.1860	
Oberlungwitz	Ziegelei			Jan. 1992
Oberndorf	Munitionsfabrik		1937	1945
Oberrittersgrün	Museumsbahnhof		18.06.1977	
Oberröblingen	Allstedt		1894	
Oberröblingen	Querfurt		1884	
Obstfelderschmiede	Lichtenhain		Feb. 1922	
Oebisfelde	Salzwedel		01.11.1889	04.08.2002?
Oederan	Flöha		01.03.1869	
Oelsnitz	Bad Brambach		1865	
Ohrdruf	Gräfenroda		1892	
Olbernhau	Neuhausen		1895	
Olbernhau-Grünthal	Deutschneudorf		30.05.1927	28.09.1969
Olbersdorf	Laubag			1995
Olbersdorf-Oberdorf	Grube Glückauf			01.07.1970
Olbersdorf-Oberdorf	Imprägnierwerk			1991
Oranienbaum	Vockerode		1936	1992
Oranienburg	Neustrelitz		07.06.1877	
Oranienburg	Versuchsbahn		1909?	
Orlamünde	Pößneck unt Bf		01.10.1889	30.12.1997
Oschatz	Mügeln		07.01.1885	
Oschatz	Riesa		21.11.1838	
Oschatz	Strehla		31.12.1891	31.01.1972
Oschersleben	Gunsleben		10.07.1843	30.05.1992
Oschersleben	Hötensleben		02.11.1899	22.12.1969
Oschersleben	Neindorf		vor 1887	
Osterburg	Osterburg Schilddorf		14.07.1914	
Osterburg Schilddorf	Kleinau West		14.07.1914	26.09.1976
Osterfeld	Molau		01.05.1897	31.12.1967
Osterwieck	Osterwieck West		02.11.1908	
Osterwieck	Wasserleben		19.05.1882	28.09.2002
Osterwieck West	Bühne-Rimbeck		02.11.1908	01.05.1976
Ottleben	Altonaer Zeche			1926
Parchim	Neustadt-Ludwigslust		15.06.1880	
Parchim	Waren-Neubrandenburg		28.01.1885	
Parchim	Suckow		01.11.1912	
Pasewalk Ost	Gumnitz		nach 1950	
Pasewalk Ost	Kartoffelflockenwerk		1915	
Pasewalk Ost	Klockow Gut		07.01.1893	
Pasewalk Ost	Mühle			1945
Pasewalk Ost	Neuenfeld		07.01.1893	01.10.1983
Passow	Schwedt PCK		1964	
Patzetz	Kühren		1935?	1959
Patzetz	Klein Rosenburg		01.10.1884	1959
Paulinenaue	Fehrbellin		12.09.1880	
dto.			12.09.1890?	
Peenemünde	Außenring		04.05.1941	
Peenemünde	Holzwerkstatt		15.07.1941	
Peenemünde	Hafen		Jan. 1944	
Peenemünde	Halle F 1		15.07.1941	
Peenemünde	Halle IW		15.07.1941	
Peenemünde	Innenring		Dez. 1941	
Peenemünde	Kraftwerk		Jan. 1944	01.04.1990
Peenemünde	Sauerstoffwerk		25.03.1941	
Peenemünde	Werke Ost/ West		Jan. 1937	1942
Peenemünde Wasserwerk Süd	Gleiskreuz Nord		25.08.1943	
Pegau	Neukieritzsch			30.05.1997
Penig	Papierfabrik			1995
Penig	Rochlitz		29.05.1876	
Penig	Wechselburg		29.05.1876	13.08.2002
Perleberg	Hoppenrade		15.10.1897	31.05.1969
Perleberg	Pritzwalk		10.03.1885	
Perleberg Süd	Karstädt		06.12.1911	28.09.1975
Petersdorf	Kinderferienlager		1952	1955
Petersdorf	Saarow West		20.12.1911	um 1950
Pettstädt	Ziegelei			vor 1990
Peulingen	Darnewitz		23.10.1916	1950
Pfaffenbergtunnel Waldheim			1852	Apr. 1990
Philippsthal	Unterbreizbach	(NS)	31.01.2000	
Picher	Jasnitz			Sep. 1991
Pioniereisenbahn Berlin		(Sm 600)	01.06.1956	

Pioniereisenbahn Berlin		(Sm 500)	1992	
Pioniereisenbahn Berlin	S-Bf Wuhlheide	(Sm 600)	Okt. 1993	
Pioniereisenbahn Bernburg			01.06.1969	
Pioniereisenbahn Chemnitz			13.07.1954	
Pioniereisenbahn Cottbus	Freundschaft-Zoo		01.06.1954	
Pioniereisenbahn Cottbus	Zoo-Friedenseiche		01.06.1958	
Pioniereisenbahn Cottbus	Sandower Dreieck		1995	
Pioniereisenbahn Dresden			01.05.1951	
Pioniereisenbahn Gera			06.09.1975	
Pioniereisenbahn Görlitz			01.06.1976	
Pioniereisenbahn Halle			12.06.1960	
Pioniereisenbahn Lauchhammer			um 1975	
Pioniereisenbahn Leipzig			05.08.1951	
Pioniereisenbahn Magdeburg	(ex Straßenbahntrasse)		14.08.1955	1966
Pioniereisenbahn Plauen			07.10.1959	
Pioniereisenbahn Prerow			01.07.1954	31.08.1954
Pioniereisenbahn Vatterode			03.07.1967	
Pirna	Berggießhübel		19.07.1880	
Pirna	Dürröhrsdorf		1875	
Pirna	Königstein		09.05.1850	
Pirna Neundorf	Gottleuba		1880/1905	1974?
Pirna Solidarität	Großcotta		1894	
Pirna Zehista	Großcotta		1894	1957?
Plagwitz	Lindenau-Leipzig Bayer Bf		1888	
Plau	Ziegelei			1990
Plaue	Ilmenau		06.08.1879	
Plaue	Oberhof-Suhl		01.08.1884	
Plauen	Hof		20.11.1848	
Plauen	Oelsnitz		01.11.1874	
Plauen	Weischlitz		20.09.1875	
Pockau-Lengefeld	Marienberg			05.05.1999
Pödelwitz	Gießereisandwerk			Juli 1991
Pölchow	Ziegelei			Okt. 1990
Possendorf	Hermannschacht		1862	
Pößneck unt Bf	Oppurg		15.10.1892	1946
Potschappel	Niederhermsdorf	(Norm)	1856	vor 1970
Potschappel	Wilsdruff	(Sm)	30.09.1886	01.10.1972
Potsdam	Burg		07.08.1846	
Potsdam	Magdeburg Friedrichstadt	(GS)	07.08.1846	
Potsdam	Rehbrücke		29.09.1956	
Potsdamer Platz	Anhalter Bf Tunnel Süd		08.10.1939	
Potsdamer Platz	Spittelmarkt	(U-Bahn)	01.10.1908	
Pratau	Pretzsch		15.07.1890	
Prenzlau	Gramzow			28.05.1995
Prenzlau	Klockow		01.11.1915	03.07.1972
Prenzlau	Strasburg		12.02.1902	28.05.1995
Pressig-Rothenkirchen	Tettau			29.05.1952
Pretzsch	Eilenburg		nach 1890	
Priebus	Hansdorf		01.10.1895	
Priemerburg	Plaatz		01.12.1887	
Priemerwald Süd	Priemerwald Ost			28.05.1995
Priesterweg	Lichterfelde Ost			1984
Priesterweg	Lichterfelde Ost		28.05.1995	
Priestewitz	Großenhain		14.10.1862	
Pritzwalk	Kyritz		15.10.1897	31.05.1969
Pritzwalk	Meyenburg		31.05.1881	
Pritzwalk	Neustadt (Dosse)		11.12.1887	
Pritzwalk	Putlitz		04.06.1896	.12.2006
Pritzwalk	Wittstock		31.05.1885	
Probstzella	Kaulsdorf		01.10.1885	
Probstzella	Verbindungskurve		1961	
Profen	Webau	(Sm)		22.12.1987
Prora	KDF-Seebadbaustelle		1937	1941
Putbus	Binz		21.07.1895	
Putbus	Lauterbach	(Norm)	15.05.1890	
Putbus	Lauterbach	(Sm)	Mai 1999	
Putlitz	Suckow		01.12.1912	28.09.1980
dto.			01.10.1912?	
Quatzendorf	Kreidewerk			Juli 1990
Quedlinburg	Gernrode	(Norm)	01.07.1885	31.01.2004
Quedlinburg	Gernrode	(Sm)	2005?	
Quedlinburg	Ziegelei			1991
Quellendorf	Dessau		09.12.1897	15.09.1938
Querbitzsch	Kaolinwerk			1991
Querfurt	Röblingen		10.10.1884	04.08.2002?
Querfurt	Vitzenburg		01.07.1904	30.05.1999
Querfurt	Vitzenburg			31.12.1998?
Rabenauer Tunnel			1883	1916
Radeberg	Bischofswerda		21.12.1845	
Radeberg	Görlitz		01.09.1847	
Radeberg	Kamenz		02.10.1871	
Radebeul Ost	Anschl. Elektrizitätswerk			1962
Radebeul Ost	Radeburg		16.09.1884	
Radebeul Weintraube	Oberau		16.09.1838	
Radeburg	Anschl. Autobahnbaustelle		1937	1939
Radeburg	Radeburg Nord		1922	1923
Radeburg Nord	Böhla		1919	1939
Radegast	Quellendorf		09.12.1897	21.03.1946
Radegast	Köthen		30.10.1896	21.03.1946
Radegast	Zörbig	(Sm)	09.08.1898	07.09.1910
Radegast	Zörbig	(Sm/ Norm)	07.09.1910	21.03.1946
Rammelburgtunnel			1916	
Rastenberg	Billroda Kaliwerk	(Sm)	1910?	1923
Rathenow	Kotzen		02.04.1900	Apr. 1945
Rathenow	Neustadt (Dosse)		25.03.1904	
Rathenow	Paulinenaue		02.04.1900	1924/1945
Ratzeburg Land	Ratzeburg Stadt		27.06.1903	01.04.1934
Ratzeburg Stadt	Dermin-Klein Thurow		30.06.1908	01.04.1934
Ravenhorst	Tribsees		19.05.1895	27.04.1996
Rechlin	Rechlin Nord		1936	
Reetz	Ziegelei			Sep. 1990
Regis Breitingen	Meuselwitz Hp	(Museumsb.)	Mitte 1997	
Rehfeld	Breddin		15.10.1897	31.05.1969
Rehmsdorf	Aseol	(alt)		1931?
Rehmsdorf	Aseol	(neu)		1992
Rehmsdorf	Grube Neuglück		1862	1931
Reichenbach	Görlitz		01.09.1847	
Reichenbach	Gutenfürst		15.07.1851	
Reichenbach	Mylau-Lengenfeld		01.05.1895	
Reichenbach	Oberheinsdorf		15.12.1902	01.06.1962
Reichenbach	Plauen		15.07.1851	
Reichwalde	Gleisdreieck-Pechern		1896	1968
Reinickendorf	Schildow		21.05.1901	1962
Reinsdorf B 2	Verbindungskurve			vor 2004
Reisdorf	Ziegelei			Aug. 1990
Rennsteig	Frauenwald		10.11.1913	26.04.1965
Rentwertshausen	Mühlfeld		15.12.1874	1945/49
Rentwertshausen	Mühlfeld		28.09.1991	
Rethwisch	Betonschwellenwerk			Som. 1992
Reuden	Ziegelei			30.08.1990
Rheinsberg	Flecken Zechlin		15.05.1928	30.10.1945
Rheinsberg	Stechlinsee Werkbf		02.05.1958	
Ribnitz	Rostock		01.07.1889	
dto.			01.06.1889?	
Riems 26	Kalkvitz		1926	16.06.1972
Riems 42	Kalkvitz		1942	16.06.1972
Riesa	Chemnitz	(GS)	01.09.1852	
Riesa	Döbeln		29.08.1847	
Riesa	Elbkai		1862/1885	
Riesa	1. Elbebrücke		11.11.1838	1875
Riesa	2. Elbebrücke		Nov 1875	22.02.1876
Riesa	3. Elbebrücke		1878	1966
Riesa	4. Elbebrücke		27.07.1966	
Riesa	Falkenberg-Herzberg		01.10.1848	
Riesa	Lommatzsch		05.04.1877	
Riesa	Nossen			23.05.1998
Riesa	Oberau		07.04.1839	
Riesa	Riesa Hafen		1888	
Riesa	Stahl- und Walzwerk	(Sm)		vor 1990
Rittersgrün	Parkeisenbahn		2004	
Rochlitz	Colditz-Großbothen		09.12.1875	06.12.1999
Rochlitz	Wechselburg			Juni 2001
Rogäsen	Karow		04.02.1912	03.10.195
Roggendorf-Breesen	Torfwerk			1991

Rohrberg	Jübar		01.11.1911	1975
Römertalviadukt			1844	
Rositz	Zechau	(Norm)	vor 1898	
Roskow	Brandenburg Krakauer Tor		05.07.1901	
Roskow	Brielow		Sep. 1903	28.09.1969
Roskow	Röthehof		28.03.1901	
Roßlau	Zerbst		01.11.1863	
Roßwein	Hainichen		28.08.1874	26.04.1998
Rostock	Bad Doberan		27.07.1883	
Rostock	Lloyd-Hafenbahn		1889	um 1936
Rostock	Stadthafen		1853	
Rostock	Stralsund	(GS)	01.06.1889	
Rostock	Tessin		16.12.1895	
Rostock	Tribsees		16.12.1895	
Rostock	Waren-Neustrelitz		01.07.1886	
Rostock	Warnemünde		01.07.1886	
Rostocker Hafenbahn			01.01.1961	
Rostock S-Bahn			01.05.1970	
Rostock Überseehafen	Kavelstorf		30.05.1964	
Röthehof	Neugarten		01.07.1896	
Rothenburg	Lodenau		17.05.1908	
Rothenkirchen	Stützengrün		16.12.1893	01.02.1976
Rottenbach	Katzhütte		Aug. 1900	
Rottleberode	Gipswerke			1992
Rottleberode	Stolberg		01.03.1923	26.11.1995
Rövershagen	Graal-Müritz		01.07.1925	25.09.1999
Rövershagen	Graal-Müritz		2004	
Rübeland	Elbingerode		01.05.1886	
Rüdersdorf	Fredersdorf		1872	
Rudolstadt	Bad Blankenburg		01.08.1884	
Rügendamm			05.10.1936	
Ruhla	Wutha		10.07.1880	
Ruhland	Lauchhammer		1875	
Saal	Ziegelei		1990	
Saalbachtunnel Limmritz			1852	26.05.1987
Saalfeld	Hockeroda		1871	
Saalfeld	Probstzella		1885	
Saarmund	Golm	(NS)	07.10.1956	
Saarow West	Silberberg		01.05.1921	1945
Sallgast	Kostebrau		29.03.1896	1955
Salzungen	Dorndorf	(Sm)	01.06.1879	1906
Salzungen	Dorndorf	(Norm)	01.12.1906	
Salzwedel	Baustoffwerk			1972
Salzwedel	Dähre	(Norm)	03.10.1927	01.04.1997
Salzwedel	Geestgottberg		15.12.1922	04.08.2002?
Salzwedel	Krinau Fuchsberger Str.	(Norm)	02.10.1926	01.04.1997
Salzwedel	Lüchow		01.10.1891	
Salzwedel	Mahlsdorf	(Sm)	05.12.1901	29.10.1926
Salzwedel	Uelzen		15.04.1873	1945/1951
Salzwedel	Uelzen	(NS)	18.12.1999	
Salzwedel	Wallstawe	(Sm)	24.10.1900	01.07.1928
Sandersleben	Hettstedt		1877	
Sangerhausen	Erfurt		01.10.1879	
Sanitz	Tessin		16.12.1895	
Sanitz	Tribsees		16.12.1895	1945
Saßnitz	Saßnitz Hafen		01.05.1897	
Saßnitz	Trelleborg	(Fähre)	06.07.1909	1945
Saßnitz	Trelleborg	(Fähre)	16.03.1948	07.01.1998
Saßnitz Hafen	Gepäck- und Kohlenbahn	(Sm)	01.05.1897	1945?
Saupersdorf	Rothenkirchen		16.12.1893	31.05.1970
Schierke	Brocken		27.03.1899	1986
Schierke	Brocken		15.09.1991	
Schildow	Groß Schönebeck		21.05.1901	
Schipkau	Annahütte		20.09.1887	28.05.1967
Schipkau	Senftenberg		01.10.1905	
Schleiz	Saalburg		28.06.1930	01.06.1996
Schlema Hartenstein	Schacht 371			Nov. 1996
Schlemaer Tunnel			01.12.1900	
Schlettau	Crottendorf		Okt. 1889	01.02.1997
Schlettau (b Halle/S)	Lauchstädt-Schafstädt		nach 1890	
Schleusingen	Suhl		14.11.1911	17.06.1999
Schleusingen	Themar		1888	
Schloßbergtunnel	Altenburg		25.09.1878	17.04.1958
Schloßbergtunnel	Schwarzenberg		20.09.1883	1951
Schloßbergtunnel	Schwarzenberg		1951	
Schlotheim	Ebeleben		03.06.1897	29.09.1974
Schmalkalden	Floh-Seligenthal		25.01.1893	17.06.1999
Schmalkalden	Kleinschmalkalden			14.11.1996
Schmalkalden	Steinbach-Hallenberg		15.12.1891	
Schmarsow	Altentreptow		15.05.1897	Juli 1945
Schmarsow	Grapzow	(Sm 750)	16.01.1897	
Schmarsow	Jarmen	(Sm 750)	23.01.1897	Juli 1945
Schmarsow	Jarmen	(Sm 600)	Mai 1949	31.12.1958
Schmiedeberg	Bärenfels		1910	
Schmiedeberg	Gießerei			31.03.1992
Schmiedeberg	Kipsdorf		03.09.1883	13.08.2002
Schmiedeberger Viadukt			1925	
Schmiedefeld	Rennsteig		25.05.2002	
Schmirchau	Paitzdorf		24.04.1968	
Schmuggerow	Gellendin		06.07.1895	1945
Schneeberg	Oberschlema		19.09.1859	31.07.1952
Schneidlingen	Gröningen		01.04.1897	21.05.1966
Schochwitz	Heiligenthal		20.05.1896	27.09.1970
Schöna	Bodenbach		1851	
Schönberg	Dassow		01.10.1905	1945/51
Schönberg	Hirschberg		nach 1890	28.05.1995
Schönberg	Schleiz		20.06.1887	Dez. 2006
Schönbrunn	Flußspatwerk			1991
Schöndorf	Buchenwald	(Sm)	1943	1943
Schönebeck	Calbe Ost		09.09.1839	
Schönebeck	Leipzig	(GS)	18.08.1840	
Schönebeck	Staßfurt-Löderburg		1857	
Schöneck	Adorf		15.10.1875	
Schönefeld (Kr Teltow)	Mittenwalde Nord		25.09.1900	1951
Schöneicher Plan	Zossen		15.09.1945	
Schönermark	Gramzow		13.12.1905	26.05.1979
Schönfeld	Geyer		01.12.1888	15.08.1967
Schönfeld-Wiesa	Schönfeld Papierfabrik	(Sm)	01.12.1888	14.04.1985
Schönfeld-Wiesa	Schönfeld Papierfabrik	(Norm)	23.08.1985	1992
Schönfeld-Wiesa	Thum		01.05.1906	15.08.1967
Schönhausen	Sandau		19.09.1908	01.08.1993
Schönhausen	Schönhausen Gut		1905	26.09.1917
Schönhauser Allee	Pankow Vinetastraße		29.06.1930	
Schönheide Mitte	Neuheide	(NS)	21.08.1993	
Schönheide Ost	Muldenberg			1994
Schönheide Süd	Carlsfeld		22.06.1897	01.11.1967
Schönheide Süd	Muldenberg		2005	
Schönheide Süd	Muldetalviadukt			19.07.1980
Schönheide Süd	Stützengrün		16.12.1893	01.01.1979
Schönholz	Kremmen		nach 1890	
Schönholz	Tegel			1984
Schönholz	Tegel		28.05.1995	
Schulzendorf	Lindow		08.08.1930	1945
Schwanebeck	Zementwerk	(Sm 600)		1955
Schwanebeck	Zementwerk	(Sm 900)		31.12.1991
Schwanebeck	Zementwerk	(Norm)	1955	
Schwarza	Blankenburg		01.08.1884	
Schwarzenberg	Annaberg-Buchholz			27.09.1997
Schwarzenberg	Grünstädtel		01.07.1889	27.09.1997
Schwarzenberg	Grünstädtel		23.05.2002	2004
Schwarzenberg	Johanngeorgenstadt		20.09.1883	
Schwarzenberg	Schloßbergtunnel		20.09.1883	1951
Schwebda	Frieda Tunnel		15.05.1880	1983
Schwedt	Angermünde		15.12.1873	
Schwepnitz	Straßgräbchen-Bernsdorf		nach 1899	01.06.1998
Schwerin	Crivitz		02.09.1888	
Schwerin	Hafenbahn		25.06.1924	
Schwerin	Hagenow Land		1847	
Schwerin	Rehna		12.10.1897	
Schwerin	Wismar		12.07.1848	
Schwichtenberg	Friedland		01.11.1891	1945
Sebnitz	Rumburk		1905	1945
Seebad Ahlbeck	Grenze		01.06.1997	
Seebad Ahlbeck	Seebad Heringsdorf		01.07.1894	
Seebad Ahlbeck	Swinemünde		01.07.1894	Dez. 1947
Seebad Heringsdorf	Wolgaster Fähre		01.06.1911	
Seehausen	Eilsleben		01.09.1883	
Seehausen	Elbebrücke		05.08.1849	
Seelingstädt	Erzbunker		1956	
Seelingstädt	Schmirchau		01.04.1957	
Seelingstädt	Teichwolframsdorf		29.08.1876	31.12.1999
Seelingstädt	Trebsen		01.10.1911	
Sellin	Schrägaufzug		1960	
Sellin Ost	Baabe		16.09.1897	
Sellin West	Sellin Ost		23.05.1896	
Senftenberg	Laubag	(Sm)		Dez. 1999
Senzke	Nauen		01.10.1901	01.04.1961
Senzke	Wagenitz		01.04.1900	31.03.1943
Siebenbrunn	Markneukirchen Stadt		20.09.1909	31.05.1975
Silberhausen	Geismar		1880	
Silberhausen	Hüpstedt	(Sm)	22.09.1911	1913
Silberhausen	Hüpstedt	(Norm)	17.01.1913	24.09.1947

Silberhütte	Neudorf		1886	1909
Silberhütte	Straßberg		01.06.1890	1946
Silberhütte	Straßberg		15.05.1949	
Simmershausen	Gleichberg		1908	vor 1947
Sohland	Wilthen		01.09.1877	
Söllmnitz	Reußengrube		12.12.1901	04.05.1969
Söllmnitz	Tongrube		01.03.1921	03.05.1969
Sömmerda	Ziegelei			31.08.1990
Sonneberg	Coburg	(GS)	02.11.1858	
Sonneberg	Eisfeld	(GS)	31.03.1910	22.01.1997
Sonneberg	Lauscha		30.09.1886	22.01.1997
Sonneberg	Neuhaus am Rennweg		16.12.2002	
Sonneberg	Neustadt (b Coburg)		1855	1952/1976
Sonneberg	Neustadt (b Coburg)		28.09.1991	
Sonneberg	Stockheim		01.06.1901	
Sorge	Tanne		23.08.1899	1958
Sorge SHE	Sorge NWE		01.05.1913	1958?
Spandau Johannesstift	Spandau West		01.05.1912	
Spergau	Kaolinwerkbahn			1983
Sperrmauer	Kraftwerk		1932	1968
Spittelmarkt	Alexanderplatz	(U-Bahn)	01.07.1913	
Spora	Leonhard II	(Sm)	1903	31.12.1965
Spreenhagen	Sägewerk			vor 1972
Spreenhagen Wermke	Parkeisenbahn		1973	
Spremberg Grube Anna	Grube Brigitta		1917	1925
Spremberg Grube Consul	Grube Clara		15.10.1924	
Spremberg West	Proschim-Heidemühl		01.10.1907	30.09.1947
Spremberg West	Spremberger Stadtbahn	(Norm)	01.04.1908	15.10.1932
Spremberger Stadtbahn		(Sm)	21.01.1898	31.12.1956
Springpfuhl	Hohenschönhausen		Dez. 1984	
Stadtilm	Saalfeld		1895	
Staßfurt	Bleicherde			1992
Staßfurt	Blumenberg		1879-1882	
Staßfurt	Egeln			01.10.2002
Staßfurt	Egeln		März 2008	
Staßfurt	Schönebeck		1857	
Staßfurt	Sodawerk	(Sm nicht El)		03.11.1992
Stavenhagen	Pribbenow	(Sm 600)	1945/1946	
Stegelitz	Lübars		19.07.1896	30.06.1965
St Egidien	Obercallenberg			08.10.1990
St Egidien	Oelsnitz-Stollberg		1879	
Steinbach	Grube Fortschritt			23.01.1991
Steinbach (b Niesky)	Priebus		17.05.1908	Apr. 1945
Steinbach-Hallenberg	Zella-Mehlis		25.01.1893	
Steinpleisviadukt			1844	
Stendal	Arneburg	(Sm)	08.08.1899	1914
Stendal	Arneburg	(Norm)	02.05.1914	01.10.1972
Stendal	Klein Rossau		25.11.1908	02.06.1985
Stendal	Niedergörne		03.01.1977	01.01.1996
Stendal	Tangermünde		01.04.1886	
Stendal	Salzwedel		15.03.1870	
Stendal	Stendal Ost			1994
Sternberg	Hornstorf-Wismar			24.05.1998
Sternberg	Karow			01.06.1996
Stettin	Pasewalk-Strasburg		01.11.1863	
Stiege	Birkenmoor		01.05.1892	
Stiege	Hasselfelde		01.05.1892	
Stiege	Wendeschleife		Mai 1984	
Stollberg	Zwönitz		15.07.1889	
Stöven	Daber		10.05.1897	
Stralsund	Altefähr-Bergen		01.07.1883	
Stralsund	Mühle und Brennerei		25.11.1919	
Stralsund	Rügendammbaustelle	(Sm)	1931	1936
Stralsund	Stralsund Vorstadt		23.12.1900	
Stralsund	Velgast-Ribnitz		01.07.1888	
Stralsund	Zimmerei		14.08.1923	
Stralsund Ost	Barth		04.05.1895	30.11.1968
Stralsund Ost	Stralsund Stadtwald		04.05.1895	16.06.1961
dto.				16.06.1981?
Stralsund Vorstadt	Franzburg		23.12.1900	06.08.1945
Strasburg	Woldegk-Blankensee		nach 1890	1945
Straßberg	Flußspatwerk			31.12.1990
Straßberg	Grube Heidelberg			1990
Straßberg	Güntersberge		01.06.1890	1946
Straßberg	Güntersberge		30.11.1983	
Straßberg	Herzogschacht		1944	1974
Straßberg	Selkewiesen			1946

Straßenbahn Adlershof	Altglienicke		05.06.1909	
Straßenbahn Altenburg			18.04.1895	31.03.1920
Straßenbahn Bad Schandau	Kirnitzschtalbahn		28.05.1898	
Straßenbahn Bautzen	Versuchsring		Feb. 2008	
Straßenbahn Berlin	1919 Groß Berliner Straßenb.		22.06.1865	
Straßenbahn Bernburg			01.04.1887	19.04.1921
Straßenbahn Brandenburg			01.10.1897	
Straßenbahn Brandenburg	Plaue-Kirchmöser		09.09.1917	30.09.2002
Straßenbahn Brandenburg	Brandenburg Görden		23.06.1912	
Straßenbahn Brandenburg	Görden-Plaue		24.12.1912	30.09.2002
Straßenbahn Chemnitz	915/ 925 mm-Netz		22.04.1880	06.11.1988
Straßenbahn Chemnitz	1435 mm-Netz		08.05.1960	
Straßenbahn Cöpenick	1920 Groß Berliner Straßenb.		18.10.1882	01.10.1920
Straßenbahn Cottbus			18.07.1903	
Straßenbahn Dessau			14.11.1894	
Straßenbahn Dessau	Roßlau		28.03.1907	07.03.1945
Straßenbahn Döbeln			10.07.1892	10.12.1926
Straßenbahn Dresden			26.09.1872	
Straßenbahn Dresden	Freital		08.10.1902	25.05.1974
Straßenbahn Dresden	Güterverkehr		18.10.1982	
Straßenbahn Dresden	Lockwitztalbahn		03.03.1906	18.12.1977
Straßenbahn Dresden	Pillnitz			09.04.1985
Straßenbahn Eberswalde			27.08.1910	03.11.1940
Straßenbahn Eisenach			03.08.1897	31.12.1975
Straßenbahn Eisleben			02.07.1900	02.12.1922
Straßenbahn Erfurt			13.05.1883	
Straßenbahn Frankfurt			22.01.1898	
Straßenbahn Freiberg			1902	1920
Straßenbahn Friedrichshagen			15.05.1891	16.12.1906
Straßenbahn Gera			22.02.1892	
Straßenbahn Gera	Gera-Pforten		08.11.1901	1962
Straßenbahn Gera	Güterverkehr		Aug. 1892	09.02.1963
Straßenbahn Gera	Güterverkehr		01.07.1982	
Straßenbahn Görlitz		(Norm)	25.05.1882	1902
Straßenbahn Görlitz		(Sm)	1897-1902	
Straßenbahn Görlitz	Klein Biesnitz		Juni 1899	
Straßenbahn Görlitz	Leschwitz		07.08.1930	
Straßenbahn Görlitz	Moys		18.05.1900	
Straßenbahn Görlitz	Rauschwalde		Okt. 1921	
Straßenbahn Gotha			03.05.1894	

Straßenbahn Gotha	Thüringerwaldbahn		14.07.1929	
Straßenbahn Groß Lichterfelde	Lankwitz-Steglitz-Südende		16.05.1881	01.04.1906
Straßenbahn Groß Lichterfelde	Seehof-Teltow-Stahnsdorf		01.07.1888	01.04.1906
Straßenbahn Groß Rosenburg			1883	1925
Straßenbahn Guben			16.02.1904	08.06.1938
Straßenbahn Halberstadt			28.06.1887	
Straßenbahn Halle			07.10.1882	
Straßenbahn Halle	Ammendorf		15.03.1902	
Straßenbahn Halle	Ammendorf-Schkeuditz		1927-1929	nicht beendet
Straßenbahn Halle	Merseburg		10.05.1902	
Straßenbahn Halle	Schkopau		14.04.1902	
Straßenbahn Heiligensee	1920 Groß Berliner Straßenb.		29.05.1913	03.12.1920
Straßenbahn Hohenstein-Ernstt.			1913	1960
Straßenbahn Jena			06.04.1900	
Straßenbahn Johannisthal			07.08.1910	31.10.1910
Straßenbahn Jüterbog			21.03.1897	29.07.1928
Straßenbahn Klingenthal			1916	1964
Straßenbahn Kreischa	Niedersedlitz			18.12.1977
Straßenbahn Leipzig			1872	
Straßenbahn Leipzig	Böhlitz-Ehrenberg		17.05.1907	
Straßenbahn Leipzig	Engelsdorf		14.04.1927	01.10.1974
Straßenbahn Leipzig	Güterverkehr		18.02.1982	
Straßenbahn Leipzig	Liebertwolkwitz		16.12.1928	28.06.1971
Straßenbahn Leipzig	Lützschena-Schkeuditz		27.10.1910	
Straßenbahn Leipzig	Markkleeberg		16.05.1902	
Straßenbahn Leipzig	Taucha		15.07.1927	
Straßenbahn Leipzig	Wahren		21.12.1900	
Straßenbahn Leipzig	Wahren-Lützschena		09.06.1905	
Straßenbahn Magdeburg			16.10.1877	
Straßenbahn Magdeburg	Friedrichstadt-Herrenkrug		14.07.1886	24.09.1973
Straßenbahn Magdeburg	Herrenkrug		15.05.1983	
Straßenbahn Magdeburg	Schönebeck		16.09.1921	29.06.1969
Straßenbahn Merseburg	Leuna-Kröllwitz	(NS)	02.05.1968	
Straßenbahn Merseburg	Fährendorf		Juli 1920	
Straßenbahn Merseburg	Frankleben		05.02.1918	26.05.1968
Straßenbahn Merseburg	Mücheln		05.02.1918	23.04.1958
Straßenbahn Merseburg	Rössen		23.02.1919	
Straßenbahn Merseburg	Daspig-Spergau		Juli 1920	12.10.1974
Straßenbahn Meißen			1899	1936
Straßenbahn Meißen	Güterverkehr		1899	1945
Straßenbahn Mühlhausen			20.12.1898	29.09.1969
Straßenbahn Naumburg			15.09.1892	
Straßenbahn Nordhausen			25.08.1900	
Straßenbahn Nordhausen	Ilfeld		01.05.2004	
Straßenbahn Plauen			17.11.1894	
Straßenbahn Potsdam			11.05.1880	
Straßenbahn Riesa			16.11.1889	15.10.1924
Straßenbahn Rostock			12.10.1881	
Straßenbahn Schmöckwitz	1925 Groß Berliner Straßenb.		09.03.1912	01.03.1925
Straßenbahn Schönebeck			28.05.1886	15.02.1917
Straßenbahn Schöneiche			28.08.1910	
Straßenbahn Schwerin			31.10.1881	15.12.1885
Straßenbahn Schwerin			15.11.1908	
Straßenbahn Spandau	1920 Groß Berliner Straßenb.		05.06.1892	08.12.1920
Straßenbahn Spandau West	Hennigsdorf		08.01.1923	Apr. 1945
Straßenbahn Staßfurt			10.04.1900	31.12.1957
Straßenbahn Steglitz	1921 Groß Berliner Straßenb.		03.12.1905	16.04.1921
Straßenbahn Stendal			02.06.1892	14.10.1926
Straßenbahn Stralsund			25.03.1900	07.04.1966
Straßenbahn Strausberg			17.08.1893	
Straßenbahn Teltow	1921 Groß Berliner Straßenb.		01.04.1906	16.04.1921
Straßenbahn Warnemünde			01.07.1910	30.04.1945
Straßenbahn Weimar			04.06.1899	30.06.1937
Straßenbahn Werder			27.07.1895	07.08.1926
Straßenbahn Westberlin	Verbindung zum Netz Ost			16.01.1953
Straßenbahn Westberlin			22.06.1865	02.10.1967
Straßenbahn Westberlin			14.10.1995	
Straßenbahn Wilkau-Haßlau			02.06.1900	16.11.1975
Straßenbahn Wittenberg			26.07.1888	05.07.1921
Straßenbahn Woltersdorf			17.05.1913	
Straßenbahn Zerbst			02.11.1891	01.08.1928
Straßenbahn Zittau		(1450)	29.06.1902	22.09.1902
Straßenbahn Zittau		(Sm)	14.12.1904	18.11.1919
Straßenbahn Zittau		(Sm)	1929	1929
Straßenbahn Zwickau			06.05.1894	
Straupitz	Burg		29.05.1898	03.01.1970
Straupitz	Goyatz		29.05.1898	03.01.1970
Straupitz	Lübben		29.05.1898	24.09.1967
Strausberg	Herzfelde		26.10.1896	
Strausberg	Strausberg Nord	(S-Bahn)	1956	
Strausberg Hegermühle	Lustgarten		18.03.1921	05.06.2004
Strausberg Lustgarten	Wriezener Straße		16.04.1926	01.10.1970

Strausberg Vorstadt	Strausberg Stadt		17.08.1893	05.06.2004
Straußfurt	Bad Tennstedt			23.05.1998
Straußfurt	Sömmerda			09.12.2007
Strehla	Elbkai		20.04.1892	1956
Strelitz Alt	Abzw. Bürgerhorst		1958	
Stützengrün	großer Viadukt		1893	20.04.1981
Stützengrün	kleiner Viadukt		1893	15.05.1982
Stützerbach	Rennsteig		01.11.1904	23.05.1998
Stützerbach	Rennsteig		19.05.2001	
Stützerbach	Schleusingen		01.11.1904	
Suhl	Grimmenthal		20.12.1882	
Süplingen	Forsthaus Eiche		08.10.1928	
Swinemünde	Hafen		1900	
Swinemünde	Seebad Ahlbeck		01.07.1894	Dez. 1947
Swinemünde	Seebad Ahlbeck		Feb. 2008	
Swinemünde	Wolliner Fähre		1900	
Tangermünde	Fischbeck		1933/1944	12.04.1945
Tangermünde	Futtermittelwerk		1919	
Tangermünde	Konservenfabrik		1903	
Tangermünde	Leimfabrik		1905	
Tangermünde	Schiffswerft		1898	
Tangermünde	Schokoladenfabrik		1920	
Tangermünde	Tangermünde Hafen		25.02.1904	18.10.1917
Tangermünde	Tangermünde Neustadt		25.02.1904	18.10.1917
Tangermünde Neustadt	Demker		10.10.1903	18.10.1917
Tanne	Tanner Hütte		23.08.1899	1954
Tannenheim	Pommer. Industriewerke		um 1935	1945
Tannroda	Kranichfeld		14.10.1888	
Tantow	Garz		15.03.1913	
Taubenheim	Dürrhennersdorf		01.11.1892	Aug. 1945
Taucha	Ziegelei			1991
Tegel	Hennigsdorf-Velten		27.03.1927	1961/1984
Tegel	Hennigsdorf-Velten		15.12.1998	
Tegkwitz	Ziegelei			1991
Teichwolframsdorf	Trünzig Verladebf		30.08.1953	03.10.1961
Teistungen	Ziegelei			1992
Teltow	Industriebahn		21.07.1909	
Templin	Prenzlau		24.03.1899	
Tessin	Tribsees		16.12.1895	1945
Tessin	Gnewitz		12.12.1896	1958
Tessin	Ridsenow		12.12.1896	1963
Tessin	Stierow		12.12.1896	1963
Tessin	Thelkow		12.12.1896	1960
Tessin	Vietschow		12.12.1896	1963
Tessin	Walkendorf		12.12.1896	1963
Teterow	Gnoien		05.11.1884	30.05.1996
Teutschenthal	Salzmünde		22.10.1888	1992
dto.			01.05.1890?	
Thale	Weddersleben		15.10.1907	01.06.1969
Thale	Hexentanzplatz	(Seilbahn)	07.10.1970	
Thale	Roßtrappe		15.05.1980	
Tharandt	Freiberg		11.08.1862	
Themar	Möbelwerk			1995
Themar	Schleusingen		28.10.1888	
Themar	Ziegelei			31.08.1990
Thermalbad Wiesenbad	Ziegelei			Dez. 1991
Thum	Meinersdorf		01.10.1911	31.05.1976
Thum	Wilischtal Papierfabrik		15.12.1886	27.05.1972
Thurow	Feldberg		21.12.1910	
Tiergarten	Weißwasser-Jagdschloß		1896	1968
Tierpark	Elsterwerdaer Platz	(U-Bahn)	01.07.1988	
Torgau	Belgern	(Teil)	16.11.1914	
Torgau	Belgern	(GS)	01.04.1915	
Torgau	Pretzsch		29.06.1890	09.06.1997
Torgau	Torgau Hafen		Dez. 1898	
Trebnitz	Autobahnbaustelle		1936	1939
Trebnitz	Brahmetalstraße		1920	Ende 1920
Treffurt	Kieswerk			31.01.1991
Treffurt	Schwebda		1902	
Trent	Wittower Fähre		21.12.1896	20.01.1970
Treuenbrietzen	Belzig		25.03.1904	
Tribsees	Tribsees Ost		21.11.1896	
Triptis	Ebersdorf-Friesau			23.05.1998
Triptis	Lobenstein		1895	17.12.1998
Tröglitz	Anschl. BHG			um 1975
Tröglitz	Elsterwehr		1950	
Tröglitz	Tröglitz Werk		1937	
Tröglitz	Tröglitz Werk Pbf		1948	1965
Tröglitz	Zeitz	(Güterbahn)	1907	
Tröglitz Werk	Mumsdorf-Rusendorf		1937	1992
Trünzig Verladebf	Sorge-Settendorf	(Sm)	1953	Mai 1958
Trusetal	Grube Hühn			1990
Trusetal	Grube Mommel			1991
Tucheim	Güsen		02.04.1917	
Uckro	Doberlug-Kirchhain		17.06.1875	
Uckro	Herzberg (Elster) Stadt			30.05.1995
Ueckermünde	Ziegelei			Dez. 1992
Uhlenhorst	Schmuggerow		27.04.1893	1945
Uhlenhorst	Schwichtenberg	(NS)	04.07.1999	
Uhyst	Boxberg			09.07.1986
Unterbreizbach	Motzlar		02.10.1949	30.11.1952
Unter den Linden	Potsdamer Platz		15.04.1939	
Unterwellenborn	Maxhütte	(Sm)	um 1930	1993
Usedom	Swinemünde		15.05.1876	Dez. 1947
Vacha	Unterbreizbach	(NS)	30.11.1952	
Vacha	Wenigentaft-Geisa		1906	01.09.1952
Vehlitz	Ziegelei			31.12.1991
Velgast	Barth		01.07.1888	
Velgast	Ravenhorst		23.11.1894	27.04.1996
Velgast	Tribsees		1894/95	27.04.1996
Velgast	Ziegelei			Nov. 1990
Veltheim	Mattierzoll		01.08.1898	01.07.1945
Vierow	Lubmin Seebad		1934	1945
Vienenburg	Ilsenburg	(NS)	01.06.1996	
Viesecke	Glöwen		15.07.1900	31.12.1967
Viesecke	Kreuzweg		15.07.1900	1948
Wagenitz	Paulinenaue		02.04.1900	01.04.1924
Waldenburg	Ziegelei			1991
Waldfrieden	Hasenfelde		03.06.1911	29.09.1968
Waldheim	Geringswalde-Rochlitz		nach 1890	30.05.1997
Waldheim	Kriebethal		15.12.1896	
Waldheim	Limmritz		1848	
Walkenried	Braunlage		15.08.1899	03.08.1963
Wallstawe	Dülseberg	(Sm)	05.12.1900	01.07.1928
Wallwitz	Morl		05.07.1903	01.10.1971
Walschleben	Döllstädt		nach 1890	
Waltersdorf	Crottendorf		01.12.1889	27.09.1997
Waltershausen	Fröttstädt-Friedrichroda		02.07.1876	
Walthersdorf	Crottendorf		01.12.1889	
Wanfried	Schwebda		1914	30.05.1981
Wannsee	Kohlhasenbrück-Griebnitzsee			13.08.1961
Wannsee	Kohlhasenbrück-Griebnitzsee		01.04.1992	
Wannsee	Stahnsdorf		1913	
Wannseebf	Zehlendorf		1891	
Wansleben	Ziegelei			1996
Wanzleben	Ziegelei			Nov. 1990
Warnemünde	Bahnhofsbaustelle		1900	Sep. 1903
Warnemünde	Gedser	(Fähre)	30.09.1903	01.05.1945
Warnemünde	Gedser	(Fähre)	10.05.1947	24.09.1995
Warnemünde	Rödby	(Fähre)	1976	1980
Warnemünde	Trelleborg	(Fähre)	01.10.1947	
Warnsdorf	Seifhennersdorf		15.08.1876	
Wartha	Gerstungen		25.09.1849	01.08.1978
Wartha	Gerstungen		Mai 1991	
Wechsel	Drei Annen Hohne			1963
Weddersleben	Quedlinburg		04.04.1908	1972
Weferlingen	Döhren			01.10.1961
Weferlingen	Weferlingen Zuckerfabrik		01.12.1906	30.05.1999
Weferlingen Zuckerfabrik	Behnsdorf		15.03.1907	30.05.1999
Wegenstedt	Calvörde		22.09.1909	25.09.1966
Weida	Mehltheuer		15.11.1883	
Weida	Wünschendorf			01.06.1996
Weida Mehlth. Bf	Weida Werdauer Bf		01.10.1884	
Weimar	Bad Berka		15.05.1887	
Weimar	Buttelstedt	(Sm)	25.06.1887	11.04.1946
Weimar	Erfurt		01.04.1847	
Weimar	Gera		29.06.1876	
Weimar	Tannroda		15.05.1887	
Weimar Nord	Buchenwald	(Norm)	21.06.1943	
Weimar Nord	Großobringen	(Norm)	21.06.1943	18.10.1965
Weinhübel	Hagenwerder	(NS)	23.05.1985	
Weißenfels	Naumburg		1846	
Weißenfels	Weimar		19.12.1846	
Weißenfels	Zeitz		05.11.1858	
Weißig	Seelingstadt (Militärbahn)		31.08.1909	22.09.1909
Weißwasser	Bad Muskau	(Norm)	15.10.1872	
Weißwasser	Forst			30.05.1997
Wendefurth	Pumpspeicherwerk		1966	
Wendehausen	Treffurt			1953
Wendisch-Priborn	Plau		15.12.1886	
Wenigentaft-Mansbach	Oechsen		15.08.1912	1945

Wenigentaft-Mansbach	Oechsen		02.10.1949	05.10.1952
Wensickendorf	Fichtengrund		1950	
Wensickendorf	Liebenwalde		21.05.1901	30.11.1997
Wensickendorf	Zehlendorf			16.04.1998
Werben	Werben Hafen		1906	25.09.1971
Werdau	Reichenbach		31.05.1846	
Werdau	Teichwolframsdorf		29.08.1876	31.05.1999
Werdau	Weida		29.08.1876	
Werdau	Wünschendorf			29.05.1999
Werdau	Zwickau		06.09.1845	
Wermsdorf	Mutzschen		01.11.1888	01.01.1970
Wernigerode	Ilsenburg		20.05.1884	
Wernshausen	Herges-Brotterode		11.05.1896	15.06.1897
Wernshausen	Sägewerk			1990
Wernshausen	Schmalkalden		01.04.1874	
Wernshausen	Trusetal		25.07.1899	17.01.1969
Wernstedt	Groß Engersen	(Sm)	16.01.1898	1922
Westeregeln	Ziegelei			1992
Wieck-Eldena	Eldena Hafen		1898	1945
Wiesenau	Kunitz		1971	1998
Wildpark	Beelitz		1908	
Wildpark	Wustermark-Nauen		1902	
Wilischthal	Oberherold-Ehrenfriedersdorf		15.12.1886	1972
Wilischthal	Papierfabrik			Juli 1992
Wilkau-Haßlau	Kirchberg		16.10.1881	02.06.1973
Wilsdruff	Gärtitz		1910	
Wilsdruff	Oberdittmannsdf.-Bieberstein		31.01.1899	27.05.1972
Wilsdruff	Ullersdorf-Röhrsdorf		29.09.1909	01.07.1969
Wilthen	Bautzen		1877	
Wismar	Karow		14.11.1887	
Wismar	Rostock	(GS)	22.12.1883	
Wismar	Wismar Hafen		1855	
Wittenberg	Falkenberg		15.10.1875	
Wittenberg	Magdeburg		1875	
Wittenberg Berlin Anh Bf			10.09.1840	03.08.1859
Wittenberge	Elbebrücke-Geestgottberg		1851	
Wittenberge	Elbebrücke	(NS)	1987	
Wittenberge	Hitzacker		15.12.1873	
Wittenberge	Neustrelitz		18.05.1895	
Wittenberge	Perleberg		15.10.1881	
Wittgensdorf	Limbach		08.04.1872	
Wittower Fähre	Fährhof	(Fähre)	17.09.1896	10.09.1968
Wittstock	Autobahnbaustelle		1975	
Wittstock	Freyenstein		01.02.1912	28.05.1967
Wittstock	Mirow			2005
Wittstock	Neuruppin		16.12.1898	
Wittstock	Perleberg		31.05.1885	
Woldegk	Groß Daberkow	(Sm 750)	03.10.1893	27.09.1917
Woldegk	Schönhausen	(Sm 750)	03.10.1893	26.09.1917
Woldegk	Ziegelei			1990
Wolfsgefährt	Greiz		17.07.1875	
Wolfsruh	Großwoltersdorf		1952	01.06.1969
Wolgast	Wolgast Hafen		16.05.1899	
Wolgast Hafen	Kröslin		1898/1899	31.12.1964
Wolgast Hafen	Lubmin Dorf		1898/1899	14.05.1939
Wolgast Hafen	Wolgast Schlachthof		16.05.1899	1962
Wolgast Hafen	Wolgaster Fähre	(NS)	26.05.2000	
Wolkenstein	Annaberg-Buchholz			2000
Wolkenstein	Niederschmiedeberg		31.05.1892	23.12.1986
Wolmirstedt	Colbitz		11.03.1903	01.01.1966
Wörlitz	Gohrau-Rehsen		07.10.1934	30.05.1961
Wriezen	Frankfurt (Oder)		16.06.1877	
Wriezen	Herrnhof		23.12.1911	1994
Wriezen	Tiefensee			24.05.1998
Wuhlheide	Berlin Karow	(NS)	1954	
Wuitz-Mumsdorf	Leonhard I		12.11.1901	1970
Wuitz-Mumsdorf	Oberhaide		1938	1950
Wuitz-Mumsdorf	Sprossen		1949	31.12.1959
to.			03.03.1952?	1964?
Wülknitz	Holzimprägnierwerk			1998
Wurzen	Collmen-Böhlitz		1926?	
Wurzen	Collmen-Böhlitz-Eilenburg		01.04.1907?	
Wurzen	Dahlen		16.09.1838	
Wurzen Südbf	Wurzen Nordbf		01.07.1877	15.10.1879
Wüstenbrand	Lugau		15.11.1858	
Wüstenbrand	Neuoelsnitz		15.11.1858	01.06.1984?
Wüstenbrand	Obergrüna-Limbach		1897	1950
Wustermark	Bredow-Nauen			28.05.1995
Wutha	Ruhla		10.07.1880	23.09.1967
arrentin	Hollenbek		26.05.1862	1945?
ehlendorf	Kohlhasenbrück		01.06.1874	
Zehlendorf	Potsdam		22.09.1838	
Zeithain	Elsterwerda		15.10.1875	
Zeitz	Elsterdammbaustelle		1935	1937
Zeitz	Gera		19.03.1859	
Zeitz	Groitschen		01.01.1897	30.05.1999
Zeitz	Innenstadtumbau		1937	1938
Zeitz	Meuselwitz		19.06.1872	01.10.2002
Zeitz Aue	Turnplatzbaustelle		1923	1924
Zeitzer Drahtseileisenbahn			05.08.1877	13.12.1959
Zepernicker Kleinbahn			1973	
Zerbst	Güterglück		01.07.1874	
Zeulenroda unt Bf	Zeulenroda ob Bf		01.09.1914	01.06.1996
Zielitz	Kaliwerk		1973	
Ziesar	Bücknitz		01.10.1901	
Ziesar	Görzke		11.08.1911	01.06.1996
Ziesar	Tucheim		15.09.1916	
Ziesar	Wusterwitz			vor 1975
Ziesar West	Ziesar Ost		19.07.1896	1947
Zinnowitz	Peenemünde		Dez. 1936	
Zipsendorf	Bismarck	(Seilbahn)	28.05.1903	1915
Zipsendorf	Bismarck	(Förderbahn)	10.01.1926	1967
Zipsendorf	Bünauroda Gießerei	(Sm)	1950	1960
Zipsendorf	Grube Fürst Bismarck	(Sm)	1903	10.01.1926
Zipsendorf	Staschwitz Schacht	(Förderbahn)		1925
Zittau	Bischofswerda		1874-1879	
Zittau	Federnwerk			1994
Zittau	Großschönau		1868	
Zittau	Kleinschönau		11.11.1884	22.06.1945
Zittau	Oybin-Jonsdorf		25.11.1890	
Zittau	Reichenberg		01.12.1859	
Zittau	Schlachthof			1960
Zittau	Stahlwerk	(Sm)		Apr. 2004
Zittau	Textilfabrik	(Sm)		Apr. 2004
Zorge	Harzer Werke		1908	
Zossen	Sperenberg		1897	24.05.1998
Zschipkau	Finsterwalde		20.09.1887	
Zschipkau	Senftenberg		um 1880	
Zschippach	Culmer Kalkwerk		16.07.1902	1933
Zschippach	Culmer Kalkwerk		02.07.1912	1950
Zschippach	Kalksteinverladung		16.06.1904	1950
Zschölkau	Rackwitz		01.04.1915	03.06.1973
Zschornewitzer Kleinbahn			16.04.1919	
Zühlsdorf	Bramowerk		1939	
Züssow	Wolgast		01.11.1863	
Zwenkau	Grubenbahn			Sep. 1999
Zwickau	Aue-Schwarzenberg		11.05.1858	
Zwickau	Cainsdorf		01.11.1854	
Zwickau	Lengenfeld-Falkenstein		29.11.1875	
Zwickau	Oberhohndorf-Reinsdorf		25.09.1860	31.10.1965
Zwickau Altenburg	Ziegelei			1991
Zwickau Falkensteiner Bf	Zwickau Hbf		01.07.1877	
Zwickau Hbf	Zwickau Planitz		1908	27.09.1968
Zwickau Hbf	Zwickau Schedewitz Gbf		1872	09.07.1999
Zwickau Hbf	Zwickau Segen Gottes Schacht		13.12.1847	
Zwickau Marktstadt	Ziegelei			1991
Zwickau Planitz	Zwickau Reichenbacher Str		17.12.1936	
Zwickau Pölbitz	Mosel		10.07.1893	
Zwickau Schedewitz	Brückenberg		1872-1878	30.05.1996
Zwickau Schedewitz	Nicolaischacht		1882	
Zwickau Schedewitz	Zwickau Zentrum		28.05.1999	
Zwickau Weißenborn	Ziegelei			1991
Zwinge	Ziegelei		1927	Som. 1990
Zwinge	Zwinge West			1945
Zwinge West	Herzberg			1971
Zwochau	Glesien		02.08.1929	24.09.1967
Zwotental	Klingenthal		24.12.1875	

Verzeichnis der Betriebsstellen

Zur Benutzung

Fett dargestellt sind die Betriebsstellen, darunterstehend unter welcher Strecke sie zu finden sind. Unterstrichene Stichworte stehen in der Streckentabelle unter dem selben Namen.

Einordnung

Die Einordnung der Betriebsstellennamen erfolgt nach dem ersten eigenständigen Wort, dann folgen Namen mit Zusätzen in Klammern, darauf folgen Namen, die aus mehreren Worten (auch mit Bindestrich) bestehen. Außer bei: Alt.../ Neu..., Groß.../ Klein..., Hohen.../ Nieder..., Ober.../ Unter... . Diese sind unabhängig von der Zusammenschreibung fortlaufend alphabetisch geordnet. Die Zusätze für Blockstellen, Abzweige, Firmennamen usw. sind in aller Regel hinter den Ortsnamen gesetzt (Gera Ziegelei statt Ziegelei Gera, Rothschönberg Bk statt Bk Rothschönberg). Ä, ö, ü sind eingeordnet wie a, o, u - ß wird gleichgesetzt mit ss.

Beispiel:

Schön
Schön II
Schön (b Bergen)
Schön (b Bergen) Ziegelei
Schön (Kr Hausen)
Schön (Thür)
Schön (Thür) Ost
Schön Abzw.
Schön Altstadt
Schön am Berg
Schön Bk
Schön Haus
Schön-Hausen
Schön Hp
Schön Rbf
Schön unt Bf
Schönau
Schönau West
Schöndorf
Schöner Damm
Schönhausen

Abkürzungsverzeichnis

[123]	siehe entsprechende Anmerkung im Anschluss an die Tabelle
Ahst	Abfertigungshilfsstelle
b	beschränkter Güterverkehr
bä	beschränkter Gepäckverkehr
Bm	Bahnmeisterei
Bsp	Breitspur (1445 mm)
(Bus)	Busbetrieb, Schienenersatzverkehr
Bw	Bahnbetriebswerk
Bw G	Bahnbetriebswerk Güterzuglok
Bw P	Bahnbetriebswerk Personenzuglok
Bww	Bahnbetriebswagenwerk
(C)	Containerverladung
(CA)	Containerverladung nur für Anschließer
e	beschränkter Expreßgutverkehr
(E)	Expreßgutabfertigung
Ega	selbständige Eilgüterabfertigung
Ex	selbständige Expreßgutabfertigung
G	voller Güterverkehr
Ga	selbständige Güterabfertigung
Gbf	Güterbahnhof
Gnst	Güternebenstelle
Güp	Grenzübergangspunkt für Frachtberechnung mit dem Ausland
Hp	Haltepunkt ohne Güterverkehr
Hst	Haltestelle, besetzt, sofern nicht anders angegeben
I	Bahnhof Klasse I, voller Personen- u. Güterverkehr, Ladegleis u. -rampe, besetzt, sofern nicht anders angegeben
II	Bahnhof Klasse II, voller Personen- u. Güterverkehr, Ladegleis u. -rampe, besetzt, sofern nicht anders angegeben
III	Bahnhof Klasse III, voller Personen- u. Güterverkehr, Ladegleis u. -rampe, besetzt, sofern nicht anders angegeben
IV	Bahnhof Klasse IV, voller Personen- u. Güterverkehr, Ladegleis u. -rampe, besetzt, sofern nicht anders angegeben
Ldst	Ladestelle
(Lkw)	Eisenbahn-Kraftfahrlinie (Lastkraftwagen)
mvE	mit vollem Expreßgutverkehr
mvEG	mit vollem Expreßgut- und Güterverkehr
mvG	mit vollem Güterverkehr
o	ohne öffentlichen Verkehr
oä	ohne Gepäckabfertigung
oe	ohne Expreßgutverkehr
og	ohne Güterverkehr
OK	ohne Kopframpe
OKg	ohne größere Kopframpe
op	ohne Personen-, Gepäck- und Expreßgutverkehr
OR	ohne Rampe
p	nur Personenverkehr ohne Gepäck-, Expreßgut- und Güterverkehr
P	Personenverkehr
r	Schmalspurbahn mit Rollbockbetrieb
Raw	Reichsbahn-Ausbesserungswerk
(RE)	Reisegepäck- und Expreßgutabfertigung
(Rp)	Richtpunkt für Expreßgutverkehr (beinhaltet auch Wk)
(S)	S-Bahn
(ST)	Stückgutabfertigung
u	unbesetzt
(U)	U-Bahn
Ust	Umschlagstelle
VA	Verkehrsamt
(WA)	beschränkter Güterverkehr, nur für Wagenladungen der Anschließer
(Wk)	Wagenladungsknotenbahnhof
+	mit Agenten besetzt
(40)	Gleiswaage mit Angabe in t

Liste der Reichsbahn-Verkehrsämter (siehe Bahnhofsnummer)

01 xxx	Hamburg, Hamburg-Harburg, Kiel, Wittenberge
03 xxx	Berlin
04 xxx	Görlitz
05 xxx	Göttingen, Kassel, Nordhausen
06 xxx	Bautzen, Chemnitz, Döbeln, Dresden, Plauen (Vogtl), Zwickau
07 xxx	Aussig, Bautzen, Dresden, Karlsbad, Plauen (Vogtl), Reichenberg, Zwickau (Sachs)
09 xxx	Eisenach, Erfurt, Gera, Meiningen, Weimar (Thür)
11 xxx	Fulda
12 xxx	Aschersleben, Cottbus, Dessau, Halle (Saale), Leipzig, Torgau
13 xxx	Braunschweig, Halberstadt, Hannover, Magdeburg, Uelzen
22 xxx	Schweinfurt
25 xxx	Frankfurt (Oder), Küstrin, Osten
26 xxx	Eger, Hof
27 xxx	Lübeck, Schwerin (Meckl), Stralsund, Waren (Müritz)
28 xxx	Stettin, Stralsund
40-49	Kleinbahnen
50-99	Privatbahnen

Privatbahnen

Diese Liste verzeichnet nur die Privatbahnen in Berlin, Brandenburg, Mecklenburg-Vorpommern, Sachsen, Sachsen-Anhalt und Thüringen.

xx 804	Arnstadt-Ichtershausener Eisenbahn	Arnstadt (Thür)
xx 808	Brandenburgische Städtebahn	Brandenburg (Havel)
xx 810	Braunschweig-Schöninger Eisenbahn	Berlin Wilmersdorf
xx 818	Dahme-Uckroer Eisenbahn	Dahme (Mark)
xx 820	Dessau-Wörlitzer Eisenbahn	Dessau
xx 824	Esperstedt-Oldislebener Eisenbahn	Oldisleben
xx 829	Gera-Meuselwitz-Wuitzer Eisenbahn	Gera-Pforten
xx 830	Gernrode-Harzgeroder Eisenbahn	Gernrode (Harz)
xx 832	Greifswald-Grimmener Eisenbahn	Tribsees
xx 833	Greußen-Ebeleben-Keulaer Eisenbahn	Ebeleben
xx 834	Halberstadt-Blankenburger Eisenbahn	Blankenburg (Harz)
xx 839	Hohenebra-Ebelebener Eisenbahn	Ebeleben
xx 844	Ilmenau-Großbreitenbacher Eisenbahn	Gehren (Thür)
xx 876	Mittweida-Dreiwerden-Ringethaler Industriebahn	Dresden
xx 877	Mühlhausen-Ebelebener Eisenbahn	Schlotheim (Thür)
xx 880	Nauendorf-Gerlebogker Eisenbahn	Löbejün (Saalkr)
xx 882	Neubrandenburg-Friedländer Eisenbahn	Friedland (Meckl)
xx 883	Haldenslebener Eisenbahn	Haldensleben
xx 886	Niederlausitzer Eisenbahn	Lübben (Spreew)
xx 887	Nordhausen-Wernigeroder Eisenbahn	Wernigerode
xx 890	Oschersleben-Schöninger Eisenbahn	Braunschweig Gliesmarode
xx 891	Osterwieck-Wasserlebener Eisenbahn	Osterwieck (Harz)
xx 897	Niederbarnimer Eisenbahn	Berlin Wilhelmsruh
xx 903	Ruhlaer Eisenbahn	Ruhla
xx 904	Ruppiner Eisenbahn	Neuruppin
xx 908	Stendal-Tangermünder Eisenbahn	Tangermünde
xx 909	Stralsund-Tribseer Eisenbahn	Tribsees
xx 910	Südharz-Eisenbahn	Braunlage
xx 916	Weimar-Berka-Blankenhainer Eisenbahn	Weimar
xx 917	Wenigentaft-Oechsener Eisenbahn	Oechsen
xx 927	Eberswalde-Finowfurter Eisenbahn	Finow (Mark)
xx 930	Weimar-Buttelstedt-Großrudestedter Eisenbahn	Buttelstedt
xx 934	Ruppiner Eisenbahn	Neuruppin

Kleinbahnen

Diese Liste verzeichnet nur die Kleinbahnen in Berlin, Brandenburg, Mecklenburg-Vorpommern, Sachsen, Sachsen-Anhalt und Thüringen.

40 038-042	Altlandsberger Kleinbahn	Altlandsberg
40 044-110	Altmärkische Eisenbahn	Kalbe (Milde)
40 125-140	Greifswalder Bahnen	Greifswald
40 143-157	Aschersleben-Schneidlingen-Nienhagener Eisenbahn	Aschersleben
40 216-220	Bebitz-Alsleben	Alsleben (Saale)
40 233-236	Bergwitz-Kemberg	Kemberg (Kr Wittenberg)
40 307-320	Lüneburg-Bleckeder Eisenbahn	Lüneburg
40 323-326	Boizenburger Stadt- und Hafenbahn	Boizenburg
40 451-453	Buckower Kleinbahn	Müncheberg (Mark)
40 504-509	Neuburxdorf-Mühlberg	Mühlberg (Elbe)
40 544-566	Casekow-Penkun-Oder	Stettin Pommerensdorf
40 670-688	Delitzscher Eisenbahn	Delitzsch
41 011-102	Demminer Bahnen	Demmin
41 107-132	Dessau-Radegast-Köthener Bahn	Radegast (Anh)
41 255-259	Eisenbahn-AG Ellrich-Zorge	Ellrich (Südharz)
41 299-308	Eisenbahn-AG Erfurt-Nottleben	Erfurt
41 497-500	Forster Stadteisenbahn	Forst (Laus)
41 563-627	Franzburger Bahnen	Barth
41 630-640	Freienwalde-Zehden	Zehden (Oder)
41 681-699	G-H-W Eisenbahn	Haldensleben
42 107-119	Görlitzer Kreisbahn	Görlitz
42 123-136	Göttinger Kleinbahn	Rittmarshausen
42 140-149	Goldbeck-Werben-Elbe	Werben (Elbe)
42 153-154	Gommern-Pretzien	Pretzien (Elbe)
42 157-171	Gransee-Neuglobsow (Stechlinseebahn)	Neuruppin
42 303-379	Greifswalder Bahnen	Greifswald
42 498-532	Halle-Hettstedter Eisenbahn	Halle (Saale)
42 669-676	Heudeber-Mattierzoll	Hessen (Kr Wernigerode)
42 684-692	Wehrkirch-Rothenburg-Priebus	Rothenburg (Laus)
43 050-063	Industriebahn Tegel-Friedrichsfelde	Berlin Wilhelmsruh
43 483-556	Genthiner Eisenbahn	Genthin
43 573-632	Kleinbahnen des Kreises Jerichow	Burg (b Magdeburg)
43 635-640	Klockow-Pasewalk	Pasewalk
43 697-699	Königs Wusterhausen-Mittenwalde-Töpchiner Kleinbahn	Königs Wusterhausen
44 001-009	Königs Wusterhausen-Mittenwalde-Töpchiner Kleinbahn	Königs Wusterhausen
44 013-016	Könnern-Rothenburg	Rothenburg (Saale)
44 190-211	Kreisbahn Beeskow-Fürstenwalde (Scharmützelseeb.)	Müncheberg (Mark)
44 214-217	Kreisbahn Kleinschmalkalden-Brotterode	Schmalkalden
44 305-319	Küstrin-Hammer	Sonnenburg (Neum)
44 325-334	Kyffhäuser Eisenbahn	Kelbra (Kyffh)
44 357-367	Langesalzaer Eisenbahn	Langensalza
44 417-421	Lehniner Kleinbahn	Lehnin (Mark)
44 520-529	Lüchow-Schmarsau	Lüchow (Hannover)
44 592-594	Marienborn-Beendorf	Beendorf
44 635-699	Mecklenburg-Pommersche Schmalspurbahn (MPSB)	Friedland (Meckl)
45 086-093	Mecklenburgische Bäderbahn	Graal-Müritz
45 257-258	Oderbruchbahn	Müncheberg (Mark)
45 287-298	Nauen-Ketzin	Ketzin (Havel)
45 303-327	Neuen-Velten-Spandau	Berlin Spandau
45 390-393	Neuhaus-Brahlstorf	Neuhaus (Elbe)
45 396-407	Neukölln-Mittenwalder Eisenbahn	Berlin Tempelhof
45 488-491	Obereichsfelder Eisenbahn	Langensalza
45 493-496	Oberweißbacher Bergbahn	Weimar
45 500-552	Oderbruchbahn	Müncheberg (Mark)
45 631-646	Osterburg-Pretzier	Osterburg (Altm)
45 674-699	Ost- und Westprignitzer Kreiskleinbahnen	Perleberg
46 001-034	Ost- und Westprignitzer Kreiskleinbahnen	Perleberg
46 137-188	Prenzlauer Kreisbahnen	Prenzlau
46 192-197	Prettin-Annaburg	Prettin (Kr Torgau)
46 225-243	Randower Bahn	Stettin Pommerensdorf
46 345-358	Kreisbahn Rathenow-Senzke-Nauen	Rathenow
46 426-428	Eisenbahn-AG Rennsteig-Frauenwald	Frauenwald
46 506-577	Rügensche Bahnen	Putbus
47 013-048	Salzwedeler Eisenbahn	Salzwedel
47 079-080	St Andreasberger Kleinbahn	St Andreasberg
47 100-104	Eisenbahn-AG Schildau-Mockrehna	Schildau (Kr Torgau)
47 138-145	Schleizer Kleinbahn	Schleiz (Thür)
47 210-219	Schönermark-Damme (Angermünder Kreisbahn)	Prenzlau
47 281-316	Spreewaldbahn	Lübben (Spreew)
47 318	Spremberger Stadtbahn	Spremberg (Laus)
47 369-406	Stendaler Eisenbahn	Stendal Ost
47 447-482	Straßenbahn Brandenburg (Havel) und Plaue (Havel)	Brandenburg (Havel)
47 495-506	Strausberg-Herzfelder Kleinbahn	Herzfelde (Kr Niederbarnim)
47 509-513	Strausberger Eisenbahn-AG	Strausberg Stadt
47 553-555	Teltower Eisenbahn	Teltow
47 625-630	Trusebahn Wernshausen-Herges-Vogtei	Schmalkalden
48 038-042	Eisenbahn-AG Wallwitz-Wettin	Wettin (Saale)
48 045-046	Wegenstedt-Calvörde	Calvörde
48 168-189	Brandenburg-Röthehof	Roskow (Kr Westhavelland)
48 371-429	Ost- und Westprignitzer Kreiskleinbahnen	Perleberg
48 432-440	Weststernberger Kreiskleinbahn	Ziebingen
48 501-515	Wittingen-Oebisfelde	Wittingen (Hannover)
48 551-554	Eisenbahn-AG Wolmirstedt-Colbitz	Haldensleben
48 569-573	Zschornewitzer Kleinbahn	Golpa
48 636-641	Sächsische Überlandbahn	Hohenstein-Ernstthal

Anmerkungen zum Verzeichnis

[1] Abfertigung nach Ostseebädertarif
[2] von der Beförderung ausgeschlossen sind dreiachsige Wagen
[3] Dreischienenbetrieb
[4] Vierschienengleis
[5] nur für Empfang von Straßenbaustoffen und Versand von Schrott
[6] ST nur für Empfang
[7] ST nur für Versand
[8] ST nur aus Richtung Falkenstein und Zwickau
[9] STA nur für VEB Brunnenversand der Heilquelle Bad Lauchstädt
[10] nur für Wagenladungen nach dem Ausland, die in Bad Schandau ohne Umladung neu aufgegeben werden, Stückgutsendungen aus dem Ausland und Dienstgutsendungen
[11] nur für Wagenladungen aus dem Ausland, die in Bad Schandau II ohne Umladung neu aufgegeben werden
[12] Gemeinschaftsbf der Altmärkischen Eisenbahn und der Salzwedeler Eisenbahngesellschaft mbH
[14] Versuchsring 1000/ 1435 mm, 600/ 750 Volt Gleichspannung
[15] Halt nur vom 08. Mai bis 29. September
[16] nur für Versand von Holz
[17] nur für Empfang von Holz
[18] nur Übergang für den Güterverkehr mit der Industriebahn Tegel-Friedrichsfelde, Ortsverkehr nach Berlin Barnim ist ausgeschlossen
[19] der Bf der Nord-Süd-Bahn heißt nur Friedrichstraße
[20] nur zugelassen für Sendungen von und nach der BRD und Westberlin, Sendungen für die Interflug, die per Luftfracht weiterbefördert werden, Kinospielfilme, verpackte lebende Tiere, Pflanzen, Sperma, erlegtes unverpacktes Wild, Geflügel, Matern, Zollgut, Gut zur Weiterbeförderung ins Ausland, leichtverderbliches Gut, Arzneimittel
[21] Sendungen für das Raw Berlin Warschauer Straße und das Betriebsstoffhauptlager Berlin Wriezener Bf, einschließlich Zollgut, sind nach Berlin Wriezener Bf abzufertigen
[22] für die Benutzung des Osthafens sind die Bestimmungen der Berliner Hafen- und Lagerhausbetriebe (Behala) maßgebend, neben der Fracht von und nach Berlin Osthafen wird Hafenfracht nach dem von der Stadt Berlin veröffentlichten Tarif berechnet
[23] außer Zollgut, Stückgut nur für den VEB Kabelwerk Oberspree
[24] der Bahnhof der Nord-Süd-Bahn heißt nur Stettiner Bf
[25] nur für Sendungen des VEB Bergmann Borsig
[26] nur für Sendungen nach und von der Wagenausbesserungsstelle, dem Lokomotivbf und der Bahnmeisterei
[27] Gemeinschaftsbf der Altmärkischen Eisenbahn und der Stendaler Eisenbahn
[28] nur für Sendungen der Fa. Günther und Richter
[29] Berlin Ostbf wurde umbennant zu Berlin Hbf, danach wieder Berlin Ostbf
[30] nur für Kesselwagen zur NH3-Entladung
[31] Berlin Lehrter Bf (Neubau) wurde umbenannt zu Berlin Hbf
[34] Gemeinschaftsbf der Rbd Hannover und der Osterwieck-Wasserlebener Eisenbahn
[35] Gemeinschaftsbf der Brandenburgischen Städtebahn und der Kleinbahn Brandenburg Röthehof
[37] DRG: Betrieb vom 16. Oktober bis 01. Mai eingestellt
[38] nur für Deutsche Solvay-Sodafabrik Buchenau (Werra)
[40] nur für Sendungen des Bunawerkes
[41] STA nur für Raw Wilhelm Pieck, Sendungen ohne nähere Bahnhofsbezeichnungen werden wie folgt abgefertigt: für das Konsument-Versandhaus, sowie die GHG Textilwaren, beide Kauffahrtei 25, nach Karl-Marx-Stadt Süd, für den VEB Fettchemie Karl-Marx-Stadt Neefstraße 199 nach Karl-Marx-Stadt Kappel, alle übrigen Sendungen nach Karl-Marx-Stadt Hbf
[42] nur für Sendungen nach und von dem Raw und dem Weichenwerk Brandenburg West, Außenstelle Karl-Marx-Stadt, sowie dem Bahnkraftwerk Karl-Marx-Stadt Hilbersdorf
[43] nur für Wagenladungen des VEB Deutrans, Transcontainer, Großbehälter und Wagenladungen mit Krangut, für Sendungen des VEB Fettchemie Karl-Marx-Stadt
[44] STA nur für Konsument-Warenhaus, zentrales Handels- und Produktionsunternehmen Konsument, Konsum-Vordrucklager und Druckerei, für Sendungen der GHG Textilwaren
[45] Gemeinschaftsbf der Demminer Bahnen
[46] Kopframpe nur für VEB IFA-Mobile
[51] kein Bahnhof, nur Expreßgutannahme am Zuge
[54] nur für Sendungen (Dienstgut u. öffentliche Sendungen) nach u. von dem Raw Dresden und dem Direktionshauptlager Dresden
[55] Wagenladungen ohne nähere Bezeichnung des Bahnhofes werden wie folgt abgefertigt: Wagenladungen mit Obst oder Gemüse an die GHG Obst und Gemüse nach Dresden Großmarkthalle, Wagenladungen mit unverpackten lebenden Tieren an das VEB Dresdener Fleischkombinat nach Dresden Hafen
[58] Gemeinschaftsbf der Hohenebra-Ebelebener, der Greußen-Ebeleben-Keulaer und der Mühlhausen-Ebelebener Eisenbahn
[59] nur für Wagenladungen des Plattenwerkes Gröbzig
[60] Gemeinschaftsbf der RBD Hannover und der Haldenslebener Eisenbahn
[61] nur für Sendungen des VEB EKO und für EKO arbeitende Betriebe; siehe Ziltendorf
[62] Anschlüsse zur Herstellung einer Notbrücke/ Pontonbrücke
[64] Ladungen für den Anschluß »Alter Nordhäuser Bf« oder »Nordhäuser Bf« sind nach Erfurt Hbf abzufertigen
[66] der VEB Fleischkombinat (Schlachthof) fat Gleisanschluss nur in Erfurt Ost
[68] Gemeinschaftsbf der RBD Halle und der Niederlausitzer Eisenbahn
[69] STA nur für Bww Falkenberg (Elster)
[71] STA nur für VEB Baumwollspinnerei Flöha Werk Falkenau
[72] nur für Versand und Empfang der Interflug Berlin, vorwiegend Kraftstoffe
[73] Ahst für Rüdersdorf (b Berlin)
[74] Bahnhof der Berliner Nord-Süd-Bahn
[75] Gemeinschaftsbf der Oderbruchbahn und der Kreisbahn Beeskow-Fürstenwalde
[76] Gemeinschaftsbf der G-H-W Eisenbahn und der Altmärkischen Eisenbahn
[77] Sendungen ohne nähere Bahnhofsbezeichnungen sind wie folgt abzufertigen: unverpackte lebende Tiere für den Schlachthof Gera und alle Sendungen für das Kühlhaus Gera nach Gera Süd, die übrigen Sendungen nach Gera Hbf
[79] bis 1922 Zahnstangenbetrieb (Abt)
[80] nur für Versand von Schrott, für Empfang von Kohle für Fa. Sodtke, für Versand und Empfang des VEAB und der GHG Obst und Gemüse
[81] nur für grenzüberschreitenden Verkehr
[82] STA nur für VEB Linoleumwerk Kohlmühle
[84] nur Transformatoren und Teerkesselwagen
[85] nur für Versand von Kies
[86] Gemeinschaftsbf der RBD Stettin und der Greifswald-Grimmener Eisenbahn
[87] nur für Empfang des Minoltanklagers
[88] Abfertigungshilfsstellen: Leuna Werke I und Leuna Werke II, Sendungen (Wagenladungen und Stückgut) an den VEB Leuna Werke »Walter Ulbricht« sind entsprechend der Versandvorschrift an die Ahst Leuna Weke I oder Leuna Werke II abzufertigen
[89] nur für Versand und Empfang von Holz
[92] nur für Empfang von Baustoffen
[94] nur für Sendungen im Auslandsverkehr, die in (WPS) Guben neu aufgegeben werden
[95] nur für Sendungen des Chemiefaserkombinates
[96] nur für Wagenladungen im grenzüberschreitenden Verkehr
[97] Gemeinschaftsbf der RBD Hannover und der Halberstadt-Blankenburger Eisenbahn
[99] STA nur für GHG Schuhe und Lederwaren, Niederlassung Import und für GHG Schuhe und Lederwaren Inland
[100] E kein Lebendgeflügel
[102] OR gilt nicht für Güter der Maschinenfabrik Fr. Dehne
[103] STA nur für VEB Automot.
[104] Rampen in den Anschlüssen Helmsdorf vorhanden
[105] Gemeinschaftsbf der RBD Erfurt und der Hersfelder Kreisbahn
[107] Wagenladungen für Anschlußinhaber sind nach Doberlug-Kirchhain oder Finsterwalde (Niederlaus) abzufertigen
[109] STA nur für VEB Vereinigte NE-Metall-Halbzeugwerke Hettstedt und Walzwerk Hettstedt, Gemeinschaftsbf der RBD Halle und der Halle-Hettstedter Eisenbahn
[110] Ahst nur für VEB Vereinigte NE-Metall- und Halbzeugwerke Hettstedt
[111] Gleisanlage auf Ausbildungsgelände zur Unfallsimulation
[112] STA nur für VEB Elektrochemie
[113] Gemeinschaftsbf der RBD Erfurt und der Hohenebra-Ebelebener Eisenbahn
[114] Höchstgewicht der Expreßguteinzelstücke 25 kg
[115] Spreewaldbahn
[119] nur Empfang von Dienstkohle
[120] Gemeinschaftsbf der RBD Erfurt und der Ilmenau-Großbreitenbacher Eisenbahn

[121] Gemeinschaftsbf der Demminer Bahnen und der Greifswalder Bahnen
[122] ST nur aus Richtung Saalfeld und Camburg und für Sendungen an das Raw Jena
[123] ST nur aus Richtung Gera und Weimar, STA nur für Jenaer Glaswerk Schott und Genossen
[124] STA nur für VEB Mewa Eisen- und Blechwarenfabrik Jessen
[126] Gemeinschaftsbf der RBD Osten und der Kleinbahn Küstrin-Hammer
[127] auch Tarifbf für Werk Gleisbaumechanik Brandenburg, das Weichenwerk Brandenburg, die zentrale Beschaffungsstelle des Verkehrswesens und für den VEB Stahl- und Walzwerk Brandenburg Werk II
[128] Gemeinschaftsbf der Eisenbahn Osterburg-Pretzier und der Stendaler Eisenbahn
[129] Gemeinschaftsbf der RBD Erfurt und der Schmalkaldener Kreisbahn
[132] nur für Sendungen an und von VEB Eiweißfutterwerk
[134] Gemeinschaftsbf der RBD Berlin und der Ruppiner Eisenbahn
[135] Gemeinschaftsbf der RBD Osten und der Weststernberger Kreiskleinbahn
[136] außer Geflügel
[138] auf der Anschlussbahn des Lauchhammerwerkes befindet sich eine Kopf- und Seitenrampe, die Verfrachtern gegen eine besondere Gebühr, die das Lauchhammerwerk erhebt, zur Verfügung steht
[139] Sendungen für den Stadteil Süd sind nach Lauchhammer West abzufertigen
[142] nur für Sendungen von und an Fa. R. Hoppe KG
[143] E nur für Filmsendungen
[144] nur für Sendungen der Firmen Landmann, Freitag und Preßspanfabrik Untersachsfeld
[145] nur Abfertigung von Reisegepäck
[146] STA nur für VEB Kalikombinat Werra in Merkers
[147] ST nur für Stückgut von und nach Bahnhöfen mit der Ladenummer 540
[148] STA nur für VEAB Leipzig, kein Bf - nur Güterabfertigung
[149] kein Bf - nur Güterabfertigung
[150] der DR bleibt bei Überfüllung der Gleisanlagen vorbehalten, die Wagen auf den öffentlichen Ladegleisen des Bayer Bf zur Entladung bereitzustellen, der Empfänger wird hiervon mit der Benachrichtigung über die Ankunft des Gutes verständigt
[151] nur für Eilgut in Wagenladungen, Wagenladungen ohne nähere Bahnhofsbezeichnung im Frachtbrief sind wie folgt abzufertigen: Eilgutwagenladungen nach Bayer Bf, Dresdner Bf oder Leipzig Hbf, je nach der billigsten Fracht, bei gleicher Fracht nach Leipzig Hbf, Frachtgutwagenladungen nach Bayer Bf, Dresdner Bf oder Eutritzsch, je nach der billigsten Fracht, bei gleicher Fracht nach Eutritzsch, Messegüter der Leipziger Messe: Stückgut nach Leipzig Hbf, Wagenladungen nach Stötteritz
[152] STA nur für VEB Leipziger Wollkämmerei Neuhütte
[153] nur für Sendungen (Wagenladungen und Stückgut) von und an den VEB Leuna Werke in Leuna mit der Versandvorschrift Leuna Werke I
[154] nur für Wagenladungen vom und an den VEB Leuna Werke in Leuna mit der Versandvorschrift Leuna Werke II
[155] nur für Wagenladungen in geschlossenen Zügen vom und an den VEB Leuna Werke in Leuna
[156] E zugelassen nur Stücke von max. 70x50x45 cm
[157] Gemeinschaftsbf der RBD Stettin und der Prenzlauer Kleinbahn
[158] nur Versand von Holz des Forstbetriebes Ziegelroda
[159] nur für Sendungen der BHG Lößnitz
[160] E nur aus Richtung Herzberg (Mark)
[161] Wagenladungen für VEB Kohlenhandel, VEB (K) Getränkeversorgung, BHG Lübben, Tanklager Minol, Genossenschaft Bau, Genossenschaft des metallverarbeitenden Handwerkes, VEB Metallaufbereitung, Fa. Krienig und Paul, Ziegelei, PGH Spreewälder Betonwaren sind nach Lübben Süd, Wagenladungen für alle übrigen Empfänger sind nach Lübben Hbf abzufertigen
[163] nur für Wagenladungen von und nach Kraftwerk Lübbenau und Mitbenutzer des Anschlusses
[166] ST nur für Empfang, die für das Raw Magdeburg bestimmten Sendungen werden nach Magdeburg Buckau abgefertigt
[167] sofern die Ladestellen überfüllt sind oder der Überladung aus den Eisenbahnwagen in die Schiffe Hindernisse entgegenstehen, werden die Wagen in Magdeburg Elbebf zur Entladung bereitgestellt, die Empfänger haben dann die Verpflichtung, die Güter dort innerhalb der veröffentlichten Fristen abzunehmen und auszuladen
[168] ST nur für Versand, Dienstgut für Versand und Empfang
[170] ST nur für Empfang, Wagenladungen mit Obst und Gemüse an die GHG Obst und Gemüse Magdeburg werden nach Magdeburg Sudenburg abgefertigt
[171] für unverpackte lebende Tiere nach dem VEB (B) Fleischkombinat Magdeburg
[172] nur für Sendungen von und an Holzkontor Leipzig
[173] Gemeinschaftsbf der Braunschweig-Schöninger Eisenbahn und der Eisenbahn Heudeber-Mattierzoll
[174] nur für Anschluss Staatsreserve
[175] nur Betriebsbf
[176] nur für den Versand von Kohle in geschlossenen Zügen, Ahst für Leuna Werke West
[177] nur während der Badezeit im Sommer geöffnet
[178] Nachnahmen sind vom Versand und Empfang ausgeschlossen
[179] Gemeinschaftsbf der RBD Erfurt und der Mühlhausen-Ebelebener Eisenbahn
[180] nur für Kohle der Brikettfabriken Zipsendorf, Kraftwerk Mumsdorf und Rückstandsdeponie Rusendorf des VEB Hydrierwerk Zeitz
[182] Gemeinschaftsbf der Müncheberger Kleinbahn und der Oderbruchbahn
[183] nur für Versand von Kohle und flüssigen Brennstoffen des VEB Braunkohlenwerke Nachterstedt
[184] STA nur für Fa. Emil Hahn KG
[185] Gemeinschaftsbf der Kleinbahnen Nauen-Ketzin und Nauen-
[186] STA nur für Versand von Krangut des VEB Werkzeugmaschi
[187] Gemeinschaftsbf der RBD Schwerin und der Neubrandenburg-Friedländer Eisenbahn
[189] Gemeinschaftsbf der RBD Berlin und der Kleinbahn Nauen-Ketzin
[190] nur für Empfang von Straßenbaustoffen
[191] Gemeinschaftsbf der Brandenburgischen Städtebahn und der Ruppiner Eisenbahn
[192] für Sendungen an das Raw Niedersachswerfen ist Woffleben Tarifbf
[193] G nur aus Richtung Wernigerode
[194] nur für Diabas-Werke Oberottendorf
[196] Güterabfertigung nur für die Weiterbeförderung von und nach der Oberweißbacher Bergbahn
[197] nur für Versand von Vieh
[198] Eisenbahn-Kraftfahrlinie, Gnst des Bf Hainsberg (Sachs)
[199] nur Wagenladungen
[200] bis etwa 1990 Kreuzungsbf, danach Hp
[201] Wagenladungen an den VEB PCK Schwedt und für Empfänger, die auf der Anschlussbahn des VEB PCK entladen, sind an die Ahst Stendell abzufertigen
[202] Gemeinschaftsbf der RBD Hamburg und der Ruppiner Eisenbahn
[203] kein Empfang von Kohle per Bahn
[204] Straßenbahn Brandenburg-Plaue mit Güterverkehr
[205] es sind abzufertigen: Zoll- und Steuersendungen nach Plauen (Vogtl) ob Bf mit Ausnahme der Wagenladungen an die Fa. Ludwig Gräf, die nach Plauen (Vogtl) unt Bf abzufertigen sind
[207] E nur aus Richtung Weida und Saalfeld
[208] E nur aus Richtung Orlamünde
[209] nur für Versand und Empfang von landwirtschaftlichen Gütern
[210] Potsdam Hbf wurde umbenannt in Potsdam Pirschheide
[211] Wildpark wurde unbennant in Potsdam Park Sanssouci
[212] Arbeitsgleis ohne Anbindung
[213] für Kohle-Ganzzüge
[214] E nur für Filmsendungen der NVA
[215] Potsdam Stadt wurde umbenannt in Potsdam Hbf, ST nur für Versand
[216] nur für Sendungen von und an den staatlichen Straßenunterhaltungsbetrieb (SSuB) Schwerin
[217] Dreischienengleis Radegast-Zörbig
[218] Potsdam West wurde umbennat in Potsdam Charlottenhof
[219] STA nur für VEB Spezialbau Potsdam, zentrales Bereitstellungskontor
[221] nur Kesselwagen für VEB Schmierfette (Aseol) Rehmsdorf
[222] bis 1930 Zahnstangenbetrieb Abt
[223] Ahst für Riesa Stahl- und Walzwerk
[224] Die Eisenbahn ist berchtigt, bei Hochwasser oder Hochwassergefahr die Güter auf einem geeigneten Ladegleis des Bf Riesa bereitzustellen. Die Empfänger werden dann benachrichtigt und die Fracht wird nur bis Riesa berechnet.
[225] nur für Sendungen des Stahl- und Walzwerkes Riesa
[226] im Verkehr mit dem Ausland ist die Neuaufgabe von Sendungen ausgeschlossen
[227] Versand und Empfang von lebenden Tieren sind nur für den VEB Schlachthof Rostock und für Mitbenutzer des Anschlusses zugelassen
[228] auch für Versand und Empfang des VEB Deutrans
[229] nur für Anschließer und Eilgut in Wagenladungen, Sendungen ohne nähere Bahnhofsbezeichnungen im Frachtbrief sind wie folgt abzufertigen: Eilgutwagenladungen (einschl. lebende Tiere) nach Rostock Hbf, Frachtgutwagenladungen nach Rostock Gbf, Wagenladungen an die Neptunwerft, sowie Wagenladungen an den VEB Fischkombinat Rostock nach Rostock Bramow, Wagenladungen der Anschließer mit der Bezeichnung Rostock Osthafen nach Rostock Hafen, Wagenladungen an das Dieselmotorenwerk nach Rostock Hbf

[230] nur für Versand und Empfang des VEB Deutrans, des VEB Seehafen, der Hafenbahn, des VEB Schiffsversorgung, des VEB Minol, des VEB Deutfracht Seerederei (DSR), des VEB Verbundnetz-Netzbetrieb Nord, sowie der am Hafenbau und der am Aufbau der hafengebundenen Industrie beteiligten Betriebe, Stückgut nur in Sendungen von 2.000 kg und mehr bzw. im Einzelgewicht von 1.500 kg und mehr
[231] Gemeinschaftsbf der Kleinbahnen Brandenburg-Röthehof und Nauen-Ketzin
[232] nur Kesselwagen für die Farben- und Lackfabrik Leipzig
[233] nur für Rückstände des VEB Hydrierwerk Zeitz in Tröglitz
[234] nur Marmorblöcke
[236] ausgeschlossen Zollsendungen und seewärts ein- und ausgehende Güter, Saßnitz und Saßnitz Hafen sind vereinigte Dienststellen
[238] nur für Zollgüter, Wagenladungen von und an Hafenamt Saßnitz, Wasserstraßenamt Stralsund, VEB Minol, Fischereibetriebe, Baufirmen für Saßnitz Hafen, Stückgut, das nicht mit der Eisenbahnfähre ein- und ausgeht, Saßnitz und Saßnitz Hafen sind vereinigte Dienststellen
[241] nur für Wagenladungen an den VEB Wohnungsbaukombinat Rostock
[242] zum Verkehr mit dem Ausland ist die Neuaufgabe von Sendungen ausgeschlossen, STA nur für VEB Malzfabrik Pirna Werk Schöna und für Gelobtbachmühle Schöna
[243] Abfertigungsbf ist Bad Schandau
[245] Gemeinschaftsbf der Oschersleben-Schöninger Eisenbahn und der Braunschweig-Schöninger Eisenbahn
[246] nur für Wagenladungen im grenzüberschreitenden Verkehr, sowie Wagenladungen von und an den VEB Getreidewirtschaft Hagenow
[248] nur für Versand und Empfang von Sendungen des Bauvorhabens Großversuche, ist dem Bf Seddin Vbf unterstellt
[249] nur für Sendungen in geschlossenen Zügen von und an den VEB Minol Großtanklager
[251] nur während der Zuckerrübenzeit besetzt
[252] nur für VEB Lederfaserfabrik Siebenlehn
[254] für Sendungen an den VEB Kaliwerk Glückauf in Sondershausen ist Glückauf Tarifbf
[255] Gemeinschaftsbf der Nordhausen-Wernigeroder Eisenbahn und der Südharzeisenbahn
[256] nur für VEB Reißerei
[257] Gemeinschaftsbf der RBD Hannover und der Stendal-Tangermünder Eisenbahn
[258] Gemeinschaftsbf der Stendal-Tangermünder Eisenbahn und der Stendaler Eisenbahn
[262] Gemeinschaftsbf der RBD Stettin und der Stralsund-Tribseer Eisenbahn
[263] nur für Sendungen an den VEB Deutrans, VEB Seehafen, Getreidesendungen von und nach den Silos der VEAB, VEB Kohlehandel, Sendungen des Kühlhauses Stralsund Hafen, Sendungen der Fischerei-, Fahrzeug- und Gerätestation (FGS) Stralsund, Sendungen der Fa. Hintz und Hallier, sonstigem Wasserumschlagverkehr (die Frachtbriefe müssen den Vermerk »Wasserumschlaggut« tragen), für Wagenladungen nach und von den Anschlussbahnen der GHG Fisch und Fischwaren, des staatlichen Straßenunterhaltungsbetriebes, des VEB Energieversorgung Kraftwerk, des VEB Kohlehandel, des VEB Minol, des VEB Sauerstoffwerkes, der Volkswerft und Metallaufbereitung
[264] Gemeinschaftsbf der RBD Schwerin und der Ost- und Westprignitzer Kreiskleinbahnen
[265] STA nur für VEB Fahrzeug- und Jagdwaffenfabrik Werk I
[266] nur in Betrieb in der Zeit des Verkehrens des Seedampfers nach und von Ostpreußen im unmittelbaren Anschluß an die Abfahrt oder Ankunft des Dampfers
[267] Gemeinschaftsbf der Halberstadt-Blankenburger und der Südharz-Eisenbahn
[268] STA nur für Eisen- und Hüttenwerk Thale
[271] für Sendungen an den Anschluß Demmin Zuckerfabrik ist Demmin Tarifbf
[272] Gemeinschaftsbf der RBD Schwerin, der Greifswald-Grimmener Eisenbahn und der Stralsund-Tribseer Eisenbahn
[273] Gemeinschaftsbf der Greifswald-Grimmener Eisenbahn und der Stralsund-Tribseer Eisenbahn
[275] nur für VEB Hydrierwerk Zeitz in Tröglitz, sowie Betriebe, die auf den Anschlussgleisen des VEB Hyzet entladen
[276] nur für Arbeiterverkehr der Fa. K. Stock & Co in Stolberg (Harz)
[277] Gemeinschaftsbf der RBD Halle und der Dahme-Uckroer Eisenbahn
[278] STA nur für VEB Flachglaswerk
[279] STA nur für VEB Maxhütte
[280] Abfertigung über VEB Fahrgastschiffahrt Stralsund
[281] nur für Sendungen nach und von VEAB, OGS, VdgB-BHG und Gaswerk
[282] nur gültig für die Frachtberechnung im Verkehr mit dem Ausland über Warnemünde Mitte See, für die Strecke zwischen Warnemünde Fähre und Warnemünde Mitte See gilt gesonderte Frachtberechnung nach dem Warnemünde-Fährtarif
[283] Tarifschnittpunkt mit Dänemark, Frachtberechnung über Warnemünde Fähre
[284] getrennte Kopf- und Seitenrampen
[285] Gemeinschaftsbf der RBD Erfurt, der Weimar-Berka-Blanken
[287] außerdem sind für die Ladestraße Wagenladungen des Binnenverkehres der Schmalspurstrecke zugelassen
[290] STA nur für VEB Weinbrand und Fa. Gebrüder Friese AG
[291] Gemeinschaftsbf der Kleinbahn Wittingen-Oebisfelde, der Alt
[292] Ahst für Raw Niedersachswerfen
[293] Dreischienengleis Groß Daberkow-Woldegk
[294] Bei Überfüllung der Ladestelle Wolgast Hafen ist die Eisenbahn berechtigt, die Wagen in Wolgast zur Entladung bereitzustellen. Macht die Eisenbahn hiervon Gebrauch, so werden die Empfänger benachrichtigt, ausgenommen sind wasserwärts ein- und ausgehende Güter.
[295] P(RE) nur von der Insel Usedom, Bei einschichtiger Trajektierung oder bei Schwierigkeiten in der Trajektierung (Eis, Wasserstand usw.) ist die Eisenbahn berechtigt, die Wagen in Wolgast oder Wolgast Hafen zur Be- oder Entladung bereitzustellen. Macht die Eisenbahn hiervon Gebrauch, so werden die Empfänger oder Versender benachrichtigt.
[296] Gemeinschaftsbf der RBD Halle und der Gera-Meuselwitz-Wuitzer Eisenbahn
[298] Gemeinschaftsbf der RBD Erfurt und der Ruhlaer Eisenbahn
[299] für Sendungen an den VEB Hydrierwerk Zeitz in Tröglitz ist Tröglitz Tarifbf
[302] für Wagenladungen an die Schwellentränke oder das Schwellenlager Max Reimann, alle in Zernsdorf, ist Königs Wusterhausen Tarifbf
[306] nur für Sendungen im Auslandsverkehr, die in Zittau neu aufgegeben werden
[309] STA nur für Versorgungskontor Industrietextilien

Betriebsstellenname (fett) siehe unter	Bf-Nr.	Merkmal DRG	Bem.	Merkmal DR (u. ggf. später)	Sm	Ram.	Mutterbahnhof/ Bm/Bw/Raw
Abbendorf Beetzendorf				P(RE) G		OR	Beetzendorf (Sachs-Anh)
Abtsbessingen-Bellstedt Greußen	45 833					OK	
Abus Werk IV Dessau							
Abzw. Süd Peenemünde							
ACA Lutherstadt Wittenberg							
Achenbach Staßfurt				G(WA)			
Achenbach Schacht Hecklingen				P	Sm		
Ackendorf (Kr Gardelegen) Gardelegen							
Ackendorf (Kr Haldensleben) Haldensleben	43 883			P		OK	Haldensleben Alt
Ackendorf Zuckerfabrik Haldensleben							
Adamsdorf Waren				P(R)			
Adenauerplatz Berlin							
Adendorf Lüneburg	01 160	IV				OR	
Aderstedt Oschersleben							
Adlershof Berlin							
Adlig Beyershagen Stralsund	41 586				Sm	OR	
Adorf (Erzgeb) Chemnitz	06 640	Hp +		P			
Adorf (Vogtl) Plauen, Zwickau	06 801	I		P(RE) G(ST)			Bm Bw
Aff Abzw. Berlin							
Affalter Stollberg	06 646	IV +		P(RE)			
Afrikanische Straße Berlin							
Agneshof Dargibell	45 038	b			Sm	OR	
Agnesschacht Kriebitzsch, Zeitz							
Ahlbeck Grenze Züssow				Güp			
Ahlbeck Ostseetherme Züssow							
Ahlbeck Seebad Züssow	28 127	III					
Ahlsdorf Hettstedt				P	Sm		
Ahlum (Kr Klötze) Beetzendorf	40 091			G		OR	Beetzendorf (Sachs-Anh)
Ahlum (Kr Salzwedel) Beetzendorf							
Ahlum Dorf Beetzendorf							
Ahlum Gut Beetzendorf							
Ahrensdorf Fürstenberg	28 201	Hp u					Templin
Ahrensdorf (Kr Zossen) Berlin	03 111	IV o					
Ahrensfelde Berlin	03 249	III		P(S) G(WA)		OK	
Ahrensfelde Friedhof Berlin	03 250	IV og		P(S)			
Ahrensfelde Nord Berlin				P(S)			
Ahrenshoop			[1]	P(RE) (Bus)			
Ahrenshoop Deichbaustelle					Sm		
Aken (Elbe) Köthen	12 303	III		P(RE) G (40)			
Aken (Elbe) Hafen Köthen				G			
Aken (Elbe) Tanklager Köthen				G(WA)			
Alach (b Erfurt) Erfurt	41 304					OR	
Alandbrücke Magdeburg, Salzwedel							
Albert-Norden-Straße Berlin							
Albertsheim Treuenbrietzen	77 808	og u		P			Rathenow Brand StB
Albrechtshaus Gernrode	51 830	og u		P	Sm		Friedrichshöhe
Albrechtshaus Heilstätten Gernrode					Sm		
Albrechtshof Berlin	03 374	Hp p		P(S)			
Albrechtshof (Kr Ückermünde) Stöven							
Albungen Eichenberg	05 446	III				OR	
Alexanderhütte Pressig-Rothenkirchen	22 031	Hst b e u				OR	Tettau
Alexanderplatz Berlin				P(S)			
Alexisbad Gernrode	45 830			P(RE) G	Sm	OK	Gernrode (Harz)
Algenstedt Klötze							
Allerbach Nordhausen	62 887	b po u			Sm	OK	Sorge
Alleringersleben Marienborn							
Allstedt Oberröblingen	09 201	III		G(CA) (40)			
Allzunah Rennsteig	46 427	b				OK	
Alperstedt Militärflugplatz Großrudestedt			[3]				
Alsleben (Saale) Bebitz	40 219			P(RE) G			Bw
Alsleben (Saale) Stadtmühle Bebitz				P G(WA)			Alsleben (Saale)
Alsleben (Saale) Zuckerfabrik Bebitz				G(WA)			Alsleben (Saale)
Alt Bliesdorf Frankfurt, Fürstenwalde	45 535					OR	
Altchemnitz Chemnitz	06 636	Hp e u					Chemnitz Süd
Altdöbern Lübbenau				P(RE)			
Altdöbern Bahnbaustelle					Sm		
Altdöbern Süd Abzw. Großräschen, Lübbenau							
Alte Elbe-Brücke							

Betriebsstellenname (fett) siehe unter	Bf-Nr.	Merkmal DRG	Bem.	Merkmal DR (u. ggf. später)	Sm	Ram.	Mutterbahnhof/ Bm/Bw/Raw
Gommern							
Altefähr	28 062	III		P(RE) G (35)			
Rostock							
Altefähr Kleinb	46 506				Sm	OR	Bw
Altefähr Sund							
Rostock							
Altefähre					Sm		
Altefähr, Rostock							
Alt Ehrenberg	07 554	Hst oe				OK	
Sebnitz							
Altenbach	12 764	Hp + e		P(RE)			
Leipzig							
Altenberg (Erzgeb)	06 395	IV	[2]	P(RE) G			Bw
Heidenau							
Altenberg (Erzgeb)					Sm		
Lauenstein							
Altenberg Heizwerk							
Heidenau							
Altenberg Zinnbahn					Sm		
Altenberg Zinnerz							
Heidenau							
Altenburg (Thür)				P(RE) G (50) (Rp)			
Neukieritzsch, Zeitz							
Altenburg (Thür) Gbf	12 843	Ga					
Altenburg (Thür) Hbf	12 842	I					Bm Bw
Neukieritzsch, Zeitz							
Altenburg (Thür) Nord	12 850	Hp					
Zeitz							
Altenburg-Nobitz Militärflugplatz							
Altenburg							
Altenburg Nord				P			
Zeitz							
Altenburg Rasephas				P			
Zeitz							
Altenburg Schloßbergtunnel					Sm		
Altenburg Stw 1 Abzw.							
Neukieritzsch							
Altenburg Vbf							
Zeitz							
Altenburger Straßenbrücke							
Zeitz							
Altenburger Tunnel At							
Altenburg							
Altenburger Tunnel Atw							
Altenburg							
Altenburschla	05 477	Hp + p					
Mühlhausen							
Altendorf							
Berga-Kelbra							
Altengrabow	43 605		[3]	P(RE) G	Sm		
Burg							
Altengrabow	43 605		[3]	P(RE) G			
Biederitz, Burg							
Altengrabow Kaiserbahnsteig							
Burg							
Altengrabow Truppenübungsplatz							
Biederitz, Burg							
Altengroitzsch Grube							
Pegau							
Altenhagen (b Altentreptow)	41 091				Sm	OR	
Metschow							
Altenhain (b Brandis)	12 648	IV		P(RE) G		OR	
Beucha							
Altenhausen (Kr Haldensleben)	42 006			P(RE) G (Wk)			Haldensleben
Haldensleben							
Altenhof (Meckl)	27 146	Hst + mvG		(E) G (Wk)			
Ganzlin							
Altenkirchen (Rügen)	46 574			P(RE) G	Sm	OK	Bw
Bergen							
Alteno Flugplatz							
Falkenberg							
Altenplathow (b Genthin)							
Genthin							
Alten Pleen					Sm		
Altenpleen, Stralsund							
Altenpleen	41 567				Sm	OR	
Stralsund							
Altentor Bk							
Nordhausen							
Altentor-Nordhausen	41 887	og			Sm		
Nordhausen							
Altentreptow	28 041	III		P(RE) G (35)			Bm
Oranienburg							
Altentreptow Ladestelle					Sm		
Metschow							
Altentreptow Landesbf	41 102				Sm	OR	
Demmin, Metschow							
Altentreptow Viehladegleis							
Oranienburg							
Altenweddingen	13 322	III		P(RE) G(WA)			
Eilsleben							
Altenwillershagen	28 091	IV		P(RE) G(WA)		OR	Ribnitz-Damgarten West
Rostock							
Alte Oderbrücke							
Angermünde, Bad Freienwalde, Fürstenwalde							
Altersbach	09 370	Hp + p		P			
Zella-Mehlis							
Alte Zerbster Straße				G(WA)	Sm		
Breitenhagen							
Alt Garge							
Lüneburg							
Alt Glienicke							
Berlin							
Altglienicke	03 387	IV o		P(S)			
Berlin							
Alt Glietzen	41 633					OR	
Bad Freienwalde							
Altglietzen Tonrohrwerk					Sm		
Altglietzen Ziegelei					Sm		
Bad Freienwalde							
Althaldensleben							
Haldensleben							
Altheide (Meckl)	28 094	Hp		P(RE)			
Rostock							
Althen							
Leipzig							
Alt Herzberg							
Falkenberg							
Althirschstein Ziegelei					Sm		
Althof	27 230	IV		P(RE)		OR	
Bad Kleinen							
Alt Hüttendorf	28 195	IV		P(RE) G(WA)		OK	
Fürstenberg							
Alt Jabel	27 120	Hst + mvG				OK	

Malliß
Alt Karstädt 27 112 IV P(RE) G(WA) OR
Dömitz
Alt Krüssow 27 310 Hst P OK
Wittenberge
Alt Küstrinchen
Bad Freienwalde
Alt Landsberg
Hoppegarten
Altlandsberg 40 042
Hoppegarten
Altlandsberg Amtsgericht
Hoppegarten
Altlandsberg Brauerei
Hoppegarten
Altlandsberg Sägewerk
Hoppegarten
Altlandsberg Schützenhaus
Hoppegarten
Altlandsberg Seeberg
Hoppegarten
Altlandsberg Umspannwerk
Hoppegarten
Altlandsberg Vorstadt
Hoppegarten
Altlüdersdorf 28 029 IV P(RE)
Oranienburg
Altmädewitz 28 363 Hst + P(RE) OK
Wriezen
Alt Mariendorf
Berlin
Altmittweida 06 377 III P(RE) G(WA) (40) Mittweida
Doberlug-Kirchhain
Altmittweidaer Viadukt
Doberlug-Kirchhain
Altmügeln 07 152 IV + b r G(WA) Sm OR Oschatz
Mügeln, Oschatz
Alt Negentin 42 336 b Sm OR
Busdorf
Alt Neu Döbern 12 568 III
Lübbenau
Altonaer Zeche
Oschersleben
Altoschatz-Rosenthal 07 148 Hst + e r P Sm OK
Oschatz
Alt Placht
Fürstenberg
Alt Plötz Sm
Schmarsow
Alt Polchow G G(WA) Sm
Tessin
Altranft 28 168 IV [5] P(RE) G(WA) OR
Frankfurt
Alt Reetz 28 362 IV P(RE)
Wriezen
Alt Reinickendorf
Berlin
Alt Rosenthal P
Kietz
Alt Ruppin
Neustadt
Altruppin 73 904 P(RE) G (Wk)
Neustadt
Altscherbitz Krankenhaus
Leipzig
Alt Schwerin 27 153 IV P OK
Karow
Alt Sommersdorf 41 059 Sm OR
Demmin
Altstadt Spandau
Berlin
Alt Tellin 41 017 Sm OR
Demmin
Alt Tempelhof
Berlin
Alt Tessin 28 282 Hp u Parlowkrug
Swinemünde
Alt Tucheband 45 516 OR
Fürstenwalde
Altwarnsdorf 06 026 III b OK
Eibau
Alt Zarrendorf
Oranienburg
Altzauche-Burglehn 47 284 r Sm OK
Lübben
Alvensleben
Haldensleben
Alvensleben-Dönstedt 42 027
Haldensleben
Alversdorf 13 154 Hp b
Helmstedt
Am Anger P Sm
Gotha
Am Haupttor P Sm
Halle
Am Kanal 44 308 OR
Küstrin
Am Mühlteich P Sm
Halle
Am Weinberg P Sm
Görlitz
Amerika (Sachs) 06 404 Hp + P
Glauchau
Ammelshain 12 647 III P(RE) G(WA) (40) OR Altenhain (b Brandis)
Beucha
Ammelshain Ebert & Co
Beucha
Ammendorf P Sm
Halle
Ammendorf 12 096 I Bm
Halle
Ammendorf Waggonbau
Halle
Ammerbach Bk
Naumburg
Ammern
Gotha
Amrumer Straße
Berlin
Amsdorf P
Halle
Amsdorf Romonta
Halle
Amsdorf Umspannwerk
Halle
Amtitz 25 349 III OR
Guben
Amtshainersdorf 06 094 Hp e u P Sebnitz (Sachs)
Bad Schandau
Anclam
Anklam, Bernau, Uhlenhorst
Andelska Hora
Zittau
Anderbeck 13 335 III P(RE) G(WA) (ST)
Nienhagen
Andreas Gegentrum-Stolln P Sm
Wolkenstein
Angelrodaer Brücke
Plaue
Anger-Crottendorf P(S)
Leipzig
<u>Angermünde</u> 28 215 I P(RE) G(ST) (42) (Wk) Bm Bw
Bernau
Angermünde Gbf 28 216 Ga

Betriebsstellenname (fett) siehe unter	Bf-Nr.	Merkmal DRG	Bem.	Merkmal DR (u. ggf. später)	Sm	Ram.	Mutterbahnhof/ Bm/Bw/Raw
Angermünde Kalksandsteinwerk					Sm		
Angern-Rogätz	13 050	III		P(RE) G (41)			
Magdeburg							
Angersdorf	12 133	II		P(RE) G (30) (Wk)			Bm
Halle							
Angersdorf Awo Abzw.							
Halle							
Angersdorf Schacht							
Halle							
Anhalter Bf							
Berlin							
Anhalter Bahnhof (S-Bahn)	03 070	II p					
Anklam	28 114	II		P(RE) G(ST) (40) (Wk)			Bm Bw
Bernau, Uhlenhorst							
Anklam Gbf	28 115	Ga					
Anklam Hafen							
Anklam Kleinb	40 125				Sm	OR	
Anklam Kleinb MPSB	45 001				Sm	OR	
Anklam Vorstadt					Sm		
Anklam Zuckerfabrik					Sm		
Annaberg (Erzgeb) ob Bf	06 587	IV op					
Königswalde							
Annaberg (Erzgeb) unt Bf	06 575	II					Bm
Zwickau							
Annaberg (Erzgeb) unt Bf Gbf	06 576	Ga					
Annaberg-Buchholz Mitte				P			
Chemnitz, Zwickau							
Annaberg-Buchholz ob Bf				G			
Königswalde							
Annaberg-Buchholz Süd			[6]	P(R) G(WA) (C)(ST) (40)			Bw
Chemnitz, Zwickau							
Annaberg-Buchholz unt Bf			[7]	P(RE) G(ST)			Annaberg-Buchholz Süd
Chemnitz, Zwickau							
Annaburg				P(RE) G(CA) (40) (Wk)			
Horka, Prettin							
Annaburg (Kr Torgau)	12 495	III					Bm
Horka, Prettin							
Annaburg (Kr Torgau) West	46 197					OR	
Prettin							
Annaburg Sowjetarmee							
Prettin							
Annaburg West a B							
Prettin							
Annahütte	12 911	III		G(WA)			
Senftenberg							
Annahütte Reichsstraße	12 916	Hp p u					Finsterwalde (Niederlaus)
Senftenberg							
Annenhof	43 495	b				OR	
Genthin							
Anton-Saefkow-Allee				P	Sm		
Brandenburg							
Antonienhütte							
Plauen							
Antonsthal	06 618	Hst		P(RE) G(WA)		OK	Schwarzenberg (Erzgeb)
Schwarzenberg							
Antonsthal Papierfabrik					Sm		
Apenburg				P(RE) G			Kalbe (Milde)
Hohenwulsch							
Apolda	09 177	I		P(RE) G(ST) (40) (Wk)			Bm
Großheringen							
Apolda Ziegelei					Sm		
Apoldaer Viadukt							
Großheringen							
Arbshagen	41 573				Sm	OR	
Stralsund							
Arendsee							
Bad Doberan							
Arendsee (Altm)				P(RE) G (Wk)			
Salzwedel							
Arendsee (Altm) Anschlußbf	01 615	III					Bm
Salzwedel							
Arendsee (Altm) Süd	47 386						
Stendal							
Arendsee-Weggun							
Fürstenwerder							
Arensdorf (b Köthen)	12 293	Hp p		P(RE)		OR	
Halle							
Arensdorf (Kr Fürstenwalde/ Spree)				P			
Fürstenwalde							
Arensdorf (Kr Lebus)	45 505					OR	
Fürstenwalde							
Arenshausen	05 495	III		P(RE) G (32) (Wk)			
Halle							
Arneburg (Elbe)	47 396			P(RE) G			Stendal Ost
Stendal							
Arneburg (Elbe) West				P(RE) G		OK	Stendal Ost
Stendal							
Arneburg-Bürs	47 395					OK	
Stendal							
Arneburg Konservenfabrik							
Stendal							
Arnsdorf (b Dresden)				P(RE) G			
Dresden, Dürröhrsdorf, Görlitz, Lübbenau							
Arnsdorf (b Hainichen) Ziegelei					Sm		
Arnsdorf (Kr Görlitz)	42 116	b		P G(WA)		OR	Weißenberg (Sachs)
Görlitz							
Arnsdorf (Kr Görlitz) Granitwerke							
Görlitz							
Arnsdorf (Sachs)	06 062	I					Bm Bw
Dresden, Dürröhrsdorf, Görlitz, Lübbenau							
Arnsgrün	26 737	Hst b e u				OR	Roßbach (b Asch)
Adorf							
Arnsnesta							
Jüterbog							
Arnstadt AIE							
Arnstadt Arnst I E	40 804					OK	
Arnstadt Bierweg							
Arnstadt Bierweg Wagenabstellgleis							

Betriebsstelle	Nr.	Art	Verkehr	Sm	OK/OR	
Arnstadt Gbf	09 314	Ga				
Arnstadt Hbf Neudietendorf	09 313	I	P(RE) G(ST) (35)			Bm Bw
Arnstadt Hbf Ega	09 315	Ega				
Arnstadt Ost			(E) G		OK	Arnstadt Hbf
Arnstadt Süd Neudietendorf	09 335	Hp	P			
Arras Waldheim	06 412	Hst+e mvG	P		OK	
Artern (Unstrut) Berga-Kelbra, Erfurt, Naumburg	09 197	II	P(RE) G (40) (Wk)			Bm Bw
Artern (Unstrut) Gbf	09 533	Ga	G			
Artern Anschluß Berga-Kelbra						
Artern Ost Berga-Kelbra	44 334	b			OR	
Artern West Berga-Kelbra	44 333				OR	
As Adorf						
As mesto Adorf						
As predmesti Adorf						
Asch Bayernstraße Adorf	26 732	Hst +			OK	
Asch Hbf Adorf	26 045	I				Bm
Asch Stadt Adorf	26 731	III			OK	
Aschersleben Halle, Köthen	12 211	I	P(RE) G(CA) (ST) (40) (Wk)			
Aschersleben Gbf Halle, Köthen	12 212	Ga				
Aschersleben Hecklinger Straße	40 143	b				
Aschersleben Nord	40 144		P(RE) G		OK	
Aschersleben Schlachthof			G(WA)			
Aschersleben Vbf Köthen						
Aschersleben West						
Athensleben Feldbahn			G(WA)	Sm		
Attilastraße Berlin						
Aubachtaler Tunnel Greiz						
Audenhain Mockrehna			P(RE)			
Aue (Sachs) Bockau, Chemnitz, Zwickau	06 601	I	P(RE) G(ST) (32) (Wk)			Bm Bw
Aue (Sachs) Gbf	06 602	Ga				
Aue Erzgebirgs-stadion Chemnitz						
Auehütte Zella-Mehlis	09 380	Hp b u	P			Schmalkal-den
Auerbach (Erzgeb) Schönfeld	07 228	III r	P(RE) G	Sm	OK	Thum
Auerbach (Erzgeb) Hp Schönfeld	07 229	Hp e r u	P	Sm		Auerbach (Erzgeb)
Auerbach (Vogtl) Hp Falkenstein						

Betriebsstelle	Nr.	Art		Verkehr	Sm	OK/OR	
Auerbach (Vogtl) ob Bf Falkenstein	06 862	III og		P			
Auerbach (Vogtl) unt Bf Zwickau	06 837	II	[8]	P(RE) G(CA) (ST) (32) (Wk)			Bm
Auerhammer Aue	06 864	Hst b op u				OR	Aue (Sachs)
Auerose Anklam	45 028				Sm	OR	
Auerose Gut Anklam					Sm		
Auerstedt Straußfurt	09 166	Hp + b		P(RE)		OR	
Auerswalde-Köthensdorf Chemnitz	06 459	IV		P(RE)		OK	
Auerswalde-Ottendorf Waldeisenb.					Sm		
Aufbau Dresden				P	Sm		
Augustusburg Erdmannsdorf-Augustusburg					Sm		
Augsburger Straße Berlin							
Augustfelde Dedelow	46 176					OR	
Auma Triptis	09 131	III		P(RE) G (41) (Wk)			
Auma Porzellanfabrik Triptis							
Aumühle (b Nordhausen) Halle	05 115	III					
Aurith Frankfurt, Kunersdorf	48 437					OR	
Ausleben Oschersleben	44 890	u		P		OR	Ottleben
Ausstellungs-zentrum Gera				P	Sm		
Ausweichan-schluß Gelatine-werk Calbe							
Ausweichan-schluß Helbra Erfurt							
Ausweichan-schluß Po 37 Wustermark							
Ausweiche Dresden, Erdmanns-dorf-Augustusburg, Gotha					Sm		
Ausweiche Leipzig, Teichwolframsdorf							
Ausweiche Gärtnerei Leipzig							
Ausweiche Monarchenhügel Leipzig							
Ausweiche Schwarzes Roß Leipzig							
Ausweichlager Ost Silberhausen							
Auwallenburg Schmalkalden							
Azmannsdorf Bk Großheringen							
Baabe	46 541			P(RE)	Sm	OR	

Betriebsstellenname (fett) siehe unter	Bf-Nr.	Merk-mal DRG	Bem.	Merkmal DR (u. ggf. später)	Sm	Ram.	Mutter-bahnhof/ Bm/Bw/Raw
Altefähr							
Baalberge Könnern, Köthen	12 283	II		P(RE) G(CA) (40)			
Baalberge Ziegelei					Sm		
Baalberge Ziegelei Könnern, Köthen				G(WA)			Baalberge
Babelsberg Berlin	03 138	III og		P(S)			
Babelsberg Ufastadt Berlin	03 137	II				OK	
Bachfeld Eisfeld	09 465	Hp p u		P			Schalkau
Bachra Laucha	09 058	IV +					
Bachtalviadukt Görlitz							
Bad Berka Weimar	48 916			P(RE) G (Wk)			
Bad Berka Nord Weimar				P G(WA)			
Bad Berka Zeughausplatz Weimar							
Bad Bibra Laucha	09 053	III		P G(WA)			
Bad Blankenburg (Thüringerwald) Arnstadt, Rudolstadt	09 334	II		P(RE) G(CA) (40)			Bm
Bad Brambach Plauen				P(RE) G (32)			
Bad Brambach Grenze Plauen							
Bad Doberan Bad Kleinen	27 231	II		P(RE) G (Wk)			Bm
Bad Doberan Goethestraße				P	Sm		
Bad Doberan Poststraße							
Bad Doberan Rennbahn	27 234	IV p u			Sm		ohne Mutterbf
Bad Doberan Severinstraße	27 232	Hp p			Sm		
Bad Doberan Stadtmitte					Sm		
Bad Düben (Mulde) Eilenburg	12 453	III		P(RE) G (40)			
Bad Düben Moorbad					Sm		
Bad Dürrenberg Halle				P	Sm		
Bad Dürrenberg Leipzig	12 040	II		P(RE) G (32) (Wk)			
Bad Elster Plauen	06 802	II		P(RE)			
Bad Frankenhausen (Kyffh) Bretleben	09 203	II		P(RE) G (35) (Wk)			
Bad Freienwalde (Oder) Angermünde, Frankfurt	28 166	I		P(RE) G (40) (Wk)			Bm
Bad Freienwalde (Oder) Gbf	28 167	Ga					
Bad Freienwalde (Oder) Kleinb	41 630					OK	
Bad Freienwalde (Oder) Reichsb							
Bad Freienwalde Tonrohrwerk					Sm		
Bad Gottleuba Pirna	06 209	III		P(RE) G (Wk)			Pirna
Bad Harzburg Halberstadt	13 390	II					Bm
Bad Helmstedt Marienborn							
Bad Jonsdorf Zittau					Sm		
Bad Kleinen Magdeburg	27 020	I		P(RE) G (Wk)			Bm
Bad Kösen Naumburg, Weißenfels	09 007	II		P(RE) G(CA)			
Bad Köstritz Pegau	09 108	II		P(RE) G (40) (Wk)			Bm
Bad Langensalza Erfurt, Gotha				P(RE) G(STA) (40) (Wk)			
Bad Langensalza Konservenfabrik							
Bad Langensalza Ost				P G(WA)			
Bad Langensalza Süd						OR	
Bad Langensalza Ziegelei					Sm		
Bad Lauchstädt Angersdorf, Merseburg	12 123	III	[9]	P(RE) G(STA) (32) (Wk)			
Bad Lauchstädt Brunnen-verwaltung Merseburg	12 124	Ahst					
Bad Lauchstädt Umspannwerk Angersdorf							
Bad Lauchstädt West Merseburg				P			
Bad Lausick Borna, Leipzig	12 806	II		P(RE) G			Bm
Bad Lausick West Borna	12 883	Hst +				OR	
Bad Lauterberg					Sm		
Bad Lauterberg Scharzfeld	05 096	II					
Bad Lauterberg Barytwerk					Sm		
Bad Lauterberg Kurpark Scharzfeld	05 097	Hp					
Bad Liebenstein Immelborn				(E) G			
Bad Liebenstein Aschenberg					Sm		
Bad Liebenstein-Schweina Immelborn	09 429	III					
Bad Liebenwerda Horka	12 584	II		P(RE) G (40) (Wk)			Bm
Bad Muskau Weißwasser	12 690	II		P G (40)			
Bad Muskau Bf					Sm		
Bad Muskau Grenze Weißwasser				Güp			
Bad Muskau WEM					Sm		Bw
Bad Rodach Coburg							
Bad Saarow Fürstenwalde	44 195						
Bad Saarow-Pieskow Fürstenwalde	44 196			P(RE) G(WA)		OR	Fürstenwalde (Spree)
Bad Saarow-Pieskow Süd Fürstenwalde				P G(WA)			Fürstenwalde (Spree)
Bad Saarow Silberberg Fürstenwalde	44 210					OR	
Bad Saarow Silberstrand	44 209					OR	

Fürstenwalde						
Bad Saarow West	44 207				OR	
Fürstenwalde						
Bad Sachsa	05 103 Hp b					
Nordhausen						
Bad Salzungen	09 424 I		P(RE) G(CA) (40)			Bm
Eisenach						
Bad Salzungen Ega	09 425 Ega					
Bad Salzungen Gbf	09 425 Ga					
Bad Salzungen Kaliwerk			G(AH)(STA) (CA)			
Bad Schandau	06 187 I	[10]	P(RE) G(WA)			Bw
Dresden						
Bad Schandau II		[11]	G(Ahst)		OR	Bad Schandau
Bad Schandau Kurpark				Sm		
Bad Schandau Ost						
Dresden						
Bad Schandau Stadtpark			P	Sm		
Bad Schandau Zentrum				Sm		
Bad Schmiedeberg	12 456 III		P(RE) G(CA) (41)			
Eilenburg						
Bad Schmiedeberg Nord			P			
Eilenburg						
Bad Schmiede-berg Süd			P			
Eilenburg						
Bad Sooden-Allendorf	05 445 II					Bm
Eichenberg						
Bad Steben	26 021 III					
Marxgrün						
Bad Suderode	12 226 III		P(RE) G(WA)			
Aschersleben						
Bad Suderode				Sm		
Gernrode						
Bad Sulza	09 175 III		P(RE) G (Wk)			
Großheringen						
Bad Sulza Nord	09 165 Hp +		P			
Straußfurt						
Bad Sülze	27 214 III					
Sanitz						
Bad Sülze Moorbahn				Sm		
Bad Swinemünde						
Züssow						
Bad Tennstedt	09 233 II		P(RE) G (Wk)			
Döllstädt						
Bad Wilsnack	01 011 III		P(RE) G			Bm
Berlin						
Bad Wilsnack Moorbahn				Sm		
Badel	40 051	[12]	P G (Wk)		OK	Kalbe (Milde)
Hohenwulsch, Salzwedel						
Badeleben			P			
Eilsleben						
Badersleben	13 336 III		P(RE) G (Wk)			
Nienhagen						
Badersleben Zuckerfabrik						
Nienhagen						
Badesee			P	Sm		
Berlin						
Badresch	45 079			Sm	OR	
Brohm						
Badstraße						
Strausberg						
Baek	48 411		P(RE) G (Wk)		OK	Perleberg
Perleberg						
Bagenc						
Berlin, Cottbus						
Bagenz	12 695 IV		P(RE)			
Berlin, Cottbus						

Bahnhof 1 und 2						
Dresden						
Bahnhof Mansfeld			P	Sm		
Hettstedt						
Bahnhof Nord						
Zinnowitz						
Bahnhof Zoo						
Berlin						
Bahnhofstraße			P	Sm		
Gotha						
Bahnsdorf	12 713 Hst		P		OK	
Frankfurt						
Bahrdorf (Braunschw)	13 145 III					
Helmstedt						
Bahrendorf	13 323 IV		P(RE) G(WA)			
Eilsleben						
Baitz	03 063 Hp b		P(RE)		OR	
Berlin						
Balgstädt	09 043 Hp b		P(RE)		OR	
Naumburg						
Ballenstedt Ost	12 219 II		P(RE) G(CA) (35)			Bm
Aschersleben						
Ballenstedt West	12 220 III og		P(RE)			
Aschersleben						
Ballerstedt (Altm)	47 377		P(RE) G		OR	Stendal Ost
Stendal						
Ballstädt (Kr Gotha)	09 251 III		P(RE)			
Gotha						
Bamme						
Wustermark						
Bamme Abzw.						
Wustermark						
Bandau	13 125 IV		P(RE) G		OR	
Oebisfelde						
Bannemin-Mölschow	28 136 IV b u		P		OR	Karlshagen-Trassenheide
Züssow						
Bannewitz	06 479 Hst				OR	
Freital						
Bannewitz Lerchenberg				Sm		
Bansin Seebad	28 129 III		P(RE) G(WA)		OR	
Züssow						
Bantin	01 313 IV		P			
Ludwigslust						
Barby	12 268 II		P(RE) G (35)			Bm
Güsten						
Barby Hafen						
Güsten						
Barchfeld (Werra)	09 427 Hp + oe		(E) G			
Immelborn						
Bärenbrück						
Frankfurt						
Bärenfels						
Freital						
Bärenhecke BHG						
Heidenau						
Bärenhecke Brotfabrik						
Heidenau						
Bärenhecke-Johnsbach	06 390 Hst	[2]	P(RE) G(WA)		OR	Heidenau
Heidenau						
Bärenhecke Kornhaus						
Heidenau						
Bärenhof			P			
Velgast						
Bärenholz Tagebau						
Hayna						
Bärenholz Umspannwerk						
Hayna						
Bärenhütte				Sm		
Bad Muskau						
Bärenklau			P			

Betriebsstellenname (fett) siehe unter	Bf-Nr.	Merkmal DRG	Bem.	Merkmal DR (u. ggf. später)	Sm	Ram.	Mutterbahnhof/ Bm/Bw/Raw
Velten							
Bärenloch	07 280	Hp oe r u			Sm		Klingenthal
Klingenthal							
Bärensprung (Prign)	45 697				Sm	OR	
Perleberg							
Bärenstein					Sm		
Heidenau							
Bärenstein (b Glashütte/Sachs)	06 391	IV	[13]	P(RE) G(WA)		OK	Heidenau
Heidenau							
Bärenstein (Bz Chemnitz)	06 583	Hst					
Chemnitz							
Bärenstein (Kr Annaberg)				P(RE) G			Cranzahl
Chemnitz							
Bärenstein Sägewerk							
Heidenau							
Barenthin	46 011				Sm	OR	
Kyritz							
Barenthin Abbau	46 010				Sm	OR	
Kyritz							
Bärenwalde (Sachs)	07 256	IV +		P(RE) G	Sm	OR	Schönheide Süd
Wilkau-Haßlau							
Bärenzwinger				P	Sm		
Berlin							
Bargischow	45 027				Sm	OR	
Anklam							
Barleben	13 141	III		P(RE) G(WA)			
Haldensleben							
Barleber See			[15]	P(S)			
Zielitz							
Barmke	13 149	III					
Helmstedt							
Barneberg	45 890	p u		P			Hötensleben
Oschersleben							
Barnimslow	40 557				Sm	OR	
Casekow							
Bärnsdorf	07 062	Hst + e r		P	Sm	OR	
Radebeul							
Bärringen-Abertham	07 933	III				OK	
Schwarzenberg							
Barsc (Luzyca)							
Cottbus, Forst, Guben							
Barscamp					Sm		
Lüneburg							
Barsikow	81 904			P		OR	
Köritz, Neustadt							
Bart (Sakska)							
Löbau							
Bartelshagen	41 571				Sm	OR	
Stralsund							
Barth	28 082	II		P(RE) G (40) (Wk)			Bm Bw
Velgast							
Barth Hafen				G	Sm		
Stralsund							
Barth Hafen				G(Ldst)		OR	
Velgast							
Barth Landesbf	41 577			P G (16)	Sm	OK	Bw
Stralsund							
Barthebrücke							
Rostock							
Barthmühle	06 790	IV		P(R)			
Gera							
Bartow	41 022				Sm	OR	
Demmin							
Baruth (Brandenburg)	12 538	III					Bm
Berlin							
Baruth (Mark)				P G(WA) (40)			
Berlin							
Baruth (Sachs)	06 148	IV		P(RE) G (32) (Wk)			
Löbau							
Baruth (Sachs)					Sm		
Basaltwerk Bärwalde							
Tagebau							
Lübbenau							
Basdorf	46 897			P(RES) G		OR	Bw
Berlin							
Basdorf Hp							
Basedow	27 170	Hst + mvG		P G(WA)		OK	
Waren							
Basedower Weiche		G					
Waren							
Baßlitz Bk							
Leipzig							
Bassower Koppel							
Neubrandenburg							
Bast							
Blankenburg							
Bast-Michaelstein	46 834	p					
Blankenburg							
Bastorf		Ldst			Sm		
Neubukow							
Battgendorf	09 529	Hp p u					Kölleda
Laucha							
Battinsthal	40 552				Sm	OR	
Casekow							
Bauchlitz							
Doberlug-Kirchhain							
Bauchlitz Muldebrücke							
Doberlug-Kirchhain							
Bauersheim	44 646				Sm	OR	
Ferdinandshof							
Baumschulenweg	03 315	II og		P(S)			
Berlin							
Baunach	22 075	IV					
Breitengüßbach							
Bautzen	06 052	I		P(RE) G(CA) (ST) (40) (Rp)			Bm Bw
Bad Schandau, Görlitz, Löbau							
Bautzen Gbf	06 053	Ga					
Bautzen Oberkaina Granitwerk					Sm		
Bautzen Straßenbahnversuchsring			[14]		Sm		
Bautzen Straßenbahnversuchsring			[14]				
Bavendorf	01 151	IV				OR	
Berlin							
Bayerischer Platz							
Berlin							
Beauregard	45 432					OK	
Fürstenwalde							
Bebenroth-Tunnel							
Eichenberg							
Beberstedt	45 489					OR	
Silberhausen							
Beberstedt Sägewerk							
Silberhausen							
Bebertal				P(RE)			
Haldensleben							
Bebertal-Dönstedt				P			
Haldensleben							
Bebitz					Sm		
Leau							
Bebitz				P(RE) G(CA) (35)			
Könnern							
Bebitz (Saalkr)	12 186	III					
Könnern							
Bebitz Flanschenwerk				G(WA)			
Könnern							
Bebra	11 002	I					Bm Bw

Betriebsstelle	Nr.		Verkehr	Sm	OR	Bemerkung
Eisenach						
Bebra Gbf	11 003 Ga					
Bechlin	74 904 e u		P		OR	Neuruppin
Neustadt						
Bechstedt-Trippstein	09 325 Hp +		P			
Köditzberg						
Beckerschacht						
Freital						
Bederwitz	06 078 Hp + b				OR	
Löbau						
Bedheim	09 446 Hst +			Sm		
Hildburghausen						
Beelitz Bea Abzw.						
Wildpark						
Beelitz Heilstätten	03 060 III		P(RES) G(WA)			
Berlin						
Beelitz Stadt	03 353 III		P(RE) G(CA) (Wk)			Bm
Wildpark						
Beendorf	44 594		G			Marienborn
Marienborn						
Beenz	28 208 IV		P(RE) G			
Prenzlau						
Beerenbusch						
Rheinsberg						
Beerwalde (Kr Gera)	06 759 Hst + mvG				OR	
Meuselwitz						
Beerwalde (Kr Schmölln)			P(RE)			
Meuselwitz						
Beerwalde Bergbaubetrieb						
Beesdau	12 557 Hst + b				OR	
Finsterwalde						
Beesedau (Kr Bernburg)			P		OR	
Bebitz						
Beesedau (Saalkr)	40 217 b				OR	
Bebitz						
Beesedau Zollhaus						
Bebitz						
Beesenlaublingen	40 218		P(RE) G			Bebitz
Bebitz						
Beesenlaublingen Bürstenfabrik			G(WA)			Bebitz
Bebitz						
Beesenlaublingen Gipsbruch				Sm		
Bebitz						
Beesenlaublingen Saalehafen						
Bebitz						
Beesenlaublingen Saline				Sm		
Bebitz						
Beesenlaublingen Ziegelei				Sm		
Bebitz						
Beesenlaublingen Zuckerfabrik						
Bebitz						
Beesenstedt	42 512				OR	
Halle						
Beesenstedt Ost						
Halle						
Beeskow			P(RE) G (40) (Wk)			
Falkenberg, Königs Wusterhausen						
Beeskow Kreisbf	44 201					
Fürstenwalde						
Beeskow Nord		[16]	P G			Beeskow
Fürstenwalde						
Beeskow Reichsbf	03 345 II					
Königs Wusterhausen						
Beeskow West	62 886					
Falkenberg, Fürstenwalde						
Beetz-Sommerfeld	47 904		P(RE)		OK	
Kremmen						
Beetzendorf (Prov Sachs)	13 124 III					
Oebisfelde						
Beetzendorf (Sachs-Anh)			P(RE) G (40) (Wk)			
Oebisfelde						
Beetzendorf Süd	40 055				OK	
Hohenwulsch						
Beharrlichkeitsschacht						
Freital						
Behlendorf	45 545				OR	
Müncheberg						
Behnsdorf	42 011		P(RE) G (Wk)		OK	Haldensleben
Haldensleben						
Behrend	01 033 Hp		P			
Magdeburg						
Behrendorf (Kr Osterburg)	42 147 b		P		OR	
Goldbeck						
Behrendorf-Berge						
Goldbeck						
Behrenhoff	42 309			Sm	OR	
Greifswald						
Behrenwalde (b Franzburg)	41 609		P G(WA)		OR	Velgast
Velgast						
Beicha	07 103 Hst + r		P	Sm	OR	
Lommatzsch						
Beidersee	48 040		P		OR	
Wallwitz						
Beienrode				Sm		
Duderstadt						
Beierfeld	06 648 II					
Stollberg						
Beiern-Langenleuba	06 448 III		P(RE) G (40)		OK	
Altenburg						
Beiersdorf (b Coburg)	09 488 Hp p u					Rodach (b Coburg)
Coburg						
Beiersdorf (b Dürrhennersdorf)				Sm		
Taubenheim						
Beiersdorf (Kr Liebenwerda)	12 582 Hp b		P		OR	
Horka						
Beiersdorf (Oberlaus)	07 029 IV r			Sm	OK	
Taubenheim						
Beiersdorf Bk						
Dresden						
Beiersdorf Petr-Getr-Kohlehandlung				Sm		
Taubenheim						
Beilrode	12 487 III		P(RE) G (32)			
Cottbus						
Bela Gora				Sm		
Lübben						
Bela Woda (Hornja Luzyca)						
Berlin, Forst, Weißwasser						
Bela Woda Lesny dom						
Weißwasser						
Belgern	12 474 IV		(E) G (40) (Wk)			
Torgau						
Belgershain	12 803 III		P(RE) G (Wk)			Liebertwolkwitz
Leipzig						
Belicke						
Berlin						
Belin				Sm		

Betriebsstellenname (fett) siehe unter	Bf-Nr.	Merkmal DRG	Bem.	Merkmal DR (u. ggf. später)	Sm	Ram.	Mutterbahnhof/ Bm/Bw/Raw
Lübben							
Belkau (Kr Stendal)	47 401					OR	
Peulingen							
Belleben	12 191	III		P(RE) G			
Halle							
Belleben Hp				P			
Halle							
Belleben Piesdorfer Zuckerfabrik				G(WA)	Sm		
Bellevue	03 276	II p					Bm
Berlin							
Belling Abzw.							
Bernau, Bützow							
Bellingen					Sm		
Tangermünde							
Below	27 261	IV +		P		OR	
Wismar							
Bely Cholmc							
Cottbus, Knappenrode							
Belzig				P(RE) G(ST) (40) (Rp)			
Berlin, Treuenbrietzen							
Belzig Brand St B	66 808			P(RE) G			
Treuenbrietzen							
Belzig Kleinbf							
Treuenbrietzen							
Belzig Reichsb	03 064	I					Bm
Berlin							
Benitz-Wiswedel	48 508					OK	
Wittingen							
Benkendorf	12 131	Hst + b op				OK	
Angersdorf							
Benkendorf (Altm)	47 044			P(RE) G		OR	Salzwedel
Salzwedel							
Benkendorf (Altm) Süd				P G		OR	Salzwedel
Salzwedel							
Benndorf-Neumark				P	Sm		
Merseburg							
Benneckenstein	49 887			P(RE) G	Sm	OK	
Nordhausen							
Benneckenstein Hantzsche					Sm		
Nordhausen							
Benneckenstein Kohlenh Baumgarten					Sm		
Nordhausen							
Benneckenstein Kompressorenwerk					Sm		
Nordhausen							
Benneckenstein Marens					Sm		
Nordhausen							
Benneckenstein Zimmer. Baumgarten					Sm		
Nordhausen							
Bennewitz	12 763	III				OR	
Leipzig							
Bennewitz-Altenbach							
Leipzig							
Benniehausen					Sm		
Duderstadt							
Bennstedt	12 143	IV		G		OR	Teutschenthal
Teutschenthal							
Bennstedt-Falzminde Ziegelei					Sm		
Bennungen	05 121	Hp		P(RE)			
Halle							
Bennungen Bk							
Halle							
Benshausen	09 367	IV		P		OK	
Zella-Mehlis							
Benshausener Tunnel							
Zella-Mehlis							
Bentwisch	27 267	IV		P(RE) G(WA)		OK	
Rostock							
Benz (Rügen)	46 512	b			Sm	OR	
Altefähr							
Benzin Ziegelei					Sm		
Berbersdorf	06 351	III		P(RE) G(WA)		OK	
Chemnitz							
Berbisdorf	07 063	Hst + e r		P	Sm	OK	
Radebeul							
Berbisdorf Anbau Hp				P	Sm		
Radebeul							
Berga (Elster)	06 783	III		P(RE) G			
Gera							
Berga-Kelbra	05 116	II		P(RE) G (40)			
Halle							
Berga-Kelbra Anschluß							
Berga-Kelbra Süd	44 325					OR	
Berga Schwalbe 5					Sm		
Berge (Kr Gardelegen)	40 079					OR	
Gardelegen							
Berge (Mark)	46 356				Sm		
Senzke							
Berge (Prign)	48 407			P(RE) G (Wk)			
Perleberg							
Berge VEAB							
Bergen (Dumme)	13 039	III					
Salzwedel							
Bergen (Kr Hoyerswerda)	12 652	Hst Ldst u				OK	Hoyerswerda
Hoyerswerda							
Bergen (Rügen)	28 066	II		P(RE) G (35) (Wk)			Bm
Rostock							
Bergen (Rügen) Kleinb	46 553			P G (17,5)	Sm	OK	
Bergen (Rügen) Ost							
Bergen (Vogtl)	06 841	IV		P(RE)		OK	
Falkenstein							
Bergener Reichsstraße							
Altefähr							
Berger Damm	01 001	IV		P(RE) G			
Berlin							
Bergfeld	27 331	IV		P(RE)		OR	
Neustrelitz							
Bergfelde (b Berlin)				P(S)			
Berlin							
Bergfelde Ost Abzw.							
Berlin							
Bergfriede							
Wustermark							
Berggießhübel	06 256	III		P(RE)		OK	
Pirna							
Berggießhübel-Zwiesel	06 207	Hp e u		P			Berggießhübel
Pirna							
Bergholz	46 151			P		OR	
Prenzlau							
Bergholz (b Potsdam)				P(S)			
Berlin							
Berglustschacht							
Freital							
Bergsdorf	28 006	IV		P(RE)		OR	
Prenzlau							
Bergstadt Platten	07 932	III				OK	
Schwarzenberg							
Bergwitz	12 404	II		P(RE) G			
Halle							

Bergwitz Dorf					
Bergwitz West	40 233 b				
Bergzow-Parchen Berlin	03 153 III		P(RE)	OK	
Berka Bad Berka, Weimar					
Berka (Werra) Eisenach	09 388 III			OK	
Berka (Wipper) Bretleben	09 207 IV		P(RE) G(WA)	OK	
Berkau Hohenwulsch	40 046		P	OR	
Berkenbrück Berlin	25 184 III	[17]	P(RE) G(WA)		
Berkholz Fürstenwerder					
Berlin Adlershof	03 322 IV		P(S) G(CA) (120) (Wk)		
Berlin Adlershof Gbf	03 323 Ga				
Berlin AEG Brunnenstraße	03 196 b				Berlin Gesundbrunnen
Berlin Albrechtshof					
Berlin Alexanderplatz	03 280 I og				
Berlin Anhalter Bf	03 067 I og				Bm Bw Bww
Berlin Anhalter Gbf a B	03 068 I op				Bm
Berlin Barnim	03 246 Ahst o	[18]			
Berlin Baumschulenweg			P(S)		
Berlin Bergmann Elektrizitätswerke					
Berlin Biesdorf			P(S)		
Berlin Blankenburg	03 206 II		P(S)		
Berlin Blankenfelde	42 897		P(S)	OR	
Berlin Bornholmer Straße a B					
Berlin Britz	45 398			OR	
Berlin Buch	03 208 III		P(S) G(WA)		
Berlin Buchholz	43 057			OR	
Berlin Buckow	45 399			OR	
Berlin Charlottenburg	03 001 I og				Bm
Berlin Charlottenburg Abzw.					
Berlin Charlottenburg Gbf	03 002 I b				
Berlin Charlotten-burg Gbf Fürstenbr.					
Berlin Charlottenburg Siemens & Hal					
Berlin Eberswalder Straße					
Berlin Eichgestell					
Berlin Eisenhandel					
Berlin Eisenhandlung					
Berlin Frankfurter Allee	03 023 I b oä oe		P(S)		Bm
Berlin Frankfurter Allee Gbf	03 024 Ga		G(WA)(C)		
Berlin Frankfurter Bf					
Berlin Friedrichsfelde					Bw
Berlin Friedrichsfelde Industriebahn	43 062			OR	
Berlin Friedrichshagen	03 303 II		P(S) G(WA)		Berlin Köpenick
Berlin Friedrichstraße	03 278 I og	[19]	P(RS)		
Berlin Frohnau	03 219 Hp				
Berlin Gartenfeld					
Berlin Gesundbrunnen	03 195 I og p				Bm Bw
Berlin Goerzallee					
Berlin Görlitzer Bf	03 313 I				Bm Bw
Berlin Görlitzer Gbf	03 314 Ga				
Berlin Greifswalder Str.			P(S) G (45) (Wk)		
Berlin Grünau	03 324 I		P(S) G(WA)		Bm Bw
Berlin Grunewald	03 052 I b oä oe			OR	Bm Bw Bww Raw Berlin Grunewald
Berlin Grunewald Betriebsbf	03 051				
Berlin Grunewald Gbf	03 050 Ga				
Berlin Grunewald Gleis 17	03 051				
Berlin Halensee	03 046 II b oä oe				Bm
Berlin Halensee Gbf	03 047 Ga				
Berlin Halensee Nordkopf					
Berlin Halensee Südkopf					
Berlin Hamb und Lehrt Bf (B. Eilgut)	03 165 Ahst b				
Berlin Hamb und Lehrt Bf (Wagenl.)	03 161 Ahst b				
Berlin Hamb und Lehrt Bf Ga	03 160 Ga				
Berlin Hamb und Lehrt Gbf	03 159 I b op				Bm
Berlin Hbf Halle		[29]			
Berlin Heiligensee					
Berlin Heinersdorf			G(WA)	OR	Berlin Pankow
Berlin Heinersdorf Industriebahn	43 059			OR	
Berlin Hermsdorf	03 218 I				Bm
Berlin Hirschgarten			P(S)		
Berlin Hohenschönhausen	43 061		P(S) G(WA)	OR	Berlin Pankow
Berlin Hohenschönhausen Gbf					
Berlin Industrieanschlußbahn					
Berlin Industrieumschlagbf			G(STA)(WA) (60)		Berlin Lichtenberg
Berlin Johannisthal Kopierwerk					
Berlin Jungfernheide			P(S)		
Berlin Karlshorst			P(S)		Bw
Berlin Karow	03 207 III og		P(S)		Bm
Berlin Karow Ost Abzw.					
Berlin Karow West Abzw.					
Berlin Kaulsdorf			P(S) G (Wk)		
Berlin Kolonnenstraße	03 071 II b op				
Berlin Kolonnenstraße Gbf	03 072 Ga				
Berlin Köpenick	03 299 II		P(S) G (Wk)		Bm
Berlin Köpenick Gbf	03 300 Ga				
Berlin Lehrter Bf	03 369 I og	[31]			Bm Bw Bww
Berlin Lehrter Stadtbf	03 277 III p				

Betriebsstellenname (fett) siehe unter	Bf-Nr.	Merkmal DRG	Bem.	Merkmal DR (u. ggf. später)	Sm	Ram.	Mutterbahnhof/ Bm/Bw/Raw
Berlin Lichtenberg	03 244	I b		P(RES) G(WA) (40)			Bm Bw
Berlin Lichtenberg Gbf	03 245	Ga					
Berlin Lichterfelde Ost	03 102	II					
Berlin Lichterfelde Ost Gbf	03 103	Ga					
Berlin Lichterfelde West	03 131	II					Bm
Berlin Lübars	43 052					OR	
Berlin Magerviehhof							
Berlin Mahlsdorf	03 257	IV b		P(S)			
Berlin Mariendorf Abzw.							
Berlin Marienfelde							
Berlin Marzahn				P(S) G(WA)			Berlin Kaulsdorf
Berlin Moabit	03 101	I b op					Bm
Berlin Moabit Gbf	03 011	Ga					
Berlin Nennhauser Damm Abzw.							
Berlin Neukölln	03 033	I b oä oe					Bm
Berlin Neukölln Gbf	03 034	Ga					
Berlin Niederschönhausen	43 056			G(WA)			Berlin Pankow
Berlin Nonnendammallee Gbf							
Berlin Nordbf a B	03 197	I b op					Bm
Berlin Nordbf Gbf	03 198	Ga					
Berlin Nordend	43 055					OR	
Berlin Nordost				G(WA)(CA)			
Berlin Oberschöneweide Industrieb.							
Berlin Ostbf			[20]	P(RES)			Bw
Berlin Ostbf [alt]	03 240	II b					Bm
Berlin Ostbf Gbf [alt]	03 241	Ga					
Berlin Ostendgestell Og Abzw.							
Berlin Ostgüterbf			[21]	G(CA)(ST) (50)			
Berlin Osthafen	03 025	II b op	[22]	G(STA) (40)		OK	
Berlin Osthafen Gbf	03 026	Ga					
Berlin Ostkreuz Nord							
Berlin Pankow	03 202	I op		P(S) G (40) (Wk)			Bm Bw
Berlin Pankow Gbf	03 203	Ga					
Berlin Potsdamer Bf	03 119	I					Bm
Berlin Potsdamer Gbf	03 122	Ga					Bw
Berlin Potsdamer Ringbf	03 120	II og					
Berlin Rahnsdorf							
Berlin Reinickendorf	03 227	I p					
Berlin Rosenthal a B	41 897					OR	
Berlin Rosenthal Industriebahn	43 054	b				OR	
Berlin Rudow	45 401						
Berlin Rudow-Johannisthal	45 400	b					
Berlin Rudow Nord							
Berlin Ruhleben	03 174	Gnst b				OK	
Berlin Rummelsburg	03 295	I b op		P(S) G(WA) (CA)(STA)			Bm Bw Bww
Berlin Rummelsburg Gbf	03 296	Ga					
Berlin Rummelsburg Rgbo							
Berlin Rummelsburg Rgbv							
Berlin Rummelsburg Rgbw							
Berlin Schlachtensee							
Berlin Schles Bf	03 283	I og					Bm Bw
Berlin Schles Gbf	03 284	I op					Bm Bw
Berlin Schles Gbf	03 285	Ga					
Berlin Schöneberg							
Berlin Schöneberg Militärbf							
Berlin Schöneweide Halle	03 316	I	[23]	P(RES) G(WA) (ST) (35)			Bm Bw Raw
Berlin Schöneweide Betriebsbf	03 318	Hp					
Berlin Schöneweide Gbf	03 317	Ga					
Berlin Schöneweide Sad Abzw.							
Berlin Schönholz	03 213	I					Bm
Berlin Schönholz Gbf	03 214	Ga					
Berlin Sgn Abzw.							
Berlin Siemens							
Berlin Siemensstadt							
Berlin Spandau	03 170	I og					Bm
Berlin Spandau Gbf	03 172	I op					Bm
Berlin Spandau Gbf Bötzow	03 173	Ga					
Berlin Spandau Johannesstift Bötzow	45 326						
Berlin Spandau Mitte							
Berlin Spandau Ost							
Berlin Spandau Osth E	45 327	b					
Berlin Spandau West							
Berlin Spindlersfeld				P(S) G(WA)		OK	Berlin Schöneweide
Berlin Spreeufer Gbf	03 163	b					Berlin Lehrter Bf
Berlin Spreeufer Ldst Sammelgutv.	03 164	Ldst b					
Berlin Staaken	03 175	III				OR	
Berlin Staaken Bahnsteig							
Berlin Stadler							
Berlin Stadtforst Abzw.							
Berlin Steglitz	03 128	I					Bm
Berlin Steglitz Gbf	03 129	Ga					
Berlin Stettiner Bf	03 193	I b	[24]				Bm Bw Bww
Berlin Stettiner Gbf	03 194	Ga					
Berlin Tegel	03 230	I					Bm
Berlin Tegel Gbf	03 231	Ga					

Betriebsstelle	Nr.		Verkehr		
Berlin Tegel Hafen	43 050			OR	
Berlin Teltowkanal					
Berlin Teltowkanal Müllverladung					
Berlin Tempelhof					
Berlin Tempelhof Abzw.					
Berlin Tempelhof Flughafentunnel			G(WA)		
Berlin Tempelhof Rbf					
Berlin Treptow				Sm	
Berlin Treptow	03 029 II b op				
Berlin Treptow Gbf	03 030 Ga				
Berlin Treptow Vtw Abzw.					
Berlin Wannsee	03 053 I				Bm Bw
Berlin Wannseebf					
Berlin Wedding	03 013 II b oä oe			OR	
Berlin Wedding Abzw.					
Berlin Weißensee	03 018 I b p		G (40) (Wk)		Bm
Berlin Weißensee Gbf	03 019 Ga				
Berlin Weißensee Industriebahn	43 060				
Berlin Wendenheide			G(WA)	OR	Berlin Adlershof
Berlin Wernerwerk					
Berlin Westhafen	03 162 Ahst b			OR	
Berlin Wiesendamm Abzw.					
Berlin Wilhelmsruh	03 215 Hp	[25]	G(WA)		Basdorf
Berlin Wilhelmsruh (Niedb E)	40 897				
Berlin Wilmersdorf	03 042 II b oä oe				Bm
Berlin Wilmersdorf Gbf	03 043 Ga				
Berlin Wittenau					
Berlin Wittenau Industriebahn	43 051				
Berlin Wriezener Bf	03 242 IV og		G (60) P(S)		
Berlin Wuhletal					
Berlin Wuhlheide Feldbahnmuseum				Sm	
Berlin Wuhlheide Rbf		[26]	G(WA)		Berlin Kaulsdorf
Berlin Zehlendorf	03 133 I		P(S)		Bm
Berlin Zentralmarkthalle	03 287 I b op			OK	
Berlin Zentralmarkthalle Gbf	03 288 Ga				
Berlin Zentralviehhof	03 021 I b oä oe		P(S) G(WA)	OK	
Berlin Zentralviehhof Gbf	03 022 Ga				
Berlin Zoologischer Garten	03 274 II og				
Berliner Außenring Baustelle				Sm	
Berliner Magnetbahn					
Berliner Straße Berlin					
Berliner Trümmerbahn			P G	Sm	
Berlitt Kyritz	46 009			Sm OR	
Bermbach	42 917 oä oe u				Oechsen
Wenigentaft-Mansbach					
Bernau (b Berlin) Berlin	03 211 I		P(RES) G(ST) (30) (Wk)		Bm Bw
Bernau Friedenstal Berlin					
Bernauer Straße Berlin					
Bernbruch Schotterwerk				Sm	
Bernbruch Splitt- und Granitwerke				Sm	
Bernburg Könnern, Köthen	12 277 I		P(RE) G(CA) (ST) (40)		Bm Bw
Bernburg Friedenshall Baalberge, Könnern, Köthen			P		
Bernburg Gbf Könnern, Köthen	12 278 Ga				
Bernburg Kaliwerk Baalberge, Könnern, Köthen			G(WA)		Baalberge
Bernburg Kalksteinbruch			G(WA)	Sm	
Bernburg Sodawerk Solvay			G(WA)	Sm	
Bernburg Sodawerk Solvay Könnern, Köthen			G(WA)		Bernburg
Bernburg Stadtbf Könnern, Köthen					
Bernburg Strenzfeld Könnern			P		
Bernburg Waldau Köthen			P		
Bernburg Waldau Hp Könnern					
Bernburg Zementwerk Könnern			G(WA)		
Bernburger Straße Berlin					
Bernsbach Stollberg	06 647 III				
Bernsbach Blechformwerk				Sm	
Bernsdorf Grube Hoyerswerda					
Bernsgrün Werdau	06 826 Hp b		P(RE)	OR	
Bernstadt Herrnhut				Sm	
Bernstadt (Oberlaus) Herrnhut	07 026 IV			Sm OK	
Bernterode Halle	05 504 III		P(RE) G(WA)	OR	
Bernterode Schacht Halle					
Bernterode West Abzw. Halle					
Berstebrücke Falkenberg					
Berta von Suttner-Straße Gotha			P	Sm	
Berthelsdorf (b Herrnhut) Herrnhut	07 022 Hst +			Sm OR	
Berthelsdorf (b Herrnhut) Weberei Herrnhut				Sm	

Betriebsstellenname (fett) siehe unter	Bf-Nr.	Merkmal DRG	Bem.	Merkmal DR (u. ggf. später)	Sm	Ram.	Mutterbahnhof/ Bm/Bw/Raw
Berthelsdorf (Erzgeb) Freiberg	06 333	III		P(RE) G(WA)			Bm
Berthelsdorf (Erzgeb) Ort Freiberg							
Berthke Stralsund	44 909	u				OR	Richtenberg
Bertsdorf Zittau	07 015	II r		P(RE) G	Sm	OK	Bw
Berwitz Gerlebogk							
Berzdorf Tagebau Hagenwerder				G(WA)	Sm		
Beseritz Bresewitz	44 660	b			Sm	OR	
Bestensee Berlin	03 330	III		P(RE)		OR	
Betonwerk Gielow Waren							
Betriebsbf As Eilenburg							
Betriebsbf Bergmann Borsig Berlin							
Betriebsbf Berlin Rummelsburg Berlin				P(S)			
Betriebsbf Berlin Schöneweide Berlin				P(S)			
Betriebsbf Cottbus Südwest Frankfurt							
Betriebsbf Grabkow Frankfurt							
Betriebsbf Graustein Berlin, Cottbus							
Betriebsbf Hennersdorf (Kr Finsterw) Cottbus							
Betriebsbf Lauta (Niederlaus) Horka							
Betriebsbf Schöneberg Berlin							
Betriebsbf Schönerlinde Berlin							
Betriebsbf Skyro Frankfurt							
Betriebsbf Tauer Frankfurt, Jänschwalde							
Betriebsbf Zeischa Horka							
Betriebshof Strausberg							
Betzin-Carwesee Paulinenaue							
Betzin-Karwesee Paulinenaue	42 904			P(RE)		OK	
Beucha Leipzig	12 644	II		P(RE) G(WA)		OR	
Beucha (b Brandis) Leipzig							
Beucha Fiedler Leipzig							
Beucha Natursteinwerk					Sm		
Beucha Ost				P(RE)			
Beuchow Altefähr							
Beuditz Bk Weißenfels, Zeitz							
Beuna (Geiseltal) Merseburg	12 110	III b		P		OR	
Beuren Halle	05 499	Hp		P(R)			
Beußelstraße Berlin	03 009	III p					
Beutersitz Cottbus	12 544	III		P(RE) G(WA)			Bm
Beuthenfall Bad Schandau				P	Sm		
Beutnitz (Thür) Krossen	09 070	Hst +		P(RE)		OK	
Beveringen Wittenberge	27 309	Hp p		P			
Beyendorf Berlin	13 284	Hp		P(RE)			
Beyern Horka				P			
Beyern Abzw. Großrössen							
Biberau Eisfeld				P G (40)	Sm		Eisfeld
Bibow Magdeburg		Hp p					
Bibra Meiningen				P			
Bieberstein Götzenhof	11 321	IV				OK	
Biederitz Berlin, Magdeburg	13 077	II		P(RE) G			Bm
Biedrzychowice Gorne Zittau					Sm		
Biehain Horka	42 685					OR	
Biehla Horka	12 520	Hp					
Bielatal Ziegelei					Sm		
Bielawa Dolna Horka							
Bielsteintunnel Blankenburg							
Biendorf Köthen	12 284	II		P(RE) G (Wk)			
Biendorf Bo Köthen							
Biendorf Gbf Köthen							
Biendorf Gerlebogker Bf				P		OR	
Biendorf W 1 Köthen							
Biendorf Zuckerfabrik Köthen				G(WA)			Biendorf
Bienenmühle Freiberg	06 337	II		P(RE) G (40)			Bm
Bienenmühle ACZ Freiberg							
Biesdorf Berlin	03 255	III p		P(S)			
Biesdorf Süd Berlin							
Biesdorfer Kreuz Mitte Abzw. Berlin							
Biesdorfer Kreuz Süd Abzw. Berlin							
Biesebrücke Magdeburg, Pretzier, Stendal							
Biesenbrow Haltepunkt Schönermark	47 211					OR	
Biesenbrow Haltestelle Schönermark				P		OR	
Biesenbrow Ladestelle Schönermark	47 212			P		OK	
Biesenhorst	03 390	IV o					
Biesenrode Klostermansfeld	12 203	Hst +		P(RE)		OR	
Biesenthal	28 157	III		P(RE) G (42) (Wk)			

Betriebsstelle	Nr.	Verkehr			
Bernau					
Biesern Sandwerk Glauchau					
Bietegast Eilenburg	12 400 Hp p u				Wittenberg (Prov Sachs)
Billroda Laucha	09 055 IV +			OR	
Billroda Kaliwerk Buttstädt					
Bilshausen Leinefelde	05 141 IV			OK	
Bily Kostel nad Nisou Zittau					
Binde-Kaulitz Salzwedel	01 613 IV	P(RE) G			Arendsee (Altm)
Bindersleben Erfurt	41 303			OR	
Bindfelde Stendal	45 908 p	P			
Bindfelde Abzw. Wustermark					
Bindfelde Kreuzungsbf Wustermark					
Binz Lietzow	28 616 II	P(RE) G (Wk)		OR	
Binz I	28 622 Ahst				
Binz Landesb Altefähr	46 536		Sm	OR	
Binz Ost Altefähr		P(RE)	Sm		
Birkenallee Halle		P	Sm		
Birkengrund Nord Berlin, Halle	03 192 Hp p	P(S)			
Birkengrund Süd Berlin, Halle	03 117 Hp p	P(S)			
Birkenhain Prenzlau	28 207 Hp u				Prenzlau
Birkenhain-Limbach Freital	07 107 Hp + r	P	Sm	OK	
Birkenmoor Gernrode	53 830 p u	P	Sm		Stiege
Birkenmoor Holzladestelle Gernrode			Sm		
Birkenreismühle Wusterwitz	43 537 b			OK	
Birkenstedt Weißwasser	12 887 III			OR	
Birkenstein Berlin					
Birkenstraße Berlin					
Birkenwerder (b Berlin) Berlin	03 221 II	P(S) G(ST) (40)			
Birkigt Freital					
Birkungen Gotha, Leinefelde	05 512 Hp b	P(RE)			
Bischdorf (Laus) Lübbenau	12 574 IV	P		OR	
Bischheim-Gersdorf Lübbenau	06 121 III	P(RE) G (60)		OK	
Bischheim-Häslich Granitwerk			Sm		
Bischleben Erfurt	09 235 III				
Bischofferode (Eichsf) Bleicherode		P(RE) G (Wk)			
Bischofferode (Kr Worbis) Bleicherode	05 137 IV				
Bischofferode Kaliwerk					
Bischofswald (Kr Haldensleben) Haldensleben	42 008	P G		OK	Haldensleben
Bischofswerda Görlitz, Zittau	06 058 I	P(RE) G(ST) (Wk)			Bm Bw
Bischofswerda Gbf	06 059 Ga				
Biskopicy Bischofswerda, Görlitz					
Bismarckstraße Berlin					
Bismarcktunnel Blankenburg					
Bismark (Altm) Hohenwulsch, Stendal	13 032 III	P(RE) G (Wk)			Bm
Bismark (Altm) Ost Hohenwulsch, Peulingen	40 044 III	[27]			
Bismark (Altm) Stadt Hohenwulsch	40 045				
Bismark Anschlußbf Hohenwulsch, Peulingen, Stendal					
Bitterfeld Dessau, Halle, Leipzig	12 318 I	P(RE) G(CA) (ST) (50) (Wk)			Bm Bw
Bitterfeld Chemiepark					
Bitterfeld Gbf	12 319 Ga				
Bitterfeld Hi (Kr) Abzw. Halle					
Bitterfeld Hi (Lei) Abzw.					
Bjedrusk Löbau					
Bk 18 Berlin					
Bk 91 Wustermark					
Bk 96 Wustermark					
Bk 101 Wustermark					
Bk 107 Wustermark					
Bk 112 Wustermark					
Bk 117 Wustermark					
Bk 122 Wustermark					
Blankenberg (Meckl) Magdeburg, Wismar	27 022 II	P(RE)			Bm
Blankenberg Ziegelei			Sm		
Blankenburg Berlin					
Blankenburg (Harz) Halberstadt	44 834	P(RE) G (50) (Wk)			Bw Raw
Blankenburg (Meckl) Ziegelei			Sm		
Blankenburg a. H.					
Blankenburg Nord					
Blankenburg Raw Halberstadt		G(WA)			
Blankenburg Westend	45 834 p	P			
Blankenfelde (b Berlin) Berlin					
Blankenfelde (Kr Niederbarnim)					

Betriebsstellenname (fett) siehe unter	Bf-Nr.	Merkmal DRG	Bem.	Merkmal DR (u. ggf. später)	Sm	Ram.	Mutterbahnhof/ Bm/Bw/Raw
Berlin							
Blankenfelde (Kr Teltow-Fläming)							
Berlin							
Blankenfelde (Kr Zossen)				P(RES)			
Berlin							
Blankenfelde Kreuz							
Berlin							
Blankenhain (Thür)	54 916						
Bad Berka							
Blankenheim (Kr Sangerhausen)	05 127	III		P(RE)			
Erfurt, Halle							
Blankenheim Trennungsbf	05 128	o					
Erfurt, Halle							
Blankenheimer Tunnel							
Erfurt, Halle							
Blankenhof	27 058	IV o		P			
Bützow							
Blankensee							
Lüneburg							
Blankensee (Meckl)				P(RE) G (Wk)			
Oranienburg							
Blankensee (Meckl) Hbf	28 037	III					
Oranienburg							
Blankensee (Meckl) MFWE							
Neustrelitz							
Blankensee (Meckl) Ost	27 337	IV o				OR	
Neustrelitz							
Blankensee (Meckl) Reichsb							
Oranienburg							
Blankenstein (Saale)	09 147	III		P(RE) G (36)			
Saalfeld							
Blankenstein Vogel					Sm		
Blankenstein Zellstoffwerk					Sm		
Blaschkoallee							
Berlin							
Blasdorf					Sm		
Byhlen							
Blauenthal	06 866	IV		P(RE) G (32)			Aue (Sachs)
Aue							
Blechhammer	07 267	Hp e u			Sm		Wilzschhaus
Wilkau-Haßlau							
Blechhammer (Thür)	09 507	III		P(RE) G		OK	
Sonneberg							
Bleckede	40 307						
Lüneburg							
Bleckede Hafen					Sm		
Lüneburg							
Bleckede M.					Sm		
Lüneburg							
Bleckendorf	12 252	Hp b					
Etgersleben							
Bleesern Bk							
Halle							
Bleicherde Schacht III							
Staßfurt							
Bleicherode Kaliwerk							
Bleicherode Ost	05 507	III		P(RE) G(WA) (33)			Bm
Halle							
Bleicherode Stadt	05 140	III		P(RE) G(WA) (41) (Wk)			
Blengow		Ldst			Sm		
Neubukow							
Blesewitz	45 009				Sm	OR	
Anklam							
Bliesenhof		Ldst					
Waren							
Blissestraße							
Berlin							
Blockbrück							
Bötzow							
Blockhaustunnel							
Görlitz							
Blönsdorf	12 389	III		P(RE) G			
Halle							
Blücherplatz							
Leipzig							
Blumberg (b Berlin)				P(RES) G			
Berlin							
Blumberg (b Görlitz)							
Görlitz							
Blumberg (Bz Potsdam)	03 251	III					
Berlin							
Blumenau	06 545	Hp b		P(RE)		OR	
Pockau-Lengefeld							
Blumenberg	13 288	II		P(RE) G		OK	Bm
Berlin							
Blumenberg Westfalen AG							
Eilsleben							
Blumenhagen	28 148	IV		P(RE) G(WA)		OK	
Bützow							
Blumenthal (Mark)	27 356	IV		P(RE) G(CA) (Wk)		OK	
Pritzwalk							
Blun							
Hoyerswerda, Knappenrode							
Blunau	12 653	III					
Hoyerswerda, Knappenrode							
Bluno							
Hoyerswerda, Knappenrode							
Bobitz	27 018	III		P(RE) G (40)			
Bad Kleinen							
Bobosojce							
Frankfurt							
Bobritzschtal-viadukt							
Dresden							
Bobzin	01 311	IV		P G			
Ludwigslust							
Böck							
Stöven							
Bock-Wallendorf	09 160	IV b				OR	
Probstzella							
Bockau (Erzgeb)	06 865	III	[28]	P(RE) G(WA)		OK	Aue (Sachs)
Aue							
Bockau (Erzgeb) Ost				P			
Bockauer Tunnel							
Aue							
Bockelkathen							
Lüneburg							
Bockleben							
Lüchow							
Bockstal Trbf					Sm		
Mansfeld							
Bockwa							Bw
Cainsdorf							
Boddinstraße							
Berlin							
Bodebrücke							
Aschersleben, Erfurt, Halle, Wegeleben							
Boden					Sm		
Wolkenstein							
Bodendorf (Kr Haldensleben)	42 004			P G(WA)		OK	Haldensleben
Haldensleben							

Betriebsstelle	Nr.		Verkehr		Bemerkung
Bodendorf (Kr Haldensl) Steinbruch Haldensleben					
Bodenrode Halle	05 498 Hp		P(RE)		
Boderitz (Kr Altenburg) Altenburg	06 450 Hst mvG		P		
Boderitz-Cunnersdorf Freital					
Boeck (Kr Randow) Stöven					
Boeck (Kr Ückermünde) Stöven	46 231			OR	
Bogatynia Hirschfelde					
Bogatynia Zittau				Sm	
Bogendreieck Abzw. Altenburg, Dresden, Zwickau					
Böhla Berlin, Radeburg	06 250 III				
Böhlen (b Leipzig) Leipzig	12 837 II		P(RE) G(WA)		
Böhlen Dow-Olefin					
Böhlen Werke			G(WA)	Sm	
Böhlen Werke Leipzig			P G(WA)		
Bohlendorf Bergen	46 568			Sm OR	
Böhlitz-Ehrenberg Leipzig, Merseburg	12 106 Hp		P		
Böhlitz-Roda Oschatz	07 164 e r u			Sm	Mügeln (b Oschatz)
Bohlwerk Altefähr				Sm	
Bohnenland Treuenbrietzen	74 808 og u		P G(WA)		Brandenburg Altstadt
Bohnenland Kalksandsteinwerk Treuenbrietzen					
Böhnshausen Langenstein					
Böhnshausen Hertzer Langenstein					
Böhringen Chemnitz	06 350 III		P(RE) G (Wk)		
Boitzenburg Fürstenwerder					
Boizebrücke Boizenburg					
Boizenburg (Elbe) Schwerin	01 052 II		P(RE) G(CA)		Bm
Boizenburg (Elbe) Hafen					
Boizenburg (Elbe) Stadt	40 325		G(WA)		Boizenburg (Elbe)
Boizenburg (Elbe) Stiftstraße					
Boizenburg Elbewerft					
Boizenburg Fliesenwerk					
Boizenburg Kleinb	40 323				
Bollstedt Ebeleben	40 877 u		P(RE)	OR	Körner
Bollstedt Abzw. Gotha					
Bollstedt Ziegelei				Sm	
Boltenhagen		[1]	P(RE) (Bus)		
Boltenhagen (Kr Greifswald) Kemnitz	42 373 b		P(RE)	Sm OR	
Bolter Mühle				Sm	
Boltersen Lüneburg	40 310 b			OK	
Bölzke Pritzwalk	27 355 IV	[30]	P(RE) G(WA)	OR	
Bomsdorf Altengrabow, Biederitz	43 616	[3]	P	OR	
Bomsdorf Altengrabow, Biederitz	43 616	[3]		Sm OR	
Bonese Salzwedel	47 025		P(RE) G (Wk)	OR	
Bonese Ost Salzwedel			P(RE)		
Bonese Süd Salzwedel			P G	OR	Salzwedel
Boock (Kr Osterburg) Pretzier	45 639		P(RE) G	OK	Osterburg
Booßen Frankfurt	25 197 III		P(RE)	OR	
Bootshaus Halle			P	Sm	
Borchtitz Abzw. Rostock					
Borckenfriede Bernau	28 138 III		P(RE) G(WA)		
Borgsdorf Berlin	03 222 Hp		P(RES)		
Borgstedt (Kr Grimmen) Greifswald	50 832 u			OR	Voigtsdorf (Kr Grimmen)
Borgwallsee Stralsund	57 909 p u				Richtenberg
Borkheide Berlin	03 061 III		P(RE) G	OR	
Borkheide Heide Berlin					
Borkow Wismar	27 260 IV		P(RE) G(WA)		
Borkowy (Blota) Lübben				Sm	
Borkowy Torm mloziny Lübben				Sm	
Born (Darß)		[1]	P(RE) (Bus)		
Borna (b Leipzig)			G(WA)	Sm	
Borna (b Leipzig) Leipzig	12 817 I		P(RE) G (40)		Bm Bw
Borna Nord Böhlen			G(WA)	Sm	
Borna West			G(WA)	Sm	
Borne (Mark) Berlin	03 065 IV		P(RE)	OK	
Börnecke (Harz) Halberstadt	43 834		P(RE)	OK	
Bornholmer Straße Berlin	03 199 Hp oä oe				
Bornholmer Straße Abzw. Berlin					
Börnichen-Schlepzig Falkenberg	55 886 u		P G (Wk)	OK	Lübben Hbf u. Lübben Süd
Börnicke Nauen	03 372 IV				
Bornim-Grube Berlin	03 359 IV		P	OK	
Bornitz (b Oschatz) Leipzig	06 267 Hst mvG		P(RE)		
Bornitz (b Zeitz) Pegau	12 001 Hp		P(RE)		
Bornitzer Brücke Leipzig					
Bornthin Bresewitz	45 050 b			Sm OR	

Betriebsstellenname (fett) siehe unter	Bf-Nr.	Merkmal DRG	Bem.	Merkmal DR (u. ggf. später)	Sm	Ram.	Mutterbahnhof/ Bm/Bw/Raw
Borrentin Demmin	41 056				Sm	OR	
Borsch Wenigentaft-Mansbach	09 401	Hp u					Vacha
Borsdorf (Sachs) Engelsdorf, Leipzig	12 768	II		P(RE) G (40)			Bm
Borsdorf (Sachs) Kunstlederfabrik Leipzig							
Borsdorf Az Abzw. Leipzig							
Börse Berlin	03 279	III p					
Borsigwerke Berlin							
Börßum Oschersleben, Wasserleben	13 302	I	[34]				
Borstel (Kr Stendal) Magdeburg, Stendal	47 371			P(RE) G		OR	Stendal Ost
Borstel (Kr Stendal) Krzbf Stendal							
Borstel Abzw. Magdeburg, Stendal							
Börtewitz Mügeln	07 155	Hp + op r			Sm	OK	
Borxleben Berga-Kelbra	44 331					OR	
Borxleben BHG Berga-Kelbra							
Börzow Bad Kleinen	27 012	IV o					
Bösau Hp Profen					Sm		
Bösdorf (Elster) Leipzig	12 007	Hp		P(RE)			
Bösdorf (Prov Sachs) Haldensleben	13 132	Hp b				OR	
Bösdorf (Sachs-Anh) Haldensleben				P(RE)			
Bösdorf Hartgußwerk Leipzig							
Bosserode Eisenach							
Bossow Pritzwalk		Ldst		G(Ldst)		OR	Krakow am See (Meckl)
Botanischer Garten Berlin	03 130	Hp oä oe					
Bötzow (Kr Oranienburg) Nauen							
Bötzow (Kr Osthavelland) Nauen	45 312					OR	
Bötzow Nord Nauen							
Bötzow West Nauen							
Boxberg Gotha				P	Sm		
Boxberg Lübbenau, Mulkwitz, Uhyst							
Boxberg Kraftwerk Peitz, Uhyst				G(WA)			
Brackede Carze					Sm		
Brädikow Rathenow							
Brahlstorf Schwerin	01 050	III		P(RE) G (41) (Wk)			Bm
Brahlstorf Bahnbaustelle					Sm		
Brahlstorf Kleinb	45 393	b				OR	
Brahmebachbrücke Gera							
Brahmenau Gera	47 829				Sm	OR	Söllmnitz
Brahmenau Getreidewirtschaft Gera					Sm		
Brahmenau Süd Gera					Sm		
Brahmetalstraße Gera					Sm		
Bralitz Angermünde	28 188	Hp		P(RE)			
Brambach Plauen							
Bramow Rostock	27 223	IV				OK	
Bramow (Heinkel-werk Marienehe) Rostock	27 269	Ahst					
Bramowerk Berlin							
Brand Dahme					Sm		
Brand Brand Erbisdorf, Freiberg							
Brand (Niederlaus) Berlin	12 734	III		P(RE) G (32)			
Brand Erbisdorf Freiberg	06 343	II		P(RE) G(CA) (41) (Wk)			
Brand Erbisdorf Hp Freiberg	06 344	Hp e u		P			Brand Erbisdorf
Brandau Olbernhau-Grünthal	06 548	Hp oe u					Olbernhau-Grünthal
Brandenburg Altstadt Treuenbrietzen	57 808		[35]	P(RE) G(WA) (CA)			Bw
Brandenburg Altstadt Stahl- u Walzw				G(Ahst)(WA)			
Brandenburg Dom							
Brandenburg Elektrostahlwerk							
Brandenburg ESW							
Brandenburg Fahrradwerk Treuenbrietzen							
Brandenburg Hbf Berlin, Treuenbrietzen				P(RE) G(CA) (ST) (40) (Rp)			
Brandenburg Heeresverpflegungsamt							
Brandenburg Hp Treuenbrietzen							
Brandenburg Krakauer Tor	48 168			G			Roskow
Brandenburg Landesanstalt Görden Treuenbrietzen							
Brandenburg Neustadt Treuenbrietzen	58 808						
Brandenburg Opel-Werk	75 808	b					
Brandenburg Raw Potsdam BT Brand.							

Treuenbrietzen					
Brandenburg Reichsb Berlin	03 146 I				Bm Bw Raw
Brandenburg Reichsb Gbf	03 147 Ga				
Brandenburg Silokanalbrücke		G(WA)		OR	
Brandenburg Städtischer Lagerplatz Treuenbrietzen					
Brandenburg Stahl- und Walzwerk			Sm		
Brandenburg Süd Treuenbrietzen					
Brandenburg SWB					
Brandenburg Weberwerk	55 808 b				
Brandenburg West Eisenbahnwerk Berlin					
Brandis Beucha	12 646 III	P(RE) G (40)			
Brandis Silikatwerk Beucha		G(WA)			
Brandis Silikatwerk Aschenbahn			Sm		
Brandis Silikatwerk Förderbahn			Sm		
Brandleitetunnel Neudietendorf					
Brandov Olbernhau-Grünthal					
Branitz Cottbus		P	Sm		
Braschwitz Halle					
Bratkow Zgorzelecki Görlitz					
Brattendorf Eisfeld	09 458 Hst + r		Sm		
Brattendorf Porzellanfabrik Eisfeld	09 459 Hp b r u	G(WA)	Sm	OR	Eisfeld
Brauerei Berga-Kelbra					
Braunesumpf Blankenburg	47 834 b oä oe	P		OR	
Braunichswalde Seelingstädt					
Braunichswalde Erzbunker Seelingstädt					
Braunlage Walkenried	43 910 r		Sm	OK	Bw
Braunsbedra Merseburg, Stöbnitz		P(RE) G(STA) (100)			
Braunsbedra Ost Merseburg		P			
Braunsbedra Tagebau Stöbnitz					
Braunschweiger Straße Bk Halberstadt					
Braunsdorf Weißwasser					
Braunsdorf-Lichtenwalde Chemnitz	06 357 III	P(RE) G(WA)		OK	
Breddin Berlin	01 008 III	P(RE) G (41) (Wk)			
Breddin Kleinb Kyritz	46 013	P G	Sm	OK	
Bredenfelde Neustrelitz	27 340 IV			OK	
Bredenfelde (b Stavenhagen) Demmin	41 076		Sm	OR	
Bredow Berlin, Nauen		P(S)			
Bredow (Kr Osthavelland) Nauen	03 362 III			OK	
Breege-Juliusruh	[1]	P(Bus)			
Breest Demmin	41 025		Sm	OR	
Brehna Halle	12 316 III	P(RE)			
Breitenau (Niederlaus) Finsterwalde					
Breitenau Bk Dresden					
Breitenbach (Eichsf) Leinefelde	05 151 IV	P(RE)		OR	
Breitenbach (Sudetenland) Schwarzenberg	07 930 Hst mvG			OK	
Breitenbach (Sudetenland) Hp Schwarzenberg	07 931 Hp oe u				Breitenbach (Sudetenl)
Breitenbachplatz Berlin					
Breitenbich Gotha	09 263 Hp + oe	P(RE)			
Breitenborn Altenburg	06 416 Hst + e mvG			OK	
Breitenbrunn (Erzgeb) Schwarzenberg	06 619 III	P(RE) G (32) (Wk)			Schwarzenberg (Erzgeb)
Breitendorf Görlitz	06 049 Hst mvG	P(RE)		OR	
Breitengüßbach	22 061 II				
Breitenhagen		P G(WA)	Sm		
Breitenhof Schwarzenberg					
Breiter Berg Steinbruch Eilenburg					
Breitungen (Werra) Eisenach	09 431 III	P(RE) G		OK	
Breitungen Kraftwerk					
Bremerhagen Greifswald	45 832 u			OR	Grimmen Schützenplatz
Brenitz-Sonnenwalde Berlin	12 528 III	P(RE) G		OR	
Bresewitz (b Friedland/Meckl) Dorf Friedland	44 657		Sm	OR	
Bresewitz (b Friedland/M) Ziegelei Friedland	44 658		Sm	OR	
Bresewitz (Kr Ribnitz-Damgarten) Velgast	28 085 Hst +			OR	
Breternitz Saalfeld	09 029 Hp	P(R)			
Brethaus Zwickau					
Brethaus Bk Zwickau					
Bretleben	09 195 III	P(RE)		OR	

Betriebsstellenname (fett) siehe unter	Bf-Nr.	Merkmal DRG	Bem.	Merkmal DR (u. ggf. später)	Sm	Ram.	Mutterbahnhof/ Bm/Bw/Raw
Erfurt							
Bretmühlentunnel Gera							
Bretsch-Stapel Stendal							
Brettin Genthin	43 494			G		OR	Genthin
Breznja Bischofswerda							
Brezowka Forst							
Brielow Brandenburg	48 187					OR	
Brielow Ausbau Brandenburg							
Brielow Stärkefabrik Brandenburg							
Briescht Falkenberg	59 886	u		P G(WA)		OK	Beeskow West
Briesebrücke Berlin							
Brieselang (Mark) Berlin	03 365	III		P(S) G		OR	Falkensee
Brieselang GVZ Berlin West Berlin							
Brieselang Hasselberg Abzw. Berlin							
Briesen (b Cottbus) Lübben	47 301	r		P(RE)	Sm	OK	
Briesen (Mark) Berlin	25 185	III		P(RE) G (40) (Wk)			Bm
Brieske Frankfurt, Lübbenau	12 609	III op		P(RE) G(WA)			
Brieske Brikettfabrik Fortschritt				G(WA)	Sm		
Brieske Brikettfabrik Meurostolln				G(WA)	Sm		
Brieske Kraftwerk				G(WA)	Sm		
Brieske Ost Casel				G(WA)	Sm		
Brieske Stw 2					Sm		
Brieske Stw 9 Klettwitz					Sm		
Brieske Stw 24					Sm		
Brieske Stw 26 Casel, Klettwitz					Sm		
Brieske Stw 38 Klettwitz, Lauchhammer					Sm		
Brieskowkanalbrücke Frankfurt							
Briesnig Guben	25 347	Hst mvG		P(RE)			
Briesnigk Guben							
Briessnitz Dresden							
Briester Weg Brandenburg				P	Sm		
Brietz Ziegelei					Sm		
Brietzke Altengrabow							
Brigittenhof Spremberg					Sm		
Brikettfabrik 64/ 65 Casel							
Brikettfabrik 69 Casel							
Brikettfabrik Leonhard I Gera				G(WA)	Sm		
Brikettfabrik Leonhard I Zeitz				G(WA)			
Britz (Kr Angermünde) Bernau, Fürstenberg	28 193	III				OK	
Britz (Kr Eberswalde) Bernau, Fürstenberg				P(RE) G(WA)		OK	
Britz Eisengießerei					Sm		
Britz Süd Berlin							
Brjazyn Lübben					Sm		
Brjazk Brieske, Lübbenau							
Brocken Drei Annen Hohne	61 887		[37]		Sm	OK	
Brockwitz Frankfurt							
Broderstorf Rostock	27 205	IV		P(RE)		OR	
Broellin Pasewalk	43 636	b			Sm		
Brohm Sandhagen	45 061				Sm	OR	
Bröllin Pasewalk					Sm		
Bröllin LPG Pasewalk					Sm		
Brome Wittingen	48 509						
Bronowice Weißwasser							
Brossen Ziegelei				G(WA)	Sm		
Bröthen Stw Laubusch					Sm		
Bröthen Ziegelei							
Brotterode Schmalkalden	44 217						
Brotterode Wernshausen					Sm		
Brotterode Kraftwerk Schmalkalden							
Brottewitz Neuburxdorf	40 507			(E) G(WA)		OR	Neuburxdorf
Brottewitz Zuckerfabrik Neuburxdorf							
Brtniky Sebnitz							
Brüchau Klötze	40 105			P		OR	
Bruchstedt Bad Langensalza	44 366					OR	
Brück (Mark) Berlin	03 062	III		P(RE) G (41)			Bm
Brücke Abzw. Berlin, Magdeburg							
Brückenberg Zwickau							
Bruderzeche Kriebitzsch							
Brüel (Meckl) Wismar	27 256	III		P(RE) G (Wk)			
Brügge (Prign) Pritzwalk	27 351	IV		P(RE)			
Brüheim-Sonneborn Gotha	09 248	IV +		P(RE) G		OR	
Brühl Gotha				P	Sm		
Brumby-Emden Haldensleben	46 883			P			
Brunau-Packebusch Stendal	13 034	III		P(RE) G (35) (Wk)			Bm
Brünkendorf Glöwen	46 018				Sm	OR	
Brunn (Sachs) Greiz	06 827	IV		P G(WA)		OR	Neumark (Sachs)
Brünn (Thür)	09 457	IV r		G	Sm	OR	

Eisfeld

Brunndöbra Bärenloch Sm
Klingenthal

Brunndöbra Elektrizitätswerk G(WA) Sm
Klingenthal

Brunndöbra Friedrich Engels-Straße Sm
Klingenthal

Brunndöbra Gbf 07 277 IV + op r mvE Sm OR
Klingenthal

Brunndöbra Glaßentempel Sm
Klingenthal

Brunndöbra Grüner Baum 07 274 Hp oe r u Sm Klingenthal
Klingenthal

Brunndöbra Karl Marx-Platz Sm
Klingenthal

Brunndöbra Königsplatz 07 276 Hp oe r u Sm Klingenthal
Klingenthal

Brunndöbra Mittelberg Sm
Klingenthal

Brunndöbra Reichsadler 07 278 Hp oe r u Sm Klingenthal
Klingenthal

Brunndöbra Wettinstraße 07 275 Hp oe r u Sm Klingenthal
Klingenthal

Brunnenbachsmühle 42 910 r Sm OK
Walkenried

Brunnenplatzbrücke
Zeitz

Bruno-Leuschner-Straße P(S)
Berlin

Brunshaupten
Bad Doberan

Brusendorf 45 405 OR
Berlin

Brüssow 46 149 P(RE) G (Wk)
Prenzlau

Buberow 28 027 IV P(RE) OK
Oranienburg

Bubkevitz 46 558 P G Sm OR Bergen (Rügen)
Bergen

Buch
Berlin

Buche Abzw.
Eilenburg

Büchen 01 054 I
Lüneburg, Schwerin

Büchen Bbf
Schwerin

Buchenau (Werra) 09 300 Hp b oä [38] G(WA) Creuzburg (Werra)
Eisenach

Büchenberg Erzschacht
Blankenburg

Buchenhorst P(RE) G
Rostock

Buchenwald Sm
Schöndorf

Buchenwald P G(WA)
Schöndorf

Buchenwald Bahnhof Sm

Buchenwald Geschütz-verladestelle
Schöndorf

Buchenwald Gustloff-Werke G(WA)
Schöndorf

Buchenwald Holzverladestelle
Schöndorf

Buchenwald Steinbruch Sm

Buchholz (Kr Görlitz)
Görlitz

Buchholz (Niederschles) 42 118 OK
Görlitz

Buchholz (Sachs) 06 578 I Bw
Chemnitz, Zwickau

Buchholz (Sachs) Königstraße 06 577 Hp
Chemnitz, Zwickau

Buchholz (Zauche) 03 351 IV P(RE)
Wildpark

Buchholz-Friedewald Sm
Radebeul

Buchholzer Tunnel
Chemnitz, Zwickau

Buchhorst 13 129 IV P(RE) OK
Oebisfelde

Buchwäldchen 12 566 Ldst o
Lübbenau

Buchwalde 42 691 OR
Horka

Buchwitz (Altm) 47 041 OR
Salzwedel

Buckau
Berlin, Magdeburg

Buckau (Lkr Brandenburg) P(RE)
Wusterwitz

Buckau-Pramsdorf 43 536 OR
Wusterwitz

Bückchen P
Falkenberg

Bücknitz 43 533 P OR
Wusterwitz

Bücknitz Quelle Versandlager
Wusterwitz

Buckow
Wustermark

Buckow (b Beeskow) 03 344 IV P OK
Königs Wusterhausen

Buckow (Märk Höhenland) 40 453 OR
Müncheberg

Buckow (Märk Schweiz) P(RE) Bw
Müncheberg

Buckower Chaussee
Berlin

Buddenhagen Sm
Krenzow

Buddenhagen 28 110 Hst + mvG [16] P(RE) G(WA) (35) OR
Züssow

Büddenstedt
Helmstedt

Büden 13 079 IV P(RE) G (Wk)
Biederitz

Budestecy
Bad Schandau, Löbau

Budysin

Betriebsstellenname (fett) siehe unter	Bf-Nr.	Merkmal DRG	Bem.	Merkmal DR (u. ggf. später)	Sm	Ram.	Mutterbahnhof/ Bm/Bw/Raw
Bad Schandau, Bautzen, Görlitz, Löbau							
Bufleben Gotha	09 243	III		P(RE) G (40) (Wk)		OKg	
Bug Buhrkow					Sm		
Bug Marineflughafen Buhrkow					Sm		
Bugewitz Dorf Anklam	45 031				Sm	OR	
Bugewitz Gut Anklam	45 032				Sm	OR	
Buggow Krenzow							
Buhlendorf Bk Güsten							
Bühne-Güssefeld Hohenwulsch	40 050			P(RE)		OK	
Bühne-Rimbeck Wasserleben	45 891					OR	
Buhrkow Abzw. Bergen	46 571	b			Sm	OR	
Bukow Horka, Lübbenau							
Bukow sewjer Brieske							
Bullendorf (Prign) Glöwen	46 021				Sm	OR	
Bulleritz-Großgrabe Dresden	06 170	Hst + mvG		P			
Bülowstraße Berlin							
Bülstringen Haldensleben	41 683					OR	
Bülstringen Awanst Haldensleben							
Bülzig Halle	12 387	III		P(RE) G(WA)		OR	
Bülzig Güterhaltestelle Halle							
Bülzig Ziegelei					Sm		
Buna Werke Angersdorf, Merseburg							
Buna Werke Gbf Merseburg			[40]	G(WA)(CA) (STA)			
Buna Werke Pbf Merseburg				P			
Bünauroda Gießerei Zipsendorf				G(WA)	Sm		
Bundesplatz Berlin							
Bündigershof Prenzlau	46 138			P		OR	
Burbach Kaliwerk I Marienborn							
Burbach Kaliwerk II Marienborn							
Burg (b Magdeburg) Berlin	03 155	I		P(RE) G(CA) (ST) (35) (Wk)			Bm
Burg (b Magdeburg) Gbf	03 156	Ga					
Burg (b Magdeburg) Kleinb					Sm		Bw
Burg (b Magdeburg) Mitte							
Burg (b Magdeburg) Ost							
Burg (b Magdeburg) West							
Burg (Spreewald) Lübben	47 304	r		P(RE)	Sm	OK	
Burg Bismarckturm Lübben				P	Sm		
Burg Bk Halle							
Burg Flugplatz							
Burg Industriepark							
Burg Jugendturm Lübben				P	Sm		
Burg Kanalbf							
Burg Magdeburger Tor							
Burg Molkerei							
Burg Stargard (Meckl) Oranienburg	28 039	III		P(RE) G(WA) (35) (Wk)			
Burg Umladebf	43 573	b			Sm		
Burg Zerbster Tor	43 590	b			Sm		
Bürgel (Thür) Krossen	09 072	III		P(RE) G			
Bürgerablage Bötzow							
Bürgerholz Salzwedel	01 601	Hst p u					Salzwedel
Bürgerhorst Abzw. Buschhof							
Bürgermühle Hohenseefeld					Sm		
Bürgerwiese Dresden					Sm		
Burggrub Sonneberg	09 504	IV					
Burghaun Ost Hünfeld	11 334	Hp e u					Hünfeld
Burgk Schleiz	47 142			P		OK	
Burgkemnitz Halle	12 407	II		P(RE) G(WA) (ST)			Bm
Burgkemnitz Übergabebf Halle							
Burglehne Lübben					Sm		
Burgsdorf (Kr Eisleben) Halle							
Burgsdorf (Mansf Seekr) Halle	42 515					OR	
Burgstädt Leipzig	06 431	II		P(RE) G(ST) (60) (Wk)			Bm
Burgtonna Ballstädt	09 252	IV +				OK	
Burgwall Mildenberg					Sm		
Burgwerben Weißenfels							
Burgwerben Bk Halle							
Burkartshain Bk Leipzig							
Burkau Bischofswerda	06 130	IV		G (60) (Wk)			Kamenz (Sachs)

Burkersdorf (b Frauenstein) Klingenberg-Colmnitz	07 130	Hst + mvG	P(RE)	Sm	OK	Klingen-berg-Colmnitz
Burkhards-walde Kredit-u. Bezugsv. Heidenau						
Burkhards-walde-Maxen Heidenau	06 385	IV	P(RE) G(WA) (Wk)		OK	Heidenau
Burkhardtsdorf Chemnitz	06 629	III	P(RE) G		OK	
Burkhardtsdorf Mitte Chemnitz						
Bürs Stendal						
Burxdorf (Prov Sachs) Jüterbog, Neuburxdorf						
Buschenhagen Stralsund	41 570			Sm	OR	
Buschenhagen Gut Matthies				Sm		
Buschgarten Fürstenwalde	44 191	b			OR	
Buschhaus Kraftwerk Eilsleben, Helmstedt						
Buschhof (Kr Neustrelitz) Wittenberge	27 318	IV	P		OK	
Buschmühle Frankfurt	25 199	Hp + e				
Buschmühle Freital	07 076	Hst + e r	P	Sm	OK	
Buschmühlen Neubukow		Ldst		Sm		
Buschow (Kr Rathenow) Wustermark	03 183	III	P(RE) G(WA)			Bm
Buschullersdorf Hagenwerder	07 433	Hp				
Buschullersdorf-Hemmrich Hagenwerder						
Busdorf Greifswald	42 308			Sm	OR	
Busendorf (Oberfr) Breitengüßbach	22 066	Hst b e u			OR	Breitengüß-bach
Buskow (Kr Neuruppin) Paulinenaue	95 904		P		OR	
Busow Anklam	45 030	b		Sm	OR	
Busow Gut				Sm		
Büssen Salzwedel	47 045				OR	
Büssow Bergen						
Buttelstedt Weimar	40 930			Sm	OR	Bw
Buttelstedt Raiffeisen Weimar						
Buttelstedt Ziegelei Weimar						
Butterfelde-Mohrin Wriezen	28 357	IV				
Butterholz Prenzlau			P			
Buttlar Wenigentaft-Mansbach	09 400	Hp u			OR	ohne Mutterbf
Buttlar Schachtbf Wenigentaft-Mansbach						
Buttlar Wen Oe E Wenigentaft-Mansbach	41 917	oä oe u			OR	Oechsen
Buttstädt Buttelstedt, Straußfurt	09 169	III	P(RE) G (35) (Wk)			Bm
Buttstädt Nebenbahnhof						
Butzen Cottbus						
Bützow Magdeburg	27 026	I	P(RE) G(CA) (40)			Bm
Butzow (b Brandenburg/Havel) Brandenburg						
Butzow (Kr Westhavel-land) Brandenburg	48 184				OR	
Byhleguhre Lübben			P(RE)	Sm		
Byhlen Cottbus, Lübben			P	Sm		
Caaschwitz Pegau	09 107	IV b op	G(WA)		OR	Krossen (Elster)
Caaschwitz Ziegelei				Sm		
Cabel Cottbus						
Cadow Cadow-Padderow				Sm		
Cadow-Padderow				Sm		
Cadow-Padderow Friedland				Sm		
Cainsdorf Zwickau			P			
Calau (Niederlaus) Cottbus, Lübbenau	12 563	I	P(RE) G (32) (Wk)			Bm
Calbe Güsten, Könnern						
Calbe (Milde) Faulenhorst, Gar-delegen, Hohenw., Klötze	40 110					
Calbe (Saale) Gelatinewerk Güsten, Halle						
Calbe (Saale) Kraftwerk Güsten						
Calbe (Saale) Ost Halle	12 307	II	P(RE) G(WA) (41)			Bm
Calbe (Saale) Stahlwerk Güsten						
Calbe (Saale) West Güsten, Könnern	12 264	II	P(RE) G (100) (Wk)			Bm
Calbe (Saale) West Gbf Güsten	12 265	Ga				
Calbe a. M. Faulenhorst, Gardelegen, Hohenw., Klötze						
Calbesche Straße Ladestelle Breitenhagen			G(WA)	Sm		
Callenberg Nord II Bf 6 Sankt Egidien				Sm		
Callenberg Süd I Bf 5				Sm		

Betriebsstellenname (fett) siehe unter	Bf-Nr.	Merkmal DRG	Bem.	Merkmal DR (u. ggf. später)	Sm	Ram.	Mutterbahnhof/ Bm/Bw/Raw
Sankt Egidien							
Calvörde	48 046			P(RE) G			
Wegenstedt							
Camburg (Saale)	09 008	II		P(RE) G			Bm Bw
Naumburg, Zeitz							
Camburg (Saale) Mühle							
Naumburg							
Camburg (Saale) Zuckerfabrik							
Naumburg							
Camenz							
Bischofswerda, Lübbenau							
Caminau Kaolinwerk				G(WA)			
Bautzen							
Cammin					Sm		
Greifswald							
Cammin (Meckl)	28 038	IV		P(RE)		OR	
Oranienburg							
Canitz					Sm		
Weißig							
Canitz Bk							
Leipzig							
Cannewitz	07 166	IV + r			Sm	OR	
Oschatz							
Capelle					Sm		
Dessau							
Caputh-Geltow	03 357	III		P			
Wildpark							
Caputh Schwielowsee							
Wildpark							
Carlsfeld	07 268	IV +			Sm	OR	Bw
Wilkau-Haßlau							
Carlshagen-Trassenheide							
Züssow							
Carlshöhe	27 077	IV o					
Magdeburg							
Carna Pumpa							
Knappenrode							
Carnin							
Ducherow							
Carnitz (Rügen)							
Altefähr							
Carolasee				P	Sm		
Dresden							
Carow (Bz Stettin)	40 559				Sm	OR	
Casekow							
Carow (Kr Randow)					Sm		
Casekow							
Carpin	27 330	Hst+u		P(RE)		OR	Bergfeld
Neustrelitz							
Carrin	42 364				Sm	OR	
Greifswald							
Cartzitz							
Bergen							
Carze Anschlußbf					Sm		
Lüneburg							
Carze Ort					Sm		
Carzig	28 186	Hp		P			
Frankfurt							
Casekow	28 234	III		P(RE) G (35) (Wk)			
Angermünde							
Casekow Klbf					Sm		
Casekow Landesb	40 544				Sm	OR	
Casel							
Lübbenau							
Cassebohm	27 266	Ldst b u		G(WA)(STA)		OR	Seestadt Rostock Gbf
Rostock							
Cassiek							
Klötze							
Cauerwitz	09 064	Hst +				OR	
Zeitz							
Cedynia							
Bad Freienwalde							
Central-Viehhof							
Berlin							
Ceres							
Fürstenwalde							
Cernousy							
Hagenwerder							
Charlottenburg							
Berlin							
Charlottenhof							
Bützow							
Charlottenhof (b Potsdam)	03 141	Hp					
Berlin							
Charlottenhof (Meckl)	45 071				Sm	OR	
Brohm, Waren							
Charlottenhof (Oberlaus)	12 679	III		P G(WA) (41)			Kodersdorf
Berlin							
Charlottenhof (Oberlaus)					Sm		
Ludwigsdorf							
Charlottenhof (Pommern)	44 693				Sm	OR	
Uhlenhorst							
Charlottenhof Rittergut							
Stendal							
Charlottenhorst	44 686				Sm	OR	
Uhlenhorst							
Chasow							
Bautzen							
Chausseehaus							
Leipzig							
Chausseehaus Heinrichsburg							
Stendal							
Chaussehaus Jarchau							
Stendal							
Chausseehaus Mustin							
Ratzeburg							
Cheb							
Plauen							
Chelmica							
Weißwasser							
Chelno							
Bautzen							
Chemiepark							
Dessau							
Chemiewerk Kapen							
Dessau							
Chemische Fabrik Neukranz & Co							
Salzwedel							
Chemische Werke Mark							
Brandenburg							
Chemnitz Altendorf	06 473	I op mvE		G(CA)(ST) (40) (Wk)			
Chemnitz Altendorf Nord							
Chemnitz Altendorf Ziegelei					Sm		
Chemnitz Borna	06 475	Hst op mvG		G(WA)		OR	Chemnitz Altendorf
Chemnitz Borna Hp	06 434	Hp					
Chemnitz Erfenschlag				P(RE) G(WA)		OR	Chemnitz Süd
Chemnitz Feldbahnmuseum					Sm		
Chemnitz Furth	06 463	IV op mvE				OR	
Doberlug-Kirchhain							
Chemnitz Gbf	06 508	Ga					
Chemnitz Glösa				P(RE) G (Wk)			
Chemnitz Harthau				P G(WA)		OR	Chemnitz Süd

Chemnitz Hartmannwerk				Sm		
Chemnitz Hartmannwerk						
Chemnitz Hbf Doberlug-Kirchhain, Dresden, Leipzig	06 507 I	[41]	P(RE) G(ST) (STA) (50) (Rp)			Bm Bw Bww Raw
Chemnitz Hbf Raw Wilhelm Pieck	06 511 Ahst	[42]	G(Ahst)			Chemnitz Hbf
Chemnitz Hbf Schlachthof	06 509 Ahst					
Chemnitz Heinersdorf			P			
Chemnitz Hilbersdorf Dresden	06 506 I		P(RE) G (40)			Bw
Chemnitz Hilbersdorf Stw A Bk Dresden						
Chemnitz Kappel Dresden	06 513 II op	[43]	G(WA)(C) (60)		OK	
Chemnitz Kappel Gbf	06 514 Ga					
Chemnitz K inderwaldstätte Doberlug Kirchhain	06 380 Hp b bä		P(RE)			
Chemnitz Markersdorfer Straße			P			
Chemnitz Metallaufbereitung						
Chemnitz Mitte Dresden			P			
Chemnitz Motorenwerk						
Chemnitz Nicolaivorstadt Dresden	06 512 Hp					
Chemnitz Nord Dresden						
Chemnitz Reichenhain	06 624 Hp		P(RE)			
Chemnitz Riemenschneiderstraße						
Chemnitz Rotluff	06 472 Hst op mvEG		G		OR	Chemnitz Altendorf
Chemnitz Rotluff Ziegelei				Sm		
Chemnitz Schönau Dresden			P			
Chemnitz Sekundärrohstoffhandel Neuoelsnitz						
Chemnitz Siegmar Dresden			P G(WA) (60)			
Chemnitz S tadtpark			P			
Chemnitz Stadtwerke						
Chemnitz Süd Dresden	06 622 I	[44]	P G(ST)(STA) (60) (Wk)			
Chemnitz Süd Bk Dresden						
Chemnitz Süd Gbf	06 623 Ga					
Chemnitz VTS						
Chemnitz Werkstoffhandel						
Chemnitz Zwönitzbrücke			P(R) G(WA)			
Chemnitzbrücke Dresden, Glauchau						
Chorin Bernau	28 213 III		P(RE) G(WA)			
Chorin Hp Bernau						
Chorin Kloster Bernau	28 212 Hp		P(RE)			
Chosebuz Berlin, Cottbus, Frankfurt						
Chosebuz Blosanske dwornisco Lübben				Sm		
Chosebuz Flughafen Lübben				Sm		
Chosebuz krotki wjacor Frankfurt						
Chotyne Zittau						
Chrastava Zittau						
Christgrün Bk Dresden						
Christinenhof Basedow						
Chursdorf Werdau						
Cisow Hoyerswerda						
Clausdorf Altenpleen						
Clausnitz Freiberg			P(RE)			
Claustor Gotha			P	Sm		
Cliestow Halle						
Clüden Haldensleben	41 688				OK	
Coburg Eisfeld, Sonneberg	09 476 I					Bm Bw
Coburg Ega	09 478 Ega					
Coburg Gbf	09 477 Ga					
Coburg Neuses	09 487 III				OK	
Coburg Nord Eisfeld, Sonneberg						
Cochstedt (Kr Aschersleben) Aschersleben			P G		OK	Schneidlingen
Cochstedt (Kr Quedlinburg) Aschersleben	40 149				OK	
Cochstedt Süd Aschersleben						
Coellme Halle						
Colbitz (Bz Magdeburg) Wolmirstedt	48 554					
Colbitzow Angermünde	28 240 III					
Colditz Glauchau	06 397 II		P(RE) G (40)			
Colditz Porzellanwerk Glauchau						
Cölleda Straußfurt						
Collmen-Böhlitz Eilenburg	12 779 III		P(RE) G (40)		OR	
Collmen Böhlitz I	12 780 Ahst b					
Cölln Bautzen			P			
Colmberg Tongrube Leipzig						
Colmnitz (b Freital) Klingenberg-Colmnitz	07 124 Hst + mvG		P(RE)	Sm	OK	
Colno Breitenhagen			G(WA)	Sm		
Colochau						

Betriebsstellenname (fett) siehe unter	Bf-Nr.	Merkmal DRG	Bem.	Merkmal DR (u. ggf. später)	Sm	Ram.	Mutterbahnhof/ Bm/Bw/Raw
Falkenberg							
Commerau	06 132	Hst + mvG					
Bautzen							
Cönnern							
Halle, Könnern							
Connewitz							
Leipzig							
Conow				G(Ldst)		OR	Malliß
Malliß							
Consrade							
Schwerin							
Cöpenick							
Berlin							
Copitz							
Pirna							
Coppiplatz							
Leipzig							
Corbetha							
Großkorbetha, Halle, Leipzig							
Cörmigk							
Biendorf							
Corna Woda							
Horka							
Corny Cholmc							
Horka							
Corny Gozd jutso							
Frankfurt							
Cosa	45 070				Sm	OR	
Brohm							
Cosa					Sm		
Köthen							
Coschen	25 206	III		P(RE) G (32) (Wk)			
Frankfurt							
Coschütz Elektrizitätswerk							
Freital							
Cospa							
Eilenburg							
Cospuden Tagebau							
Pegau							
Cossebaude	06 244	II		P(RE) G (40)			Bm
Dresden							
Cossen	06 430	III		P(RE) G			
Leipzig							
Cossener Spitze							
Narsdorf							
Costebrau-Friedrichsthal							
Ruhland							
Coswig (Anh)	12 372	I		P(RE) G(CA) (ST) (33)			Bm
Horka							
Coswig (Anh) Gbf							
Horka							
Coswig (Anh) Gewerbegebiet							
Horka							
Coswig (Anh) Hafen							
Horka							
Coswig (Anh) Hohe Mühle							
Horka							
Coswig (Anh) Holländermühle							
Horka							
Coswig (Bz Dresden)	06 257	I		P(RE) G(CA) (ST) (60) (Wk)			Bm
Dresden, Frankfurt, Leipzig							
Coswig (Bz Dresden) Gbf	06 258	Ga					
Coswig (Bz Dresden) Spannbetonwk.					Sm		
Coswig (Bz Dresden) Stw W 1 Abzw.							
Leipzig							
Coswig (Sachs)							
Leipzig							
Cöthen							
Dessau, Halle, Köthen							
Cöthen Berlin-Halberstädter Bf				G(WA)		OK	
Dessau, Köthen							
Cotta							
Dresden							
Cottaer Tunnel							
Pirna							
Cottbus	12 700	I		P(RE) G(C) (ST) (41) (Rp)			Bm Bw Bww Raw
Berlin, Frankfurt							
Cottbus A.B.					Sm		
Lübben							
Cottbus Anschlußbf					Sm		
Lübben							
Cottbus Berliner Straße							
Cottbus Cfw Abzw.							
Cottbus Ega	12 702	Ega					
Cottbus Flughafen	47 299	b r		P	Sm	OK	
Lübben							
Cottbus Gbf	12 701	Ga					
Cottbus Großenhainer Bf							
Cottbus Heizkraftwerk							
Cottbus Merzdorf							
Frankfurt							
Cottbus Nord Tagebau				G(WA)			
Großdöbbern, Peitz							
Cottbus Raw							
Berlin							
Cottbus Rennplatz					Sm		
Lübben							
Cottbus Sandow							
Cottbus Spreewaldbahn	47 298	r		P G(WA) (37)	Sm	OK	Cottbus
Lübben							
Cottbus Südwest Betriebsbf							
Frankfurt							
Cottbus W 10 Abzw.							
Cottbus W.B.					Sm		
Lübben							
Cottbus Westbf					Sm		
Lübben							
Cottbus Willmersdorf							
Frankfurt							
Cottbuser Platz							
Berlin							
Cranzahl				P	Sm		
Cranzahl	06 580	II		P(RE) G (60) (Wk)			Bm
Chemnitz							
Crauschwitz (Thür)	09 061	Hp p u					Camburg (Saale)
Zeitz							
Crawinkel	09 272	IV		P(RE) G(WA)			
Gotha							
Creisfeld				P	Sm		
Hettstedt							
Cremmen							
Kremmen, Velten							
Crenzow							
Anklam, Krenzow							

Cressow Altengrabow	43 629 b r		Sm	OR	
Cressow Gut Altengrabow			Sm		
Cretzschwitz Söllmnitz			Sm		
Cretzschwitz Dachziegelwerke Söllmnitz			Sm		
Creuzburg (Werra) Eisenach	09 299 IV	G (40) (Wk)			
Criebo Horka					
Crien Dorf Friedland			Sm		
Crien Dornbusch Friedland			Sm		
Crimderode Nordhausen			Sm		
Crimmitzschau Altenburg	06 692 II	P(RE) G(ST) (32)			Bm
Crimmitzschau Gbf	06 693 Ga				
Crimmitzschau Wahlen					
Crimmitzschau Ziegelei			Sm		
Crinitz (Niederlaus) Finsterwalde	12 556 III	G			
Crispendorf		P	Sm		
Crivitz Schwerin	27 098 III	P(RE) G (41) (Wk)			Bm
Croppenstedt Aschersleben					
Crossen (Elster) Krossen, Pegau					
Crossen (Oder) Guben	25 330 II				Bm
Crossen Zellstoffwerk			Sm		
Crossener Viadukt Doberlug-Kirchhain					
Crostitz-Hohenleima Krensitz					
Crottendorf ob Bf Schlettau	06 591 III	P(RE) G (40) (Wk)			
Crottendorf unt Bf Schlettau	06 590 IV +	P		OK	
Crottorf Berlin	13 328 III				
Croya Wittingen	48 511			OK	
Crummensee Zossen					
Culitzsch Wilkau-Haßlau			Sm		
Culm Gera			Sm		
Culm (Reuss) Gera			Sm		
Culmer Kalkwerk Gera			Sm		
Culmitzsch Gauern			Sm		
Culmitzsch Tagebau			Sm		
Cumlosen Berlin	01 141 IV og				
Cunersdorf (b Buchholz/ Sachs) Königswalde	06 585 Hst + b op			OR	
Cunersdorf (b Kirchberg/ Sachs) Wilkau-Haßlau	07 249 Hst + r	P(RE) G	Sm	OK	Wilkau-Haßlau
Cunersdorf Hst Wilkau-Haßlau			Sm		
Cunewalde Löbau	06 081 III	P(RE) G (32) (Wk)			
Cunnersdorf (b Freital) Freital	06 480 Hp e u				Gittersee
Cunnersdorf (b Helfenberg) Dürröhrsdorf	06 109 Hst +			OR	
Cunnersdorf (b Kamenz) Lübbenau	06 315 III	P(RE) G(WA)		OR	Kamenz (Sachs)
Cunnersdorf (b Medingen) Klotzsche					
Cunnersdorf a. d. Eigen Herrnhut			Sm		
Cunnersdorf Baustoffwerk			Sm		
Cunnersdorf Steinbruch		G(WA)	Sm		
Cunnersdorf Tanklager Lübbenau		G(WA)			
Cunnersdorf Tongrube			Sm		
Cunnertswalde Radebeul	07 061 Hp e r u	P	Sm		Radeburg
Cunrau Oebisfelde					
Cursdorf Krossen					
Cursdorf (Kr Rudolstadt) Obstfelderschmiede	45 496 b	P(RE)		OK	
Cüstrin-Kietz Frankfurt					
Cüstrin Vorstadt Frankfurt					
Cybinka Kunersdorf					
Czaple					
Chwaliszowice Weißwasser					
Czarnow Küstrin					
Daasdorf Weimar	41 930 b op u		Sm	OR	Buttelstedt
Dabel Wismar	27 259 IV og	P(RE) G (40) (Wk)			
Dabendorf Berlin	03 084 Hp	P(S)			
Dabendorf Ost Zossen					
Daber (Kr Randow) Stöven					
Daber (Kr Ückermünde) Stöven	46 230			OR	
Daberkow (Pommern) Demmin	41 019		Sm	OR	
Dachrieden Gotha	09 262 IV	P(RE)		OK	
Dachwig Erfurt	09 229 IV	P(RE) G		OK	
Dahlem Dorf Berlin					
Dahlen Glöwen			Sm		
Dahlen (Sachs) Leipzig	06 270 II	P(RE) G (40)		OK	Bm
Dahlen (Sachs) Kühlhaus Leipzig					
Dahlen (Sachs) Mischfutterwerk Leipzig					
Dahlenburg Ort			Sm		

Betriebsstellenname (fett) siehe unter	Bf-Nr.	Merkmal DRG	Bem.	Merkmal DR (u. ggf. später)	Sm	Ram.	Mutterbahnhof/ Bm/Bw/Raw
Lüneburg							
Dahlenburg Staatsb Berlin, Lüneburg	01 150	III					
Dahlewitz Berlin	03 082	Hp		P(RES)			
Dahme (Mark)					Sm		
Dahme (Mark) Uckro	41 818			(E) G (Wk)			Prenzlau
Dahmebrücke Berlin							
Dahmen Zuckerfabrik Vollrathsruhe					Sm		
Dahmen Zuckerfabrik Waren							
Dahmsdorf-Müncheberg Kietz, Müncheberg	25 082	II					Bm
Dahmsdorf-Müncheberg Kleinb	40 451					OR	
Dahmsdorf-Müncheberg Kleinb Müncheberg	45 257						
Dahnsdorf (b Belzig) Treuenbrietzen							
Dahnsdorf (Kr Zauch-Belzig) Treuenbrietzen	67 808					OR	
Dähre Salzwedel	47 022			P(RE) G (Wk)			Salzwedel
Dähre West Salzwedel				P G		OR	Salzwedel
Dalchau Altengrabow	43 626				Sm	OR	
Dalldorf Lüneburg	01 156	IV og					
Dallgow (b Berlin) Berlin				P(S) G(CA) (30)			
Dallgow-Döberitz Berlin	03 176	II					
Dalliendorf Ziegelei					Sm		
Dallmin Perleberg	48 402			P(RE)		OR	
Dallmin Molkerei Perleberg							
Dalwitz Tessin		G		G(WA)	Sm		
Dalwitzhof Magdeburg	27 203	IV o					
Dalwitzhof Nordkopf Kavelstorf							
Damaschkeplan Könnern				P			
Damaschkestraße Halle				P	Sm		
Dambeck (Altm) Oebisfelde	13 121	IV		P(RE) G			
Dambeck (Meckl) Ganzlin	27 149	Hst + mvG				OK	
Damelack Berlin							
Damerow Wismar	27 265	Hst + mvG		P		OR	
Damerow Züssow							
Damerower Forst Wismar							
Damgarten Rostock, Stralsund	28 092	III					
Damgarten Glashütte Stralsund					Sm		
Damgarten Hafenbf Stralsund	41 588	b r			Sm	OR	
Damgarten Landesbf Stralsund	41 589	r			Sm	OK	
Damgarten Stadtwald Stralsund					Sm		
Dammbachsgrund Weimar	55 916	p u					Bad Berka
Dammbachsgrund Martinswerk Weimar							
Damme (Uckerm) Prenzlau, Schönermark	46 141			P			
Dammerstorf Sanitz	27 212	Hst + mvG				OR	
Dammkrug Paulinenaue	44 904			P(RE)		OR	
Dammvorstadt Frankfurt							
Damsdorf (Kr Zauch-Belzig) Groß Kreutz	44 419					OK	
Damsdorf (Lkr Brandenburg) Groß Kreutz							
Dankensen-Abbendorf Beetzendorf	40 064					OR	
Dankmarshausen Eisenach	09 389	IV				OK	
Danndorf Wustermark							
Dannenberg Ost Berlin, Salzwedel	01 146	II					Bm
Dannenberg West Salzwedel	01 162	III					
Dannenwalde (Kr Gransee) Oranienburg				P(RE) G (Wk)			
Dannenwalde (Kr Kyritz) Perleberg					Sm		
Dannenwalde (Meckl) Oranienburg	28 030	III					
Dannenwalde (Prign) Perleberg	45 699				Sm	OR	
Dannenwalde Munitionslager Oranienburg				G(WA)			
Dannenwalde Ziegelei Perleberg	45 698	b			Sm	OR	
Dannigkow Altengrabow	43 630				Sm	OR	
Danziger Straße Berlin							
Dardesheim Heudeber-Danstedt	42 672			P(RE) G			
Dargelin Busdorf	42 335	b			Sm	OR	
Dargen Ducherow	28 120	IV				OK	
Dargen Hafen Mellenthin					Sm		
Dargezin Greifswald	42 311				Sm	OR	
Dargezin Gut Greifswald	42 320	b			Sm	OR	
Dargibell Uhlenhorst	44 694				Sm	OR	
Dargun Malchin	27 050	III		P(RE) G (40)			

Darlingerode Halberstadt			P			
Darnewitz Peulingen	47 403				OK	
Darnstedt Bk Großheringen						
Darseband Altefähr	46 529 b			Sm	OR	
Darsikow Kremmen	57 904 e og		P			
Darze Ludwigslust						
Daspig Halle			P	Sm		
Dassow (Meckl) Schönberg	27 008 III					
Dauer Bernau	28 229 IV		P(RE) G(WA) (35)			
Daugzin Anklam	40 127			Sm	OR	
Dazink Löbau						
Dazink-Wolesnica Löbau						
Dechowshof Stralsund	41 601			Sm	OR	
Decin hl n Dresden						
Dedeleben Nienhagen	13 338 III		P(RE) G(WA)			
Dedeleben Zuckerfabrik Nienhagen						
Dedelow Prenzlau	46 160		P		OR	
Deersheim Heudeber-Danstedt	42 673				OK	
Deetz (Kr Zerbst) Güsten	12 271 IV		P(RE) G (41)		OR	
Deetzer Warte Klötze						
Dehlitz (Saale) Großkorbetha	12 033 Hst b		P		OKg	
Delitzsch Ah Abzw. Leipzig						
Delitzsch Berl Bf Leipzig						
Delitzsch Gbf Eilenburg, Krensitz						
Delitzsch HSG Eilenburg	12 431 Hp					
Delitzsch ob Bf Eilenburg, Krensitz			P(RE)			
Delitzsch Raw Leipzig						
Delitzsch Sor Bf Eilenburg						
Delitzsch Stadt Krensitz						
Delitzsch Süd						
Delitzsch Südwest Eilenburg, Hayna						
Delitzsch unt Bf Leipzig	12 413 I		P(RE) G(CA) (ST) (41) (Wk)			Bm Raw
Delizsch unt Bf Gbf	12 414 Ga					
Delitzsch West Krensitz	40 688				OK	
Delitzsch Zuckerfabrik Krensitz						
Dellien Brahlstorf	45 391 b				OR	
Dellnau Dessau						
Delni Wujezd Horka, Lübbenau, Uhyst						
Delnja Kundracicy Zittau						
Demerthin Perleberg	45 695			Sm	OR	
Demitz Görlitz						
Demitz-Thumitz Görlitz	06 057 II		P(RE) G(WA)		OK	
Demitz-Thumitz Awanst Görlitz						
Demitz-Thumitz Granitwerk				Sm		
Demitz-Thumitz Ladestelle Görlitz	06 056 IV + b op					
Demker Magdeburg	13 047 III		P(RE) G			
Demker Tangermünde				Sm		
Demmin Oranienburg	28 047 II		P(RE) G(ST) (35)			Bm
Demmin Gbf	28 048 Ga					
Demmin Gemüsehalle						
Demmin Hafen	41 077		G(Ldst)		OR	Demmin
Demmin Klbf				Sm		
Demmin Landesbf	41 051	[45]		Sm	OR	
Demmin Peenehafen						
Denkwitz Oschatz	07 167 Hp e r u			Sm		Mügeln (b Oschatz)
Dennewitz Abzw. Halle, Jüterbog						
Dennheritz Glauchau	06 772 Hp		P(RE)			
Dennin Anklam, Friedland	44 664			Sm	OR	
Dennin Molkereigenossenschaft Friedland				Sm		
Denstedt Bk Großheringen						
Derben Güsen	43 523		P(RE) G		OR	Güsen (Kr Genthin)
Derben Süd Güsen	43 527 b					
Derbno Forst						
Derenburg Langenstein	55 834		P(RE)			
Dergenthin Magdeburg	01 039 IV		P(RE)		OK	
Dermbach (Rhön) Dorndorf	09 412 III		P(RE) G(ST) (40) (Wk)			
Dermin Ratzeburg						
Dersentin Waren	Ldst					
Dessau (Altm) Pretzier	45 641				OK	
Dessau Adria			P			
Dessau Alten	12 342 II b	[46]	P(RE) G(WA)		OR	
Dessau Bahnhof						
Dessau DRKB				Sm		
Dessau D Wörl E	40 820				OK	
Dessau Gbf	12 338 Ga					
Dessau Hbf Berlin, Horka	12 337 I		P(RE) G(CA) (ST) (40) (Wk)			Bm Bw Raw
Dessau Kienheide						
Dessau Kochstedter Str.				Sm		
Dessau Kreisbau						
Dessau Mildensee						
Dessau Mosigkau			P(RE) G		OK	
Dessau Ost						
Dessau Raw						
Dessau-Roßlau Berlin, Biederitz	12 350 I					Bm Bw

Betriebsstellenname (fett) siehe unter	Bf-Nr.	Merkmal DRG	Bem.	Merkmal DR (u. ggf. später)	Sm	Ram.	Mutterbahnhof/ Bm/Bw/Raw
Dessau-Roßlau Gbf Horka	12 351	Ga					
Dessau-Roßlau Gbf Ost Horka							
Dessau Roßlau Pbf Horka							
Dessau Schlachtbetrieb							
Dessau Süd	12 336	III og		P(RE)			
Dessau Viehhof	41 820	b op u				OK	Dessau Wörlitzer Bf
Dessau Waggonfabrik							
Dessau Waldbad							
Dessau Waldersee				G(WA)		OR	Dessau Hbf
Dessau Wallwitzhafen Berlin, Horka	12 346	III		P G(WA)		OR	Dessau Hbf
Dessau Wörlitzer Bf				P			
Dessauer Brücke Halle							
Dessow (Mark) Neustadt	79 904			P(RE) G (Wk)		OR	
Detershagen Bk Berlin							
Detrichov Zittau					Sm		
Dettmannsdorf-Kölzow Sanitz	27 213	III					
Deuben Dresden							
Deuben (b Zeitz) Großkorbetha, Profen, Zeitz	09 098	II		P(RE) G(WA)		OR	
Deuben BKK Profen					Sm		
Deuben BKK Großkorbetha, Zeitz							
Deuben Kraftwerk Großkorbetha, Zeitz							
Deuben Kraftwerk Profen					Sm		
Deuben Ziegelei					Sm		
Deuna Zementwerk Werkbf Bernterode, Halle				G			
Deutsch Horst Salzwedel							
Deutsch Ossig Görlitz	04 095	Hp		P			
Deutsch Pretzier Pretzier, Stendal							
Deutsche Oper Berlin							
Deutsche Tonwerke Beucha							
Deutschenbora Leipzig	06 298	III		P(RE) G (Wk)		OK	Nossen
Deutsch-katharinenberg Olbernhau-Grünthal	06 551	Hst + mvG				OK	
Deutschlandhalle	03 270	IV p					
Deutschneudorf Olbernhau-Grünthal	06 552	IV					
Deutzen Borna				G(WA)	Sm		
Deutzen Neukieritzsch	12 839	Hp b		P(RE)		OR	
Devwinkel Bützow				P			
Deyelsdorf	55 832	u					Voigtsdorf (Kr Grimmen)
Greifswald							
Diabas Blankenburg							
Diebzig Breitenhagen				G(WA)	Sm		
Diedenmühlental-brücke Doberlug-Kirchhain							
Diedenmühlen-viadukt Doberlug-Kirchhain							
Diedersdorf Berlin							
Diedersdorf (Mark) Fürstenwalde	45 511			P		OR	
Diedersdorf Gut Fürstenwalde							
Diedorf Dorndorf							
Diedorf (Eichsf) Mühlhausen	09 307	IV +					
Diedorf-Fischbach Dorndorf	09 414	IV		P G(WA)		OK	
Diedrichshagen Greifswald	42 350				Sm	OR	
Dielsdorf Weimar	42 930				Sm	OR	
Diemarden Güterhaltestelle Duderstadt	42 129	b			Sm	OR	
Diemarden Personenhalte-stelle Duderstadt	42 128	b			Sm		
Diemarden Steinbruch Duderstadt	42 127	b			Sm	OR	
Diepensee Berlin							
Dierberg Löwenberg	90 904	e u		P		OR	Lindow (Mark)
Dierhagen			[1]	P(RE) (Bus)			
Diesdorf Magdeburg							
Diesdorf (Altm) Beetzendorf, Salzwedel	40 065		[12]	P(RE) G		OKg	Bw
Diesdorf Bk Magdeburg							
Diesdorf-Libbsdorf Dessau							
Diesdorf Zuckerfabrik Salzwedel							
Dieskau Halle, Leipzig	12 083	II		P(RE) G (40)			
Dietendorf Erfurt, Neudietendorf							
Dieterode Heiligenstadt	05 488	IV				OR	
Dietersdorf (Oberfr) Breitengüßbach	22 073						
Dietersdorf Hafen Breitengüßbach							
Diethensdorf Steinbruch Chemnitz							
Dietlas Dorndorf	09 407	Hp u		P G(WA)		OR	Dorndorf (Rhön)
Dietlas Kaliwerk Dorndorf							
Dietrichsberg Eisenach, Wenigentaft-Mansbach	44 917	p u					Oechsen

Betriebsstelle	Nr.		Verkehr			
Dietrichsberg Basaltwerke Wenigentaft-Mansbach						
Dietzhausen Neudietendorf	09 364 III		P(RE) G		OK	
Dimitroffstraße Berlin						
Dingelstädt (Eichsf) Leinefelde	05 514 III		P(RE) G (33) (Wk)			Bm
Dingelstedt (b Halberstadt) Nienhagen	13 334 III		P(RE) G(ST) (WA)			Bm
Dippelsdorf Radebeul				Sm		
Dippenword Blankenburg						
Dippmannsdorf-Ragösen Treuenbrietzen	63 808		P(RE)		OR	
Dippoldiswalde Freital	07 071 II r		P(RE) G (50) (Wk)	Sm	OK	
Dippoldiswalde Baustoffhdl.				Sm		
Dippon Freital						
Dischley Bresewitz	44 659 b			Sm	OR	
Ditfurt Wegeleben	13 356 III		P(RE) G (35)			
Dittersbach (b Dürröhrsdorf) Dürröhrsdorf	06 116 Hp b		P		OR	
Dittersbach (b Frankenberg/ Sachs) Chemnitz	06 354 b		P(RE)		OR	
Dittersbach (b Friedland) Zittau	07 302 b			Sm	OK	
Dittersbach-Seiffen Pockau-Lengefeld	06 555 Hst				OK	
Dittersdorf Chemnitz, Heidenau			P(RE) G(WA)		OR	
Dittersdorf (b Chemnitz) Chemnitz	06 627 III				OR	
Divitz Stralsund				Sm		
Dobberkau Peulingen	47 406				OR	
Döbeln Doberlug-Kirchhain						
Döbeln Gärtitz Doberlug-Kirchhain						
Döbeln Gärtitz Lommatzsch, Mügeln				Sm		
Döbeln Gbf	06 305 Ga					
Döbeln Hbf Doberlug-Kirchhain, Leipzig	06 304 I	[6]	P(RE) G(ST) (50) (Rp)			Bm Bw
Döbeln Hbf Lommatzsch, Mügeln			P(RE) G(St)	Sm		
Döbeln Nord Doberlug-Kirchhain	06 363 IV		G (Wk)		OR	Döbeln Hbf
Döbeln Nord Lommatzsch, Mügeln				Sm		
Döbeln Ost Leipzig	06 303 II	[7]	P G(ST) (40) (Wk)			
Döbeln Zentrum Leipzig						
Döbeln Zuckerfabrik Lommatzsch, Mügeln				Sm		
Doberan Bad Doberan, Bad Kleinen						
Doberaner Chaussee Bad Doberan						
Doberaner Rennbahn Bad Doberan						
Döberitz Treuenbrietzen			P(RE) G(WA)			
Döberitz (Kr Westhavelland) Treuenbrietzen	51 808				OR	
Döberitz Chemiefabrik Treuenbrietzen						
Döberitz-Gapel (Kr Westhavel-land) Treuenbrietzen	52 808 b				OR	
Döberitz Havelufer Treuenbrietzen						
Döberitz Nord Treuenbrietzen			P			
Doberlug-Kirchhain Cottbus	12 523 I		P(RE) G(CA) (ST) (40) (Wk)			Bm Bw
Doberlug-Kirchhain Gbf	12 524 Ga					
Doberlug-Kirchhain Nord Abzw. Berlin						
Doberlug-Kirchhain ob Bf Berlin						
Doberlug Kirchhain unt Bf Cottbus						
Döbern (b Forst) Forst	12 746 II		P(RE) G (32) (Wk)			
Döbern Betonwerk Forst						
Döbern Hohlglaswerk Forst						
Doberschütz Cottbus	12 461 III		P(RE) G(WA) (CA)		OR	
Dobitzschen Meuselwitz	12 872 IV		P(RE) G (40) (Wk)		OK	Ronneburg (Thür)
Dobitzschen I Meuselwitz	12 873 Ahst b					
Dobra Stöven						
Dobrilugk-Kirchhain Berlin, Cottbus, Doberlug-Kirchhain						
Döbris Profen				Sm		
Döbschütz Görlitz	42 117		P(RE)		OR	
Dodendorf Berlin	13 285 III		P(RE) G			
Döhlauer Tunnel Greiz						
Döhlen (b Rochlitz/ Sachs) Waldheim	06 414 Hst + e mvG		P G (Wk)			Rochlitz (Sachs)
Dohma Pirna	06 212 e g op	[51]				

Betriebsstellenname (fett) siehe unter	Bf-Nr.	Merkmal DRG	Bem.	Merkmal DR (u. ggf. später)	Sm	Ram.	Mutterbahnhof/ Bm/Bw/Raw
Dohna (Sachs)					Sm		
Dohna (Sachs) Heidenau	06 381	III		P(RE) G (Wk)		OR	Heidenau
Dohna (Sachs) Rütgerswerke					Sm		
Dohna (Sachs) Rütgerswerke Heidenau	06 383	Ahst b					
Dohna Chemische Fabrik Heidenau							
Dohna Hiebsch Heidenau							
Dohna Kohlehandel Heidenau							
Dohna Kornhaus Heidenau							
Dohna Schloßmühle Heidenau							
Dohna Strohstofffabrik Heidenau							
Döhren (Prov Sachs) Helmstedt	13 146	III					
Döhren (Sachs-Anh) Helmstedt							
Dölau (Saalkr) Gbf Halle	42 506					OR	
Dölau (Saalkr) Pbf Halle	42 505	b				OR	
Dölauer Heide Halle	42 504					OR	
Dolgelin Frankfurt	28 184	III		P(RE)			
Dolgelin Kleinb Fürstenwalde	45 514					OR	
Dolgen (Meckl) Neustrelitz	27 332	Hst + u		P(RE) G		OK	Feldberg (M) u. Bergfeld
Dölitz Teterow	27 039	Hst b op u		P G(Ldst)		OR	Klein Lunow und Gnoien
Döllnkrug Schorfheide					Sm		
Döllnitz Halle							
Döllnitz Pumpwerk Halle							
Döllnitzbrücke Leipzig							
Döllstädt Erfurt	09 230	III		P(RE) G (40)			Bm
Dolni Zleb Dresden							
Dolny Krecany Sebnitz							
Dolny Poustevna Sebnitz							
Dolsthaida Horka	12 549	Hp					
Doluje Stöven							
Dölzig Merseburg	12 105	IV		P(RE)			
Domäne Radegast			[217]				
Dömitz Berlin				P(RE) G(ST)			
Dommitzsch Torgau	12 481	III		P(RE) G (40) (Wk)			
Dommitzsch Ziegelei					Sm		
Domnitz (Saalkr) Halle	12 183	III		P(RE)		OR	
Domnitz (Saalkr) Kautzenberg Nauendorf	41 880	b u		G(WA)			Löbejün (Saalkr)
Domnitz Porphyrsteinbruch Nauendorf							
Domsühl Schwerin	27 101	IV		P(RE) G(WA)			
Donndorf (Unstrut) Naumburg	09 050	IV		P(RE) G(WA)			
Dönnie-Jessin Greifswald	60 832	u				OR	Voigtsdorf
Dönstedt Haldensleben							
Dönstedt Steinwerk Haldensleben				G(WA)			
Dora Abzw. Nordhausen							
Dora-Mittelbau					Sm		
Dorfchemnitz (b Sayda) Mulda	07 177	Hst +			Sm	OK	
Dorfchemnitz (b Zwönitz) Chemnitz	06 632	III		P(RE) G			
Dörfles-Esbach Sonneberg							
Dörgenhausen Bautzen	06 278	Hp p u					Wittichenau
Dorna Wurzen							
Dorna-Döben Wurzen	12 790	Hp e u					Golzern
Dornburg (Saale) Naumburg	09 009	II		P(RE) G			
Dornburg (Saale) Kalksteinfabrik Naumburg							
Dornburg (Saale) Zementwerk Naumburg							
Dorndorf (Rhön) Bad Salzungen	09 406	I		P(RE) G(ST) (40) (Wk)			Bm
Dorndorf (Rhön) Kaliwerk Bad Salzungen	09 527	Ahst b		G(Ahst)			Dorndorf (Rhön)
Dörnitz Burg	43 606				Sm	OR	
Dornreichenbach Leipzig	06 271	III		P(RE) G(ST)			
Dörrberg Neudietendorf	09 357	Hp		P(RE)			
Dörrwalde Lübbenau							
Dorst Haldensleben	41 686					OR	
Döschütz Mügeln	07 135	IV + r			Sm	OK	
Dossebrücke Berlin							
Dossow (Prign) Kremmen	59 904			P G(WA)		OK	Fretzdorf
Dr. Hans-Loch-Str. Gotha				P	Sm		
Drachenberg Haldensleben							
Drahnsdorf Berlin	12 535	III b		P G (40)		OR	Golßen (Niederlaus)
Drahnsdorf Dahme	12 535				Sm		
Drahtzug Gernrode	44 830	p u		P	Sm		Mägdesprung
Drängetal Nordhausen					Sm		
Dranse Wittenberge	27 317	IV		P(RE) G			

Dranser See Wittenberge						
Dranske		[1]	P(Bus)			
Dranske Dorf Buhrkow				Sm		
Dranske Gut Buhrkow				Sm		
Drausendorf Görlitz			P			
Dreba Triptis	09 134 Hp u		P			Knau
Drebkau Casel, Frankfurt	12 708 III		P(RE) G			
Drei Annen Hohne Nordhausen			P(RE) G	Sm		
Drei Annen Hohne Halb Bl E Elbingerode	58 834				OK	
Drei Annen Hohne Nordh W E Nordhausen	52 887			Sm	OR	
Drei Annen Hohne Ost Elbingerode						
Drei Annen Hohne West Nordhausen				Sm		
Dreileben-Drackenstedt Magdeburg	13 221 III		P(RE) G(WA) (33)			Bm
Dreilinden a B Berlin	03 376 Hp					
Dreiwerden Mittweida	41 876		G(WA)			Mittweida
Dreiwerden Papierfabrik Mittweida						
Drenkow Pritzwalk	45 686		P		OR	
Drense Prenzlau	46 140		P		OR	
Dresden Albertsbf						
Dresden Albertstadt Industriebf	06 218 o					Dresden Neustadt Gbf
Dresden Altstadt Frankfurt	06 227 I op		G(WA) (60)			Bw
Dresden Altstadt Gbf	06 228 Ga					
Dresden Berliner Bf						
Dresden Böhmischer Bf						
Dresden Cotta	06 241 Hst og		P			
Dresden Dobritz			P			
Dresden Elbufer Altstadt	06 224 IV b op				OR	
Dresden Elbufer Neustadt	06 219 IV b op				OR	
Dresden Flughafen			P(S)			
Dresden Freiberger Straße			P(S)			
Dresden Friedrichstadt Frankfurt	06 220 I	[7]	P G(ST) (60) (Wk)			Bw
Dresden Friedrichstadt Gbf	06 221 Ga					
Dresden Friedrichstadt Hp						
Dresden Friedrichstadt RAW	06 226 Ahst +	[54]	G(WA)(Ahst)			Dresden Friedrich-stadt
Dresden Fried. (Vieh- u. Schlachth.)	06 225 Ahst					
Dresden Gittersee Freital			G(WA)(CA) (40)			Freital Potschappel
Dresden Gittersee Reifenwerk Freital						
Dresden Grenzstr.			P(S)			
Dresden Großer Garten						
Dresden Großmarkthalle	06 230 IV op		G(WA) (40)		OK	
Dresden Gütergleis Leipzig						
Dresden Hafen Lübbenau			G(WA)			Dresden Friedrich-stadt
Dresden Hbf Berlin, Frankfurt, Freital, Leipzig, Lübbenau	06 201 I og	[55]	P(RES) (Rp)			Bm Bww Raw
Dresden Hbf Stw W 9 Abzw.						
Dresden Industriegelände Lübbenau			P(S)			
Dresden Industriegelände Anst						
Dresden Kemnitz	06 242 Hp		P			
Dresden Klotzsche Lübbenau			P(S) G(WA) (40) (Wk)			
Dresden Klotzsche Bbf Lübbenau						
Dresden Klotzsche Feldbahngelände				Sm		
Dresden Kohlenbf						
Dresden König Albert-Hafen	06 223 I op				OR	
Dresden König Friedr. August Mühle						
Dresden Leipziger Bf Frankfurt, Leipzig						
Dresden Lockwitz Ziegelei				Sm		
Dresden Loschwitz				Sm		
Dresden Loschwitz Lingnerpark				Sm		
Dresden Luga Ziegelei				Sm		
Dresden Mitte Frankfurt, Lübbenau			P			
Dresden Mitte Abzw.						
Dresden Mitte Stw B 1 Abzw.						
Dresden Neustadt Frankfurt, Leipzig, Lübbenau	06 214 I		P(RE)			
Dresden Neustadt Ega	06 217 Ega					
Dresden Neustadt Gbf Frankfurt, Leipzig, Lübbenau	06 215 Ga	[6]	G(WA)(C) (ST) (50)			
Dresden Neustadt Stw 1/ 4 Abzw.						
Dresden Niedersedlitz		[6]	P G(ST) (60)			
Dresden Niedersedlitz Plattenwerk				Sm		

Betriebsstellenname (fett) siehe unter	Bf-Nr.	Merkmal DRG	Bem.	Merkmal DR (u. ggf. später)	Sm	Ram.	Mutterbahnhof/ Bm/Bw/Raw
Dresden Oberloschwitz					Sm		
Dresden Peterstraße							Bw
Dresden Pieschen Frankfurt, Leipzig	06 733	Hst og		P			Bw
Dresden Pieschen Abzw. Frankfurt, Leipzig							
Dresden Plauen	06 486	Hp		P			
Dresden Reick	06 199	I		P G (32) (Wk)			
Dresden Schles Bf Lübbenau							
Dresden Stetzsch	06 243	Hp		P			
Dresden Strehlen	06 200	Hp		P			
Dresden Tanklager Minol							
Dresden Torna Ziegelei					Sm		
Dresden Trachau Frankfurt, Leipzig	06 234	Hp		P			
Dresden Trümmerbahn					Sm		
Dresden Verkehrsbetriebe							
Dresden Weißer Hirsch							
Dresden Werksbf							
Dresden Wettiner Straße Lübbenau	06 232	I og					
Dresden Winterhafen							
Dresden Zentrum							
Dresden Zschachwitz				P			
Dresden Zwickauer Straße							Bw
Dretzel Güsen	43 552			P		OR	
Drewelow Dennin							
Drewin Oranienburg							
Drewitz Berlin	03 054	III		P(RES) G(WA)(CA)			Bm
Drewitz (b Altengrabow) Burg							
Drewitz-Altengrabow Burg							
Drispeth Torfwerk					Sm		
Drjowk Frankfurt							
Dröbel Steinbruch Breitenhagen				G(WA)	Sm		
Dröbel Zuckerfabrik Breitenhagen, Könnern, Köthen				G(WA)	Sm		
Drögen Oranienburg	28 031	Hp		P(RE)			
Drögenheide Gumnitz							
Drögenheide Nord Gumnitz							
Drohndorf-Mehringen Halle	12 210	III		P(RE)			
Drosen Beerwalde							
Drosen Bergbaubetrieb					Sm		
Droßdorf (b Borna) Leipzig	12 876	Hst + e mvG		P G(WA)		OR	Neukieritzsch
Drosselklappenhaus Oberbecken Hohenwarte					Sm		
Droyßig (b Zeitz) Zeitz	09 068	IV		P(RE)			
Drübeck Halberstadt	13 386	III		P(RE) G(WA)		OR	
Druckprüfstand Peenemünde							
Drüsensee Mölln	01 318	Hp p u					Hollenbek
Düben (Mulde) Eilenburg	12 453	III					Bm
Duben (Niederlaus) Falkenberg	51 886	u		P		OK	Luckau
Duben Kieswerk Falkenberg							
Dubi Freiberg							
Dubje Cottbus							
Dubojce Guben							
Dubrawa Falkenberg							
Dubring Steinwerke					Sm		
Dubring Steinwerke							
Ducherow Bernau	28 116	II		P(RE) G (35)			Bm
Ducherow Kleinb Dargibell	45 039	b			Sm	OR	
Ducherow Ziegelei					Sm		
Duderstadt					Sm		
Duderstadt Leinefelde	05 146	II					Bm
Dülseberg Salzwedel	47 027					OR	
Dünenhaus Prerow				P	Sm		
Düpow Perleberg	48 374				Sm	OR	
Düppel Berlin	03 391	Hp oä oe					
Düppel-Kleinmachnow Berlin							
Dürrebachbrücke Weimar							
Dürrenwaid Kronach	22 043	Hst +				OR	
Dürrhennersdorf Löbau	06 073	IV		P(RE)		OK	
Dürrhennersdorf Taubenheim					Sm		
Dürröhrsdorf Pirna	06 103	II		P(RE) G (32) (Wk)			Bm
Düsedau Magdeburg	01 035	III		P(RE)			
Düsterer Grund Blankenburg							
Düsterförde Oranienburg	28 033	III		P(RE) G(WA)		OR	
Dütschow Ludwigslust	27 127	Hst + mvG		P(RE)		OR	
Düvier Oranienburg	28 052	IV		P(RE)		OR	
Dzeznikecy Bad Schandau, Löbau							
Ebeleben Greußen	40 839		[58]	P(RE) G (Wk)			Bw

Betriebsstelle	Nummer	Verkehr	Kennz.	Bemerkung
Ebeleben Mischfutterwerk Greußen, Hohenebra		G(WA)		
Ebeleben Süd Hohenebra				
Ebeleben West	49 877 p u			Schlotheim
Ebeleben Zuckerfabrik		G(WA)		
Ebern Breitengüßbach	22 079 IV			
Ebern Hp Breitengüßbach				
Ebersbach (b Görlitz) Görlitz	42 110	P G (Wk)	OR	Königshain-Hochstein
Ebersbach (Sachs) Löbau, Sebnitz, Zittau		P(RE) G(CA) (ST) (40) (Wk)		
Ebersbach-Georgswalde Zittau	06 032 I			Bm
Ebersbach-Georgswalde Gbf	06 033 Ga			
Ebersbach Granit- u. Grünschotterw. Görlitz				
Ebersbach Grenze Sebnitz		Güp		
Ebersbacher Brücke Hp Görlitz				
Ebersbrunn Zwickau	06 832 Hp	P(RE)		
Ebersdorf (b Coburg)	09 485 III			Bm
Ebersdorf Bk Dresden				
Ebersdorf-Friesau Triptis	09 141 III	P(RE) G (Wk)		
Ebersdorf Holzzentrum Triptis				
Eberstädt (Kr Gotha) Gotha	09 247 Hp +	P	OK	
Eberswalde Ammonwerk		G(WA)	OR	Eisenspalterei
Eberswalde Ardeltwerke	41 927 b op		OR	
Eberswalde Gbf	28 161 Ga			
Eberswalde Hbf Bernau, Frankfurt	28 160 I	P(RE) G(C) (ST) (40) (Rp)		Bm Bw Raw
Eberswalde Klbf				
Eberswalde Raw Bernau				
Eberswalde Umladebf				
Eberswalde Umschlagstelle				
Eberswalde West	40 927 b	G(WA)	OR	Eberswalde Hbf
Eberswalde Westend				
Eberswalder Straße Berlin				
Ebert & Co Beucha				
Echem Carze, Lüneburg	01 159 IV			
Eckardstein Strausberg				
Eckardtsleben Gotha	09 254 IV	P(RE)	OR	
Eckartsberga (Thür) Straußfurt	09 167 IV	P(RE) G (Wk)		
Eckernlochbrücke Drei Annen Hohne				
Eckertal Halberstadt	13 389 III			
Eckweisbach Götzenhof	11 324 Hst + e		OK	
Edderitz				
Edderitz Gp Abzw. Köthen		[59] G(WA)	OR	Biendorf
Eden Nauen, Velten				
Edersleben Kreuzungsbf Erfurt				
Edle Krone Dresden	06 494 III	P(RE)	OK	
Edle Krone Tunnel Dresden				
Eduardschacht Mansfeld			Sm	
Effelder (Eichsf) Leinefelde	05 483 Hp b	P(RE)		
Effelder (Thür) Eisfeld	09 470 IV	P(RE) G		
Effelderbachviadukt Eisfeld				
Egeln Blumenberg	12 248 II	P(RE) G (40) (Wk)		Bm
Egeln Nord Etgersleben		P G(WA)		
Eger Plauen	26 076 I			Bm Bw
Eger Gbf	26 077 Ga			
Eggenstedt Eilsleben				
Eggersdorf Erfurt	12 262 III	P(RE) G(WA) (40)		
Eggesin Jatznick	28 142 III	P(RE) G (35)		
Ehlebrücke Altengrabow, Magdeburg				
Ehrenfriedersdorf Schönfeld, Wilischthal	07 218 r		Sm OK	
Ehrenfriedersdorf Hp Schönfeld			Sm	
Ehrenfriedersdorf Zinngrube			Sm	
Ehrenhain Altenburg	06 451 Hst mvG	P(RE) G (30) (Wk)		Nobitz
Eibau Zittau	06 030 II	P(RE)		
Eibenberg-Kemtau Chemnitz				
Eibenstock ob Bf	06 869 IV	P(RE) G (40) (Wk)		
Eibenstock Talsperrenbaustelle			Sm	
Eibenstock unt Bf Aue	06 868 II	P(RE) G (32)		Bw
Eich (Sachs) Falkenstein	06 861 IV	P(RE) G(WA)	OK	Treuen
Eichberge Paulinenaue				
Eichborndamm Berlin				
Eichbornstraße Berlin	03 229 Hp oä oe			
Eiche Forsthaus Haldensleben				
Eiche Steinwerk Haldensleben				
Eichenberg	05 494 I			Bm

Betriebsstellenname (fett) siehe unter	Bf-Nr.	Merkmal DRG	Bem.	Merkmal DR (u. ggf. später)	Sm	Ram.	Mutterbahnhof/ Bm/Bw/Raw
Halle							
Eichenberg Ostkopf Abzw.							
Halle							
Eichenberg Nordkopf Abzw.							
Halle							
Eichenhalde							
Prettin							
Eichenkrug	42 132	b			Sm	OK	
Duderstadt							
Eichgestell	03 389	IV o					
Berlin							
Eichhorst	45 066	b			Sm	OR	
Sandhagen							
Eichicht (Saale)	09 030	III					Bm
Saalfeld							
Eichkamp							
Berlin							
Eichow	12 575	III		P(RE)			
Cottbus							
Eichow Tonbahn					Sm		
Eichstedt (Altm)	01 037	III		P(RE)		OR	
Magdeburg							
Eichwald (Erzgeb)	07 784	III b				OR	
Freiberg							
Eichwalde				P(RES) G			Königs Wusterhausen
Berlin							
Eichwalde (Kr Teltow)	03 325	II					
Berlin							
Eichwerder	45 533						
Fürstenwalde							
Eickendorf	12 261	III		P(RE) G (40) (Wk)		OK	
Erfurt							
Eickstedt	46 142			P G(WA)		OR	Prenzlau
Prenzlau							
Eilenburg	12 437	I		P(RE) G(C) (CA)(ST) (40)			Bm Bw
Cottbus, Leipzig							
Eilenburg EBAWE							
Eilenburg Gbf	12 438	Ga					
Eilenburg Getreidewirtschaft							
Eilenburg Gewerbegebiet Schanzberg							
Eilenburg Ost	12 448	II		P(RE) G(CA) (35)		OK	
Cottbus							
Eilenburg Steinaue							
Eilenburg Süd	12 782	Hp e u		P			Collmen-Böhlitz
Eilenstedt	13 333	III		P(RE) G(ST)			
Nienhagen							
Eilenstedt Zuckerfabrik							
Nienhagen							
Eilsleben (b Magdeburg)				P(RE) G			
Haldensleben, Magdeburg							
Eilsleben (b Magdeburg) Gbf							
Eilsleben (Bz Magdeburg)	13 222	I	[60]				Bm Bw
Haldensleben, Magdeburg							
Einebrücke							
Halle							
Einheit				P	Sm		
Dresden							
Einheit				P	Sm		
Magdeburg							
Einlaufbauwerk							
Wendefurth							
Einöd					Sm		
Hildburghausen							
Einsiedel				P(RE) G (40)			
Chemnitz							
Einsiedel (b Chemnitz)	06 626	II					
Chemnitz							
Einsiedel (b Reichenberg)	07 432	III				OK	
Hagenwerder							
Einsiedel BBS							
Chemnitz							
Einsiedel Gymnasium							
Chemnitz							
Eisdorf	12 138	Hp					
Halle							
Eisenach	09 285	I		P(RE) G(C) (ST) (40) (Rp)			Bm Bw
Gotha							
Eisenach AWE							
Eisenach Gbf	09 286	Ga					
Gotha							
Eisenach Opelwerk							
Eisenach Stedtfeld							
Eisenach Strengda Ziegelei					Sm		
Eisenach West	09 287	Hp		P			
Eisenacher Straße							
Berlin							
Eisenbahnbrücke							
Gotha							
Eisenbahnstraße							
Leipzig							
Eisenberg (Thür)	09 075	II		P(RE) G(ST) (40) (Wk)			Bm
Krossen							
Eisenberg (Thür) Gbf	09 076	Ga					
Eisenberg (Thür) Ost	09 077	Hp +		P(R)			
Krossen							
Eisenberg Gartenbahn					Sm		
Eisenberg Ziegelei					Sm		
Eisengießerei							
Ellrich							
Eisenhain					Sm		
Greifswald							
Eisenhüttenstadt			[61]	P(RE) G(CA) (40) (Wk)			
Frankfurt							
Eisenspalterei	42 927	b		G		OR	
Eberswalde							
Eisfeld	09 454	II		P(RE) G(ST) (40)			Bm
Eisenach							
Eisfeld Gbf	09 455	Ga					
Eisfeld Stadt	09 456	Hp +			Sm		
Eisfelder Talmühle				P(RE)	Sm		
Gernrode, Nordhausen							
Eisfelder Tal-mühle Gernr H E	55 830	b			Sm	OR	
Gernrode							
Eisfelder Talmühle Nordh W E	47 887	r			Sm	OK	
Nordhausen							
Eisleben				P	Sm		
Hettstedt							
Eisleben	12 170	II					Bm
Halle							
Eisleben Bahnhof				P	Sm		
Hettstedt							
Eisleben Friedhof				P	Sm		
Hettstedt							
Eisleben Gbf	12 171	Ga					

Betriebsstelle	Nr.	Anm.	Verkehr	Sm	Status	Bemerkung
Eismannsdorf Bk Halle						
Eiterfeld Hünfeld	11 337 IV					
Eitzum (Elm) Oschersleben	54 810 u				OR	Schöppen-stedt Nord
EKO Werkbf Frankfurt						
Elbebrücke Bad Schandau, Berlin, Cottbus, Dessau, Doberlug-Kirchhain, Halle, Horka, Leipzig, Magdeburg, Pirna, Weißig, Wustermark						
Elbebrücke Bk Halle						
Elbebrücke Hubbrücke Magdeburg						
Elbebrücke Nord Bk Magdeburg						
Elbebrücke Süd Bk Magdeburg						
Elbeexpress Magdeburg			P	Sm		
Elbe-Havel-Kanalbrücke Güsen						
Elbeufer (Dommitzsch) Prettin		[62]				
Elbeufer (Hassel) Schönhausen		[62]				
Elbeufer (Neuermark-Lübars) Stendal		[62]				
Elbeufer (Prettin) Torgau		[62]				
Elbeufer (Röderau) Oschatz		[62]				
Elbeufer (Strehla) Jüterbog		[62]				
Elbgaubad Abzw. Leipzig						
Elbhaus Dessau						
Elbingerode (Harz) Blankenburg			P(RE) G			
Elbingerode (Harz) Hbf Blankenburg	50 834					
Elbingerode (Harz) West Blankenburg						
Elbingerode Bornbergstraße 2 Blankenburg						
Elbingerode Drei Kronen & Ehrt			G(WA)	Sm		
Elbingerode Grube Mühlental				Sm		
Elbingerode Schwefelkies-grube Blankenburg			G(WA)			
Elbzollhaus Dessau						
Eldebrücke Magdeburg, Pritzwalk						
Eldena (Meckl) Dömitz	27 114 III		P(RE) G (Wk)			
Elend Nordhausen	51 887		P(RE) G	Sm	OK	
Elgersburg Plaue	09 339 III		P(RE) G (Wk)			
Eliaspark Cottbus			P	Sm		
Elisabethstraße Strausberg						
Elisenhof Müncheberg	45 546				OR	
Ellefeld Zwickau	06 838 Hst		P(RE) G(WA)		OK	Falkenstein (Vogtl)
Ellenberg (Altm) Salzwedel	47 020		P(RE) G		OR	Salzwedel
Ellerholz Mirow	27 321 IV				OK	
Ellingen (Uckerm) Prenzlau	46 159		P G(WA)		OR	Prenzlau
Ellrich Nordhausen	05 105 III		P(RE) G(WA)			Bw
Ellrich Anschlußbf						
Ellrich Eisengießerei Nordhausen						
Ellrich Gbf	05 106 Ga					
Ellrich Grenze			Güp			
Ellrich Reichsb Nordhausen						
Ellrich Stadt	41 256				OK	
Ellrich Stadtbf						
Ellrich West	41 255				OR	
Elmenhorst Oranienburg	28 056 IV		P(RE)			
Elsholz Wildpark	03 352 Hp		P			
Elsnig (Elbe) Torgau	12 479 IV		P(RE) G(WA)		OK	
Elsnigk (Anh) Dessau	12 344 III		P(RE) G (Wk)			Bm
Elsnigk (Anh) Zuckerfabrik Dessau			G(WA)			Elsnigk (Anh)
Elstal (Kr Nauen) Berlin			P(S)			
Elster (Elbe) Horka	12 497 III		P(RE) G			
Elsteraue Leipzig			P	Sm		
Elsteraue Bk Leipzig						
Elsterberg Gera	06 788 III		P(RE) G (Wk)			Greiz
Elsterberg Kunstseidewerk Gera			P			
Elsterberger Tunnel Gera						
Elsterode Bautzen	06 276 Hst +				OR	
Elstertalbrücke Dresden						
Elsterwerda Berlin, Doberlug-Kirchhain	12 516 I	[6]	P(RE) G(CA) (ST) (50) (Wk)			Bm Bw
Elsterwerda-Biehla Horka	12 587 II	[7]	P G(WA)(ST) (50)			
Elsterwerda-Biehla Kalksandsteinwk.				Sm		
Elsterwerda Gbf	12 517 Ga					
Elsterwerdaer Platz Berlin						
Elsthal Dahme				Sm		
Elstra Bischofswerda	06 127 III		(E) G (50) (Wk)			Kamenz (Sachs)
Elte Abzw. Eisenach						
Elterlein Stollberg	06 650 III					
Elversdorf Tangermünde				Sm		

Betriebsstellenname (fett) siehe unter	Bf-Nr.	Merkmal DRG	Bem.	Merkmal DR (u. ggf. später)	Sm	Ram.	Mutterbahnhof/ Bm/Bw/Raw
Elxleben Erfurt	09 227	IV		P(RE) G(WA) (Wk)		OR	
Emden (Kr Haldensleben) Haldensleben	42 005			P		OK	
Emilienhof Neustadt	78 904	b e u		P		OR	Dessow (Mark)
Emleben Gotha	09 265	IV		P(RE) G(WA)		OK	
Emmerstedt Helmstedt	13 151	III					
Endschütz Werdau	06 816	IV b		P(RE)		OR	
Engelsberg (b Kratzau) Zittau	06 011	Hp					
Engelsdorf Leipzig							
Engelsdorf (Bz Leipzig) Leipzig	12 770	I		G(WA)(STA) (40)			Bm Bw Raw
Engelsdorf (Bz Leipzig) Gbf	12 771	Ga					
Engelsdorf Apotheke Leipzig							
Engelsdorf Gleisdreieck Leipzig							
Engelsdorf Heizkraftwerk Leipzig							
Engelsdorf Hp Leipzig				P(S)			
Engelsdorf Ost Leipzig	12 769	Hp b		P(RE)		OR	
Engelsdorf Stw 4							
Engelsdorf Stw B 1							
Engelsdorf Werkstätten Leipzig				P			
Engersen Gardelegen							
Entenbergtunnel Leinefelde							
Eo Abzw. Großheringen							
Epichnellen (Wilhelmsthal) Eisenach	09 421	IV				OR	
Eppendorf Hetzdorf	07 187	III r			Sm	OK	
Eptingen Merseburg				P	Sm		
Erbisdorf Freiberg							
Erbstorf Lüneburg	40 313	b				OR	
Erbstorf Ziegelei Lüneburg	40 315	b				OR	
Erdeborn Halle	12 168	Hp		P(RE)			
Erdeborn Zuckerfabrik							
Erdmannsdorf-Augustusburg				P	Sm		
Erdmannsdorf-Augustusburg Chemnitz	06 562	II		P(RE) G		OK	
Erfenschlag Chemnitz	06 625	Hst mvG				OR	
Erfurt Großheringen	09 183	I					Bm Bw P Bw G
Erfurt Ausstellungsbahn					Sm		
Erfurt Berliner Straße				P			
Erfurt Bindersleben				G(WA) (Wk)		OR	Erfurt Nord
Erfurt Bischleben				P(RE) G(WA)			
Erfurt Deutsche Werke AG							
Erfurt Dieselstraße							
Erfurt Ega	09 186	Ega					
Erfurt ElB							
Erfurt Fleischkombinat							
Erfurt Flugplatz							
Erfurt Gbf Großheringen	09 184	o					
Erfurt Gbf Eb Abzw. Großheringen							
Erfurt Gbf Eo Abzw. Großheringen							
Erfurt Gewehrfabrik							
Erfurt Gispersleben				P(RE) G(WA)			
Erfurt Gispersleben Klbf Güterladest.							
Erfurt Gispersleben Ziegelei					Sm		
Erfurt Györer Straße				P			
Erfurt Hbf Großheringen			[64]	P(RE) G(C) (ST) (40) (Rp)			
Erfurt Heeres-verpflegungsamt							
Erfurt Hocheim Bk							
Erfurt Holzwerke							
Erfurt Industriebahn							
Erfurt Lauentor Ladestelle Optima					Sm		
Erfurt Lokfabrik Hagans							
Erfurt Marbach				G(WA)		OR	Erfurt Nord
Erfurt Nord					Sm		
Erfurt Nord	09 210	II		P(RE) G (40) (Wk)			
Erfurt Nord Gbf	09 211	Ga					
Erfurt Nord Klbf							
Erfurt Nord Wendeschleife					Sm		
Erfurt Nordhäuser Bf			[64]				
Erfurt Nordwest	41 299						
Erfurt Olympia/ Optima							
Erfurt Ost	09 187	IV b	[66]	P G(WA)			Bw
Erfurt Schlachthof/ Fleischkombinat			[66]	G(WA)			
Erfurt Schmira							
Erfurt West	41 301			P			Bw
Erkner Berlin	03 306	I		P(RE) G(CA) (ST) (31) (Wk)			Bm Bw
Erla Schwarzenberg	06 617	III		P(RE) G(WA)		OR	Schwarzenberg (Erzgeb)
Erla Eisenwerk Schwarzenberg							
Erlabrunn (Erzgeb)	06 620	Hst + mvG		P(RE)		OK	

Schwarzenberg					
Erlau (Sachs)	06 370 III	P(RE) G (Wk)			Mittweida
Doberlug-Kirchhain					
Erlau (Thür)	09 386 Hst + b	P(RE) G (WA)		OK	
Suhl					
Erlbach (Vogtl)	06 885 IV	P(RE) G			Adorf (Vogtl)
Aue					
Erlbach-Kirchberg		P			
Neuoelsnitz					
Erlebrücke					
Suhl					
Ermsleben	12 217 III	P(RE) G(CA) (35) (Wk)			
Aschersleben					
Ermsleben Gbf					
Aschersleben					
Ermstedt	41 306				
Erfurt					
Ernst-Reuter-Platz					
Berlin					
Ernst-Schacht			Sm		
Mansfeld					
Ernst Thälmann Park		P(S)			
Berlin					
Ernst Thälmann-Straße					
Leipzig					
Ernstthal am Rennsteig	09 162 III b	P(RE) G (Wk)		OK	
Probstzella, Sonneberg					
Ernstthal am Rennsteig Glashütte					
Probstzella, Sonneberg					
Ershausen	05 486 IV				
Heiligenstadt					
Erxleben-Uhrsleben	47 883	P(RE) G (Wk)			
Haldensleben					
Erzbunker					
Seelingstädt					
Erzladestelle Rottleberode					
Berga-Kelbra					
Erzstollen					
Blankenburg					
Eschdorf	06 106 Hp oe u				Dürrröhrsdorf
Dürröhrsdorf					
Eschwege	05 471 II				Bm
Leinefelde					
Eschwege Gbf	05 472 Ga				
Eschwege West	05 447 I				Bm Bw
Eichenberg, Leinefelde					
Espenfeld Tunnelbaustelle			Sm		
Espenhain	12 847 III	P G(CA) (Wk)			
Böhlen					
Espenhain		G(WA)	Sm		
Großdeuben					
Espenhain Übergabebf		G(WA)			
Böhlen					
Espenhain Werkbahnsteig I		P			
Böhlen					
Espenhain Werkbahnsteig II		P			
Böhlen					
Espenhain Werke		G(WA)	Sm		
Großdeuben					
Esperstedt (b Querfurt)	12 153 IV b	P(RE)		OK	
Röblingen					
Esperstedt (b Querfurt) Süd		P			
Röblingen					
Esperstedt (Kyffh)	09 202 III	P(RE) G		OR	
Bretleben					
Esperstedt (Kyffh) Esp O E	40 824 u	P G			Oldisleben
Esperstedt Flugplatz					
Esperstedt Kaliwerk					
Estedt	40 081			OR	
Gardelegen					
Etgersleben	12 250 III	P(RE) G(WA) (41)			
Blumenberg					
Ettenhausen	09 423 Hp +				
Eisenach					
Ettenhausen an der Suhl		P			
Eisenach					
Etzenborn			Sm		
Duderstadt					
Etzin	45 295			OK	
Nauen					
Etzin Mosolf		G(WA)			
Nauen					
Etzleben	09 193 IV	P(RE)		OR	
Erfurt					
Eugenienberg					
Demmin					
Eugenschacht					
Meuselwitz					
Eulau Bk					
Weißenfels					
Eulenkrug	27 113 Hp p u	P			ohne Mutterbf
Dömitz					
Eutzsch	12 398 Hp p u	P		OR	Wittenberg (Prov Sachs)
Eilenburg					
Evershagen		P			
Rostock					
Eyrichshof	22 080 Hp e p u				Breitengüßbach
Breitengüßbach					
Eythra (b Leipzig)	12 006 III	P(RE) G (35)			
Leipzig					
Fährbrücke	06 608 III	P(RE) G(WA)		OK	
Zwickau					
Fährbrücke Fabrik					
Zwickau					
Fähre Gedser					
Rostock					
Fähre Trelleborg					
Rostock					
Fähre Warnemünde		P	Sm		
Fährendorf		P	Sm		
Halle					
Fährendorf Bk					
Leipzig					
Fahrenholz	46 165	P		OK	
Prenzlau					
Fährhof	46 565		Sm	OR	
Bergen					
Fährkrug (Kr Templin)	28 203 IV og				
Fürstenwerder, Prenzlau					
Fahrstollen A und B					
Niedersachswerfen					
Falcksche Mühle			Sm		
Anklam					
Falken	09 303 IV				
Eisenach					
Falkenau (Sachs)	06 503 III			OK	
Dresden					
Falkenau (Sachs) Hp	06 535 Hp	P(RE)			
Chemnitz					
Falkenau (Sachs) Süd		P(RE)			
Dresden					
Falkenberg (b Freiberg/ Sachs)	07 120 Hst + r		Sm	OR	

Betriebsstellenname (fett) siehe unter	Bf-Nr.	Merkmal DRG	Bem.	Merkmal DR (u. ggf. später)	Sm	Ram.	Mutterbahnhof/ Bm/Bw/Raw
Klingenberg-Colmnitz							
Falkenberg (b Torgau)							
Falkenberg (b Torgau) Nord							
Falkenberg (Elster)	12 489	I	[68]				Bm Bw Bww
Falkenberg (Elster) Gbf	12 490	Ga					
Falkenberg (Elster) ob Bf Cottbus				P(RE) G			
Falkenberg (Elster) Nord	40 886	b u		P G(WA)		OR	Falkenberg u. Herzberg St.
Falkenberg (Elster) Rbf							
Falkenberg (Elster) unt Bf Horka, Jüterbog			[69]	P(RE) G(STA) (40) (Rp)			
Falkenberg (Mark) Frankfurt	28 164	III		P(RE)			
Falkenberg Holzverarbeitung					Sm		
Falkenberg Imprägnierwerk					Sm		
Falkenberg Kalksandsteinwerk					Sm		
Falkenhagen (Kr Lebus) Fürstenwalde	45 507					OR	
Falkenhagen (Kr Nauen) Berlin							
Falkenhagen (Kr Seelow) Fürstenwalde				P(RE)			
Falkenhagen (Prign) Pritzwalk	27 352	IV		P G(WA)		OK	
Falkenhagen (Uckerm) Dedelow	46 174			P		OR	
Falkenhagen Gut Fürstenwalde							
Falkenhagener Kreuz Abzw. Berlin							
Falkenhain Meuselwitz				G(WA)	Sm		
Falkensee Berlin	03 367	II		P(RES) G (30)			Bm
Falkenstein (Vogtl) Zwickau	06 839	I		P(RE) G(ST) (30) (Wk)			Bm Bw
Falkenstein (Vogtl) Gbf	06 840	Ga					
Falkenwalde Schönermark							
Fallersleben Wustermark	13 018	II					Bm
Fallersleben Volkswagenwerk Wustermark	13 021	Ahst					
Fambach Wernshausen					Sm		
Fangschleuse Berlin	03 307	III og		P(ES)			
Farnroda Wutha	40 903	og					
Faßdorf Abzw. Eisenach							
Faulenhorst					Sm		
Faulenhorst Klötze	40 108			P		OR	
Faulenrost Basedow							
Fauler See Frankfurt							
Fehrbellin Paulinenaue	43 904			P G (Wk)		OK	
Fehrbelliner Platz Berlin							
Fehrow Cottbus							
Feilitzsch Plauen	06 715	III					
Feldberg (Meckl) Neustrelitz	27 334	IV		P(RE) G (Wk)			
Feldmühle Mühlhausen	09 305	Hp u					Mühlhausen (Thür)
Felsenfest Schachtbf Silberhausen							
Felsenkeller Bk Dresden							
Fenebachbrücke Bad Langensalza							
Ferch-Lienewitz Wildpark	03 355	III b	[16]	P G(WA)		OK	
Ferchesar Rathenow	46 347				Sm		
Ferchland Güsen	43 524			P(RE) G(WA)		OK	Güsen (Kr Genthin)
Ferdinandshof Bernau	28 139	III		P(RE) G (Wk)			
Ferdinandshof Kleinb	44 635				Sm	OR	
Ferdinandshof Torfbrikettfabrik							
Ferdinand von Schill-Straße Dessau							
Fermersleben Magdeburg							
Fermersleben Bk Abzw. Berlin, Magdeburg, Zielitz							
Fermerswalde Horka	12 494	IV		P(RE) G(CA) (40)		OK	
Ferna Leinefelde	05 148	IV		P(RE)			
Ferna Ziegelei					Sm		
Ferropolis Burgkemnitz							
Festung Dömitz Berlin, Dömitz	01 145	II Ldst					Bm
Fettchemie Fewa Chemnitz							
Feuerbachstraße Berlin	03 127	Hp oä oe					
FEZ Berlin					Sm		
Fgr Abzw. Frankfurt							
Fgw Abzw. Frankfurt							
Fichtelberg Kurort Oberwiesenthal							
Fichtengrund Kyritz					Sm		
Fichtengrund Oranienburg	28 002	Hp b		P(RE)		OR	
Fichtenhainichen Zeitz							
Fienstedt Halle	42 509			P(RE) G(WA)		OR	
Filipovka Hagenwerder							
Fincken Ganzlin	27 148	Hst b op u				OR	Knüppeldamm
Finkenheerd	25 200	II		P(RE) G (40) (Wk)			

Frankfurt
Finkenheerd Kraftwerk
Frankfurt
Finkenheerd Kraftwerk Kohlebf
Frankfurt
Finkenkrug 03 366 III og P(RES)
Berlin
Finkenkrug Afi Abzw.
Berlin
Finkenwerder 27 263 Hp p u ohne Mutterbf
Wismar
Finow (Mark) 43 927 b G(WA)
Eberswalde
Finow (Mark) Süd 46 927 b
Eberswalde
Finow Kraftwerk
Eberswalde
Finow Messingwerk
Eberswalde
Finow Walzwerk
Eberswalde
Finowfurt 45 927 b G(WA) (42) OR
Eberswalde
Finowfurt Ost
Eberswalde
Finowkanalbrücke
Berlin, Frankfurt, Fürstenberg
Finsterbergen Parkeisenbahn Sm
Finsterer Grund-Viadukt
Probstzella
Finsterwalde (Niederlaus) 12 550 I P(RE) G(CA) (ST) (40) (Wk) Bm
Cottbus, Großräschen, Senftenberg
Finsterwalde Gbf 12 551 Ga
Fischbach (b Ebern) 22 081 Hst b e u OR Breitengüßbach
Breitengüßbach
Fischbach (Rhön) Sm
Dorndorf
Fischbeck (Elbe) 43 488 P OK
Genthin, Tangermünde
Fischerei
Fürstenberg
Fladungen 22 439 III
Mellrichstadt
Flakenfließbrücke
Berlin
Flatow (Kr Osthavelland) 03 373 IV
Nauen
Flechtingen 13 135 III P(RE) G (41) (Wk)
Haldensleben
Flechtingen Tagebau
Haldensleben
Flecken Sm
Lüneburg
Flecken Zechlin
Löwenberg
Fleeth Kiesgrube Sm
Ferdinandshof
Fleetmark 13 035 III P(RE) G
Stendal
Fleetmark Ziegelei Sm
Fleischerplatz
Leipzig
Fleißen 06 805 III
Plauen
Fleissen-Brendorf
Plauen
Flemendorf 41 574 Sm OR
Stralsund
Flessau 47 378 P(RE) G(WA) OR Stendal Ost
Stendal
Fliegerhorst Schönwalde
Bötzow
Floh-Seligenthal 09 375 III P(RE) G(ST) (40) (Wk)
Schmalkalden
Flöha 06 504 I [71] P(RE) G(STA) (60) (Wk) Bm
Chemnitz, Dresden
Flöhabrücke
Chemnitz, Pockau-Lengefeld
Flora-Papenberg
Haldensleben
Flößberg 12 882 IV OK
Borna
Floßmühle 06 540 Hp P(RE)
Chemnitz
Floßplatz-Warmbad
Chemnitz
Flötz Bk
Güsten
Flughafen Berlin Schönefeld P(RES)
Berlin, Halle, Teltow
Flughafen Berlin Schönefeld Süd [72] G(Ldst) OR Berlin Grünau
Berlin
Flughafen Berlin Tempelhof
Berlin
Flughafen Leipzig/ Halle
Leipzig
Flugplatz Heringsdorf
Ducherow
Fluor 48 830 op u Sm OR Lindenberg (Harz)
Gernrode
Flurstedt Bk
Großheringen
Flutbrücke
Halle
Flutkanalbrücke
Naumburg
Fockendorf G(WA) Sm
Borna
Fockendorf Papierfabrik Sm
Fohrde 54 808 P G OR Pritzerbe
Treuenbrietzen
Forberge Ziegelei Sm
Förderstedt 12 257 I P(RE) G (40) (Wk) Bm
Erfurt, Etgersleben
Förderstedt Düngemittel u. Baustoffe
Erfurt
Förderstedt Kalkwerk G(WA) Sm
Erfurt
Förderstedt Schacht G(WA) Sm
Staßfurt
Förderstedt Umspannwerk G(WA)
Erfurt
Forellenhof P Sm
Wolkenstein
Föritz 09 502 Hp +
Sonneberg
Forkenbeck P
Velgast
Forst
Haldensleben

Betriebsstellenname (fett) siehe unter	Bf-Nr.	Merkmal DRG	Bem.	Merkmal DR (u. ggf. später)	Sm	Ram.	Mutterbahnhof/ Bm/Bw/Raw
Forst (Ladestelle) Neubrandenburg							
Forst (Laus) Cottbus, Guben	12 738	I		P(RE) G(ST) (41) (Wk)			Bm Bw
Forst (Laus) II				G(Ahst)			
Forst (Laus) Gbf	12 739	Ga					
Forst (Laus) Grenze				Güp			
Forst (Laus) Stadtbf	41 497	b r			Sm	OK	
Forst Vier Beetzendorf	40 066	b				OR	
Forst Zinna Halle	03 115	III		P(RE) G(WA)			
Forster Stadteisenbahn Guben	41 500			G	Sm		
Förstgen Schamottewerk					Sm		
Forsthaus Eiche Haldensleben	42 024			G(WA)		OR	
Forsthaus Holbeck Dahme					Sm		
Forsthaus Markgrafenheide Fähre Warnemünde				P	Sm		
Forsthaus Raschwitz Leipzig							
Förtha (Kr Eisenach) Eisenach				P(RE) G(WA)		OK	
Förthaer Tunnel Eisenach							
Förtschendorf Saalfeld	22 026	III					
Frankenau (Thür) Meuselwitz	06 757	Hst mvG				OR	
Frankenberg (Sachs) Chemnitz	06 355	I		P(RE) G (50)			Bm
Frankenberg (Sachs) Süd Chemnitz				P(RE)			
Frankendorf Finsterwalde	12 558	Hst + b				OR	
Frankenhain Gotha	09 273	IV		P(RE)		OK	
Frankenhausen Bretleben							
Frankenhausen Bk Altenburg							
Frankenroda Eisenach	09 302	IV				OK	
Frankenstein (Sachs) Dresden	06 501	III		P(RE) G(WA)		OK	Oederan
Frankensteiner Viadukt Dresden							
Frankfurt (Oder) Berlin				P(RE) G(C) (ST) (40) (Wk)			Bm Bw
Frankfurt (Oder) II				G(Ahst)			
Frankfurt (Oder) Ega	25 192	Ega					
Frankfurt (Oder) Fauler See							
Frankfurt (Oder) Gbf	25 191	Ga					
Frankfurt (Oder) Grenze				Güp			
Frankfurt (Oder) Güldendorf				P			
Frankfurt (Oder) Güterbahn				G			
Frankfurt (Oder) Klingetal							
Frankfurt (Oder) Konservenfabrik							
Frankfurt (Oder) Oderbrücke							
Frankfurt (Oder) Oderhafen							
Frankfurt (Oder) Pbf Berlin	25 189	I					Bw
Frankfurt (Oder) Rbf Berlin							
Frankfurt (Oder) Rosengarten Berlin				P(RE)			
Frankfurt (Oder) Rosengarten Gbf				G(WA) (Wk)			
Frankfurt (Oder) Vbf	25 190						Bw
Frankfurt Halbleiterwerk							
Frankfurter Allee Berlin				P(SU)			
Frankfurter Tor Berlin				P(U)			
Frankleben Leuna, Stöbnitz	12 111	II		P(RE) G(WA)			
Frankleben Merseburg				P	Sm		
Frankleben Nord Merseburg							
Frantiskovy Lazne Plauen							
Franz-Neumann-Platz Am Schäfersee Berlin							
Franzburg Stralsund	46 909			(E) G (Wk)		OR	
Franzburg Lager Stralsund	54 909	b u					Franzburg
Franzburg Landesb Neu Seehagen	41 627	b				OR	
Franzensbad Plauen	06 808	II					Bm
Französische Straße Berlin							
Frauenberg Beucha							
Frauendorf (b Barth) Stralsund	41 578			P	Sm	OR	
Frauendorf (Sachs) Leipzig	12 811	IV		P(RE) G			Geithain
Frauendorf Weiche Stralsund					Sm		
Frauenhagen Prenzlau	46 148			P		OR	
Frauenhain Berlin	06 253	III		P(RE)			
Frauenstein (Erzgeb) Klingenberg-Colmnitz	07 131	III		P(RE) G (50)	Sm	OK	Klingenberg-Colmnitz
Frauenwald Rennsteig	46 428			P(RE) G (Wk)		OK	
Freckleben Halle	12 209	Hst		P(RE)			
Fredersdorf (b Belzig)				P			

Treuenbrietzen					
Fredersdorf (b Berlin)	03 260 II	[73]	P(S) G(Ahst)	OR	
Berlin					
Fredersdorf (b Berlin) Vbf	03 378				
Fredersdorf (Kr Zauch-Belzig)	65 808			OR	
Treuenbrietzen					
Fredersdorf (Uckerm)	47 214		P	OR	
Schönermark					
Freiberg (Sachs)	06 498 I		P(RE) G(ST) (40) (Wk)		Bm Bw
Dresden, Nossen					
Freiberg (Sachs) Gbf	06 499 Ga				
Freiberg (Sachs) Metallaufbereitung					
Freiberg (Sachs) Ost	06 534 IV		G (40)	OR	Freiberg (Sachs)
Freiberg (Sachs) Silberbergwerk				Sm	
Freiberg (Vogtl)	26 738 Hst b e u			OK	
Adorf					
Freiberg Bk					
Dresden					
Freiberg Schachtbf				Sm	
FreibergSchachtbf					
Frelenbrink GVZ Berlin Ost					
Berlin					
Freienhagen	27 152 IV				
Pritzwalk					
Freienorla	09 091 Hp + p		P(RE)		
Oppurg					
Freienwalde					
Angermünde, Bad Freienwalde, Frankfurt					
Freiholz (b Bremerhagen)	59 832 u			OR	Grimmen Schützenplatz
Greifswald					
Freiimfelde			P	Sm	
Halle					
Freilichtbühne			P	Sm	
Berlin					
Freiroda (Kr Delitzsch)	40 682		P	OK	
Krensitz					
Freirodaer Weg					
Leipzig					
Freist					
Gerbstedt					
Freital					
Dresden					
Freital Birkigt	06 483 Hp oe				
Dresden					
Freital Coßmannsdorf			P	Sm	
Freital Deuben	06 490 Hp		P		
Dresden					
Freital Glaswerk					
Freital Hainsberg			P G (Wk)	Sm OK	Bw
Freital Hainsberg			P(RE) G (60) (Wk)		
Dresden					
Freital Hainsberg West			P		
Dresden					
Freital Maschinenfabrik Otto Hänsel					
Freital Ost	06 484 IV o				
Dresden					
Freital Ost Güteranlage					
Freital Potschappel			P G	Sm	
Freital Potschappel	06 487 I		P(R) G(CA) (ST) (60) (Wk)		Bm
Dresden					
Freital Potschappel Gbf	06 488 Ga				
Freital Zauckerode	07 079 IV b r		P	Sm OR	
Frenz			P(R)	OR	Biendorf
Köthen					
Fretzdorf	58 904		P(RE) G (Wk)		
Kremmen					
Freundschaft			P	Sm	
Dresden					
Freundschaft			P	Sm	
Magdeburg					
Freyburg (Unstrut)	09 042 II		P(RE) G (40)		
Naumburg					
Freyburg a. d. Unstrut					
Naumburg					
Freyenstein	67 904		(E) G (Wk)		
Kremmen					
Frieda	05 475 IV			OR	
Mühlhausen					
Frieda Tunnel					
Heiligenstadt, Leinefelde					
Friedebach	07 180 Hst +			Sm OR	
Mulda					
Friedeburg (Saale)	42 531				
Gerbstedt					
Friedeburg (Saale) Hafen	42 532 b			OR	
Gerbstedt					
Friedeburger Hütte	42 529			OR	
Gerbstedt					
Friedeburgerhütte					
Gerbstedt					
Friedefeld-Wollin (Kr Greifenhagen)	40 551			Sm	
Casekow					
Friedefeld-Wollin (Kr Randow)				Sm	
Casekow					
Frieden			P	Sm	
Dresden					
Frieden			P	Sm	
Magdeburg					
Friedenau	03 126 II				
Berlin					
Friedensdorf					
Wallendorf					
Friedenseiche			P	Sm	
Cottbus					
Friedenshof					
Dedelow					
Friedersdorf (b Frauenstein)	07 128 IV +		P	Sm OK	
Klingenberg-Colmnitz					
Friedersdorf (b Zittau)	07 003 IV + r			Sm OR	
Zittau					
Friedersdorf (Kr Beeskow)	03 338 III				
Königs Wusterhausen					
Friedersdorf (Kr Königs Wusterhsn.)			P(RE) G		
Königs Wusterhausen					
Friedersdorf (Kr Lebus)	45 513			OK	
Fürstenwalde					
Friedersdorf (Kr Seelow)			P		
Fürstenwalde					

Betriebsstellenname (fett) siehe unter	Bf-Nr.	Merkmal DRG	Bem.	Merkmal DR (u. ggf. später)	Sm	Ram.	Mutterbahnhof/ Bm/Bw/Raw
Friedewald (Kr Dresden) Radebeul	07 059	r			Sm	OR	
Friedewald (Kr Dresden) Bad Radebeul				P	Sm		
Friedewald (Kr Dresden) Hp Radebeul	07 058	e r		P	Sm		
Friedhofsweg Leipzig					Sm		
Friedland (Isergeb) Hagenwerder, Zittau	07 435	I					
Friedland (Meckl) Neubrandenburg	45 882			P(RE) G(CA) (40) (Wk)			
Friedland (Meckl) Fliesenwerk					Sm		
Friedland (Meckl) Kleinb Ferdinandshof	44 647			P G	Sm		Bw
Friedland (Meckl) Nord Ferdinandshof				P			
Friedland (Meckl) Zementwerk					Sm		
Friedland (Meckl) Zuckerfabrik					Sm		
Friedländer Landhandel Neubrandenburg							
Friedländer Wiese					Sm		
Friedrich-Engels-Platz Leipzig							
Friedrich-Engels-Straße Gotha				P	Sm		
Friedrich-Engels-Straße Leipzig							
Friedrich-Wilhelm-Platz Berlin							
Friedrichroda Gotha				P	Sm		
Friedrichroda Fröttstedt	09 280	III		P(RE) G			Waltershausen
Friedrichsaue Fürstenwalde	45 520					OR	
Friedrichsberg Berlin							
Friedrichsdorf (Kr Ruppin) Treuenbrietzen	43 808					OR	
Friedrichsfelde Berlin							
Friedrichsfelde Ost Berlin	03 254	Hp p		P(S)			Bw
Friedrichshagen Berlin							
Friedrichshain Forst	12 747	Hp +		P(RE)			
Friedrichshof-Wesselstorf Tessin		G		G(WA)	Sm		
Friedrichshöhe Gernrode	50 830			P	Sm	OK	
Friedrichsruh Schwerin							
Friedrichsruhe (Meckl) Schwerin	27 100	IV		P(RE) G (Wk)			
Friedrichsthal (Meckl) Schwerin							
Friedrichstraße Berlin	03 382	Hp	[74]				
Friedrichswalde (Kr Angermünde) Fürstenberg	28 198	IV				OR	
Friedrichswalde (Kr Eberswalde) Fürstenberg				P(RE)			
Friedrichswalde (Meckl) Magdeburg	27 023	IV b op				OK	
Friedrichswerth (Thür) Gotha	09 249	IV +		P(RE) G (Wk)		OK	
Friesack (Mark) Berlin	01 004	III		P(RE) G (Wk)			
Friesdorf Klostermansfeld	12 204	Hst +		P(RE)		OR	
Friesdorf Ost Klostermansfeld				P			
Frisch Glück Beucha							
Fritzow (Kr Greifswald) Dargezin	42 321				Sm	OR	
Frohburg Leipzig	12 812	II		P(RE) G (31) (Wk)			Borna (b Leipzig)
Frohburg Ost							
Frohburg Schützenhaus	12 813	Hp e u		P			Frohburg
Frohe Zukunft Dresden				P	Sm		
Fröhden Hohenseefeld					Sm		
Frohnau Berlin							
Frohnau Bergwerksmuseum					Sm		
Frohnau Markus Röhling Stollen					Sm		
Frohnlach Ebersdorf	09 516	Hp p u					Ebersdorf (b Coburg)
Frohnsdorf Wildpark	03 348	Hp		P			
Frohse Magdeburg							
Frohse Bk Zielitz							
Froschbergtunnel Probstzella							
Frose Aschersleben, Halle	12 215	II		P(RE) G (35) (Wk)			Bm
Fröttstedt Gotha	09 276	II		P(RE) G(WA) (35)		OK	
Frydlant Hagenwerder							
Frydlant Zittau					Sm		
Fuchsberg (Altm) Salzwedel	47 040	b				OR	
Fucikplatz Dresden				P	Sm		
Fuhnebrücke Dessau, Baalberge, Halle, Köthen, Radegast							
Fulgen Bad Doberan	27 236	Hp p u			Sm		ohne Mutterbf
Fürstenberg (Havel) Oranienburg				P(RE) G (35) (Wk)			
Fürstenberg (Meckl) Oranienburg	28 032	II					Bm
Fürstenberg (Oder) Frankfurt	25 203	II					Bm

Fürstenberg Gleisjoch-montageplatz						
Fürstenberg Weidendamm						
Fürstenhagen (Eichsf) Heiligenstadt	05 489 IV +	[79]			OK	
Fürstenwalde (Spree) Berlin	03 309 I		P(RE) G(CA) (ST) (40) (Wk)			Bm
Fürstenwalde (Spree) Gbf	03 310 Ga					
Fürstenwalde (Spree) Hafen	44 202 b					
Fürstenwalde (Spree) Kleinb	45 500	[75]				
Fürstenwalde (Spree) Süd			P G(WA)(CA)		OK	
Fürstenwerder Dedelow			P(RE) G (Wk)			
Fürstenwerder Kreisb Dedelow	46 179					
Fürstenwerder Reichsb	28 020 IV					
Fürth am Berge Ebersdorf	09 512 IV +					
Furth Heizkraftwerk Chemnitz						
Gadebusch Schwerin	27 088 III		P(RE) G (41) (Wk)			Bm
Gadebusch Industriegelände Schwerin						
Gadewitz Mügeln	07 134 Hst + r			Sm	OK	
Gadewitz Signalstation Mügeln				Sm		
Gagel Stendal	47 384		P G		OR	Stendal Ost
Gahlkow Greifswald	42 356			Sm	OR	
Gallin Ludwigslust	27 138 IV		P(RE) G(WA)			
Gallun Dorf Berlin			P			
Gallun Süd Berlin	44 003		P		OK	
Gangloffsömmern Erfurt	09 217 IV og		P(RE)			
Gänsebf Berlin						
Gänsefurth Bk Blumenberg						
Ganzlin Pritzwalk	27 144 III		P(RE) G			
Gapel Treuenbrietzen						
Gardelegen Wustermark	13 008 II		P(RE) G(WA) (ST) (40) (Wk)			Bm
Gardelegen Anschlußbf Haldensleben						
Gardelegen Flugplatz Haldensleben	41 695 b				OK	
Gardelegen Nord			G			Gardelegen
Gardelegen Salzwedeler Tor	40 077					
Gardelegen Stendaler Tor	40 076 b				OR	
Gardelegen Südost Haldensleben	41 694	[76]				

Garfsmühlen Neubukow		Ldst		Sm		
Garftitz Altefähr	46 538		P	Sm	OR	
Garkenholz Blankenburg						
Garkenholz Kalkwerk Blankenburg						
Garlstorf Carze				Sm		
Garsebach Meißen, Wilsdruff	07 090 IV			Sm	OR	
Gartenfeld Berlin			P(S)			
Gartenstadt Leipzig						
Garteschenke Duderstadt	42 126 b			Sm	OR	
Gärtitz Doberlug-Kirchhain	06 362 III				OK	
Gärtitz Lommatzsch, Mügeln				Sm		
Gartz Angermünde						
Garz (Prign) Perleberg	46 003			Sm	OR	
Garz (Rügen) Altefähr	46 525		(E) G	Sm	OR	
Garz (Rügen) West Altefähr	46 524 b			Sm	OR	
Garz Bk Ducherow						
Garzau Kietz						
Garze Lübbersdorf				Sm		
Gaschwitz Leipzig	12 835 I		P(RE) G (Wk)			Bm
Gatersleben Halle	12 230 III		P(RE) G (40) (Wk)			
Gauern Werdau	06 814 IV		P(RE) G		OK	Seelingstädt (b Werdau)
Gautzsch Leipzig						
Gebersdorf Probstzella	09 157 Hp		P			
Gebirge Chemnitz						
Gebra (Hainleite) Halle			P(RE)			
Geestgottberg Magdeburg, Salzwedel	01 031 III		P(RE)			
Gehlberg Neudietendorf	09 358 III		P(RE) G			
Gehlsbachbrücke Pritzwalk						
Gehlsdorf Burg	43 587			Sm	OK	
Gehmkow Metschow	41 088			Sm	OR	
Gehofen Naumburg	09 051 IV		P(RE) G			
Gehren Lübbersdorf				Sm		
Gehren (Kr Luckau) Berlin	12 530 Hp b		P			
Gehren (Thür) Ilmenau	42 844		P(RE) G(CA) (40) (Wk)			
Gehren (Thür) Stadt Ilmenau	46 844 p u		P(R)			Gehren (Thür)
Gehren Flußspatwerk				Sm		
Gehren Sägewerk Ilmenau						
Gehren Stollenbaustelle				Sm		

Betriebsstellenname (fett) siehe unter	Bf-Nr.	Merkmal DRG	Bem.	Merkmal DR (u. ggf. später)	Sm	Ram.	Mutterbahnhof/ Bm/Bw/Raw
Gehrenseestraße Berlin				P(S)			
Gehrhof Abzw. Goldbeck							
Geisa Wenigentaft-Mansbach	09 402	III					
Geiselröhlitz Merseburg				P	Sm		
Geiseltal BKW Stöbnitz							
Geiseltalviadukt Merseburg							
Geising Heidenau	06 394	III		P(RE)			
Geising Lauenstein					Sm		
Geising-Altenberg Heidenau							
Geising-Altenberg Lauenstein					Sm		
Geising Getreidelager Heidenau							
Geising Hartsteinwerke Heidenau							
Geising Kohlehandel Heidenau							
Geisingberg Sprungschanze Heidenau							
Geisingtunnel Heidenau							
Geismar Leinefelde	05 480	IV		P(RE) G (40)			Dingelstädt (Eichsf)
Geithain Leipzig	12 809	I		P(RE) G (40) (Wk)			
Geithain Ziegelei					Sm		
Gelbensande Rostock	28 095	IV		P(RE) G		OK	
Gelenau (Erzgeb) Wilischthal	07 211	r		P(RE) G	Sm	OR	Thum
Gellendin Anklam, Uhlenhorst	44 696				Sm	OR	
Gellershausen Hildburghausen					Sm		
Gelobtland Chemnitz							
Genschmar Friedrichsaue	45 552					OR	
Genshagener Heide Berlin, Halle	03 110	IV o		P(S)			
Genshagener Heide Nord Ghn Abzw. Berlin							
Genshagener Heide Ost Gho Abzw. Berlin							
Genshagener Heide West Ghw Abzw. Berlin							
Genthin Berlin				P(RE) G(CA) (42) (Wk)			
Genthin A	43 484			P G		OR	Genthin
Genthin ACZ							
Genthin Altenplatow							
Genthin Forstwirtschaft							
Genthin Industriegleis							
Genthin Nord	43 491						
Genthin Reichsb Berlin	03 151	II					Bm
Genthin Reichsb Gbf	03 152	Ga					
Genthin Süd	43 483					OR	
Genthin W							
Genthin Wald	43 490	b		P G(WA)		OR	
Genthin Waschmittelwerk							
Genthin Zuckerfabrik	43 492	b					
Genzien Salzwedel	01 616	IV +		P		OR	
Georg Schneise Rövershagen				P			
Georgenthal (Thür) Fröttstädt, Gotha	09 267	III		P(RE) G (40)			
Georgenthal (Thür) Ort	09 268	Hp + oe					
Georgi Gernrode					Sm		
Georgsburg Könnern	44 015	b		P G(WA)		OR	
Georgsburg Saalehafen Könnern							
Georgswalde Sebnitz							
Georgswalde-Philippsdorf Sebnitz	07 512	Hp oe u					Georgswalde
Gera Plaue							
Gera Debschwitz Gbf Glauchau, Pegau							
Gera Farbenfabrik					Sm		
Gera Gbf	09 111	Ga					
Gera Hbf Glauchau, Pegau	09 110	I	[77]	P(RE) G(C) (ST) (41) (Rp)			Bm Bw
Gera Hbf Ega	09 112	Ega					
Gera Hbf Gmi Abzw. Glauchau, Pegau							
Gera Kaimberg Glauchau				P(RE)			
Gera Langenberg Pegau				P(RE) G(WA)			Bad Köstritz
Gera Leumnitz	49 829	r		P(RE) G	Sm	OR	
Gera Leumnitz Kalksteinbruch							
Gera Leumnitz Kalkwerk					Sm		
Gera Leumnitz Kohlenhandel Schmidt					Sm		
Gera Leumnitz Lehmgrube							
Gera Leumnitz Ziegelei					Sm		
Gera Liebschwitz				P(RE) G(WA)		OK	Wünschendorf (Elster)
Gera Ost	09 521	III		P G(WA)			Gera Süd
Gera-Pforten	52 829	r		P(RE) G	Sm	OK	Bw
Gera-Pforten Schlackegleis					Sm		
Gera-Pforten Schlackeplatz					Sm		
Gera Reuss							
Gera Reuss Meuselwitzer Bf							
Gera Reuss PrStB Glauchau, Pegau							
Gera Reuss SäStB Glauchau, Pegau							
Gera Röppisch Pegau				P G(WA)		OR	Gera Süd

Betriebsstelle	Nr.	Verkehr			Bemerkung
Gera Sächsischer Gbf Glauchau, Pegau					
Gera Süd Pegau	[77]	P(R) G (40)			
Gera Süd-Debschwitz Glauchau	09 520 II				Bm
Gera Thieschitz Glauchau	09 085 Hp +	P			
Gera Ziegelei Scheibe			Sm		
Gera Ziegelei Sommermeyer			Sm		
Gera Zwötzen Pegau	09 114 III b	P(RE) G			Gera Süd
Geraberg Plaue	09 338 III	P(RE)			
Gerabrücke Arnstadt, Erfurt, Neudietendorf, Plaue					
Gerbitz Breitenhagen		G(WA)	Sm		
Gerbitz Schnapsbrennerei Abzw Breitenhagen		G(WA)	Sm		
Gerbstedt Halle	42 518	P(RE) G (Wk)			Bw
Gerhacicy (wokr. Zhorjelc) Görlitz					
Gerichshain Leipzig	12 767 Hp	P(RE)			
Geringswalde Waldheim	06 411 II	P(RE) G (Wk)			Rochlitz (Sachs)
Gerlebogk Nord Nauendorf	46 880 u			OR	Gröbzig (Anh)
Gerlebogk Reichsb Biendorf	12 286 IV	P(RE) G(WA)		OR	
Gerlebogk Silikatgruben		G(WA)	Sm		
Gerlebogk Zuckerfabrik		G(WA)	Sm		
Germendorf Nauen	03 226 IV				
Germendorf Süd Velten		P			
Gernrode (Harz) Aschersleben	12 225 II	P(RE) G(CA) (35) (Wk)			
Gernrode (Harz) Gernr H E	40 830	P(R)	Sm	OK	Bw
Gernrode Kalkwerk			Sm		
Geroburg Lübben	47 306		Sm		
Gersberg Hetzdorf	07 186 Hp e u		Sm		Hetzdorf (Flöhatal)
Gersdorf (b Görlitz) Görlitz		P(RE)			
Gersdorf (Kr Görlitz) Görlitz	06 044 Hst mvG			OR	
Gersdorf Gbf Hohenstein-Ernstthal	48 636			OR	
Gersdorf Kohlenmühle Hohenstein-Ernstthal	48 637 b			OR	
Gerstenbachbrücke Zeitz					
Gerstungen Eisenach	09 293 I	P(RE) G (40) (Wk)			Bm Bw
Gerstungen Gbf	09 294 Ega Ga				
Gerstungen Grenze		Güp			
Gertrudschacht Rositz					
Gerwisch Berlin	03 158 II	P(RE) G (40)			
Gerwisch Kiesgrube					
Gerwisch Zuckerfabrik					
Geschling Bk Erfurt					
Gessental Glauchau	06 779 Hp				
Gesundbrunnen Berlin					
Getreidewirtschaft Beucha					
Getreidewirtschaft Bitterfeld					
Getreidewirtschaft Brahlstorf					
Getreidewirtschaft Könnern					
Geyer Schönfeld	07 219 II r		Sm		
Geyer Hp Schönfeld	07 220 Hp + e r		Sm		
Geyersdorf-Mildenau Wolkenstein	06 572 Hst +	G		OR	Thermalbad Wiesenbad
Giebelsee Berlin					
Gieboldehausen Leinefelde	05 142 IV				
Giegengrün (Erzgeb) Steinbruch					
Gielow Waren	27 171 IV	P(RE) G (Wk)			
Gielow Betonwerk Waren					
Gielower Mühle Waren	Ldst				
Giersleben Erfurt, Köthen	12 233 III	P(RE) G(WA)			
Giersleben Go Abzw. Erfurt					
Giesenslage Goldbeck	42 146 b			OR	
Gießenstein Gut Pirna					
Gildenhall Neustadt	42 934 e og	P			
Gillersdorf-Gladau		P G			
Gimritz (Saalkr) Wallwitz	48 041	P		OR	
Gispersleben Erfurt	09 212 III				Bm
Gispersleben Kleinb	41 308 b				
Gittersee Freital	06 482 IV				
Gittersee (b Dresden) Freital					
Gkn Abzw. Biederitz					
Gks Abzw. Biederitz					
Gladau (Bz Magdeburg) Güsen	43 553			OR	
Gladau (Kr Genthin) Güsen		P G(WA)		OR	Güsen (Kr Genthin)
Gladigau Pretzier	45 638	P(RE) G		OK	Osterburg
Glambeck	27 344 IV				

Betriebsstellenname (fett) siehe unter	Bf-Nr.	Merkmal DRG	Bem.	Merkmal DR (u. ggf. später)	Sm	Ram.	Mutterbahnhof/ Bm/Bw/Raw
Neustrelitz							
Glaserberg Horka	12 675	IV b				OK	
Glasewitz Rostock	27 185	IV + b		P		OR	
Glashütte Berlin							
Glashütte (Sachs) Heidenau	06 389	III		P(RE) G(WA) (40)			Bm
Glashütte Holzmehlfabrik							
Gleisberg Heidenau							
Glashütte Kohlehandel Heidenau							
Glashütte Kornhaus Heidenau							
Glashütte Lagerplatz Heidenau							
Glashütte Pappenfabr. Brückenmühle Heidenau							
Glashütte Pappenf. Osthushennrich Heidenau							
Glasower Damm Ost Agdo Abzw. Berlin							
Glasower Damm Süd Adgs Abzw. Berlin							
Glasower Damm West Adgw Abzw. Berlin							
Glasten Borna	12 884	Hst + mvG				OK	
Glaswerk Brieske							
Glattbach Dorndorf							
Glaubitz (b Riesa) Leipzig	06 262	III		P(RE)			
Glauchau (Sachs) Dresden	06 520	I		P(RE) G(ST) (60) (Wk)			Bm Bw
Glauchau (Sachs) Gbf	06 521	Ga					
Glauchau-Schönbörnchen Dresden	06 522	IV og		P			
Glave				G(WA)			
Gleichamberg Basaltwerk Hilburghausen, Simmershausen					Sm		
Gleisberg-Marbach Leipzig	06 300	IV		P(RE)			
Gleisbergtunnel Heidenau							
Gleisdreieck Bad Muskau					Sm		
Gleisdreieck Berlin				P	Sm		
Gleisdreieck Berlin				P(U)			
Gleisdreieck Buttstädt					Sm		
Gleisdreieck Gotha				P	Sm		
Gleisdreieck Leipzig							
Gleisdreieck Mansfeld				P	Sm		
Gleisdreieck Peenemünde							
Gleiskreuz Nord Peenemünde, Zinnowitz							
Glesien Krensitz	40 683			P(RE)		OR	
Glienick Ziegelei					Sm		
Glienicke (Prign) Kremmen	62 904	b e u				OR	Volkwig
Glindenberg Bk Haldensleben, Zielitz							
Glindow Tonwarenfabrik					Sm		
Glinka Cottbus							
Glinzig Bk Cottbus							
Globig Eilenburg	12 401	IV +		P		OK	
Glösa Chemnitz	06 462	III					
Glossen (b Löbau/ Sachs) Löbau	06 154	Hp e u		P			Weißenberg (Sachs)
Glossen (b Oschatz) Oschatz	07 158	IV + r		P(RE) G (Wk)	Sm	OR	Oschatz
Glossen Quarzitgrube					Sm		
Glossen Silikatwerk					Sm		
Glossen Steinbrüche Oschatz					Sm		
Glöthe Erfurt							
Glöwen Berlin	01 009	II		P(RE) G (Wk)			Bm
Glöwen Dorf	48 387	b			Sm		
Glöwen Kleinb	48 388	r			Sm	OR	
Glöwzin Perleberg	48 398	b				OR	
Glückauf Erfurt	09 224	III b		P(RE) G(WA)		OR	
Glückauf Kaliwerk Erfurt							
Glückaufschacht Freital							
Glückaufschacht Kriebitzsch							
Glücksmühle-Mönchgrün Schleiz	47 139	b		P		OR	
Glutzow Altefähr	46 515				Sm	OR	
Gnadau Halle	12 308	III		P(RE) G			
Gneisenaustadt Schildau Mockrehna				P(RE) G (Wk)			
Gneisenaustraße Berlin							
Gnetsch Köthen	41 126				Sm	OR	
Gnevkow Oranienburg	28 043	Hp		P(RE)			
Gnevzow Demmin	41 057				Sm	OR	
Gnewikow Kremmen	51 904			P		OK	
Gnewitz Tessin		G		G(WA)	Sm		
Gnoien Teterow	27 041	II		P(RE) G (40)			Bw
Gnoien Feldbahn		G			Sm		
Gnölbzig Halle	12 190	Hp		P(RE)			
Göbel Altengrabow							
Göddingen Lüneburg					Sm		

Betriebsstelle	Nr.		Verkehr				
Godkow Wriezen							
Goerdelerdamm Bk Arnstadt							
Goethestraße Bad Doberan			P	Sm			
Goethestraße Dessau							
Goethestraße Gotha			P	Sm			
Goetheweg Drei Annen Hohne	60 887 p	[37]	P	Sm			
Gohlis Leipzig							
Gohrau-Rehsen Dessau	49 820 u		P G		OR		Wörlitz
Göhrde Berlin	01 149 IV						
Göhren (Meckl) Dömitz	27 115 Hp + p		P(RE)				
Göhren (Rügen) Altefähr	46 543		P(RE)	Sm	OR		Bw
Göhrener Damm Abzw. Schönhausen							
Göhrener Viadukt Glauchau, Leipzig							
Göhrenz-Albersdorf Leipzig	12 028 Hst		P(RE) G(WA)				
Göhrenz-Albersdorf Brikettfabrik Leipzig							
Göhrenz-Albersdorf Kraftwerk Leipzig							
Goitsche Tagebau Hayna							
Gojac Straupitz				Sm			
Goldbach Bk Halle							
Goldbach (Kr Gotha) Gotha	09 245 Hst +		P G		OK		Bufleben
Goldbachbrücke Halberstadt, Halle							
Goldbeck (Kr Osterburg) Magdeburg	01 036 II		P(RE) G (35) (Wk)			Bm	
Goldbeck (Kr Osterburg) Kleinb	42 140				OR		
Goldbeck (Kr Osterburg) Zuckerfabr.							
Goldberg (Meckl) Wismar	27 262 III		P(RE) G (41) (Wk)			Bm	
Goldebee Wismar	Ldst						
Golkojce Berlin							
Golkojce jug Cottbus							
Gollau Salzwedel	01 605 IV +						
Göllingen (Kyffh) Bretleben	09 205 IV		P(RE) G		OK		
Göllingen VEB Inducal Bretleben			G(WA)				
Gollma Eilenburg	12 426 Hp						
Gollmitz (Niederlaus) Cottbus	12 562 III		P(RE) G (40)				
Gollwitz Berlin							
Golm Berlin	03 358 Hp +		P				
Golm Ducherow	28 122 Hp u						Swinemünde Hbf
Golm (Kr Stargard/ Meckl) Brohm	45 077			Sm	OR		
Golm (Uckerm) Schönermark	47 213				OR		
Golm Abzw. Berlin							
Golpa Burgkemnitz	48 570 b						
Golßen (Niederlaus) Berlin	12 536 III		P(RE) G (40)				
Göltzschtalbrücke Dresden, Reichenbach	06 853 IV				OK	Bm	
Gölzau Köthen	41 127 e			Sm			
Gölzau Schwelwerk Halle, Köthen			G(WA)				
Golzen (Finne) Laucha			P(RE)				
Golzen (Thür) Laucha	09 052 Hst +				OK		
Golzern (Mulde) Wurzen	12 789 III		G(WA)		OR		Wurzen
Golzern (Mulde) Mühle Wurzen							
Golzern (Mulde) Papierfabrik Wurzen							
Golzow (Kr Angermünde) Fürstenberg	28 194 IV				OK		
Golzow (Kr Eberswalde) Fürstenberg			P(RE)				
Golzow (Kr Zauch-Belzig) Treuenbrietzen	62 808						
Golzow (Lkr Brandenburg) Treuenbrietzen			P(RE) G (Wk)				
Golzow (Lkr Brandenburg) Nord Treuenbrietzen			P				
Golzow (Oderbruch) Kietz	25 086 III	[80]	P(RE) G(WA) (40)		OR		
Golzow (Oderbruch) Kleinb Fürstenwalde	45 518				OR		
Golzow Dorf Fürstenwalde	45 519				OR		
Gommern	42 153 b		G(WA)	Sm	OK		
Gommern Biederitz	12 361 II		P(RE) G (40)			Bm	
Gommern Hp Altengrabow							
Gommern Industriepark Biederitz							
Gommern Kleinb Altengrabow	43 632		P(RE) G	Sm			
Gommern Steinbruch			G(WA)	Sm			
Gommern Zuckerfabrik Altengrabow							
Gondelstation Leipzig			P	Sm			
Gonna Bk Halle							
Gonnabrücke Halle							
Gora Weiche Bad Muskau				Sm			

Betriebsstellenname (fett) siehe unter	Bf-Nr.	Merkmal DRG	Bem.	Merkmal DR (u. ggf. später)	Sm	Ram.	Mutterbahnhof/ Bm/Bw/Raw
Gorden Berlin							
Görden Treuenbrietzen	56 808			P(RE)		OR	
Görden Bezirkskrankenhaus Treuenbrietzen							
Görden Krankenhaus Treuenbrietzen							
Görden Landesanstalt Treuenbrietzen							
Gorgast Kietz	25 087	III		P(RE) G (Wk)			
Göritzhain Chemnitz	06 454	IV		P(RE) G(WA)		OK	
Görlitz Berlin	04 088	I		P(RE) G(CA) (ST) (50) (Rp)			Bm Bw Raw
Görlitz (b Oschatz) Mügeln	07 141	Hp + r			Sm	OR	
Görlitz Gbf	04 089	Ga					
Görlitz Grenze Berlin			[81]	Güp			
Görlitz Industriegleis	42 108	b					
Görlitz Industrieübergabebf							
Görlitz Moys Berlin	04 099	III					Bm
Görlitz Nord							
Görlitz Rauschwalde							
Görlitz Rauschwalder Straße Klbf							
Görlitz Rbf							
Görlitz Rotundawerk							
Görlitz Svt							
Görlitz Waggonfabrik							
Görlitz Weinhübel				P G(CA)		OK	
Görlitz West	42 107					OR	
Görlitz Zentrum				P	Sm		
Görlitz Ziegelei					Sm		
Görlitzer Bf Berlin							
Görna-Krögis Meißen	07 093	IV + r			Sm		
Gornsdorf Schönfeld	07 230	Hst + r		P(RE) G	Sm	OK	Thum
Gornsdorf Hp Schönfeld				P	Sm		
Görries Magdeburg, Schwerin							
Görsbach Halle				P(RE)			
Gorschendorf Malchin	27 046	Hst + mvG		P(RE)		OK	
Gorschendorf (Salem) Malchin							
Görsdorf Dahme					Sm		
Görsdorf (Thür) Eisfeld	09 474	Hp					
Görsdorf Mühle Dahme					Sm		
Gorsleben (Mansf Seekr) Halle	42 510					OR	
Görzig Fürstenwalde	44 198			P		OK	
Görzke Wusterwitz	43 539			P G (Wk)			Rathmannsdorf (Kr Pirna)
Gorzow Wlkp. Küstrin							
Gösau Bk Dresden							
Gosceraz Guben							
Göschwitz (Saale) Glauchau, Naumburg	09 015	I		P G(WA)(C) (CA) (41)			Bm Bw
Göschwitz Autobahnbaustelle Glauchau							
Goseck Bk Weißenfels							
Goßdorf-Kohlmühle	06 091	II			Sm	OR	
Goßdorf-Kohlmühle Bad Schandau	06 091	II	[82]	P G(WA) (STA)		OK	
Gößnitz Altenburg, Glauchau	06 690	I		P(RE) G(ST) (32) (Wk)			Bm
Gößnitz Betonwerk Glauchau				G(WA)			
Gößnitz Hainichen Ziegelei					Sm		
Gostorf Grevesmühlen	27 013	Hp p u					ohne Mutterbf
Gotha Erfurt	09 239	I					Bm Bw Raw
Gotha Ega	09 241	Ega					
Gotha Gbf	09 240	Ga					
Gotha Gk Abzw. Erfurt							
Gotha Hbf				P	Sm		
Gotha Hbf				P(RE) G(CA) (ST) (40) (Rp)			
Gotha Industriebahn				G			
Gotha Ost	09 242	III		P(RE) G(CA) (40)			
Gotha Ost Ziegelei							
Gotha Raw Erfurt							
Gotha Spanplattenwerk					Sm		
Gotha Ziegelei					Sm		
Gothaer Viadukt Erfurt, Gotha							
Götschendorf Fürstenberg				P			
Gottberg Neustadt				P			
Gottberg (Kr Ruppin) Neustadt	76 904						
Göttengrün-Gefell Schönberg	06 718	Hst mvG		P(RE) G (Wk)			Schönberg (Vogtl)
Gottesgnaden Bk Halle							
Gottesgnaden Ldst Halle	12 306	Ldst b				OR	
Gottgau Nauendorf	43 880	u		P G(WA)		OR	Löbejün (Saalkr)
Göttin Treuenbrietzen	59 808			P			
Göttingen Kleinb Duderstadt	42 123				Sm	OK	Bm Bw
Göttingen Süd Duderstadt					Sm		
Gottleuba	06 209	III					

Pirna						
Gottleubabrücke						
Dresden						
Göttwitz Ziegelei				Sm		
Götz	03 145 III b		P(RE)		OR	
Berlin						
Götzenhof	11 316 IV og					
Goyatz				Sm		
Cottbus, Straupitz						
Goyatz Umschlaghafen				Sm		
Straupitz						
Goyatz Umschlaghafen Hafengleis				Sm		
Straupitz						
Grabe	41 877 u		P		OR	
Ebeleben						
Graben Bk						
Berlin						
Gräbendorf Tagebau						
Lübbenau						
Grabkow Betriebsbf						
Frankfurt						
Grabow (Kr Burg)	43 577			Sm	OR	
Burg						
Grabow (Kr Dannenberg)	01 606 IV +					
Salzwedel						
Grabow (Meckl)	01 042 II	[7]	P(RE) G(CA) (ST) (41)			Bm
Magdeburg						
Grabow Sägewerk						
Burg						
Grabowhöfe	27 179 IV		P(RE) G			
Waren						
Grabschütz						
Krensitz						
Gräfenhain Steinbruch				Sm		
Gräfenhainichen	12 406 III		P(RE) G(ST) (35) (Wk)			Bm
Halle, Zschornewitz						
Gräfenroda	09 356 II		P(RE)			Bm
Gotha, Neudietendorf						
Gräfenroda Ort	09 274 III		P(RE) G (40) (Wk)			
Gotha						
Gräfenstuhl-Klippmühle	12 202 Hp p u		P			Leimbach-Mansfeld
Klostermansfeld						
Gräfenthal	09 156 III		P G (41)			Bm
Probstzella						
Gräfentonna	09 231 III		P(RE) G		OK	
Ballstädt, Erfurt						
Gräfenwarth	47 143	[84]	P G(WA)		OK	Schönberg (Vogtl)
Schleiz						
Gräfenwarth Hst						
Gräfenwarth Kraftwerk						
Gräfenwarth Sperrmauer				Sm		
Schleiz						
Gräfenwarth Steinbruch						
Schleiz						
Gräfenwarth Übergabebf						
Grafhorst	48 514				OK	
Wittingen						
Grafhorst Abzw.						
Wustermark						
Graitschen	09 071 IV +		P(RE)		OK	
Krossen						
Grambow	28 153 III		P(RE) G (35)			
Pasewalk						
Grambow Grenze			Güp			
Pasewalk						
Grammebrücke						

Erfurt						
Grammendorf	54 832 u				OR	Voigtsdorf (Kr Grimmen)
Greifswald						
Grammentin	41 061			Sm	OR	
Demmin						
Grammentin Holzverladestelle	41 062 b			Sm	OR	
Demmin						
Grammow		Ldst				
Dölitz						
Gramtitz-Starrvitz	46 575 b			Sm	OR	
Buhrkow						
Gramzow (Prign)	48 413		P		OR	
Perleberg						
Gramzow (Uckerm)	47 216		P(RE) G			Bw
Schönermark						
Grana Tongrube						
Zeitz						
Grana Ziegelei				Sm		
Gränert						
Berlin						
Gransee	42 157					
Gransee	28 028 II		P(RE) G(CA) (35) (Wk)			Bm
Oranienburg						
Gransee Tongrube				Sm		
Badingen						
Gransee West						
Grapzow	41 031			Sm	OR	
Demmin						
Grasleben	13 148 Hp b				OR	
Helmstedt						
Graslitz ob Bf	07 975 II				OK	
Zwotental						
Grassau (Kr Stendal)	47 404				OR	
Peulingen						
Graui	42 012		P		OK	
Haldensleben						
Graustein Betriebsbf						
Berlin, Cottbus						
Grechwitz Ziegelei				Sm		
Greifenbach-viadukt						
Schönfeld						
Greifenhain Tagebau						
Lübbenau						
Greifenhainer Fließbrücke						
Cottbus						
Greiffenberg (Kr Angermünde)			P(RE) G (Wk)			
Bernau						
Greiffenberg (Uckerm)	28 222 IV					
Bernau						
Greifswald	28 105 I		P(RE) G(ST) (35)			Bm
Bernau						
Greifswald Baustoffwerk				Sm		
Greifswald Gbf	28 106 Ga					
Greifswald Hafen			G(Ldst)		OR	Greifswald
Bernau						
Greifswald Hohenzollernplatz						
Greifswald Landesbf	42 344			Sm	OR	
Greifswald Neumorgenstraße						
Greifswald Reichsbf				Sm		
Greifswald Reichsbf						
Greifswald Süd			P			

Betriebsstellenname (fett) siehe unter	Bf-Nr.	Merkmal DRG	Bem.	Merkmal DR (u. ggf. später)	Sm	Ram.	Mutterbahnhof/ Bm/Bw/Raw
Bernau							
Greifswald Ziegelei					Sm		
Greifswalder Straße Berlin							
Greiz Gera	06 785	I		P(RE) G(ST) (32) (Wk)			Bm Bw
Greiz Aubachtal	06 829	b		P(R) G (Wk)		OK	Greiz
Greiz Dölau Gera	06 787	IV		P G(WA)(C) (CA)(STA)			Greiz
Greiz Gbf	06 786	Ga					
Grenzallee Berlin							
Grenzgrabenbrücke Berlin							
Grenzhammer Ilmenau	40 844			P		OR	
Grenzheim Berge	48 422					OR	
Grenzin Stralsund	47 909	u				OR	Franzburg
Greppin Dessau	12 328	Hp og		P(RE)			
Gresna Guben							
Greußen Nebenbf							
Greußen Reichsb Erfurt	09 218	II		P(RE) G (40) (Wk)			Bm
Greußen West	40 833						
Greußen Zuckerfabrik							
Grevesmühlen Bad Kleinen	27 011	II		P(RE) G(CA) (40) (Wk)			Bm
Grevesmühlen Industriegelände Bad Kleinen							
Grevesmühlen Ziegelei					Sm		
Gribow Dargezin	42 323				Sm	OR	
Grieben (Kr Gransee) Löwenberg				P(RE) G(WA)		OK	
Grieben (Kr Ruppin) Löwenberg	85 904					OK	
Grieben (Meckl) Bad Kleinen	27 010	IV		P(RE) G(WA)			
Griebnitzsee Berlin							
Griebnitzsee Abzw. Gbo Berlin							
Griebo Horka	12 373	Hp		P(RE)			
Griebo Mülldeponie Horka							
Griefstedt Erfurt	09 192	III		P(RE) G(WA)		OK	
Griesbach Wilischthal					Sm		
Griessen Guben							
Grießbach (Wilischtal) Wilischthal	07 210	Hst + r		P	Sm	OR	
Grießen (Niederlaus) Guben	25 345	Hst + mvG		P		OK	
Grimma ob Bf Leipzig	12 641	II		P(RE) G(ST) (32)			Bm
Grimma unt Bf Wurzen	12 791	III		G			Wurzen
Grimme (Uckerm) Prenzlau	46 150		[85]	P G(WA)		OR	Brüssow
Grimmen Greifswald, Oranienburg	28 054	II	[86]	P(RE) G (35) (Wk)			Bm
Grimmen Reichsgetreidespeicher Greifswald							
Grimmen Schützenplatz					Sm		
Grimmen Schützenplatz Greifswald	47 832			G(Ldst) (35)			Grimmen
Grimmen Ziegelei Leitner Greifswald					Sm		
Grimmenthal Eisenach, Neudietendorf	09 439	I		P(RE) G (40)			Bm
Grimmenthal Gasturbinenkraftwerk Neudietendorf							
Grimschleben Ladestelle Breitenhagen				G(WA)	Sm		
Grimschleben Übergabebf Breitenhagen				G(WA)	Sm		
Grimschleben Zuckerfabrik Breitenhagen				G(WA)	Sm		
Grischow (Kr Demmin) Demmin	41 030				Sm	OR	
Grischow (Meckl) Bützow	27 054	IV b op		P(RE) G		OK	
Grizehne Halle							
Grobau Plauen				P			
Gröbern Burgkemnitz							
Gröbern Bk Leipzig							
Gröbers Leipzig	12 082	III		P(RE) G (40)			
Gröbers Hp Leipzig				P(S)			
Grobleben Tangermünde					Sm		
Gröbzig (Anh) Nauendorf	45 880			P(RE) G			
Gröbzig Betonwerk Edderitz				G(WA)			
Grockstädt Röblingen				P(RE)			
Grockstädter Viadukt Röblingen							
Gröditz (b Riesa) Doberlug-Kirchhain	06 290	II		P(RE) G (Wk)			
Gröditz (Oberlaus) Löbau	06 149	Hst + mvG		P			
Gröditz Stahlwerk Doberlug-Kirchhain							
Grodk Berlin, Cottbus							
Groitschen Zeitz							
Groitzsch Leipzig, Pegau	12 863	III		P(RE) G (Wk)			Bm
Groitzsch Filzfabrik Leipzig, Pegau				G(WA)			
Gröna Ziegelei				G(WA)	Sm		
Gronenfelde Frankfurt	25 195	Hp oe u					ohne Mutterbf

Betriebsstelle	Nr.	Verkehr			
Gröningen (Bz Magdeburg) Aschersleben	40 154	(E) G (Wk)		OK	Nienhagen (b Halberst)
Gröningen-Heynburg Aschersleben	40 153			OR	
Gröningen Kiesgrube Aschersleben					
Gröningen Kloster Aschersleben					
Gröningen Ziegelei			Sm		
Gröningen Zuckerfabrik Aschersleben					
Gröppendorf Oschatz	07 159 Hp e r u		Sm		Mügeln (b Oschatz)
Groß Ammensleben Haldensleben	13 139 III	P(RE) G (41) (Wk)			
Groß Apenburg Hohenwulsch	40 053				
Groß Badegast Köthen	41 123		Sm	OR	
Großbademeusel Cottbus	12 753 IV o				
Groß Ballerstedt Stendal					
Großbartloff Leinefelde	05 482 Hp + p	P(R)			
Großbauchlitz Doberlug-Kirchhain					
Großbauchlitz Lommatzsch			Sm		
Großbeeren Berlin	03 106 II	P(S) G(CA)			Bm
Großbeeren Vbf	03 118 I				
Groß Behnitz Wustermark	03 182 III	P(RE) G(WA) (60)			Bm
Groß Below Demmin	41 024 b		Sm	OR	
Großbodungen Bleicherode	05 138 IV	P(RE) G(WA)			
Großböhla Bk Leipzig					
Groß Börnecke Blumenberg		P(RE) G (35)		OK	
Großbothen Borna, Glauchau, Leipzig, Wurzen	06 311 I	P(RE) G		OKg	
Großbothen Colditzer Bf Glauchau, Leipzig					
Großbothen Schaddelmühle Leipzig					
Großbraunshain Meuselwitz	06 756 IV			OK	
Groß Breesen Frankfurt	25 207 IV og				
Großbreitenbach (Thür) Ilmenau	45 844	P(RE) G(CA) (40)			
Großbreitenbach (Thür) Glaswerk Ilmenau					
Großbrembach Buttelstedt			Sm		
Groß Briesen Frankfurt	25 449 Hp	P			
Groß Brütz Schwerin	27 090 IV	P(RE) G(WA) (Wk)			
Groß Buchholz Perleberg	48 414	P G(WA)		OR	Perleberg
Groß Bünsdorf Schönberg	27 006 Hst b op u			OK	

Betriebsstelle	Nr.	Verkehr			
Großburschla Mühlhausen	05 478 IV			OK	
Groß Cordshagen Stralsund			Sm		
Großcotta Pirna	06 213 IV + e op				
Großcotta Sandsteingruben Pirna					
Großcottaer Tunnel Pirna					
Groß Daberkow Bützow, Neustrelitz	27 346 IV			OR	
Groß Daberkow Kleinb Brohm	45 082		Sm	OR	
Groß Dahlum Oschersleben	55 810 u				Schöppenstedt Nord
Groß Dalzig Leipzig	12 005 Hp	P(RE)			
Groß Dalzig Umspannwerk Leipzig		G(WA)			
Großdehsa Hp Löbau		P			
Großdehsa-Oelsa Löbau	06 087 Hst + [87]	G(WA)		OK	Löbau
Großderschau Treuenbrietzen		P(RE)			
Großdeuben		G(WA)	Sm		
Großdeuben Leipzig	12 836 Hp b	P(RE)			
Großdöbbern Lübbenau					
Groß Dohna Heidenau					
Groß Dölln Prenzlau					
Großdubrau Löbau	06 145 III	P G (Wk)			
Großebersdorf Niederpöllnitz	09 119 Hst + mvG	G		OK	
Große Fichtelbergschanze Kurort Oberwiesenthal					
Großenbehringen Gotha	09 250 Hp +			OK	
Großenehrich Greußen	43 833	(E) G			
Großenehrich West Greußen					
Groß Engersen Gardelegen, Klötze	40 083			OK	
Großengottern Gotha	09 258 III	P(RE) G (40) (Wk)			
Großenhain Berl Bf Berlin	06 251 IV	P			
Großenhain Cottb Bf Frankfurt	06 256 I	P(RE) G (Wk)			Bm
Großenstein (Kr Gera) Meuselwitz	06 758 IV	P G(WA) (Wk)		OK	Ronneburg (Thür)
Großenstein ACZ Meuselwitz					
Großentaft Hünfeld	11 338 Hst + e			OK	
Groß Ernsthof Greifswald, Wolgast	42 365		Sm	OR	
Große Röderbrücke Dresden					
Große Straße Strausberg					
Großeutersdorf					

Betriebsstellenname (fett) siehe unter	Bf-Nr.	Merkmal DRG	Bem.	Merkmal DR (u. ggf. später)	Sm	Ram.	Mutterbahnhof/ Bm/Bw/Raw
Naumburg							
Große Wiese (Moorhof)	44 636				Sm	OR	
Ferdinandshof							
Große Zernseebrücke							
Berlin							
Großfriesen	06 846	Hst + b		P G(WA)			Falkenstein (Vogtl)
Falkenstein							
Großfurra	09 225	IV		P(RE)		OR	
Erfurt							
Groß Garz	01 618	IV +		P(RE) G			Arendsee (Altm)
Salzwedel							
Groß Gastrose	25 343	IV		P(RE) G (32) (Wk)			
Guben							
Groß Gastrose Mühlen- u. Kraftfu.wk							
Guben							
Großgörschen-straße	03 124	Hp oä oe					
Berlin							
Groß Gräfendorf	12 125	Hst + b		P(RE)		OR	
Merseburg							
Großgrimma Hp					Sm		
Profen							
Großharthau	06 061	III		P(RE) G(CA) (40)			
Görlitz							
Groß Hartmannsdorf							
Brand Erbisdorf							
Großhart-mannsdorf	06 346	IV		P(RE)			
Brand Erbisdorf							
Groß Haßlow	27 316	Hst +		P G(WA)		OR	Wittstock (Dosse)
Wittenberge							
Großheringen	09 164	I		P(RE) G(WA) (40)		OR	Bm
Straußfurt, Weißenfels							
Großheringen Go Abzw.							
Naumburg, Weißenfels							
Großheringen Gs Bk Abzw.							
Naumburg, Weißenfels							
Großhermsdorf				G(WA)	Sm		
Borna, Deutzen							
Großkagen					Sm		
Weißig							
Großkayna							
Merseburg							
Großkayna Brikettfabrik							
Groß Kedingshagen					Sm		
Stralsund							
Groß Kienitz	45 404					OR	
Berlin							
Groß Kiesow	28 107	IV		P(RE) G		OR	
Bernau							
Groß Klein Stolpen							
Leipzig							
Groß Kölzig	12 743	IV		P(RE) G(WA)			Döbern (b Forst)
Forst							
Groß Kölzig Minol							
Forst							
Großkorbetha	12 034	I	[88]	P(RE) G(Ahst)(WA) (32)			Bm Bw
Halle, Leipzig							
Großkorbetha (Leunawerk)	12 037	Ahst					
Halle							
Großkorbetha Unterwerk							
Groß Kordshagen	41 572				Sm	OR	
Stralsund							
Groß Köris					Sm		
Groß Kreutz	03 144	II		P(RE) G(CA)			Bm
Berlin							
Groß Kreutz Kleinb	44 417					OR	Perleberg
Großkugel	12 081	Hp b		P(RE)			
Leipzig							
Groß Laasch	27 125	IV	[89]	P(RE) G(WA)		OR	
Ludwigslust							
Groß Langerwisch	45 676			P G		OK	Pritzwalk
Pritzwalk							
Groß Lehmhagen Gut					Sm		
Greifswald, Grimmen							
Großlehna	12 042	III		P(RE)			
Leipzig							
Groß Leuthen-Gröditsch	57 886			P(RE) G (Wk)			
Falkenberg							
Groß Lichterfelde							
Groß Lübars	43 604		[3]			OR	
Biederitz							
Groß Lübars	43 604		[3]		Sm	OR	
Altengrabow, Burg							
Groß Lüsewitz	27 207	Hst + mvG		P(RE)			
Rostock							
Großmöhlau							
Burgkemnitz							
Groß Mohrdorf	41 598				Sm	OR	
Altenpleen							
Groß Mokratz	28 285	Hp +					
Swinemünde							
Großmonra-Burgwenden	09 060	IV +				OK	
Laucha							
Groß Möringen	13 004	III					
Wustermark							
Groß Neuendorf	45 526			G (35) (Wk)		OR	Letschin
Fürstenwalde							
Großneuhausen	09 172	IV		P(RE)			
Straußfurt							
Groß Nieköhr		Ldst					
Dölitz							
Großobringen					Sm		
Schöndorf							
Großobringen						OR	
Schöndorf							
Groß Örner				P	Sm		
Hettstedt							
Groß Pankow	27 307	IV		P(RE) G(WA) (41)			
Wittenberge							
Großpösna	12 801	Hp		P			
Leipzig							
Großpostwitz	06 077	III		P(RE) G(WA)		OK	Bm
Bad Schandau, Löbau							
Groß Quassow	27 326	IV		P(RE)			
Buschhof							
Groß Quenstedt	13 330	III		P(RE)			
Berlin							
Groß Räschen							
Lübbenau							
Großräschen	12 569	I		P(RE) G (40) (Wk)			Bm
Casel, Lübbenau							
Großräschen Süd				P(RE)			
Lübbenau							

Großräschen Tagebau						
Großräschen Ziegelei				Sm		
Groß Rietz Fürstenwalde	44 199		P		OK	
Großröda Meuselwitz	12 870 IV		P(RE) G(WA)		OK	Ronneburg (Thür)
Großröda Wintersdorf				Sm		
Großröhrsdorf Lübbenau	06 119 II		P(RE) G(ST) (32)			
Großröhrsdorf Ziegelei				Sm		
Groß Rosenburg Breitenhagen			G(WA)	Sm		
Groß Rosenburg Zuckerfabrik Breitenhagen			P G(WA)	Sm		
Groß Rossau Stendal	47 380		P			
Großrössen Abzw. Jüterbog						
Groß-rückerswalde Wolkenstein	07 192 IV + r		P(RE) G(WA)	Sm	OK	Wolkenstein
Großrudestedt		[3]		Sm		
Großrudestedt Erfurt	09 189 III		P(RE) G (Wk)			
Groß Rudestedt Weimar						
Großrudestedt Übergang Weimar	09 526 Ahst b			Sm		
Großrudestedt Weimarer Bf Weimar	53 930			Sm	OR	
Großrudestedt Zuckerfabrik Erfurt						
Groß Salze Erfurt, Zielitz						
Groß Särchen (Kr Hoyerswerda) Bautzen	06 275 Hst mvG				OK	
Groß Särchen (Kr Sorau) Weißwasser	12 889 III					
Großsaubernitz Ziegelei				Sm		
Groß Schierstedt Köthen	12 232 Hp					
Großschirma Nossen	06 331 III		P G(WA)			Freiberg (Sachs)
Großschirma Baywa AG Nossen			G(WA)			
Großschirma Getreidewirt-schaft Nossen			G(WA)			
Groß Schönau (Böhmen) Sebnitz	07 542 III				OK	
Groß Schönau (Böhmen) Hp Sebnitz	07 543 Hp + oe					
Großschönau (Sachs) Eibau	06 024 II		P(RE) G(CA) (31) (Wk)			Zittau
Großschönau Grenze Eibau			Güp			
Groß Schönebeck (Schorfheide) Basdorf	57 897		P(RE) G (35) (Wk)			Basdorf
Groß Schoritz Altefähr	46 521			Sm	OR	
Groß-schwabhausen Glauchau	09 088 III		P(RE) G (41) (Wk)			
Großschwab-hausen ACZ Glauchau						
Groß Schwarzlosen Tangermünde				Sm		
Groß Schwaß Bad Kleinen	27 228 IV		P(RE) G		OR	
Groß Schwechten Stendal	47 374		P(RE)		OR	
Großschweidnitz Löbau, Zittau	06 068 Hp b		P(RE) G(WA)		OR	
Großsermuth Glauchau	06 396 Hp b				OR	
Groß Sperrenwalde Prenzlau	28 209 IV		P G		OK	
Großsteinberg Leipzig	12 642 III		P(RE) G (60)		OK	
Großstöbnitz Glauchau	06 775 Hp		P(RE)			
Großstolpen Leipzig	12 878 Hst + e mvG	[92]	P(RE) G(WA)		OR	Groitzsch
Groß Thurow Ratzeburg						
Großtöpfer Heiligenstadt	05 485 IV					
Groß Urleben Bad Langensalza	44 365				OR	
Großvoigtsberg Nossen	06 330 IV		P G (Wk)			Freiberg (Sachs)
Groß Walbur Coburg						
Großwalbur Coburg	09 492 IV +					
Großwaltersdorf (Sachs) Hetzdorf	07 189 IV r			Sm	OK	
Großwaltersdorf (Sachs) Hp Hetzdorf	07 188 Hp e r u			Sm		Eppendorf
Groß Weißandt Halle						
Groß Welsbach Bad Langensalza	44 361		P(RE) G		OR	
Großwerther Erfurt, Halle	05 511 Hp p					
Groß Werzin Perleberg	48 377			Sm	OR	
Großwitzeetze Lüchow	44 527 b				OK	
Groß Woltersdorf (Kr Ruppin) Gransee	42 163				OR	
Großwoltersdorf Gransee						
Groß Wubiser Wriezen	28 358 IV +				OR	
Großwudicke Wustermark	03 188 III		P(RE) G			Bm
Groß Wüstenfelde Teterow	27 034 IV +		P(RE) G (Wk)		OR	
Großwusterwitz Nord Wusterwitz	43 530				OR	
Großwusterwitz Reichsb Berlin	03 149 II					
Groß Ziethen a B Teltow	03 385 IV o					
Großzöberitz Bitterfeld	12 326 IV +		P		OK	
Großzössen Böhlen			G(WA)	Sm		
Grötsch Frankfurt						
Grottau Zittau	06 015 II					
Grube Anna Spremberg				Sm		
Grube Antonie	12 323 Hp oe		P			

Betriebsstellenname (fett) siehe unter	Bf-Nr.	Merkmal DRG	Bem.	Merkmal DR (u. ggf. später)	Sm	Ram.	Mutterbahnhof/ Bm/Bw/Raw
Bitterfeld, Dessau							
Grube Archibald							
Aschersleben							
Grube Asse							
Heudeber-Danstedt							
Grube Brigitta					Sm		
Spremberg							
Grube Clara					Sm		
Spremberg							
Grube Consul					Sm		
Spremberg							
Grube Creden							
Halle							
Grube Erna							
Helmstedt							
Grube Friedrichsfelde							
Berlin							
Grube Fürst Bismarck				G(WA)	Sm		
Gera, Zipsendorf							
Grube Georg							
Aschersleben							
Grube Glückauf					Sm		
Zittau							
Grube Gustav Adolf					Sm		
Spremberg							
Grube Henriette							
Etgersleben							
Grube Ilse							
Lübbenau							
Grube Ilse Bückgen	12 571	Hp b e					
Frankfurt							
Grube Jacob							
Aschersleben							
Grube Johanna							
Köthen							
Grube Kurt					Sm		
Profen							
Grube Leopold							
Bebitz							
Grube Leopold							
Edderitz							
Grube Ludwig	12 412	Hp					
Leipzig							
Grube Marie					Sm		
Deuben							
Grube Marie							
Deuben, Zeitz							
Grube Marie	12 255	Hst p u					Förderstedt
Etgersleben							
Grube Marie					Sm		
Profen							
Grube Martha							
Wurzen							
Grube Neuglück					Sm		
Rehmsdorf							
Grube Phönix				G(WA)	Sm		
Borna, Deutzen							
Grube Präsident							
Frankfurt							
Grube Solvayhall							
Könnern							
Grube Terpe				G(WA)			
Peitz							
Grube Vaterland							
Frankfurt							
Grube Victoria							
Frankfurt							
Grube Volle Rose					Sm		
Langewiesen							
Grube Wilhelm-Adolf					Sm		
Bebitz							
Grube Wulfersdorf							
Harbke							
Grubenbahnbrücke							
Zeitz							
Grubengelände					Sm		
Chemnitz							
Grubenhagen	42 307				Sm	OR	
Greifswald							
Grubenstraße-Viergelindenbrücke							
Kavelstorf							
Grumbach (b Tharandt) Ziegelei					Sm		
Grumbach (b Wilsdruff)	07 082	Hst r		P(RE)	Sm	OR	
Freital							
Grümpen	09 467	Hp p u		P			Rauenstein (Thür)
Eisfeld							
Grüna (Sachs) Hp/ Bk	06 516	Hp		P(RE)			
Dresden							
Grüna (Sachs) ob Bf	06 470	IV				OK	
Chemnitz, Limbach							
Grüna (Sachs) unt Bf							
Freiberg							
Grüna-Kloster Zinna	03 116	III		P			
Halle							
Grünau							
Berlin							
Grünau (Meckl)					Sm		
Stralsund							
Grünau (Pommern)	41 580	b			Sm	OR	
Stralsund							
Grunau (Sachs)	06 349	Hst mvG		P G(WA)		OK	Böhringen
Chemnitz							
Grunau Hp				P	Sm		
Profen							
Grünauer Allee							
Leipzig							
Grünauer Kreuz							
Halle, Teltow							
Grünauer Kreuz Nord Abzw.							
Berlin							
Grünauer Kreuz Süd Abzw.							
Berlin							
Grünauer Kreuz Südost Abzw.							
Berlin							
Grünauer Kreuz West Abzw.							
Berlin							
Grünbach	06 863	IV		P(RE)			
Zwickau							
Grünberg (Uckerm)	46 147			P		OR	
Prenzlau							
Grünbergallee				P(S)			
Berlin							
Grüneberg				P(RE) G(WA)		OR	
Oranienburg							
Grüneberg (Nordb)	28 004	III				OK	
Oranienburg							
Grunewald							
Berlin							
Grünhain	06 649	III					
Stollberg							
Grünhainichen-Borstendorf				G(WA)	Sm		
Grünhainichen-Borstendorf	06 539	II		P(RE) G(ST)			
Chemnitz							
Grünhainichen Papierfabrik				G(WA)	Sm		
Grünhof Bk							
Magdeburg							

Betriebsstelle	Nr.	Anm.	Verkehr	Sm	OR/OK	
Grünow Prenzlau	46 139		P G		OR	Prenzlau
Grunow (Niederlaus) Frankfurt, Königs Wusterhausen	25 448 III	[16]	P(RE) G(WA) (40)			
Grünstädtel	06 596 II		P(RE) G	Sm		
Grünstädtel Zwickau	06 596 II		P(RE) G (33)		OR	
Grünthal Kupferhütte Pockau-Lengefeld						
Guben Frankfurt	25 334 I		P(RE) G(ST) (40) (Wk)			Bm Bw
Guben II		[94]	G			Guben
Guben Chemie-faserwerk						
Guben Gbf	25 335 Ga					
Guben Grenze			Güp			
Guben Lutzketal			P	Sm		
Guben Moltkekaserne Frankfurt						
Guben Nord Frankfurt			P(RE)			
Guben Stadtforst	25 332 Hp e					
Guben Süd Frankfurt		[95]	G(WA)(CA)			Guben
Gubin Guben						
Gubinchen Guben						
Gubinek Guben						
Gubkow (b Tessin) Torfwerk				Sm		
Guest Bernau						
Gültz Oranienburg	28 042 III		P(RE) G(WA) (35)			
Gumnitz Jatznick			P G(WA)			
Gumnitz W 1 Abzw. Jatznick						
Gumtow Perleberg	45 696			Sm	OR	
Gundelsdorf Saalfeld	22 034 IV				OK	
Gundersleben Hohenebra			P			
Gundorf Leipzig						
Gunnersdorf Chemnitz	06 356 Hp					
Gunsleben Oschersleben	13 296 III		P(RE) G(WA)			Oschersle-ben (Bode)
Güntersberge (Harz) Gernrode	49 830		P	Sm	OK	
Güntheritz Krensitz						
Günthers Wenigentaft-Mansbach	09 405 Hst +				OK	
Güntzelstraße Berlin						
Günz Altenpleen	41 596			Sm	OR	
Gunzen Aue, Zwickau	06 881 Hp b		P		OR	
Güsen (Bz Magdeburg)	03 154 II					
Güsen (Kr Genthin)			P(RE) G (35) (Wk)			
Güsen Beton-schwellenwerk				Sm		
Güsen Dorf			P			
Güsen Kleinbf						
Güsen Süd	43 518				OR	
Gusow Kietz	25 084 III		P(RE) G(WA)		OR	Bm

Betriebsstelle	Nr.	Anm.	Verkehr	Sm	OR/OK	
Gustav Esche-Straße Leipzig			P	Sm		
Gustavschacht Kriebitzsch						
Güstelitz Altefähr	46 528 b			Sm	OR	
Güsten Erfurt, Köthen	12 237 I		P(RE) G(CA) (41) (Rp)			Bm Bw
Güsten Abstellgleise 101-103 Erfurt						
Güsten Gbf Erfurt, Köthen	12 238 Ga					
Güsten Schacht IV Staßfurt						
Güster Lüneburg	27 300 IV p					
Gustow Altefähr	46 510			Sm	OR	
Güstow Casekow				Sm		
Güstrow Bützow, Pritzwalk, Rostock	27 027 I		P(RE) G(CA) (50) (Rp)			Bm Bw
Güstrow Gbf	27 028 Ga					
Güstrow Hafen Bützow						
Güstrow Waggonfabrik Pritzwalk						
Güstrow Zuckerfabrik Bützow						
Gut Lüssow Stralsund						
Gut Schönhausen Klein Daberkow				Sm		
Gut Usedom Bergen						
Guten Germendorf Oranienburg	28 026 IV		P(RE)			
Gutenbergplatz Leipzig				Sm		
Gutenfürst Plauen	06 714 III	[96]	P(RE) G			Bm
Gutenfürst Binnenverkehrs-gleis 6 Plauen			P(RE)			
Gutenfürst Grenze Plauen			Güp			
Gutenfürst W 1 Abzw. Plauen						
Güterberg Prenzlau	46 166		P		OR	
Güterglück Güsten	12 269 I		P(RE) G (40)			Bm
Güterglück Gbf Güsten						
Güterglück Gkn Abzw.						
Güterglück Gks Abzw.						
Güterglück Gkw Abzw. Güsten						
Güterglück Gmi						
Güterglück Gwf Abzw.						
Güterglück Nordkurve						
Güterglück ob Bf						
Güterglück Südkurve						
Güterglück unt Bf Biederitz						

Betriebsstellenname (fett) siehe unter	Bf-Nr.	Merkmal DRG	Bem.	Merkmal DR (u. ggf. später)	Sm	Ram.	Mutterbahnhof/ Bm/Bw/Raw
Guthmannshausen Buttelstedt	09 170				Sm		
Guthmannshausen Straußfurt	09 170	IV		P(RE)		OK	
Guttau (Sachs) Löbau	06 147	Hst + mvG		P G(CA)			Weißenberg (Sachs)
Gütter Burg	43 574				Sm	OR	
Gützkow Greifswald	42 313				Sm	OR	
Gützkow Stärkefabrik					Sm		
Gützkower Fähre					Sm		
Haage Rathenow	46 350				Sm		
Haarhausen Neudietendorf	09 312	Hp		P(RE)			
Haasow Cottbus							
Habel-Lahrbach Wenigentaft-Mansbach	11 328	Hst + e				OK	
Habendorf-Ratschendorf Hagenwerder							
Hachelbich Bretleben	09 206	IV +		P(RE)		OK	
Hackescher Markt Berlin							
Hackpfüffel Berga-Kelbra	44 329						
Hadmersleben Berlin	13 290	II		P(RE) G (40)			
Haeckelstraße Halle				P	Sm		
Hafen 1 und 2 und 3 Peenemünde							
Hafenbahn Brandenburg							
Hagebök Bad Kleinen	27 248	IV		P(RE) G (Wk)			
Hagen (Pommern) Swinemünde							
Hagenow Ludwigslust	01 310	III		P(RE) G(CA) (41)			
Hagenow Land Ludwigslust, Schwerin	01 048	I		P(RE) G(WA) (ST) (41)			Bm Bw
Hagenow Stadt Ludwigslust							
Hagenow Ziegelei					Sm		
Hagenwerder Görlitz	04 096	III		P(RE) G(CA)		OR	Bm
Hagenwerder Braunkohlenwerk					Sm		
Hagenwerder Grenze Görlitz				Güp			
Hagenwerder Kraftwerk				G(WA)	Sm		
Hagershorst Bad Freienwalde	41 638					OR	
Hähnichen Berlin	12 682	IV		P(RE) G(WA) (CA) (35)			
Haida (Oberlaus) Horka	12 586	Hp		P			
Haide Dessau							
Haideburg Dessau	12 333	IV o					
Haideburg Betriebsbf Dessau							
Haidemühl Brikettfabrik					Sm		
Haidemühl Brikettfabrik Spremberg							
Haina Rentwertshausen	22 430	Hst +				OR	
Hainbergtunnel Greiz							
Hainewalde Eibau	06 023	Hst		P(RE)		OK	
Hainichen Chemnitz	06 353	I		P(RE) G (50) (Wk)			
Hainichen Ziegelei					Sm		
Hainsberg (Sachs) Dresden	06 491	I					Bm
Hainsberg (Sachs) Freital	06 491	I			Sm	OK	
Hainsberg (Sachs) Gbf	06 492	Ga					
Hainsberg (Sachs) Süd Freital	07 066	IV + og			Sm		
Hainspach Sebnitz	07 541	Hst b				OK	
Hainspach-Wölmsdorf Sebnitz							
Hainspitz Krossen	09 074	Hst +		P		OK	
Hainspitz Autobahnbaustelle Krossen							
Hainstraße Plauen				P	Sm		
Hakeborn Aschersleben	40 151					OK	
Hakelforst Aschersleben	40 148	b				OR	
Hakenfelde Industriebahn Bötzow							
Hakenstedt Haldensleben	48 883			P		OK	
Halbau am Hochstein Löbau	06 085	IV +		P		OK	
Halbe Berlin	03 332	II		P(RE) G (Wk)			Bm
Halbendorf (Kr Rothenb./ Oberlaus) Forst	12 749	Hp oe u					Wolfshain
Halbendorf (Kr Weißwasser) Bad Muskau				G(WA)	Sm		
Halbendorf (Kr Weißwasser) Forst				P G(WA)			
Halbendorf (Sachs) Löbau	06 079	Hp e u		P			Großpostwitz
Halbendorf Verladerampe Bad Muskau					Sm		
Halberstadt Berlin, Halle	13 358	I	[97]	P(RE) G(CA) (ST) (40) (Rp)			Bm Bw Raw
Halberstadt Gbf Halle	13 359	Ga					
Halberstadt Hof Abzw. Halle							
Halberstadt Oststraße				P			
Halberstadt Raw							

Halberstadt Spiegelsberge	41 834		P G(WA)(CA) (40)		OR	
Halberstadt Spiegelsberge I	66 834 Ahst					
Haldensleben	13 136 II	[60]	P(RE) G(CA) (ST) (35) (Wk)			Bm Bw
Haldensleben Alt	41 883		P G(WA)		OR	
Haldensleben Euroglas						
Haldensleben Gbf	13 137 Ga					
Haldensleben Hafen	51 883 b op				OR	
Haldensleben Industriestraße						
Haldensleben Papenberg	41 682 b					
Haldensleben Privatfeldbahn				Sm		
Haldensleben Ost	52 883 p u					Haldensleben Alt
Haldensleben Reichsb						
Haldensleben Steingutfabrik						
Haldensleben Süd	41 681				OK	
Haldenslebener Werke	50 883 b op				OR	
Halemweg Berlin						
Halensee Berlin						
Halle (Saale) Diemitz						Bww
Halle (Saale) Ega	12 090 Ega					
Halle (Saale) Gbf Eilenburg	12 088 I					
Halle (Saale) Gbf Bezirk II						
Halle (Saale) Gbf Einfahrgr. Nord						
Halle (Saale) Gbf Hg 3 Abzw.						
Halle (Saale) Gbf Hg 12 Abzw.						
Halle (Saale) Gbf Hg 18 Abzw.						
Halle (Saale) Gbf Umspanngr. Ost						
Halle (Saale) Gbf Umspanngr. West						
Halle (Saale) Hafen	42 502 b				OR	
Halle (Saale) Hbf Eilenburg, Leipzig		[99]	P(RE) G(C) (ST) (80) (Rp)			Bm Bw G Bw P Bww Raw
Halle (Saale) Heidebf			P G(WA)			Halle Dölau
Halle (Saale) Industriebf			G(WA)		OR	Halle (Saale) Hbf
Halle (Saale) Industriebf			G(WA)	Sm		Bw
Halle (Saale) Klaustor	42 501		G(WA)			Bw
Halle (Saale) Leuchtturm Abzw. Leipzig						
Halle (Saale) Pbf Eilenburg, Leipzig	12 087 I og					
Halle (Saale) Raw Leipzig						
Halle (Saale) Steintorbf						
Halle (Saale) Süd			P(R) G (40)			
Halle (Saale) Süd HHE	42 500 b					
Halle (Saale) Thüringer Bf						
Halle (Saale) Thüringer Gbf	42 498 b					
Halle (Saale) Turmstraße	42 499 b				OR	
Halle (Saale) West			G		OR	
Halle Ab Abzw. Eilenburg						
Halle Abstellgruppe Hnw						
Halle Ac Abzw.						
Halle Al Abzw.						
Halle Am Abzw. Eilenburg						
Halle Ammendorf						
Halle Ammendorf Waggonbau				Sm		
Halle At Abzw.						
Halle Aw Abzw.						
Halle Aw (S) Abzw.						
Halle Bruckdorf Ziegelei				Sm		
Halle Dessauer Brücke			P(S)			
Halle Dölau			P G(WA)		OR	
Halle Dölau Gbf						
Halle F 1 Peenemünde, Zinnowitz						
Halle Hettstedter Bf						
Halle Hno Abzw.						
Halle IW Peenemünde, Zinnowitz						
Halle Kanena Leipzig						
Halle Lpz Abzw. Leipzig						
Halle Messe Leipzig			P(S)			
Halle Neustadt			P(RS)			
Halle Neustadt Tunnelbf						
Halle Nietleben			P G(WA)			
Halle Pfännerschaft				Sm		
Halle Pfännerschaft Anschlußbf				Sm		
Halle Pulverweiden						
Halle Pumpenwerke			G(WA)	Sm		
Halle Riebeckplatz			P	Sm		
Halle Rosengarten			P	Sm		
Halle Silberhöhe			P(S)			
Halle Sophienhafen						
Halle Steintorbrücke			P(S)			
Halle Südstadt			P(S)			
Halle Südstadt Sa Abzw.						
Halle Thälmannplatz			P	Sm		
Halle Trotha			P	Sm		
Halle Trotha	12 177 II		P(RE) G (40)			Bm
Halle Turmstraße						
Halle Wohnstadt Nord						
Halle Zoo			P(S)			
Halle Zscherbener Str.			P(S)			
Hallesches Tor Berlin						
Halsbrücke	06 532 IV		P G (50) (Wk)			Freiberg (Sachs)

Betriebsstellenname (fett) siehe unter	Bf-Nr.	Merkmal DRG	Bem.	Merkmal DR (u. ggf. später)	Sm	Ram.	Mutterbahnhof/ Bm/Bw/Raw
Freiberg							
Halstrow							
Bischofswerda							
Hämerten	13 001	III		P(RE) G(WA)			Schönhausen (Elbe)
Wustermark							
Hammelspring	28 011	IV	[100]	P(RE)		OK	
Prenzlau							
Hammerbrücke	06 874	IV		G(CA) (40) (Wk)		OK	Muldenberg
Aue							
Hammerfließbrücke							
Halle							
Hammerleubsdorf	07 185	Hst + r			Sm	OK	
Hetzdorf							
Hammerunterwiesenthal	07 205	IV + r		P(RE) G	Sm	OK	Cranzahl
Cranzahl							
Hammerunterwiesenthal Kalkwerk					Sm		
Hammerwerkbrücke							
Leipzig							
Hamor							
Uhyst							
Hangelsberg	03 308	III	[16]	P(ES) G(WA) (CA)			
Berlin							
Hänichen							
Freital, Leipzig							
Hänichen-Goldene Höhe	06 478	Hst +				OR	
Freital							
Hankels Ablage							
Berlin							
Hansaplatz							
Berlin							
Hanshagen Gut	42 351				Sm	OR	
Greifswald							
Hanum	40 095					OK	
Beetzendorf							
Harbke							
Magdeburg							
Harbke Halde							
Harbke Kraftwerk							
Harbker Forst							
Harbker Forst Abzw.							
Magdeburg							
Hardenbeck	28 016	IV					
Fürstenwerder							
Hardisleben					Sm		
Buttelstedt, Buttstädt							
Harpe	05 428	Hp + p		P(RE)			
Salzwedel							
Harra	09 146	Hst +		P(RE)		OR	
Saalfeld							
Harra Nord				P			
Saalfeld							
Harras (Thür)				P(R)			
Eisenach							
Harras-Tunnel							
Chemnitz							
Harsleben	40 834	b op	[102]			OR	
Halberstadt							
Harsleben Abzw.							
Halberstadt							
Harsleben Bk							
Halle							
Hartenstein	06 607	III		P(RE) G(WA) (32)			Schlema unt Bf
Zwickau							
Hartha (Kr Döbeln)				P(RE) G			Waldheim
Waldheim							
Hartha Stadt	06 410	II					
Waldheim							
Harthau (b Chemnitz)	06 638	Hst				OR	
Chemnitz							
Harthauer Tunnel							
Chemnitz							
Hartmannmühle	06 393	Hp e u		P			Lauenstein (Sachs)
Heidenau							
Hartmannmühle					Sm		
Lauenstein							
Hartmannmühle Hartsteinwerke							
Heidenau							
Hartmannsdorf (b Chemnitz)	06 464	III					
Chemnitz							
Hartmannsdorf (b Karl-Marx-Stadt)				P(RE) G(WA)			Limbach (Sachs)
Chemnitz							
Hartmannsdorf (b Saupersdorf)	07 254	Hp +		P(RE)	Sm		
Wilkau-Haßlau							
Hartmannsdorf (Niederlaus)	54 886	b u		P		OR	Lübben Süd
Falkenberg							
Hartmannsdorf Torfwerk					Sm		
Hartschwinden				P			
Dorndorf							
Harzburg							
Halberstadt							
Harzer Kalkwerke III							
Blankenburg, Hornberg							
Harzer Werke AG							
Ellrich							
Harzgerode	56 830			P(RE) G	Sm		
Alexisbad							
Harzgeroder Eisenwerke							
Alexisbad							
Harzgeroder Ziegelei							
Alexisbad							
Harzungen Lager							
Nordhausen							
Haselbach				G(WA)	Sm		
Borna							
Haselbach Braunkohlenwerk				G(WA)	Sm		
Haselbrücke							
Eisenach, Neudietendorf							
Haselhorst							
Berlin							
Häselich							
Heidenau							
Haseloff-Niederwerbig	69 808					OR	
Treuenbrietzen							
Hasenfelde	45 504						
Fürstenwalde, Müncheberg							
Hassel (Kr Stendal)	47 393			P G		OR	Stendal Ost
Stendal							
Hasselbachplatz							
Magdeburg							
Hasselfelde	57 830			P(RE) G	Sm	OK	
Gernrode							
Hasselfelde Sägewerk Buchholz					Sm		
Gernrode							
Hasserode I	54 887				Sm	OR	
Nordhausen							
Hasserode II					Sm		
Nordhausen							
Haßleben	28 206	IV		P(RE) G (Wk)			
Prenzlau							
Hattorf Kaliwerk							

Betriebsstelle	Nr.		Verkehr			
Eisenach, Philippsthal						
Hauptbahnhof Berlin			P	Sm		
Hauptbahnhof Lehrter Bahnhof Berlin						
Haupteingang Dresden				Sm		
Haupteingang Leipzig				Sm		
Hauptrestaurant Leipzig			P	Sm		
Hauptverwaltung Peenemünde						
Hauptwache Nord Peenemünde						
Hauptwerkstatt Müncheberg						
Hausdorf Lübbenau			P(RE)			
Hausen Halle	05 502 Hp p		P			
Haussömmern Bad Langensalza	44 367				OR	
Hausvogteiplatz Berlin						
Havelberg Glöwen	01 017 III					Bw
Havelberg Glöwen			P(RE) G	Sm	OR	Glöwen
Havelberg Hafen Glöwen			G	Sm		
Havelbrücke Berlin, Buschhof, Oranienburg, Treuenbrietzen						
Havelkanalbrücke Berlin						
Hayna						
Haynsburg Pegau	09 104 IV		P(RE)			
Heberndorf Saalfeld						
Hecklingen			P	Sm		
Hecklingen Blumenberg	12 245 III		P(RE) G(WA)			
Hedeper Oschersleben	13 301 III					
Hedersleben-Wedderstedt Halle	12 231 III		P(RE) G (35)			
Hedwigshof Demmin						
Heegermühle Eberswalde						
Heeren Bk Magdeburg						
Heerstraße Berlin	03 269 III og					Bm
Heerstraße Magdeburg			P			
Hegermühle Berlin, Strausberg			P(S)			
Heid-Eck Fähre Warnemünde			P	Sm		
Heiddorf Malliß	27 117 Hp p u					ohne Mutterbf
Heide Brikettfabrik Bröthen				Sm		
Heide (Meckl) Velgast			P			
Heide (Pommern) Velgast	41 605 p				OR	
Heide Süd Halle						
Heidefeld Treuenbrietzen	76 808 og		P			
Heidekrug Siedenbrünzow				Sm		
Heidelberg Bk Erfurt						
Heidelberger Platz Berlin						
Heideloh Bitterfeld	12 325 Hp oe u		P			Sandersdorf (Kr Bitterfeld)
Heidenau Dresden	06 196 I	[103]	P(RE) G(CA) (ST)(STA) (50)			Bm
Heidenau BHG						
Heidenau Gbf	06 197 Ga					
Heidenau Großsedlitz Dresden	06 194 Hp b		P(R)		OR	
Heidenau Gußstahlwerk						
Heidenau Süd Dresden	06 195 Hp		P			
Heidersdorf (Erzgeb) Pockau-Lengefeld	06 554 Hst +		P(RE) G(WA)		OK	
Heidesee Halle						
Heilbad Heiligenstadt Halle, Heiligenstadt						
Heilgersdorf Breitengüßbach	22 071 Hst b e u				OR	Breitengüßbach
Heiligenbergtunnel Leinefelde						
Heiligenborntalbrücke Doberlug-Kirchhain						
Heiligenbornviadukt Doberlug-Kirchhain						
Heiligendamm Bad Doberan	27 235 IV b		P(RE)	Sm	OR	
Heiligendamm Steilküste Bad Doberan			P	Sm		
Heiligengrabe Wittenberge	27 311 IV		P(RE) G (Wk)			
Heiligenmühle Schachtbf Wenigentaft-Mansbach						
Heiligensee Berlin	03 233 III oä oe					
Heiligenstadt (Eichsf) Halle	05 497 II		P(RE) G (32) (Wk)			Bm
Heiligenstadt (Eichsf) Papierfabrik						
Heiligenstadt (Eichsf) Ost	05 516 III		G (50)			
Heiligenstadt-Dün						
Heiligenstein Wutha	43 903 p u					Ruhla
Heiligenthal Halle		[104]	P(RE) G (Wk)		OR	
Heiligenthal Zuckerfabrik Halle			G(WA)			
Heimboldshausen Eisenach	09 393 II	[105]			OK	
Heinersbrück Frankfurt						
Heinersdorf Borna						
Heinersdorf (b Lobenstein) Saalfeld			P			
Heinersdorf (b Rothenkirchen) Pressig-Rothenkirchen	22 028 IV +				OKg	

Betriebsstellenname (fett) siehe unter	Bf-Nr.	Merkmal DRG	Bem.	Merkmal DR (u. ggf. später)	Sm	Ram.	Mutterbahnhof/ Bm/Bw/Raw
Heinersdorf (Kr Angermünde) Angermünde	28 220	IV +		P(RE)		OR	
Heinersdorf (Kr Fürstenw./ Spree) Müncheberg							
Heinersdorf (Kr Lebus) Müncheberg	45 544						
Heinersdorf (Kr Schleiz) Saalfeld	09 154	Hp					
Heinersdorf-Draisdorf Chemnitz	06 461	Hp e u					Glösa
Heinrich-Heine-Straße Berlin							
Heinrich-Rau-Straße Brandenburg				P	Sm		
Heinrichschacht Kriebitzsch							
Heinrichsdorf (Kr Oberbarnim) Fürstenwalde	45 531					OR	
Heinrichshöh Ferdinandshof	44 645				Sm	OR	
Heinrichslust Stendal							
Heinrichswalde (b Friedland/ Meckl) Sandhagen	45 062				Sm	OR	
Heinsdorf Dahme					Sm		
Heinsdorf-Niebendorf Dahme					Sm		
Heinz-Hoffmann-Straße Berlin							
Heiterblick Leipzig							
Heizkraftwerk Reuter West Berlin							
Helbebrücke Ebeleben, Erfurt, Greußen							
Helbigsdorf (b Wilsdruff) Freital	07 108	IV + r		P	Sm	OR	
Helbra Erfurt				G(WA)			
Helbra Hettstedt				P	Sm		
Helbra August-Bebel-Hütte					Sm		
Helbra Bf ABH Mansfeld					Sm		
Helbra Hüttenhof Mansfeld					Sm		
Helbra Rohhütte Rätter Mansfeld					Sm		
Helbra Rollbf Hochbunker Mansfeld					Sm		
Heldburg Hildburghausen	09 451	IV			Sm		
Heldra Mühlhausen	05 479	Hp + p					
Heldrungen Erfurt	09 194	II		P(RE) G (35) (Wk)			Bm
Helene-See Frankfurt				P			
Helenesee Frankfurt							
Helfta Halle	12 169	III og		P(RE)			
Helfta Hettstedt				P	Sm		
Hellerau Bk Dresden							
Hellersdorf Berlin							
Hellgrund Kreuzung Güsen							
Helme Bk Erfurt							
Helmebrücke Erfurt, Halle							
Helmsdorf (b Pirna) Pirna	06 102	Hp + b		P		OR	
Helmsdorf (Kr Sorau) Weißwasser	12 892	Hp oe u				OR	
Helmsdorf (Mansf Seekr) Halle	42 517		[104]			OR	
Helmsdorf (Sachs) Ziegelei					Sm		
Helmsdorf Ziegelei Halle				G(WA)			
Helmstedt Magdeburg	13 227	I					Bm Bw
Helmstedt Gbf	13 228	Ga					
Helmstedt Umspannwerk							
Helsungen Blankenburg							
Helsunger Krug Blankenburg							
Hemmkoppen-tunnel Triptis							
Hengstberg-Steinbrüche Beucha							
Henne Bk Weißenfels							
Hennersdorf (b Görlitz) Görlitz	04 087	III				OK	
Hennersdorf (Kr Finsterwalde) Cottbus				G(WA)		OR	Doberlug-Kirchhain
Hennersdorf (Kr Luckau) Cottbus	12 549	IV o	[107]				
Hennersdorf (Sachs) Chemnitz	06 563	Hst mvG		P(RE) G		OR	
Hennersdorf West Abzw. Cottbus							
Hennickendorf Strausberg	47 497					OR	
Hennickendorf-Stienitzsee Strausberg	47 506	b				OR	
Hennigsdorf (b Berlin) Berlin				P(RES) G(CA)(ST) (90)			
Hennigsdorf (Kr Osthavelland) Berlin	03 234	II					Bm
Hennigsdorf Abzw. Berlin							
Hennigsdorf Nord Hdo Abzw. Berlin				P(S)			
Hennigsdorf Nord Hdw Abzw. Berlin							

Betriebsstelle	Nr.		Bedienung	Sm	OK/OR	
Hennigsdorf Stahl- und Walzwerk				Sm		
Hennigsdorf Stahl- und Walzwerk			G(Ahst)(WA)			
Hennigsdorf Testgelände						
Hennigsdorf West Berlin						
Herbsleben Döllstädt	09 232 IV		P(RE) G			
Herfagrund Heeresmunitions-anstalt Eisenach						
Herges Wernshausen				Sm		
Herges-Auwallenburg Wernshausen	47 630 r			Sm		
Herges-Vogtei Wernshausen				Sm		
Hergisdorf Erfurt	05 130 Hp		P(RE)			
Hergisdorf Hettstedt			P	Sm		
Heringen (Helme) Halle	05 114 III		P(RE) G (Wk)			
Heringen (Werra) Eisenach	09 391 II					Bm
Heringsdorf Flugplatz Ducherow						
Heringsdorf Seebad Züssow						
Herlasgrün Dresden, Falkenstein	06 704 II		P(RE) G (Wk)			Bm
Herleshausen Eisenach	09 291 III					Bm
Hermanice Zittau				Sm		
Hermannplatz Berlin						
Hermannschacht Freital						
Hermannsdorf Elterlein	06 651 Hp e u					Elterlein
Hermannshagen Stralsund				Sm		
Hermannshof Stralsund	41 582			Sm	OR	
Hermannstraße Berlin	03 035 IV p					
Hermsdorf Berlin						
Hermsdorf (b Dresden) Dresden, Klotzsche	06 160 IV		P(RE)		OK	
Hermsdorf (b Friedland) Zittau	07 009 III b r			Sm	OK	
Hermsdorf (b Friedland) Hp	07 303 Hp oe u					Hermsdorf (b Friedland)
Hermsdorf Bk Dresden						
Hermsdorf Kalkwerk Freiberg						
Hermsdorf Keramische Werke Glauchau						
Hermsdorf-Klosterlausnitz Glauchau	09 082 II		P(RE) G (41) (Wk)			Bm
Hermsdorf-Oberlungwitz Hohenstein-Ernstthal	48 638 b				OR	
Hermsdorf-Rehefeld Freiberg	06 340 IV		P(RE) G			Mulda (Sachs)
Herold (Erzgeb) Wilischthal	07 215 IV + r		P(RE) G	Sm	OK	Thum
Herrenhölzer Bk Berlin						
Herrenkrug Bk Berlin						
Herrenkrug-brücke Berlin						
Herrenleite Lohmen						
Herrensee Kietz	25 080 Hp e u		P			Rehfelde (Ostbahn)
Herrnburg Bad Kleinen	27 003 IV	[96]	P(RE) G		OK	
Herrnburg Grenze			Güp			
Herrnhof Alt Bliesdorf, Fürstenwalde	45 534				OR	
Herrnhut	06 071 II		P(RE) G	Sm		
Herrnhut Zittau	06 071 II		P(RE) G (40) (Wk)			Bm
Herrnwalde Sebnitz	07 553 IV b oe				OK	
Herweghstraße Halle			P	Sm		
Herzberg (Elster) Großhandel Falkenberg						
Herzberg (Elster) Kraftfutter-mischwk Falkenberg						
Herzberg (Elster) Nord Falkenberg	67 886 b u					Herzberg (Elster) Stadt
Herzberg (Elster) Reichsb Jüterbog	12 506 III					Bm
Herzberg (Elster) Stadt Falkenberg	42 886		P(RE) G (50) (Wk)			
Herzberg (Elster) West Jüterbog			P(RE) G (WA) (32)			
Herzberg (Harz) Bleicherode, Nordhausen	05 092 I					Bm
Herzberg (Mark) Löwenberg, Neustadt	86 904		P(RE) G(WA)		OK	
Herzfelde				Sm		
Herzfelde Fredersdorf, Strausberg	47 499				OR	
Herzfelde Ziegeleien Strausberg				Sm		
Herzogschacht Gernrode				Sm		
Herzogswalde Freital	07 109 Hst + b r		P	Sm	OR	
Herzsprung Bernau	28 214 IV		P(RE) G		OR	
Hessen (Kr Halberstadt) Heudeber-Danstedt			P(RE) G			
Hessen (Kr Wernigrode) Heudeber-Danstedt	42 674					
Hessen Kiesgrube Heudeber-Danstedt						
Hessen Ziegelei Heudeber-Danstedt						
Hessen Zuckerfabrik Heudeber-Danstedt						
Hessenburg Stralsund	41 583			Sm	OR	
Hessendamm						

Betriebsstellenname (fett) siehe unter	Bf-Nr.	Merkmal DRG	Bem.	Merkmal DR (u. ggf. später)	Sm	Ram.	Mutterbahnhof/ Bm/Bw/Raw
Heudeber-Danstedt							
Hetschburg	46 916					OR	
Weimar							
Hetsingen							
Blankenburg							
Hettstedt	12 195	II	[109]	P(RE) G(CA) (ST)(STA) 40)			
Erfurt, Halle							
Hettstedt Bessemerei							
Mansfeld							
Hettstedt Bleihütte							
Mansfeld							
Hettstedt Feinhütte							
Mansfeld							
Hettstedt Gbf	12 196	Ga					
Hettstedt Kupfer-Silber-Hütte							
Mansfeld							
Hettstedt Kupfer- und Messingwerke	12 194	Ahst	[110]	G(WA)(CA) (Ahst)			Hettstedt
Erfurt							
Hettstedt Mansfeldkombinat					Sm		
Hettstedt Pbf					Sm		
Mansfeld							
Hettstedt Rbf					Sm		
Mansfeld							
Hettstedt Rollbf					Sm		
Mansfeld							
Hetzdorf (Flöhatal)	06 536	II		P(RE) G	Sm		
Hetzdorf (Flöhatal)	06 536	II		P(RE) G			
Chemnitz							
Hetzdorf Bk							
Dresden							
Hetzdorfer Viadukt							
Chemnitz, Dresden							
Heubisch-Mupperg	09 511	IV +					
Ebersdorf							
Heudeber							
Halberstadt							
Heudeber-Danstedt	13 363	II		P(RE) G (Wk)			Bm
Halberstadt							
Heudeber Ost	42 669					OR	
Heuersdorf				G(WA)	Sm		
Borna, Deutzen							
Heufurt	22 438	Hp b e u				OR	Mellrichstadt Bahnhof
Mellrichstadt							
Heureka							
Pegau							
Hexentanzplatz				P			
Thale							
Heydenhof	41 040				Sm	OR	
Schmarsow							
Heyerode	09 308	IV b					
Mühlhausen							
Heyrothsberge BKS			[111]				
Hi (Kr) Abzw.							
Halle							
Hilbersdorf (Kr Görlitz)	42 115			P(RE)		OK	
Görlitz							
Hilbersdorf (Kr Görlitz) Bf					Sm		
Hilbersdorf (Sachs)							
Chemnitz, Dresden							
Hilbersdorf Steinbruch					Sm		
Hildburghausen					Sm		
Hildburghausen	09 443	II		P(RE) G(ST) (35) (Wk)			Bm
Eisenach							
Hilders (Rhön)	11 326	III					
Götzenhof, Wenigentaft-Mansbach							
Hilkerode	05 133	Hp + p					
Bleicherode							
Hillersleben							
Haldensleben							
Hillersleben Bundeswehr							
Haldensleben							
Himmelpfort	28 025	IV		P(RE)		OK	
Fürstenberg							
Himmelreichtunnel							
Nordhausen							
Himmelsfürst	06 347	Hst + e mvG				OR	
Freiberg							
Hinrichshagen				P			
Rövershagen							
Hinrichshagen		Ldst					
Waren							
Hinrichshagen (b Woldegk)	27 342	Hp u				OR	Woldegk
Neustrelitz							
Hinsdorf	41 112				Sm	OR	
Dessau							
Hinternah	09 350	IV b		P(RE)		OK	
Plaue							
Hintersee (Kr Ückermünde)	46 238						
Stöven							
Hirschbach (Thür)	09 385	Hst + b		P(RE)		OK	
Suhl							
Hirschbacher Viadukt							
Suhl							
Hirschberg (Saale)	06 719	III		P(RE) G			Schönberg (Vogtl)
Schönberg							
Hirschberg (Saale) Rettenmeier							
Schönberg							
Hirschbergtunnel							
Zella-Mehlis							
Hirschfelde	06 005	II	[112]	P(RE) G(CA) (STA)			
Görlitz							
Hirschfelde Grenze				Güp			
Görlitz							
Hirschfelde Kraftwerk					Sm		
Hirschgarten	03 302	Hp		P(S)			
Berlin							
Hittbergen					Sm		
Carze							
Hitzacker	01 147	III					
Berlin							
Hlinka							
Lübbenau							
Hlusina (Wokr. Lubij/ Saksa)							
Löbau							
Hno Abzw.							
Halle							
Hochheim Bk							
Erfurt							
Ho-Chi-Minh-Straße							
Leipzig							
Hochofenwerk							
Blankenburg							
Hockeroda	09 031	IV og		P(RE)			
Saalfeld							

Betriebsstelle	Nr.		Verkehr			
Höddelsen-Reddigau Salzwedel	47 028				OR	
Hödingen Haldensleben			P(RE)			
Hödingen-Siestedt Haldensleben	42 013				OR	
Hof Gbf	26 003 Ga					
Hof Hbf Plauen	26 002 I					Bm Bw
Hof Nord Plauen	26 001 Hp +					
Hof-Steinach Ebersdorf	09 514 III					
Höfles Kronach	22 037 Hst +				OR	
Hohburg Bergbaumuseum				Sm		
Hohburg Kaolinwerke				Sm		
Hohe Düne Kreuzungsbf Fähre Warnemünde				Sm		
Hoheheide Anklam	45 033			Sm	OR	
Hohenbarnekow Stralsund	55 909 u				OR	Franzburg
Hohenbocka Horka, Lübbenau	12 621 I		P(RE) G (40)			Bm
Hohenbocka Glassandwerk				Sm		
Hohenbocka Glassandwerk						
Hohenbocka Nord Brieske	12 625 I b op				OK	
Hohenbocka Nord Rbf						
Hohenbollentin Metschow	41 087			Sm	OR	
Hohenbucko Falkenberg			P(RE)			
Hohenbucko-Lebusa Falkenberg	45 886				OK	
Hohendorf (b Stralsund) Altenpleen	41 599			Sm	OR	
Hohendorf (b Wolgast) Züssow	28 111 Hst + mvG				OK	
Hohendorfer Marke Halle			P	Sm		
Hohenebra Erfurt	09 222 III	[113]	P(RE) G (Wk)			
Hohenebra Ort Erfurt	09 221 Hp		P(RE)			
Hohenebra Ziegelei				Sm		
Hohenerxleben Güsten			P			
Hohenfichte Chemnitz	06 537 III		P(RE) G			Bm
Hohenfichte Hp Hetzdorf	07 183 Hp e r u			Sm		Hetzdorf (Flöhatal)
Hohengöhren Schönhausen	43 507		P		OK	
Hohengörsdorf Hohenseefeld				Sm		
Hohenhenningen Klötze	40 102		P(RE) G		OR	Kalbe (Milde)
Hohenholz (Kr Greifenhagen) Casekow	40 554			Sm	OR	
Hohenholz (Kr Randow) Casekow				Sm		
Hohenholz (Kr Randow) Försterei Casekow				Sm		
Hohenholz (Kr Randow) Forstweiche Casekow	40 566			Sm	OR	
Hohenleipisch Berlin, Doberlug-Kirchhain	12 521 III b		P(RE) G		OK	
Hohenleuben Werdau	06 820 Hp b		P(RE)		OR	
Hohenlychen Fürstenberg	28 023 III		P(RE) G		OR	Lychen
Hohen Mistorf Bützow	27 042 IV		P(RE)		OK	
Hohenmölsen Großkorbetha	12 017 III		P(RE) G(WA)			
Hohenmölsen Hp Profen			P	Sm		
Hohenmölsen Ziegelei				Sm		
Hohennauen Treuenbrietzen	46 808		P(RE) G(WA)		OR	
Hohen Neuendorf (b Berlin) Berlin	03 220 III b		P(S)		OR	
Hohen Neuendorf West Berlin			P(S)			
Hohen Ofen Treuenbrietzen						
Hohenofen Treuenbrietzen	41 808 og		P			
Hohenofen Papierfabrik Treuenbrietzen						
Hohenossig Krensitz	40 676				OR	
Hohenroda Eilenburg	12 432 III		P(RE)			
Hohenroda Flughafen	12 435 Ahst					
Hohen-schönhausen Berlin			P(S)			
Hohenschöpping Berlin	03 239 Hp oä oe		P(S)			
Hohenseeden Güsen	43 555		P		OR	
Hohenseefeld Dahme				Sm		
Hohenstein (b Friedland/ Meckl) Sandhagen	45 060			Sm	OR	
Hohenstein-Ernstthal Dresden	06 518 I		P(RE) G(ST) (40)			Bm
Hohenstein-Ernstthal Überlandbf	48 639				OR	
Hohenthurm Halle	12 314 III	[114]	P(RE) G			
Hohentramm Hohenwulsch			P(RE)			
Hohenwarte						
Hohenwarth (Kr Grimmen) Greifswald	46 832 u				OR	Grimmen Schützenplatz
Hohenwulsch Peulingen, Stendal			P(RE) G (40)			
Hohenwutzen Bad Freienwalde	41 634				OK	
Hohen Wutzen Bf Bad Freienwalde						
Hohen Wutzen Saldernbrücke Bad Freienwalde						
Hohenziatz Burg	43 602			Sm	OR	
Hohenzollern-damm Berlin	03 045 Hp p					
Hohenzollern-platz						

Betriebsstellenname (fett) siehe unter	Bf-Nr.	Merkmal DRG	Bem.	Merkmal DR (u. ggf. später)	Sm	Ram.	Mutterbahnhof/ Bm/Bw/Raw
Berlin							
Hohe Viecheln		Ldst					
Magdeburg							
Hohleborn				P			
Schmalkalden							
Höhlteich							
Sankt Egidien							
Hohndorf (Kr Jessen)							
Prettin							
Hohndorf (Kr Torgau)	46 193					OK	
Prettin							
Hohndorf Mitte							
Sankt Egidien							
Hohnstein (Kr Pirna)	07 037	IV			Sm	OR	
Goßdorf-Kohlmühle							
Hohnstein (Sächs Schweiz)					Sm		
Goßdorf-Kohlmühle							
Hohnstein Wittig					Sm		
Goßdorf-Kohlmühle							
Hohnstorf Uferladestelle	01 158	Hst mvG				OK	
Lüneburg							
Hoiersdorf Nord	59 810	b u				OR	Schöningen Süd
Oschersleben							
Hoiersdorf Süd	58 810	u				OR	Schöningen Süd
Oschersleben							
Hohwald Sutter				G(WA)			
Bad Schandau							
Holbeck Forsthaus					Sm		
Dahme							
Holbin					Sm		
Taubenheim							
Holbin							
Zittau							
Holdorf (Meckl)	27 087	Hst + mvG		P(RE)			
Schwerin							
Hölle	09 149	Hst mvG				OK	
Saalfeld							
Hölle am Damm				P	Sm		
Halle							
Hölle Kohlensäurefabrik							
Saalfeld							
Holleben	12 132	Hst + b op				OK	
Angersdorf							
Holleben Baustoffversorgung							
Angersdorf							
Holleben Süd				G(WA)		OK	Angersdorf
Angersdorf							
Hollenbek	01 315	III					
Ludwigslust, Mölln							
Höllenthal	26 020	Hp e u					Marxgrün
Marxgrün							
Holtemmebrücke							
Berlin, Halberstadt							
Holthusen	27 104	III		P(RE) G (Wk)			
Dömitz, Magdeburg, Schwerin							
Holzdorf (b Weimar)	44 916			P(RE) G		OK	
Weimar							
Holzdorf (Elster)	12 505	III		P(RE) G (32) (Wk)			
Jüterbog							
Holzdorf Ost							
Jüterbog							
Holzendorf	46 161			P		OK	
Prenzlau							
Holzhau	06 339	IV		P(RE) G(WA) (40)		OK	Mulda (Sachs)
Freiberg							
Holzhau Skilift							
Freiberg							
Holzhausen (Sachs)	12 799	III		P(RE) G(WA) (40)			Liebertwolkwitz
Leipzig							
Holzhauser Straße							
Berlin							
Holzländerhof					Sm		
Glöwen							
Holzländerhof Abzw.							
Wittenberge							
Holzsußra	48 833			P(RE)		OK	
Greußen							
Holzthaleben	52 833			P(RE) G(WA)			Menteroda (Thür)
Greußen							
Holzverladestelle	45 093	b					
Rövershagen							
Holzverladestelle 2	47 313	b	[115]			OK	
Holzverladestelle 3	47 314	b	[115]			OK	
Holzverladestelle 5	47 315	b	[115]			OK	
Holzverladestelle 6	47 316	b	[115]			OK	
Holzweißig							
Hayna							
Holzweißig Bk							
Halle							
Holzweißig Lu Abzw.							
Leipzig							
Holzwerkstatt							
Peenemünde							
Hönebach	09 296	III					Bm
Eisenach							
Hönebacher Tunnel							
Eisenach							
Höngeda Ziegelei Seebach					Sm		
Hönow							
Berlin							
Höpen					Sm		
Schorfheide							
Höpfen Bk							
Eisenach							
Hopfgarten (Kr Weimar)	09 181	III og		P(RE)			
Großheringen							
Hopfgarten (Sachs)	12 807	IV		P(RE)			
Leipzig							
Hoppegarten (Mark)	03 258	II		P(RES) G (Wk)			
Berlin							
Hoppegarten (Mark) Klb	40 038	b		P G			
Hoppegarten (Mark) Verbindungsb.							
Hoppenrade (Meckl)	27 196	IV		P(RE) G(WA)		OK	
Pritzwalk							
Hoppenrade (Prign)	46 004				Sm	OR	
Perleberg							
Hoppenstedt	44 891			P G		OR	Osterwieck (Harz)
Wasserleben							
Hoppenstedt Kalkwerk							
Wasserleben							
Hoppenwalde	28 143	III		P G(WA)			
Jatznick							
Hor. Poustevna							
Sebnitz							
Horch							
Dresden							

Hordorf 13 327 Hp b P(RE) OR
Berlin
Horka [119] P(RE) G(WA)
Berlin
Horka Gbf
Horka Grenze Güp
Horka Hp
Horka Klbf
Horka Pbf
Horka Staatsbf
Hormersdorf 07 227 IV + r P(RE) G Sm OR Thum
Schönfeld
Hormersdorf Holzwerk Sm
Schönfeld
Hornberg (Harz) P
Blankenburg
Hornberg (Harz) Felswerke G(WA) Sm
Hornburg (Kr Wernigerode)
Wasserleben
Hornburg (Kr Wernigerode) Zuckerfa.
Wasserleben
Hornburg (Kr Wolfenbüttel) 46 891
Wasserleben
Horndorf Sm
Lüneburg
Hornhausen 41 890 P(RE) G(WA) Oschersleben (Bode)
Oschersleben
Hornhausen Nord 42 890 b u P Hornhausen
Oschersleben
Horni Blatna
Schwarzenberg
Horni Kumwald
Löbau
Horni Kumwald zast.
Löbau
Hornikecy
Bautzen, Cottbus, Horka, Knappenrode
Hornikecy poludnjo
Bautzen
Hornje Kundracicy
Zittau
Horno 25 346 Hp e u P ohne Mutterbf
Guben
Hornstorf 27 251 IV P(RE) OR
Bad Kleinen, Wismar
Hörschel 09 289 Hp oe P
Eisenach
Hörselbrücke
Gotha
Hörselgau
Fröttstädt
Hörsingen P(RE)
Haldensleben
Hörsingen Ort 42 009 OR
Haldensleben
Hörsingen Ziegeleien
Haldensleben
Horst 27 209 Hp p u P ohne Mutterbf
Rostock
Horst (b Greifswald) 44 832 OR
Greifswald
Horst (b Tessin) Torfwerk Sm
Horstdorf 46 820 OR
Dessau
Hory
Hoyerswerda
Hosena Sm
Hosena
Brieske, Horka, Lübbenau
Hoske
Bautzen
Hötensleben 47 890 P(RE) G (50) (Wk) Oschersleben (Bode)
Oschersleben
Hötensleben Zuckerfabrik
Oschersleben
Hövet 41 606 P
Velgast
Hoyerswerda 12 638 I P(RE) G(ST) (60) (Wk) Bm Bw
Bautzen, Cottbus, Horka
Hoyerswerda Gbf 12 639 Ga
Hoyerswerda Neustadt P
Bautzen, Cottbus, Horka
Hozk
Bautzen
Hradek n. Nisou
Zittau
Hranice
Adorf
Hranicna
Zwotental
Hrodzisco
Löbau
Hubertushöhe 03 341 Hp u P Storkow (Mark)
Königs Wusterhausen
Hucina (Sakska)
Löbau
Hülsebeck 48 424 OK
Berge
Huckstorf P
Magdeburg
Humboldthain 03 191 Hp oä oe
Berlin
Hundisburg 42 883 P OK
Haldensleben
Hundisburg Ziegelei Sm
Hundsgrün 06 800 Hst mvG P(RE) G(WA) OK Adorf (Vogtl)
Plauen
Hünfeld 11 018 II Bm
Hüpstedt 45 490
Silberhausen
Hüpstedt Ausweichlager Ost
Silberhausen
Hüpstedt Kaliwerk Sm
Silberhausen
Hüpstedt Schachtbf
Silberhausen
Hüselitz Sm
Tangermünde
Hütte
Blankenburg
Hütte Michaelstein
Blankenburg
Hüttengrund 09 506 Hp p P
Sonneberg
Hüttengrund Hp
Sonneberg
Hüttenrode 48 834 P(RE) G OR
Blankenburg
Huttenstraße P Sm
Gotha
Ibenhain P Sm
Gotha
Ichstedt (Kyffh) Sm
Ichstedt (Kyffh) 44 330 OR
Berga-Kelbra
Ichstedt Rübenbahn

Betriebsstellenname (fett) siehe unter	Bf-Nr.	Merkmal DRG	Bem.	Merkmal DR (u. ggf. später)	Sm	Ram.	Mutterbahnhof/ Bm/Bw/Raw
Ichtershausen Arnstadt	41 804			P(RE) G		OK	Arnstadt Hbf
Ichtershausen Hp Arnstadt	42 804	p u		P		OR	Arnstadt Arnst I E
Ichtershausen Werke		—		G(WA)		OK	Arnstadt Hbf
Iden Goldbeck	42 144			P(RE) G (Wk)		OR	Goldbeck (Kr Osterburg)
Igelshieb Ort Probstzella	09 525	Hp					
Ihlebrücke Burg							
Ihlehafen Burg							
Ihlow Dahme					Sm		
Ilberstedt Köthen	12 276	III		P(RE) G(WA) (41)			
Ilberstedt Zuckerfabrik Köthen				G(WA)			
Ilfeld Nordhausen	44 887	r		P(RE) G	Sm	OR	
Ilfeld A & F Probst GmbH Nordhausen					Sm		
Ilfeld Bad Nordhausen					Sm		
Ilfeld Grube Rabenstein					Sm		
Ilfeld Kaselitz AG Nordhausen					Sm		
Ilfeld Neanderklinik Nordhausen					Sm		
Ilfeld Papierfabrik Nordhausen					Sm		
Ilfeld Rabensteiner Stollen					Sm		
Ilfeld Schreiberwiese Nordhausen					Sm		
Ilm Bk Großheringen							
Ilmbrücke Bad Berka, Glauchau, Großheringen, Ilmenau, Plaue, Weimar							
Ilmenau Plaue	09 341	II	[120]	P(RE) G(CA) (ST) (40)			Bm Bw
Ilmenau Bad Plaue	09 343	Hp +		P			
Ilmenau Farbenfabrik							
Ilmenau Flußspatwerk					Sm		
Ilmenau Gbf	09 342	Ega Ga					
Ilmenau Pörlitzer Höhe Plaue				P			
Ilmenau Roda Plaue				P			
Ilmenau Städtisches Gaswerk							
Ilmviadukt Arnstadt							
Ilsebrücke Halberstadt, Wasserleben							
Ilsenburg Halberstadt	13 387	II		P(RE) G(ST) (40)			
Ilsenburg Stahl- und Walzwerk Halberstadt				G(WA)			
Ilversgehofen Steinsalzwerk Erfurt							
Immelborn Eisenach	09 426	III		P(RE) G(STA)			
Immelborn Kieswerk							
Industriebahn Mosel Dresden							
Industriegelände Mittelwerk Dora-Mittelbau, Niedersachswerfen							
Industriegelände Ost Leipzig				P(S)			
Industriegelände West Leipzig							
Industrietor Halle				P	Sm		
Ingersleben Bk Erfurt							
Innsbrucker Platz Berlin	03 041	Hp p					
Inselbrücke Berlin							
Irchwitzer Tunnel Greiz							
Irfersgrün Zwickau	06 834	Hp		P(RE)			
Itzbrücke Eisfeld							
Iven Anklam	45 015				Sm	OR	
Ivenrode Haldensleben	42 007			P(RE)		OR	
Jabel (Meckl) Karow	27 156	IV		P(RE) G			
Jabel (Prign) Kremmen	61 904	b e u				OR	Volkwig
Jabeltitz Bergen	46 562	b			Sm	OR	
Jacobsdorf (Mark) Berlin	25 186	IV		P(RE)			
Jacobsthal Jüterbog	06 283	IV		P(RE)			
Jädickendorf Wriezen	28 356	II					
Jagdschloß Altefähr				P	Sm		
Jagdschloß Weißwasser					Sm		
Jäger Lüneburg							
Jahnsbach Schönfeld	07 226	Hst r		P(RE) G	Sm	OK	Thum
Jahnsdorf (Erzgeb) Chemnitz	06 641	III		P(RE) G (Wk)			
Jahnsdorf Gewerbegebiet Chemnitz							
Jahnstraße Leipzig							
Jakob-Kaiser-Platz Berlin							
Jakobsdorf (Prign) Pritzwalk	45 677			P G		OK	Pritzwalk
Jakobsgrube Blumenberg							
Jameln (Kr Dannenberg)	01 607	IV +					

Betriebsstelle	Nr.	Anm.	Verkehr			
Salzwedel						
Jamlitz				Sm		
Byhlen						
Jamlitz			P(RE) G (40) (Wk)			
Frankfurt						
Jämlitz Glashütte						
Gora Weiche						
Jänickendorf			P(RE) G	Sm		
Dahme						
Jänickendorf	03 094 IV		P(RE) G (Wk)		OK	
Jüterbog						
Jannowitzbrücke	03 281 III p		P(SU)			Bm
Berlin						
Janow	45 016			Sm	OR	
Anklam						
Jänschwalde	25 338 IV		P(RE)		OK	
Frankfurt						
Jänschwalde Kraftwerk			G(WA)			
Peitz						
Jänschwalde Ost			P(RE)			
Frankfurt						
Jänschwalde Tagebau			G(WA)			
Großdöbbern, Peitz						
Jansojce						
Frankfurt, Jänschwalde						
Jansojce podzajtso jutso						
Frankfurt						
Japenzin				Sm		
Friedland						
Japzow	41 095			Sm	OR	
Metschow						
Jarchau (Altm)	47 392		P G		OR	Stendal Ost
Stendal						
Jarkvitz	46 507 b			Sm	OR	
Altefähr						
Jarmen	44 673			Sm	OR	Bw
Friedland, Schmarsow						
Jarmen Hafen	41 045			Sm	OR	
Greifswald, Schmarsow						
Jarmen LEVV				Sm		
Schmarsow						
Jarmen Nord	41 044	[121]		Sm	OR	
Greifswald, Schmarsow						
Jarmen Süd				Sm		
Schmarsow						
Jarmen Zuckerfabrik				Sm		
Schmarsow						
Jarmen Zuckerfabrik Werkhafen				Sm		
Schmarsow						
Jaromirowice						
Guben						
Jasienica Gubinska						
Guben						
Jasnitz	01 045 IV		P(RE) G		OK	
Ludwigslust						
Jasnitz				Sm		
Picher						
Jatzke (Meckl)	45 065			Sm	OR	
Sandhagen						
Jatznick	28 140 III		P(RE) G (35)			Bm
Bernau						
Jatznick Ziegelei						
Bernau						
Jävenitz	13 007 III		P(RE) G			Bm
Wustermark						
Jeber Bergfrieden	12 368 III		P(RE) G(CA) (Wk)			
Berlin						
Jecha	09 208 IV				OK	
Bretleben						
Jedrzychowice						
Görlitz						
Jeeser	28 103 Hp		P(RE)			
Bernau						
Jeetze Abzw.						
Salzwedel						
Jeetzebrücke						
Salzwedel						
Jeggeleben	47 046		P(RE)			
Salzwedel						
Jeggeleben Süd			P(RE)			
Salzwedel						
Jemjelica						
Frankfurt						
Jena Brauerei				Sm		
Glauchau						
Jena Glaswerk Schott & Genossen				Sm		
Glauchau						
Jena Paradies	09 014 III og		P			
Naumburg						
Jena Saalbf	09 012 II	[122]	P(RE) G(ST) (40) (Wk)			Bm Raw
Naumburg						
Jena Saalbf Gbf	09 013 Ga					
Jena Weimar-Geraer Bf						
Glauchau						
Jena West				Sm		
Jena West	09 086 II	[123]	P G(CA)(ST) (41) (Wk)			Bm
Glauchau						
Jena West Gbf	09 087 Ga					
Jena Zwätzen	09 010 IIp b		P(RE)			
Naumburg						
Jerichow	43 487		P(RE) G (Wk)			Bw
Genthin, Güsen						
Jerxheim	13 297 I					Bm
Helmstedt, Nienhagen, Oschersleben						
Jesarbruch						
Könnern						
Jesewitz (b Leipzig)	12 442 III		P(RE)			
Cottbus						
Jessen (Elster)	12 496 III	[124]	P(RE) G(STA) (32)			Bm
Horka						
Jessen (Kr Spremberg)	12 657 Hp +					
Spremberg						
Jessen-Gorrenberg Ziegelwerk				Sm		
Jessenitz (Meckl)	27 121 IV				OR	
Malliß						
Jessin-Dönnie						
Greifswald						
Jeßnitz (Anh)	12 330 III		P(RE)			Bm
Dessau						
Jeßnitz (Kr Guben)	25 350 III					Bm
Guben						
Jilow						
Löbau						
Jirikov						
Sebnitz						
Jirikov-Filipov						
Sebnitz						
Joachimsthal	28 197 IV		P(RE) G (35) (Wk)			Bm
Fürstenberg						
Joachimsthal Kaiserbf						
Fürstenberg						
Jochenshof	45 506				OR	
Fürstenwalde						
Jocketa	06 706 III		P(RE)			
Dresden						
Johannashall						
Halle						
Johannesmühle	41 636				OR	
Bad Freienwalde						
Johanngeorgenstadt	06 621 II		P(RE) G(CA) (41)			Schwarzenberg (Erzgeb)

Betriebsstellenname (fett) siehe unter	Bf-Nr.	Merkmal DRG	Bem.	Merkmal DR (u. ggf. später)	Sm	Ram.	Mutterbahnhof/ Bm/Bw/Raw
Schwarzenberg							
Johanngeorgenstadt Wismut							
Johanngeorgenstadt Wismut Schwarzenberg					Sm		
Johannisthaler Chaussee Berlin							
Johannstorf Schönberg	27 270	Ldst b				OR	
Jöhstadt Wolkenstein	07 198	II r		P(RE) G (Wk)	Sm	OK	Bw
Jöhstadt Ladestelle Wolkenstein				G	Sm		
Jonitz Dessau							
Jonitzer Brücke Dessau							
Jonitzer Mühle Dessau							
Jonsdorf Zittau					Sm		
Jößnitz Dresden	06 707	Hp		P(RE)			
Jübar Beetzendorf				G			Beetzendorf (Sachs-Anh)
Jüdenberg Burgkemnitz							
Jüdewein Oppurg							
Jumboshausen Spreenhagen				P	Sm		
Junger Pionier Leipzig				P	Sm		
Junges Leben Chemnitz				P	Sm		
Jungfernheide Berlin	03 008	II p					
Junkersdorf (b Ebern) Breitengüßbach	22 083	Hp e p u					Breitengüßbach
Jüterbog Hohenseefeld	03 271	I			Sm		
Jüterbog Halle, Wildpark	03 271	I		P(RE) G(CA) (ST) (33) (Rp)			Bm Bw
Jüterbog Altes Lager Wildpark	03 282	II		P(RE) G			
Jüterbog Altes Lager Hp Wildpark							
Jüterbog Gbf	03 272	Ga					
Jüterbog Neues Lager Wildpark							
Jüterbog Zinnaer Vorstadt Hohenseefeld					Sm		
Jüterbogk Halle, Wildpark							
Jüterbogk Hohenseefeld					Sm		
Jütrichau Biederitz	12 353	IV		P(RE)		OK	
Jützenbach Bleicherode				P			
K Abzw. Röblingen							
Kablow Königs Wusterhausen	03 337	Hp og		P(RE)			
Käbschütz Meißen	07 096	IV + r		P	Sm	OR	
Kachstedt Berga-Kelbra	44 332					OR	
Kachstedt Domäne Böving					Sm		
Kade Berlin	03 150	III		P(RE)		OR	
Kader Schleuse Berlin							
Kadow-Padderow Cadow-Padderow, Friedland	44 671				Sm	OR	
Käferhain Pegau	12 864	Hp		P(RE)			
Käferhain Montageplatz Pegau							
Kagar Löwenberg							
Kagar-Dorf Zechlin Löwenberg	71 904					OK	
Kagendorf Uhlenhorst	44 695				Sm	OR	
Kägsdorf Neubukow		Ldst			Sm		
Kahla (Oberlaus) Horka	12 591	Hp		P(RE)			
Kahla (Thür) Naumburg	09 017	II		P(RE) G(ST) (60)			
Kahla (Thür) Porzellanfabrik Naumburg							
Kahla (Thür) Ziegelei					Sm		
Kähnert Burg	43 578				Sm	OK	
Kahnsdorf Böhlen				G(WA)	Sm		
Kaiserdamm Berlin							
Kaiserhof Berlin							
Kaiseroda Bad Salzungen							
Kaiseroda Gewerkschaft					Sm		
Kaiserswalde Sebnitz	07 544	Hp + oe					
Kaiserweg Walkenried	47 910	b oe r u			Sm	OK	
Kaisitz-Stroischen Weißig					Sm		
Kakerbeck Klötze	40 106			P(RE) G (Wk)		OR	Kalbe (Milde)
Kalawa Cottbus, Lübbenau							
Kalbe (Milde) Faulenhorst					Sm		
Kalbe (Milde) Gardelegen, Hohenwulsch, Klötze				P(RE) G (Wk)			Bw
Kälberbruch Nordhausen	63 887	b op u			Sm	OK	Benneckenstein
Kälberfeld Bk Gotha							
Kalitz Altengrabow	43 623				Sm	OR	
Kalkberge Fredersdorf							
Kalksandsteinwerk Treuenbrietzen	72 808	b u				OR	Pritzerbe
Kalkvitz Riems							
Kallehne Stendal							
Kallenberg-Mühle Bad Langensalza							
Kallinchen Berlin							
Kalsow Bad Kleinen							
Kaltenborn Frankfurt, Guben	25 336	Hp					

Betriebsstelle	Nr./Klasse	Verkehr			
Kaltenbrunn-Untermerzbach Breitengüßbach	22 068 IV +			OR	
Kalteneber Heiligenstadt	05 490 IV			OR	
Kaltenhausener Weg Brandenburg			Sm		
Kaltennordheim Dorndorf	09 416 III	P(RE) G (40) (Wk)			
Kaltes Feld Bk Dresden					
Kaltwasser Ziegelei			Sm		
Kamenz (Sachs) Bischofswerda, Lübbenau	06 122 I	P(RE) G(ST) (CA) (60)			Bm Bw
Kamenz (Sachs) Gbf	06 123 Ga				
Kamenz (Sachs) Nord Lübbenau	06 124 Hst + op mvG	G (40) (Wk)		OK	Kamenz (Sachs)
Kamenz Jesau Baustoffwerk			Sm		
Kamenz Wiesa Granitwerk			Sm		
Kamenz Wiesa Schamottewerk			Sm		
Kamenzer Tunnel Lübbenau					
Kamerun Halberstadt					
Kamerun Langenstein			Sm		
Kamienica n. Nysa Luz. Weißwasser					
Kamjenc (Sakska) Bischofswerda, Lübbenau					
Kämmereiforst Eilenburg	12 434 III	P(RE) G (Wk)		OR	
Kammerforst Borna			Sm		
Kämmeritz Merseburg		P	Sm		
Kammin (Kr Greifswald) Greifswald	42 310		Sm	OR	
Kampf Biederitz					
Kanalbrücke Fürstenberg					
Kändler Limbach	06 467 Hst + mvG	G(WA)		OR	Limbach (Sachs)
Kanena Deutsche Grube Halle					
Kanzelfelsentunnel Saalfeld					
Kapen Dessau	44 820	G(WA)(CA)		OK	
Kapen Biosphärenreservat Dessau					
Kapen Chemiewerk Dessau					
Kapen Gewerbepark Dessau					
Kapengrabenbrücke Dessau					
Karcheralle Dresden		P	Sm		
Kargow Waren	27 175 IV	P(RE) G(WA) (CA)			
Karl-Bonhoeffer-Nervenklinik Berlin					
Karl-Maron-Straße Berlin		P(S)			
Karl-Marx-Platz Halle		P	Sm		
Karl-Marx-Platz Leipzig		P	Sm		
Karl-Marx-Stadt Altendorf Chemnitz					
Karl-Marx-Stadt Altendorf Ziegelei Chemnitz					
Karl-Marx-Stadt Borna Chemnitz					
Karl-Marx-Stadt Borna Hp Chemnitz					
Karl-Marx-Stadt Erfenschlag Chemnitz					
Karl-Marx-Stadt Furth Chemnitz					
Karl-Marx-Stadt Glösa Chemnitz					
Karl-Marx-Stadt Harthau Chemnitz					
Karl-Marx-Stadt Hbf Chemnitz, Doberl.-Kirchh., Dresden, Leipzig					
Karl-Marx-Stadt Heinersdorf Chemnitz					
Karl-Marx-Stadt Hilbersdorf Chemnitz, Dresden					
Karl-Marx-Stadt Hilbersdorf StwA Bk Dresden					
Karl-Marx-Stadt Kappel Dresden					
Karl-Marx-Stadt Kinderwaldstätte Doberlug-Kirchhain					
Karl-Marx-Stadt Mitte Dresden					
Karl-Marx-Stadt Nicolaivorstadt Freiberg					
Karl-Marx-Stadt Nord Bk Dresden					
Karl-Marx-Stadt Reichenhain Chemnitz					
Karl-Marx-Stadt Rotluff Chemnitz					
Karl-Marx-Stadt Rotluff Ziegelei Chemnitz					
Karl-Marx-Stadt Schönau					

Betriebsstellenname (fett) siehe unter	Bf-Nr.	Merkmal DRG	Bem.	Merkmal DR (u. ggf. später)	Sm	Ram.	Mutterbahnhof/ Bm/Bw/Raw
Dresden							
Karl-Marx-Stadt Siegmar Dresden							
Karl-Marx-Stadt Stadtpark Chemnitz							
Karl-Marx-Stadt Stadtwerke Chemnitz							
Karl-Marx-Stadt Süd Chemnitz, Dresden							
Karl-Marx-Stadt Süd Bk Dresden							
Karl-Marx-Stadt Zwönitzbrücke Chemnitz							
Karlovy Vary Schwarzenberg							
Karlsbad Hbf Schwarzenberg	07 713	I					Bm Bw
Karlsburg (Kr Greifswald) Züssow	28 109	IV		P(RE)		OR	
Karlshagen Peenemünde, Zinnowitz							
Karlshagen Bahnhofshalle Peenemünde, Zinnowitz							
Karlshagen Behelfsbahnsteig Peenemünde, Zinnowitz							
Karlshagen Dorf Peenemünde, Zinnowitz				P			
Karlshagen Gbf Peenemünde							
Karlshagen Hafen 3 Peenemünde							
Karlshagen Hp Peenemünde							
Karlshagen Kartoffelgleis Peenemünde							
Karlshagen Kontollpunkt Zinnowitz							
Karlshagen Lager- u. Wirtschaftsgls. Peenemünde							
Karlshagen Siedlung Peenemünde, Zinnowitz				G(WA)		OR	Zinnowitz
Karlshagen Siedlung Hp Zinnowitz							
Karlshagen-Trassenheide Züssow	28 135	IV				OR	
Karlshagen Werkbf Peenemünde							
Karlshorst Berlin	03 297	III b					Bw
Karlsruher Allee Leipzig							
Karnin Ducherow	28 117	IV					
Karnin Hubbrücke Ducherow							
Karnitz (Rügen)	46 526				Sm	OR	
Altefähr							
Karnsdorf Tagebau					Sm		
Karow Berlin							
Karow (Kr Genthin) Rogäsen							
Karow (Kr Jerichow II) Rogäsen	43 545					OR	
Karow (Meckl) Ludwigslust, Pritzwalk, Wismar	27 140	II		P(RE) G (40)			
Karow (Meckl) Saatzucht Ludwigslust				G(WA)			
Karow (Meckl) VEG Ludwigslust				G(WA)			
Karower Kreuz Berlin							
Karrin Greifswald, Wolgast					Sm		
Karsdorf Naumburg	09 046	III		P(RE) G(WA)			
Karsdorf Zementwerk					Sm		
Karsdorf Zementwerk Naumburg				G(WA)			Bw
Karstädt Magdeburg	01 040	III		P(RE) G (Wk)			Bm
Karstädt Kleinb Perleberg	48 400					OR	
Karthanebrücke Berlin							
Kartlow Bad Kleinen	27 250	IV		P		OR	
Kartlow Feldbahndepot					Sm		
Kartzitz Bergen	46 557			P G	Sm	OR	Bergen (Rügen)
Karwe (Kr Neuruppin) Kremmen	50 904			P G		OK	Radensleben
Karwe (Prign) Perleberg	48 404			P		OR	
Kasczemeck Fürstenwalde							
Kassebohm Rostock							
Kassiek Klötze							
Kassow Magdeburg	27 200	IV o		P			
Kastanie Krossen							
Kastorf (Meckl) Bützow	27 055	IV o		P			
Käthe Kollwitz-Straße Strausberg							
Käthen Klötze							
Katholische Kirche Dessau							
Katzberg Eisfeld	09 464	Hp p u					Eisfeld
Katzendorf Teichwolframsdorf							
Katzhütte Köditzberg	09 332	II		P(RE) G(CA)			
Kauerndorfer Alleebrücke Zeitz							
Kaulsdorf Berlin	03 256	I					Bm
Kaulsdorf (Saale) Saalfeld				P(RE) G (Wk)			
Kaulsdorf Nord Berlin							

Kausche Sabrodt				Sm		
Kausche Brikettfabrik				Sm		
Kauzleben Oschersleben	46 890 b u		P		OR	Hötensleben
Kauzleben Kiesgrube Oschersleben						
Kauzleben Pumpwerk Oschersleben						
Kavelsdorf (Kr Ribnitz-Damgarten) Velgast			P G		OR	Velgast
Kavelsdorf (Pommern) Velgast	41 615				OR	
Kavelstorf (Kr Rostock) Rostock	27 192 IV					
Kavelstorf (Kr Rostock) Waffenlager Rostock						
Kayna Gera	42 820		P(RE) G	Sm	OR	
Kayna Meuselwitz		[85]	G(WA)			
Kaynaer Quarzwerke Gera	53 829 o u		P G(WA)	Sm		Kayna
Kaynaer Quarzwerke Grube Gera				Sm		
Kaynaer Quarzwerke Siebwerk				Sm		
KdF-Seebad Rügen Lietzow	28 615 III og					
Kefferhausen Leinefelde	05 515 Hp b		P(RE)			
Kehltal Bk Neudietendorf						
Kehrberg (Prign) Perleberg	46 001			Sm	OR	
Kelbra (Kyffh) Berga-Kelbra	44 326					
Kelbraer Mühle Berga-Kelbra						
Kellerberg Weißig				Sm		
Kemberg (Kr Wittenberg) Bergwitz	40 236					
Kemlitz Uckro	40 818 b				OR	
Kemmlitz (b Oschatz) Mügeln	07 154 IV + op r		P(E) G(WA)	Sm	OR	Oschatz
Kemmlitz Kaolinwerke Mügeln			G(WA)	Sm		
Kemnitz Berlin, Dresden						
Kemnitz (Altm) Salzwedel	47 016				OR	
Kemnitz (Kr Sorau) Weißwasser	12 890 Hp u mvG				OR	Triebel
Kemnitz (Pommern) Greifswald	42 353			Sm	OR	
Kemnitzerhagen Greifswald	42 352			Sm	OR	
Kempnerplatz Berlin						
Kemtau Chemnitz	06 628 Hp		P(RE)			
Kenz Velgast	28 081 IV		P		OK	
Kerkojce Frankfurt						
Kerkwitz Frankfurt	25 337 IV		P(RE)		OR	
Kerstenbruch Fürstenwalde	45 530				OR	
Kerstlingerode Duderstadt				Sm		
Kesselsbergtunnel Saalfeld						
Kesselsdorf Freital	07 081 IV r		P(RE) G	Sm	OR	Wilsdruff
Kesselsdorfer Viadukt Freital						
Keßlerturm Bernburg			P	Sm	OR	
Keßlerturm-Waldklinik Bernburg			P	Sm	OR	
Ketelshagen Altefähr	46 527			Sm	OR	
Ketelshagen Ziegelei				Sm		
Ketlicy (Sakska) Löbau						
Ketschendorf Fürstenwalde	44 192				OR	
Ketschendorf Gaswerk Fürstenwalde						
Ketschendorf Kabelwerk Fürstenwalde						
Ketten Zittau	06 014 Hst mvG				OR	
Ketzin Nauen	45 297		(E) G (50) (Wk)			Bw
Ketzin Hafen Nauen	45 298 b					
Ketzin Mülldeponie Nauen			G(WA)			
Ketzin Zuckerfabrik Nauen						
Ketzür Brandenburg						
Ketzür (Kr Westhavelland) Brandenburg	48 183				OR	
Keula Bad Muskau				Sm		
Keula (Thür) Greußen	53 833		P(RE)			
Keulahütte Weißwasser						
Kibus Berlin, Cottbus						
Kiebitz Mügeln	07 139 IV + r			Sm	OK	
Kiebitz Kalksandsteinwerk				Sm		
Kiebitzhöhe Straußfurt	09 538 Hp o u		P			Kölleda
Kiekebusch (b Cottbus) Berlin, Cottbus	12 697 IV		P		OR	
Kienberg Nauen	03 371 IV +		G (Wk)		OR	Nauen
Kienitz (Oder) Fürstenwalde						
Kienitz (Oder) Nord Fürstenwalde						
Kienitz Amt Fürstenwalde	45 525				OR	
Kienitz Dorf Fürstenwalde	45 524				OR	
Kienitz Oderhafen Fürstenwalde						

Betriebsstellenname (fett) siehe unter	Bf-Nr.	Merkmal DRG	Bem.	Merkmal DR (u. ggf. später)	Sm	Ram.	Mutterbahnhof/ Bm/Bw/Raw
Kieritzsch Leipzig, Neukieritzsch							
Kiesgleis Anschluß Bergen							
Kiesgleis Roggmann Stralsund					Sm		
Kiesgrube Blankenburg							
Kiesgrube Ferdinandshof					Sm		
Kieswerk Oßling Straßgräbchen-Bernsdorf				G(WA)			
Kietz Frankfurt				P(RE) G(WA) (100)			
Kietz Küstrin				P	Sm		
Kietz Grenze Frankfurt				Güp			
Kietzerbusch Küstrin	25 070	Hst	[126]				
Kinderferienlager Petersdorf							
Kinderferienlager Prerow				P	Sm		
Kinderheim Frohe Zukunft Bergen							
Kindisch Bischofswerda							
Kindleben Gotha							
Kipsdorf Freital					Sm		
Kirch Jesar Schwerin	27 106	IV b		P(RE) G(WA)		OR	
Kirchberg (Sachs) Wilkau-Haßlau	07 250	II r		P(RE) G (50)	Sm		Bm Bw
Kirchberg (Sachs) Hp Wilkau-Haßlau	07 251	Hp + e		P	Sm		
Kirchberg Stadt Wilkau-Haßlau					Sm		
Kirchberg Stadt Hp Wilkau-Haßlau					Sm		
Kirchbergtunnel Triptis							
Kirchfährendorf Halle				P	Sm		
Kirchhasel Naumburg	09 021	Hp oe					
Kirchheilingen Bad Langensalza	44 363			P(RE) G (Wk)			
Kirchmöser Berlin	03 148	II	[127]	P(RE) G(WA) (CA)		OR	
Kirchmöser Pulverfabrik Brandenburg				P	Sm		
Kirchmöser West Brandenburg				P	Sm		
Kirchscheidungen Naumburg	09 045	IV		P(RE)		OK	
Kirchstraße Nordhausen	56 887	p			Sm		
Kirschau Friese					Sm		
Kittendorf Demmin	41 074				Sm	OR	
Kittlitz (Sachs) Löbau	06 156	IV +		P(RE) G (Wk)			Löbau (Sachs)
Kläden (b Arendsee/Altm) Salzwedel				P G(WA)		OR	Arendsee (Altm)
Kläden (Kr Osterburg) Salzwedel	01 614	IV b u				OK	Binde-Kaulitz
Kläden (Kr Stendal) Stendal	13 031	III		P(RE) G (30)			
Kläden Quarzsandgrube							
Kläden Waschmittelfabrik					Sm		
Klaffenbach Hp Chemnitz							
Klandorf Basdorf	56 897			P		OR	
Klasdorf Berlin	12 537	IV b		P G(WA)		OK	Baruth (Mark)
Klausa Altenburg	06 452	Hp + b		P G(WA)			Nobitz
Klausdorf (b Stavenhagen) Demmin	41 072				Sm	OR	
Klausdorf (Pommern) Altenpleen	41 600				Sm	OR	
Klausdorf Feldbahndepot Rehagen-Klausdorf				G(WA)	Sm		Rehagen-Klausdorf
Klausdorf Feldbahndepot Rehagen-Klausdorf				G(WA)			Rehagen-Klausdorf
Klausdorf Ziegelei					Sm		
Klausthal Prenzlau	46 146			P		OR	
Klebitz Halle				P			
Kleeth Bützow	27 056	III		P(RE) G			
Klein Asien Tangermünde					Sm		
Kleinau Pretzier	45 640			P(RE) G		OK	Osterburg
Kleinau West Pretzier				P(RE)			
Klein Badegast Köthen					Sm		
Klein Bahren (Niederlaus) Finsterwalde	12 555	Hst + b		(E) G		OR	Finsterwalde (Niederlaus)
Kleinballhausen Döllstädt	09 523	Hp e u		P			ohne Mutterbf
Kleinbardau Borna	12 885	IV				OK	
Klein Below Friedland	44 670				Sm	OR	
Klein Berge Berge, Perleberg							
Klein Biesnitz Görlitz				P	Sm		
Kleinbodungen Bleicherode	05 139	IV		P(RE) G(WA) (CA)		OR	Bleicherode Stadt
Kleinbrüchter Greußen	49 833			P(RE)		OK	
Klein Bünzow Bernau	28 113	IV		P(RE) G		OR	
Kleinburg Lüneburg					Sm		
Klein Cordshagen Stralsund					Sm		
Klein Daberkow Brohm	45 080				Sm	OR	
Kleindehsa Löbau	06 086	Hst + mvG		P		OK	
Kleindembach Oppurg	09 094	IV +				OK	
Kleine Elsterbrücke Berlin, Cottbus							
Kleinen Bad Kleinen, Magdeburg							

Kleiner Fichtelberg Kurort Oberwiesenthal						
Kleinforst Rosensee Oschatz				Sm		
Klein Furra Erfurt						
Kleinfurra Erfurt	09 226 III		P(RE) G (Wk)			
Klein Gartz Pretzier	45 645		P(RE)		OR	
Klein Germersleben Blumenberg	12 251 Hp p		P(RE)		OR	
Klein Grabow Pritzwalk	27 195 Hst mvG		P		OK	
Kleinjena Naumburg	09 041 Hp		P(RE)			
Klein Kordshagen Stralsund	41 564			Sm	OR	
Klein Kreutz Brandenburg	48 169		G		OR	Roskow
Klein Kreutz Nord Brandenburg						
Kleinkundorf Culmitzsch				Sm		
Klein Lengden Duderstadt	42 130			Sm	OK	
Klein Leppin Glöwen	48 386 r			Sm	OR	
Klein Lunow Teterow	27 038 Hst mvG		P(RE) G(WA)		OR	
Kleinmockritz Lommatzsch	07 104 IV + r			Sm	OK	
Klein Mohrdorf Altenpleen	41 597 b			Sm	OR	
Klein Mutz Prenzlau	28 007 Hst + mvG		P		OK	
Kleinnaundorf Freital	06 481 Hp e u					Gittersee
Kleinnaundorf Tankholzwerk Freital						
Kleinow (Prign) Perleberg	48 375			Sm	OR	
Kleinow (Uckerm) Schönermark	47 218		P G		OR	Gramzow (Uckerm)
Kleinow Ziegelei Perleberg				Sm		
Klein Plasten Varen	27 159 IV		P(RE) G			
Kleinradmeritz Löbau	06 155 Hst + mvG					
Klein Reinkendorf Angermünde						
Klein Reinkendorf Kleinb Casekow				Sm		
Klein Reinkendorf Landesb Casekow	40 561			Sm	OR	
Kleinröhrsdorf Lübbenau	06 118 Hp +		P			
Klein Rosenburg Breitenhagen			G(WA)	Sm		
Klein Rossau Pretzier, Stendal	45 634	[128]	P(RE) G(WA)		OK	Stendal Ost
Klein Rössen Falkenberg	41 886 u		P		OK	Herzberg (Elster) Stadt
Kleinrückerswalde Königswalde	06 586 Hst + b op				OR	
Kleinrügeln Oschatz	07 172 Hp e r u			Sm		Strehla
Klein Saubernitz Löbau						

Kleinschirma Dresden	06 500 Hp		P(RE)			
Kleinschmalkalden Schmalkalden	09 376 III	[129]				
Kleinschmalkalden-Tunnel Schmalkalden						
Kleinschönau Zittau	07 002 Hst + r			Sm	OR	
Klein Schönwalde Greifswald	42 305			Sm	OR	
Klein Schwarzlosen Tangermünde				Sm		
Kleinsteinberg Beucha	12 645 Hp e u					Beucha
Klein Stubben Kreidebruch Altefähr			G(WA)	Sm		
Klein Tetzleben Metschow	41 100			Sm	OR	
Klein Thurow Ratzeburg						
Klein Walbur Coburg						Rodach (b Coburg)
Kleinwalbur Coburg	09 491 Hp p u					
Kleinwaltersdorf Nossen	06 332 IV		P(RE)			
Klein Wanzleben Eilsleben	13 318 III		P(RE) G (40)			
Klein Warnow Magdeburg	01 041 IV		P(RE) G			
Kleinwelka Bautzen	06 139 IV		P(RE) G (32)			Bautzen
Klein Welsbach Bad Langensalza	44 362		P(RE) G		OR	
Kleinwerther Abzw. Erfurt						
Klein Wittenberg Horka	12 375 III				OR	Bm
Kleinwusterwitz Genthin	43 497				OR	
Klein Zastrow Busdorf	42 339 b			Sm	OR	
Klein Zecher Ludwigslust						
Kleistpark Berlin						
Klementelvitz Kreidetagebau				Sm		
Klementelvitz Kreideverarbeitungsw.				Sm		
Klemzow Wriezen	28 359 IV					
Klenzenhof Glöwen	46 019			Sm	OR	
Klepicz Wriezen						
Klepps Altengrabow	43 622			Sm	OR	
Klepps Ziegelei Altengrabow				Sm		
Kleptow Prenzlau	46 187		P G		OR	Prenzlau
Klepzig Köthen				Sm		
Klepzig Zuckerfabrik Köthen				Sm		
Kletno Horka						
Klettwitz Senftenberg	12 913 II					
Klettwitz Krankenhaus Senftenberg	12 912 Hp p u					Finsterwalde (Niederlaus)
Klettwitz Nord Tagebau Casel, Lauchhammer				Sm		

Betriebsstellenname (fett) siehe unter	Bf-Nr.	Merkmal DRG	Bem.	Merkmal DR (u. ggf. später)	Sm	Ram.	Mutterbahnhof/ Bm/Bw/Raw
Klettwitz Tagebau					Sm		
Casel							
Kletzen	40 675			P		OK	
Krensitz							
Kletzke	48 383	r			Sm	OR	
Kreuzweg							
Klieken	12 371	Hp p u		P(RE)			
Horka							
Kliestow (Kr Lebus)	25 198	Hp b Ldst				OR	
Frankfurt							
Klietz	43 509			P(RE) G		OR	Schönhausen (Elbe)
Schönhausen							
Klietznick	43 525			P		OR	
Güsen							
Klinge	12 737	III		P(RE)			
Cottbus							
Klingenberg-Colmnitz	06 495	II		P(RE) G (13)	Sm		Bw
Klingenberg-Colmnitz	06 495	II		P(RE) G (40) Wk			Bm
Dresden							
Klingenthal					Sm		
Klingenthal	06 880	I		P(RE) G(CA) (50) (Wk)			Bm
Zwotental							
Klingenthal Aschbergschanze							
Klingenthal Brunndöbra Flußspatwerk					Sm		
Klingenthal Gbf					Sm		
Klingenthal Gbf							
Klingenthal Graslitzer Straße	07 270	Hp oe r u			Sm		Klingenthal
Klingenthal Grenze							
Zwotental							
Klingenthal Kreuzstraße	07 272	Hp oe r u			Sm		Klingenthal
Klingenthal Nord	07 273	Hp oe r u			Sm		Klingenthal
Klingenthal Steinbachtal							
Klingenthal Untere Marktstraße					Sm		
Klingmühl-Lichterfeld	12 908	IV		G(WA)		OR	Sallagst
Senftenberg							
Klinke							
Klötze							
Klipphausen	07 085	Hst + r			Sm	OR	
Wilsdruff							
Klitschmar	12 427	III	[30]	P(RE) G(WA)			Delitzsch unt Bf
Eilenburg							
Klitten	12 669	III		P(RE)			Bm
Horka							
Klitzschen	12 463	III b		P(RE)			
Cottbus							
Klix	06 146	Hst mvG					
Löbau							
Klockow (b Friedland/ Meckl)	44 642				Sm	OR	
Ferdinandshof							
Klockow (Kr Neubrandenburg)					Sm		
Ferdinandshof							
Klockow (Kr Waren/ Müritz)	27 174	IV		P(RE)			
Waren							
Klockow (Uckerm)	46 188			P G		OK	Prenzlau
Pasewalk							
Klockow (Uckerm)	43 640	b			Sm		
Prenzlau							
Klockow Gut							
Pasewalk							
Kloster	47 144	b		P		OR	
Schleiz							
Kloster Altzella				P			
Nossen							
Kloster Gröningen	40 156	b				OR	
Aschersleben							
Kloster Neuendorf	41 693			P		OR	
Haldensleben, Wustermark							
Kloster zum heiligen Kreuz							
Schleiz							
Klosterbuch	06 308	IV		P(RE)		OK	
Leipzig							
Klosterfelde	54 897			P(RE) G (Wk)		OR	Basdorf
Basdorf							
Klosterheide (Mark)	89 904	e og		P			
Löwenberg							
Klosterhof	45 693				Sm	OR	
Kyritz, Perleberg							
Klostermansfeld	12 198	II		P(RE) G (35)			Bm
Erfurt							
Klostermansfeld				P	Sm		
Hettstedt							
Klostermansfeld Bwst					Sm		Bw
Mansfeld							
Klostermansfeld Möbelwerk					Sm		
Klostermansfeld Sägewerk					Sm		
Klostermühle					Sm		
Gernrode							
Klosterstraße							
Berlin							
Klötze (Altm)	13 126	III		P(RE) G(CA) (30) (Wk)			Bm
Oebisfelde							
Klötze (Altm) Nord				P			
Klötze (Altm) West	40 100					OR	
Klotzsche	06 066	I					
Dresden							
Klüden							
Haldensleben							
Klueß	27 197	Hst mvG		P G(WA)		OR	Güstrow
Pritzwalk							
Kluks							
Löbau							
Klüß (Prign)				P			
Perleberg							
Klüß Westprign Kreisb	48 405					OR	
Perleberg							
Klütz (Meckl)	27 016	III		P(RE) G (Wk)			Bw
Grevesmühlen							
Knapendorf	12 121	Hp +					
Merseburg							
Knappenrode				P(RE) G			
Bautzen, Cottbus, Horka, Mulkwitz							
Knappenrode BKK Glückauf					Sm		
Knappenrode Brikettfabrik					Sm		
Bröthen							
Knappenrode Laubag					Sm		
Knappenrode Museumsbahn					Sm		
Knappenrode Süd				G(WA)			Knappenrode
Bautzen							
Knatewitz Bk							
Leipzig							

Betriebsstelle	Nr. / Art	Verkehr	Sm	OR/OK	Bemerkung
Knau Triptis	09 135 IV	P(RE)		OR	
Knaupsholz Abzw. Drei Annen Hohne			Sm		
Knaupsholz Granitwerke Drei Annen Hohne			Sm		
Knautnaundorf Leipzig		P		OR	
Knegendorf Rostock	27 193 Hp p u				ohne Mutterbf
Knehden Prenzlau	28 013 Hst b u				Templin
Knie Berlin					
Knüppeldamm Ganzlin	27 147 Hst + mvG [16]	G(WA)			Altenhof (Meckl)
Köbeln Papierfabrik Gora Weiche					
Koblenz (Kr Hoyerswerda) Bautzen		P			
Koblica Löbau					
Koblicy Bautzen					
Köblitz Löbau	06 080 Hst +	P(RE) G		OR	Cunewalde
Koburger Brücke Leipzig					
Kochstedt (Kr Aschersleben) Aschersleben					
Kochstedt (Kr Dessau) Dessau					
Kochstraße Berlin					
Kodersdorf Berlin	12 680 III	P(RE) G(WA) (40)		OK	
Kodersdorf Dachsteinwerk			Sm		
Kodersdorf Kalksteingrube Ludwigsdorf			Sm		
Kodersdorf Klausner-Holz Berlin					
Köditz (Thür) Rottenbach					
Köditzberg Rottenbach	09 322 IV	P(RE)		OK	
Kodrecy Berlin					
Koellme Halle	42 508			OR	
Koenigsmarck-straße Brandenburg		P	Sm		
Kohlenbahn Freital					
Kohlengleis Mirow					
Kohlfurt Görlitz, Horka	04 053 I				Bm Bw
Kohlfurt Gbf	04 054 Ga				
Kohlhasenbrück Berlin					
Kohlhasenbrück Bk Berlin					
Kohlmühle Goßdorf-Kohlmühle			Sm		
Kohlmühle Bad Schandau					
Kohlmühle Linoleumwerk Bad Schandau					

Betriebsstelle	Nr. / Art	Verkehr	Sm	OR/OK	Bemerkung
Kohlsdorf Falkenberg	61 886 u	P		OR	Beeskow West
Kohnstein Abzw. Nordhausen					
Kohren Frohburg					
Kohren-Sahlis Frohburg	12 815 IV	P(RE) G			
Kohren-Sahlis Schotterwerk			Sm		
Koitenhagen Velgast	41 610	P G		OR	Velgast
Kolkwitz Berlin	12 716 Hp	P			
Kolkwitz Süd Cottbus	12 576 III	P(RE)		OR	
Kölleda Laucha, Straußfurt	09 173 I	P(RE) G (40) (Wk)			Bm
Kölleda Flughafen Straußfurt	09 411 Ahst				
Kollenbyer Weg Halle		P	Sm		
Kölln (Pommern) Demmin	41 026		Sm	OR	
Köllnische Heide Berlin	03 032 Hp p				
Kolno Breitenhagen		G(WA)	Sm		
Kolochau Falkenberg	43 886 u	P G(WA)		OK	Herzberg St. u. Schlieben
Kolonie Görden Brandenburg		P	Sm		
Kolonie Seeberg Hoppegarten					
Kolonnenstraße Berlin	03 123 II p				
Kölpinsee Züssow	28 131 Hp b	P(RE)		OR	
Kölsa (Kr Delitzsch) Krensitz	40 684			OR	
Kölsa Heckenwegbahn			Sm		
Kolsk Forst					
Kolzenburg Jüterbog	03 095 IV +			OK	
Kolzenbürger Weg Dahme			Sm		
Kölzin Weiche Dargezin			Sm		
Komorow Bautzen					
Königin Marienhütte Zwickau					
Königlich Horst Rostock					
Königs Wusterhausen Berlin	03 328 II	P(RES) G(ST)		OK	Bm
Königs Wuster-hausen Gbf	03 329 Ga				
Königs Wusterhausen Kwm Abzw. Zossen					
Königs Wusterhausen Hafen Berlin, Zossen					
Königs Wusterhausen West Zossen	43 697			OR	
Königsaue Aschersleben, Nachterstedt	40 146			OR	
Königsborn	12 363 III	P(RE) G (40)			

Betriebsstellenname (fett) siehe unter	Bf-Nr.	Merkmal DRG	Bem.	Merkmal DR (u. ggf. später)	Sm	Ram.	Mutterbahnhof/ Bm/Bw/Raw
Biederitz							
Königsbrück Dresden, Klotzsche	06 165	I		P(RE) G (40)			
Königsbrück Ost Dresden	06 166	IV		P(RE) G (Wk)			
Königsbrück Sägewerk					Sm		
Königsee (Thür) Rottenbach	09 324	III		(E) G			Rottenbach
Königshain Granitwerke Görlitz							
Königshain-Hochstein Görlitz	42 113			P(RE) G		OR	
Königshain-Liebstein Görlitz	42 111			P		OR	
Königshain Wald Görlitz							
Königshütte (Harz) Blankenburg	52 834			P(RE) G (Wk)		OK	Elbingerode (Harz)
Königstädt Gransee	42 162					OR	
Königsstein (Kr Pirna) Dresden	06 188	II					Bm
Königsstein (Sächs Schweiz) Dresden				P(RES) G (31)			Bad Schandau
Königsstein (Sächs Schweiz) Hp Dresden				P(S)			
Königstuhl Ellrich	41 257					OR	
Königswalde (Erzgeb) ob Bf Chemnitz	06 581	IV og		P(RE)			
Königswalde (Erzgeb) unt Bf Wolkenstein	06 573	IV + op mvE					
Königswartha Bautzen	06 133	III		P(RE) G(CA) (Wk)			
Könitz (Thür) Pegau	09 129	III		P(RE) G		OK	
Könnern Halle	12 184	II		P(RE) G (40)			Bm
Könnern Betonwerk							
Könnern Lettebruch					Sm		
Könnern Nord	44 013	b				OR	
Könnern Saalehafen							
Könnern Ziegelei					Sm		
Könnern Zuckerfabrik							
Konservenfabrik Kaiser Bad Langensalza							
Konstanzer Straße Berlin							
Kopance Berlin							
Köpenick Berlin							
Köpernitz (Kr Jerichow I) Wusterwitz	43 535					OR	
Köpernitz (Kr Neuruppin) Löwenberg				P			
Köpernitz (Kr Ruppin) Löwenberg	91 904					OK	
Köpernitz (Lkr Brandenburg) Wusterwitz				P			
Köppelsdorf Nord Sonneberg	09 505	III					
Köppelsdorf-Oberlind Sonneberg	09 501	III					
Korbethaer Straße Halle				P	Sm		
Körbisdorf Merseburg				P	Sm		
Köritz Abzw. Treuenbrietzen							
Körmigk Biendorf							
Körner Ebeleben	42 877			P(RE) G (Wk)		OK	
Körner Ziegelei Ebeleben							
Kornhain Abzw. Leipzig							
Koschenberg Schotterwerk Brieske							
Kösen Weißenfels							
Koserow Züssow	28 132	IV		P(RE)			
Kospa Abzw. Eilenburg							
Kössern Abzw. Leipzig							
Koßwig Lübbenau							
Kostebrau Casel, Ruhland	12 915	III		P			
Kostitz Meuselwitz	12 871	Hp + b				OR	
Kostrzyn Frankfurt							
Kostrzyn Küstrin				P	Sm		
Kotelow Ferdinandshof	44 643				Sm	OR	
Köthen Dessau, Halle	12 297	I		P(RE) G(ST) (40) (Wk)			Bm Bw
Köthen B 4 Abzw.							
Köthen DRKB					Sm		
Köthen Junkerswerke							
Köthen Flugplatz							
Köthen Gbf				G	Sm		
Köthen Gbf Halle	12 298	Ga		G			
Köthen Gbf R 5							
Köthen-Klepzig	41 122	b			Sm		
Köthen Kranbau					Sm		
Köthen Ost	41 121				Sm	OR	
Köthen R 5 Halle							
Köthen W 3 Abzw.							
Köthen W 7 Abzw. Halle							
Köthener Straße Berlin							
Köthensdorfer Tunnel Chemnitz							
Kötschlitz Merseburg	12 104	Hp		P			
Kottbusser Damm Berlin							
Kottbusser Tor Berlin							
Kotteritz Altenburg	06 453	III					
Kotteritz Abzw. Altenburg							

Betriebsstelle	Nr.		Verkehr			
Köttewitz				Sm		
Köttewitz Heidenau	06 382 IV +		P G(WA)		OK	Heidenau u. Dohna (Sa)
Köttewitz Fluorwerk Heidenau						
Köttewitz Gbf Heidenau						
Köttewitz Papierfabrik				Sm		
Köttewitz Papierfabrik Heidenau						
Köttewitz Strohstoffwerk Heidenau				Sm		
Köttewitz Ziegelei Heidenau				Sm		
Köttwitzsch Altenburg	06 415 Hst +				OK	
Kotzen Rathenow	46 348			Sm		
Kötzlin Kyritz	46 012			Sm	OR	
Kötzschau Leipzig	12 041 III	[132]	P(RE) G(WA)			Bad Dürrenberg
Kötzschau Eiweißfutterwerk Leipzig		[132]	G(WA)			
Kötzschen Merseburg			P	Sm		
Kötzschen (Übergabebf) Merseburg	12 109 IV b					
Kötzschen (Übergabebf) Gbf	12 108 Ga					
Kötzschenbroda Leipzig						
Kowalz Tessin	G		G(WA)	Sm		
Köxbuschbrücke Güsten						
Kr Abzw. Dessau, Leipzig						
Kraase Waren	27 160 Hst +		P		OR	
Kraatz Dedelow	46 177		P		OR	
Krackow (Kr Greifenhagen) Casekow	40 553			Sm	OR	
Krackow (Kr Randow) Casekow				Sm		
Krafthaus Wendefurth						
Krafthaus Unterbecken Hohenwarte				Sm		
Kraftsdorf Glauchau	09 083 III		P(RE)			Bm
Kraftwerk Finkenheerd Frankfurt			P			
Kraftwerk Finkenheerd Kohlebf Frankfurt						
Kraftwerk Mittweida Mittweida	43 876 b op u					Mittweida
Krähenberg Halle			P	Sm		
Krähenberg Steinwerk Nienhagen						
Krahne Treuenbrietzen	61 808		P(RE)		OR	
Krakow am See (Meckl) Pritzwalk	27 194 III		P(RE) G (40) (Wk)			Bm
Krakow am See Düngerschuppen Pritzwalk						
Krakow am See Getreidelager Pritzwalk						
Krakow am See Holzbau Pritzwalk						
Krakow am See Spiritusfabrik Pritzwalk			G(WA)			
Krakow am See VP-Lager Pritzwalk						
Krams Glöwen	46 030			Sm	OR	
Kranichfeld Weimar	50 916		P(RE) G (Wk)			
Kränzlin Kremmen	54 904 b e u		P		OR	Neuruppin
Kraslice Zwotental						
Krasna Adorf						
Kratzau Zittau	06 012 II					
Kratzeburg Waren	27 173 IV		P(RE)			
Kratzmühle Chemnitz	06 352 Hp		P			
Krauschwitz (b Teuchern) Naumburg	09 040 Hst +		P		OK	
Krauschwitz (Oberlaus) Weißwasser	12 689 Hp		P(RE)			
Krauschwitz Kiesgrube Bad Muskau				Sm		
Krauschwitz Raw Bad Muskau				Sm		
Krauschwitz West Bad Muskau				Sm		Bw
Krautheim Buttelstedt				Sm		
Krebsförden Schwerin						
Krebsjauche Frankfurt						
Kreckow Bützow	27 066 IV o					
Kreckow (Kr Stargard/ Meckl) Brohm	45 081			Sm	OR	
Kreis-Kulturhaus Bernburg			P	Sm	OR	
Kreischa Niedersedlitz				Sm		
Kreischa-Saalhausen Oschatz				Sm		
Kreisfeld Hettstedt			P	Sm		
Kremmen Nauen, Velten	03 238 II	[134]	P(RE) G (Wk)			
Krensitz Eilenburg	12 433 III		P(RE) G (32) (Wk)			Bm
Krensitz Nord				Sm		
Krensitz Nord	40 670				OR	
Krensitz Reichsb				Sm		
Krenzow (Kr Greifswald) Anklam	40 129			Sm	OR	
Kressow Altengrabow						
Kretscham-Rothensehma Cranzahl	07 203 IV + r		P(RE)	Sm	OR	
Kretzschau Zeitz	09 069 III		P(RE) G (36) (Wk)		OR	Zeitz

Betriebsstellenname (fett) siehe unter	Bf-Nr.	Merkmal DRG	Bem.	Merkmal DR (u. ggf. später)	Sm	Ram.	Mutterbahnhof/ Bm/Bw/Raw
Kretzschwitz Ladestelle Söllmnitz	54 829	op u			Sm		Söllmnitz
Kreuz Charlottenburg Berlin							
Kreuz Marienfelde Teltow							
Kreuzbruch Berlin	50 897			P		OR	
Kreuzkrug (Kr Templin) Prenzlau	28 204	IV		P(RE) G(WA)		OK	
Kreuztalviadukt Blankenburg							
Kreuzung Hellgrund Güsen							
Kreuzungsbf Dresden							
Kreuzungsgleis Schöndorf							
Kreuzweg Glöwen	48 385				Sm	OK	
Krewitz Fürstenwerder	28 017	Hst +				OK	
Kreypau Merseburg							
Kricheldorf Salzwedel	47 039					OR	
Kricheldorf Anschluß Salzwedel	47 038	b				OR	
Kriebethal Waldheim	06 368	IV op					
Kriebitzsch Zeitz	12 854	Hp b		P(RE)		OR	
Kriebitzsch Kohlenbf Zeitz	12 855	IV o		G(WA)			
Kriebitzsch Ladestelle Zeitz							
Kriechau Bk Halle							
Kriele Rathenow	46 349				Sm		
Krien Friedland	44 667				Sm	OR	
Kriescht (Neum) Küstrin	44 315						
Krima Chemnitz	07 848	III				OK	
Krima Hp Chemnitz	07 849	Hp oe u					Krima
Krima-Neudorf Chemnitz							
Krimderode Nordhausen					Sm		
Krimov Chemnitz							
Krinau Salzwedel				P(RE) G(WA)			Salzwedel
Krinau Abzw. Salzwedel							
Krinau Fuchsberger Straße Salzwedel				P G(WA)		OR	Salzwedel
Krippen Dresden	06 186	Hp		P(RE)			Bm
Krippen Vbf Dresden	06 185	IV o					
Krischa-Tetta Görlitz							
Kröberner Straßenbrücke Zeitz							
Krocksteinviadukt Blankenburg							
Kröllwitz Halle				P	Sm		
Krölpa (b Auma) Triptis				P			
Krölpa (Kr Greiz) Triptis	09 132	Hst +				OR	
Krölpa-Ranis Pegau	09 128	III		P(RE) G (40)		OK	
Krombach (Eichsf) Heiligenstadt	05 487	IV				OR	
Kromlau Bad Muskau					Sm		
Kronach Saalfeld	22 035	I					Bm
Kronach Loewe-Opta Kronach							
Krönnevitz Stralsund	41 565				Sm	OR	
Kronskamp Rostock							
Kröpelin Bad Kleinen	27 242	III		P(RE) G (50) (Wk)			
Kroppenstedt Aschersleben	40 152					OK	
Kroptewitz Mügeln	07 156	IV + op r			Sm	OK	
Kröslin (Kr Greifswald) Greifswald, Wolgast	42 363				Sm	OR	
Kröslin Fischkisten- und Sägewerk					Sm		
Krosno Odrzanskie Guben							
Krossen (Elster) Pegau	09 106	II		P(RE) G (40)			
Krostitz Krensitz	40 673			P(RE) G(WA)		OR	
Krostitz Brauerei Krensitz							
Krostitz Malzfabrik Krensitz							
Krostitz Nord Krensitz				P			
Krostitz Ost Krensitz							
Krostitz Süd Krensitz				P(RE)			
Krottorf Berlin				P(RE)			
Kruckow Siedenbrünzow					Sm		
Krüden Salzwedel	01 619	IV		P(RE) G			Arendsee (Altm)
Krugau Falkenberg	56 886			P(RE) G(WA)		OR	Großleuthen-Gröditzsch
Krugau Lager Falkenberg							
Krugau Munitionsfabrik Falkenberg							
Krügersdorf Rittergut Königs Wusterhausen							
Krügershof Prenzlau							
Krugsdorf W 1 Abzw. Pasewalk							
Krugsdorf W 2 Abzw. Gumnitz							
Krumhermsdorf Bad Schandau				P			
Krumhermsdorf (Kr Pirna)	06 096	Hst					

Betriebsstelle	Nummer	Verkehr	Merkmale	Bemerkung	Zuordnung
					Bad Schandau
Krumhermsdorf (Sächs Schweiz)					Bad Schandau
Krumme Grube-Tunnel					Blankenburg
Krumme Lanke					Berlin
Krummer See					Zossen
Krummer Tunnel					Blankenburg
Krumpa	12 114 I b	P(RE)	OK		Merseburg
Krusenfelde	44 669		Sm OR		Friedland
Kruswica					Weißwasser
Krzeszyce					Küstrin
Krzewina Zgorzelecka					Görlitz
Kubschütz	06 051 Hst	P(RE) G (Wk)		Bautzen	Görlitz
Kubsicy					Görlitz
Küchenseedamm					Ratzeburg
Küchwald					Chemnitz, Doberlug-Kirchhain
Küchwaldwiese		P	Sm		Chemnitz
Kuckenburg	12 154 Hst + b		OR		Röblingen
Kückenshagen	41 585		Sm OR		Stralsund
Kuckucksberg					Haldensleben
Kugelhaus			Sm		Dresden
Kühberg	06 582 Hp +	P			Chemnitz
Kuhbier	45 675	P(RE) G	OR	Pritzwalk	Pritzwalk
Kuhblank	01 010 IV og	P(RE)			Berlin
Kuhfelde	13 122 IV	P(RE) G	OK	Beetzendorf (Sachs-Anh)	Oebisfelde
Kuhle			Sm		Buhrkow
Kuhlenfeld	01 051 IV b	P(RE) G (41)			Schwerin
Kühlenhagen	42 375 b		Sm OR		Kemnitz
Kuhlmühle	53 893 p u	P		Dranse	Wittenberge
Kühnhausen	09 213 III	P(RE) G(WA)	OR		Erfurt
Kühren		G(WA)	Sm		Breitenhagen
Kühren	06 272 Hp	P(RE)			Leipzig
Kührener Brücke					Leipzig
Kuhsdorf	46 022		Sm OR		Glöwen
Kulkwitz Süd		P(RE)			Leipzig
Küllstedt	05 484 III	P(RE) G		Dingelstädt (Eichsf)	Leinefelde
Küllstedter Tunnel					Leinefelde
Kulow					Bautzen
Kültzschau					Cottbus, Eilenburg
Kummermühlen-viadukt					Doberlug-Kirchhain
Kummerow (Kr Franzburg)	28 078 IV		OR		Rostock
Kummerow (Kr Stralsund)		P(RE)			Rostock
Kummersdorf			Sm		Stülpe
Kummersdorf (b Storkow)		P(RE)			Königs Wuster-hausen
Kummersdorf (Kr Beeskow-Storkow)	03 339 Hp og				Königs Wusterhausen
Kummersdorf Gut		P(RE) G(WA)			Jüterbog
Kummersdorf Schießplatz	03 092 III				Jüterbog
Kumwald					Löbau
Kunersdorf (b Cottbus)	12 720 IV				Berlin
Kunersdorf (Kr Weststernberg)	25 208 III [135]				Frankfurt
Kunersdorf (Kr Weststern-berg) Klb	48 432				
Kunersdorf Ladestelle					
Kunice					Finkenheerd, Kunersdorf
Kunitz	48 436		OR		Kunersdorf, Wiesenau
Kunnersdorf (b Friedland)	07 301 Hst + b		Sm OK		Zittau
Kunnersdorf (b Kamenz) Steinbruch			Sm		
Kunnersdorf a. d. Eigen			Sm		Herrnhut
Kunow Nord	46 031 b		Sm OR		Glöwen
Kunow Süd	46 032		Sm OR		Glöwen
Kunowice					Frankfurt, Kunersdorf
Kunratice			Sm		Zittau
Kunrau (Altm)	13 128 IV	P(RE) G(WA) (40)			Oebisfelde
Kürbitz	06 794 Hp	P(RE)			Gera, Plauen
Kurfürstendamm					Berlin
Kurfürstenstraße					Berlin
Kurort Jonsdorf	07 020 IV r	P(RE) G	Sm OK	Zittau	Zittau
Kurort Jonsdorf Hst	07 019 Hst r [136]	P G	Sm OR		Zittau
Kurort Jonsdorf Schlachthof			Sm		Zittau
Kurort Kipsdorf	07 077 III r	P(RE)	Sm OK		Freital
Kurort Oberwiesenthal	07 207 II r	P(RE) G (Wk)	Sm OR	Bw	Cranzahl

Betriebsstellenname (fett) siehe unter	Bf-Nr.	Merkmal DRG	Bem.	Merkmal DR (u. ggf. später)	Sm	Ram.	Mutterbahnhof/ Bm/Bw/Raw
Kurort Oberwiesenthal Vierenstraße							
Kurort Oybin	07 018	III r		P(RE)	Sm	OK	
Zittau							
Kurort Oybin Eiselt					Sm		
Zittau							
Kurort Oybin Niederdorf	07 016	Hst b r		P	Sm	OK	
Zittau							
Kurort Rathen (Kr Pirna)	06 189	III		P(RE)			
Dresden							
Kurort Rathen (Sächs Schweiz)							
Dresden							
Kurpark				P	Sm		
Halle							
Kurt-Schumacher-Platz							
Berlin							
Küsel	43 581				Sm	OR	
Burg							
Kusey	13 127	III		P(RE) G (Wk)			
Oebisfelde							
Küssow	27 063	IV					
Bützow							
Küstrin				P	Sm		
Küstrin							Bm Bw
Frankfurt							
Küstrin Altstadt	25 089	III					Bm
Küstrin-Kietz	25 088	III					
Frankfurt, Kietz							
Küstrin Neustadt Gbf	25 091	Ga					
Küstrin Neustadt Hbf	25 090	I	[126]				
Frankfurt							
Küstrow	41 576				Sm	OR	
Stralsund							
Kutzerow	46 162			P		OR	
Prenzlau							
Kutzow	28 121	Hp					
Ducherow							
Kuxwinkel	43 499	b				OR	
Genthin							
Kyhna	12 428	Hp		P			
Eilenburg							
Kyritz					Sm		
Kyritz	27 359	II		P(RE) G (Wk)			Bm
Pritzwalk							
Kyritz (Kr Greifenhagen)	40 555				Sm	OR	
Casekow							
Kyritz (Kr Randow)					Sm		
Casekow							
Kyritz Kleinb	45 692			P(RE) G	Sm	OK	Bw
Perleberg							
Kyritz Stärkefabrik							
Kyritzer Waldbahn							
Laage (Meckl)	27 189	III		P(RE) G (41) (Wk)			Bm
Rostock							
Laage (Meckl) Flughafen							
Rostock							
Laakanalbrücke							
Rostock							
Laaske	45 678			P G		OR	Pritzwalk
Pritzwalk							
Laasow	47 309			P	Sm	OK	
Straupitz							
Laatzke							
Gardelegen							
Labetz Bk							
Halle							
Ladeburg	43 627				Sm	OR	
Altengrabow							
Ladegleis und Muna							
Beucha							
Ladestelle		Ldst			Sm		
Köthen							
Ladenthin	40 556				Sm	OR	
Casekow							
Ladzin							
Swinemünde							
Lagerhof							
Berlin							
Lahm (Itzgrund)	22 067	Hst b e u				OR	Breitengüßbach
Breitengüßbach							
Lalendorf	27 029	II		P(RE) G (40)			Bm
Bützow							
Lalendorf Ost							
Waren							
Lamitsch-Wilmersdorf							
Fürstenwalde							
Lampertswalde	06 317	III		P(RE) G			
Frankfurt							
Lancken					Sm		
Buhrkow							
Lancken	28 069	IV		P(RE) G(WA) (CA)		OK	
Rostock							
Lancken Kreidewerk							
Rostock							
Lanckensburg	46 573	b		P	Sm	OR	
Bergen							
Landesjugendheim							
Strausberg							
Landgrafroda							
Oberröblingen							
Landhaus							
Strausberg							
Landsberg (b Halle/ Saale)	12 315	III		P(RE) G (40) (Wk)			
Halle							
Landsberg (b Halle/ Saale) Süd				P(RE)			
Eilenburg							
Landsberg (Warthe)	25 099	I					Bm Bw
Küstrin							
Landsberger Allee	03 020	II p					
Berlin							
Landsdorf	41 616			P		OR	
Velgast							
Landwirtschaft					Sm		
Dresden							
Langburkersdorf Wiekor				G(WA)			
Bad Schandau							
Langebrück (Sachs)	06 065	Hst		P			
Dresden, Lübbenau							
Langeln	13 364	Hp		P			
Heudeber-Danstedt							
Langenau (Sachs)	06 348	IV		P(RE) G(WA) (41) (Wk)			Brand Erbisdorf
Freiberg							
Langenbach Wildenfelser Papierfabr.							
Zwickau							
Langenberg (b Riesa)							
Leipzig							
Langenberg (Thür)	09 109	III					
Pegau							
Langenbernsdorf	06 810	Hst		P(RE)		OK	
Werdau							
Langenbieber	11 320	IV					

Götzenhof					
Langenbogen					
Teutschenthal					
Langenbuch	06 721 IV + e	P G(WA)		OR	Schönberg (Vogtl)
Schönberg					
Langendorf (Kr Weißenfels)		P(R)			
Zeitz					
Langendorf (Kr Stralsund) Krzgsbf					
Rostock					
Langeneichstädt	12 116 IV	P(RE) G		OK	
Merseburg					
Langengrassau	48 886 u	P		OK	Uckro Süd
Falkenberg					
Langenhanshagen	28 090 Hp	P(RE)			
Rostock					
Langenhennersdorf	06 206 IV	P(RE) (30)			Pirna
Pirna					
Langenhennersdorf Hartpappewerk					
Pirna					
Langenhessen Bk					
Altenburg					
Langenleuba					
Altenburg					
Langenleuba-Oberhain	06 445 III	P(RE) G (40) (Wk)		OK	
Altenburg					
Langenleubaer Spitze					
Narsdorf					
Langenorla	09 093 Hp +				
Oppurg					
Langenorla Holzverarbeitung					
Oppurg					
Langenorla Ost		P(RE)			
Oppurg					
Langenorla Porzellanfabriken					
Oppurg					
Langenorla West		P			
Oppurg					
Langenrieth					
Neuburxdorf					
Langensalza	09 255 II				Bm
Erfurt, Gotha					
Langensalza Gbf	09 256 Ega Ga				
Langensalza Ost	44 358				
Bad Langensalza					
Langensalza Süd	44 357			OR	
Bad Langensalza					
Langenstein	42 834	P(RE) G		OR	
Halberstadt					
Langenstein Hilfsbahnsteig					
Halberstadt					
Langenstein-Zwieberge Militäranschl			Sm		
Langenstein-Zwieberge Militäranschl					
Halberstadt					
Langenweddingen	13 287 III	P(RE) G (40)			
Berlin					
Langenwolmsdorf	06 099 Hst	P G(WA)		OK	Neustadt (Sachs)
Pirna					
Langenwolmsdorf Mitte	06 100 Hp +	P			
Pirna					
Langewiesen (Thür)	41 844	P(RE) G(CA) (ST) (40)			
Ilmenau					
Langewiesen (Thür) Sägew. Kuhstedt					
Ilmenau					
Langewiesen Grube Volle Rose			Sm		
Langhagen	27 182 III	P(RE) G			
Waren					
Langhagen Kieswerk					
Waren					
Langsdorf (Meckl)	27 215 Hst +			OR	
Sanitz					
Langula	09 309 Hp + oe	(E) G			
Mühlhausen					
Lankwitz	03 101 Hp				
Berlin					
Lanz	01 142 III			OR	
Berlin					
Lärz	27 320 Hp b op u	G		OR	Mirow
Mirow					
Lärz Flugplatz	27 323 p u				Rechlin
Mirow					
Lärz Kanal					
Mirow					
Lasow					
Görlitz					
Lassan	40 133		Sm	OR	
Anklam					
Lassan Hafen					
Anklam					
Lassentin	41 569		Sm	OR	
Stralsund					
Lastau	06 398 IV	P(RE) G		OK	
Glauchau					
Latdorf		G(WA)	Sm		
Breitenhagen					
Laubusch Brikettfabrik			Sm		
Laubusch Stw 1			Sm		
Laubusch Stw 9			Sm		
Klettwitz					
Laucha (b Gotha) Ziegelwerk			Sm		
Laucha (Kr Gotha) Bk					
Gotha					
Laucha (Unstrut)	09 044 II	P(RE) G(CA) (40) (Wk)			Bm
Naumburg					
Lauchhammer	12 601 II			OK	
Horka, Ruhland					
Lauchhammer Braunkohlenwerk			Sm		
Lauchhammer Brikettfabrik 64/ 65			Sm		
Lauchhammer Brikettfabrik 67			Sm		
Lauchhammer Brikettfabrik 69			Sm		
Lauchhammer Kokerei			Sm		
Lauchhammer Nord					
Ruhland					
Lauchhammer Ost	[138]	G(WA)		OR	Ruhland
Casel, Ruhland					
Lauchhammer Parkbahn			Sm		
Lauchhammer Stw 3			Sm		

Betriebsstellenname (fett) siehe unter	Bf-Nr.	Merkmal DRG	Bem.	Merkmal DR (u. ggf. später)	Sm	Ram.	Mutterbahnhof/ Bm/Bw/Raw
Lauchhammer Stw 5					Sm		
Lauchhammer Stw 33					Sm		
Lauchhammer Stw 34					Sm		
Lauchhammer Süd Horka			[139]	P			
Lauchhammer Volkspark West				P	Sm		
Lauchhammer Werk Ruhland			[138]	G(WA)			
Lauchhammer West Horka			[139]	P(RE) G (Wk)			
Lauchhammer-werk Ruhland	12 602	Hp u					Lauchhammer
Lauchstädt Angersdorf, Merseburg							
Lauenburg (Elbe) Lüneburg	01 157	III					
Lauenhagen Bützow	27 075	IV					
Lauenstein (Oberfr) Saalfeld	22 022	IV b				OR	
Lauenstein (Sachs) Heidenau	06 392	IV		P(RE) G (Wk)			Heidenau
Lauenstein BHG Heidenau							
Lauenstein Gaswerk Heidenau							
Lauenstein Kohlehandel Heidenau							
Lauer Leipzig							
Lausa-Friedersdorf Klotzsche							
Lauscha (Thür) Sonneberg	09 509	III		P(RE)			Bm
Lauscha Glaswerk Sonneberg							
Lauschenstein-tunnel Sonneberg							
Lausen Leipzig	12 029	IV	[142]	P(RE) G(WA)			Göhrenz-Albersdorf
Lausen Blech-verarbeitung Leipzig							
Lausigk Borna, Leipzig							
Laußig (b Düben) Eilenburg	12 451	IV		P(RE) G(WA) (Wk)		OK	
Laußig (b Düben) Kieswerk Eilenburg							
Laußnitz Dresden, Klotzsche	06 164	IV		P(RE) G(WA) (Wk)		OK	
Laußnitz Granitbruch					Sm		
Lauta (Niederlaus) Horka			[143]	P(RE)			
Lauta (Nieder-laus) Betrbf Horka							
Lauta (Niederlaus) Hp Horka	12 634	Hp oe					
Lauter (Sachs) Zwickau	06 600	II	[144]	P G(WA)			Aue (Sachs)
Lauter Papierfabrik					Sm		
Lauterbach (Rügen) Bergen	28 075	IV		P(RE) G (Wk)		OR	
Lauterbach (Rügen) Landungsstelle Bergen							
Lauterbach Mole Bergen							
Lauterbach-Steinbach Leipzig	12 805	Hst		P(RE)		OK	
Lautitz Löbau	06 153	Hst +		P			
Laz Horka, Straupitz					Sm		
Leau Tongrube				G(WA)	Sm		
Lebus Frankfurt	25 079	III		P(RE)			
Lederhose Niederpöllnitz	09 120	Hst +		G		OK	
Lederhose Tanklager Niederpöllnitz				G(WA)			
Leegebruch Velten				P			
Legefeld Weimar	45 916			P		OR	
Lehelitz Krensitz	40 671	b				OR	
Lehesten Ludwigstadt	22 024	III					
Lehesten Oertels-brüche Reichsb					Sm		
Lehesten Schiefergrube					Sm		
Lehnamühle Hartpappewerk					Sm		
Lehnamühle Papierfabrik Gera					Sm		
Lehndorf (Kr Altenburg) Altenburg	06 689	III		P(RE) G(WA) (60) (Wk)			Gößnitz
Lehndorf Ziegelei					Sm		
Lehnin					Sm		
Lehnin Groß Kreutz	44 421		[145]	(R)			Bw
Lehnitz Berlin	03 223	Hp		P(S)			
Leibis Trink-wasserstollen					Sm		
Leimbach Bad Salzungen							
Leimbach Hettstedt				P	Sm		
Leimbach (Rhön) Hünfeld	11 336	Hp e u					Eiterfeld
Leimbach Abzw. Bad Salzungen, Eisenach							
Leimbach-Kaiseroda Bad Salzungen, Eisenach	09 419	III	[146]	P(RE) G(WA) (CA)(STA)		OK	
Leimbach-Kaise-roda (Kaliwerk) Eisenach	09 408	Ahst					
Leimbach-Mansfeld Klostermansfeld							
Leimbacher Gasthof Röblingen	12 162	Hst + b		P		OK	
Leimrieth Hildburghausen	09 444	Hp u			Sm		Hildburg-hausen
Leina (Thüringer-waldbahn)				P	Sm		

Gotha					
Leinakanal	09 275 IV o				
Gotha					
Leinakanal Kreuzungsbf					
Gotha					
Leinakanalbrücke					
Gotha					
Leinebrücke					
Halle					
Leinefelde	05 500 I		P(RE) G(CA) (ST) (40) (Wk)		Bm
Gotha, Halle					
Leinefelde Gbf	05 501 Ga				
Leinestraße					
Berlin					
Leippa					
Horka					
Leipzig Alfred-Kindler-Straße	12 822 Hp				
Leipzig Allee-Center					
Leipzig Anger Abzw.					
Leipzig Anger-Crottendorf					
Leipzig Ausstellungsbahn				Sm	
Leipzig Bayer Bf	12 823 I	[147]	P G(Ldst)(ST)		Bm Bw
Leipzig Bayer Bf Gbf	12 824 Ga				
Leipzig Bayer Bf Vieh- u. Schlachth.	12 825 Ahst				
Leipzig Berliner Bf	12 061 I op	[148]	G(STA) (40)	OR	
Leipzig Connewitz	12 832 III		P(RE) G (40)		Leipzig Bayer Bf
Engelsdorf					
Leipzig Coppiplatz			P(S)		
Leipzig Dresdner Bf	12 063 Ga				
Leipzig Dresdner Bf B 34					
Leipzig Dresdner Gbf	12 827 I op		G (60)		
Leipzig Eilenburger Bf	12 062 III				Bm
Leipzig Eilenburger Gbf	12 063 Ga				
Leipzig Engelsdorf			P(S)		
Leipzig Eutritzsch	12 057 I op	[149]	G (60)		
Leipzig Gohlis	12 054 Hst og		P(S)		
Leipzig Großmarkthalle	12 830 II op	[150]	G (50)	OK	
Leipzig Groß-zschocher				Sm	
Leipzig Großzschocher	12 009 III		P(RE) G (35)		
Leipzig Grünauer Allee					
Leipzig Hbf	12 058 I b	[151]	P(RES) G(ST) (60) (Rp)		Bm Bw N Bw S Bw W Bww
Cottbus					
Leipzig Hbf B 10					
Leipzig Hbf B 21					
Leipzig Hbf Ega	12 059 Ega				
Leipzig Hbf Ostseite					
Leipzig Hbf Westseite					
Leipzig Heiterblick	12 068 Hp		P		
Cottbus					
Leipzig Heiterblick Abzw.					

Leipzig Holzhausen					
Leipzig Industriegelände West					
Leipzig Karlsruher Straße					
Leipzig Kleinzschocher	12 046 Hp		P(S)		
Leipzig Kleinzschocher Gbf	12 047 Ga				
Leipzig Knauthain	12 008 III		P(RE) G (35)		
Leipzig Leutzsch	12 051 I		P G(CA) (40) (Wk)		Bm
Merseburg					
Leipzig Leutzsch Gbf	12 052 Ga				
Leipzig Liebertwolkwitz					
Leipzig Lindenau					
Leipzig Lindenau a B					
Leipzig Lindenau Gbf	12 021 Ldst				
Leipzig Lindenau Kiesbahn				Sm	
Leipzig Lützschena			P(S)		
Leipzig M Th Bf	12 050 I		G(WA) (60)		Bm
Leipzig M Th Bf Gbf	12 055 Ga				
Leipzig Magdeburg-Thür Bf					
Leipzig Marienbrunn					
Leipzig Messe			P(S)		
Leipzig Messe Süd					
Leipzig Messegelände					
Leipzig Metallgußwerk				Sm	
Leipzig Meusdorf					
Leipzig Miltitz					
Leipzig Miltitzer Allee					
Leipzig Mockau	12 078 I				Bm
Neuwiederitzsch					
Leipzig Mockau Vbf					
Leipzig Möckern	12 053 Hp		P		
Leipzig Mölkau					
Leipzig Olbrichtstraße			P(S)		
Leipzig Ost			P		
Leipzig Parkeisenbahn					
Leipzig Paunsdorf	12 795 Hst b		P(RE)	OR	
Engelsdorf					
Leipzig Pionier eisenbahn					
Leipzig Plagwitz	12 010 I		P(RE) G(CA) (ST) (50)		Bm Bw
Leipzig Plagwitz Gbf	12 011 Ga				
Leipzig Plagwitz Guts-Muths-Straße			G(Ldst)	OR	Leipzig Plagwitz
Leipzig Plagwitz Ladestelle I	12 012 Ldst				
Leipzig Plagwitz Ladestelle II	12 013 Ldst				
Leipzig Plagwitz Ladestelle III	12 014 Ldst				
Leipzig Porschewerk					
Leipzig Püchauer Straße Abzw. C					
Leipzig Püchauer Straße Abzw. D					

Betriebsstellenname (fett) siehe unter	Bf-Nr.	Merkmal DRG	Bem.	Merkmal DR (u. ggf. später)	Sm	Ram.	Mutterbahnhof/ Bm/Bw/Raw
Leipzig Quelle-Versand							
Leipzig Rückmarsdorf							
Leipzig S. M. Klrow-Werk				G(WA)			
Leipzig Schlachthof				G(WA)			Leipzig Großmarkthalle
Leipzig Schönauer Straße				P			
Leipzig Schönefeld	12 067	I		G (40)			
Leipzig Schwartzestraße				P(S)			
Leipzig Sellerhausen							
Leipzig Slevogtstraße				P(S)			
Leipzig Stötteritz Engelsdorf	12 831	I		P G(WA)(C) (50)			
Leipzig Strünz	12 066	Ldst b				OR	
Leipzig Südwest				P			
Leipzig Thekla Cottbus	12 069	III		P			
Leipzig Thür Bf							
Leipzig Torgauer Straße Abzw.							
Leipzig Trümmerbahn					Sm		
Leipzig Völkerschlachtdenkmal							
Leipzig Volkmarsdorf	12 821	Hp p		P			
Leipzig Wahren	12 074	I		P(RE) G (41)			Bm Bw Bww
Leipzig Wahren Abzw. S							
Leipzig Wahren Hp	12 075	Hp					
Leipzig Wahren Rbf Schkeuditz	12 073	Ga					
Leipzig Wahren Westkopf Abzw.							
Leipziger Platz Berlin							
Leisnig Leipzig	06 309	II		P(RE) G(ST) (40) (Wk)			Bm
Leisnig Muldebrückebaustelle					Sm		
Leißling Weißenfels	09 004	III og		P(RE)			
Leitstade Berlin	01 148	IV				OK	
Leitzkau Altengrabow	43 628				Sm	OR	
Leitzkau West Altengrabow							
Leknica Weißwasser							
Lelkendorf Malchin	27 048	Hst +		P(RE)			
Lemberg Bad Kleinen		G					
Lemierzyce Küstrin							
Lemnitzhammer Gbf Saalfeld	09 145	IV +				OK	
Lemnitzhammer Pbf Saalfeld	09 144	Hp +					
Lemnitzviadukt Triptis							
Lengefeld-Rauenstein Chemnitz	06 542	Hp		P(RE)			
Lengenfeld (Vogtl) Reichenbach, Zwickau	06 835	II	[152]	P(RE) G(STA) (32) (Wk)			Zwickau (Sachs) Hbf
Lengenfeld (V.) Baumwollspinnerei Reichenbach	06 891	Hp p u		P			Lengenfeld (Vogtl)
Lengenfeld unterm Stein Leinefelde	05 481	IV		P(RE) G			Dingelstädt (Eichsf)
Lengers Eisenach	09 392	Hp + p					
Lengsfeld Dorndorf							
Leninallee Berlin				P(S)			
Leninplatz Strausberg							
Lentschow Anklam	40 131				Sm	OR	
Lentschow Gut Anklam							
Lenzen (Elbe) Berlin	01 143	III					
Lenzen (Kr Randow) Stöven							
Lenzen (Kr Ückermünde) Stöven	46 235	b				OR	
Leonhard I Gera				G(WA)	Sm		
Leonhard I Zeitz				G(WA)			
Leonhard I Druckwasserentladung Zipsendorf				G(WA)	Sm		
Leonhard II Gera				G(WA)	Sm		
Leonhard II Meuselwitz, Zeitz				G(WA)			
Leopoldplatz Berlin							
Leopoldsburg Genthin							
Leopoldshagen Anklam	45 034				Sm	OR	
Leppin Glöwen					Sm		
Lerchenberg-Strengda Ziegelei					Sm		
Leschwitz Görlitz				P	Sm		
Leska Knappenrode							
Letschin Frankfurt	28 181	III		P(RE) G (40) (Wk)			Bm
Letzlingen Haldensleben	41 691			P G		OK	
Letzlingen Bundeswehr Haldensleben							
Letzlingen Holzindustrie Haldensleben							
Letzlinger Forst Haldensleben	41 692			P		OK	
Leuben (b Riesa)	06 325	IV		P(RE) G (40) (Wk)			Nossen
Leuben-Schleinitz Lommatzsch	07 101	Hst + r		P(RE)	Sm	OR	
Leubetha Adorf	26 739	Hp e u					Roßbach (b Asch)
Leubingen Erfurt	09 191	III		P(RE)		OK	
Leubnitz Ziegelei					Sm		
Leubnitzviadukt Zwickau							

eubsdorf (Sachs) hemnitz	06 538 III		P(RE) G(WA)		
eubsdorfer lammer letzdorf				Sm	
euenberg Verneuchen	28 174 IV		P G(WA) (Wk)		
eumnitz era					
eumnitz Kalkwerk era					
euna lalle, Merseburg	12 101 III		P(RE)		
euna Abzw. lalle, Merseburg					
euna-Kröllwitz lalle			P	Sm	
euna Ln Abzw.					
euna hälmannplatz lalle			P	Sm	
euna Werke lalle			P	Sm	
euna Werke I lalle		[153]	G(Ahst)(WA) (STA)		Großkorbetha
euna Werke II lalle		[154]	G(Ahst)(WA) (CA)(STA)		Großkorbetha
euna Werke lord lalle	12 038 II og		P(RE)		
euna Werke üd lalle	12 039 Hst og		P(RE)		
euna Werke Valter Ulbricht					
euna Werke Vest		[155]	G(Ahst)(WA)		Merseburg Süd
eunator lalle			P	Sm	
eunatorstraße lalle			P	Sm	
eunaweg lalle			P	Sm	
euschentin ützow	27 051 IV				
eutenberg aalfeld	09 150 III		P(RE) G (Wk)		
eutendorf (b oburg) bersdorf	09 515 IV +				
eutersdorf ibau	06 028 III		P(R) G	OR	Ebersbach (Sachs)
eutewitz leißen	07 095 IV + r		P G	Sm	Lommatzsch
eutewitz Überührungsbf West Veißig				Sm	
euthen (b ottbus) rankfurt	12 707 III		P(RE) G(WA)	OR	Drebkau
eutnitz rnstadt	09 333 IV og				
evenstorf Varen	27 168 Hst +		P(RE) G	OR	
ibbenichen rankfurt	28 185 IV		P(R)	OR	
ibehna öthen	41 124			Sm OR	
iberec agenwerder, Zittau					
ibice grod yhlen				Sm	
ichte (Thür) robstzella	09 161 Hst b		P(RE) G	OK	
ichte (Thür) st robstzella			P G	OR	Lichte (Thür)
ichtenau (Thür) isfeld	09 462 III r			Sm	
ichtenberg Berlin, Priebus					
Lichtenberg (Erzgeb) Freiberg	06 334 III		P(RE) G (Wk)		Freiberg (Sachs)
Lichtenberg (Kr Dannenberg) Lüchow	44 524 b			OK	
Lichtenberg (Oberfr) Saalfeld	09 148 Hst +			OK	
Lichtenberg Werkstätten Seelingstädt					
Lichtenhagen Rostock			P		
Lichtenhain (Kr Rudolstadt) Obstfelderschmiede	45 494			OR	
Lichtenhain an der Bergbahn Obstfelderschmiede		[156]	P(RE)		
Lichtenhain Museumsbahn				Sm	
Lichtenhainer Wasserfall Bad Schandau				Sm	
Lichtenrade Berlin	03 080 III og				
Lichtenrade (Güteraußenring)	03 088 IV o				
Lichtenstein (Sachs) Sankt Egidien	06 657 II		P(RE) G (40) (Wk)		Oelsnitz (Erzgeb)
Lichtenstein (Sa.) E. Schneller-Sdl. Sankt Egidien					
Lichtenstein (Sachs) Gewerbegebiet Sankt Egidien					
Lichtenstein (Sa.) Hartensteiner Str. Sankt Egidien					
Lichtenstein-Callenberg Sankt Egidien					
Lichtentanne (Sachs) Dresden, Zwickau	06 530 III b		P(RE)	OR	
Lichtentanne (Thür) Saalfeld	09 151 IV		P(RE) G (41)	OK	
Lichtenow Strausberg					
Lichterfeld Ziegelei				Sm	
Lichterfelde Berlin					
Lichterfelde Ost Berlin, Teltow					
Lichterfelde Süd Berlin	03 104 Hp				
Lichterfelde West Berlin					
Liebenhain Mittweida	42 876 b op u				Mittweida
Liebenthal (Prign) Wittenberge	27 312 Hst +		P	OR	
Liebenwalde Berlin	51 897		P(RE) G (Wk)		Basdorf
Liebenwerda Horka					
Lieberose Frankfurt	25 451 III				Bm
Lieberose Anschlußbf Byhlen				Sm	
Lieberose Spreewaldbf Byhlen	47 293			Sm OK	
Lieberose Stadt Byhlen	47 290			Sm OK	

Betriebsstellenname (fett) siehe unter	Bf-Nr.	Merkmal DRG	Bem.	Merkmal DR (u. ggf. später)	Sm	Ram.	Mutterbahnhof/ Bm/Bw/Raw
Liebertwolkwitz Leipzig	12 800	II		P(RE) G (40) (Wk)			Bm
Liebertwolkwitz Klinkerwerk					Sm		
Liebertwolkwitz Pfannsteinwerk					Sm		
Liebeseele Swinemünde	28 289	IV				OR	
Liebitz-Burghof Byhlen	47 289				Sm	OK	
Liebschütz (Saale) Triptis	09 138	Hst +		P		OK	
Liebschwitz (Elster) Gera	06 780	IV				OK	
Liebstedt Weimar	43 930				Sm	OR	
Liebstein Görlitz							
Lienewitz Lia Abzw. Wildpark							
Lieskau (Saalkr) Halle	42 507			G		OR	Halle Dölau
Lieske Knappenrode							
Liessen Dahme					Sm		
Liessow Betonwerk				G(WA)	Sm		
Lietzen Fürstenwalde				P(RE)			
Lietzen Dorf Fürstenwalde	45 509					OR	
Lietzen Komturei Fürstenwalde	45 510					OK	
Lietzen Nord Fürstenwalde				P			
Lietzow (Mark) Senzke	46 357				Sm		
Lietzow (Rügen) Rostock	28 067	III		P(RE) G(WA)		OR	
Limbach (Sachs) Chemnitz	06 465	I		P(RE) G(ST) (40) (Wk)			Bm
Limbach (Vogtl) Dresden	06 703	Hp		P(RE)			
Limbach Ziegelei					Sm		
Limmritz (Neum) Küstrin	44 313						
Limmritz (Neum) Forst Küstrin	44 312					OR	
Limmritz (Sachs) Doberlug-Kirchhain	06 364	III		P(RE) G		OK	Döbeln Hbf
Limmritz Zschopaubrücke Doberlug-Kirchhain							
Limmritzer Tunnel Doberlug-Kirchhain							
Linda (Elster) Jüterbog	12 504	IV		P(RE)			Bm
Lindau (Anh) Güsten	12 270	III		P(RE) G (41)			
Lindauer Allee Berlin							
Linde (Mark) Löwenberg	84 904	e og		P			
Linde Bk Dresden							
Lindenau Leipzig							
Lindenau-Friedrichshall Hildburghausen	09 452	IV			Sm		
Lindenau-Friedrichshall Oppel & Co Hildburghausen					Sm		
Lindenau-Friedrichshall Saline Hildburghausen					Sm		
Lindenberg (Harz) Gernrode	47 830				Sm	OK	
Lindenberg (Mark) Königs Wusterhausen							
Lindenberg (Prign) Glöwen, Perleberg	46 016				Sm	OR	
Lindenberg-Glienicke Königs Wusterhausen	03 343	IV		P(RE) G(WA) (40) (Wk)		OK	
Lindenfelde (b Demmin) Demmin	41 052				Sm	OR	
Lindenhof (b Demmin) Demmin	41 053				Sm	OR	
Lindenkrug Duderstadt					Sm		
Lindenthaler Platz Berlin							
Lindhorst (Kr Wolmirstedt) Wolmirstedt	48 553					OR	
Lindhorst (Uckerm) Prenzlau	46 164			P		OK	
Lindow (Kr Stargard/ Meckl) Brohm	45 078				Sm	OR	
Lindow (Mark) Löwenberg	88 904			P(RE) G (Wk)			
Lindow (Mark) Schulzendorf	42 171						
Lindstedt Klötze							
Lindthal Abzw. Cottbus, Großräschen							
Lingnerschloß Dresden					Sm		
Linow Löwenberg	98 904	b e u				OK	
Linow See Löwenberg							
Linowsee Löwenberg	41 934	e og					
Lipna Horka							
Lipova Sebnitz							
Lippelsdorf Probstzella	09 158	IV		P		OK	
Lippelsdorfer Tunnel Probstzella							
Lippendorf Kraftwerk Böhlen				G(WA)			
Lipschitzallee Berlin							
Lipsitz Bergen	46 555	b		P	Sm	OR	
Lischow Bad Kleinen		Ldst					
Lissa (Kr Delitzsch) Krensitz	40 687					OK	
Lissa (Oberlaus) Görlitz	04 086	Hp					
Lloyd-Hafenbahn Rostock							
Löbau (Sachs) Görlitz, Zittau	06 047	I		P(RE) G(CA) (60) (Wk)			Bm Bw Bww

Löbau (Sachs) Gbf	06 048 Ga					
Löbau Werners Gartenbahn				Sm		
Löbauer Wasser-Brücke Görlitz						
Löbauer Wasser-Viadukt Görlitz						
Löbejün (Saalkr) Nauendorf	42 880		P(RE) G (50)			
Löbejün Hartsteinwerk Nauendorf						
Löbejün Post Nauendorf						
Löbejün Zuckerfabrik Nauendorf						
Lobenstein (Thür) Saalfeld, Triptis	09 143 II		P(RE) G(WA) (41) (Wk)			Bm
Lobenstein (Thür) Süd Saalfeld			G		OK	Lobenstein (Thür)
Lobeofsund Paulinenaue	41 904		P(RE)		OR	
Loberbachbrücke Krensitz						
Loberbrücke Leipzig						
Löberschütz Krossen			P			
Löbichau Beerwalde, Seelingstädt						
Löbnitz Hayna						
Lobsdorf Bf 3 Sankt Egidien				Sm		
Lobsdorf Bk Dresden						
Lobstädt Böhlen			G(WA)	Sm		
Lobstädt Leipzig	12 818 II		P(RE) G(WA) (40)			
Loburg Bf Altengrabow	43 620			Sm	OK	
Loburg Bf Altengrabow	43 620					
Loburg Haltestelle Altengrabow	43 621			Sm	OR	
Loburg Reichsb Biederitz	13 084 III		P(RE) G (Wk)			
Loburg Süd Altengrabow						
Lochau Deponie Halle						
Lochgut-Tunnel Gera						
Löcknitz Pasewalk, Prenzlau	28 152 III	[157]	P(RE) G (35) (Wk)			Bm
Löcknitzbrücke Magdeburg						
Lockstedt (b Klötze) Klötze	40 103		P(RE) G		OR	Kalbe (Milde)
Lockstedt (Kr Klötze) Klötze						
Lödderitz Staats-forst Ladestelle Breitenhagen			G(WA)	Sm		
Lodenau Horka	42 688		G(WA)		OR	Horka
Lodenau Papierfabrik Horka						
Löderburg Hecklingen			P	Sm		
Löderburg-Lust Staßfurt						
Löderburg Schacht VI Staßfurt						
Lodersleben Röblingen	IV b	[158]	P(RE) G(WA)		OK	
Lodmannshagen Kemnitz	42 374 b			Sm	OR	
Loeper-Lager Haldensleben						
Loeper Straße Dessau						
Lohmen Pirna	06 115 III		P(RE) G(WA) (40)			Dürröhrs-dorf
Lohmen Feldbahngelände				Sm		
Lohmen Steinbruch				Sm		
Lohmgrund Pirna						
Lohmühle Georgenthal						
Lohmühle Bk Neudietendorf				Sm		
Lohsa Horka	12 664 III		P(RE) G (100)			
Lohsa Tagebau Mulkwitz						
Lohsdorf Goßdorf-Kohlmühle	07 034 Hst +			Sm	OR	
Loissin Greifswald	42 355		(E)	Sm	OR	
Loitsch-Hohenleuben Werdau	06 818 III		P(RE) G(WA) (40)		OK	
Loitsche Magdeburg	13 051 III		P(RE)		OK	
Loitz Toitz-Rustow	28 051 III		P(RE) G (Wk)			
Lommatzsch	06 324 II		P(RE) G	Sm	OR	
Lommatzsch Meißen, Riesa	06 324 II		P(RE) G(CA) (60) (Wk)			Bm
Lonvitz Altefähr						
Loquitzbrücke Saalfeld						
Loreleifelsen Wolkenstein			P	Sm		
Loschwitz Körmerplatz Dresden						
Lossa (Finne) Laucha	09 056 IV		G(WA)		OK	Bad Bibra
Lossabrücke Erfurt						
Lössau Schönberg	06 722 Hp + e b		P		OR	
Lössen Krensitz						
Lössen Merseburg, Wallendorf						
Lossen (b Lommatzsch) Lommatzsch	07 102 Hst + r		P(RE)	Sm	OK	
Lössen Werkbf Leuna						
Lößnitz ob Bf Chemnitz	06 634 III	[159]	P(RE) G(WA) (Wk)			Aue (Sachs)
Lößnitz unt Bf Chemnitz	06 635 III		P(RE)			Bm
Lößnitzgrund Radebeul	07 057 IV + e og r		P	Sm		
Lößnitztal Hetzdorf	07 184 Hp e r u			Sm		Hetzdorf (Flöhatal)
Lossow						

Betriebsstellenname (fett) siehe unter	Bf-Nr.	Merkmal DRG	Bem.	Merkmal DR (u. ggf. später)	Sm	Ram.	Mutterbahnhof/ Bm/Bw/Raw
Frankfurt							
Löthain	07 092	IV b r		P G (Wk)	Sm	OK	Lommatzsch
Meißen, Weißig							
Lotsche							
Klötze							
Lottengrün	06 842	IV		P(RE) G		OK	Falkenstein (Vogtl)
Falkenstein							
Lottschesee	59 897	oe og		P			
Basdorf							
Louis-Lewin-Straße							
Berlin							
Löwenberg (Mark)				P(RE) G(CA) (35)			
Prenzlau							
Löwenberg (Mark) Dorf	83 904		[160]	P(RE) G (Wk)		OK	Löwenberg (Mark)
Löwenberg (Mark) Privatb	82 904	b				OR	
Löwenberg (Mark) Reichsb	28 005	II					Bm
Oranienburg							
Löwenberg Abzw.							
Oranienburg							
Löwitz	44 687				Sm	OR	
Uhlenhorst							
Lpz Abzw.							
Leipzig							
Lübars (Elbe)							
Schönhausen							
Lübars (Kr Burg)				P			
Altengrabow, Biederitz, Burg							
Lübars Abzw.							
Altengrabow, Biederitz, Burg							
Lübars-Neuermark	43 508					OR	
Schönhausen							
Lübben Anschlußbf					Sm		
Lübben Brauerei							
Falkenberg							
Lübben Hbf			[161]	P(RE) G(ST) (32) (Wk)			
Berlin, Falkenberg							
Lübben Hp				P			
Falkenberg							
Lübben Nord	63 886	p u					Lübben Süd
Falkenberg							
Lübben Ost							
Lübben Ostbf	47 282	r			Sm	OK	
Lübben Reichsb	12 731	II					Bm
Berlin							
Lübben Spreewaldbf	47 281				Sm	OK	
Lübben Süd	53 886		[161]	P G (50) (Wk)			Lübben Hbf
Falkenberg							
Lübben Ziegelei							
Falkenberg							
Lübbenau (Spreew)	12 725	I		P(RE) G (Wk)			Bm Bw
Berlin							
Lübbenau (Spreew) Süd			[163]	G(WA)			
Lübbenau Kraftwerk							
Lübbersdorf	45 059				Sm	OR	
Sandhagen							
Lübbow	01 602	IV					
Salzwedel							
Lübeck Blankensee	27 294	III				OR	
Lüneburg							
Lübeck Brodten	27 289	Hp b oe u				OR	Lübeck-Travemünde Hafen
Lüneburg							
Lübeck Dänischburg	27 283	II b				OR	
Lüneburg							
Lübeck Ega	27 002	Ega					
Lübeck Gbf	27 001	Ga					
Bad Kleinen							
Lübeck Hafen							
Lüneburg							
Lübeck Hbf	27 280	I					Bm Bw Raw
Bad Kleinen, Lüneburg							
Lübeck Herrenwyk							
Lüneburg							
Lübeck Kirschallee							
Lübeck Konstinbf							
Lübeck Kücknitz	27 284	IV				OR	
Lüneburg							
Lübeck Kücknitz Bbf							
Lüneburg							
Lübeck LBE							
Bad Kleinen, Lüneburg							
Lübeck Meckl Rangierbf							
Bad Kleinen							
Lübeck Pöppendorf	27 285	IV b					
Lüneburg							
Lübeck Schlutup	27 292	II e op					
Lübeck							
Lübeck Schlutup Breitling							
Lübeck Schlutup Fischreihafen							
Lübeck Schlutuper Tannen	27 291	Hp					
Lübeck Skandinavienkai							
Lüneburg							
Lübeck St. Jürgen							
Bad Kleinen							
Lübeck Stadtbf							
Bad Kleinen							
Lübeck-Travemünde Hafen	27 286	II					
Lüneburg							
Lübeck-Travemünde Skandinavienkai							
Lüneburg							
Lübeck-Travemünde Strand	27 287	II					
Lüneburg							
Lubij (Sakska)							
Görlitz, Löbau, Zittau							
Lubin							
Berlin							
Lubin gl. dwornisco					Sm		
Lübben							
Lubin jug							
Falkenberg							
Lubin jutso					Sm		
Lübben							
Lubin zapad							
Falkenberg							
Lubin zastan							
Falkenberg							
Lüblow (Meckl)	27 109	IV		P(RE)		OR	
Dömitz, Magdeburg							
Lubmin Dorf	42 358	b			Sm	OR	
Greifswald							
Lubmin KKW							
Greifswald							
Lubmin Mitte							
Greifswald							
Lubmin Seebad			[1]	P(RE) (Bus)			
Lubmin Seebad	42 379				Sm	OR	
Greifswald							

Lubmin Werkbf Greifswald			P G(WA)(CA)				
Lubmin Zentrale Baust.-Einrichtung Greifswald							
Lubnjow (Blota) Berlin, Lübbenau							
Lubnjow (Blota) jug Lübbenau							
Lubolce Berlin							
Lubolz Berlin	12 732 IV		P(RE)		OR		
Luboraz mesto Byhlen				Sm			
Lübs (b Magdeburg) Biederitz			P(RE) G		OK		
Lübs (Bz Magdeburg) Biederitz	12 359 IV				OK		
Lubsko Guben							
Lübschütz Ziegelei				Sm			
Lübstorf Magdeburg	27 076 III		P(RE) G				
Lübtheen Malliß	27 122 IV						
Lübz Ludwigslust	27 136 II		P(RE) G(CA) (41) (Wk)			Bm	
Luchkanalbrücke Paulinenaue							
Lüchow Salzwedel	01 604 III					Bw	
Lüchow Kleinb	44 520				OKg		
Lüchow Süd						Bw	
Lucka (Kr Altenburg) Deutzen			G(WA)	Sm			
Lucka (Kr Altenburg) Pegau	12 865 III		P(RE) G(CA) (40)				Meuselwitz (Thür)
Lucka (Kr Altenburg) Gbf Pegau							
Lucka (Kr Altenburg) Süd Pegau			P				
Lucka Wellpappefabrik Pegau							
Luckaitz Lübbenau	12 567 Hp						
Luckau Falkenberg, Finsterwalde	64 886	[68]	P(RE) G (50) (Wk)			Bw	
Luckenau Profen			P	Sm			
Luckenau Zeitz	09 099 II		P(RE) G(WA)				
Lückenmühle Triptis	09 139 Hst +		P(RE)				
Luckenwalde Dahme			P(RE) G	Sm			
Luckenwalde Halle	03 113 II		P(RE) G(WA) (ST) (33)			Bm	
Luckenwalde Gbf	03 114 Ga						
Luckenwalde Stadtbad Dahme				Sm			
Luckenwalde Süd Dahme				Sm			
Lückstedt-Dewitz Stendal	47 387		P(RE) G (Wk)		OR		Stendal Ost
Lüdelsen Beetzendorf	40 093		G		OR		Beetzendorf (Sachs-Anh)
Lüderitz Tangermünde				Sm			
Lüdersdorf (Kr Angermünde) Angermünde	28 191 IV						
Lüdersdorf (Kr Eberswalde) Angermünde			P(RE) G		OK		
Lüdersdorf (Meckl) Bad Kleinen	27 004 III		P(RE) G(WA) (Wk)				
Lüdershagen Stralsund	41 581		P	Sm	OR		
Lüdershagen Weiche Stralsund				Sm			
Ludwig Abzw. Erfurt							
Ludwig Uhland-Straße Halle			P	Sm			
Ludwigsburg (Uckerm) Prenzlau	46 186		P G		OR		Prenzlau
Ludwigsdorf Kalkmühle				Sm			
Ludwigsdorf Kalksteingrube				Sm			
Ludwigsdorf Kalkwerk			G(WA)				
Ludwigsfelde Berlin, Halle	03 107 III		P(RES) G				
Ludwigshof (Kr Ückermünde)				Sm			
Ludwigshof (Kr Ückermünde) Stöven	46 239				OR		
Ludwigshof Ammoniakwerk				Sm			
Ludwigslust Dömitz, Magdeburg	01 043 I		P(RE) G(ST) (41) (Rp)			Bm	
Ludwigslust Gbf	01 044 Ga						
Ludwigsluster Kanalbrücke Magdeburg							
Ludwigsstadt Saalfeld	22 023 II						
Luga Weißig				Sm			
Lugaer Viadukt Weißig				Sm			
Lugau Neuoelsnitz	06 655 II		P(RE) G (Wk)			Bw	
Lugau Hp Neuoelsnitz	06 654 Hp +						
Lugau Überlandbf Hohenstein-Ernstthal	48 640 b				OR		
Lugau Ziegelei				Sm			
Lugknitz Weißwasser							
Luisenau Uhlenhorst	44 691			Sm	OR		
Luisenthal (Thür) Gotha	09 271 III		P(RE) G (40)		OK		
Lukecy Lübbenau							
Luko Bk Horka							
Lumpzig Meuselwitz			P(RE)				
Lüneburg Berlin	01 173 I						
Lüneburg Gbf	01 174 Ga						
Lüneburg Meisterweg							
Lüneburg Nord	40 314						
Lüneburg Ost							
Lungwitzbachbrücke							

Betriebsstellenname (fett) siehe unter	Bf-Nr.	Merkmal DRG	Bem.	Merkmal DR (u. ggf. später)	Sm	Ram.	Mutterbahnhof/ Bm/Bw/Raw
Dresden, Glauchau							
Lunow							
Teterow							
Lünow	48 182					OR	
Brandenburg							
Lunowo							
Swinemünde							
Lunzenau	06 402	III		P(RE) G (40) (Wk)			
Glauchau							
Lunzenau Papierfabrik							
Glauchau							
Lüptitz	12 776	IV b		P G		OR	
Eilenburg							
Lüskow	45 008				Sm	OR	
Anklam							
Lüssow (b Stralsund)	56 909	u				OR	Richtenberg
Stralsund							
Lüssow (Meckl)	27 067	IV		P(RE)			
Güstrow							
Lüssow Gut							
Stralsund							
Lustgarten							
Strausberg							
Luta							
Horka							
Lutherstadt Eisleben				P(RE) G(ST)			
Halle							
Lutherstadt Wittenberg				P(RE) G(CA) (ST)(STA) (41)			
Halle, Horka							
Lutherstadt Wittenberg Elbtor				P			
Horka							
Lutherstadt Wittenberg Hafen							
Horka							
Lutherstadt Wittenberg Piesteritz				P G(WA)(CA)			
Horka							
Lutherstadt W. Piesteritz Stickstoffw				G(WA)			
Horka							
Lutherstadt Wittenberg Spiritus				G(WA)			
Lutherstadt Wittenberg West				P(RE) G(CA)		OK	Lutherstadt Wittenberg
Horka							
Lütkendorf	48 426					OR	
Berge							
Lutol							
Frankfurt							
Lutowk							
Löbau							
Lüttchen-Tucheim							
Güsen							
Lütte	64 808			P(RE)		OR	
Treuenbrietzen							
Lütten Klein Süd				P			
Rostock							
Lüttgenziatz	43 601				Sm	OR	
Burg							
Lüttgenziatz Mühle							
Burg							
Lüttkevitz	46 572	b		P	Sm	OR	
Bergen							
Lüttnitz	07 142	Hst + r			Sm	OK	
Mügeln							
Luttowitz	06 144	Hst +		P G(WA)			Großdubrau
Löbau							
Lützen	12 024	III		P(RE) G (35) (Wk)			
Leipzig							
Lützen ACZ							
Leipzig							
Lützen Zuckerfabrik							
Leipzig							
Lützkendorf				P	Sm		
Merseburg							
Lützkendorf Mineralölwerk							
Stöbnitz							
Lützlow	47 217			P G		OR	Gransee (Uckerm)
Schönermark							
Lützow	27 089	IV		P(RE) G			
Schwerin							
Lützschena	12 079	Hp		P			
Leipzig							
Lützschena Gasthof							
Leipzig							
Luwocicy							
Löbau							
Lychen	28 024	III		P(RE) G			
Fürstenberg							
Maasmühle							
Blankenburg							
Mäbendorf-Albrechts							
Neudietendorf							
Machendorf	06 010	Hst					
Zittau							
Machern (Sachs)	12 765	Hp b		P(RE)		OR	
Leipzig							
Machnin							
Zittau							
Maczkow							
Kunersdorf							
Madel	43 597				Sm	OR	
Burg							
Magdalenenstraße							
Berlin							
Magdeburg Altstadt							
Magdeburg Brücke Abzw.							
Magdeburg Brückfeld				G			Magdeburg Elbbf
Magdeburg Buckau	13 087	I	[166]	P(S) G(ST) (50)			Bm Bw Raw
Berlin, Zielitz							
Magdeburg Buckau Pbf							
Zielitz							
Magdeburg Buckau Rbf	13 088	Ga					
Zielitz							
Magdeburg Buckau Rbf Einfahrgruppe							
Magdeburg Buckau Vbf							
Magdeburg Eichenweiler				P(S)			
Zielitz							
Magdeburg Elbauenpark							
Magdeburg Elbbf	13 070	II b		P(RE) G (40)		OK	Bm
Magdeburg Elbbf An der Sülze			[167]	G(Ldst)		OR	Magdeburg Elbbf
Magdeburg Friedensweiler							
Magdeburg Friedrichstadt	13 072	IV b op u					Magdeburg Elbbf
Magdeburg Gbf	13 062	Ga					
Magdeburg Hafen	13 057	Ga b op		G(WA)		OK	
Magdeburg Hasselbachplatz							
Zielitz							

Betriebsstelle	Nr.		Verkehr		Bemerkung
Magdeburg Hbf Berlin, Zielitz	13 060 I	[168]	P(RE) G(WA) (ST) (50) (Rp)		Bm Bw Bww
Magdeburg Hbf Ega	13 061 Ega				
Magdeburg Herrenkrug Berlin			P		
Magdeburg Imprägnierwerk				Sm	
Magdeburg Industriebau					
Magdeburg Industriehafen					
Magdeburg Metallleichtbaukombinat					
Magdeburg Minol Tanklager			G(WA)		
Magdeburg Neustadt Berlin, Zielitz	13 058 I	[6]	P G(ST) (55)		Bm
Magdeburg Neustadt Gbf	13 059 Ga				
Magdeburg Nord	13 068 II		G(WA)		Magdeburg Hafen
Magdeburg Nord Gbf	13 069 Ga				
Magdeburg Röstfein					
Magdeburg Rothensee Haldensleben, Zielitz	13 056 I		P G(ST)		Bm Bw
Magdeburg Rothensee Gbf/ Rbf Zielitz	13 055 Ga				
Magdeburg Salbke Zielitz	13 091 Hp + p		P		
Magdeburg Sudenburg	13 063 I		P(RE)		Bm
Magdeburg Sudenburg Gbf	13 064 Ga	[170]	G(WA)(C) (ST) (35)		
Magdeburg Sudenburg Schlachthof		[171]	G(Ahst)		Magdeburg Sudenburg
Magdeburg Südost Zielitz	13 089 II		P(RE) G		Bm
Magdeburg Sülzebf					
Magdeburg Thälmannwerk Berlin, Zielitz			P		
Magdeburgerforth Burg					
Magdeburgerforth Bahnhof Burg	43 585			Sm OK	
Magdeburgerforth Haltestelle Burg	43 607			Sm OR	
Magdeburgerforth Mitte Burg					
Magdeburgerforth Rohpappenfabrik Burg					
Mägdesprung Gernrode	43 830		P G	Sm OK	Gernrode (Harz)
Magerviehhof Berlin	03 247 II				
Mahitzschen Torgau	12 473 Hst +	[172]	G(WA)	OK	Belgern
Mahlis Oschatz	07 160 IV + r		P(RE) G	Sm OR	Oschatz
Mahlis Ziegelei				Sm	
Mahlow Berlin	03 081 III		P(SE)		
Mahlsdorf Berlin					
Mahlsdorf (Altm) Salzwedel	47 043		P(RE) G	OR	Salzwedel
Mahlwinkel Magdeburg	13 049 III		P(RE) G (35)		
Malchin Bützow, Waren	27 044 I		P(RE) G(ST) (40) (Wk)		Bm Raw
Malchin Zuckerfabrik Bützow, Waren		G			
Malchow (Meckl) Karow	27 154 III		P(RE) G (50) (Wk)		Bm
Malchow (Meckl) Bauhof Karow					
Malchow (Meckl) Munitionsfabrik Karow					
Malchow (Meckl) Stadtforst Karow		Ldst			
Malchow Sägewerk					
Male Radmercy Löbau					
Malecicy Löbau					
Malge Berlin					
Mallin Waren	27 164 IV			OR	
Malliß Dömitz	27 116 III		P(RE) G(CA) (40)		Bm
Malliß Braunkohlenwerk				Sm	
Malliß Ziegelei				Sm	
Malter Freital	07 070 IV r		P(RE)	Sm OR	
Maltitz Löbau	06 152 Hp e u		P		Weißenberg (Sachs)
Maly Wjelkow Bautzen					
Mandaubrücke Zittau					
Mandelkow (Bz Stettin) Casekow	40 560			Sm OR	
Mandelkow (Kr Randow) Casekow				Sm	
Manebach Plaue	09 344 III b		P(RE)	OK	
Manndorf Breitengüßbach	22 077 Hp e p u				Breitengüßbach
Mannstedt Buttelstedt				Sm	
Mannstedt Gleisdreieck Buttelstedt				Sm	
Mansfeld Hettstedt			P	Sm	
Mansfeld Klostermansfeld					
Mansfeld (Südharz) Klostermansfeld	12 200 III		P(RE) G (Wk)		
Mansfeld-Schleife Vatterode			P	Sm	
Mansfelder Viadukt Klostermansfeld					
Marbach (b Erfurt) Erfurt	41 300 b			OR	

Betriebsstellenname (fett) siehe unter	Bf-Nr.	Merkmal DRG	Bem.	Merkmal DR (u. ggf. später)	Sm	Ram.	Mutterbahnhof/ Bm/Bw/Raw
Marbe Etgersleben							
Märchenstadt Berlin					Sm		
Märchenwiese Berlin							
Marchlewski-straße Berlin							
Margaretental Perleberg	48 403			P(RE) G(WA)		OR	Karstädt
Margarethenhof Brandenburg				P	Sm		
Mariawerth Ferdinandshof	44 637				Sm	OR	
Mariawerth Gut Ferdinandshof					Sm		
Mariawerth Heuweiche Ferdinandshof	44 639				Sm	OR	
Marienberg (Sachs) Chemnitz	06 558	II		P(RE) G (Wk)			
Marienberg Gebirge Chemnitz	06 559	Hp		P(RE)			
Marienberg Gelobtland Chemnitz	06 560	IV		P			
Marienborn (Prov Sachs) Magdeburg	13 224	III					
Marienborn (Sachs-Anh) Magdeburg				P(RE) G (60)			
Marienborn Burbach							
Marienborn Burbach II							
Marienborn Grenze				Güp			
Marienbrücke Dresden, Frankfurt, Leipzig							
Marienbrunn Leipzig							
Mariendorf Berlin							
Marienehe Rostock	27 225	Hp p u					ohne Mutterbf
Marienfelde Berlin	03 078	I					Bm
Marienfelde Gbf	03 079	Ga					
Marienglashöhle Gotha				P	Sm		
Mariengrube Kriebitzsch							
Marienhof Pritzwalk				P			
Marienschacht Freital							
Marienthal (Kr Anklam) Uhlenhorst	44 690	b			Sm	OR	
Marienthal (Bz Stettin) Stöven	46 229					OR	
Marienthal (Kr Randow) Stöven							
Marienthal (Sachs) Görlitz	06 002	Hp					
Marienthal (Thür) Immelborn	09 428	Hp u					Bad Liebenstein-Schweina
Marienthal Bk Erfurt							
Marienthal Ziegelei Zehdenick-Neuhof					Sm		
Marihn Waren	27 162	Hst					
Marinestellungen Mellenthin					Sm		
Mark Schönstedt Steinwerke					Sm		
Markau Nauen	45 292					OR	
Marke Dessau	12 332	Hp		P(R)			
Markee Nauen							
Markee Nord Nauen							
Markendorf Hohenseefeld					Sm		
Markendorf Ost Hohenseefeld					Sm		
Markendorf Truppenübungs-platz Hohenseefeld					Sm		
Markersbach (Erzgeb) Zwickau	06 594	IV		P(RE) G(WA) (30)			Bm
Markersbacher Viadukt Zwickau							
Markersdorf (b Reichenau/ Sachs) Zittau	07 007	IV + r			Sm	OR	
Markersdorf (b Reichenau/ Sa.) Hp Zittau	07 008	hp oe r u			Sm		Reichenau (Sachs)
Markersdorf-Taura Chemnitz	06 458	III		P(RE) G (40) (Wk)			Bm
Markhausen Zwotental	07 972	Hp oe u					Graslitz ob Bf
Märkisches Museum Berlin							
Märkische Walzwerke Strausberg							
Markkleeberg Leipzig	12 833	Hp b		P(RE)			
Markkleeberg Großstädteln Leipzig	12 834	Hp		P			
Markkleeberg Mitte Leipzig				P(S)			
Markkleeberg West Leipzig	12 048	III		P			
Markneukirchen Aue	06 884	III		P(RE) G			Adorf (Vogtl)
Markneukirchen Hp Aue	06 883	Hp		P(RE)			
Markneukirchen-Siebenbrunn Aue, Zwickau							
Markneukirchen Stadt Aue							
Markranstädt Lausen, Leipzig	12 043	II		P(RE) G (40) (Wk)			Bm
Marksuhl Eisenach	09 422	IV		P(RE) G (40) (Wk)			Bm
Markt Strausberg							
Marktgölitz	09 033	IV		P(RE)		OKg	

Saalfeld						
Markvippach	44 930			Sm	OR	
Weimar						
Marlishausen	09 316 IV		P(RE) G(WA)		OKg	
Arnstadt						
Marnitz	27 133 Hst +					
Pritzwalk						
Maroldsweisach	22 087 III					
Breitengüßbach						
Marquardt	03 377 Hp p		P(S)			
Berlin						
Marschwitz Papierfabrik						
Leipzig						
Martensdorf	28 077 IV		P(RE) G (Wk)			
Rostock						
Martinroda	09 337 IV		P(RE)		OK	
Plaue						
Martinsgrund			P	Sm		
Gera						
Martinswerk	51 916 b op u				OR	Bad Berka
Weimar						
Marwitz (Kr Osthavelland)	45 314 b				OR	
Nauen						
Marx-Engels-Platz			P(S)			
Berlin						
Marxgrün	26 019 III					
Saalfeld						
Marzahn	03 248 II				OR	
Berlin						
Massen	12 906 Hp p u					Finsterwalde (Niederlaus)
Senftenberg						
Matschdorf	48 438				OR	
Kunersdorf						
Mattierzoll Ost						
Heudeber-Danstedt						
Mattierzoll Reichsb	13 300 III					Bm
Oschersleben						
Mattierzoll Süd	68 810	[173]			OK	
Heudeber-Danstedt						
Matzdorf				Sm		
Klein Daberkow						
Mauna	07 094 Hst + r		P	Sm	OR	
Meißen						
Mauskow	44 314				OR	
Küstrin						
Mauthaus	22 042 Hst +				OR	
Kronach						
Maxen Metallverarbeitung						
Heidenau						
Mechau	01 612 IV +		P(G)			Arendsee (Altm)
Salzwedel						
Mechelsdorf	Ldst			Sm		
Neubukow						
Mechterstädt						
Gotha						
Mechterstädt-Sättelstädt	09 282 III		P(RE) G (Wk)			
Gotha						
Mecklenburg Dorf	27 072 IV		P(RE) G		OR	
Bad Kleinen						
Medessen Bk						
Leipzig						
Medewitz (Mark)	12 367 IV	[174]	P(RE) G(WA)		OK	
Berlin						
Medewitz (Mark) Staatsreservelager			G(WA)			
Berlin						
Medienstadt Babelsberg						
Berlin						
Medlitz	22 064 Hst b e u				OR	Breitengüßbach
Breitengüßbach						
Medow	45 044 b			Sm	OR	
Blesewitz						
Meeder	09 490 IV +					
Coburg						
Meerane	06 773 II		P(RE) G (32) (Wk)			
Glauchau						
Meerane Gbf	06 774 Ga					
Mehderitzsch	12 472 Hst +		G(WA)			
Torgau						
Mehlis						
Zella-Mehlis						
Mehliser Tunnel						
Zella-Mehlis						
Mehltheuer	06 711 II		P(RE) G (32) (Wk)			Bm
Plauen, Werdau						
Mehringdamm						
Berlin						
Mehrower Allee						
Berlin						
Mehrstedt	45 877 u		P		OR	Schlotheim
Ebeleben						
Meilitz	06 781 Hp b				OR	
Gera						
Meinersdorf (Erzgeb)	06 630 II		P(RE) G(WA) (CA)			
Chemnitz						
Meinersdorf (Erzgeb)				Sm		
Schönfeld						
Meiningen	09 436 II		P(RE) G(ST) (40) (Wk)			Bm Bw Raw
Eisenach, Neudietendorf						
Meiningen Gbf	09 437 Ga					
Meiningen Raw						
Eisenach						
Meiningenbrücke						
Velgast						
Meinsdorf	12 370 Hst		P(RE)		OR	
Biederitz, Horka						
Meisdorf	12 218 IV		P(RE)		OK	
Aschersleben						
Meiselschacht						
Freital						
Meißen	06 294 I		P(RE) G(ST) (50) (Wk)			Bm
Leipzig						
Meißen Buschbad	07 132 Hp p u			Sm		Meißen Triebischtal
Wilsdruff						
Meißen Gbf	06 295 Ga					
Meißen Jaspisstraße	07 091 IV oe og r u			Sm		Meißen Triebischtal
Wilsdruff						
Meißen Steinbruch				Sm		
Meißen Triebischtal	06 296 II		P G (32) (Wk)			Meißen
Leipzig						
Meißen Triebischtal				Sm		
Wilsdruff						
Meißen Ziegelei				Sm		
Meitzendorf	13 140 III		P(RE)			
Haldensleben						
Melchow	28 158 Hp		P(RE)			
Bernau						
Mellenbach-Glasbach	09 329 III		P(RE) G		OR	
Köditzberg						
Mellensee-Saalow	03 089 IV		P(RE) G(WA)			Zossen
Jüterbog						
Mellenthiner Heide Munitionsbunker				Sm		
Mellenthiner Heide Munitionsbunker						
Ducherow						
Mellingen (Thür)	09 089 III		P(RE)		OK	
Glauchau						
Mellnitz	46 519 b			Sm	OR	

Betriebsstellenname (fett) siehe unter	Bf-Nr.	Merkmal DRG	Bem.	Merkmal DR (u. ggf. später)	Sm	Ram.	Mutterbahnhof/ Bm/Bw/Raw
Altefähr							
Mellrichstadt Bahnhof	22 433	II					Bm
Meiningen							
Mellrichstadt Stadt	22 434	Hp e p u					Mellrichstadt Bahnhof
Melzdorf-Almendorf	11 317	Hp e u					Fulda
Götzenhof							
Memleben							
Naumburg							
Memmelsdorf (Oberfr)	22 069	Hst +				OK	
Breitengüßbach							
Memmendorf Bk							
Dresden							
Mendelssohn-Bartholdy-Park							
Berlin							
Mengersgereuth-Hämmern	09 471	IV		P(RE)			
Eisfeld							
Mengersgereuth-Hämmern Ost	09 472	Hp +		P(R)			
Eisfeld							
Menteroda (Thür)	51 833	b		P G(WA)		OR	
Greußen							
Menz (Kr Ruppin)	42 164					OK	
Gransee							
Menzendorf	27 009	IV o	[175]	P			
Bad Kleinen							
Menzengraben				P			
Dorndorf							
Menzengraben Kaliwerk							
Dietlas, Dorndorf							
Merkers	09 417	IV p		P(RE)			
Bad Salzungen							
Merkers Kaliwerk				G(WA)			
Eisenach							
Merseburg	12 097	I		P(RE) G(ST) (40) (Wk)			Bm Bw
Halle, Stöbnitz, Wallendorf							
Merseburg Bahnhofstraße				P	Sm		
Halle							
Merseburg Bergmannsring				P			
Merseburg Elisabethhöhe	12 119	IV og					
Merseburg Friedenshöhe				P(RE)			
Merseburg Gbf	12 098	Ga					
Halle							
Merseburg Hölle am Damm				P	Sm		
Merseburg Leninallee				P	Sm		
Halle							
Merseburg Leninstraße				P	Sm		
Merseburg Leunaweg				P	Sm		
Merseburg Ost Tagebau							
Halle							
Merseburg Salvador-Allende-Platz				P	Sm		
Halle							
Merseburg Sportplatz				P	Sm		
Halle							
Merseburg Süd			[176]	G(WA)(Ahst)			Merseburg
Merseburg Süd Betonwerk Abraum					Sm		
Merseburg Süd Betonwerk Kies					Sm		
Merseburg Weißenfelser Straße				P	Sm		
Merseburg Zentrum				P	Sm		
Halle							
Mertendorf	09 037	IV + b		P(RE) G (Wk)		OK	
Naumburg							
Mertitz Dorf	07 099	Hst + e op r u			Sm	OK	Lommatzsch
Lommatzsch							
Mertitz Gabelstelle	07 098	IV e og r			Sm		
Lommatzsch, Meißen							
Merxleben	44 359			P G		OR	Bad Langensalza Ost
Bad Langensalza							
Merzdorf (Kr Cottbus)	25 341	IV		P(RE) G		OR	
Frankfurt							
Merzdorf Awanst							
Frankfurt							
Merzwiese	25 331	III					
Guben							
Mesekenhagen	28 104	Hp b		P(RE)		OR	
Bernau							
Mesendorf	46 020				Sm	OR	
Glöwen							
Meßdorf	13 033	III		P(RE) G			
Stendal							
Messe Nord ICC							
Berlin							
Messe Süd							
Berlin							
Messebf							
Berlin							
Messegelände							
Leipzig							
Messingwerk	44 927	b e op					
Eberswalde							
Metallaufbereitung							
Güsen							
Metschow	41 055				Sm	OR	
Demmin							
Metzdorf					Sm		
Hetzdorf							
Metzelthin (Kr Kyritz)				P			
Neustadt							
Metzelthin (Kr Ruppin)	80 904	b e u				OR	Barsikow
Neustadt							
Metzelthin (Kr Templin)	28 014	Hst +					
Fürstenwerder							
Meuchen	12 025	Hp +		P(RE)			
Leipzig							
Meuro Tagebau							
Casel							
Meuselbach-Schwarzmühle	09 331	Hp +		P(RE)			
Köditzberg							
Meuselwitz (Thür)				P G(WA)	Sm		
Borna							
Meuselwitz (Thür)	12 868	I		P(RE) G(CA) (50) (Wk)			Bm Bw
Pegau, Zeitz							
Meuselwitz (Thür) Gbf	12 869	Ga					
Meuselwitz Bf							
Borna							
Meuselwitz Bismarck							

						Zeitz
Meuselwitz Bruderzeche						Zeitz
Meuselwitz BWG						Pegau
Meuselwitz Fortschritt						Zeitz
Meuselwitz Gießerei			G(WA)			Pegau
Meuselwitz Heurekagrube	12 867 Hp		P(RE)			Pegau
Meuselwitz Hp						Borna
Meuselwitz Kautas						Zeitz
Meuselwitz Kiefernschacht						Zeitz
Meuselwitz Kölbel						Pegau
Meuselwitz Leonhard II						Zeitz
Meuselwitz Ottoschacht						Zeitz
Meuselwitz Schädegrube						Zeitz
Meuselwitz Taubert						Pegau
Meuselwitz Vereinsglück						Zeitz
Meuselwitz Ziegelei				Sm		
Mexikoplatz						Berlin
Meyenburg Privatb	70 904			OK		Kremmen
Meyenburg Reichsb	27 350 III		P(RE) G (41) (Wk)			Pritzwalk
Meyersgrund						Plaue
Michaelstein			P			Blankenburg
Michelsdorf				Sm		Lehnin
Michendorf	03 057 III		P(RES) G(WA)(CA) (Wk)			Berlin
Miedzyzdroje						Swinemünde
Mierendorf	27 186 Hst b op u		P	OR	Plaatz und Glasewitz	Rostock
Mierendorfplatz						Berlin
Mierkow						Guben
Mieste	13 010 III		P(RE) G(CA) (32) (Wk)			Wustermark
Miesterhorst	13 011 III		P(RE) G(WA)	OK		Wustermark
Mihla	09 301 IV				Bm	Eisenach
Mikow						Horka
Mikulasovice dol. n.						Sebnitz
Mikulasovice horni n.						Sebnitz
Mikulasovice stred						Sebnitz
Mikulov						Freiberg
Mikulov Nove Mesto						Freiberg
Mildenberg Ziegelei				Sm		
Mildenitz	27 345 Hp + u			OR		Neustrelitz
Mildensee	43 820			OR		Dessau
Mildensee Waldbad	50 820 p	[177]				Dessau
Mildensee West	51 820 p					Dessau
Militärbahn						Falkenberg
Milmersdorf	28 200 IV		P(RE) G(WA) (Wk)			Fürstenberg
Milow (Havel)	43 502					Genthin
Milow (Havel) Süd	43 501					Genthin
Milow Abzw.						Genthin
Milseburg	11 322 IV			OR		Götzenhof
Milseburg-Tunnel						Götzenhof
Miltern	42 908 b e oä	[178]	P G(WA)	OR	Tanger-münde	Stendal
Miltern Getreide-wirtschaft						Stendal
Miltitz (b Leipzig)	12 044 III		P G	OK	Markran-städt	Leipzig
Miltitz Granitwerk				Sm		
Miltitz-Roitzschen	06 297 III		P(RE) G (40) (Wk)	OK	Meißen	Leipzig
Miltitzer Allee						Leipzig
Miltzow	28 102 III		P(RE) G (Wk)			Bernau
Milzau	12 122 Hst + b		P	OK		Merseburg
Minkovice						Hagenwerder
Minkwitz	07 436 Hp oe					Hagenwerder
Minsleben			P(RE) G(WA)			Halberstadt
Minsleben Dorf						Langenstein
Minsleben Reichsb	13 383 III			OK		Halberstadt, Langenstein
Mirow	27 319 III		P(RE) G (40) (Wk)			Buschhof
Mirow-kanalbrücke						Buschhof, Mirow
Misdroy	28 288 III					Swinemünde
Mistorf	27 068 IV		P(RE) G	OK		Güstrow

Betriebsstellenname (fett) siehe unter	Bf-Nr.	Merkmal DRG	Bem.	Merkmal DR (u. ggf. später)	Sm	Ram.	Mutterbahnhof/ Bm/Bw/Raw
Mittelbach Neuoelsnitz	06 652	Hp + b		P		OR	
Mittelcunewalde Löbau	06 082	Hp e u		P			Cunewalde
Mitteldorf Stollberg							
Mitteledlau Gerlebogk							
Mittelgrund Dresden	06 180	II p					
Mittelherold Wilischthal	07 214	Hp e r u			Sm		
Mittel-herwigsdorf (Sachs) Eibau, Zittau	06 019	III		P(RE)		OR	
Mittel-herwigsdorf Steinbruch					Sm		
Mittelhof Demmin	41 073				Sm	OR	
Mittellandkanal-Unterführung Zielitz							
Mittelland-kanalbrücke Haldensleben, Wegenstedt, Wittingen							
Mittelndorf Bad Schandau	06 092	Hp e u		P			Sebnitz (Sachs)
Mitteloelsnitz Sankt Egidien	06 661	Hp		P(RE)			
Mittelschmal-kalden Zella-Mehlis	09 381	Hp e p		P(RE)			
Mittenwalde (Kr Templin) Prenzlau	28 205	IV		P G(WA)		OK	
Mittenwalde (Mark) Berlin							
Mittenwalde (Mark) Nord Berlin, Zossen	45 406						
Mittenwalde (Mark) Ost Berlin, Zossen	43 699			P G (Wk)		OR	
Mittweida Doberlug-Kirchhain	06 371	I		P(RE) G(ST) (50) (Wk)			Bm
Mittweida Bahnhof							
Mittweida Industriebf	40 876	op		G		OR	Mittweida
Mittweida Kraftwerk				G(WA)			Mittweida
Mittweida Ladestelle							
Mittweida Schrottplatz							
Mittweida Spinnerei							
Mittweida Ziegelei					Sm		
Mittweidabrücke Zwickau							
Mixdorf Frankfurt	25 447	IV og		P(RE)			
MLK Güsen							
Mnicek Hagenwerder							
Mochau Lommatzsch	07 105	Hst + r			Sm	OR	
Mochow Cottbus							
Mockau Leipzig							
Möckerling Merseburg				P	Sm		
Möckern (b Magdeburg) Biederitz				P(RE) G (Wk)			
Möckern (Bz Magdeburg) Biederitz	13 082	III					
Möckern Ziegelei					Sm		
Möckernbrücke Berlin							
Mockethal Pirna	06 114	Hst b op u		G(WA)(CA)		OR	Pirna
Mockrehna					Sm		
Mockrehna Cottbus	12 462	II		P(RE) G (35)			
Mockrehna Süd	47 104					OR	
Mockritz-Jeßnitz Mügeln	07 136	IV + r			Sm	OK	
Modelwitz Leipzig							
Möderitz Schwerin		Ldst					
Mödlitz Ebersdorf	09 516	IV +				OK	
Mögelin Treuenbrietzen	48 808			P(RE)		OR	
Mögelin Witte & Co Treuenbrietzen							
Möhlau Burgkemnitz							
Mohlsdorf Greiz	06 828	IV		P(RE) G(WA)		OK	Neumark (Sachs)
Mohorn Freital	07 110	III r		P(RE)	Sm	OK	
Möhrenbach Ilmenau	43 844			P		OR	
Mohrenstraße Berlin							
Mohsdorf Chemnitz	06 456	Hp e u		P			Markers-dorf-Taura
Mohsdorfer Tunnel Chemnitz							
Moidentin Bad Kleinen	27 074	Hp		P			
Mokrzyka Wlk. Swinemünde							
Molau Zeitz	09 062	IV		P		OR	
Molbitz Zeitz				P			
Moldau Freiberg	06 341	III					
Moldava v. Krus. horach Freiberg							
Mölkau Leipzig	12 798	Hp e		P			
Möllendorf (Kr Osterburg) Goldbeck	42 141	b		P		OR	
Möllendorf (Niederlaus) Finsterwalde	12 554	Hst + b				OR	
Möllenhagen Waren	27 161	IV		P G (Wk)			
Möllenhagen Betonschwellen-werk Waren				G(WA)			
Möllenhagen Ziegelei					Sm		
Möllenhorst Strausberg							
Möllensee Hafen Strausberg	47 501	b				OR	

Mollgraben Horka					
Mölln (Lauenburg) Lüneburg	27 297 II				
Mölln (Lauenburg) Industriegleis Lüneburg					
Mölln (Meckl) Bützow	27 057 IV	P(RE) G		OK	
Mollwitz (Kr Anklam) Uhlenhorst	44 692 b		Sm	OR	
Mommelstein Schmalkalden					
Mönchhagen Rostock	28 098 IV	P(RE)		OK	
Mönchröden Sonneberg	09 496 IV			OR	
Moor Grevesmühlen	27 014 Hst op u	P G(WA)		OR	Klütz (Meckl)
Moorbrücke Züssow					
Moorstich Bad Muskau			Sm		
Moosbake Langenstein					
Morgenstern-schacht Zwickau					
Möringen (Altm) Wustermark		P(RE) G(WA)			
Moritzburg Radebeul	07 060 IV r	P(RE)	Sm		
Moritzburg-Eisenberg Radebeul			Sm		
Moritzdorf Klotzsche					
Moritzplatz Berlin					
Moritzschacht Freital					
Morl Wallwitz		P(RE) G		OR	Wallwitz (Saalkr)
Morsleben Marienborn					
Mörtitz Eilenburg	12 449 Hst +	P		OK	
Mörtitz Montagegleis Eilenburg					
Möschlitz Schleiz	47 141	P			
Moschwig Eilenburg	12 455 Hp p u				Eilenburg
Moschwig Abzw. Eilenburg					
Möschwitzer Tunnel Gera					
Mose-Farsleben Wolmirstedt	48 552			OR	
Mosel	06 524 II	P G	Sm		
Mosel Dresden	06 524 II	P(RE) G			Bm
Mosel Industriebahn Dresden					
Mosel Volkswagenwerk Dresden					
Mösenthin-Zierau Salzwedel	47 047			OR	
Möser Berlin	03 157 III	P(RE) G			Burg (b Magdeburg)
Mosigkau Dessau	12 343 III			OR	
Moßbach (b Neustadt/ Orla)	09 133 IV	P(RE)		OK	

Triptis					
Motzen Bahnhof Berlin					
Motzen Golfplatz Berlin					
Motzen Mitte Berlin		P			
Motzen Seebad Berlin	44 005	P		OR	
Motzenmühle Berlin	44 007	P		OR	
Motzlar (Rhön) Wenigentaft-Mansbach	09 404 IV			OK	
Moys Berlin, Görlitz		P	Sm		
Müchauer Mühle Burgkemnitz					
Mücheln Merseburg		P	Sm		
Mücheln Stöbnitz					
Mücheln (Geiseltal) Merseburg	12 115 I	P(RE) G			Bm
Mücheln Stadt Merseburg					
Mücheln Tagebau Stöbnitz					
Mücka Horka		P(RE) G (Wk)			
Mücke Culmitzsch, Gauern					
Mückenberg Horka	12 593 I				
Mückenhain Abzw. Berlin					
Muckern Großdeuben		G(WA)	Sm		
Müdisdorf Brand Erbisdorf	06 345 Hp e u	P			Brand Erbisdorf
Mügeln (b Oschatz) Oschatz	07 143 I r	P(RE) G (40) (Wk)	Sm		Bm Bw
Mügeln (b Pirna) Dresden, Heidenau					
Mügeln Lipsia Oschatz			Sm		
Mügeln Stadt Oschatz			Sm		
Müggenburg Salzwedel					
Müggenburg (b Rövershagen) Rövershagen	45 090 b			OR	
Müggenburg (Kr Anklam) Wegezin	45 022 b		Sm	OR	
Müggenhall (Kr Franzburg) Neu Seehagen	41 626 b			OR	
Müggenhall (Kr Stralsund) Neu Seehagen		G		OR	Velgast
Muggerkuhl Berge	48 423	G(WA)		OR	Berge (Prign)
Muggerkuhl Ziegelei			Sm		
Müglitzbrücke Dresden, Heidenau					
Mühlanger Horka	12 498 III	P G(WA)			
Mühlbach (b Pirna) Heidenau	06 386 Hst	P(RE)		OR	Dohna (Sachs)
Mühlbach Zellstoffwerk Heidenau					
Mühlberg (Elbe) Neuburxdorf	40 509	(E) G			

Betriebsstellenname (fett) siehe unter	Bf-Nr.	Merkmal DRG	Bem.	Merkmal DR (u. ggf. später)	Sm	Ram.	Mutterbahnhof/ Bm/Bw/Raw
Mühlberg Getreidewirtschaft Neuburxdorf							
Mühlberg Hafenbahn Neuburxdorf							
Mühlberg Kieswerk Neuburxdorf							
Mühlberg-Weinberge Neuburxdorf							
Mühlbergtunnel I und II Triptis							
Mühle Görsdorf Dahme					Sm		
Mühle Hädrich Naumburg							
Mühlenbeck (b Berlin) Berlin	44 897			P(ES) G		OR	Basdorf
Mühlenbeck-Mönchmühle Berlin				P(SE) G		OR	Basdorf
Mühlenberg-tunnel I und II Leinefelde							
Mühlental Blankenburg				P			
Mühlfeld Meiningen	22 432	IV b				OR	
Mühlgraben-brücke Erfurt, Könnern							
Mühlhausen (Thür)	09 260	I	[179]				Bm
Mühlhausen (Thür) Gbf	09 261	Ega Ga					
Mühlhausen MEE Ebeleben							
Mühlhausen Thomas-Müntzer-Stadt Ebeleben, Gotha				P(RE) G(C) (ST) (40) (Wk)			
Mühlhorntunnel Bad Schandau							
Mühlrose Bad Muskau					Sm		
Mühltroff Schönberg	06 720	IV		P(RE) G		OK	Schönberg (Vogtl)
Mühltunnel Bad Schandau							
Mühlwand Reichenbach	06 855	Hst +				OR	
Mukran Fährhafen Borchtitz							Bw
Mukrena Ziegelei Bebitz							
Mukrena-Zweihausen Kohlehafen Bebitz					Sm		
Mukrena-Zweihausen Saaledammbau					Sm		
Mulda (Sachs)				P(RE) G	Sm		
Mulda (Sachs) Freiberg	06 335	II		P(RE) G (41) (Wk)			
Mulda-Randeck					Sm		
Mulda-Randeck Freiberg							
Muldebrücke Cottbus, Dessau, Doberlug-Kirchhain, Dresden, Glauchau, Halle, Horka, Leipzig, Waldheim, Zwickau							
Muldebrücke (b Bitterfeld) Bk Halle							
Muldebrücke (b Großbothen) Bk Leipzig							
Muldenberg Aue, Zwickau	06 875	III		P(RE) G(WA) (32)			
Muldenberg Floßplatz Aue, Zwickau							
Muldenberg Torfwerk					Sm		
Muldenhütten Dresden	06 497	III		P(RE) G(WA)		OR	
Muldenstein Halle	12 408	III og		P(RE) G(STA) (100)			
Muldenstein Bahnkraftwerk Halle							
Muldentalviadukt Wilkau-Haßlau							
Muldeviadukt Dresden							
Muldner Hütte Dresden							
Mulknitz Guben	25 348	Hp e		P			
Mulkojce Guben							
Mulkwitz Lübbenau							
Mülldeponie Leipzig							
Mülldeponie Zossen							
Müllrose Frankfurt	25 446	III		P(RE) G(WA) (40) (Wk)			Bm
Mulmke Heudeber-Danstedt	42 670			P G		OK	Heudeber-Danstedt
Mulmke Abzw. Heudeber-Danstedt							
Mülsen Sankt Jacob Mosel	07 244	Hst + op			Sm	OK	
Mülsen Sankt Micheln Mosel	07 243	Hst + op			Sm	OK	
Mülsen Sankt Niclas Mosel	07 245	Hst + op			Sm	OK	
Mumsdorf Borna, Meuselwitz				G(WA)	Sm		
Mumsdorf Zeitz			[180]	G(WA)			
Müncheberg (Mark) Kietz			[16]	P(RE) G			
Müncheberg (Mark) Kleinb							
Müncheberg (Mark) Stadt	45 258		[182]	G (35)		OR	Müncheberg (Mark
Müncheberg BHG							
München (b Bad Berka) Weimar	52 916	p u		P			Bad Berka
München-bernsdorf Niederpöllnitz	09 121	III		(E) G			
Munitionsfabrik Glauchau							
Murchin							

Anklam

Mürow 28 217 Hst + b P OR

Angermünde

Mürsbach 22 065 Hst b e u OR Breitengüßbach

Breitengüßbach

Muskau 12 690 II

Weißwasser

Muskau Ost 12 886 III OK

Weißwasser

Müssen 01 056 IV OR

Schwerin

Müssenthin 41 043 Sm OR

Schmarsow

Mustin

Ratzeburg

Mustin Chausseehaus

Ratzeburg

Muszkowo

Küstrin

Mutterloser Berg

Eilenburg

Mutzschen 07 163 IV r P G Sm OK Oschatz

Oschatz

Muzakow Wsch

Weißwasser

Myconiusplatz P Sm

Gotha

Mylau 06 852 Hst

Reichenbach

Mylau Anker 06 889 Hp p u Göltzschtalbrücke

Reichenbach

Mylau Bad 06 890 Hp p u Göltzschtalbrücke

Reichenbach

Mylau Hp 06 854 Hp e u Göltzschtalbrücke

Reichenbach

Nachterstedt-Hoym 12 229 II P(RE) G(CA) (40)

Halle

Nachterstedt-Hoym Braunkohlenwke.

Nachterstedt Kohleverarbeitung [183] G(Ahst) Nachterstedt-Hoym

Nadrozna Hrabowka Njedzichow

Hoyerswerda, Lübbenau, Straßgräbchen-Bern.

Nägelstädt 09 253 Hp e u P ohne Mutterbf

Erfurt

Nahebrücke

Plaue

Nahmitz 44 420 OR

Groß Kreutz

Nahmitz Sägewerk

Groß Kreutz

Nahrstedt Abzw.

Stendal, Wustermark

Narsdorf 06 429 II P(RE) G Bm Bw

Altenburg, Leipzig

Narsdorf Bogen-dreieck Abzw.

Altenburg, Leipzig

Nassau (Erzgeb) 06 336 IV P(RE) OK

Freiberg

Nasse Delle-Viadukt

Sonneberg

Nassenheide P(RE)

Oranienburg

Nassenheide (Kr Randow)

Stöven

Nassenheide (Kr Ückermünde) 46 233 OK

Stöven

Nassenheide (Nordb) 28 003 IV OR

Oranienburg

Nassenheider Ziegelei

Stöven

Nassenheider Ziegelei (Kr Ückerm) 46 232 OR

Stöven

Nasser Grund P Sm

Bad Schandau

Natterheide 45 636 b OR

Pretzier

Nauen 03 363 I [184] P(RE) G(CA) (ST) (50) (Wk) Bm Bw

Berlin

Nauen Berliner Straße 45 289 OK

Nauen Chausseestraße

Nauen Gbf 03 364 Ga

Nauen Kleinbf

Nauen Kreisb 46 358 P(RE) G Sm

Senzke

Nauen Ludwig Jahn Straße

Nauen Osth E 45 287 b [185]

Nauen Stadtforst

Nauen Stalinstraße

Nauendorf (Saalkr) Nord 40 880 u OR Löbejün (Saalkr)

Nauendorf (Saalkr) Reichsb 12 180 III P(RE) G (40) (Wk)

Biendorf, Halle

Nauendorf (Saalkr) StBf

Halle

Nauener Platz

Berlin

Naumburg (Saale) Hbf 09 005 I P(RE) G(ST) (40) Bm Bw

Weißenfels

Naumburg (Saale) Gbf 09 006 Ga

Naumburg (Saale) Nw

Weißenfels

Naumburg (Saale) Ost 09 035 II [186] P(RE) G(STA) (36)

Naumburg a. S.

Weißenfels

Naundorf

Dresden

Naundorf P Sm

Merseburg

Naundorf P Sm

Profen

Naundorf

Seelingstädt

Naundorf (b Beesenstedt)

Halle

Naundorf (b Freiberg/ Sachs) 07 122 Hst P(RE) Sm OK

Klingenberg-Colmnitz

Naundorf (b Freiberg/ Sachs) Hp 07 121 Hp e u P Sm Klingenberg-Colmnitz

Klingenberg-Colmnitz

Naundorf (b Oschatz) 07 146 IV + e r P G Sm OR Oschatz

Oschatz

Betriebsstellenname (fett) siehe unter	Bf-Nr.	Merkmal DRG	Bem.	Merkmal DR (u. ggf. später)	Sm	Ram.	Mutterbahnhof/ Bm/Bw/Raw
Naundorf (b Prettin) Prettin							
Naundorf (b Schmiedebg/ Bz Dresd.) Freital	07 074	Hst + r			Sm	OK	
Naundorf (Kr Jessen) Prettin							
Naundorf (Kr Torgau) Prettin	46 195					OK	
Naundorf (Mansf Seekr) Halle	42 511					OR	
Naunhof Leipzig	12 643	III		P(RE) G (Wk)		OK	
Nebelin Bk Magdeburg							
Nebelsholz-tunnel Blankenburg							
Nebitzschen Mügeln, Oschatz	07 153	IV + r		P	Sm	OR	
Nebra Naumburg	09 048	III		P(RE) G(WA) (36)			
Nebra Steinbrüche					Sm		
Nechlin Bernau	28 230	III		P(RE) G (Wk)			
Neddemin Oranienburg	28 040	IV		P(RE) G (35)		OR	
Nedlitz Güsten	12 272	III		P(RE) G (35)			
Neeken Biederitz							
Neese Bk Magdeburg							
Neetze Lüneburg	40 309					OK	
Neetzendorf Berlin							
Neetzka Bützow	27 064	IV		P(RE) G(WA)		OK	
Negast Stralsund	42 909	u				OR	Richtenberg
Neichen Oschatz					Sm		Bw
Neichen Wurzen	12 787	III		G(WA) (40)		OK	Wurzen
Neichen-Zöhda Wurzen							
Neiden Torgau	12 478	Hp +		P(RE)			
Neidhardshausen Dorndorf							
Neindorf Grube Marie-Louise Oschersleben							
Neinstedt Wegeleben	13 352	III		P(RE)			
Neißebrücke Cottbus, Görlitz, Guben, Horka, Weißwasser							
Neißebrücke Abzw. Zittau							
Neißetalviadukt Berlin							
Nemcy Bautzen							
Nemsdorf-Göhrendorf Merseburg	12 117	IV b		P(RE) G(WA)		OK	
Nennhausen Wustermark	03 184	III		P(RE) G (40) (Wk)			
Nennigmühle	06 544	Hp +		P(RE)			
Pockau-Lengefeld							
Neparmitz Altefähr	46 518				Sm	OR	
Nerchau Wurzen	12 788	III		(E) G(ST) (32) (Wk)			Wurzen
Nerchau-Gornewitz Oschatz	07 168	Hst + r			Sm	OK	
Nerchau-Trebsen Oschatz					Sm		
Nerchau-Trebsen Wurzen							
Nerdin Anklam, Blesewitz	45 011				Sm	OR	
Nervenklinik Brandenburg				P	Sm		
Neschwitz (Sachs) Bautzen	06 135	IV		P(RE) G			
Nesebanz Altefähr	46 509				Sm	OR	
Nesselgrund Berlin							
Nesselröden Duderstadt					Sm		
Nettelbeck Pritzwalk	45 684			P G		OR	Putlitz
Netzeband Kremmen	56 904			P(RE)			
Netzkater Nordhausen	46 887			P(RE)	Sm		
Netzkater Grauwackebruch Nordhausen					Sm		
Netzkater Rabensteiner Stollen					Sm		
Netzschkau Dresden	06 702	II		P(RE) G(WA)			Reichenbach (Vogtl) ob Bf
Netzschkau Ziegelei					Sm		
Neu Amerika Küstrin	44 307					OR	
Neubabelsberg Berlin							
Neubarnim Fürstenwalde	45 528						
Neubauhof Demmin	41 066				Sm	OR	
Neu Bochow Groß Kreutz	44 418					OR	
Neubochow Groß Kreutz							
Neubrandenburg Bützow, Oranienburg, Waren	27 060	I	[187]	P(RE) G(C) (ST) (35) (Rp)			Bm Bw
Neubrandenburg Gbf	27 061	Ga					
Neubrandenburg Industriebahn				G			
Neubrandenburg Industriegelände				G(WA)			
Neubrandenburg Melioration					Sm		
Neubrandenburg Vorstadt				P(R)			
Neu Bredenfelde Demmin	41 075				Sm	OR	
Neubrück Groß Köris					Sm		
Neu Büddenstedt Helmstedt	13 153	II					
Neubukow Bad Kleinen	27 244	III		P(RE) G (Wk)			
Neubukow Obere Weiche Bad Kleinen		Ldst			Sm		
Neubukow OW Bad Kleinen		Ldst			Sm		

Betriebsstelle	Nr.		Verkehr			
<u>Neuburxdorf</u>	06 282 III		P(RE) G (40) (Wk)			Bm
Jüterbog						
<u>Neuburxdorf West</u>	40 504				OR	
Neu Cölln (Prign)	66 904 b op u				OR	Freyenstein
Kremmen						
Neucoswig	06 248 Hp +		P			
Berlin, Dresden						
Neu Dargelin	42 334 b			Sm	OR	
Busdorf						
Neuderben	43 522		P		OR	
Güsen						
Neudessau	43 500 b				OR	
Genthin						
<u>Neudietendorf</u>	09 236 I		P(RE) G (40) (Wk)			Bm
Erfurt						
<u>Neudietendorf Stw Ds</u>						
Neudorf				Sm		
Silberhütte						
Neudorf (Erzgeb)	07 201 IV r		P(RE)	Sm	OR	
Cranzahl						
Neue Graben-brücke						
Fürstenberg						
Neue Grottkauer Straße						
Berlin						
Neue Kanalbrücke						
Ludwigslust						
Neuekrug (Altm)						
Salzwedel						
Neuendorf						
Berlin						
Neuendorf b Beeskow)	44 200				OR	
Fürstenwalde						
Neuendorf b Kemnitz/ Pommern)	42 354			Sm	OR	
Greifswald						
Neuendorf b Klötze)	40 104		P(RE)		OR	
Klötze						
Neuendorf Hiddensee)		[1]	P(RE) (Bus)			
Neuendorf Kr Cottbus)	25 340 Hp e		P			
Frankfurt						
Neuendorf Kr Greifswald)	42 314			Sm	OR	
Greifswald						
Neuendorf Niederlaus)	52 886 u		P		OK	Lübben Süd
Falkenberg						
Neuendorf Rügen)	46 561		P G	Sm	OR	Bergen (Rügen)
Bergen						
Neuendorf am Speck	47 373		P		OR	
Stendal						
Neuendorf-Buchholz	45 502				OR	
Fürstenwalde						
Neuendorf-Sarritz						
Hohenwulsch						
Neuendorf-Sarritz	40 047		P		OR	
Hohenwulsch						
Neuenfeld	43 638 b			Sm		
Pasewalk						
Neuenhagen b Altentreptow)	41 092			Sm	OR	
Metschow						
Neuenhagen b Berlin)	03 259 II		P(S) G(WA) (Wk)			Bm
Berlin						
Neuenhagen Kr Bad Freienwalde)						
Bad Freienwalde						
Neuenhagen (Kr Bad Frw) Ziegelei						
Bad Freienwalde						
Neuenhagen (Neumark)	41 632				OK	
Bad Freienwalde						
Neuenhagen (Neumark) Ziegelei	41 640 b				OR	
Bad Freienwalde						
Neuenhagen BHG						
Hoppegarten						
Neuenhagen Dorf	40 039 b				OR	
Hoppegarten						
Neuenhagen Gut						
Hoppegarten						
Neuenhagen Schmäcke						
Hoppegarten						
Neuenhagen Ziegelei						
Bad Freienwalde						
Neuenkirchen (Kr Anklam)	45 021 b			Sm	OR	
Wegezin						
Neuenkirchen (Kr Randow)						
Stöven						
Neuenkirchen (Kr Ückermünde)	46 227				OR	
Stöven						
Neuenkirchen (Meckl)	40 882		P		OK	
Neubrandenburg						
Neuenpleen	41 568			Sm	OR	
Stralsund						
Neuensalz	06 847 Hp + b		P			
Falkenstein						
Neuermark-Lübars			P			
Schönhausen						
Neue Schenke	09 079 IV		P(RE) G(WA)		OR	
Glauchau						
Neue Schenke Baustoffwerke						
Glauchau						
Neugarten	03 181 III og	[189]	P(RE)			
Brandenburg, Wustermark						
Neugarten Abzw.						
Wustermark						
<u>Neugattersleben</u>				Sm		
Neugattersleben	12 263 III		P(RE) G (35)			
Güsten						
<u>Neugattersleben Brikettfabrik</u>						
<u>Neugattersleben Grube</u>						
<u>Neugattersleben Ort</u>				Sm		
Neugersdorf	06 031 I		P(RE) G(WA) (40) (Wk)			
Zittau						
Neuglobsow	42 165				OR	
Gransee						
Neuglück						
Halle						
Neuhaldensleben						
Haldensleben						
Neuhaldens-lebener Werke						
Haldensleben						
Neuhaus (Elbe)	45 390		(E) G (Wk)			Bw
Brahlstorf						
<u>Neuhaus (Elbe) Ziegelei</u>				Sm		
Neuhaus am Rennweg	09 163 III		(E) G(ST) (40) (Wk)			
Probstzella						

Betriebsstellenname (fett) siehe unter	Bf-Nr.	Merkmal DRG	Bem.	Merkmal DR (u. ggf. später)	Sm	Ram.	Mutterbahnhof/ Bm/Bw/Raw
Neuehaus Igelshieb Probstzella							
Neuhaus-Schierschnitz Sonneberg	09 503	IV		(E) G			
Neuhausen Olbernhau-Grünthal							
Neuhausen (b Cottbus) Berlin, Cottbus	12 696	III		P(RE) G (40)			
Neuhausen (Erzgeb) Pockau-Lengefeld	06 556	II		P(RE) G (Wk)			
Neuhausen (Prign) Perleberg	48 406			P		OR	
Neuhausen (Sachs) Pockau-Lengefeld							
Neuheide Wilkau-Haßlau	07 261	Hst + e r			Sm	OR	
Neuhof (b Parchim) Ludwigslust							
Neuhof (Kr Greifenhagen) Casekow	40 548				Sm	OR	
Neuhof (Kr Randow) Casekow					Sm		
Neuhof (Kr Teltow) Berlin	12 539	III b				OK	
Neuhof (Kr Templin) Prenzlau	28 009	III				OR	
Neuhof (Kr Zossen) Berlin				P(RE)			
Neukalen Malchin	27 047	III		P(RE) G (Wk)			
Neukalen Ziegelei					Sm		
Neu Kaliss Dömitz							
Neu Kaliß Dömitz	27 124	III		P(RE) G		OR	
Neu Kartzitz Bergen							
Neukieritzsch				G(WA)	Sm		
Neukieritzsch Böhlen, Leipzig	12 838	I		P(RE) G (40) (Wk)			Bm
Neukirch (Laus) Ost Bad Schandau, Zittau	06 039	II		P(RE) G(CA) (50) (Wk)			
Neukirch (Laus) West Bad Schandau, Zittau	06 040	II		P(RE) G(WA)		OK	Neukirch (Laus) Ost
Neukirchen (b Borna) Baustoffwerke					Sm		
Neukirchen (b Borna) Ziegelei					Sm		
Neukirchen (b Chemnitz) Ziegelei					Sm		
Neukirchen-Klaffenbach Chemnitz	06 639	III		P(RE) G(ST) (Wk)			
Neukirchen-Wyhra Borna				G(WA)	Sm		
Neukirchen-Wyhra	12 816	IV b		P(RE) G		OR	
Leipzig							
Neukloster (Meckl) Wismar	27 254	III		P(RE) G (Wk)			
Neu Kölln Kremmen							
Neukölln Berlin							
Neukölln Hermannstraße Berlin							
Neukölln (Südring) Berlin							
Neu Königsaue Ziegelei					Sm		
Neu Künkendorf Angermünde	28 192	IV		P G		OK	Angermünde
Neulewin Fürstenwalde	45 529					OR	
Neu Lichtenberg Berlin	03 243	Hp p					
Neulingen Stendal	47 385			P		OR	
Neu Manschow Frankfurt				P			
Neumark (Geiseltal) Merseburg, Stöbnitz							
Neumark (Kr Weimar) Weimar	45 930				Sm	OR	
Neumark (Sachs) Dresden, Greiz	06 699	II		P(RE) G (Wk)			Bm Bw
Neumark-Bedra Merseburg	12 113	II					
Neumühle (Elster)					Sm		
Neumühle (Elster) Gera	06 784	IV		P(RE) G(WA)			Greiz
Neumühler Forst Wismar		Ldst		P			
Neundorf (Anh) Erfurt	12 239	Hp		P(RE)			
Neu Neetze Lüneburg							
Neu Negentin Busdorf	42 337	b			Sm	OR	
Neunhofen Pegau	09 125	Hp		P(RE)			
Neuoelsnitz Sankt Egidien	06 662	III		P(RE)		OR	
Neuoelsnitz Betonwerk				G(WA)			
Neu Petershain Frankfurt, Spremberg	12 709	I					Bm
Neupetershain Frankfurt, Spremberg				P(RE) G(CA) (30)		OR	
Neu Placht Fürstenberg	28 021	IV		P(RE) G(WA) (30)		OR	Wriezen
Neu Polchow Tessin		G		G(WA)	Sm		
Neu Rehfeld Abzw. Guben							
Neuroggentin Kavelstorf							
Neu Rüdnitz Wriezen	28 361	IV	[190]	P(RE) G		OR	
Neu Rüdnitz Grenze Wriezen				Güp			
Neuruppin Kremmen, Neustadt, Paulinenaue	53 904			P(RE) G(ST) (CA) (40) (Wk)			Bw
Neuruppin Anstalt Paulinenaue	94 904	e p					

Betriebsstelle	Nr.		Verkehr		
Neuruppin Fehrbelliner Str. Paulinenaue			P		
Neuruppin Feuerlöschgerätewerk Paulinenaue					
Neuruppin Königstor Paulinenaue	93 904 e p				
Neuruppin NRZ Abzw. Kremmen, Neustadt					
Neuruppin Paulinenauer Bf Paulinenaue					
Neuruppin Rheinsberger Tor Kremmen, Neustadt	52 904 e p		P		
Neuruppin Süd Paulinenaue			P		
Neuruppin West Kremmen, Neustadt					
Neusalza-Spremberg Zittau	06 034 III		P(RE) G(WA)		Sohland
Neuschwambach Wenigentaft-Mansbach	11 327 Hp e u				Tann (Rhön)
Neu Seehagen Velgast			P		
Neuses Coburg					
Neu Sommersdorf Demmin	06 293 Hp b			OR	
Neusörnewitz Leipzig	06 293 Hp		P G(WA)		
Neusörnewitz Abzw. Frankfurt					
Neustadt (b Coburg) Ebersdorf, Sonneberg	09 497 II				Bm
Neustadt (b Coburg) Rolly-Toys Ebersdorf					
Neustadt (Dosse) Pritzwalk			P(RE) G(ST) (40) (Rp)		Bm
Neustadt (Dosse) Brand St B Treuenbrietzen	40 808	[191]			
Neustadt (Dosse) Reichsb Berlin	01 005 I				
Neustadt (Erzgeb) Freiberg	07 782 IV b			OR	
Neustadt (Orla) Pegau	09 124 II		P(RE) G(ST) (41) (Wk)		Bm
Neustadt (Orla) Ziegelwerke				Sm	
Neustadt (Sachs) Bad Schandau, Pirna	06 097 II		P(RE) G(CA) (ST) (50) (Wk)		
Neustadt (Sachs) Landmaschinenbau Bad Schandau					
Neustadt-Gillersdorf Ilmenau	44 844		P(RE) G	OK	
Neustadt-Gillersdorf Glashütte Ilmenau					
Neustadt Glewe Ludwigslust	27 126 II		P(RE) G (41) (Wk)		
Neustadt Glewe Bauhof Ludwigslust			G(WA)		
Neustadt Süd Ebersdorf	09 535 Hp u				Neustadt (b Coburg)
Neustaßfurt Staßfurt					
Neustaßfurt Kaliwerk				Sm	
Neustaßfurt Kraftwerk Staßfurt					
Neustrelitz Gbf	27 335 Ga				
Neustrelitz Hafen Oranienburg	Ldst				
Neustrelitz Hbf Buschhof, Oranienburg, Waren	27 328 I		P(RE) G(ST) (40) (Rp)		Bm Bw
Neustrelitz Kleinbf Buschhof					
Neustrelitz MFWE Buschhof					
Neustrelitz Süd Buschhof	27 327 I		P(R)		
Neustrelitz Zierker Seehafen Buschhof, Strelitz Alt					
Neutrebbin Frankfurt	28 179 III		P(RE) G		
Neutrebbin I Frankfurt	28 178 Ahst b				
Neu Tucheband Fürstenwalde	45 517			OR	
Neuwalldorf Weimar					
Neuwarp Stöven	46 243				
Neuwarp Kirchhofsweg Stöven					
Neuwegersleben Oschersleben	13 295 III		P(RE) G (Wk)		Oschersleben (Bode)
Neuwelt Zwickau					
Neuwerbelin Hayna					
Neuwerk Blankenburg	54 834 p		P		
Neu Westend Berlin					
Neuwiederitzsch Leipzig, Wiederitzsch	12 420 III		P(RE) G(WA)		
Neuwiederitzsch Leipziger Messe Leipzig					
Neu Wiek Zepernick				Sm	
Neu Wilkauer Viadukt Doberlug-Kirchhain					
Neu Wokern Bützow	27 030 III		P(RE) G	OK	
Neu Zauche Lübben	47 286			Sm OK	
Neuzauche Lübben				Sm	
Neuzauche Furnierfabrik Lübben				Sm	
Neuzelle Frankfurt	25 204 III		P(RE)		
Nickritz Riesa	06 322 Hp +		P		
Niebede Brandenburg	48 175			OR	
Niederau	06 259 II		P(RE) G(CA) (Wk)		Coswig (Bz Dresden)

Betriebsstellenname (fett) siehe unter	Bf-Nr.	Merkmal DRG	Bem.	Merkmal DR (u. ggf. später)	Sm	Ram.	Mutterbahnhof/ Bm/Bw/Raw
Chemnitz, Frankfurt, Leipzig							
Niederau Stw W 2 Leipzig							
Niederau Teerfabrik Leipzig							
Niederbeuna Merseburg				P	Sm		
Niederbieber Götzenhof	11 319	Hp e u					Fulda
Nieder Bielau Horka	12 674	Hp					
Niederbobritzsch Dresden	06 496	III		P(RE) G(WA) (Wk)		OK	
Niedercolmnitz Klingenberg-Colmnitz	07 123	e u			Sm		Klingenberg-Colmnitz
Niedercunnersdorf Zittau	06 069	III		P(RE) G (Wk)		OK	
Niedercunnersdorf Abzw. Löbau, Zittau							
Niederdittmannsdorf Freital	07 116	Hst + r			Sm	OR	
Niederdorf (Erzgeb) Chemnitz	06 643	IV		P		OK	
Niederdorf Gewerbegebiet Chemnitz							
Nieder Ehrenberg Sebnitz	07 555	Hst b oe u					Rumburg
Niedereichstädt Merseburg							
Nieder Einsiedel Sebnitz	07 537	III b				OK	
Niederfinow Frankfurt	28 162	III		P(RE) G(WA)			
Niederfinow Hafen Frankfurt	28 163	Ldst u				OR	Niederfinow
Niederfinow Oberhafen					Sm		
Niederfinow Schleuse I-IV					Sm		
Niederfinow Treidelbahn					Sm		
Niederfinow Unterhafen					Sm		
Niederfinow Werkhof					Sm		
Niedergebra Halle	05 506	III				OK	
Niedergittersee Freital							
Niederglobenstein Grünstädtel	07 234	Hst + b r		P G(WA)	Sm	OR	Grünstädtel
Niedergörne Stendal							
Niedergörne Atomkraftwerk Stendal				P G(WA)			
Niedergörne Zellstoffwerk Stendal							
Niedergörsdorf Halle	03 354	III		P(RE) G			
Niedergrund (Elbe) Dresden	06 181	Hst				OK	
Niederhermsdorf Freital					Sm		
Niederhohndorf Bk Dresden							
Niederhone Eichenberg							
Nieder Königshain Görlitz	42 112			P		OR	
Niederlandin Angermünde	28 219	IV		P		OK	
Niederlehme Königs Wusterhausen	03 335	Hp og		P(RE)			
Niederlehme Kalksandsteinwerk					Sm		
Niederlehme Tanklager Königs Wusterhausen							
Niederlochmühle Olbernhau-Grünthal	06 549	Hst +				OR	
Niedermülsen Mosel	07 240	Hp e op u			Sm		Mosel
Niederndodeleben Magdeburg	13 218	III		P(RE) G			
Nieder Neuendorf (Kr Osthavelland) Bötzow	45 323					OK	
Nieder Neuendorf Forsthaus Bötzow							
Nieder Neundorf Horka	42 686					OR	
Niederoderwitz Zittau	06 020	Hp		P(RE)			
Nieder Olbersdorf Zittau					Sm		
Niederorschel Halle	05 503	III		P(RE) G (33)			
Niederossig Krensitz							
Niederpöllnitz Pegau	09 118	III		P(RE) G (Wk)		OK	
Nieder Pretzschendorf Klingenberg-Colmnitz					Sm		
Niederpretzschendorf Klingenberg-Colmnitz	07 126	Hp e u			Sm		Klingenberg-Colmnitz
Niederrabenstein Chemnitz	06 471	Hst + op		G(WA)		OK	Chemnitz Altendorf
Niederreinsberg Freital	07 114	Hst + r		P	Sm	OK	
Niederrennersdorf Herrnhut					Sm		
Niederröblingen Oberröblingen	09 200	IV +		P G(WA)		OK	
Niedersachswerfen Gipswerke Nordhausen					Sm		
Niedersachswerfen Herkulesmarkt Nordhausen					Sm		
Niedersachswerfen Ilfelder Straße Nordhausen					Sm		
Niedersachswerfen Nordh W E Nordhausen	43 887	r			Sm	OR	
Niedersachswerfen Ost				P(RE)	Sm		

Betriebsstelle	Nr.		Verkehr			
Nordhausen						
Niedersachswerfen Reichsb Nordhausen	05 108 II	[192]	P(RE) G(CA) (50)			
Niederschlag Cranzahl	07 204 IV e og r u		P	Sm		Cranzahl
Niederschlema Schneeberg, Zwickau	06 603 II					
Niederschlema Holzplatz Zwickau						
Niederschlemaer Tunnel Zwickau						
Niederschlottwitz Heidenau	06 387 IV		P(RE) G (Wk)		OK	Heidenau
Niederschmalkalden Zella-Mehlis	09 382 Hp + p		P			
Niederschmiedeberg Wolkenstein	07 193 IV r		P G(WA)	Sm	OK	Wolkenstein
Niederschmiedeberg DKK Wolkenstein			G(WA)	Sm		Wolkenstein
Niederschmon Röblingen	12 163 Hst + b				OK	
Niederschöna Klingenberg-Colmnitz	07 119 Hst + r		P(RE)	Sm	OK	
<u>Niedersedlitz</u>			P	Sm		
Niedersedlitz Dresden	06 198 I					
Niederspier Erfurt	09 220 Hp		P(RE)			
Niederstrahwalde Herrnhut				Sm		
Niederstriegis Leipzig	06 302 IV		P(RE) G(WA) (40)		OK	Roßwein
Niedertrebra Großheringen	09 176 III		P(RE)		OK	
Nieder Wartha Dresden						
Niederwartha Dresden	06 245 Hp		P			
Niederwartha Pumpspeicherwerk Dresden			G(WA)			
Niederwiesa Chemnitz, Dresden	06 505 II		P(RE) G (Wk)			
Niederwiesa Bk Dresden						
Niederwillingen Arnstadt	09 317 IV		P(RE)		OR	
Niederwürschnitz Sankt Egidien	06 663 Hst		P(RE) G(WA) (Wk)			Stollberg (Sachs)
<u>Niederwürschnitz Ziegelei</u>				Sm		
Nieder Wutzen Bad Freienwalde						
Niederwutzen Bad Freienwalde	41 637 b				OR	
Niederwutzen Zellstofffabrik Bad Freienwalde						
Niederzimmern Bk Großheringen						
Niederzwönitz Chemnitz						
Niegleve Waren	Ldst					
Niemberg Halle, Hohenthurm	12 290 III		P(RE) G (40)			
Niemegk			P G (41) (Wk)			
Treuenbrietzen						
Niemegk (Kr Zauch-Belzig) Treuenbrietzen	68 808					
Niemegk Dampfziegelei Treuenbrietzen						
<u>Niemegk Ziegelei</u>				Sm		
Nienbergen Salzwedel						
Nienburg (Saale) Könnern	12 281 II		P(RE) G (40)			
Nienburg (Saale) Chemiewerk Könnern						
Nienburg (Saale) Getreidewirtschaft Könnern			G(WA)			
Nienburg (Saale) Zementwerk Könnern			G(WA)			
Niendorf Dahme				Sm		
Niendorf (Ostsee) Lüneburg	27 290 III					
Niendorf Bk Ludwigslust						
Niendorfer Weg Dahme				Sm		
Nienhagen Bützow	27 040 Hp p u					Lalendorf
<u>Nienhagen (b Halberstadt)</u> Berlin	13 329 II		P(RE) G (40)			Bm Bw
Nienhagen (b Halberstadt) Süd Aschersleben	40 157				OK	
Nieps Beetzendorf			G		OR	Beetzendorf (Sachs-Anh)
Niesky Horka	12 672 II		P(RE) G (Wk)			Bm
Nietleben Halle	42 503				OR	
Niklasberg Freiberg	07 783 Hp + b				OR	
Nikolasee Berlin	03 136 III og					
Nikrisch Görlitz, Hagenwerder						
Nimbschen Wurzen	12 792 Hp e u					Grimma ob Bf
Nindorf Lüneburg				Sm		
Niska Horka						
Nitzow Glöwen	01 015 IV +		P(RE) G	Sm	OR	Glöwen
Nitzschka Wurzen	12 786 Hp + b				OR	
Nixdorf Mitte Sebnitz	07 550 Hst b oe				OK	
Nixdorf ob Bf Sebnitz	07 551 Hst + b oe				OR	
Nixdorf unt Bf Sebnitz	07 540 III				OK	
Nizka Horka						
Njeswacidlo (Sakska) Bautzen						
Nöbdenitz Glauchau	06 777 IV		P(RE)		OK	
Nobitz Altenburg			P(RE) G (32) (Wk)			

Betriebsstellenname (fett) siehe unter	Bf-Nr.	Merkmal DRG	Bem.	Merkmal DR (u. ggf. später)	Sm	Ram.	Mutterbahnhof/ Bm/Bw/Raw
Nochten Cottbus, Peitz				G(WA)			
Nochten Tagebau Lübbenau, Peitz				G(WA)			
Nohra (b Weimar) Weimar	42 916			P(RE) G(WA)		OK	
Nohra (Wipper) Halle	05 509	Hp p		P			
Nöldnerplatz Berlin				P(S)			
Nollendorfplatz Berlin							
Nonnendorf Hohenseefeld					Sm		
Nonnewitz Profen				P	Sm		
Nordbahnhof Berlin							
Nordgermersleben Haldensleben	45 883			P(RE) G		OKg	
Nordgermersleben Zuckerfabrik Haldensleben							
Nordhalben Kronach	22 044	III					
Nordhausen Erfurt, Halle	05 110	I		P(RE) G(C) (ST) (40) (Rp)			Bm Bw Bww
Nordhausen Altentor				P(RE)	Sm		
Nordhausen Bahnhofsvorplatz					Sm		
Nordhausen Baumaterialien Schulze					Sm		
Nordhausen Baumaterialien Tolle					Sm		
Nordhausen BV					Sm		
Nordhausen Eisengroßhandl Wolfram					Sm		
Nordhausen Eisenhandl Goldschmidt					Sm		
Nordhausen Gasolin					Sm		
Nordhausen Gbf Erfurt	05 113	Ega Ga					
Nordhausen Gebhardt & König					Sm		
Nordhausen Hasseröder Straße					Sm		
Nordhausen Hetzel					Sm		
Nordhausen Krimderode				P	Sm		
Nordhausen Minol					Sm		
Nordhausen Nord			[193]	P(RE) G(WA) (40)	Sm		
Nordhausen Nord Gbf					Sm		
Nordhausen Nordh W E	40 887	r			Sm		
Nordhausen OSSAG					Sm		
Nordhausen Ricarda Huch Straße					Sm		
Nordhausen-Salza				P(RE)			
Nordhausen Schachtbau					Sm		
Nordhausen Tiefbau u. Kälteindustrie					Sm		
Nordhausen Übergabebf					Sm		
Nordhausen Umladebf					Sm		
Nordhausen Ziegelei					Sm		
Nordheim v Rhön Mellrichstadt	22 437	IV				OKg	
Nordkurve Abzw. Beerwalde, Meuselwitz							
Nordring Berlin							
Normandie Greifswald					Sm		
Normannstein Mühlhausen	09 537	Hp u					Treffurt
Nossen Freital	06 299	I		P(RE) G	Sm	OR	
Nossen Leipzig, Riesa	06 299	I		P(RE) G(ST) (40)			Bm Bw
Nossen Hp Freital	07 111	Hp e r u		P	Sm		Nossen
Nossen Tanklager Riesa				G(WA)			
Nossen Ziegelei					Sm		
Nossentin Karow	27 155	IV		P(RE)		OK	
Nottekanalbrücke Berlin							
Nottleben Erfurt	41 307					OR	
Nowa Niwa Lübben					Sm		
Nowa Wjas Falkenberg							
Nowa Wjas (wokr. Chosebuz) Frankfurt							
Nowe Czaple Weißwasser							
Nowe Warpno Stöven							
Nowe Wiki Frankfurt, Spremberg							
Nowy Raduszec Guben							
Nudersdorf Lutherstadt Wittenberg				G(WA)		OR	Lutherstadt Wittenberg
Nudersdorf Gießereisandwerk					Sm		
Nudersdorf Gießereiwerke Lutherstadt Wittenberg							
Nudersdorf Quarzsandgrube					Sm		
Nünchritz Leipzig							
Nünchritz Chemiewerk Leipzig, Weißig							
Nunsdorf Umspannwerk Halle							
Nustrow Dölitz		Ldst					
Nuthebrücke							

Betriebsstelle	Nr.	Verkehr			
Berlin, Halle					
Nuthegrabenbrücke Berlin					
Oberaltchemnitz Chemnitz	06 637 III				
Oberau Chemnitz, Leipzig					
Oberau Wolkenstein					
Oberaudenhain Mockrehna	47 103			OR	
Oberauer Tunnel			Sm		
Oberauer Tunnel Leipzig					
Oberbaumbrücke Berlin					
Oberbeuna Merseburg		P	Sm		
Oberbobritzsch Klingenberg-Colmnitz	07 129 Hst +	P(RE)	Sm	OK	
Obercallenberg Bf 4 Sankt Egidien			Sm		
Obercarsdorf Freital	07 073 IV r	P G(WA)	Sm	OR	Freital Hainsberg
Obercolmnitz Klingenberg-Colmnitz	07 125 Hst +		Sm	OR	
Obercrinitz Wilkau-Haßlau	07 257 IV + r	P G (Wk)	Sm	OR	Schönheide Süd
Obercunewalde Löbau	06 083 IV +	P(RE) G		OK	
Obercunewalde Hp Löbau	06 084 Hp e u	P			Cunewalde
Obercunnersdorf Zittau	06 070 Hst	P(RE) G		OK	
Oberdittmannsdorf Freital, Klingenberg-Colmnitz	07 117 IV r	P(RE) G (Wk)	Sm	OK	
Oberdorf-Beutha Stollberg	06 645 Hst +			OR	
Oberdorla Mühlhausen	09 310 IV				
Oberehrenberg Goßdorf-Kohlmühle	07 036 Hst +		Sm	OR	
Ober Einsiedel Sebnitz	07 538 Hst b			OK	
Oberförsterei Stülpe Dahme			Sm		
Oberfrohna Chemnitz	06 466 III	P(RE) G(WA)			Limbach (Sachs)
Oberglobenstein Grünstädtel	07 235 Hp e u	P	Sm		
Oberglobenstein Holzwerk Marienbg. Grünstädtel		G(WA)	Sm		
Oberglobenstein Möbelfabrik Grünstädtel		G(WA)	Sm		
Oberglobenstein Pappfabrik Grünstädtel		G(WA)	Sm		
Obergräfenhain Altenburg	06 444 Hp + b	P(RE)		OR	
Obergräfenhain Abzw. Leipzig					
Ober Graslitz Zwotental					
Obergrüna Chemnitz, Limbach					
Obergruna-Bieberstein Freital	07 113 IV + b r	P(RE) G (Wk)	Sm	OK	Nossen
Obergrunstedt Weimar	43 916	P		OR	
Obergütter Burg					
Oberhaide Zipsendorf		G(WA)	Sm		
Oberhaide Kulturbodengleis Zipsendorf		G(WA)	Sm		
Oberhartmannsdorf (Sachs) Wilkau-Haßlau	07 255 Hst + e		Sm	OK	
Oberheinsdorf Reichenbach	07 289 IV + b e r		Sm	OR	Bw
Oberherold Wilischthal			Sm		
Oberhof (Thür) Neudietendorf	09 359 III	P(RE)			Bm
Oberhof Kanzlersgrund					
Oberhohndorf Zwickau		G(WA)			
Oberholz Leipzig	12 802 IV b e	P(RE)		OR	
Oberlauscha Sonneberg	09 510 Hp p u	P			Lauscha (Thür)
Oberlichtenau Doberlug-Kirchhain	06 379 II	P(RE) G		OK	Mittweida
Oberlochmühle Olbernhau-Grünthal	06 550 Hp + b e			OR	
Oberlommatzsch Weißig			Sm		
Oberlungwitz Ziegelei			Sm		
Obermolbitz Zeitz	12 851 Hp				
Oberndorf Bk Glauchau					
Obernessa Bk Zeitz					
Oberneuschönberg Pockau-Lengefeld	06 553 Hst +	P		OK	
Obernfeld Leinefelde	05 144 Hp + p				
Ober Nixdorf Sebnitz					
Oberoderwitz Zittau	06 021 II	P(RE) G(CA) (40) (Wk)			Bm
Oberoderwitz Abzw. Zittau					
Oberoderwitz Oberdorf Zittau	06 022 Hp	P(RE)			
Oberottendorf Bad Schandau	06 098 Hst [194]	P G(STA)			Neustadt (Sachs)
Ober Reichenbach Reichenbach					
Oberreinsberg Freital	07 115 Hp e r u	P	Sm		Mohorn
Oberrennersdorf Herrnhut			Sm		
Ober-Rieden Eichenberg					
Oberrieden Eichenberg	05 444 III			OK	
Oberriedener Viadukt Eichenberg					
Oberrittersgrün Grünstädtel, Rittersgrün	07 237 IV +	P(RE) G	Sm	OR	Bw
Oberröblingen (Helme) Erfurt	09 199 III	P(RE) G			

Betriebsstellenname (fett) siehe unter	Bf-Nr.	Merkmal DRG	Bem.	Merkmal DR (u. ggf. später)	Sm	Ram.	Mutterbahnhof/ Bm/Bw/Raw
Oberröblingen am See Halle, Röblingen	12 150	I					Bm Bw
Oberrohn Eisenach	IV b			P(RE) G(WA)		OR	
Oberroßla Bk Großheringen							
Oberrothenbach Dresden	Hp b			P		OR	
Oberschaar Klingenberg-Colmnitz	07 118	Hst + r		P	Sm	OR	
Oberschlema Schneeberg							
Oberschlema Blaufarbenfabrik Schneeberg							
Oberschlema Leonhard Schneeberg							
Oberschlottwitz Heidenau	06 388	Hp b					
Oberschmiede-berg Wolkenstein	07 194	Hst + r			Sm	OR	
Ober Schönbach Taubenheim					Sm		
Oberschönbach Taubenheim	07 030	Hp e r u			Sm		Dürrhen-nersdorf
Oberschönheide Wilkau-Haßlau	07 263	Hst + b r			Sm	OK	
Obersdorf Kietz				P			
Oberspree Berlin	03 320	III og		P(S)			
Oberstößwitz Riesa	06 327	Hst + op		P G(WA)		OR	Nossen
Oberstützengrün Wilkau-Haßlau					Sm		
Obersuhl Eisenach	09 295	Hp p					
Obertannenberg Schönfeld	07 222	Hp e r u			Sm		Geyer
Obertannenberg Werk Schönfeld					Sm		
Oberullersdorf Zittau	06 016	Hp					
Obervogelgesang (Kr Pirna) Dresden	06 191	Hp b		P(RE)		OR	
Obervogelgesang (Sächs Schweiz) Dresden							
Oberweimar Glauchau	09 090	III		P(RE) G(WA)			Weimar
Oberweißbach-Deesbach Obstfelderschmiede	45 495		[156]	P(RE)			
Oberwerschen Großkorbetha				P(RE)			
Oberwerschen (Kr Weißenfels) Großkorbetha	12 016	IV b				OKg	
Oberwiesenthaler Viadukt Cranzahl							
Obhausen Röblingen	12 155	IV		P(RE)			
Objekt 542 Röblingen							
Obstfelder-schmiede Köditzberg	09 328	Hp	[196]	P(RE) G(WA)			
Obstmühle Waldheim	06 413	Hst + e		P		OK	
Öchsen Wenigentaft-Mansbach							
Ochsenbrücke Zeitz							
Ochsenwerder Eilenburg							
Ochtmersleben Magdeburg	13 220	III		P(RE) G (33)			
Oder-Havel-Kanal-Brücke Basdorf, Berlin							
Oder-Havel-Kanal-Tunnel Bernau							
Oder-Havel-Kanal-Unter-führung Fürstenberg							
Oder-Spree-Kanal-Brücke Frankfurt							
Oderberg (Mark) Angermünde	28 628	Hp + p		P(RE)			
Oderberg-Bralitz Angermünde	28 189	III		P(RE) G(STA)			Bm
Oderbrücke Bad Freienwalde, Finkenheerd, Frankfurt, Küstrin, Wriezen							
Oderbrücke Abzw. Bad Freienwalde							
Oderdeich Finkenheerd							
Oderdeich Abzw. Finkenheerd, Frankfurt							
Oderhafen Fürstenwalde							
Oderin Berlin	03 333	Hp b		P(RE)			
Odertal (Harz) Scharzfeld	05 098	III					
Oebisfelde Haldensleben, Helmstedt, Wittingen, Wustermark	13 012	I		P(RE) G (80) (Wk)			Bm Bw
Oebisfelde Gbf	13 013	Ga					
Oebisfelde Grenze				Güp			
Oebisfelde Kleinb Wittingen	48 515					OR	
Oebisfelde Nord Wittingen				G(Ldst)		OR	Oebisfelde
Oechsen Wenigentaft-Mansbach	43 917						
Oederan Dresden	06 502	II		P(RE) G (40) (Wk)			Bm
Oegeln Königs Wusterhausen	25 454	Hst +	[197]	P(RE) G(WA)		OR	
Oehna Jüterbog	12 502	III		P(RE) G (41) (Wk)			
Oehrenstock Feldbahnmuseum					Sm		
Oelmühle Wernshausen	47 626	r			Sm	OR	
Oelsa (Bz Dresden)	06 899	Gnst b (Lkw)	[198]				
Oelschütz Wurzen							

Oelsen	55 829 p u		Sm		Gera-Pforten	Gera
Oelsnitz (Erzgeb)	06 659 I	P(RE) G (40) (Wk)			Bm Bw	Sankt Egidien
Oelsnitz (Erzgeb) Bahnhofstraße						Sankt Egidien
Oelsnitz (Erzgeb) Überlandbf	48 641 b			OR		Hohenstein-Ernstthal
Oelsnitz (Vogtl)	06 799 I	P(RE) G(CA) (32) (Wk)			Bm	Lottengrün, Plauen
Oelsnitz Berbaumuseum			Sm			
Oerenburg	44 522 b			OK		Lüchow
Oertzenhof	27 065 III	P(RE) G (Wk)			Bm	Bützow
Oeslau	09 495 III					Sonneberg
Oester-Körner	43 877 u			OR	Körner	Ebeleben
Oesterkörner		P				Ebeleben
Oettelin	27 199 Hp e					Magdeburg
Oetzsch						Leipzig
Offleben	13 271 III					Eisleben
Offleben Kohlensammelbf	13 272 Ahst b				Völpke (Kr Neuhaldensl)	Eisleben
Og Abzw.						Halle
Ogrosen Ziegelei			Sm			
Ohrabrücke						Gotha
Ohrdorf	48 504			OK		Wittingen
Ohrdruf	09 270 II	P(RE) G(CA) (ST) (40)			Bm	Gotha
Ohrdrufer Straße		P	Sm			Gotha
Ohrebrücke						Haldensleben, Zielitz
Olbernhau	06 546 I	P(RE) G(CA) (ST) (32)			Bm	Pockau-Lengefeld
Olbernhau-Grünthal	06 547 II	P(RE) G (Wk)				Pockau-Lengefeld
Olbernhau Obermühle			Sm			
Olbersdorf Anschlüsse			Sm			
Olbersdorf Grube Glückauf			Sm			
Olbersdorf Laubag			Sm			
Olbersdorf Niederdorf	07 013 Hst r	P	Sm	OR		Zittau
Olbersdorf Oberdorf	07 014 IV r	P(RE) G(WA) (Wk)	Sm	OR	Zittau	Zittau
Olbersdorf Oberdorf Holz- u. Impräg.			Sm			Zittau
Olbersdorf Oberdorf Katz & Klumpp			Sm			Zittau
Olbersleben	09 171 IV	P(RE) G(WA)				Straußfurt
Oldendorf (Meckl)			Sm			Stralsund
Oldendorf (Pommern)	41 566		Sm	OR		Stralsund
Oldisleben	41 824	G(WA)		OK	Esperstedt (Kyffh)	Esperstedt
Oldisleben Zuckerfabrik		G(WA)			Esperstedt (Kyffh)	Esperstedt
Oldrichov v Hajich						Hagenwerder
Ölschütz						Wurzen
Olympiastadion						Berlin
Olympiastadion Abzw.						Berlin
Olympiastadion Ost						Berlin
Olympisches Dorf			Sm			Döberitz
Olympisches Dorf						Berlin
Onkel Toms Hütte						Berlin
Opolno-Zdroj			Sm			Zittau
Oppach	07 028 IV r		Sm	OK		Taubenheim
Oppeln (Kr Löbau)		P				Löbau
Oppurg	09 126 III	P(RE)		OK		Pegau
Oranienbaum (Anh)	48 573	P G(CA) (40) (Wk)				Burgkemnitz
Oranienbaum (Anh)	45 820					Dessau
Oranienburg	03 224 II	P(RES) G(C) (ST) (40) (Rp)			Bm Bw	Berlin, Nauen, Velten
Oranienburg Gbf	03 225 Ga					
Oranienburg Versuchsbahn						
Oranienburger Straße a B	03 381 Hp p					Berlin
Oranienburger Tor						Berlin
Orlabrücke						Oppurg
Orlamünde	09 018 III	P(RE) G (40)			Bm	Naumburg, Oppurg
Orpensdorf-Natterheide						Pretzier
Ortmannsdorf	07 246 IV + op		Sm	OK	Bw	Mosel
Ortrand	06 318 III	P(RE) G (40)			Bm	Frankfurt
Ortwig	45 527			OR		Fürstenwalde
Oschatz	06 268 I	P(RE) G (40)	Sm	OK	Bw	
Oschatz	06 268 I	P(RE) G(ST) (40) (Wk)			Bm	Leipzig
Oschatz Elbehafen						Leipzig
Oschatz Gbf	06 269 Ga					
Oschatz Glasseidewerk						Leipzig

Betriebsstellenname (fett) siehe unter	Bf-Nr.	Merkmal DRG	Bem.	Merkmal DR (u. ggf. später)	Sm	Ram.	Mutterbahnhof/ Bm/Bw/Raw
Oschatz Hst					Sm		
Oschatz Körnerstraße	07 150	Hp e r u			Sm		Oschatz
Oschatz Lichtstraße					Sm		
Oschatz Süd	07 149	IV r		P G (Wk)	Sm	OK	Oschatz
Oschatz Zuckerfabrik Leipzig							
Oschersleben (Bode) Nord	40 890	op					
Oschersleben (Bode) Nordwest	49 890	b u					Oschersleben (Bode) Nord
Oschersleben (Bode) Reichsb Berlin	13 291	II		P(RE) G(CA) (ST) (40) (Wk)			Bm Bw
Oschersleben (Bode) Reichsb Gbf	13 292	Ga					
Oschitz Schleiz	47 140			P		OR	
Osdorf Teltow	03 834	IV o					
Osdorfer Straße Berlin							
Osendorf Halle							
Osinow Dolny Bad Freienwalde							
Oskar-Helene-Heim Berlin							
Osloer Straße Berlin							
Osmarsleben Zuckerfabrik Güsten				G(WA)			
Oßmannstedt Großheringen	09 178	III		P(RE) G(WA)		OR	
Ostbahnhof Berlin							
Osten (Pommern) Demmin	41 016				Sm	OR	
Osterburg (Altm) Magdeburg, Pretzier	01 034	II		P(RE) G (Wk)			Bm
Osterburg (Altm) Süd Pretzier	45 631					OK	
Osterburg Getreidewirtschaft Pretzier							
Osterburg Molkerei Pretzier							
Osterburg Schilddorf Pretzier	45 632	b	[199]	P G(WA)		OR	Osterburg (Altm)
Osterburg Siedlung Pretzier				P			
Ostercöthen Köthen					Sm		
Osterfeld (b Zeitz) Zeitz				P(RE) G (36) (Wk)			
Osterfeld (Thür) Zeitz	09 065	III					Bm
Osterhagen Nordhausen	05 101	III				OK	
Osterköthen Köthen	41 120	e			Sm		
Ostermark Halle				P			
Ostermark Bk Halle							
Osternienburg Dessau	12 345	Hp		P(RE)			
Osterteich Gernrode	41 830	p u		P	Sm		Gernrode (Harz) Gernr H E
Osterweddingen Berlin	13 286	Hp		P(RE)			
Osterwieck (Harz) Wasserleben	40 891			P(RE) G(STA) (35)			
Osterwieck (Harz) West Wasserleben	41 891	p u		P			Osterwieck (Harz)
Osterwieck Lackfabrik Wasserleben							
Osterwieck Zuckerfabrik Wasserleben							
Osterwiecker Werke Wasserleben	42 891	b op u				OR	Osterwieck (Harz)
Ostheim v Rhön Mellrichstadt	22 436	Hst				OKg	
Ostkreuz Berlin	03 291	II p		P(S)			Bm
Ostkreuz Übergabestelle Berlin							
Ostramondra Laucha	09 059	Hst +				OK	
Ostrau Doberlug-Kirchhain	06 360	III		P(RE) G(WA) (40) (Wk)			Riesa
Ostrauer Brücke Bab Schandau				P	Sm		
Ostrauer Mühle Bad Schandau				P	Sm		
Ostrauer Viadukt Doberlug-Kirchhain							
Ostritz (b Görlitz) Görlitz	06 001	III					
Ostseebad Binz Lietzow							
Ostseebad Graal-Müritz Rövershagen				P(RE) G		OK	
Ostseebad Graal-Müritz Schwanenbg Rövershagen				P			
Ostseebad Kühlungsborn Mitte Bad Doberan	27 238	Hp p u		P	Sm		ohne Mutterbf
Ostseebad Kühlungsborn Ost Bad Doberan	27 237	III		P(RE)	Sm	OK	
Ostseebad Kühlungsborn West Bad Doberan	27 239	III		P(RE)	Sm	OK	
Ostseebad Wustrow			[1]	P(RE) (Bus)			
Ostswine Swinemünde	28 291	III					
Otisstraße Berlin							
Öttelin Magdeburg							
Ottendorf (b Medingen) Klotzsche							
Ottendorf (b Mittweida) Doberlug-Kirchhain	06 378	Hst		P(RE)		OK	
Ottendorf-Okrilla Hp Dresden	06 162	Hp		P(RE)			
Ottendorf-Okrilla Kieswerk					Sm		
Ottendorf-Okrilla Nord	06 163	IV		P(RE) G			

Dresden
Ottendorf-Okrilla Süd 06 161 III P(RE) G (32) (Wk) OKg
Dresden
Ottendorfer Viadukt
Doberlug-Kirchhain
Otterwisch 12 804 III P(RE)
Leipzig
Ottleben 43 890 P(RE) G (Wk) Oschersleben (Bode)
Oschersleben
Ottleben BHG
Oschersleben
Ottleben Zuckerfabrik
Oschersleben
Otto-Grotewohl-Straße
Berlin
Otto-Winzer-Straße P(S)
Berlin
Ottoschacht
Kriebitzsch
Ovelgünne P
Magdeburg
Oybin Sm
Zittau
Oybin Teufelsmühle Sm
Zittau
Paaren 45 307 OR
Nauen
Pabsdorf 43 600 Sm OR
Burg
Paditz 06 688 IV op mvE P OK
Altenburg
Paetzstraße
Leipzig
Paitzdorf
Schmirchau, Seelingstädt
Paitzdorf Schacht 384
Schmirchau
Palaisteich P Sm
Dresden
Pamitz Sm
Wahlendow
Pamitz Gut Sm
Wahlendow
Pankow
Berlin
Pankow (Vinetastraße)
Berlin
Pankow-Heinersdorf 03 205 Hp oä oe P(S) Bw
Berlin
Pankow-Schönhausen 03 204 Hp
Berlin
Pankstraße
Berlin
Pansky
Sebnitz
Pantelitz 28 076 p P
Rostock
Papenberge
Bützow
Papendorf P
Anklam
Papendorf (Kr Pasewalk)
Bernau
Papendorf (Meckl) 27 218 Hp p u P ohne Mutterbf
Magdeburg
Papendorf (Meckl) Hp P(S)
Magdeburg
Papendorf Gut

Anklam
Papestraße 03 039 IV oe p Bw
Berlin
Papierfabrik 45 804 p u Arnstadt Arnst I E
Arnstadt
Papierfabrik
Aue
Papierfabrik Sm
Bad Muskau
Papiermühle (Kr Stadtroda) 09 081 Hp P(RE)
Glauchau
Papitz P(RE)
Berlin
Paplitz 43 549 P(RE) G(WA) OR Güsen (Kr Genthin)
Güsen
Pappenheim (Thür) P(RE) G(WA) (Wk)
Schmalkalden
Paracelsus-Bad
Berlin
Paradestraße
Berlin
Paradies P Sm OR
Bernburg
Paradies bei Jena
Naumburg
Parchau
Berlin
Parchen
Hohenwulsch
Parchim 27 129 I P(RE) G(CA) (ST) (Wk) Bm Bw
Ludwigslust, Pritzwalk, Schwerin
Parchim Brunnen 27 130 Hp p u ohne Mutterbf
Pritzwalk
Parchim Slate 27 131 Hst + OK
Pritzwalk
Parchim Slate Süd 27 268 Hp
Pritzwalk
Parchimer Allee
Berlin
Paretzkanalbrücke
Berlin
Parey 43 521 P(RE) G(WA) OK
Güsen
Parey Bk
Berlin
Parey Kreuzungsbf
Berlin
Parey MLK
Güsen
Parkentin 27 229 IV P(RE)
Bad Kleinen
Parlowko
Swinemünde
Parlowkrug 28 281 IV
Swinemünde
Parmen 28 019 IV + OK
Fürstenwerder
Parsau 48 512 OK
Wittingen
Parthebrücke
Cottbus, Leipzig
Pasewalk 43 635 b Sm
Pasewalk 28 146 I P(RE) G(ST) (40) (Rp) Bm Bw
Bernau, Bützow
Pasewalk Gbf 28 147 Ga
Pasewalk Kartoffelflockenfabrik Sm
Pasewalk KKP Sm
Pasewalk Mühle Sm
Pasewalk Ost P Bw
Gumnitz

Betriebsstellenname (fett) siehe unter	Bf-Nr.	Merkmal DRG	Bem.	Merkmal DR (u. ggf. später)	Sm	Ram.	Mutterbahnhof/ Bm/Bw/Raw
Passow (Kr Angermünde) Angermünde			[201]	P(RE) G (35) (Wk)			
Passow (Meckl) Ludwigslust	27 137	IV					
Passow (Uckerm) Angermünde	28 233	III					Bm
Pastitz Bergen	28 073	IV b oe u		P		OR	Bergen (Rügen)
Pätz Kieswerk					Sm		
Patzetz Breitenhagen				P G(WA)	Sm		
Patzetz Halle							
Patzetz Bahnhof Breitenhagen				G(WA)	Sm		
Patzig (Rügen) Bergen	46 556			P G	Sm	OR	Bergen (Rügen)
Pauer Gernrode					Sm		
Paul-Verner-Straße Berlin							
Paulinenaue Berlin	01 002	II	[202]	P(RE) G (40) (Wk)			Bm
Paulinenaue Rathenow					Sm		
Paulinenhof Frankfurt	25 193	Hp oe u					ohne Mutterbf
Paulinzella Arnstadt	09 320	IV		P(RE) G (40)		OK	
Paulsternstraße Berlin							
Paunsdorf-Stünz Leipzig							
Pausa Werdau	06 825	III		P(RE) G			
Pausin (Kr Osthavelland) Nauen	45 309					OR	
Päwesin Brandenburg	48 173			G		OR	Roskow
Pechern Bad Muskau					Sm		
Peene-Klappbrücke Bernau							
Peenebrücke Oranienburg, Züssow							
Peenemünde Bunker							
Peenemünde Dorf Zinnowitz				P(RE) G(WA)		OR	Zinnowitz
Peenemünde Endbf Zinnowitz							
Peenemünde Flugplatz Zinnowitz				G(WA)			
Peenemünde Hafen 1							
Peenemünde Hafen 2 Zinnowitz							
Peenemünde Heeresversuchsanstalt							
Peenemünde Kraftwerk Zinnowitz			[203]	G(WA)			
Peenemünde Nord Zinnowitz				P			
Peenemünde Ost Zinnowitz							
Peenemünde Prüfstände					Sm		
Peenemünde Raketenschienenschlitt.							
Peenemünde Sauerstoffwerk Zinnowitz							
Peenemünde Trafostation							
Peenemünde Wasserwerk Zinnowitz							
Peenemünde Werk Ost Zinnowitz							
Peenemünde Werk Ost Hp							
Peenemünde Werk West							
Peenemünde Werkbf							
Peenemünde West Zinnowitz							
Pegau Leipzig	12 004	II		P(RE) G (40)			Bm
Pegau Hp Leipzig	12 879	Hp e u					Groitzsch
Pegau Museumsbahn					Sm		
Pegau Ost Leipzig				P(RE)			
Pegau Ost Abzw. Zauschwitz							
Peickwitz Abzw. Brieske, Horka, Lübbenau							
Peißen Eilenburg, Halle	12 424	III		P(RE) G		OR	
Peißen Schacht Könnern				G(WA)			
Peitz Frankfurt	25 452	III		P(RE) G (45) (Wk)			
Peitz Ost Frankfurt, Großdöbbern	25 339	IV		P(RE) G(WA)			
Pelsin Anklam	45 007	b			Sm	OR	
Pencun Casekow					Sm		
Penig Altenburg, Glauchau	06 405	II		P(RE) G (60)			Bm
Penig Papierfabrik					Sm		
Penkun (Oder) Casekow	40 550				Sm	OK	
Penkun (Oder) Autobahnbaustelle Casekow					Sm		
Penna Glauchau							
Pentz Demmin	41 054				Sm	OR	
Penzig (Oberlaus) Görlitz	04 084	II					
Penzig (Oberlaus) Gbf	04 085	Ga					
Penzlin (Meckl) Waren	27 163	III					Bm
Penzlin (Prign) Kremmen	69 904	b op u				OK	Meyenburg Privatb
Peres Böhlen				G(WA)	Sm		Bm
Perleberg Wittenberge	27 304	II		P(RE) G (50) (Wk)			Bm Bw
Perleberg Kleinb	48 372				Sm	OK	Bw

Betriebsstelle	Nr.	Verkehr	Sm		Bemerkung
Perleberg Kreuzung			Sm		
Perleberg Kreuzung Wittenberge					
Perleberg Nord	48 394 b	P(RE)		OR	
Perleberg Schützenhaus Wittenberge					
Perleberg Süd	48 393	P(RE)			
Perleberg West Wittenberge					
Perleberg Wilsnacker Straße			Sm		
Pernik-Albertamy Schwarzenberg					
Pernitz Treuenbrietzen	78 808 og u				Golzow (Kr Zauch-Belzig)
Perwenitz Nauen	45 308			OR	
Pessin Senzke	46 352		Sm		
Petergrube Borna		G(WA)	Sm		
Petergrube Borna, Leipzig		P			
Petersdorf (b Ketschendorf/ Spree) Fürstenwalde					
Petersdorf (Kr Beeskow-Storkow) Fürstenwalde	44 194			OR	
Petersdorf (Kr Fürstenwalde/ Spree)		P G(WA)		OR	Fürstenwalde (Spree) Süd
Petersdorf (Meckl) Bad Kleinen	27 073 Hp p	P			
Petersdorf Formsandgrube					
Petersdorf Seebad Fürstenwalde					
Petershagen (b Berlin) Fredersdorf	03 264 Hp p				
Petershagen (b Greifswald) Greifswald	43 832 u			OR	Grimmen Schützenplatz
Petershagen (Bz Stettin) Angermünde	28 235 IV			OK	
Petershagen (Kr Angermünde) Angermünde		P(RE) G(WA)		OK	
Petershagen (Uckerm) Angermünde					
Petershagen Nord Berlin		P(S)			
Petershain Horka	12 671 Hp	P(RE)			
Petersroda Hayna, Leipzig		P(RE)			
Pethau		G(Ldst)		OK	Zittau
Petkus Dahme			Sm		
Petkus Ziegelei Dahme			Sm		
Petriroda Gotha	09 266 Hp u	P			Emleben
Pettstädt Ziegelei			Sm		
Peulingen Stendal	47 372	P		OR	
Pfaffenberg-tunnel Doberlug-Kirchhain					
Pfaffendorf Breitengüßbach	22 084 Hst +			OR	
Pfaffendorf (Mark) Fürstenwalde	44 197	P G(WA)			
Pfaffenhain Chemnitz	06 642 Hst	P		OR	
Pfalzplatz Halle		P	Sm		
Pfarrweisach Breitengüßbach	22 082 IV			OR	
Pferdebachthal Heiligenstadt	05 517 IV b op u			OK	Heiligen-stadt-Dün
Pferdsdorf (Rhön) Unterbreizbach	09 398 IV +			OK	
Pferdsdorf (Werra) Eisenach	09 298 Hp u				Mihla
Pflückuff Torgau	12 471 Hst +			OK	
Philipp-Reis-Straße Leipzig					
Philippshagen Altefähr	46 542	P	Sm	OR	
Philippsthal (Werra) Eisenach	09 394 IV			OK	
Phillppsthal Süd Eisenach, Vacha	09 396 Hp u				Philippsthal
Phönix Oppurg					
Piansee Fürstenberg					
Pichelsberg Berlin	03 267 III p				
Picher			Sm		
Picnjo Frankfurt					
Picnjo podzajtso jutso Frankfurt					
Piensk Görlitz					
Piesauviadukt Probstzella					
Pieschen Frankfurt					
Pieskow Fürstenwalde					
Piesteritz Horka	12 374 I				
Piesteritz Stickstoffwerk Horka					
Pietschkau Bk Halle					
Pillgram Berlin	25 187 III	P(RE)		OK	
Pillnitz Dresden					
Pilztunnel Heidenau					
Pinnow (Kr Angermünde) Angermünde	28 218 IV	P(RE) G (Wk)		OK	
Pinnow (Kr Angermünde) Ost Angermünde		P			
Pinnow (Kr Greifswald) Anklam	40 130		Sm	OR	
Pinnow (Uckerm) Angermünde					
Pionierlager Otto Grotewohl Cottbus		P	Sm		
Pionierpark Görlitz					
Pionierzentrum Berlin		P	Sm		
Pirk	06 798 III	P(RE) G(WA) (40)			Weischlitz

Betriebsstellenname (fett) siehe unter	Bf-Nr.	Merkmal DRG	Bem.	Merkmal DR (u. ggf. später)	Sm	Ram.	Mutterbahnhof/ Bm/Bw/Raw
Plauen							
Pirkau				P	Sm		
Profen							
Pirna	06 192	I		P(RE) G(ST) (50) (Wk)			Bm Bw
Dresden							
Pirna Copitz	06 113	Hst + b op		P G (Wk)			Pirna
Pirna Copitz Hp	06 112	Hp		P			
Pirna Copitz Nord				P			
Pirna Gbf	06 193	Ga					
Pirna Herrenleite Feldbahnmuseum					Sm		
Pirna Neundorf	06 205	Hst + mvG		P(RE) G(WA)		OR	Pirna
Pirna Ost				P			
Pirna Rottwerndorf	06 204	IV		P G(WA) (34)			Pirna
Pirna Solidarität				P			
Pirna Süd	06 203	Hst b op		P		OR	
Pirna von Richthofenstraße	06 202	Hp + p					
Pirna Zehista	06 211	Hst e op mvG		G(WA) (Wk)			Pirna
Pirow	48 408			P G(WA)		OR	Perleberg
Perleberg							
Pirschheide							
Wildpark							
Pisede	27 045	Hp p u		P			ohne Mutterbf
Malchin							
Piskowitz					Sm		
Weißig							
Plaatz	27 187	IV		P(RE) G (Wk)			
Rostock, Waren							
Plagwitz (b Leipzig)							
Leipzig							
Plagwitz-Lindenau							
Leipzig							
Planitz	06 830	IV op mvE					
Zwickau							
Planitz Abzw.							
Zwickau							
Planitz-Cainsdorf	06 613	Hp b				OR	
Zwickau							
Plänterwald				P(S)			
Berlin							
Plastau							
Wittingen							
Plastverarbeitung							
Berlin							
Plate (Meckl)	27 096	IV		P(RE) G			
Schwerin							
Platten							
Schwarzenberg							
Plattenthal	06 443	Hp p u					Wiesenbad
Wolkenstein							
Plattenthal Abzw.							
Wolkenstein							
Platz der Einheit			[200]	P	Sm	OR	
Bernburg							
Platz der Freiheit				P	Sm		
Halle							
Platz der Luftbrücke							
Berlin							
Platz der Republik							
Leipzig							
Plau (Meckl)	27 142	II		P(RE) G (40) (Wk)			Bm
Pritzwalk							
Plau am See							
Pritzwalk							
Plau Stärkefabrik							
Pritzwalk							
Plau Ziegelei					Sm		
Plaue (Havel)	47 482	b	[204]		Sm		
Plaue (Thür)	09 336	III		P(RE) G			
Arnstadt, Neudietendorf							
Plaue Kino				P	Sm		
Brandenburg							
Plaue Rathaus				P	Sm		
Brandenburg							
Plauen (Vogtl) Chrieschwitz	06 791	III og		P(R)			
Falkenstein, Gera							
Plauen (Vogtl) Kleinfriesen	06 848	Hst + b		P			
Falkenstein							
Plauen (Vogtl) ob Bf	06 708	I	[205]	P(RE) G(CA) (ST) (70) (Rp)			Bm Bw
Dresden							
Plauen (Vogtl) ob Bf Gbf	06 709	Ga					
Plauen (Vogtl) Scholz							
Gera							
Plauen (Vogtl) Straßberg							
Plauen (Vogtl) unt Bf	09 792	II	[205]	P(R) G (40) (Wk)		OK	
Falkenstein, Gera							
Plauen (Vogtl) unt Bf Gbf	09 793	Ga					
Plauen (Vogtl) West	09 795	III		P(RE) G(Ldst)		OK	Plauen (Vogtl) ob Bf
Plauen (Vogtl) Zellwolle				P			
Gera							
Plauen Pioniereisenbahn				P	Sm		
Plauen Westbf							
Plauerhof				P	Sm		
Brandenburg							
Pleetz	43 882			P		OK	
Neubrandenburg							
Pleißebrücke							
Altenburg, Glauchau, Leipzig							
Plesna							
Plauen							
Plessa	12 592	III b		P(RE) G		OK	
Horka							
Plessa Brikettfabrik					Sm		
Lauchhammer							
Plessa Kraftwerk					Sm		
Lauchhammer							
Plessa Ziegelei					Sm		
Plieskendorf-Buchwäldchen Ziegelei					Sm		
Plömnitz Grube Antoinette		G			Sm		
Plömnitz Grube Antoinette				G(WA)			
Baalberge							
Plossig	46 194					OR	
Prettin							
Plothenbachtalviadukt							
Triptis							
Plötz	41 041				Sm	OR	
Schmarsow							
Plötz Steinkohlenzeche							
Nauendorf							
Plötzensee							
Berlin							
Plüschow	27 017	IV		P(RE) G(WA)			
Bad Kleinen							
Pobzig				G(WA)	Sm		
Breitenhagen							

Pockau-Lengefeld Chemnitz	06 543 I		P(RE) G (40)			Bm Bw
Pockaubrücke Chemnitz						
Podbielskiallee Berlin						
Pödelwitz Leipzig	12 877 Hp e u		P(RE) G(WA)			Groitzsch
Pödelwitz Gießerei-sandwerk				Sm		
Podelzig Frankfurt	25 078 III		P(RE)			Bm
Poelchaustraße Berlin						
Pogeez Lüneburg						
Poggelow Teterow	27 037 IV +		P(RE) G(WA)		OK	
Poghradi Adorf						
Pöglitz Stralsund	48 909 u				OR	
Pöhla Grünstädtel	07 232 Hst +		P(RE) G	Sm	OR	Grünstädtel
Pöhla Bergwerk				Sm		
Pöhla Eisenwerk Grünstädtel			G(WA)	Sm		
Pöhlde Bleicherode	05 131 IV					
Pölchow Magdeburg	27 202 Hp b		P(RE)		OR	
Pölchow Ziegelei				Sm		
Polenz Beucha						
Polenz Wilsdruff	07 088 IV + r			Sm	OR	
Poley Senftenberg	12 910 IV				OR	
Polizeiamt Magdeburg						
Polleben Halle	42 516		P(RE) G			Heiligenthal
Pöllwitz Werdau	06 824 IV		P(RE) G(WA) (40)		OK	
Polz Berlin	01 144 IV og					
Polzen Falkenberg						
Pölzig Gera	44 829		P(RE)	Sm	OR	
Polzow-kanalbrücke Gransee						
Polzuhn Burg	43 576			Sm	OR	
Pommerensdorf Hafen Casekow	40 565 b			Sm	OR	
Pommerensdorf Klbf Casekow				Sm		
Pommerensdorf Landesb Casekow	40 564			Sm	OK	
Pommersche Industriewerke Velgast						
Pommritz Görlitz	06 050 III		P(RE)			
Pomorcy Görlitz						
Ponitz Altenburg	06 691 Hst				OR	
Pönitz (b Leipzig) Cottbus	12 443 Hp		P(RE)			
Ponitz (Prign) Perleberg	48 376		P	Sm	OR	
Popojce Berlin						
Poppendorf Rostock						
Pöppendorf Lüneburg						
Poppenwald Zwickau						
Porchow Bischofswerda						
Porep Pritzwalk	45 685		P G		OK	Putlitz
Porschdorf (Kr Pirna) Bad Schandau	06 090 Hp +		P(R)			
Porschdorf (Sächs Schweiz) Bad Schandau						
Porschendorf (b Lohmen) Dürröhrsdorf	06 104 Hst +				OK	
Pörsten Großkorbetha, Leipzig	12 019 III b		P(RE)		OK	
Porstendorf Krossen, Naumburg	09 011 III		P(RE) G(WA) (CA)		OK	
Porstendorf Maschinenfabrik Naumburg						
Posada Görlitz						
Poschwitz Altenburg						
Posenmühle Triptis	09 136 Hp u		P			ohne Mutterbf
Poseritz Altefähr	46 516			Sm	OR	
Poserna Großkorbetha, Leipzig						
Posewald Altefähr	46 533		P	Sm	OR	
Possendorf Freital	06 477 III					
Pößneck Gaswerk Oppurg						
Pößneck ob Bf Pegau	09 127 II	[207]	P(RE) G(ST)			Bm
Pößneck Saalbahn Oppurg						
Pößneck unt Bf Oppurg	09 095 II	[208]	P(RE) G (40) (Wk)			
Post Strausberg						
Posthausen Leipzig	12 766 III op				OKg	
Postlin Perleberg	48 401	[209]	P G		OR	Karstädt
Postlow Blesewitz	45 042 b			Sm	OR	
Pötenitz Schönberg	27 019 op					
Pötenitz Luftwaffenzeug-amt Schönberg						
Potok Horka						
Pötscha-Wehlen Dresden						
Potschappel Dresden, Freital						
Potschappel-Birkigt Dresden, Freital						
Potsdam Babelsberg Berlin			P(S)			
Potsdam Bau-stoffversorgung Rehbrücke						
Potsdam Beton-leichtbaukom-binat Rehbrücke						
Potsdam Charlottenhof			P(S)			

Betriebsstellenname (fett) siehe unter	Bf-Nr.	Merkmal DRG	Bem.	Merkmal DR (u. ggf. später)	Sm	Ram.	Mutterbahnhof/ Bm/Bw/Raw
Berlin							
Potsdam Gbf	03 140	Ga					
Potsdam Getränkekombinat							
Rehbrücke							
Potsdam Griebnitzsee				P(S)			
Berlin							
Potsdam Griebnitzsee Gbo							
Berlin							
Potsdam Hbf			[210]	P(RS)			
Berlin, Wildpark							
Potsdam Heizwerk Süd I bis III							
Rehbrücke							
Potsdam Minol							
Rehbrücke							
Potsdam Park Sanssouci			[211]	P(S)			
Berlin, Wildpark							
Potsdam Pirschheide				P(RS)			
Berlin, Wildpark							
Potsdam Post							
Rehbrücke							
Potsdam Rehbrücke							
Berlin							
Potsdam Stadt	03 139	I	[215]	P(RES) G(CA)(ST) (40)			Bm Bw Raw
Berlin							
Potsdam Verkehrskombinat							
Rehbrücke							
Potsdam West			[218]	P(S)			
Berlin							
Potsdam Wildpark Ost Abzw.							
Berlin							
Potsdam Wildpark Süd Abzw.							
Berlin, Wildpark							
Potsdam Wildpark West Abzw.							
Berlin							
Potsdamer Platz	03 121	II p		P(S)			
Berlin							
Potsdamer Platz a B							
Berlin							
Potsdamer Ringbf							
Berlin							
Potthagen-Weitenhagen	42 306				Sm	OR	
Greifswald							
Potucky							
Schwarzenberg							
Potucky zastavka							
Schwarzenberg							
Pramsdorf Bk							
Berlin							
Pratau	12 394	III		P(RE) G(WA)			Lutherstadt Wittenberg
Eilenburg, Halle							
Pratau Margarinewerk							
Halle							
Prausitz	06 323	IV		P(RE) G (40)			
Riesa							
Prebberede		G		G(WA)	Sm		
Tessin							
Prehlitz Tagebau				G(WA)	Sm		
Zipsendorf							
Preilack Abzw.							
Frankfurt, Jänschwalde							
Preiskermühle	07 089	Hp e r u			Sm		Wilsdruff
Wilsdruff							
Premnitz	50 808			P(RE) G(WA) (CA) (Wk)			
Treuenbrietzcn							
Premnitz Bäckerei Krönig							
Treuenbrietzen							
Premnitz Kunstseidewerk							
Treuenbrietzen							
Premnitz Munitionsfabrik							
Treuenbrietzen							
Premnitz Süd	49 808	og		P			
Treuenbrietzen							
Premslin	48 397			P		OR	
Perleberg							
Premslin-Glöwzin							
Perleberg							
Prenzlau	28 227	II		P(RE) G(CA) (ST) (35) (Wk)			Bm
Bernau							
Prenzlau Gbf	28 228	Ga					
Prenzlau Kreisbf	46 137						
Prenzlau Vorstadt	28 211	IV		P(RE) G			
Prenzlau West							
Prenzlau Zuckerfabrik							
Prenzlauer Allee	03 017	Hp p		P(S)			
Berlin							
Prerow			[1]	P(RE) (Bus)			
Prerow	28 087	IV					
Velgast							
Pressig							
Saalfeld							
Pressig-Rothenkirchen	22 027	I					Bm Bw
Saalfeld							
Preten	45 392	b				OR	
Brahlstorf							
Prettin				(E) G(WA)		OK	
Prettin (Kr Torgau)	46 192					OK	
Prettin Hafen							
Prettin Kieswerk							
Prettin Stanz- und Emaillierwerk							
Pretzien (Elbe)	42 154	b			Sm	OK	Bw
Gommern							
Pretzien (Elbe) Betriebswerkstatt					Sm		
Gommern							
Pretzien (Elbe) Hafen					Sm		
Gommern							
Pretziener Wehr			[212]				
Pretzien							
Pretzier (Altm)	13 036	III		P(RE) G			
Stendal							
Pretzier (Altm) Ost	45 646	b				OR	
Pretzsch (Elbe)	12 403	III		P(RE) G(CA) (35) (Wk)			Bm Bw
Eilenburg, Torgau							
Pretzschendorf	07 127	Hst +		P(RE) G	Sm	OK	Klingenberg-Colmnitz
Klingenberg-Colmnitz							
Preußisch Börnecke (Bz Magdeburg)	12 246	III				OK	
Blumenberg							
Preußlitz	12 285	Hst b				OR	
Biendorf							

Preußnitz a B Berlin					
Preußnitz Pra Abzw. und Prb Abzw. Treuenbrietzen					
Prezier Lüchow					
Pribbenow (b Stavenhagen) Demmin, Stavenhagen	41 067		Sm	OR	
Priebus Horka	04 373 III				
Priebus Süd Horka	42 692			OR	
Priemerburg Bützow, Pritzwalk, Rostock	27 198 IV og	P G(WA)			
Priemerwald Abzw. Rostock					
Priesa Weißig			Sm		
Prieschendorf Schönberg	27 007 Hp p u				ohne Mutterbf
Priesterweg Berlin	03 076 IV p				
Priestewitz Frankfurt, Leipzig, Radeburg	06 260 II	P(RE)			Bm
Prietitz-Thonberg Bischofswerda	06 126 Hst + e	G(WA)		OK	Kamenz (Sachs)
Prinzenstraße Berlin					
Priort Berlin	03 361 IV	P(RES)		OK	
Priort Nordkopf Abzw. Berlin					
Prisannewitz Rostock	27 191 Hp p u				ohne Mutterbf
Pristäblich Eilenburg	12 452 Hp p u	P			Eilenburg
Pritter Swinemünde	28 290 IV			OK	
Prittitz Zeitz	09 096 IV	P(RE) G		OK	
Pritzenow Demmin	41 021		Sm	OR	
Pritzerbe Treuenbrietzen	53 808	P(RE) G(WA) (Wk)			
Pritzerbe Kraftmühle Treuenbrietzen					
Pritzier Schwerin	01 049 III	P(RE) G(CA) (Wk)			
Pritzwald Greifswald	42 360		Sm	OR	
Pritzwalk Wittenberge	27 353 I	P(RE) G(CA) (ST) (Rp)			Bm
Pritzwalk Kleinbf Glöwen	45 674		Sm	OK	
Probsthaida Leipzig					
Probsthain (Kr Torgau) Mockrehna	47 101 b	P		OR	
Probstzella Saalfeld	09 034 I	P(RE) G (41)		OR	Bm Bw
Probstzella Grenze		Güp			
Probstzella Hp Gleisdreieck		P			
Pröda Weißig			Sm		
Prödel Biederitz	12 360 III	P(RE) G			

Profen Pegau	12 003 III	P(RE) G (Wk)			
Profen Tagebau		P G(WA)	Sm		
Profen Tagebau Pegau	[213]	G(WA)			
Prora Lietzow	[214]	P(RE) G(WA)			Bw
Prora KDF-Seebadbaustelle			Sm		
Prora Ost Lietzow		P			
Proschim-Haidemühl Hoyerswerda, Spremberg	12 654 III				
Prösen Doberlug-Kirchhain	06 291 Hst b	P		OR	
Prösen Ost Berlin					
Prösen-Wainsdorf Berlin	06 254 Hp	P(RE)			
Prösen West Doberlug-Kirchhain	06 292 Hp p u	P			Gröditz (b Riesa)
Prosigk Köthen	41 125		Sm	OR	
Prosnitz (Rügen) Altefähr	46 511 b		Sm	OR	
Prößdorf Deutzen		G(WA)	Sm		
Prossen Getreidewirtschaft Bad Schandau					
Protecy-Hlinowk Bischofswerda					
Pröttitz Krensitz	40 674			OR	
Provinzial-Anstalt Strausberg					
Prozym Hoyerswerda, Spremberg					
Pruchten Velgast	28 084 Hst +			OR	
Prühlitz Horka					
Przewoz Horka					
Przyjezierze-Moryn Wriezen					
Przysieka Priebus					
Püchauer Straße Abzw. Leipzig					
Puddemin Altefähr	46 520		Sm	OR	
Puddemin Hafen Altefähr					
Pulsnitz Lübbenau	06 120 II	P(RE) G(ST) (32)			
Pulverkrug Kunersdorf	48 435 b			OR	
Pürsten Böhlen		G(WA)	Sm		
Pustleben Halle	05 508 IV b			OR	
Putbus Altefähr	28 074 III	P(RE) G	Sm		Bw
Putbus Bergen	28 074 III	P(RE) G			
Putbus West Altefähr					
Putlitz Berge, Pritzwalk	45 679	P(RE) G (Wk)			Bw
Putlitz West Berge					
Putlitzstraße Berlin	03 012 II p				
Pütnitz Stralsund					
Putzar Löwitz	45 055 b		Sm	OR	
Putzkau	06 041 IV	P(RE)			

Betriebsstellenname (fett) siehe unter	Bf-Nr.	Merkmal DRG	Bem.	Merkmal DR (u. ggf. später)	Sm	Ram.	Mutterbahnhof/ Bm/Bw/Raw
Zittau							
Putzkauer Viadukt							
Zittau							
Quadenschönfeld							
Neustrelitz							
Quadenschönfeld	27 339	IV				OK	
Neustrelitz							
Quarzschmelze							
Berlin							
Quarzwerk Kayna					Sm		
Gera							
Quast	28 225	Hp u		P			Seehausen (Uckerm)
Berlin							
Quatzendorf (Rügen)					Sm		
Quedlinburg Großer Orden							
Wegeleben							
Quedlinburg Quarmbeck				P			
Aschersleben							
Quedlinburg Quarmbeck					Sm		
Gernrode							
Quedlinburg Reichsb	13 353	II	[97]	P(RE) G(CA) (ST) (60)			Bm
Aschersleben, Blankenburg, Wegeleben							
Quedlinburg Reichsb					Sm		
Gernrode							
Quedlinburg Waggonfabrik							
Blankenburg							
Quedlinburg West	63 834	op					
Blankenburg							
Quedlinburg Ziegelei					Sm		
Queienfeld	22 427	Hp e p u					Rentwertshausen
Rentwertshausen							
Quellendorf	41 111				Sm	OR	
Dessau							
Querbitzsch Kaolinwerk					Sm		
Querfurt	12 156	I		P(RE) G (32) (Wk)			Bm
Merseburg, Röblingen							
Querfurt K Abzw.							
Röblingen							
Querfurt West	12 160	Hp + e		P(RE) G(WA)			
Röblingen							
Querfurt Zuckerfabrik							
Röblingen							
Questin		Ldst			Sm		
Neubukow							
Quittelsdorf				P(RE)			
Arnstadt							
Quitzow	48 395		[216]	P G(WA)		OR	Perleberg
Perleberg							
Quoos	06 136	Hp e u		P			Radibor (Sachs)
Bautzen							
Rabenau	07 067	IV r		P(RE)	Sm	OK	Freital Hainsberg
Freital							
Rabenau Möbelwerk					Sm		
Freital							
Rabenauer Tunnel							
Freital							
Rabenstein (Sachs)	06 469	Hst					
Limbach							
Rackith (Elbe)	12 399	IV		P(RE) G (Wk)		OK	
Eilenburg							
Rackith (Elbe) Süd				P			
Eilenburg							
Rackwitz (b Leipzig)	12 419	III		P(RE) G(CA) (40)			
Krensitz, Leipzig							
Rackwitz (b Leipzig) Del Klb					Sm		
Rackwitz (b Leipzig) Reichsb					Sm		
Rackwitz Anschlußbf					Sm		
Rackwitz Anschlußbf							
Krensitz							
Rackwitz-Güntheritz							
Leipzig							
Rackwitz Leichtmetallwerk							
Krensitz							
Rackwitz Ost	40 679	b				OR	
Krensitz							
Rackwitz Süd							
Krensitz							
Radcice							
Hagenwerder							
Raddenfort	27 118	Hp p u					ohne Mutterbf
Malliß							
Raddusch	12 722	Hp		P(RE)			
Berlin							
Radeberg	06 063	II		P(RE) G(ST) (60) (Wk)			Bm
Dresden, Lübbenau							
Radeberg Gbf	06 064	Ga					
Radebeul							
Leipzig							
Radebeul Elektrizitätswerk							
Radebeul Naundorf	06 246	III		P		OK	
Dresden							
Radebeul Ost	06 235	I		P	Sm		Bw
Radebeul Ost	06 235	I		P(RE) G (31) (Wk)			Bm
Frankfurt, Leipzig							
Radebeul Ost Gbf	06 236	Ga					
Radebeul Weintraube	06 237	Hp b		P		OR	
Frankfurt, Leipzig							
Radebeul West	06 238	I		P G			Coswig (Bz Dresden)
Frankfurt, Leipzig							
Radebeul West Gartenbau					Sm		
Radebeul West Stw B							
Leipzig							
Radebeul Zitzschewig	06 239	Hp		P			
Frankfurt, Leipzig							
Radeburg	07 064	II r		P(RE) G(WA) (Wk)	Sm	OK	Bw
Radebeul							
Radeburg Autobahnbaustelle					Sm		
Radebeul							
Radeburg Baustoffwerk							
Radeburg Nord							
Radeburg Nord					Sm		
Radebeul							
Radeburg Schamottewerk					Sm		
Radebeul							
Radeburg Süd					Sm		
Radebeul							

Radefeld-Hayna Krensitz	40 681		P		OK	
Radegast	41 117	[217]				
Radegast Dessau, Köthen	41 117	[217]		Sm	OK	
Radegast Brauerei Dessau, Köthen		[217]		Sm		
Radegast Zuckerfabrik Dessau, Köthen		[217]				
Rädel Lehnin				Sm		
Radelandstraße (Waldkranken-haus) Bötzow						
Rademin Stendal						
Radenbeck Wittingen	48 507				OK	
Radensdorf Lübben	47 283			Sm	OK	
Radensleben Kremmen	49 904		P(RE) G (Wk)			
Radewege Brandenburg	48 185				OR	
Radewege Ziegelei Brandenburg						
Radibor (Sachs) Bautzen, Löbau	06 138 III		P(RE) G (32)			Bm
Radibor (Sachs) Hp Löbau	06 143 Hp e u		P			Radibor (Sachs)
Radis Halle			P(RE) G(CA)			
Radiumbad Brambach Plauen	06 804 III					Bm
Radiumbad Oberschlema Schneeberg	06 604 III					
Radowasojce Lübben				Sm		
Radus Berlin						
Radwor (Sakska) Bautzen, Löbau						
Radwor zastanisco Löbau						
Ragow Berlin	12 730 IV		P(RE) G(WA)		OR	Lübben Hbf
Ragow Umspannwerk Berlin			G(WA)			
Raguhn Dessau	12 331 III		P(RE) G (32)			
Rahnsdorf Berlin	03 304 III og		P(S)			
Raiffeisen Bad Langensalza						
Rainholz Querfurt						
Raitzhain Glauchau, Meusel-witz, Schmirchau			P			
Rajoch Breitenhagen			G(WA)	Sm		
Rakecy Bautzen						
Rakow Neubukow				Sm		
Rakow Oranienburg			P(RE) G(WA)			
Rakow (Pommern) Oranienburg	28 053 IV					
Rambin (Rügen) Rostock	28 063 III		P(RE)			
Ramelow (b Friedland/ Meckl) Dorf Friedland	44 662			Sm	OR	
Ramelow (b Friedland/ M) Forsthaus Friedland	44 661			Sm	OR	
Rammelburg Klostermansfeld	12 206 Hp p u					Wippra
Rammelburg-tunnel Klostermansfeld						
Ran Großräschen, Lübbenau						
Ran jug Lübbenau						
Randow Oranienburg	28 049 Hp		P(RE)			
Randowbrücke Prenzlau						
Rangierbf Peenemünde						
Rangsdorf Berlin	03 083 III		P(RES) G (Wk)			
Ranzin Dargezin	42 324			Sm	OR	
Raoul-Wallen-berg-Straße Berlin						
Rappbodebrücke Nordhausen						
Rappelsdorf Suhl	09 353 Hp e u		P			Schleusin-gen
Rappenhagen Kemnitz	42 372 b			Sm	OR	
Räppoldsburg Pressig-Rothen-kirchen	22 036 Ldst b e op u				OR	Pressig-Ro-thenkirchen
Raschau (b Schwarzen-berg/ Erzgeb) Zwickau	06 595 Hst		P G		OR	Grünstädtel
Raspenau Hagenwerder	07 434 III				OK	
Raspenava Hagenwerder						
Rastenberg Buttelstedt, Buttstädt				Sm		
Rastow Dömitz, Magdeburg	27 108 III		P(RE) G			
Rastplatz 7 Fürstenberg						
Ratarjecy Bautzen						
Rathaus Neukölln Berlin						
Rathaus Reinickendorf Berlin						
Rathaus Schkeuditz Leipzig						
Rathaus Schöneberg Berlin						
Rathaus Spandau Berlin						
Rathaus Steglitz Berlin						
Rathaus Wahren Leipzig						
Rathenow Brand St B Treuenbrietzen	47 808		P(RE) G(ST)			Bw
Rathenow Chemie- und Farbenfabrik Treuenbrietzen						
Rathenow Dampfziegelei						

Betriebsstellenname (fett) siehe unter	Bf-Nr.	Merkmal DRG	Bem.	Merkmal DR (u. ggf. später)	Sm	Ram.	Mutterbahnhof/ Bm/Bw/Raw
Treuenbrietzen							
Rathenow Eisengießerei Treuenbrietzen							
Rathenow Gaswerk Treuenbrietzen							
Rathenow Getreidewirtschaft Treuenbrietzen							
Rathenow Häckselwerk Treuenbrietzen							
Rathenow Kleinb	46 345				Sm		
Rathenow Nord Treuenbrietzen	73 808			P(RE) G(WA)			
Rathenow RAW Treuenbrietzen							
Rathenow Reichsb Wustermark	03 186	I		P(RE) G(CA) (ST) (60) (Rp)			Bm
Rathenow Reichsb Gbf	03 187	Ga					
Rathenow Ruhlandwerke Treuenbrietzen							
Rathenow Süd Treuenbrietzen	71 808	og u		P			Rathenow Brand St B
Rathmannsdorf (Kr Pirna) Bad Schandau	06 089	III		P G(CA)(ST) (34) (Wk)		OK	
Rathmannsdorf (Kr Pirna) Fortstwirt. Bad Schandau							
Rathmannsdorf (Kr Staßfurt) Güsten				P		OR	
Rathmannsdorf (Sächs Schweiz) Bad Schandau							
Rattelsdorf Breitengüßbach	22 063	Hst +				OR	
Rattey Brohm	45 072				Sm	OR	
Rattwitz Bautzen	06 141	Hst		P G(WA)		OK	Bautzen
Ratzeburg Land							
Ratzeburg LBE							
Ratzeburg Staatsbf Ludwigslust, Lüneburg	01 321	I					Bm
Ratzeburg Stadtbf							
Rätzlingen Haldensleben	13 133	III		P(RE)			
Rauda Krossen	09 078	Hp + b		P		OR	
Rauenstein (Thür) Eisfeld	09 468	IV		P(RE) G			
Raun Plauen	06 803	Hp		P(RE)			
Raunitz-Gimritz Wallwitz							
Rauschenthal Waldheim	06 367	Hst b op u		G(WA)		OR	Waldheim
Rauschwalde Görlitz				P	Sm		
Rauschwitz Bischofswerda	06 129	IV +		G(WA)		OK	Kamenz (Sachs)
Rautenkranz Aue	06 872	IV		P(RE)			
Ravenhorst (Kr Franzburg) Velgast	41 611					OR	
Ravenhorst (Kr Ribnitz-Damgarten) Velgast				P G(WA)		OR	Velgast
Ravensbrück					Sm		
Ravensbrück Fürstenberg	28 624	Hp e u		P			Fürstenberg (Meckl)
Rebelow Friedland	44 663				Sm	OR	
Rebersreuth Plauen				P			
Rechenberg Freiberg	06 338	Hp b		P(RE)			
Rechlin Mirow	27 322	b oä oe		P G(STA)			
Rechlin Kohlengleis Mirow							
Rechlin Nord Mirow							
Recicy Berlin							
Reckahn Treuenbrietzen	60 808			P		OR	
Reckahn Autobahnbaustelle Treuenbrietzen							
Reckendorf Breitengüßbach	22 076	IV				OK	
Recknitzbrücke Bützow, Rostock							
Reckwitz Oschatz					Sm		
Reclaw Swinemünde							
Reczyn Görlitz, Hagenwerder							
Reddelich Bad Kleinen	27 241	Hst +		P		OR	
Reddersdorf Sanitz		Ldst					
Reddershof Tessin		G		G(WA)	Sm		
Redekin Genthin	43 486			P(RE)		OK	
Reesdorf Burg	43 584				Sm	OR	
Reetz Bk Güsten							
Reetz Ziegelei					Sm		
Regenmantel Fürstenwalde	45 508					OR	
Regenstein Militäranschlußbf Halberstadt				G(WA)			
Regensteinblock Blankenburg							
Regis-Breitingen Borna				G(WA)	Sm		
Regis-Breitingen Neukieritzsch	12 840	I		P(RE) G (40)			
Regis-Breitingen Kohlenbahn					Sm		
Regis-Breitingen Maschinenfabrik					Sm		
Rehagen-Klausdorf Jüterbog	03 090	III		P(RE) G(WA)			Bm
Rehagen-Klausdorf Stülpe					Sm		
Rehagen-Klausdorf Feldbahndepot Jänickendorf					Sm		

Rehagen-Klausdorf Feldbahndepot Jüterbog						
Rehagen-Klausdorf Kasernen Jüterbog						
Rehberg Swinemünde	28 286 IV					
Rehberge Berlin						
Rehbrücke Berlin	03 055 IV b	[219]	P(S) G(CA) (STA)		OR	
Rehbrücke Industriebahn Berlin						
Rehfeld (b Falkenberg/ Elster) Cottbus			P(RE)			
Rehfeld (b Torgau) Cottbus	12 488 IV b					
Rehfeld (Oderbruch) Fürstenwalde	45 523				OR	
Rehfeld (Prign) Kyritz, Perleberg	45 694			Sm	OR	
Rehfeld Abzw. Kyritz, Perleberg				Sm		
Rehfelde (Kr Niederbarnim) Kietz	25 081 III					
Rehfelde (Kr Strausberg) Kietz		[197]	P(RE) G(WA) (40)			
Rehmerbrücke Oppurg						
Rehmsdorf Zeitz	12 857 IV	[221]	P(RE) G(WA)			
Rehmsdorf Aseol Zeitz			G(WA)			
Rehmsdorf Brikettfabrik Neuglück						
Rehmsdorf Brikettfabrik Neuglück				Sm		
Rehmsdorf Chemische Fabrik						
Rehmsdorf Tagebau				Sm		
Rehna Schwerin	27 086 III		P(RE) G (Wk)			
Reibersdorf Zittau	07 004 Hst + r			Sm	OR	
Reiboldschacht Freital						
Reichenau (Sachs) Hirschfelde						
Reichenau (Sachs) Zittau	07 006 II r			Sm		
Reichenbach (Oberlaus) Görlitz	06 045 II		P(RE) G (40) (Wk)			Bm
Reichenbach (Vogtl) Altstadt	07 283 Hp e r u			Sm		Reichenbach (Vogtl) unt Bf
Reichenbach (Vogtl) Annenplatz	07 284 Hp e r u			Sm		Reichenbach (Vogtl) unt Bf
Reichenbach (Vogtl) Bergstraße	07 285 Hp e r u			Sm		Reichenbach (Vogtl) unt Bf
Reichenbach (Vogtl) Ditteschule	06 886 Hp p u					Reichenbach (Vogtl) unt Bf
Reichenbach (Vogtl) Elektrizitätsw.	06 888 Hp p u					Reichenbach (Vogtl) unt Bf
Reichenbach (Vogtl) Karolinenstraße	06 850 Hp e u					Reichenbach (Vogtl) unt Bf
Reichenbach (Vogtl) ob Bf Dresden	06 700 I		P(RE) G(ST) (40) (Rp)			Bm Bw
Reichenbach (Vogtl) ob Bf Gbf	06 701 Ga					
Reichenbach (Vogtl) Ost	06 849 IV		G (Wk)			Reichenbach (Vogtl) ob Bf
Reichenbach (Vogtl) Reichsstraße	06 887 Hp p u					Reichenbach (Vogtl) unt Bf
Reichenbach (Vogtl) unt Bf				Sm		
Reichenbach (Vogtl) unt Bf	06 851 II		G (32) (Wk)			Reichenbach (Vogtl) ob Bf
Reichenberg Hagenwerder, Zittau	06 009 I					Bm Bw Bww
Reichenberg Gbf	07 471 Ga					
Reichskanzlerplatz Berlin						
Reichssportfeld Berlin	03 268 II p					
Reichstag Berlin						
Reichstädt Meuselwitz						
Reichwalde Spülstelle Peitz			G(WA)			
Reichwalde Tagebau Lübbenau, Peitz			G(WA)			
Reifland-Wünschendorf Chemnitz	06 541 III		P(RE) G		OK	
Reiherhorst Löwenberg						
Reinhardsbrunn Bf Gotha			P	Sm		
Reinhardsbrunn-Friedrichroda Fröttstedt	09 279 IV og		P			Bm
Reinhardsbrunner Teiche Gotha			P	Sm		
Reinickendorf-Rosenthal Berlin						
Reinickendorfer Straße Berlin						
Reinsdorf Hohenseefeld				Sm		
Reinsdorf Zwickau			G(WA)			
Reinsdorf (b Artern) Erfurt, Naumburg	09 196 IV		P(RE)		OK	
Reinsdorf (b Wittenberg) Lutherstadt Wittenberg			G		OR	Lutherstadt Wittenberg
Reinsdorf B 2 Abzw. Erfurt						
Reinsdorf Bk Doberlug-Kirchhain						
Reinsdorf-Braunsdorf Lutherstadt Wittenberg			G(WA)			

Betriebsstellenname (fett) siehe unter	Bf-Nr.	Merkmal DRG	Bem.	Merkmal DR (u. ggf. später)	Sm	Ram.	Mutterbahnhof/ Bm/Bw/Raw
Reinsdorf Flugplatz					Sm		
Reinsdorfer Kohlebahn Zwickau							
Reinsdorfer Weg a B Lutherstadt Wittenberg							
Reinshagen Waren	27 184	Hp p u					ohne Mutterbf
Reinshagen Kreuzungsbf Waren							
Reinstedt Aschersleben	12 216	IV		P(RE)		OR	
Reipisch Merseburg				P	Sm		
Reipzig Kunersdorf	48 434					OR	
Reisdorf Ziegelei					Sm		
Reitwein Frankfurt	25 077	III		P(RE)		OR	
Reitzenhain Chemnitz	06 561	II		P G (60) (Wk)			Marienberg (Sachs)
Reitzenhain (Böhmen) Chemnitz	07 836	Hp oe u					Reitzenhain
Reitzenhain i B Hp Chemnitz							
Reitzenhain Torf- und Düngerwerk					Sm		
Reitzenhainer Straße Leipzig					Sm		
Rekentin Stralsund	49 909	u				OR	
Relzow Anklam	40 126				Sm	OR	
Remkersleben Eilsleben	13 317	Hp b		P(RE)		OR	
Remlingen Heudeber-Danstedt	65 810	u				OK	Wittmar
Remplin Bützow	27 043	IV p u					ohne Mutterbf
Remptendorf Triptis	09 140	IV		P(RE)		OK	
Remptendorf Umspannwerk Triptis				G(WA)			
Remschütz Bk Naumburg							
Remse Glauchau	06 409	III		P		OK	
Rengerslage Goldbeck	42 145	b				OR	
Rengerslage Getreidelager Gehrhof							
Rengerslage Gut Gehrhof							
Rengerslage Kohlenlager Gehrhof							
Rengerslage Sandgrube Gehrhof							
Rennersdorf (Oberlaus) Herrnhut	07 023	Hst +			Sm	OR	
Rennersdorf (Oberlaus) Hp Herrnhut	07 024	Hp e u			Sm		Herrnhut
Rennplatz Lübben					Sm		
Rennsteig	46 426						
Rennsteig Plaue	09 346	IV b	[222]	P(RE)		OK	
Rennsteig Rennsteigwerk							
Rennsteig Thür. Holzverwertung							
Rensow Tessin		G		G(WA)	Sm		
Rentweinsdorf Breitengüßbach	22 078	IV				OR	
Rentwertshausen Meiningen	22 426	III		P(RE) G (Wk)			
Rentzschmühle Gera	06 789	IV		P(RE) G(WA)		OK	
Renz Altefähr	46 523	b			Sm	OR	
Repisco Frankfurt, Knappenrode, Lübbenau							
Reppelin Sanitz	27 211	Hp p u					ohne Mutterbf
Reppen Frankfurt	25 209	I					Bm
Reppen Gbf	25 210	Ga					
Reppenhagen Grevesmühlen	27 015	Hst e op		P G(WA)		OR	Klütz (Meckl)
Reppichau Bk Dessau							
Reppist Frankfurt, Knappenrode, Lübbenau				P			
Rerik			[1]	P(RE) (Bus)			
Residenzstraße Berlin							
Rethwisch Betonschwellenwerk Waren					Sm		
Retzow Senzke	46 353				Sm		
Reuden (Anh) Bergwitz							
Reuden (Elster) Pegau							
Reuden (Kr Wittenberg) Bergwitz	40 235					OR	
Reuden (Kr Zeitz) Pegau	12 002	III		P(RE) G (40) (Wk)			
Reuden (Kr Zeitz) Profen					Sm		
Reuden Bk Güsten							
Reuden Ziegelwerke Pegau				G(WA)	Sm		
Reurieth Eisenach	09 442	IV og		P(RE)			
Reußen Eilenburg	12 425	III		P(RE)			
Reußengrube Cretzschwitz, Söllmnitz				G(WA)	Sm		
Reußengrube Ladestelle Söllmnitz	51 829	o u		G(WA)	Sm		Söllmnitz
Reust Seelingstädt							
Reust Schacht Seelingstädt							
Reust Versatzwerk Seelingstädt							
Reuterstadt Stavenhagen Bützow				P(RE) G (33)			
Reuth (b Plauen/ Vogtl) Plauen	06 713	III		P(RE) G (32) (Wk)			Schönberg (Vogtl)

Betriebsstelle	Nr.		Verkehr			
Reutnitz Abzw. Görlitz, Hagenwerder						
Rhäsa Werkbf Riesa						
Rheinsberg (Mark) Löwenberg	92 904		P(RE) G(CA) (Wk)			Bw
Rheinsberg (Mark) Steingutfabrik Rheinsberg						
Rheinsberg Forst Löwenberg						
Rhinbrücke Paulinenaue						
Rhinkanalbrücke Berlin						
Rhinow Treuenbrietzen	44 808		P(RE) G (30) (Wk)			
Rhinow Häckselwerk Treuenbrietzen						
Rhumspringe Bleicherode	05 132 IV					
Ribbeck Senzke	46 355			Sm		
Ribbeck Abzw. Wustermark						
Ribnitz Rostock	28 093 II					Bm
Ribnitz-Damgarten Boddenwerft						
Ribnitz-Damgarten Flugplatz Rostock						
Ribnitz-Damgarten Nord Stralsund				Sm		
Ribnitz-Damgarten Ost Rostock			P G (50) (Wk)			
Ribnitz-Damgarten Stadtwald Stralsund						
Ribnitz-Damgarten West Rostock			P(RE) G(CA) (50)			
Richard-Wagner-Platz Berlin						
Richtenberg Stralsund	45 909					
Richtersche Weiche Naumburg						
Ridsenow Tessin	G		G(WA)	Sm		
Riebau Salzwedel	01 611 IV		P(RE) G		OR	Arendsee (Altm)
Riebeckplatz Halle			P	Sm		
Rieder (Harz) Aschersleben	12 224 Hp		P(RE)			
Riems						
Riesa Doberlug-Kirchhain, Jüterbog, Leipzig	06 264 I	[223]	P(RE) G(CA) (ST)(Ahst) (Rp)			Bm Bw
Riesa Aropharmwerk						
Riesa Flugplatz Leipzig						
Riesa Gbf	06 265 Ga					
Riesa Hafen Doberlug-Kirchhain, Leipzig	06 285 I b op	[224]	G(WA)(CA) (120)		OR	
Riesa Rohrwerk				Sm		
Riesa Stahl- und Walzwerk				Sm		
Riesa Stahl- und Walzwerk Leipzig		[225]	G(Ahst)(WA)			Riesa
Riesa Stw 4 Abzw. Doberlug-Kirchhain						
Riesa Ufer	06 286 b op				OR	
Riesdorf Burg	43 603			Sm	OR	
Riesigk Dessau	48 820 u		P		OR	Wörlitz
Riestedt Erfurt, Halle	05 126 III		P(RE)			
Rieth Stöven	46 240				OR	
Rietschen Berlin	12 683 III		P(RE) G			Bm
Rietschen Feuerfestwerk				Sm		
Rimpau(Kr Stargard/ Meckl) Ferdinandshof	44 638			Sm	OR	
Ringenwalde (Kr Templin) Fürstenberg	28 199 IV		P(RE)			
Ringethal Mittweida	44 876 op					
Ringethal Steinbruch Mittweida						
Ringleben-Gebesee Erfurt	09 215 III		P(RE) G(WA) (40)			
Rinkemühle I Gernrode				Sm		
Rinnebrücke Arnstadt						
Ritschenhausen Meiningen	22 425 III		P(RE) G (40)			Bm
Rittergut Nieps Beetzendorf	40 097 b				OR	
Rittergut Rüdersdorf Herzfelde						
Rittersgrün				Sm		
Rittgarten Dedelow	46 175		P G(WA)		OR	Prenzlau
Rittmarshausen Duderstadt	42 136			Sm	OK	
Ritze Salzwedel	01 610 IV +		P G(WA)		OR	Salzwedel
Rixdorf Berlin						
Rjasnik Guben						
Röbel (Meckl) Ganzlin	27 150 II		G (40) (Wk)			
Röblingen am See Halle			P(RE) G (Wk)			Bw
Röblingen Ar bzw. Halle						
Rochau (Kr Stendal) Stendal	47 375		P(RE) G(WA)		OR	Stendal Ost
Rochau (Kr Stendal) Nord Stendal			P			
Rochau Munitionsfabrik Falkenberg						
Rochau Ost Falkenberg	66 886 p u		P			Hohenbucko-Lebusa
Rochau-Schwarzenhagen Stendal						
Rochau West	46 886 u				OK	Hohenbucko-Lebusa

Betriebsstellenname (fett) siehe unter	Bf-Nr.	Merkmal DRG	Bem.	Merkmal DR (u. ggf. später)	Sm	Ram.	Mutterbahnhof/ Bm/Bw/Raw
Falkenberg							
Rochauer Heide Falkenberg							
Rochlitz (Sachs) Altenburg, Chemnitz, Glauchau, Waldheim	06 399	I		P(RE) G(ST) (50) (Wk)			Bm Bw
Rochlitz in Sachsen Glauchau							
Rochsburg Glauchau	06 403	IV		P(RE)		OR	
Rochsburger Tunnel Glauchau							
Röcken Leipzig	12 023	Hp +		P(R)			
Röcken Kieswerk Leipzig							
Rockensußra Ebeleben	46 877	u				OR	
Röcknitz Eilenburg							
Röcknitz-Hohnstedt Beucha							
Röcknitz Splittwerk Leipzig							
Rockstedt (Thür) Greußen	46 833	oe u				OR	
Roda (b Ilmenau) Plaue	09 340	Hp +					
Rodach (b Coburg) Coburg	09 494	III					
Rodebachsmühle Georgenthal	09 524	Hp p u					Tambach-Dietharz
Rödelbachbrücke Zwickau							
Rödental Sonneberg							
Rödental Mitte Sonneberg							
Röderau Jüterbog	06 266	II		P(RE) G(WA) (CA) (Wk)			Bm
Röderau Bogendreieck Abzw. Doberlug-Kirchhain, Jüterbog, Leipzig							
Röderbrücke Doberlug-Kirchhain							
Rodewisch Zwickau	06 836	III		P(RE)			
Rodewitz Bad Schandau	06 076	Hp		P			
Rodewitz Umspannwerk Bad Schandau				G(WA)			
Rödgen Bk Leipzig							
Rodleben Biederitz				P G(Ldst)		OR	Roßlau (Elbe)
Rodleben Gewerbegebiet Biederitz							
Rodleben Hafen Biederitz							
Rödlin Neustrelitz	27 336	Hst + u				OR	Blankensee (Meckl) Ost
Rödlitz-Hohndorf Sankt Egidien	06 658	Hst		P(RE)		OR	
Rogäsen (Bz Magdeburg) Wusterwitz	43 532			P(RE)		OR	
Roggendorf-Breesen Torfwerk					Sm		
Roggenhagen Neubrandenburg	42 882	b oä oe u		P		OK	
Roggentin Rostock	27 204	Hst +		P			
Roggow Neubukow		Ldst			Sm		
Rogow Berlin, Guben							
Rogozna Frankfurt							
Rohlsdorf-Gottschow Wittenberge	27 306	IV		P G		OR	
Rohnau Görlitz	06 004	Hp					
Rohnstedt Greußen	42 833					OK	
Rohr (Thür) Neudietendorf	09 365	III		P(RE)		OK	
Rohrbeck (Kr Osterburg) Goldbeck	42 143	b		P(RE)		OR	
Rohrberg Beetzendorf	40 061			P(RE) G		OR	Beetzendorf (Sachs-Anh)
Rohrdamm Berlin							
Röhrenziehwerk Bad Muskau					Sm		
Röhrsdorf (b Chemnitz) Limbach	06 468	Hst +				OK	
Rohrwerk Zeithain Doberlug-Kirchhain							
Roitz (Niederlaus) Spremberg	12 658	Hp b u					Jessen (Kr Spremberg)
Roitzsch (b Wurzen) Eilenburg	12 775	Hp e u					Wurzen
Roitzsch (Kr Bitterfeld) Halle, Hayna	12 317	III		P(RE) G(WA)			Bm
Roitzsch Abzw. Halle							
Roitzschen Weißig					Sm		
Rolany Frankfurt, Horka							
Rollschuhbahn Berlin				P	Sm		
Rollshausen Leinefelde	05 143	IV				OK	
Rom (Meckl) Ludwigslust	27 135	IV		P(RE) G		OR	
Römergraben Aschersleben	12 227	Hp p					
Römerkeller Ruhland	12 914	Hst				OR	
Römertal Bk Dresden							
Römertalviadukt Zwickau							
Römhild Rentwertshausen	22 431	III		(E) G (32) (Wk)			
Rönnebeck (Altm) Pretzier	45 635	b		P(RE) G		OR	Osterburg
Rönnebeck (Kr Ruppin) Gransee, Schulzendorf	42 170					OR	
Ronneburg (Thür) Glauchau, Meuselwitz	06 778	I		P(RE) G (33) (Wk)			Bm

Ronneburger Tunnel
Glauchau
Ronshausen 09 297 Hp +
Eisenach
Röntgental 03 209 Hp oä oe P(S)
Berlin
Rosa-Luxemburg-Platz
Berlin
Roseburg 27 298 IV OR
Lüneburg
Rosengarten P Sm
Halle
Rosengarten (Kr Lebus) Gbf 25 196 IV OK
Frankfurt
Rosengarten (Kr Lebus) Pbf 25 188 III
Berlin, Frankfurt
Rosengarten Betriebshof Sm Bw
Halle
Rosenhag P Sm OR
Bernburg
Rosenhagen 27 181 Hst + P(RE) G OR Perleberg
Wittenberge
Rosenhagen (Kr Anklam) 45 029 Sm OR
Anklam
Rosenhain Bk
Görlitz
Rosenhäuschen
Dessau
Rosenhof
Dessau
Rosenhof Sm
Lübben
Rosental Ldst
Bad Kleinen
Rosenthal
Görlitz
Rosenthal Sm
Oschatz
Rosenthal (b Berlin)
Berlin
Rosenthal (Kr Niederbarnim)
Berlin
Rosenthal (Mark) Sm
Dahme
Rosenthal Zellstoffwerk Sm
Saalfeld
Rosenthaler Platz
Berlin
Rosenwinkel 27 357 Hst p u P Pritzwalk
Pritzwalk
Rositz G(WA) Sm
Borna, Wintersdorf, Zeitz
Rositz (Thür) 12 852 I P(RE) G (32)
Zeitz
Rositz (Thür) II 12 853 Ahst
Zeitz
Rositz Brikettfabriken
Rositz Teerverarbeitungswerk Sm
Wintersdorf
Rositz Teerverarbeitungswerk P G(WA) Rositz
Zeitz
Rositz Zuckerraffinerie
Roskow 48 172 G (50) (Wk) OK
Brandenburg
Rosow 28 239 IV [226] P(RE) G(WA)
Angermünde
Rosow Grenze Güp
Roßbach (b Asch) 26 736 III OK
Adorf
Roßbach Süd
Halle, Weißenfels
Roßberg
Leipzig
Rössen P Sm
Halle
Rössen Ausweiche
Falkenberg
Rössener Brücke P Sm
Halle
Roßla 05 120 II P(RE) G(CA) (33) (Wk) Bm
Halle
Roßlau (Elbe) P(RE) G(WA) (CA) (41)
Berlin, Biederitz, Dessau, Horka
Roßlau (Elbe) Ausweiche
Dessau
Roßlau (Elbe) Markt
Dessau
Roßlau (Elbe) Rbf
Horka
Roßlau (Elbe) West
Berlin
Roßlau Ai Bk Abzw.
Berlin
Roßlau Aw Abzw.
Berlin, Horka
Roßlau Gbf
Berlin
Roßlau Pbf
Roßlau Ra Abzw.
Berlin, Horka
Roßlau Rbf
Roßlau Rvb Abzw.
Biederitz
Roßleben 09 049 II P(RE) G(CA) (Wk) Bm
Naumburg
Roßleben Kaliwerk G(WA)
Naumburg
Roßmarkt Sm
Greifswald
Rossow (b Fretzdorf) 43 934 e og P
Kremmen
Rossow (Kr Pasewalk) P(RE)
Pasewalk
Rossow (Kr Prenzlau) 28 151 Hp
Pasewalk
Roßtrappe P
Thale
Roßwein 06 301 I P(RE) G(CA) (50) (Wk)
Chemnitz, Leipzig
Rostock Baustoffwerk Pölchow Sm
Rostock Bramow [227] P(S) G (50) OK
Kavelstorf
Rostock Dierkow P(S)
Rostock Dierkow West P
Rostock Evershagen
Rostock Fischereihafen
Rostock Fischkombinat
Rostock Friedrich-Franz-Bahnhof
Kavelstorf
Rostock Gbf G(ST) (50)

Betriebsstellenname (fett) siehe unter	Bf-Nr.	Merkmal DRG	Bem.	Merkmal DR (u. ggf. später)	Sm	Ram.	Mutterbahnhof/ Bm/Bw/Raw
Kavelstorf							
Rostock Gbf Süd Abzw.							
Kavelstorf							
Rostock Hafen			[228]	G(WA) (50) (Wk)			
Rostock Hafenbahnbetriebswerk							
Rostock Hbf			[229]	P(RES) G(WA) (Rp)			Bw
Bad Kleinen, Magdeburg							
Rostock Hinrichsdorfer Straße				P(S)			
Rostock Holbeinplatz				P(S)			
Rostock Kassebohm				P(S)			
Rostock Klement Gottwald Straße				P			
Rostock Kraftwerk							
Rostock Lichtenhagen				P(S)			
Rostock Lloyd Bf							
Bad Kleinen, Magdeburg							
Rostock Lloyd Hafenbahn							
Kavelstorf							
Rostock Lütten Klein				P(S)			
Rostock Marienehe				P(S)			
Rostock Neptunwerft				G(WA)			
Kavelstorf							
Rostock Ölhafen				G			
Rostock Parkstraße				P(S)			
Rostock Seehafen				G			Bw
Kavelstorf							
Rostock Seehafen Nord				P(S)			
Rostock Seehafen Süd Abzw.							
Kavelstorf							
Rostock Tanklager				G			
Rostock Thierfelder Str.							
Bad Kleinen							
Rostock Toitenwinkel				P(S)			
Rostock Torf- und Düngerwerke					Sm		
Rostock Torfbrücke							
Rövershagen							
Rostock Überseehafen			[230]	G(WA)(C) (STA)		OR	Bw
Kavelstorf							
Rostock Überseehafen Hafenbahn							
Rostock Überseehafen Mitte							
Rostock Überseehafen Nord							
Rostock Überseehafen Süd							
Kavelstorf							
Rostock Überseehafen Tanklager							
Rostock Unterwarnowhafen							
Kavelstorf							
Rostock Warnowbrücke Ost Abzw.							
Rostock Warnowbrücke West Abzw.							
Kavelstorf							
Rostock Zentralbf							
Bad Kleinen, Magdeburg							
Rote Brücke							
Fürstenwalde							
Rote Bügel-Tunnel							
Zella-Mehlis							
Rote Wand-Tunnel							
Zella-Mehlis							
Rotes Haus	12 450	Hp p u		P			Eilenburg
Eilenburg							
Rotes Luch				P			
Kietz							
Rötha				G(WA)	Sm		
Böhlen							
Rötha	12 846	III		P(RE)			
Böhlen							
Röthehof	48 177		[231]			OR	
Brandenburg, Nauen							
Rothehütte-Königshof							
Blankenburg							
Rothenbachbrücke							
Söllmnitz							
Rothenberga	09 057	Hst b u				OR	Lossa (Finne)
Laucha							
Rothenburg (Laus)	42 687			G (Wk)		OR	Horka
Horka							
Rothenburg (Laus) Raiffeisenlager							
Horka							
Rothenburg (Laus) Sägewerk							
Horka							
Rothenburg (Saale)	44 016			P G(WA)			Könnern
Könnern							
Rothenburg (Saale) Draht- u. Seilwk				G(WA)			
Könnern							
Rothenkirchen							
Saalfeld							
Rothenkirchen (Vogtl)	07 258	IV r		P(RE) G	Sm	OK	Bw
Wilkau-Haßlau							
Rothenstein (Saale)	09 016	Hp		P(RE)			
Naumburg							
Rothenthaler Tunnel							
Gera							
Rother Haag	09 460	Ldst o u			Sm		Eisfeld
Eisfeld							
Rothkuhle							
Oschersleben							
Rothschönberg Bk							
Leipzig							
Rottelsdorf	42 514					OR	
Halle							
Rottenbach	09 321	II		P(RE) G (40) (Wk)			
Arnstadt							

Betriebsstelle	Nr.		Verkehr			
Rottenhof Metschow	41 099			Sm	OR	
Röttis Dresden						
Rottleben (Kyffh) Bretleben	09 204 IV		P(RE)		OK	
Rottleberode Berga-Kelbra	05 118 III		P(RE) G(WA) (32) (Wk)			Rottlebero-de Süd
Rottleberode Erzladestelle Berga-Kelbra						
Rottleberode Fluß- und Schwerspatw.				Sm		
Rottleberode Gipswerke				Sm		
Rottleberode Mitte Berga-Kelbra						
Rottleberode Knauf Berga-Kelbra			G(WA)			
Rottleberode Süd Berga-Kelbra			G(WA)			
Rottmannshagen Demmin	41 069			Sm	OR	
Rottmannshagen Weiche Demmin	41 068 b			Sm	OR	
Rottstock-Struvenberg Wusterwitz	43 538		P		OR	
Rövershagen Rostock	28 097 III		P(RE) G (41) (Wk)		OK	
Rövershagen Kleinb	45 086 b					
Rövershagen Mischfutterwerk						
Rövershagen Ost	45 087 b				OK	
Rövershagen Sägewerk				Sm		
Roxförde Haldensleben	41 689				OR	
Rübeland Blankenburg	49 834 op		P(RE) G(WA)		OK	Bw
Rübeland Gbf Blankenburg						
Rübeland Kalkwerk Blankenburg						
Rübeland Tropfsteinhöhlen Blankenburg	67 834 og					
Rübeland Werk III Blankenburg			G(WA)			
Ruben-Guhrow Lübben			P	Sm		
Rubenow (Kr Anklam) Bresewitz	45 049 b			Sm	OR	
Rubenow (Kr Greifswald) Greifswald	42 361			Sm	OR	
Rubkow Krenzow	40 138			Sm	OR	
Rubyn-Gory Lübben				Sm		
Rückersdorf (Niederlaus) Berlin, Doberlug-Kirchhain						
Rückersdorf-Oppelhain Berlin, Doberlug-Kirchhain	12 522 IV b		P(RE) G		OR	
Rückmarsdorf Leipzig	12 045 III	[232]	P(RE) G(WA)			Markran-städt
Rüdersdorf (b Berlin) Fredersdorf	03 265 II		G(Ahst)(WA)			Fredersdorf (b Berlin)
Rüdersdorf Hafen Fredersdorf						
Rüdersdorf Kalksteinbrüche				Sm		
Rüdersdorf Kalkwerk Königs-Wusterhausen				Sm		
Rüdersdorf Rittergut Herzfelde						
Rüdersdorf Werkbf Fredersdorf						
Rüdesheimer Platz Berlin						
Rudisleben Arnstadt	46 804 e oä		G(Ldst)		OR	Arnstadt Hbf
Rüdnitz Bernau			P(RE) G(WA)			
Rüdnitz (Kr Oberbarnim) Bernau	03 266 III				OR	
Rüdnitz (Kr Oberbarnim) Vbf Bernau	03 263 I o					
Rüdnitz Vbf Bernau						
Rudolsbad Naumburg						
Rudolstadt (Thür) Naumburg	09 022 II		P(RE) G(ST) (40) (Wk)			Bm
Rudolstadt (Thür) Gbf	09 023 Ga					
Rudolstadt Ankerwerk Naumburg						
Rudolstadt-Schwarza Naumburg			P(RE) G(WA) (CA)			
Rudolstadt-Schwarza West			P			
Rudow Berlin						
Rudow S Berlin						
Rudow W Berlin						
Rügendamm Rostock						
Rühen Wittingen	48 513					
Ruhla Wutha	42 903					
Ruhland Frankfurt, Horka	12 596 I		P(RE) G(CA) (40) (Rp)			Bm Bw
Ruhland Quarzwerk				Sm		
Ruhleben Berlin						
Ruhlmühle Weißwasser				Sm		
Rühlow Bützow			P			
Ruhlsdorf Bk Halle						
Ruhlsdorf-Zerpenschleuse Basdorf	55 897		P(RE)		OR	
Rullstorf Lüneburg	40 311 b				OR	
Rumburg Sebnitz	07 514 I					Bm Bw
Rumburg I	07 515 Ga					
Rumburk Sebnitz						
Rummelsburg	03 292 III e og		P(S) G(WA)			Bw

Betriebsstellenname (fett) siehe unter	Bf-Nr.	Merkmal DRG	Bem.	Merkmal DR (u. ggf. später)	Sm	Ram.	Mutterbahnhof/ Bm/Bw/Raw
Berlin							
Rummelsburg Betriebsbf Berlin	03 294	Hp o					
Ruppersdorf Zittau	06 072	Hp		P(RE)			
Ruppertsgrün Dresden	06 705	Hp		P(RE)			
Rupsroth Götzenhof	11 323	Hp u					Fulda
Rusendorf Tagebau und Deponie Zeitz			[233]	G(WA)			
Rusica Bischofswerda							
Rußdorf Görlitz							
Rußdorf Seelingstädt							
Rüßdorf Neumühle					Sm		
Rüßdorfer Tunnel Gera							
Rüssen Pegau	12 862	IV				OK	
Rüssen-Kleinstorkwitz Pegau				P(RE)			
Russow Neubukow					Sm		
Rustenbeck Salzwedel	47 026					OR	
Ruthenbeck Schwerin	27 099	Hst +		P(RE)		OR	
Rützenfelde Demmin	41 071				Sm	OR	
Rybarzowice Zittau					Sm		
Rybocice Kunersdorf							
Rychbach Görlitz							
Ryckbrücke Bernau, Greifswald							
Rzepin Frankfurt							
Saadow-Rutzkau Großräschen							
Saal (Meckl) Stralsund					Sm		
Saal (Pommern) Stralsund	41 584				Sm	OK	
Saal Tonwarenfabrik Stralsund					Sm		
Saal Ziegelei					Sm		
Saalbacher Viadukt Doberlug-Kirchhain							
Saalbachtunnel Doberlug-Kirchhain							
Saalborn Bad Berka	49 916					OR	
Saalburg (Saale) Schleiz	47 145		[234]	P(RE) G(WA)			Schönberg (Vogtl)
Saalburg Marmorwerk Schleiz			[234]	G(WA)			
Saalburg Munitionsfabrik Schleiz							
Saalburger Brücke Schleiz							
Saale-Elster-Kanalbrücke Leipzig							
Saalebrücke Arnstadt, Glauchau, Großkorbetha, Halle, Köthen, Leipzig, Naumburg, Saalfeld, Weißenfels, Zeitz							
Saaleck Abzw. Naumburg, Weißenfels							
Saalehafen Bebitz							
Saaler B achbrücke Rostock							
Saaleviadukt Halle, Triptis							
Saalfeld (Saale) Arnstadt, Naumburg, Pegau	09 026	I		P(RE) G(C) (ST) (80)			Bm Bw
Saalfeld (Saale) Gbf	09 027	Ga					
Saalfeld Schokoladenfabrik							
Saalkow Altefähr	46 508	b			Sm	OR	
Saara Abzw. Glauchau							
Saaringen Brandenburg							
Saarmund Berlin				P(S)			
Saarow Alte Eichen Petersdorf							
Saarow Kurhaus Petersdorf							
Saarow Sägewerk Petersdorf							
Saarow Silberberg Petersdorf							
Saarow Silberstrand Petersdorf							
Saarow West Petersdorf							
Saatel Velgast	28 080	Hst +		P		OR	
Saaten-Neuendorf Angermünde	28 190	III		P(RE) G(WA)		OR	
Sabissa Zipsendorf				G(WA)	Sm		
Sabitz Rostock							
Sabrodt Knappenrode				G(WA)			
Sabrodt Stw Laubusch					Sm		
Sabrodt Umladebf				G(WA)	Sm		
Sachau Torgau	12 483	Hp p u		P			Torgau
Sachsenberg-Georgenthal Klingenthal	07 281	IV r			Sm	OR	
Sachsendorf (b Calbe) Halle				P(RE) G (40)			
Sachsendorf (Kr Calbe) Halle	12 305	III					
Sachsendorf (Oderbruch) Fürstenwalde	45 515					OR	
Sachsendorf (Oderbruch) Zuckerfabr. Fürstenwalde							
Sachsenhausen (Nordb)	28 001	IV		P		OR	

Oranienburg, Wensickendorf
Sachsenhausen-Leutenthal 46 930 Sm OR
Weimar
Sachsenplatz P Sm
Halle
Sächsische Tonwerke
Beucha
Sadow
Kunersdorf
Sagard 28 068 III P(RE) G(CA) (50) (Wk)
Rostock
Sagard Kreidewerk
Rostock
Sagast 48 425 OR
Berge
Sägewerk Sm
Bad Muskau
Sägewerk Grabow
Burg
Salbke
Magdeburg
Salchower Weiche P
Bernau
Sallgast 12 909 III G(WA) (Wk)
Ruhland, Senftenberg
Salmonhütte Sm
Bad Muskau
Salow 44 656 b Sm OR
Friedland
Salow (Ladestelle) 44 882 Ldst u Friedland (Meckl)
Neubrandenburg
Salza 05 109 Hp Ldst b oä oe
Nordhausen
Salzabrücke
Halle
Salzer Straße
Magdeburg
Salzfurtkapelle 41 113 b Sm OR
Dessau
Salzmünde 12 145 IV P(RE) G(WA) OK
Teutschenthal
Salzmünde Hafen G(WA)
Teutschenthal
Salzmünde Süd P G (Wk) OK
Halle
Salzungen
Bad Salzungen, Eisenach
Salzwedel 13 037 II P(RE) G(CA) (ST) (50) (Wk) Bm Bw
Oebisfelde, Stendal
Salzwedel Altperver Tor 47 037 P(RE) G(CA) OR
Salzwedel Altstadt 13 118 Hp p P(RE)
Oebisfelde
Salzwedel Baustoffwerk Sm
Salzwedel DSG
Salzwedel Gbf 13 038 Ga
Stendal
Salzwedel Neuetor
Salzwedel Neustadt 47 013 OK
Salzwedel Südbezirk
Salzwedel Umspannwerk
Oebisfelde
Salzwedel WBK Sm

Samariterstraße
Berlin
Samow
Dölitz
Samtens 28 064 III P(RE) G (Wk)
Rostock
Sandau (Elbe) 43 513 P(RE) G Schönhausen (Elbe)
Schönhausen
Sandberge P
Berlin
Sandersdorf (Kr Bitterfeld) 12 324 III P(RE) G(WA) OK Bm
Bitterfeld
Sandersleben (Anh) 12 192 II P(RE) G (35) Bm
Erfurt, Halle
Sandförde 28 145 Hp
Bernau
Sandgrube
Berga-Kelbra
Sandhagen (b Friedland/ Meckl) 44 644 Sm OR
Ferdinandshof
Sandhagen (Kr Bad Doberan) P(RE) G(WA) OR
Bad Kleinen
Sandhagen (Kr Wismar) 27 243 Hst + OR
Bad Kleinen
Sandhagen LPG Breites Land Sm
Ferdinandshof
Sandow
Kunersdorf
Sandower Dreieck P Sm
Cottbus
Sandschale
Strelitz Alt
Sandsteinbruch
Blankenburg
Sangerhausen 05 123 I P(RE) G(CA) (ST) (Rp) Bm Bw
Erfurt, Halle
Sangerhausen Ega 05 124 Ega
Sangerhausen Gbf 05 125 Ga
Sanice
Horka
Sänitz 42 689 OK
Horka
Sanitz (Kr Anklam) 45 010 Sm OR
Anklam
Sanitz (Kr Rostock) 27 208 III P(RE) G (41) (Wk) Bm
Rostock
Sankt Egidien
Freiberg
Sankt Egidien Nickelhütte Bf 2 Sm
Sankt Kilian
Suhl
Sanne (Kr Stendal) 47 394 P G OR Stendal Ost
Stendal
Sanne-Kerkuhn 45 642 P(RE) OR
Pretzier
Sarau 27 295 Hp b
Lüneburg
Sarlociny dwor
Berlin
Sarnow 27 354 Hst p u P Pritzwalk
Pritzwalk
Sarow (b Altentreptow) 41 090 Sm OR
Metschow
Sarre
Berlin
Saßnitz 28 070 III [236] P(RE) G Bm Bw

Betriebsstellenname (fett) siehe unter	Bf-Nr.	Merkmal DRG	Bem.	Merkmal DR (u. ggf. später)	Sm	Ram.	Mutterbahnhof/ Bm/Bw/Raw
Rostock							
Saßnitz Fährhafen Borchtitz, Rostock							
Saßnitz Fährhafen Grenze				Güp			
Saßnitz Grenze			[81]	Güp			
Saßnitz Hafen					Sm		
Saßnitz Hafen Rostock	28 071	I b	[238]	P G(WA)(CA) (40)		OR	Bw
Saßnitz Hafen Gbf	28 072	Ga					
Saßnitz Hafen Kaianlage					Sm		
Saßnitz Hafen Kohlenlager					Sm		
Saßnitz Mukran Borchtitz							
Sattelgrund Pressig-Rothenkirchen	22 030	Hst b e u					Tettau
Sättelstädt Gotha							
Satuelle Haldensleben	41 684					OR	
Satzkorn Berlin	03 360	III		P(RES) G (41) (Wk)			Bm
Saubach (Thür) Laucha	09 054	IV +				OK	
Sauen Fürstenwalde							
Saupersdorf I Wilkau-Haßlau					Sm		
Saupersdorf II Wilkau-Haßlau					Sm		
Saupersdorf Haltestelle Wilkau-Haßlau					Sm		
Saupersdorf Ladestelle Wilkau-Haßlau					Sm		
Saupersdorf ob Bf Wilkau-Haßlau	07 253	IV		P(RE) G	Sm	OK	Schönheide Süd
Saupersdorf unt Bf Wilkau-Haßlau	07 252	IV b e u		P	Sm	OK	Saupersdorf ob Bf
Savignyplatz Berlin	03 273	III p					
Saxdorf Jüterbog	06 281	IV		P(RE)		OR	
Sayda Mulda	07 181	III			Sm	OK	
Schaafhausen Salzwedel							
Schaalseekanalhafen Ratzeburg							
Schacht VI Staßfurt							
Schacht Achenbach Hecklingen				P	Sm		
Schachtelfabrik Walkenried	44 910	b op r u			Sm	OR	
Schackensleben Haldensleben	44 883			P(RE) G		OK	
Schacksdorf Senftenberg	12 907	Hp p u					Finsterwalde (Niederlaus)
Schacksdorf Ziegelei					Sm		
Schadeberg Salzwedel				P(RE) G (Wk)		OR	Salzwedel
Schadeberg-Dülseberg Salzwedel				P(RE) G		OR	Salzwedel
Schadeberg Dülseberger Straße Salzwedel							
Schadeberg-Schadewohl Salzwedel				P G(WA)		OR	
Schadeleben Aschersleben, Nachterstedt	40 147					OR	
Schadeleben Ort Aschersleben							
Schadewohl Salzwedel	47 029						
Schaedeschacht Zeitz				G(WA)			
Schaedeschacht Zipsendorf				G(WA)	Sm		
Schäferei Dahme					Sm		
Schafstädt Merseburg	12 126	III		P(RE) G (Wk)			
Schalkau Eisfeld	09 466	III		P(RE)			
Schalkau Mitte Eisfeld							
Schandau Bad Schandau, Dresden							
Schänitz Anfangsbf Weißig					Sm		
Schanzberg Eilenburg							
Schanze am Rennsteig Oberhof							
Scharfenberg Kremmen							
Scharfenbrück Halle							
Scharfenstein Chemnitz	06 568	III		P(RE) G		OK	
Scharlibbe Schönhausen	43 510			P G(WA)		OR	Schönhausen (Elbe)
Scharmützelsee Königs Wusterhausen	03 342	III	[16]	P(RE) G(WA)		OK	
Scharmützelsee Rosenberg Königs Wusterhausen							
Scharnebeck Lüneburg	40 312					OK	
Scharnweberstraße Berlin							
Scharpzow Bützow	27 052	IV o					
Scharstorf Rostock	27 190	Hst		P(RE)		OR	
Schartau (Altm) Stendal	47 376					OR	
Scharteucke Genthin	43 485			P G(WA)		OK	Genthin
Scharzfeld Nordhausen	05 094	III					Bm
Scharzfeld Kaliwerk Nordhausen							
Schattberge Güsen	43 554	b		P		OK	
Schauberg Pressig-Rothenkirchen	22 029	Hst +				OKg	
Schauen Heudeber-Danstedt, Wasserleben	13 366	b				OR	

Schauen Ladestelle Wasserleben						
Schedewitz Zwickau						
Scheibenberg Elterlein, Zwickau	06 593 III		P(RE) G (Wk)			
Scheiplitz Naumburg	09 038 Hp p u		P			Stößen
Schenkenberg (Uckerm) Prenzlau	46 185		P		OR	
Schenkendorf Zossen	43 698		P(RE)		OR	
Schenkenhorst Klötze						
Schernberg Hohenebra	41 839		P(RE) G		OK	Ebeleben
Schernberg-Gundersleben Hohenebra	42 839				OK	
Schernberg Ziegelei Hohenebra	43 839 b op u				OR	Ebeleben
Schernikau (Altm) Pretzier	45 643		P(RE)		OK	
Schernow Küstrin	44 309				OR	
Scheune Angermünde, Pasewalk	28 155 II b				OR	Bm
Scheune Klbf Casekow				Sm		
Scheune Landesb Casekow	40 562			Sm	OR	
Schichauweg Berlin						
Schieringen Lüneburg				Sm		
Schieritz Weißig				Sm		
Schierke Drei Annen Hohne	59 887	[37]	P(RE) G	Sm	OK	Elend
Schierstedt Köthen			P(RE)			
Schiffmühle Bad Freienwalde	41 631 b				OR	
Schildau (Kr Torgau) Mockrehna	47 100					
Schilddorf Pretzier						
Schilde Magdeburg						
Schildern Adorf	26 733 Hp e u					Asch Stadt
Schildow Berlin	43 897		P(S) G		OR	Basdorf
Schildow Mönchmühle Berlin	58 897 og					
Schillingstraße Berlin						
chinne eulingen	47 402				OR	
chipkau asel, Senftenberg	12 619 III				OR	
chirgiswalde-Kirschau ttau	06 037 III		P(RE) G			Wilthen
chkeuditz Leipzig	12 080 II		P(RE) G (40)			Bm
chkeuditz Flughafen Leipzig						
chkeuditz Straßenbahn-Depot Leipzig						
chkeuditz West Leipzig			P(S)			
chkölen eitz	09 063 III		P(RE)			
chkölen-Räpitz Leipzig	12 026 IV		P(RE)			

Schkopau Halle	12 095 III og	P			
Schkopau Bunawerke Halle		P	Sm		
Schkopau Kraftwerk Merseburg		G(WA)			
Schkopau Teich Halle		P	Sm		
Schkortleben Großkorbetha		P			
Schlabendorf Tagebau Nord Lübbenau					
Schlabendorf Tagebau Ost Lübbenau					
Schlabendorf Tagebau Süd Lübbenau					
Schlabendorf Tagebau West Lübbenau					
Schlachtensee Berlin	03 135 II				
Schladen (Harz) Vienenburg	13 349 III				
Schlagenthin Genthin	43 498			OR	
Schlagmühle Strausberg					
Schlagsdorf Guben	25 342 IV	P		OK	
Schlanstedt Feldbahnmuseum			Sm		
Schlauroth Görlitz	04 091 I			OK	Bm Dw
Schlauroth Gbf Görlitz					
Schlauroth Hp Görlitz	04 092 Hp	P G (40)		OK	Görlitz
Schlauroth Ost Görlitz	42 109 b				
Schleid Wenigentaft-Mansbach	09 403 Hp p u				Vacha
Schleife Berlin	12 693 III	P(RE) G (32)			
Schleiz Schönberg	06 724 II	P G (40) (Wk)			Schönberg (Vogtl)
Schleiz Getreidewirtschaft					
Schleiz Kleinb	47 138				
Schleiz Oschitz					
Schleiz Reichsbf Schönberg					
Schleiz West		P G(WA)			Schönberg (Vogtl)
Schlema Blaufarbenfabrik Schneeberg					
Schlema G. Toelles-Fabrik Zwickau					
Schlema Hartenstein Bergwerk			Sm		
Schlema Hartenstein Schacht 371			Sm		
Schlema Holzstoff- und Papierfabrik Zwickau					
Schlema Osterlammzeche			Sm		
Schlema Papierfabrik					
Schlema ob Bf Schneeberg		G			Schlema unt Bf
Schlema Süd					

Betriebsstellenname (fett) siehe unter	Bf-Nr.	Merkmal DRG	Bem.	Merkmal DR (u. ggf. später)	Sm	Ram.	Mutterbahnhof/ Bm/Bw/Raw
Zwickau							
Schlema unt Bf Schneeberg, Zwickau				P(RE) G(WA) (CA)			
Schlemaer Tunnel Zwickau							
Schlenzebrücke Halle							
Schlesisches Thor Berlin							
Schlesisches Tor Berlin							
Schlettau (b Halle/ Saale) Angersdorf Halle							
Schlettau (Erzgeb) Elterlein, Zwickau	06 592	II		P(RE) G (40) (Wk)			Bm
Schlettenbach-brücke Chemnitz							
Schlettwein Bk Glauchau							
Schleusebrücke Eisenach							
Schleusingen Plaue, Suhl	09 352	II		P(RE) G(CA) (40) (Wk)			Bm Bw
Schleusingen Ost Plaue	09 351	Hp +	[222]	P			
Schleusinger Neundorf Plaue	09 349	IV b		P(RE)			
Schlieben Falkenberg	44 886			P(RE) G (Wk)			Herzberg (Elster) Stadt
Schlieben Sowjetarmee Falkenberg				G(WA)			
Schloßbergtunnel Altenburg, Gera, Schwarzenberg							
Schlössel Wolkenstein	07 197	Hp e u		P	Sm		Jöhstadt
Schloßvippach Weimar	47 930				Sm	OR	
Schloßstraße Berlin							
Schlotheim Ebeleben	44 887			P(RE) G (35) (Wk)			
Schlottwitz ACZ Heidenau							
Schlottwitz BHG Heidenau							
Schlottwitz Eisengießerei Heidenau							
Schlottwitz Kornhaus Heidenau							
Schlottwitz Ma-schinenfabrik Heidenau							
Schlottwitz Pappenfabrik Heidenau							
Schluckenau Sebnitz	07 545	III				OK	
Schluckenau Hp Sebnitz							
Schluckenau Karltal Sebnitz	07 546	Hp oe u					Schluckenau
Schlutuper Tannen Lübeck	27 291	Hp					
Schmachten-hagen a B Wensickendorf							
Schmalkalden Zella-Mehlis	09 372	II		P(RE) G(ST) (40) (Wk)			Bm
Schmalkalden Fachhochschule Zella-Mehlis							
Schmalkalden Gbf	09 373	Ga					
Schmalkalden Reiherstor	09 374	Hp		P(RE)			
Schmalkalden Stillertor Zella-Mehlis	09 371	Hp		P(RE)			
Schmalzgrube Wolkenstein	07 196	IV r		P(RE)	Sm	OK	
Schmantevitz Bergen	46 567	b		P	Sm	OR	
Schmargendorf Berlin	03 044	Hp p					
Schmarl Rostock	27 224	IV	[241]	P(RE) G(WA)		OK	
Schmarsau (Lemgow) Lüchow	44 529	b				OK	
Schmarsow Demmin	41 015				Sm	OR	
Schmarsow Ladestelle					Sm		
Schmarsower Weiche					Sm		
Schmedshagen Stralsund					Sm		
Schmersau (Altm) Pretzier	45 637			P G		OK	Osterburg
Schmerwitz Bk Güsten							
Schmetzdorf Bk Wustermark							
Schmidtstedter Brücke Großheringen							
Schmiedeberg Eilenburg							
Schmiedeberg (Bz Dresden) Freital	07 075	III r		P(RE) G (50) (Wk)	Sm	OK	Freital Hainsberg
Schmiedeberg (Bz Dresden) GISAG Freital				G(WA)	Sm		
Schmiedeberg Gießerei				G(WA)	Sm		
Schmiedeberg-Naundorf Freital				P	Sm		
Schmiedeberg Tempergußwerk Freital							
Schmiedefeld (b Probstzella) Probstzella				P(RE) G (Wk)		OK	
Schmiedefeld am Rennsteig Plaue	09 347	III b		P(RE) G		OK	
Schmiedefeld Schaumgl.- u Isolierp. Probstzella				G(WA)			
Schmilau Ludwigslust	01 320	IV					
Schmilka-Hirschmühle Dresden	06 184	Hp		P			
Schmira Erfurt	41 302					OR	
Schmirchau Gbf Seelingstädt							
Schmirchau Pbf Seelingstädt							
Schmirchau Räderwerk							

Seelingstädt						
Schmirchau Schacht				Sm		
Schmirchau Versatzwerk						
Seelingstädt						
Schmöckwitz						
Berlin						
Schmogrow	47 305			Sm	OK	
Lübben						
Schmolde	68 904					
Kremmen						
Schmollensee	28 627 Hp p u		P			ohne Mutterbf
Züssow						
Schmölln (Bz Leipzig)			P(RE) G (30)			
Glauchau						
Schmölln (Oberlaus)	06 042 Hst		P(RE) G(WA)			Bischofswerda
Zittau						
Schmölln (Thür)	06 776 II					
Glauchau						
Schmölln (Uckerm)	46 143		P		OR	
Prenzlau						
Schmon			P(RE)			
Röblingen						
Schmorkau (b Königsbrück)	06 168 Hst +		P			
Dresden						
Schmorkau (b Oschatz)	07 170 Hst + e r		P	Sm	OK	
Oschatz						
Schmuggerow	44 688			Sm	OR	
Uhlenhorst						
Schnauderbrücke						
Gera						
Schnaudertal				Sm		
Borna						
Schneeberg (Erzgeb)	06 606 II		(E)			
Schneeberg (Erzgeb) Hp	06 605 Hp e					
Schneeberg (Erzgeb) Kohlehandlung						
Schneeberg (Erzgeb) Weißer Hirsch						
Schneeberg (Mark)	25 453 Hst +		P(RE)		OR	
Königs Wusterhausen						
Schneeberg (Mark) Anschl.						
Königs Wusterhausen						
Schneeberg-Neustädtel						Bw
Schnega	13 040 III				OK	
Salzwedel						
Schneidenbach	06 856 Hp e u					Göltzschtalbrücke
Reichenbach						
Schneidlingen	12 247 III		P(RE) G (35)		OK	
Aschersleben, Blumenberg						
Schneidlingen Abzw.						
Aschersleben, Blumenberg						
Schneidlingen Nord	40 150				OR	
Aschersleben						
Schnepfenthal			P	Sm		
Gotha						
Schnepfenthal	09 278 IV b					
Fröttstedt						
Schochwitz			P G (Wk)		OR	Halle Dölau
Halle						
Schochwitz Obsthalle						
Halle						
Scholitzer Brücke						
Dessau						
Schöllnitz			P			
Lübbenau						
Schöna		[242]	P(RE) G(WA) (STA)			Bad Schandau
Dresden						
Schöna Grenze		[243]	Güp			
Dresden						
Schöna-Herrnskretschen	06 183 III				OK	
Dresden						
Schöna Steinbrüche				Sm		
Schönau (b Frohburg)	12 881 Hp e u					Bad Lausick West
Borna						
Schönau (Hörsel)	09 283 Hp		P(RE)			
Gotha						
Schönau Bk						
Gotha						
Schönau-Ernstroda	09 281 IV				OK	
Fröttstedt						
Schönau-Falkenhagen	27 167 Hst +		P		OK	
Waren						
Schönauer Lachen				Sm		
Leipzig						
Schönbach						
Adorf						
Schönbach (b Löbau/ Sachs)	07 031 IV r			Sm	OK	
Taubenheim						
Schönbach Kiesgrube						
Glauchau						
Schönbach Kunstseidenweberei				Sm		
Taubenheim						
Schönbeck (Meckl)	45 076			Sm	OR	
Brohm						
Schönberg (b Bad Brambach)	06 806 Hp b					
Plauen						
Schönberg (Mark)	87 904 e og		P			
Löwenberg						
Schönberg (Meckl)	27 005 II		P(RE) G (Wk)			Bm
Bad Kleinen						
Schönberg (Vogtl)	06 712 II		P(RE) G (32)			Bm
Plauen						
Schönborn (b Doberlug)	12 546 III b		P(RE) G(WA)		OR	Tröbitz
Cottbus						
Schönbörnchen						
Dresden, Glauchau						
Schönbrunn (Kr Hildburghausen)			(E) G (40)	Sm	OR	Eisfeld
Eisfeld						
Schönbrunn (Kr Hildburgh) Glaswerk						
Eisfeld						
Schönbrunn (Kr Hildburgh) Sägewerk						
Eisfeld						
Schönbrunn (Laus)	06 131 Hst + e		P G		OR	
Bischofswerda						
Schönbrunn Flußspatwerk				Sm		
Schöndorf a B	48 930	[3]		Sm	OR	
Weimar						
Schöne Aussicht			P	Sm		
Gotha						
Schönebeck (Elbe)	13 092 I		P(RES) G(CA)(ST) (40)			Bm

Betriebsstellenname (fett) siehe unter	Bf-Nr.	Merkmal DRG	Bem.	Merkmal DR (u. ggf. später)	Sm	Ram.	Mutterbahnhof/ Bm/Bw/Raw
Eilsleben, Erfurt, Halle, Zielitz							
Schönebeck (Elbe) Gbf	13 093	Ga					
Schönebeck (Elbe) Hafen				G(WA)			
Eilsleben, Erfurt, Halle							
Schönebeck (Elbe) Süd				P(S)			
Eilsleben, Erfurt, Halle, Zielitz							
Schönebeck (Elbe) West				P			
Eilsleben							
Schönebeck Felgeleben	13 094	Hp		P			
Halle							
Schönebeck Frohse				P(S)			
Zielitz							
Schönebeck Salzelmen	13 095	III		P(S) G			
Erfurt, Zielitz							
Schönebeck Sprengstoffwerk							
Eilsleben							
Schöneberg	03 040	Hp p					
Berlin							
Schöneberger Ufer							
Berlin							
Schöneck (Vogtl)	06 876	III		P(RE) G (40) (Wk)			Muldenberg
Aue, Zwickau							
Schöneck (Vogtl) Ferienpark							
Aue, Zwickau							
Schönefeld (Kr Jüterbog)	03 093	IV +				OK	
Jüterbog							
Schönefeld (Kr Luckenwalde)			[16]	P(RE) G(WA)		OK	
Jüterbog							
Schönefeld (Kr Teltow)	03 386	IV o					
Berlin							
Schönefeld (Kr Teltow)	45 402						
Berlin							
Schönefeld (Kr Teltow) Dorf							
Berlin							
Schöneicher Plan	45 407			P G(WA)		OR	Mittenwalde (Mark) Ost
Zossen							
Schöneicher Plan Ziegelei							
Berlin							
Schönerlinde (Kr Bernau)				P(S)			
Berlin							
Schönerlinde Betriebsbf							
Berlin							
Schönermark (Kr Angermünde)	28 232	III		P(RE) G(WA) (35) (Wk)			
Angermünde							
Schönermark (Kr Angermünde) Krsbf	47 210					OR	
Schönermark (Kr Gransee)							
Gransee							
Schönermark (Kr Ruppin)	42 159					OR	
Gransee							
Schöneweide							
Berlin							
Schönfeld (b Dresden)	06 108	Hst +					
Dürröhrsdorf							
Schönfeld (b Klockow)	43 639	b			Sm		
Pasewalk							
Schönfeld (b Klockow) Gut					Sm		
Pasewalk							
Schönfeld (b Perleberg)	48 396			P G (Wk)		OR	Karstädt
Perleberg							
Schönfeld (b Stendal)	13 030	III					
Stendal							
Schönfeld (Elbe)	43 511			P G(WA)		OR	Schönhausen (Elbe)
Schönhausen							
Schönfeld (Zschopautal)	07 224	Hp e r u			Sm		Schönfeld-Wiesa
Schönfeld (Zschopautal) Bf					Sm		
Schönfeld (Zschopautal) Hp					Sm		
Schönfeld LPG					Sm		
Pasewalk							
Schönfeld Papierfabrik					Sm		
Schönfeld-Wiesa	06 574	II		P G	Sm	OR	
Schönfeld-Wiesa	06 574	II		P(RE) G (32) (Wk)			
Chemnitz							
Schönfließ				P(S)			
Berlin							
Schönfließ Dorf	28 187	IV		P(RE) G (Wk)			
Frankfurt							
Schönfließ West Abzw.							
Berlin							
Schönhausen					Sm		
Klein Daberkow							
Schönhausen (Elbe)	03 190	II		P(RE) G (30) (Wk)			
Genthin, Wustermark							
Schönhausen (Elbe) Nord	43 489					OR	
Schönhausen Gut					Sm		
Klein Daberkow							
Schönhausen Siedlung							
Genthin							
Schönhauser Allee	03 016	II p		P(S)			
Berlin							
Schönhauser Damm	03 189	III		P(RE) G(WA)		OK	Schönhausen (Elbe)
Wustermark							
Schönhauser Tor							
Berlin							
Schönheide	07 262	II r			Sm	OK	
Wilkau-Haßlau							
Schönheide Bürstenfabrik					Sm		
Wilkau-Haßlau							
Schönheide Mitte				P(RE) G (Wk)	Sm	OK	Bw
Wilkau-Haßlau							
Schönheide Nord				P	Sm		
Wilkau-Haßlau							
Schönheide Ost				P(RE) G(WA) (CA)			
Aue							
Schönheide Süd				P(RE) G (31) (Wk)		OK	
Aue							
Schönheide Süd				P(RE) G	Sm		
Wilkau-Haßlau							
Schönheide West				P G	Sm	OK	Schönheide Süd
Wilkau-Haßlau							
Schönheiderhammer	06 870	III					Bm

Betriebsstelle	Nummer		Verkehr			Bemerkung
Aue						
Schönholz						
Berlin						
Schönholz-Reinickendorf						
Berlin						
Schöningen-Braunschw. Kohlen-Bw						
Helmstedt						
Schöningen Reichsb	13 273 II					Bm
Eilsleben, Helmstedt						
Schöningen Reichsb Gbf	13 274 Ga					
Schöningen Süd	48 890	[245]				
Oschersleben						
Schönjungferngrund						
Kurort Oberwiesenthal						
Schönleinstraße						
Berlin						
Schönow (Bz Stettin)	28 607 Hp b				OR	
Angermünde						
Schönow (Kr Angermünde)			P(RE)			
Angermünde						
Schönow (Uckerm)						
Angermünde						
Schönstedt	09 257 IV		P(RE) G(WA)			
Gotha						
Schönwalde (Barnim)						
Berlin						
Schönwalde (Kr Bernau)			P(SE) G		OR	Basdorf
Berlin						
Schönwalde (Kr Nauen)			P(S)			
Berlin						
Schönwalde (Kr Niederbarnim)	45 897				OR	
Berlin						
Schönwalde (Spreew)	12 733 III		P(RE)		OR	
Berlin						
Schönwalde Asw Abzw.						
Berlin						
Schönwalde Bk						
Bernau, Greifswald						
Schönwalde Hp			P(S)			
Berlin						
Schöpfurth						
Eberswalde						
Schöpfurther Mühlenwerke						
Finowfurt						
Schöppenstedt Nord	53 810					
Oschersleben						
Schöps						
Naumburg						
Schöpsbrücke						
Görlitz						
Schopsdorf	43 586			Sm	OK	
Burg						
Schorfheide Waldbahn						
Schorrentin	27 049 Hst +		P(RE)		OR	
Malchin						
Schorstedt	47 405				OR	
Peulingen						
Schossow	41 094			Sm	OR	
Metschow						
Schotterey						
Merseburg						
Schotterwerk Koschenberg						
Brieske						
Schraplau	12 152 III		P(RE) G(WA)			
Röblingen						
Schrebitz	07 140 IV + r			Sm	OK	
Mügeln						
Schrebitz Nord				Sm		
Mügeln						
Schrepkow	46 033			Sm	OR	
Glöwen						
Schrödershof	27 035 Hst b op u		P		OR	ohne Mutterbf
Teterow						
Schüllermühle						
Heidenau						
Schullwitz-Eschdorf	06 107 Hst +				OK	
Dürröhrsdorf						
Schulpforte Bk						
Naumburg, Weißenfels						
Schulwald Abzw.				Sm		
Ferdinandshof						
Schulzendorf (b Tegel)	03 232 III og					
Berlin						
Schulzendorf (Kr Bad Freienwalde)			P			
Werneuchen						
Schulzendorf (Kr Gransee)						
Gransee						
Schulzendorf (Kr Oberbarnim)	28 172 IV					
Werneuchen						
Schulzendorf (Kr Ruppin)	42 161				OK	
Gransee						
Schulzendorf Abzw.						
Löwenberg						
Schüptitz	06 819 Hp		P			
Werdau						
Schürzenberg-Tunnel						
Eichenberg						
Schützenhaus	27 303 Hp p u					Perleberg
Wittenberge						
Schwaan	27 201 II		P(RE) G (50)			
Güstrow, Magdeburg						
Schwaan Abzw.						
Magdeburg, Güstrow						
Schwaara						
Gera						
Schwabhausen						
Glauchau						
Schwalbe 5						
Berga, Gera						
Schwallungen	09 433 Hp Ldst		P(RE)			
Eisenach						
Schwallungen Bk						
Eisenach						
Schwanebeck	13 332 III		P(RE) G(CA) (35) (Wk)			
Nienhagen						
Schwanebeck Bahnhof				Sm		
Schwanebeck Brecheranlage				Sm		
Schwanebeck Ort				Sm		
Schwanebeck Steinbrüche				Sm		
Schwanebeck Zementwerk				Sm		
Nienhagen						
Schwanebeck Zuckerfabrik						
Nienhagen						
Schwaneberg (Kr Wanzleben)	13 321 IV +		P G(WA)			
Eilsleben						
Schwaneberg (Uckerm)	46 144		P		OR	

Betriebsstellenname (fett) siehe unter	Bf-Nr.	Merkmal DRG	Bem.	Merkmal DR (u. ggf. später)	Sm	Ram.	Mutterbahnhof/ Bm/Bw/Raw
Prenzlau							
Schwanenbrücke Halle				P	Sm		
Schwanesee Glöwen					Sm		
Schwanheide Schwerin	01 053	IV	[246]	P(RE) G(WA)			
Schwanheide Grenze				Güp			
Schwante Velten	03 237	IV		P		OK	
Schwartau Waldhalle Lüneburg	27 282	IV og					
Schwartau Waldhalle Abzw. Lüneburg							
Schwartzestraße Leipzig							
Schwartzkopffstraße Berlin							
Schwarz Breitenhagen				G(WA)	Sm		
Schwarza (Saale) Naumburg, Rudolstadt	09 025	II				OK	
Schwarza West Naumburg, Rudolstadt	09 024	Hp oe					
Schwarzabrücke Arnstadt, Köditzberg, Rudolstadt							
Schwarzbach (b Ruhland) Horka	12 620	III		P G(WA)			Hohenbocka
Schwarzbach (Kr Hildburghausen) Eisfeld	09 461	Hp + r mvG		G	Sm	OR	Eisfeld
Schwarzbachbrücke Eilenburg							
Schwarzburg Köditzberg	09 326	III		P(RE)		OR	
Schwarze Elsterbrücke Berlin, Cottbus, Doberlug-Kirchhain, Falkenberg							
Schwarze Pumpe Knappenrode, Lübbenau							
Schwarze Pumpe Spremberg					Sm		
Schwarze Pumpe Kraftwerk Peitz				G(WA)			
Schwarzenbek Schwerin							
Schwarzenberg (Erzgeb) Zwickau	06 597	I		P(RE) G(ST) (60) (Wk)			Bm Bw
Schwarzenberg (Erzgeb) Gbf	06 598	Ga					
Schwarzenberg (Erzgeb) Hp	06 616	Hp + e		P			
Schwarzenberg Neuwelt Zwickau	06 599	Hst		P(RE) G(WA)		OK	Schwarzenberg (Erzgeb)
Schwarzenberger Tunnel Schwarzenberg							
Schwarzenpfost Rostock	28 096	Hp p		P(R)			
Schwarzheide Ruhland	12 600	Hp +					
Schwarzheide Ost Frankfurt	12 604	Hp		P			
Schwarzheide Synthesewerk Ruhland							
Schwarzheide West Casel, Ruhland							
Schwarzkollm Horka				P(RE) G(WA)			
Schwarzkollm Lautawerk Horka	12 635	I					
Schwarzkollm Schotterwerk					Sm		
Schwarzwasserbrücke Schwarzenberg, Zwickau							
Schwarzwasserviadukt Görlitz							
Schwastorf-Dratow Waren	27 158	Hst +		P(RE)		OR	
Schwebda Heiligenstadt, Leinefelde, Mühlhausen	05 474	III					
Schwedt Heinersdorf (Kr Angerm) Angermünde				P(RE)			
Schwedt (Oder) Angermünde	28 221	II	[201]	P(RE) G(CA) (STA)			
Schwedt (Oder) Mitte Angermünde							
Schwedt (Oder) West Angermünde				P			
Schwedt PCK Passow							
Schwedt Raffinerie Passow							
Schweighof Coburg	09 493	Hst b u				OR	
Schweikershain Doberlug-Kirchhain	06 369	III		P(RE)		OK	
Schweinbachtunnel Triptis							
Schweinekofen Berge							
Schweinitzthal Pockau-Lengefeld							
Schweinsburg Crimmitzschau	06 728	IV op					
Schweinsburg-Culten Altenburg	06 694	Hp b		P(R)		OR	
Schweizerhof Fröttstädt	09 532	Hp p u					Reinhardsbrunn-Friedrichr.
Schweizerthal-Diethensdorf Chemnitz	06 457	Hst +		P		OK	
Schwelwerk Gölzau Köthen					Sm		
Schwennickebrücke Zeitz							
Schwenzin Karow	27 166	Hp p u		P			Waren (Müritz)
Schwepnitz Dresden	06 169	IV		P(RE) G(CA) (Wk)			

Betriebsstelle	Nr.	Anm.	Verkehr	Sm	OK/OR	Sonstiges
Schwerin (Meckl) Friedrichsthal	27 091 Hst +		P		OK	
Schwerin (Meckl) Friedrichsthal Ost	27 092 Hp p u					ohne Mutterbf
Schwerin (Meckl) Gbf Magdeburg	27 078 Ga		G(CA)(ST) (41) (Wk)			
Schwerin (Meckl) Görries Magdeburg	27 103 IV p		P G(WA)(CA) (STA)		OR	
Schwerin (Meckl) Görries Nord Magdeburg						
Schwerin (Meckl) Hafen Magdeburg						
Schwerin (Meckl) Hbf Magdeburg	27 078 I		P(RE) (Rp)			Bm Bw
Schwerin (Meckl) Hbf Ega	27 079 Ega					
Schwerin (Meckl) Lankow			P			
Schwerin (Meckl) Margarethenhof						
Schwerin (Meckl) Mitte Magdeburg						
Schwerin (Meckl) Sacktannen						
Schwerin (Meckl) Süd Magdeburg			P			
Schwerin (Meckl) Warnitz	27 093 Hst +		P		OK	
Schwerin Abzw. Magdeburg						
Schwerin Stern						
Schwerinsburg Uhlenhorst	44 689 b			Sm	OR	
Schwerstedt (Kr Weimar) Weimar	49 930			Sm	OR	
Schwerstedt (Unstrut) Döllstädt	09 234 IV +		P		OK	
Schwerzau Profen			P	Sm		
Schweskau Lüchow	44 525 b				OK	
Schweta (b Döbeln) Leipzig	06 306 Hst + b op mvE		G		OR	Döbeln Hbf
Schweta (b Oschatz) Oschatz	07 145 Hst + e r		P	Sm	OK	
Schweta Gasthof Oschatz				Sm		
Schweta Park Oschatz				Sm		
Schwetig Kunersdorf	48 433				OR	
Schwetzin Teterow	27 036 Hp p u		P			ohne Mutterbf
Schwichtenberg (Kr Neubrandenburg) Ferdinandshof				Sm		
Schwichtenberg (Kr Stargard/Meckl) Ferdinandshof	44 641			Sm	OR	Bw
Schwichtenberg (Pommern) Metschow	41 086			Sm	OR	
Schwieloch Straupitz	47 312			Sm	OK	
Schwielochsee Straupitz				Sm		
Schwielowsee Wildpark	03 356 Hp b		P(RE)		OR	
Schwiesower Forst Bützow						
Schwinkendorf Waren	27 169 IV		P			
Schwittersdorf Halle	42 513				OK	
Schwittersdorf Zuckerfabrik Halle						
Sebastiansberg Chemnitz	07 837 IV					
Sebnitz (Sachs) Bad Schandau	06 095 I		P(RE) G(ST) (50) (Wk)			Bm
Sebnitz (Sachs) Fortschritt Landma. Bad Schandau			G(WA)			
Seddin Berlin	03 058 Hp	[248]	P(RES) G(WA)		OR	Bm Bw
Seddin Ausfahrt West Berlin						
Seddin Bla Abzw. Berlin						
Seddin Gbf Berlin	03 059 Ga					
Seddin Süd Berlin						
Seddin Vbf Berlin	03 058 I					
Sedlisco Berlin				Sm		
Sedlisco jutso Frankfurt, Knappenrode, Lübbenau						
Sedlitz Ost Frankfurt, Knappenrode, Lübbenau	12 714 Hp		P			
Seebach (Kr Langensalza) Gotha	09 259 IV				OK	
Seebach (Kr Mühlhausen/Thür) Gotha			P(RE) G(WA)		OK	
Seebad Ahlbeck Züssow			P(RE) G(WA)			
Seebad Ahlbeck Grenze Züssow						
Seebad Bansin Züssow						
Seebad Heringsdorf Züssow	28 128 III		P(RE) G			Bm Bw
Seebad Herings-dorf Neuhof Züssow						
Seebad Lubmin Greifswald			P			
Seebenisch Leipzig	12 027 Hp +					
Seeberg Gartenstadt Hoppegarten						
Seebergen Erfurt	09 738 III og		P(RE)			
Seebrücke Sellin						
Seedamm Neustadt						
Seefeld (Mark) Berlin	03 252 III	[249]	P(S) G(WA)		OK	
Seefeld (Mark) Minol Großtanklager Berlin		[249]	G(WA)			
Seegebrücke Salzwedel						
Seegefeld Berlin						

Betriebsstellenname (fett) siehe unter	Bf-Nr.	Merkmal DRG	Bem.	Merkmal DR (u. ggf. später)	Sm	Ram.	Mutterbahnhof/ Bm/Bw/Raw
Seegefeld-Herlitzwerke Berlin							
Seehausen (Altm) Magdeburg	01 032	II		P(RE) G (40) (Wk)			
Seehausen (Kr Wanzleben) Eilsleben	13 316	III		P(RE) G(WA)			
Seehausen (Uckerm) Bernau	28 226	III		P(RE) G (32)			
Seehof Groß Lichterfelde							
Seehof Abzw. Halle, Werkleitz							
Seelingstadt Weißig					Sm		
Seelingstädt (b Brandis) Beucha	12 649	III		P(RE) G		OK	
Seelingstädt (b Werdau) Werdau	06 813	IV		P(RE) G			
Seelingstädt (b Werdau) Hp Werdau	06 812	Hp b		P		OR	
Seelow (Mark) Frankfurt	28 183	III		P(RE) G (Wk)		OR	Bm
Seelow (Mark) Bothe Fürstenwalde							
Seelow (Mark) Kleinb Fürstenwalde	45 512					OR	
Seelow (Mark) Stadt Fürstenwalde				P G			
Seelow-Gusow Kietz							
Seelvitz Altefähr	46 534			P	Sm	OR	
Seerhausen Doberlug-Kirchhain	06 358	IV b		P(RE)		OR	
Seese Ost Tagebau Lübbenau							
Seese West Tagebau Berlin							
Seestadt Rostock Bramow Kavelstorf, Rostock	27 223	IV				OK	
Seestadt Rostock Gbf Kavelstorf, Rostock	27 217	I b op					
Seestadt Rostock Hafen Kavelstorf	27 219	II b op					
Seestadt Rostock Hbf Bad Kleinen, Magdeburg, Rostock	27 220	I b					Bm Bw Raw
Seestadt Rostock Hbf Ega	27 221	Ega					
Seestadt Rostock Marienehe Rostock	27 225	Hp p u					ohne Mutterbf
Seestadt Rostock Parkstraße Rostock	27 222	Hp p					
Seestadt Wismar Bad Kleinen, Wismar	27 069	I					Bm Bw
Seestadt Wismar Ega	27 070	Ega					
Seestadt Wismar Gbf	27 071	Ga					
Seestadt Wismar Zuckerfabrik	27 252	IV o u	[251]				
Seestraße Berlin							
Seethen Klötze							
Segebadenau (b Greifswald) Greifswald	58 832	u				OR	Grimmen Schützenplatz
Segeletz Berlin							
Segen Gottes Schacht Dresden, Freital							
Sehma Chemnitz	06 579	III		P(RE) G (Wk)		OR	Annaberg-Buchholz Süd
Sehmabrücke Cranzahl							
Seidau Bautzen	06 140	Hst e u					Bautzen
Seidau (Spreetalbahn) Bautzen	06 142	Hst + op				OK	
Seidelstraße Berlin							
Seidenberg Hagenwerder	04 097	III					
Seidingstadt Hildburghausen	09 449	Hp +			Sm	OR	
Seifersdorf Freital	07 069	IV r		P(RE)	Sm	OR	
Seiferts Wenigentaft-Mansbach	11 332	IV					
Seiffen (Erzgeb) Pockau-Lengefeld				P(RE) G		OK	
Seifhennersdorf Eibau	06 027	II		P(RE) G			Ebersbach (Sachs)
Seipin Tessin		G		G(WA)	Sm		
Seitendorf Zittau							
Seitschen Görlitz	06 054	III		P(RE) G(WA) (40)			
Sejkow Senftenberg							
Selbelang Senzke	46 354				Sm		
Selchow (Kr Teltow) Berlin	45 403					OK	
Selingersruh Horka	42 690						
Selkebrücke Alexisbad, Aschersleben, Gernrode, Halle							
Selkewiesen Gernrode					Sm		
Sellerhausen Leipzig							
Sellin (Rügen) Altefähr				P(RE)	Sm		
Sellin (Rügen) Ost Altefähr	46 540				Sm	OR	
Sellin (Rügen) West Altefähr					Sm		
Seltendorf Eisfeld	09 469	Hp p u		P			Rauenstein (Thür)
Semlow Velgast	41 613			P G (Wk)		OR	Velgast
Semmenstedt Heudeber-Danstedt	66 810	u				OK	Wittmar
Senefelderplatz Berlin							

Betriebsstelle	Nr.		Verkehr		
Senftenberg			P(RE) G(CA) (40) (Wk)		Bw
Casel, Frankfurt, Knappenrode, Lübbenau					
Senftenberg (Niederlaus)	12 610 I				Bm Bw
Frankfurt, Knappenrode, Lübbenau					
Senftenberg (Niederlaus) II	12 617 Hp b				
Senftenberg (Niederlaus) Gbf	12 611 Ga				
Senftenberg B 10 Abzw.					
Frankfurt, Knappenrode, Lübbenau					
Senftenberg Hbf					
Knappenrode					
Senftenberg Laubag			G(WA)	Sm	
Senftenberg West			G(WA)	OR	Senftenberg
Senzke	46 351			Sm	
Rathenow					
Serachow-Korzym					
Zittau					
Serams	46 535		P	Sm OR	
Altefähr					
Serba	09 073 IV +			OK	
Krossen					
Sermuth			P(RE)		
Glauchau					
Serwest Bk					
Bernau					
Sesow					
Bautzen					
Seßlach	22 072 Hst +				
Breitengüßbach					
Sestelin	42 338 b			Sm OR	
Busdorf					
Setzelsdorf	22 070 Hst e p u				Breitengüßbach
Breitengüßbach					
Severin	Ldst				
Schwerin					
Severinstraße					
Bad Doberan					
Siebenbrunn	06 882 III		P(RE) G		Adorf (Vogtl)
Aue, Zwickau					
Siebenhöfen	07 221 Hp oe r u			Sm	Geyer
Schönfeld					
Siebenhöfen Werk				Sm	
Schönfeld					
Siebenlehn	07 112 IV + r	[252]	P G(WA) (STA)	Sm OR	Nossen
Freital					
Siedelungsweiche	44 651			Sm OR	
Siedenbollentin	41 028			Sm OR	
Demmin					
Siedenbrünzow	41 018			Sm OR	
Demmin					
Siedenbrünzow Umspannwerk			G(WA)		
Demmin					
Siedenbüssow	41 018			Sm OR	
Demmin					
Siedenlangenbeck	13 123 IV		P(RE) G		Beetzendorf (Sachs-Anh)
Oebisfelde					
Siedlung II			P	Sm	
Halle					
Siedlung Eckardstein					
Strausberg					
Siegadel	47 311		P	Sm OK	
Straupitz					
Siegelbach Bk					
Neudietendorf					
Siegelhof	07 233 Hst +			Sm OR	
Grünstädtel					
Siegelhof Pappen- und Kartonagenw.			G(WA)	Sm	
Grünstädtel					
Siegmar-Schönau	06 515 I				
Dresden					
Siekierki					
Wriezen					
Sielow	47 300			Sm OK	
Lübben					
Siemensdamm					
Berlin					
Siemensstadt	03 168 Hp b p		P(S)	OK	
Berlin					
Siemensstadt Gbf	03 185 Ga				
Berlin					
Siemensstadt-Fürstenbrunn	03 368 III og				
Berlin					
Siemersdorf	50 909 u			OR	Franzburg
Stralsund					
Sieniawka				Sm	
Zittau					
Siersleben	12 197 III		P	OR	
Erfurt					
Siersleben				Sm	
Mansfeld					
Sietzing	28 180 IV	[190]	P(RE) G(WA)		
Frankfurt					
Sieversdorf					
Müncheberg					
Sieversdorf (b Neustadt/Dosse)					
Treuenbrietzen					
Sieversdorf (Kr Kyritz)			P(RE) G(WA)		
Treuenbrietzen					
Sieversdorf (Kr Ruppin)	42 808			OR	
Treuenbrietzen					
Sikadel				Sm	
Straupitz					
Silberbachbrücke					
Glauchau					
Silberberg Waldschänke					
Petersdorf					
Silberhausen	09 264 IV		P(RE)		
Gotha					
Silberhausen Bf				Sm	
Silberhausen Nord	45 488			OR	
Silberhausen SN Abzw.					
Gotha, Leinefelde					
Silberhausen Trennungsbf	05 513 IV o				
Gotha, Leinefelde					
Silberhöhe			P		
Halle					
Silberhütte					
Scharzfeld					
Silberhütte (Anh)	46 830		P G	Sm OR	Gernrode (Harz)
Gernrode					
Silberhütte (Anh) Eisfeld				Sm	
Gernrode					
Silberhütte (Anh) Heizwerk				Sm	
Gernrode					
Silberhütte (Anh) Pyrotechnik				Sm	
Gernrode					
Silberhütte (Anh) Sägewerk				Sm	
Gernrode					
Silberhütte Bremsberg					
Silbermühle	27 143 Hp p u		P		ohne Mutterbf
Pritzwalk					

Betriebsstellenname (fett) siehe unter	Bf-Nr.	Merkmal DRG	Bem.	Merkmal DR (u. ggf. später)	Sm	Ram.	Mutterbahnhof/ Bm/Bw/Raw
Silberstraße Zwickau	06 610	Hp		P			
Silokanalbrücke Brandenburg							
Silstedt Langenstein							
Simmersdorf Forst	12 742	IV		P(RE) G(WA)		OK	Forst (Laus)
Simmershausen Hildburghausen					Sm		
Simmershausen-Gleicherwiesen Hildburghausen	09 447	IV			Sm	OR	
Simonsmühle Frankfurt	25 194	Hp oe u					ohne Mutterbf
Simselwitz Lommatzsch	07 106	Hst + r			Sm	OK	
Singen (Thür) Arnstadt	09 319	IV		P(RE)		OR	
Singwitz Bad Schandau, Löbau	06 075	Hp		P(RE)			
Sisej Forst							
Sissow Altefähr	46 513				Sm	OR	
Sittendorf (Kyffh) Berga-Kelbra	44 327					OR	
Sitzendorf Köditzberg	09 327	III					Bm
Sitzendorf-Unterweißbach Köditzberg				P(RE) G (41) (Wk)			
Skaska Lübbenau, Straßgräbchen-Bernsdorf							
Skurum Cottbus							
Skyrow Betriebsbf Frankfurt							
Slawkojce Guben							
Slepo Berlin							
Slevogtstraße Leipzig							
Slonsk Küstrin							
Slubice Frankfurt							
Sluknov Sebnitz							
Sluknov Udoli Sebnitz							
Sluknov zastavka Sebnitz							
Smogarjow Lübben					Sm		
SN Abzw. Gotha, Leinefelde, Silberhausen							
Sobolsk Görlitz							
Sohl Plauen				P(RE)			
Sohland Zittau	06 036	II		P(RE) G(CA) (40)			Bm
Söllichau Eilenburg	12 454	III		P(RE) G(CA) (41)		OK	
Söllingen (Braunschw) Helmstedt	13 276	III					
Söllmnitz Gera	46 829			P(RE) G	Sm	OR	
Söllmnitz-Reussengrube Gera					Sm		
Söllmnitz Schüttrampe					Sm		
Söllmnitz Tongruben Gera					Sm		
Söllmnitz Werkstatt					Sm		
Sollstedt Halle	05 505	III		P(RE) G (35) (Wk)			
Sollstedt Kaliwerk					Sm		
Sollstedt Kaliwerk Halle				G(WA)			
Solpke Wustermark	13 009	III		P(RE)			
Soltendieck Salzwedel	13 042	III					
Solvayhall Baalberge, Könnern, Köthen	12 282	Hst b				OR	
Sömmerda Erfurt, Straußfurt	09 190	I		P(RE) G(CA) (40) (Wk)			Bm
Sömmerda Rheinmetall-Borsig Erfurt	09 531	Ahst					
Sömmerda Ziegelei					Sm		
Sommerfeld (b Leipzig) Leipzig							
Sommersdorf Casekow	40 549				Sm	OR	
Sommersdorfer Viadukt Probstzella							
Sondershausen Bretleben, Erfurt	09 223	II	[254]	P(RE) G (40) (Wk)			Bm
Sondershausen Glückauf Erfurt							
Sondershausen Jecha Bretleben				P(RE) G(WA)		OK	
Sondershausen Süd Bretleben	09 209	Hp		P(RE)			
Sonneberg (Thür) Eisfeld	09 498	II					Bm Bw
Sonneberg (Thür) Ega	09 500	Ega					
Sonneberg (Thür) Gbf	09 499	Ga					
Sonneberg (Thür) Hbf Eisfeld				P(RE) G(ST) (40) (Wk)			
Sonneberg (Thür) Nord				P(RE) G (35)		OK	
Sonneberg (Thür) Ost				P(RE) G(C)			
Sonneberg (Thür) West Eisfeld	09 473	Hp +		P			
Sonneberg Elektrokeramische Werke							
Sonnefeld Ebersdorf	09 518	IV					
Sonnenallee Berlin							
Sonnenberg (Kr Gransee) Gransee							
Sonnenberg (Kr Ruppin)	42 160					OR	

Betriebsstelle	Nr.	Verkehr			
Gransee					
Sonnenburg (Neum)	44 310				
Küstrin					
Sonwald (Blota)					
Berlin					
Sooden-Allendorf					
Eichenberg					
Sophie-Charlotte-Platz					
Berlin					
Sophienhof			Sm		
Nordhausen					
Sophienhof	27 180 IV og	P			
Waren					
Sophienhof (Kr Anklam)	45 054 b		Sm	OR	
Löwitz					
Sorg					
Adorf					
Sorge	50 887 r	[255] P(RE)	Sm	OR	
Nordhausen					
Sorge NWE			Sm		
Sorge ob Bf			Sm		
Brunnenbachsmühle					
Sorge SHE			Sm		
Sorge-Settendorf			Sm		
Trünzig					
Sornoer Buden Nord Abzw.					
Frankfurt					
Sornoer Buden Ost Abzw.					
Knappenrode					
Sornoer Buden West Abzw.					
Frankfurt, Knappenrode					
Spaatz	45 808	P(RE)		OR	
Treuenbrietzen					
Spalene					
Berlin					
Spandau					
Berlin					
Spandau Ost					
Berlin					
Spandau Südhafen					
Berlin					
Spandau West	03 171 IV p				
Berlin, Bötzow					
Spandauer Stadtbahn					
Bötzow					
Späningen					
Pretzier					
Spantekow	44 665 b		Sm	OR	
Dennin					
Spechtberg					
Gumnitz					
Spechthausen					
Eberswalde					
Spechtritz	07 068 Hst + r	P(RE) G(WA)	Sm	OR	Freital Hainsberg
Freital					
Sperenberg		P(RE) G (Wk)			
Jüterbog					
Sperenberg			Sm		
Stülpe					
Sperenberg (Kr Teltow)	03 091 III				
Jüterbog					
Sperenberg Schießplatz					
Berlin					
Sperenberg Schießplatz Batterien					
Berlin					
Spergau		P	Sm		
Halle					
Spergau Kaolinwerk			Sm		
Sperrluttertal	05 099 Hp p u				St Andreasberg Reichsb
Scharzfeld					
Sperrmauer					
Gräfenwarth, Schleiz					
Spichernstraße					
Berlin					
Spickendorf					
Halle					
Spiegelsberge					
Halberstadt					
Spielberg (b Vitzenburg)	12 164 Hst b			OK	
Röblingen					
Spindlersfeld	03 321 III			OK	
Berlin, Halle					
Spittelmarkt					
Berlin					
Spitzberge					
Wolmirstedt					
Spitzkehre Abzw.			Sm		
Wilischthal					
Splau	12 457 Hp p u				Eilenburg
Eilenburg					
Spoldershagen	41 579	P	Sm	OR	
Stralsund					
Sponholz	27 062 IV	P(RE) G(WA)			
Bützow					
Spora	41 829 u	P	Sm	OR	Kayna
Gera					
Spora		G(WA)			
Meuselwitz					
Spora		G(WA)	Sm		
Zipsendorf					
Spora Ziegelei					
Meuselwitz					
Spora Zuckerfabrik					
Meuselwitz					
Spornitz	27 128 IV	P(RE) G			
Ludwigslust					
Sportforum		P	Sm	OR	
Bernburg					
Spreebrücke					
Berlin, Falkenberg, Frankfurt, Fürstenwalde					
Spreefurt	12 665 III				
Horka, Lübbenau, Uhyst					
Spreefurt Vorbf	12 666 Hst Ldst b op			OK	
Horka					
Spreenhagen Sägewerk			Sm		
Spreenhagen Wermke			Sm		
Spreetal Nord Tagebau					
Lübbenau					
Spreetalviadukt					
Görlitz					
Spreewitz		G(WA)			
Cottbus, Knappenrode, Peitz					
Spreewitz Nord Abzw.					
Cottbus					
Spreewitz Süd Abzw.					
Cottbus, Kanppenrode					
Spremberg		P(RE) G (41) (Wk)			
Berlin, Cottbus					
Spremberg Hbf	12 694 II				Bm
Spremberg Kohlebf			Sm		Bw
Spremberg Stadtbf	47 318 b r		Sm	OK	Bw
Spremberg West	12 659 III				

Betriebsstellenname (fett) siehe unter	Bf-Nr.	Merkmal DRG	Bem.	Merkmal DR (u. ggf. später)	Sm	Ram.	Mutterbahnhof/ Bm/Bw/Raw
Spremberger Stadtbahn					Sm		
Sprengstoffwerk							
Eilsleben							
Springpfuhl	03 378	IV o		P(S)			
Berlin							
Sprjejce							
Cottbus							
Sproitz Feuerfestwerk					Sm		
Sprossen				G(WA)	Sm		
Zipsendorf							
Sprotta Kieswerk							
Eilenburg							
Srjedzny Kumwald							
Löbau							
St Andreasberg Reichsb	05 100	II					Bw
Scharzfeld							
St Andreasberg Stadt	47 080	b					
Scharzfeld							
St Egidien	06 519	II		P(RE) G			
Dresden, Sankt Egidien							
St Egidien Nickelhütte Bf 2							
Sankt Egidien							
St Georgsberg							
Ratzeburg							
St Kilian	09 387	Hp e u		P			Schleusingen
Suhl							
Staaken				P(S) G(WA) (CA)			
Berlin							
Staaken Kontrollbahnsteig							
Berlin							
Staaken Plastverarbeitung							
Berlin							
Staaken Polymat							
Berlin							
Staaken Quarzschmelze							
Berlin							
Staaken Tega							
Berlin							
Staatlich Horst	28 089	IV					
Rostock							
Staatsbürgerplatz							
Magdeburg							
Staatsreservelager							
Berlin							
Staben	41 590	b			Sm	OR	
Stralsund							
Stackelitz Bk							
Berlin							
Stadion der Weltjugend							
Berlin							
Stadionbrücke							
Zeitz							
Stadt Wehlen (Sachs)	06 190	Hp b		P(RE)		OR	
Dresden							
Stadtilm	09 318	III		P(RE) G (40) (Wk)			
Arnstadt							
Stadtlengsfeld	09 409	IV		P(RE) G(WA) (CA)		OK	
Dorndorf							
Stadtmitte							
Berlin							
Stadtroda	09 080	III		P(RE) G (36)			
Glauchau							
Stadtstadion				P	Sm		
Halle							
Stadtviadukt							
Bad Schandau							
Staffelde Abzw.							
Stendal, Wustermark							
Stahmeln							
Leipzig							
Stahnsdorf							
Groß Lichterfelde							
Stahnsdorf a B							
Berlin							
Stahnsdorf Klärwerk							
Teltow							
Stahnsdorf Reichsb	03 375	III				OR	
Berlin							
Stalinallee							
Berlin							
Stalinstadt							
Frankfurt							
Stangendorf	07 242	Hst + op			Sm	OK	
Mosel							
Stapel (Kr Osterburg)	47 381			P(RE) G		OR	Stendal Ost
Stendal							
Stapelburg a B	13 388	Hp					
Halberstadt							
Stapen-Hohentramm	40 054					OR	
Hohenwulsch							
Stappenbeck	47 042			P(RE) G		OR	Salzwedel
Salzwedel							
Stappenbeck Nord				P G		OR	Salzwedel
Salzwedel							
Stara Darbnja							
Lübbenau							
Stara Heta							
Forst							
Stara Krecany							
Sebnitz							
Stara Niwa					Sm		
Lübben							
Starbach	06 328	Hst		P G (40)			Nossen
Riesa							
Stargard							
Oranienburg							
Stargard Gubinski							
Guben							
Stärkefabrik							
Brandenburg							
Stärkefabrik					Sm		
Burg							
Starkenberg				P(RE)			
Meuselwitz							
Starkow	28 088	Hp p		P(RE)			
Rostock							
Starsow Abzw.							
Buschhof, Mirow							
Stary Jirikov							
Sebnitz							
Stary Varnsdorf							
Eibau							
Staschwitz Holzplatz				G(WA)	Sm		
Borna							
Staschwitz Schacht							
Zipsendorf							
Staßfurt				P(RE) G(CA) (ST) (40) (Wk)			Bw
Blumenberg, Erfurt							
Staßfurt Achenbach							
Staßfurt Bahnhof				P	Sm		
Hecklingen							
Staßfurt Bodebrücke				P	Sm		
Hecklingen							
Staßfurt Bw (Museums-Bw)							

Erfurt						
StaßfurtDachpappenfabrik						
Blumenberg						
Staßfurt Getreidewirtschaft			G(WA)			
Erfurt						
Staßfurt Gießerei						
Erfurt						
Staßfurt Industriebahn			G(WA)			Bw
Erfurt						
Staßfurt Kalkwerk						
Erfurt						
Staßfurt-Leopoldshall	12 240 I					Bm Bw
Blumenberg, Erfurt						
Staßfurt-Leopoldshall Gbf	12 241 Ga					
Staßfurt Maschinenfabrik						
Staßfurt Rbf						
Blumenberg, Erfurt						
Staßfurt Schrottplatz			G(WA)			
Erfurt						
Staßfurt Sodawerk			G(WA)	Sm		
Staßfurt Sodawerk			G(WA)			
Stauchitz	06 359 III		P(RE) G (32) (Wk)			Bm
Doberlug-Kirchhain						
Staven	41 882		P G (Wk)		OK	Friedland
Neubrandenburg						
Stavenhagen	27 053 II					Bm
Bützow						
Stavenhagen Anschlußbf	41 064 b			Sm	OR	
Demmin						
Stavenhagen Landesb	41 065			Sm	OR	
Demmin						
Stavenhagen Stadt						
Demmin						
Stavenhagen Zuckerfabrik						
Demmin						
Stavenow	48 399				OR	
Magdeburg, Perleberg						
Stechlinsee						
Rheinsberg						
Stechlinsee Werkbf						
Löwenberg, Rheinsberg						
Stechow	46 346			Sm		
Rathenow						
Stechow		G	G(WA)	Sm		
Tessin						
Stederdorf (Kr Uelzen)	13 044 III					
Salzwedel						
Stedten	12 151 b		P(RE)		OR	
Röblingen						
Stedtfeld	09 288 IV o					
Eisenach						
Steffenshagen	42 832 u				OR	Grimmen Schützenplatz
Greifswald						
Stegelitz	43 598			Sm	OK	
Burg						
Stein (Chemnitztal)	06 455 Hst +	[256]	P(RE) G(WA)			Markersdorf-Taura
Chemnitz						
Stein-Hartenstein						
Zwickau						
Steina	06 365 IV		P(RE) G		OR	

Doberlug-Kirchhain						
Steinach (Thür)	09 508 III		P(RE) G(ST)			
Sonneberg						
Steinachbrücke						
Sonneberg						
Steinaer Viadukt						
Doberlug-Kirchhain						
Steinbach (b Jöhstadt)	07 195 IV r		P(RE) G (Wk)	Sm	OK	Jöhstadt
Wolkenstein						
Steinbach (b Niesky)						
Horka						
Steinbach (Kr Altenburg)	06 447 Hst +					
Altenburg						
Steinbach (Kr Bad Salzungen)			(E) G (40)		OK	
Immelborn						
Steinbach (Kr Geithain)			P			
Altenburg						
Steinbach (Kr Meiningen)	09 430 IV				OK	
Immelborn						
Steinbach (Rhön)	11 335 IV e				OKg	
Hünfeld						
Steinbach a Wald	22 025 III					
Saalfeld						
Steinbach Grube Fortschritt				Sm		
Steinbach Flußspatwerk				Sm		
Steinbach-Hallenberg	09 369 III		P(RE) G(ST) (40) (Wk)			
Zella Mehlis						
Steinberg Bk						
Halle						
Steinbockwerk	48 439				OR	
Kunersdorf						
Steinbruch						
Beucha, Erfurt, Schleiz						
Steinbruch Georgi				Sm		
Gernrode						
Steinbruch Pauer				Sm		
Gernrode						
Steinbruch Thürk						
Freital						
Steinbrüche Diabas						
Blankenburg						
Steinerne Renne	53 887 p		P	Sm		
Nordhausen						
Steinerne Renne Marmorwerke				Sm		
Nordhausen						
Steinfeld (b Stendal)			P(RE) G(WA)			
Stendal						
Steinhagen (Pommern)	43 909 u				OR	Richtenberg
Stralsund						
Steinhausen		Ldst				
Bad Kleinen						
Steinhausen-Neuburg	27 249 Hp	+ p	P(RE)			
Bad Kleinen						
Steinhavel				Sm		
Bolter Mühle						
Steinhöfel	45 503				OK	
Fürstenwalde						
Steinicht-Tunnel						
Gera						
Steinitz (Altm)			P G		OR	Salzwedel
Salzwedel						
Steinitz (Altm) Ost			P			
Salzwedel						
Steinmocker	44 668			Sm	OR	
Friedland						
Steinmühle Bk						

Betriebsstellenname (fett) siehe unter	Bf-Nr.	Merkmal DRG	Bem.	Merkmal DR (u. ggf. später)	Sm	Ram.	Mutterbahnhof/ Bm/Bw/Raw
Nordhausen							
Steinpleis	06 531	Hp		P			
Dresden, Zwickau							
Steinpleisviadukt							
Zwickau							
Steinpöhl	26 734	Hp e u					Asch Stadt
Adorf							
Steinrampe							
Nordhausen							
Steinsalzwerk Ilversgehofen							
Erfurt							
Steinsmühle	42 131	b			Sm	OR	
Duderstadt							
Steintorbrücke							
Halle							
Steinwiesen	22 041	IV					
Kronach							
Stellshagen				P G(Ldst)			
Grevesmühlen							
Stendal	13 002	I	[257]	P(RE) G(CA) (ST) (60) (Rp)			Bm Bw Raw
Magdeburg, Wustermark							
Stendal Flugplatz							
Stendal Gaswerk							
Stendal Gbf	13 003	Ga					
Magdeburg, Wustermark							
Stendal Konservenfabrik							
Stendal Nord Bk							
Magdeburg							
Stendal Ost	47 370			P(RE) G (40)			
Stendal Pbf							
Magdeburg, Wustermark							
Stendal RAW							
Stendal Sachsenwerk							
Stendal Stadtsee				P			
Magdeburg							
Stendal Südumfahrung							
Wustermark							
Stendal Vorbf	41 908	b	[258]	P		OR	
Stendal Vorbf	47 369		[258]				
Stendal Zuckerfabrik							
Stendell			[201]	G(Ahst)(CA)		OK	Passow (Kr Angermünde)
Passow							
Stenn	06 831	IV		P			
Zwickau							
Stepenitzbrücke							
Berlin, Perleberg, Pritzwalk, Wittenberge							
Stern (Buchholz)	27 095	Hp + p		P G(WA)			Schwerin (Meckl) Gbf
Schwerin							
Stern (Kr Anklam)	44 666				Sm	OR	
Friedland							
Sternberg (Meckl)	27 258	III		P(RE) G (40) (Wk)			Bm
Wismar							
Sternberger Ziegelei		G					
Wismar							
Sternebeck	28 173	IV		P(RE) G(WA)			
Werneuchen							
Sternfeld	28 044	IV		P(RE) G			
Oranienburg							
Sternhaus-Haferfeld	42 830	b e u		P	Sm	OR	Gernrode (Harz) Gernr H E
Gernrode							
Sternhaus-Ramberg	58 830	e p u		P	Sm		Gernrode (Harz) Gernr H E
Gernrode							
Stettin	28 249	II b					
Pommerensdorf							
Angermünde, Pasewalk							
Stettiner Bf	03 380	Hp	[74]				
Berlin							
Stetzsch							
Dresden							
Steuden Tagebau							
Röblingen							
Steudten	06 400	IV		P(RE) G(WA)		OK	
Chemnitz, Glauchau							
Stiege	52 830			P G	Sm	OK	
Gernrode							
Stiege Wendeschleife					Sm		
Gernrode							
Stienitzsee							
Strausberg							
Stierow		G		G(WA)	Sm		
Tessin							
Stitary							
Adorf							
Stöben Bk							
Naumburg							
Stöberhai	48 910	og r			Sm		
Walkenried							
Stöbnitz							
Stobno Szczecinski							
Paswalk, Stöven							
Stöckey	05 136	IV					
Bleicherode							
Stockheim (Mainfr)	22 435	IV					
Mellrichstadt							
Stockheim (Oberfr)	22 033	II					
Saalfeld, Sonneberg							
Stöckheim	40 062			P(RE) G		OK	Beetzendorf (Sachs-Anh)
Beetzendorf							
Stockteich	12 670	III					
Horka							
Stolberg (Harz)	05 119	IV		P(RE)			
Berga-Kelbra							
Stolberg-Rottleberode							
Berga-Kelbra							
Stolec							
Stöven							
Stollberg (Sachs)	06 644	I		P(RE) G (32) (Wk)			Bm
Chemnitz, Sankt Egidien							
Stollberg (Sachs) Schlachthofstr.							
Chemnitz							
Stolpe (b Usedom)	28 119	IV					
Ducherow							
Stolpe Süd a B							
Berlin							
Stolpen	06 101	III		P(RE) G			
Pirna							
Stolzenburg	46 234					OR	
Stöven							
Stolzenburg Glashütte							
Stöven							
Stolzenburger Glashütte	46 236				Sm	OK	
Stöven							
Storbeck (Altm)	45 633	b		P(RE)		OR	
Pretzier							
Storkow (Mark)	03 340	III		P(RE) G (Wk)			Bm

Betriebsstelle	Nr.		Verkehr			
Königs Wusterhausen						
Storkow (Mark) Schuhfabrik Königs Wusterhausen						
Storkow Küchensee Königs Wusterhausen						
Storkower Kanalbrücke Königs Wusterhausen						
Storkower Straße Berlin			P(S)			
Stormsdorf Velgast	41 614		P		OR	
Stößen Naumburg	09 039 IV		P(RE) G(WA)			
Stötterlingen Wasserleben	43 891 p u					Osterwieck (Harz)
Stotternheim Erfurt	09 188 III		P(RE)		OK	
Stöven (Bz Stettin) Pasewalk	28 154 III				OK	
Stöven (Bz Stettin) Dorf	46 226 b				OR	
Stöven (Bz Stettin) Klbf						
Stöven (Bz Stettin) Landesb	46 225				OR	
Stöven (Bz Stettin) Staatsbf						
Str. Raduszec Guben						
Straach Lutherstadt Wittenberg			G (Wk)		OR	Lutherstadt Wittenberg
Stralau Glaswerk Berlin						
Stralau-Rummelsburg Berlin						
Stralendorf Torfwerk				Sm		
Stralsund Bernau, Oranienburg, Rostock	28 059 I	[262]	P(RE) G(C) (ST) (50) (Rp)			Bm Bw
Stralsund Baustoffversorgung						
Stralsund Gbf	28 060 Ga					
Stralsund Hafen Rostock		[263]	G(WA) (40)		OR	
Stralsund Mühle und Brennerei						
Stralsund Landesbahn	41 563			Sm	OK	
Stralsund Ost				Sm		Bw
Stralsund Rbf Bernau						
Stralsund Reichsbf				Sm		
Stralsund Rügendamm Rostock	28 061 III b		P			
Stralsund Rügendammbaustelle				Sm		
Stralsund SRG Abzw. Oranienburg						
Stralsund Stadtkoppel				Sm		
Stralsund Stadtwald				Sm		
Stralsund Vorstadt	41 909 b u					Richtenberg
Stralsund Zimmerei						
Strandbad Leipzig			P	Sm		
Strasburg (Meckl) Bützow, Neustrelitz, Prenzlau			P(RE) G(ST) (35) (Wk)			
Strasburg (Uckerm) Bützow, Neustrelitz	28 149 II					
Strasburg (Uckerm) Kreisb Prenzlau	46 167					
Straßberg (Harz) Gernrode			P(RE) G(WA)	Sm	OK	Gernrode (Harz)
Straßberg (Harz) Glasebach Gernrode				Sm		
Straßberg Flußspatwerk				Sm		
Straßberg Glasebacher Stollen				Sm		
Straßberg Grube Heidelberg				Sm		
Straße der Freundschaft Sellin						
Straßgräbchen-Bernsdorf (Oberlaus) Dresden, Hoyerswerda, Lübbenau	[illegible] II		P(RE) G(CA) (40) (Wk)			Bm
Straupitz Lübben	47 287		P(RE)	Sm	OK	Bw
Strausberg Berlin, Kietz	03 261 II		P(RES) G (41) (Wk)			Bm
Strausberg Bundeswehr						
Strausberg Gbf	03 262 Ga					
Strausberg Handelszentrum						
Strausberg Hegermühle			P(S)			
Strausberg Heizwerk Milchhof						
Strausberg Kiesgrube	47 496 b				OR	
Strausberg Kleinb	47 495 b				OR	
Strausberg Milchhof						
Strausberg Nord Berlin			P(RES) G		OR	Strausberg
Strausberg Ostbf						
Strausberg Sowjetarmee						
Strausberg Stadt Berlin	47 513		P(S) G			Bw
Strausberg Vorstadt						
Strausberger Platz Berlin						
Straußfurt Döllstädt, Erfurt	09 216 I		P(RE) G (40) (Wk)			Bm
Straußfurt Zuckerfabrik						
Streckewalde Wolkenstein	07 191 Hst + r		P(RE) G	Sm	OK	Wolkenstein
Streesow Magdeburg						

Betriebsstellenname (fett) siehe unter	Bf-Nr.	Merkmal DRG	Bem.	Merkmal DR (u. ggf. später)	Sm	Ram.	Mutterbahnhof/ Bm/Bw/Raw
Strehla Oschatz	07 173	III r		P(RE) G (Wk)	Sm	OK	Oschatz
Strehla Elbkaibf Oschatz					Sm		
Strehla Steingut-fabrik					Sm		
Streitwald Frohburg	12 814	Hst +				OK	
Strelitz Alt Oranienburg	28 034	III		P(RE)			
Strelln Cottbus							
Strelow (Kr Grimmen) Greifswald	51 832	u				OR	Voigtsdorf (Kr Grimmen)
Stremlow Greifswald	56 832	u				OR	Voigtsdorf (Kr Grimmen)
Strengbrücke Brandenburg							
Strenz Bk Halle							
Strenzfeld Könnern							
Strenzfeld Junkerswerke Könnern				G(WA)			
Stresow Berlin							
Stresow Burg	43 579				Sm	OK	
Stressenhausen Hildburghausen					Sm		
Streßenhausen Hildburghausen	09 445	Hst b u			Sm		Hildburghausen
Stretense Wegezin	45 023	b			Sm	OR	
Streufdorf Hildburghausen	09 448	Hst +			Sm	OR	
Striegistalviadukt Dresden							
Strigleben Perleberg	48 412			P		OR	
Ströbeck Halberstadt	13 362	III		P(RE) G(WA)			
Strohkirchen Ludwigslust	01 046	Hp og		P(RE)			
Stubbenfelde Züssow							
Studanka Adorf							
Stüdenitz Berlin	01 007	IV		P(RE)			
Stuer Ganzlin	27 145	Hst +				OK	
Stülow Ziegelei Bad Kleinen							
Stülpe Dahme					Sm		
Stülpe Oberförsterei Dahme					Sm		
Stülper Forst Dahme					Sm		
Stumsdorf Bitterfeld, Halle	12 291	II		P(RE) G			Bm
Sturzschacht Stufe 1-3 Blankenburg							
Stuttgarter Allee Leipzig							
Stützengrün Wilkau-Haßlau	07 259	Hst r		P(RE) G	Sm	OR	Schönheide Süd
Stützengrün Hp Wilkau-Haßlau	07 260	Hp e r u		P	Sm		Stützengrün
Stützengrün-Neulehn Wilkau-Haßlau					Sm		
Stützengrüner großer Viadukt Wilkau-Haßlau					Sm		
Stützengrüner kleiner Viadukt Wilkau-Haßlau					Sm		
Stützerbach Plaue	09 345	b		P(RE) G (Wk)		OK	
Subzin-Liessow Rostock	27 188	Hst		P(RE) G(WA)		OR	Laage (Meckl)
Suckow (Kr Parchim) Pritzwalk	27 134	IV	[264]	P(RE) G (Wk)		OK	Putlitz
Suckow (Kr Parchim) Hp Pritzwalk				P			
Sudebrücke Brahlstorf, Ludwigslust							
Südende Berlin	03 100	II og					
Suderwittingen Wittingen	48 503	b				OR	
Südkreuz Berlin							
Südkurve Abzw. Beerwalde, Meuselwitz							
Südstadt Halle							
Südstern Berlin							
Suhl Neudietendorf	09 361	II	[265]	P(RE) G(ST) (CA) (40) (Wk)			Bm Bw
Suhl Friedberg				P G(WA)		OK	Suhl
Suhl Gbf	09 362	Ega Ga					
Suhl Heinrichs Neudietendorf				P(RE)			
Suhl Heinrichswerk Neudietendorf	09 363	IV og					
Suhl Neundorf				P			
Suhler Friedberg	09 384	Hst b e u				OK	Suhl
Suhler Neundorf	09 383	Hp e p u					Suhl
Suhler Stadtbrücke Neudietendorf							
Sukow (Kr Schwerin) Schwerin	27 097	Hst +		P(RE) G(WA)			
Sülstorf Dömitz, Magdeburg	27 107	IV		P(RE) G(WA)		OR	
Sulza Großheringen							
Sülze Sanitz							
Sülzenbrücken Neudietendorf	09 311	Hp		P			
Sülzenbrücken Bk Neudietendorf							
Sumborn Bischofswerda							
Sundbrücke Rostock							
Sundgauer Straße Berlin	03 132	Hp oä oe					
Sundhausen Gotha				P	Sm		
Süplingen Haldensleben	42 003			P(RE)		OR	
Süplingen Sla Abzw. Haldensleben							
Swiecko Kunersdorf							

Swinemünde Bad 28 126 III og
Züssow

Swinemünde Gbf 28 124 Ga
Swinemünde

Swinemünde Hafen
Swinemünde

Swinemünde Hbf 28 123 I Bm Bw
Ducherow, Züssow

Swinemünde Landungsstelle
Ducherow

Swinemünde Seedienstbf 28 618 IV [266]
Ducherow, Züssow

Swinemünde Westfähre
Ducherow

Swinoujscie
Ducherow, Swinemünde, Züssow

Swinoujscie Odra
Swinemünde

Swinoujscie Odra Warszow
Swinemünde

Sykadlo Sm
Straupitz

Syratalbrücke
Plauen

Syrau 06 710 IV b P(RE) OR
Plauen

Szczecin Gumience Sm
Casekow, Pasewalk

Szczecin Pomorzany Sm
Casekow

Szczecin Pomorzany
Angermünde, Pasewalk

Tabakmühle Abzw.
Leipzig

Tabarz P Sm
Gotha

Taftbrücke
Wenigentaft-Mansbach

Tagewerben
Weißenfels

Taigakurve
Seelingstädt

Talbrauerei Sm
Nordhausen

Talsperre Baubf
Gräfenwarth

Talsperre Baugleis
Gräfenwarth

Taltitz 06 844 Hp + b
Lottengrün

Tambach-Dietharz 09 269 III (E) G(ST) (40)
Georgenthal

Tangerbrücke
Magdeburg

Tangerhütte 13 048 II P(RE) G(CA) (40)
Magdeburg

Tangermünde Sm

Tangermünde 43 908 P(RE) G(CA) (Wk) Bw
Stendal

Tangermünde am Elb- und Hafenufer 44 908 b op OR
Stendal

Tangermünde Hafen
Stendal

Tangermünde Hp

Tangermünde Neustadt Sm

Tangemünde Nord
Stendal

Tangermünde Zuckerfabrik
Stendal

Tangersdorf 28 022 Hp e u P Hohenlychen
Fürstenberg

Tann (Rhön) 11 329 III Bm
Wenigentaft-Mansbach

Tanna 06 717 IV P(RE)
Schönberg

Tanna Ziegelei Sm

Tanndorf 06 310 III P(RE) G (32) Großbothen
Leipzig

Tanne 53 834 Sm
Brunnenbachsmühle

Tanne 53 834 [267]
Blankenburg

Tanne (Kr Delitzsch) 40 672 b OR
Krensitz

Tanne Walkenrieder Bf Sm
Brunnenbachsmühle

Tannenberg 07 223 Hst r Sm OR
Schönfeld

Tannenberg Garnveredlungswerk Sm
Schönfeld

Tannenberg Ost Sm
Schönfeld

Tannenbergsthal (Vogtl) 06 070 III P G(WA) (31) Bm
Aue

Tannenheim 28 083 IV b OK
Velgast

Tannenheim Pomm. Industriewerke
Velgast

Tannenwäldchen Sm
Greifswald

Tannepöls
Bitterfeld

Tanner Hütte Sm
Brunnenbachsmühle, Walkenried

Tannroda 53 916 P(RE) G OK
Weimar

Tannroda Papierfabrik
Weimar

Tantow 28 236 III P(RE) G (Wk) Bm
Angermünde

Tantow Grenze Güp
Angermünde

Tarmitz
Salzwedel

Taschenberg 46 163 P OR
Prenzlau

Taubenbach 09 159 III OR
Probstzella

Taubendorf 25 344 Hp e u P ohne Mutterbf
Guben

Taubenheim (b Meißen) 07 087 Hst r Sm OR
Wilsdruff

Taubenheim (Spree) 06 035 II Sm OK

Taubenheim (Spree) 06 035 II P(RE) G Sohland
Zittau

Taucha (b Leipzig) 12 444 II P(RE) G (40) Bm
Cottbus, Leipzig

Taucha Bodenbearbeitungsgerätewerk

Betriebsstellenname (fett) siehe unter	Bf-Nr.	Merkmal DRG	Bem.	Merkmal DR (u. ggf. später)	Sm	Ram.	Mutterbahnhof/ Bm/Bw/Raw
Leipzig							
Taucha Ziegelei					Sm		
Tauche (b Beeskow)				P G(WA)		OK	
Falkenberg							
Tauche (Kr Beeskow)	60 886	u				OK	Beeskow West
Falkenberg							
Tauer Betriebsbf							
Frankfurt, Jänschwalde							
Tautenhain	12 808	Hst		P(RE)			
Leipzig							
Techentin	27 110	Hp p u		P			ohne Mutterbf
Dömitz							
Techentin Nord							
Dömitz							
Techwitz		P					
Zeitz							
Techwitz Tagebau					Sm		
Rehmsdorf							
Teerofen							
Neustrelitz							
Tegel							
Berlin							
Tegkwitz Ziegelei					Sm		
Teicha	12 178	Hp b		P(RE)			
Halle							
Teichhaus				P			
Freiberg							
Teichland							
Frankfurt							
Teichwolframsdorf	06 811	III		P(RE)			
Werdau							
Teistungen	05 147	IV		P(RE) G (Wk)			
Leinefelde							
Teistungen Ziegelei					Sm		
Tellerhäuser	07 934	Hp oe u					Bärringen-Abertham
Schwarzenberg							
Teltow	03 105	III		P(RES) G			
Berlin, Groß Lichterfelde							
Teltow Bf							
Teltow Hafen	47 555	b				OR	
Teltow Stadt							
Berlin							
Teltow West	47 554	b		G(WA)		OR	
Berlin							
Teltowkanal	45 397						
Berlin							
Teltowkanalbrücke							
Berlin							
Teltowkanalhafen							
Berlin							
Tempelhof	03 037	I b oä oe					Bm Bw Raw
Berlin							
Tempelhof Gbf	03 038	Ga					
Tempelhof Vbf	03 074	b op				OR	Bm
Templin	28 012	I		P(RE) G(ST) (42) (Wk)			Bm Bw
Fürstenberg, Prenzlau							
Templin Ahrensdorf				P			
Fürstenberg							
Templin Stadt							
Fürstenberg, Prenzlau							
Templin Vorstadt	28 202	Hp		P(RE)			
Fürstenberg, Prenzlau							
Templiner See							
Berlin							
Templiner Seebrücke							
Berlin							
Tennisplatz Bk					Sm		
Chemnitz							
Tennstädt							
Döllstädt							
Teplingen							
Salzwedel							
Teschendorf (Meckl)	27 206	Hst +		P(RE)		OK	
Rostock							
Teschenhagen	28 065	IV		P(RE) G			
Rostock							
Teschow	27 247	IV		P(RE)			
Bad Kleinen							
Tessenow	27 132	Hst +					
Pritzwalk							
Tessin	27 210	III		P(RE) G (41)			
Rostock							
Tessin West							
Rostock							
Tessin Zuckerfabrik		G		G(WA)	Sm		
Rostock							
Tessiner Chaussee		Ldst					
Dölitz							
Teterow	27 031	II		P(RE) G(ST) (40) (Wk)			Bm Bw
Bützow							
Teterow See	27 032	IV +		P(RE) G		OR	
Tetschen	07 505	I					
Dresden							
Tetschen Gbf	07 176	Ga					
Tettau	22 032	III					
Pressig-Rothenkirchen							
Tettenborn	05 102	III					
Nordhausen							
Tetzleben					Sm		
Metschow							
Teuchern	09 097	III		P(RE) G (Wk)			Bm
Naumburg, Zeitz							
Teufelbachstalviadukt							
Eisfeld							
Teufelsmühle	07 017	Hp e r u			Sm		Kurort Oybin
Zittau							
Teupitz-Groß Köris	03 331	III		P(RE)			
Berlin							
Teuplitz	12 754	II					Bm
Cottbus							
Teuplitz Forster Straße	12 902	Hp p u					Teuplitz Nebenbf
Weißwasser							
Teuplitz Nebenbf	12 893	Hp					
Weißwasser							
Teutschenthal	12 139	II		P(RE) G (40)			
Halle							
Teutschenthal Abzw.					Sm		
Nordhausen							
Teutschenthal Baustoffwerk							
Teutschenthal Ost				P(RE)			
Halle							
Thal (Thür)	41 903			G		OK	
Wutha							
Thalberg	41 101	b			Sm	OR	
Metschow							
Thaldorf							
Röblingen							
Thale							
Thale Badenhardt							
Thale Bodetal	65 834			P G(WA)		OR	
Thale Bodetal Eisenhüttenwerk							
Thale Gbf							
Wegeleben							
Thale Hbf			[268]	P(RE) G(C) (STA) (35) (Wk)			

Betriebsstelle	Nr.		Verkehr			
Wegeleben						
Thale Heizhaus						
Thale Heizwerk EHW						
Thale Musestieg						
Wegeleben						
Thale Nord	64 834 p		P G(WA)			
Thale Nord Abzw.						
Blankenburg						
Thale Reichsb	13 351 II					
Wegeleben						
Thale Roßtrappe			P			
Thalheim (b Oschatz)	07 147 Hst + e r		P	Sm	OK	
Oschatz						
Thalheim (Erzgeb)	06 631 II		P(RE) G			
Chemnitz						
Thallwitz	12 781 Hst +	[30]	P G(WA)		OR	Collmen-Böhlitz
Eilenburg						
Thälmannplatz						
Berlin						
Thamsbrück	44 360		P(RE) G			
Bad Langensalza						
Tharandt	06 493 I		P(RE) G(WA) (Wk)			Freital Hainsberg
Dresden						
Tharandt Lokomotiv-reparaturwerk				Sm		
Tharandt Lokomotiv reparaturwerk						
Theessen	43 580			Sm	OR	
Burg						
Theeßen						
Burg						
Theißen			P	Sm		
Profen						
Theißen	09 100 III		P(RE) G (40)			
Zeitz						
Thelkow	G		G(WA)	Sm		
Tessin						
Themar	09 441 II		P(RE) G(C) (40)			Bm
Eisenach, Suhl						
Themar Möbelwerk				Sm		
Themar Ziegelei				Sm		
Theodor-Heuss-Platz						
Berlin						
Thermalbad Wiesenbad			P(RE) G (35)		OK	
Chemnitz						
Thermalbad Wiesenbad Ziegelei				Sm		
Thesenvitz	46 554			Sm	OR	
Bergen						
Theuma	06 845 IV + b		P		OK	
Falkenstein						
Thielplatz						
Berlin						
Thierbach Kraftwerk			G(WA)	Sm		
Großdeuben						
Thierbach-Zinnberg	06 406 Hp +		P			
Glauchau						
Thiesorter Mühle	28 210 Hp u					Prenzlau
Prenzlau						
Thiessen	12 369 IV				OR	
Berlin						
Thießen			P(RE) G(WA)		OR	
Berlin						
Thomasmühle	09 348 Hst b e u		P		OK	Schmiedefeld am Rennst.
Plaue						
Thonbrunn						
Adorf						
Thonbrunn-Friedersreuth						
Adorf						
Thondorf Bk						
Erfurt						
Thöringswerder	45 537 b				OR	
Alt Bliesdorf						
Thöringswerder Werkbf			G(WA)(CA)			Wriezen
Alt Bliesdorf						
Thöringswerder Zuckerfabrik						
Fürstenwalde						
Thoßfell	06 859 Hst		P		OR	
Falkenstein						
Thräna			G(WA)	Sm		
Borna						
Thum	07 216 I r		P(RE) G (Wk)	Sm	OK	Bm Bw
Schönfeld, Wilischthal						
Thumkuhlenkopf-Tunnel						
Nordhausen						
Thurau						
Lüchow						
Thüringer Hauptgenossenschaft				Sm		
Gera						
Thürkow	27 033 IV +		P G		OR	
Teterow						
Thurm	07 241 Hst op			Sm	OK	
Mosel						
Thurow (Kr Anklam)	45 012			Sm	OR	
Anklam						
Thurow (Meckl)	27 329 IV		P(RE) G(WA)		OR	Feldberg (Meckl)
Neustrelitz						
Thurow-Horst						
Ratzeburg						
Thurow Kreuzungsbf						
Oranienburg						
Thyrow	03 108 III		P(RE)		OK	
Halle						
Tiefenau			P			
Doberlug-Kirchhain						
Tiefenbachmühle	48 887 b u		P	Sm	OR	Eisfelder Talmühle N W E
Nordhausen						
Tiefenbrunnen	03 347 III	[16]	P(RE) G(WA)		OR	
Wildpark						
Tiefenlauter	09 475 IV b				OR	
Eisfeld						
Tiefenort	09 418 IV		P(RE) G(ST) (40)			
Bad Salzungen						
Tiefensee			P(RE)			
Werneuchen						
Tiefensee (Kr Oberbarnim)	28 175 IV					
Werneuchen						
Tiergarten	03 275 III p					
Berlin						
Tiergarten			P	Sm	OR	
Bernburg						
Tiergarten Ost				Sm		
Weißwasser						
Tiergarten West				Sm		
Weißwasser						
Tiergartenbrücke						
Zeitz						
Tierpark						
Berlin						
Tierpark			P	Sm	OR	
Bernburg						
Tilleda (Kyffh)	44 328				OR	
Berga-Kelbra						
Timmenrode	59 834		P(RE) G		OR	Blankenburg (Harz)
Blankenburg						
Todtenweisach	22 085 Hp p e u					Breitengüßbach
Breitengüßbach						

Betriebsstellenname (fett) siehe unter	Bf-Nr.	Merkmal DRG	Bem.	Merkmal DR (u. ggf. später)	Sm	Ram.	Mutterbahnhof/ Bm/Bw/Raw
Toitin Friedland	44 672				Sm	OR	
Toitz-Rustow Oranienburg	28 050	III	[271]	P(RE) G(WA)		OK	
Tollensebrücke Demmin, Oranienburg							
Töllschütz Mügeln					Sm		
Tongruben Thermalbad Wiesenbad					Sm		
Tonneborn Leipzig							
Tonschacht Bad Muskau					Sm		
Tonwarenhandlung Ott Hoppegarten							
Töpchin Berlin	44 009			P G(WA)		OR	
Töpchin Kolonie Berlin							
Töpchin Nord Berlin				P			
Töpchin Sowjetarmee Berlin							
Töpferstedt-Quolsdorf Weißwasser	12 888	IV				OK	
Toppel Glöwen	01 016	Hst p u		P	Sm		Havelberg
Töppeln Glauchau	09 084	IV		P(RE)		OR	
Tor Mitte Fähre Warnemünde				P	Sm		
Tor Ost Fähre Warnemünde				P	Sm		
Torfbrücke Rövershagen							
Torgau Cottbus	12 467	II		P(RE) G(CA) (ST) (40) (Wk)			Bm Bw
Torgau Gbf	12 468	Ga					
Torgau Et Cottbus							
Torgau Hafen Cottbus							
Torgelow Jatznick	28 141	II		P(RE) G(STA) (35)			
Torgelow Drögenheide Gumnitz							
Torgelow Industriebahn Jatznick							
Tornau Biederitz	12 352	Hp Ldst b				OR	
Tornitz Abzw. Calbe, Güsten, Halle							
Tornitz Seehof Abzw. Halle							
Törpin Metschow	41 089				Sm	OR	
Tosterglope Lüneburg					Sm		
Totenfelstunnel Saalfeld							
Tottleben Bad Langensalza	44 364					OR	
Trabitz Breitenhagen				P G(WA)	Sm		
Trachau Frankfurt, Leipzig							
Trachenau Bk Leipzig, Neukieritzsch							
Tramm Salzwedel							
Tramstow Blesewitz	45 043	b			Sm	OR	
Trassenheide Züssow				P(RE)			
Trassenheide Dorf Peenemünde, Zinnowitz							
Trassenheide Lager Peenemünde, Zinnowitz							
Trassenmoor Zinnowitz				P			
Trassenmoor Dorf Peenemünde							
Trassenmoor Lager Peenemünde, Zinnowitz				P			
Trattendorf Knappenrode							
Trattendorf Kraftwerk Lübbenau							
Traun Pegau	09 123	Hp		P(RE)			
Trebanz-Treben Neukieritzsch	12 841	III					
Trebbichau Köthen	12 302	III		P(RE) G(WA) (40)		OR	
Trebbichau Grube Köthen				G(WA)			
Trebbichau Umspannwerk Köthen				G(WA)			
Trebbin Halle				P(RE) G(CA) (32) (Wk)			
Trebbin (Kr Teltow) Halle	03 109	III					Bm
Trebelbrücke Oranienburg, Stralsund, Velgast							
Treben-Lehma Neukieritzsch				P(RE) G			Altenburg
Trebitz (b Könnern)					Sm		
Trebitz (b Könnern) Könnern	12 185	Hst b		P		OR	
Trebitz (b Könnern) Ziegelei Könnern					Sm		
Trebitz (Elbe) Eilenburg	12 402	IV		P(RE)		OK	
Trebnitz (b Merseburg) Merseburg	12 100	Ldst b				OR	
Trebnitz (Kr Gera) Gera	48 829	u			Sm	OR	Gera Leumnitz
Trebnitz (Mark) Kietz	25 083	III		P(RE) G(WA)			
Trebnitz (Reuss) Gera					Sm		
Trebnitz Bk Biederitz							
Trebnitz Dorf					Sm		
Trebsen (Mulde) Beucha	12 650	III		P(RE) G(CA)			
Trebsen-Pauschwitz Beucha							
Trebsen Quarz- und Porphyrwerk				G(WA)			

Beucha

Treffurt 09 304 III
Eisenach, Mühlhausen

Treffurt Kieswerk Sm

Treischfeld 11 339 Hst e OK
Hünfeld

Tremmen 48 176 OK
Brandenburg

Trendelbusch
Helmstedt

Trent 46 563 P(RE) G Sm OR
Bergen

Treptow a d Tollense Sm
Demmin, Metschow

Treptow a d Tollense
Oranienburg

Treptower Park 03 028 II p P(S)
Berlin

Treskow 45 904 e u P OR Neuruppin
Paulinenaue

Treuen 06 860 II P(RE) G (32) (Wk)
Falkenstein

Treuenbrietzen Brand St B 70 808

Treuenbrietzen Landesanstalt 03 349 Hp
Wildpark

Treuenbrietzen Reichsb 03 330 III P(RE) G(CA) (Wk) Bm
Wildpark

Treuenbrietzen Süd P G Treuenbrietzen
Wildpark

Tribbevitz 46 560 b P G Sm OR Bergen (Rügen)
Bergen

Tribkevitz 46 576 b P Sm OR
Bergen

Tribsees 27 216 III [272] P(RE) G (40) (Wk)
Greifswald, Sanitz

Tribsees Landesb 41 619
Stralsund, Velgast

Tribsees Landstraße 41 617 b P OR
Velgast

Tribsees Ost 61 832 b u [273] OR Franzburg
Greifswald

Tribsees Stadtwald 62 832 u [273] OR Franzburg
Stralsund

Tribsees Stadtwald Abzw.
Greifswald, Stralsund

Tribsees Steintor 41 618 b P OR
Velgast

Triebel 12 891 IV
Weißwasser

Triebel Spremberger Straße 12 901 Hp p u Triebel
Weißwasser

Triebes 06 821 II P(RE) G (33)
Werdau

Triptis 09 122 II P(RE) G (41) Bm
Pegau

Tröbitz G(WA)(CA)
Cottbus

Tröglitz 12 858 II P(RE) G(WA)
Zeitz

Tröglitz BHG G(WA)
Zeitz

Tröglitz Brabag 12 859 Ahst b
Zeitz

Tröglitz Elsterwehr Sm

Tröglitz Kiesgrube
Zeitz

Tröglitz Kraftwerk G(WA)
Zeitz

Tröglitz Stw B 1 Abzw.
Zeitz

Tröglitz Werkbf Gbf [275] G(WA) Bw
Zeitz

Tröglitz Werkbf Pbf P
Zeitz

Trollenhagen Abzw.
Neubrandenburg

Trollenhagen Flugplatz
Neubrandenburg

Tromsdorf 09 168 Hst + P OK
Straußfurt

Tronitz 07 137 Hst + r Sm OK
Mügeln

Troszyn
Swinemünde

Trotha
Halle

Trünzig P(RE)
Werdau

Trünzig Verladebf Sm

Trünzig Verladebf
Teichwolframsdorf

Trusen 47 629 r Sm OR
Wernshausen

Trusetal Sm
Wernshausen

Trusetal Flußspatwerk Sm

Trusetal Grube Hühn Sm

Trusetal Grube Mommel Sm

Trusetal Süd Sm
Wernshausen

Tryppehna 43 599 Sm OR
Burg

Trzcieniec Zgorzelecki
Görlitz

Trzebiel
Weißwasser

Tschernhausen 07 438 Hst b OK
Hagenwerder

Tschernow
Küstrin

Tschöppeln-Quolsdorf
Weißwasser

Tsupc Sm
Lübben, Straupitz

Tucheim 43 551 P(RE) G (Wk) Güsen (Kr Genthin)
Güsen

Tucheim Schule P
Güsen

Tülau-Fahrenhorst 48 510 OK
Wittingen

Tunnel am Zwang
Neudietendorf

Tunnel Bk
Leipzig

Tuplice
Cottbus, Weißwasser

Türbeschlägewerk
Blumenberg

Türchau
Hirschfelde

Turjej
Frankfurt, Jänschwalde

Betriebsstellenname (fett) siehe unter	Bf-Nr.	Merkmal DRG	Bem.	Merkmal DR (u. ggf. später)	Sm	Ram.	Mutterbahnhof/ Bm/Bw/Raw
Turmstraße							
Berlin							
Turoszow							
Hirschfelde							
Turow Tagebau					Sm		
Hirschfelde							
Tutow				G	Sm		
Demmin, Jarmen, Siedenbrünzow							
Tuttendorf	06 533	Hst +		P			
Freiberg							
Tützpatz	41 093				Sm	OR	
Metschow							
Twieflingen	57 810	u				OR	Schöningen Süd
Oschersleben							
Tylsen	47 018			P G		OR	Salzwedel
Salzwedel							
Tyratal	05 532	Hp p u	[276]				
Berga-Kelbra							
Tzschelln Papierfabrik					Sm		
Weißwasser							
Überführungsbf Ost					Sm		
Weißig							
Überlandzentrale							
Langenstein							
Übernahmegleise Werke Ost/ West							
Peenemünde							
Uchtebrücke							
Magdeburg							
Uchtspringe	13 006	III b		P(RE) G(WA)		OR	
Wustermark							
Ückeritz	28 130	IV		P(RE) G			
Züssow							
Ückermünde	28 144	II					
Jatznick							
Ückermünde Hafen							
Jatznick							
Uckertalbrücke							
Prenzlau							
Uckro				P(RE) G(WA)			
Berlin, Falkenberg							
Uckro Reichsb	12 531	II	[277]				Bm
Berlin							
Uckro Süd	49 886					OK	
Falkenberg							
Uder	05 496	III		P(RE) G(WA)			
Halle							
Uebigau	12 543	Hst		P(RE)			
Cottbus							
Ueckerbrücke							
Bernau							
Ueckeritz							
Züssow							
Ueckermünde				P(RE) G (Wk) (35)			Bw
Jatznick							
Ueckermünde Hafen				G(Ldst)		OR	Ueckermünde
Jatznick							
Ueckermünde Ziegelei					Sm		
Uelzen Pbf	13 622	I					Bm Bw
Salzwedel							
Uelzen Gbf	13 623	Ga					
Ueselitz	46 577	b			Sm	OR	
Altefähr							
Uftrungen	05 117	IV		P(RE)			
Berga-Kelbra							
Uhlandstraße							
Berlin							
Uhlenhorst	44 640				Sm	OR	
Ferdinandshof							
Uhlenhorst Kiesgrube					Sm		
Ferdinandshof							
Uhlenkrug							
Gumnitz							
Uhlenkrug NVA							
Gumnitz							
Uhlstädt	06 020	III		P(RE)			
Naumburg							
Uhlstädt Uw Abzw.							
Naumburg							
Uhsmannsdorf	12 681	III	[278]	P(RE) G(WA) (STA)			
Berlin							
Uhyst				P(RE) G			
Horka, Lübbenau							
Uichteritz Abzw.							
Weißenfels							
Ulberndorf	07 750	Hst + r		P G	Sm	OR	Freital Hainsberg
Freital							
Ulbersdorf (Kr Pirna)	06 093	IV		P(RE)		OK	
Bad Schandau							
Ulbersdorf (Sächs Schweiz)							
Bad Schandau							
Ulla Abzw.							
Großheringen							
Ullendorf-Röhrsdorf	07 086	IV + r			Sm	OR	
Wilsdruff							
Ullersdorf (Schwansee)	25 459	IV		P			
Frankfurt							
Ullersdorf-Schwansee							
Frankfurt							
Ulsterbrücke							
Wenigentaft-Mansbach							
Umformwerk							
Erfurt							
Umpfen Basaltwerk							
Dorndorf							
Umspannwerk							
Dessau							
Umspannwerk							
Torgau							
Umspannwerk (b Demmin)				G(WA)			
Demmin							
Umspannwerk (b Hoppegarten)							
Hoppegarten							
Umspannwerk (b Zehdenick)							
Prenzlau							
Umspannwerk Groß Dalzig							
Leipzig							
Umspannwerk-viadukt							
Bad Schandau							
Union I und II							
Zeitz							
Unseburg	12 254	III					
Etgersleben							
Unseburg Betonaufbereitung				G(WA)			Förderstedt
Etgersleben							
Unstrut Bk							
Erfurt							
Unstrutbrücke							
Bad Langensalza, Döllstädt, Ebeleben, Erfurt, Gotha, Naumburg							
Unterberg	54 830	p u			Sm		Eisfelder Talmühle GHE
Gernrode							
Unterbreizbach	09 397	III		(E) G		OK	
Philippsthal, Vacha							
Unterbreizbach Kaliwerk							

Philippsthal						
Unter den Linden a B	03 383 III p					
Berlin						
Unterehrenberg	07 035 Hst +			Sm	OR	
Goßdorf-Kohlmühle						
Unter Friedebach				Sm		
Mulda						
Unterfriedebach	07 179 e u			Sm		Mulda-Randeck
Mulda						
Unterheinsdorf	07 287 Hst b e r			Sm	OR	
Reichenbach						
Unterheinsdorf Ost	07 288 Hp e r u			Sm		Reichenbach (Vogtl) unt Bf
Reichenbach						
Unterheinsdorf West	07 268 Hp e r u			Sm		Reichenbach (Vogtl) unt Bf
Reichenbach						
Unterherold	07 213 Hp e r u			Sm		Gelenau
Wilischthal						
Unterherold Kalkwerk				Sm		
Wilischthal						
Unterköditz	09 323 Hp u					Königsee (Thür)
Rottenbach						
Unterkoskau	06 716 Hst +		P		OR	
Schönburg						
Unterlemnitz	09 142 III		P(RE)		OK	
Saalfeld, Triptis						
Unterloquitz	09 032 III		P(RE) G		OK	
Saalfeld						
Unterloquitz Schiefergrube				Sm		
Untermarxgrün	06 843 IV				OK	
Lottengrün						
Untermaßfeld	09 438 Hp		P(RE)			
Eisenach, Meiningen, Neudietendorf						
Unterneubrunn	09 463 III r			Sm	OK	
Eisfeld						
Unterneudorf	07 200 IV e og r u		P	Sm		Cranzahl
Cranzahl						
Unterrittersgrün	07 236 Hst + b		P(RE) G	Sm	OR	Grünstädtel
Grünstädtel						
Unterrittersgrün Holzind. Rittersgrün			G(WA)	Sm		
Grünstädtel						
Unterröblingen am See						
Halle						
Unterrodach	22 038 Hst +				OR	
Kronach						
Untersachsenberg Bärenloch				Sm		
Klingenthal						
Untersachsenberg Glaßentempel				Sm		
Klingenthal						
Unter Schönbach				Sm		
Taubenheim						
Unterschönbach	07 032 Hp e r u			Sm		Dürrhennersdorf
Taubenheim						
Unterschwöditz Us Abzw.						
Zeitz						
Unterwellenborn	09 130 I	[279]	P(RE) G(WA) (STA) (90)			
Pegau						
Unterwellenborn Maxhütte				Sm		
Unterwellenborn Maxhütte			G(WA)			
Pegau						
Unterwerk 3						
Peenemünde						
Unterwiesenthal	07 206 IV + r		P	Sm	OR	
Cranzahl						
Unterzorge	41 258				OR	
Ellrich						
Urad						
Kunersdorf						
Urbach (Thür)	50 833				OK	
Greußen						
Urnshausen						
Dorndorf						
Ursprung	06 653 IV +		P		OK	
Neuoelsnitz						
Usedom	28 118 III					
Ducherow						
Utenbach						
Zeitz						
Uthmöden	41 685				OK	
Haldensleben						
Utzedel	28 045 Hp		P(RE)			
Oranienburg						
Vacha	09 395 I		P(RE) G(CA) (ST) (40)			Bm Bw
Bad Salzungen, Eisenach						
Vacha (Rhön)						
Bad Salzungen						
Vacha Kaliwerk	09 528 Ahst					
Eisenach						
Vachdorf	09 440 IV og		P(RE)			
Eisenach						
Vahldorf	13 138 Hp b		P(RE)		OR	
Haldensleben						
Vahrholz	40 049 b		P		OR	
Hohenwulsch						
Vahrnow (Prign)	48 409		P G(WA)		OR	Perleberg
Perleberg						
Valdek						
Sebnitz						
Vanselow	41 014			Sm	OR	
Demmin, Schmarsow						
Varbitz	13 041 Hp e p					
Salzwedel						
Vargatz	42 312			Sm	OR	
Greifswald						
Varnsdorf (Red. Praha)						
Eibau						
Vastorf	01 152 IV					
Berlin						
Vatterode	12 201 Hp p u		P			Leimbach-Mansfeld
Klostermansfeld						
Vatteröder Teich						
Klostermansfeld						
Vatterode Pioniereisenbahn			P	Sm		
Vehlefanz	03 236 III		P(RE)			
Velten						
Vehlitz Ziegelei				Sm		
Veilsdorf	09 453 III		P(RE) G		OR	
Eisenach						
Vejprty						
Chemnitz						
Velgast	28 079 II		P(RE) G (40) (Wk)			
Rostock						
Velgast Landesb	41 604				OR	
Velgast Ziegelei				Sm		
Velki Senov						
Sebnitz						
Velki Senov zastavka						
Sebnitz						
Velten (Mark)	03 235 II		P(RES) G (40) (Wk)			
Berlin, Hennigsdorf						
Velten (Mark) Kreisbf						
Nauen						
Velten (Mark) Osth E	45 315 b				OR	

Betriebsstellenname (fett) siehe unter	Bf-Nr.	Merkmal DRG	Bem.	Merkmal DR (u. ggf. später)	Sm	Ram.	Mutterbahnhof/ Bm/Bw/Raw
Nauen							
Veltheim (Fallstein)	42 675			G		OR	Hessen (Kr Halberstadt)
Heudeber-Danstedt							
Veltheim Kornhaus							
Heudeber-Danstedt							
Ventschow	27 021	III		P(RE) G			
Magdeburg							
Ventschow Betonplattenwerk					Sm		
Venusberg							
Wilischthal							
Venusberg Feinspinnerei					Sm		
Venusberg Spinnerei	07 212	Hp b e r u			Sm	OR	Gelenau
Wilischthal							
Venzvitz	46 514	b			Sm	OR	
Altefähr							
Vereinsglück I				G(WA)			
Meuselwitz, Zeitz							
Vereinsglück II				G(WA)			
Meuselwitz, Zeitz							
Vereinsglück II				G(WA)	Sm		
Zipsendorf							
Vereinsglück III				G(WA)	Sm		
Gera, Meuselwitz, Zeitz							
Vereinsglück III				G(WA)	Sm		
Zipsendorf							
Verladestelle					Sm		
Brunnenbachsmühle							
Versuchsserienwerk Süd							
Zinnowitz							
Vesser							
Suhl							
Veßra	09 355	Hp e p u		P			Schleusingen
Suhl							
Veßra Abzw.							
Eisenach, Suhl							
Vetelshagen Ziegelei					Sm		
Vetschau	12 721	III		P(RE) G (32) (Wk)			Bm
Berlin							
Vetschau Kraftwerk				P			
Berlin							
Vettin	48 429	b			Sm	OR	
Glöwen, Perleberg							
Viecheln		Ldst					
Dölitz							
Viehhof							
Berlin							
Viehtrift							
Kurort Oberwiesenthal							
Vielbaum Bk							
Magdeburg							
Vielist							
Waren							
Vienenburg	13 367	I					Bm
Heudeber-Danstedt							
Vienenburg Gbf	13 368	Ga					Bm
Vierenstraße	07 202	Hst + b r		P(RE)	Sm	OK	
Cranzahl							
Viernau	09 368	IV		P(RE) G(WA)		OR	
Zella-Mehlis							
Vierow	42 357				Sm	OR	
Greifswald							
Viesecke	48 378				Sm	OR	
Kreuzweg, Perleberg							
Vieselbach	09 182	III		P(RE) G (Wk)			Bm
Großheringen							
Vieselbach Gbf				G			
Großheringen							
Vieselbach IKEA							
Großheringen							
Vieselbach Umspannwerk				G(WA)			
Großheringen							
Vietlipp	49 832	u				OR	Voigtsdorf (Kr Grimmen)
Greifswald, Oranienburg							
Vietschow		G		G(WA)	Sm		
Tessin							
Vietznitz				P(RE)			
Berlin							
Vietznitz (Kr Westhavelland)	01 003	IV				OK	
Berlin							
Viktoria-Luise-Platz							
Berlin							
Vilemov							
Sebnitz							
Vilz		G		G(WA)	Sm		
Tessin							
Vinetastraße							
Berlin							
Vinzelberg	13 005	III		P(RE) G (31)			
Klötze, Wustermark							
Vippachbrücke							
Erfurt, Weimar							
Vippachedelshausen	50 930				Sm	OR	
Weimar							
Visnova							
Hagenweder							
Vissum	45 644			P(RE)		OK	
Pretzier							
Vitte			[280]	P(RE) (Schiff)			
Vitzenburg	09 047	III		P(RE) G			
Naumburg, Röblingen							
Voccawind	22 086	IV + e og					
Breitengüßbach							
Vockerode							
Oranienbaum							
Vockerode Kraftwerk				G(WA)			
Oranienbaum							
Voddow	42 362				Sm	OR	
Greifswald							
Vogelgesang (Kr Torgau)	12 480	Hp + p		P			
Torgau							
Vogelsang (Kr Eisenhüttenstadt)				P			
Frankfurt							
Vogelsang (Kr Gransee)				P(RE) G		OK	
Prenzlau							
Vogelsang (Kr Templin)	28 010	IV				OK	
Prenzlau							
Vogelsdorf	13 337	Hst +		P		OK	
Nienhagen							
Vögenteichplatz							
Kavelstorf							
Voigdehagen	28 058	Hp p		P			
Oranienburg							
Voigtsdorf (Kr Grimmen)	52 832					OR	
Greifswald							
Voigtsdorf (Sachs)	07 178	Hst +			Sm	OR	
Mulda							
Voigtsgrün	06 833	III		P(RE) G (Wk)			Zwickau (Sachs) Hbf
Zwickau							
Voigtstedt	09 198	Hp b		P(RE)		OR	
Erfurt							
Voitersreuth	06 807	III					
Plauen							

Betriebsstelle	Nr.	Verkehr	Sm	OR	Bemerkung
Voitersreuth Grenze Plauen					
Vojtanov Plauen					
Volkenroda Kaliwerk Greußen					
Völkerfreunschaft Halle		P	Sm		
Völkerschlacht-denkmal Leipzig					
Völkershausen Hildburghausen			Sm		
Volksgarten Leipzig					
Volkwig Kremmen	64 904			OR	
Vollrathsruhe			Sm		
Vollrathsruhe Waren	27 181 III	P(RE) G(WA)			
Völpke (Kr Haldensleben) Eilsleben	13 269 III				Bm
Völpke (Kr Haldensl) Kohlensam.-bf Eilsleben, Harbke	13 270 Ahst b				Völpke (Kr Haldensle-ben)
Völpke (Kr Neu-haldensleben) Eilsleben					
Völpke (Kr Oschersleben) Eilsleben		P G (33)			
Völpke (Kr Oschersl) Kohlensam.-bf Eilsleben					
Voltastraße Berlin					
Vor Stendal Stendal					
Vorheide Neustrelitz	27 341 b op u			OR	Bredenfelde
Vorketzin Nauen	45 296 b			OR	
Vorsfelde Wustermark	13 016 III				
Vorwerk Demmin			Sm		
Voßbachbrücke Toitz-Rustow					
Voßberg Wollup	45 538 b			OR	
Voßberg Zuckerfabrik Wollup					
Wachow Brandenburg	48 174	G (Wk)		OR	Roskow
Wackerow Bernau, Greifswald	41 832 u			OR	Grimmen Schützen-platz
Waddekath-Rade Beetzendorf	40 067			OR	
Wagelwitz Oschatz	07 165 Hst + r		Sm	OR	
Wagenitz Rathenow					
Wahlendow Krenzow	40 140 b		Sm	OR	
Wahles Wernshausen	47 628 r		Sm	OR	
Wahlitz Biederitz	12 362 Hp	P(RE)			
Wählitz Großkorbetha					
Wählitz Brikettfabrik Profen			Sm		
Wählitz Hp Profen			Sm		
Wahlsdorf Dahme			Sm		
Wahlwinkel Gotha		P	Sm		
Wahnitz Lommatzsch	07 100 Hst + r	P	Sm	OK	
Wahrberg Halberstadt		P			
Wahrenbrück Horka	12 583 III b	P(RE) G(WA)		OR	Lieben-werda
Wahrstedt Helmstedt	13 144 IV +			OR	
Waidmannslust Berlin	03 217 Hp oä oe				
Walbeck Haldensleben, Helmstedt		P			
Walbeck (Kr Gardelegen) Haldensleben	42 014			OR	
Wald-Bad Oppelsdorf Zittau	07 005 Hst r		Sm	OR	
Wald-Oppelsdorf Zittau			Sm		
Wald Sieversdorf Müncheberg	40 452				
Waldau Könnern, Köthen					
Waldau (b Zeitz) Zeitz		P			
Waldau (b Merseburg) Zeitz	09 066 Hp +				
Waldbahnbrücke Berlin					
Waldcafé Görden Brandenburg		P	Sm		
Walddrehna Berlin	12 529 III	P(RE) G(CA) (WA)			
Waldecke Sebnitz	07 547 Hp oe				
Waldenburg (Sachs) Glauchau	06 408 III	P(RE) G (Wk)			
Waldenburg in Sachsen Glauchau					
Waldenburg Ziegelei			Sm		
Waldersee Dessau	42 820			OR	
Waldfrieden Fürstenwalde	45 501	G(WA)		OR	
Waldfrieden Kyritz			Sm		
Waldfrieden Lüneburg					
Waldfrieden Kaserne Burg	[284]	G(WA)			
Waldhaus Wittenberge					
Waldhaus (Orla) Oppurg	09 092 Hp p u				ohne Mutterbf
Waldhausen Lüneburg					
Waldhäusl Bad Schandau			Sm		
Waldheim Doberlug-Kirchhain	06 366 I	P(RE) G(CA) (ST) (41) (Wk)			Bm
Waldkirchen (Erzgeb) Chemnitz	06 565 III	P(RE) G (Wk)		OK	Bm
Waldkirchen (Zschopenthal) Chemnitz					

Betriebsstellenname (fett) siehe unter	Bf-Nr.	Merkmal DRG	Bem.	Merkmal DR (u. ggf. später)	Sm	Ram.	Mutterbahnhof/ Bm/Bw/Raw
Waldow	47 310			P	Sm	OK	
Straupitz							
Waldrogäsen	43 582				Sm	OR	
Burg							
Waldschacht 375							
Seelingstädt							
Waldseedorf	47 307				Sm	OK	
Byhlen, Lübben							
Waldsieversdorf	40 452			P(RE)		OR	
Müncheberg							
Waldsieversdorf-Rotes Luch							
Kietz							
Waldweg				P	Sm		
Brandenburg							
Walkendorf		G		G(WA)	Sm		
Tessin							
Walkenried	05 104	II					Bm
Nordhausen							
Walkenried Schotterwerk					Sm		
Walkenried Südh E	52 910	r			Sm	OR	
Walkenrieder Tunnel							
Nordhausen							
Wall	48 904	b e		P G(WA)		OK	Radensleben
Kremmen							
Walldorf (Werra)	09 435	III		P(RE) G(WA)		OK	
Eisenach							
Wallendorf (b Merseburg)	12 102	Hst + b		P(RE) G		OK	Zöschen
Merseburg							
Wallendorf (Luppe) Tagebau				G(WA)			
Halle							
Wallenfels	22 040	IV				OR	
Kronach							
Wallensteingrabenbrücke							
Bad Kleinen							
Wallhausen (Helme)	05 122	III		P(RE) G(WA) (32)			
Halle							
Wallmow	46 145			P G		OR	Brüssow
Prenzlau							
Wallstawe	47 019			P(RE) G			Salzwedel
Salzwedel							
Wallwitz (b Guben)	25 333	IV				OR	
Guben							
Wallwitz (Saalkr)	12 179	III		P(RE) G (40)			
Halle							
Wallwitz (Saalkr) West	48 039					OR	
Wallwitzhafen							
Horka							
Walowice							
Guben							
Walschleben	09 214	III		P(RE) G		OR	
Erfurt							
Walsleben (Kr Neuruppin)				P(RE) G (Wk)		OK	
Kremmen							
Walsleben (Kr Osterburg)	42 142	b		P G (Wk)		OR	Goldbeck (Kr Osterburg)
Goldbeck							
Walsleben (Kr Ruppin)	55 904					OK	
Kremmen							
Waltersdorfer Wegbrücke							
Zeitz							
Waltershausen	09 277	II		P(RE) G(CA) (40)			
Fröttstedt							
Waltershausen Bf				P	Sm		
Gotha							
Waltershausen Fahrzeugwerk							
Fröttstedt							
Waltershausen Schnepfenthal				P(RE)			
Fröttstedt							
Waltershausen Schnepfenthal				P	Sm		
Gotha							
Waltershäuser Straße				P	Sm		
Gotha							
Walther-Schreiber-Platz							
Berlin							
Walthersdorf (Erzgeb)	06 588	IV		P(RE)		OK	
Schlettau, Zwickau							
Walthersdorf (Erzgeb) Hp	06 589	Hp e u		P			Walthersdorf (Erzgeb)
Schlettau							
Wamlitz							
Stöven							
Wamlitz (Kr Ückermünde)	46 228					OR	
Stöven							
Wandelhof	12 606	Hp p					
Ruhland							
Wanderer Werke	06 476	Hp oe					
Wanderer Werke Schönau	06 529	III b op				OK	
Wandersleben	09 237	III		P(RE) G(WA)			
Erfurt							
Wandlitz	52 897			P(RE) G(WA)		OR	Basdorf
Basdorf							
Wandlitz Ölheizkraftwerk				G(WA)			
Basdorf							
Wandlitzsee	53 897	og		P(RE)			
Basdorf							
Wanfried	05 476	III					
Mühlhausen							
Wanfried Süd							
Mühlhausen							
Wangenheim	09 246	Hst +		P G		OK	Bufleben
Gotha							
Wannefeld (Kr Haldensleben)	41 690					OR	
Haldensleben							
Wannefeld-Roxförde							
Haldensleben							
Wannsee							
Berlin							
Wannseebf							
Berlin							
Wansdorf (Kr Osthavelland)	45 310					OR	
Nauen							
Wansleben am See	12 149	IV		P(RE)			
Halle							
Wansleben Ziegelei					Sm		
Halle							
Wanzleben (b Magdeburg)				P(RE) G (35)			
Eilsleben							
Wanzleben (Bz Magdeburg)	13 319	III					Bm
Eilsleben							
Wanzleben Ziegelei					Sm		
Wanzleben Zuckerfabrik				G(WA)			
Eilsleben							
Warbende	27 338	Hst + u				OR	
Neustrelitz							
Warchau (Bz Magdeburg)	43 531			P		OK	
Wusterwitz							

Betriebsstelle	Nr.	Anm.	Verkehr	Sm	OR/OK	Sonstiges
Waren (Müritz) Karow	27 177 I		P(RE) G(C) (ST) (40) (Wk)			Bm Bw
Waren (Müritz) Hafen Karow		[281]	G(Ldst)		OR	Waren (Müritz)
Waren (Müritz) Papenbergstraße	27 176 Hp p		P			
Warenshof Karow	27 157 Hp		P			
Warin Wismar	27 255 III		P(RE) G(CA)			
Warkstorf Wismar	27 253 Hst +		P		OR	
Warmbad Chemnitz			P(RE)			
Warnemünde Rostock	27 226 I		P(RES) G (41)			Bm
Warnemünde Bahnhofsbaustelle				Sm		
Warnemünde Fähre		[282]	G			
Warnemünde Fährhafen Rostock						Bw
Warnemünde Gbf Rostock	27 227 Ga					
Warnemünde Hafen Rostock			G(Ldst)			Warnemünde
Warnemünde Mitte See		[283]	Güp			
Warnemünde Warnowwerft Rostock			G(WA)			
Warnemünde Werft Rostock			P(S)			
Warningshof Casekow	40 558			Sm	OR	
Warnitz (Meckl) Schwerin						
Warnitz (Uckerm) Bernau	28 224 IV		P(RE) G		OR	
Warnow (Meckl) Magdeburg	27 024 III		P(RE) G(WA)			
Warnow (Pommern) Swinemünde	28 287 IV				OK	
Warnowbrücke Rostock						
Warnowo Swinemünde						
Warnsdorf Eibau	06 025 I					
Warnsdorf Gbf	06 029 Ga					
Warnstedt Blankenburg	60 834		P G		OR	Weddersleben
Warschauer Brücke Berlin			P(U)			
Warschauer Straße Berlin	03 290 II p		P(S)			Raw
Wartenberg Berlin	03 379 IV o		P(S)			
Wartha (Werra) Eisenach	09 290 III				OK	
Warthe Fürstenwerder	28 015 Hst +					
Wartin Casekow	40 547			Sm	OR	
Wartin Siedlung Casekow				Sm		
Warza Gotha	09 244 Hp +		P(RE)			
Wasserfall Eberswalde	28 159 Hp p u					Eberswalde
Wasserleben	13 365 III	[34]	P(RE) G(ST) (40)			Bm

Betriebsstelle	Nr.	Verkehr	Sm	OR/OK	Sonstiges
Heudeber-Danstedt					
Wasserstation Neubukow			Sm		
Wasserthaleben Erfurt	09 219 IV	P(RE)			
Wasserwerk Dahme			Sm		
Wasserwerk Halle		P	Sm		
Wasserwerk Süd Peenemünde, Zinnowitz					
Waßmannsdorf Berlin					
Wasungen Eisenach	09 434 III	P(RE) G (39)			
Waterloo Duderstadt	42 134		Sm	OK	
Wbohow (Sakska) Löbau					
Webau Großkorbetha	12 018 II b	P(RE) G (60)		OK	
Webau Chemiewerk Großkorbetha					
Webau Spitzkehre Profen			Sm		
Weberwiese Berlin					
Wechsel Abzw. Blankenburg, Elbingerode					
Wechselburg Chemnitz, Glauchau	06 401 II	P(RE) G(WA) (32) (Wk)			
Weddersleben Blankenburg	61 834	P(RE) G		OR	
Wedding Berlin					
Wedlitz-Wispitz Übergabebf Breitenhagen		G(WA)	Sm		
Wedning Beucha					
Weesenstein Heidenau	06 384 Hp b	P(RE)		OR	
Weesenstein Apparatefabrik Heidenau					
Weesensteintunnel I und II Heidenau					
Wefensleben Magdeburg	13 223 III	P(RE) G(WA)			
Weferlingen Kalkwerk I und II Haldensleben					
Weferlingen Reichsb Helmstedt	13 147 II	P(RE) G (40) (Wk)			Bm
Weferlingen Sand- und Tonwerke Haldensleben					
Weferlingen West Haldensleben	42 016			OR	
Weferlingen Zementwerk Haldensleben					
Weferlingen Zuckerfabrik Haldensleben	42 015	P(RE) G(WA)		OR	
Wegeleben Halle	13 357 II	P(RE) G (35)			Bm
Wegeleben Gewerbegebiet West Halle					
Wegenstedt Haldensleben	13 134 III	P(RE) G			
Wegenstedt Kalksandsteinwerk					

Betriebsstellenname (fett) siehe unter	Bf-Nr.	Merkmal DRG	Bem.	Merkmal DR (u. ggf. später)	Sm	Ram.	Mutterbahnhof/ Bm/Bw/Raw
Wegenstedt Kleinb	48 045						
Wegezin Anklam	45 013				Sm	OR	
Wegezin-Dennin Anklam, Friedland				(E)	Sm		Bw
Weggun-Arendsee Fürstenwerder	28 018	Hst +				OK	
Wegliniec Görlitz, Horka							
Wehlau (Anh) Dessau	41 114				Sm	OR	
Wehrkirch Berlin, Horka	12 673	II					
Wehrkirch Nord Horka	42 684	b				OR	
Wehrmachts-flugplatz Bad Langensalza							
Weiche Vorheide Neustrelitz							
Weichensdorf Frankfurt	25 450	III		P(RE) G (40)			
Weickelsdorf Zeitz	09 067	IV		P			
Weickenbach Ebersdorf							
Weickersdorf (Sachs) Görlitz	06 060	Hst		P(RE)		OK	
Weida Pegau, Werdau	09 116	II		P(RE) G (41) (Wk)			Bm
Weida Altstadt Werdau	06 817	III		P(R) G(WA)			Weida
Weida Gbf	09 117	Ga					
Weida Mehltheuer Bf Werdau							
Weida Werdauer Bf Werdau							
Weidhausen (b Coburg) Ebersdorf	09 517	IV				OK	
Weigsdorf Hagenwerder	07 437	III				OK	
Weilar Dorndorf							
Weilar-Urnshausen Dorndorf	09 410	Hst +		P		OK	
Weimar Berkaer Bf	40 916			P(RE)			
Weimar Erfurter Tor							
Weimar Gbf Großheringen	09 180	Ga					
Weimar Hbf							
Weimar Inhag							
Weimar Nord	51 930		[3]		Sm	OR	
Weimar Reichsb Glauchau, Großheringen	09 179	I	[285]	P(RE) G(ST) (41) (Wk)			Bm Bw
Weimar Sec Bf			[3]				
Weimar Sekundärbf			[3]				
Weimar Staatsbf							
Weimar Thür Bf							
Weimar Thür Hauptgenossenschaft							
Weimar Umladehalle							
Weimar Waggonfabrik Busch Großheringen							
Weimar West							
Weinberge Neuburxdorf							
Weinböhla Berlin, Dresden	06 249	III		P(RE)			
Weinböhla Hp Frankfurt, Leipzig							
Weinhübel Görlitz	04 094	III				OR	
Weinmeister-straße Berlin							
Weintraube Leipzig							
Weipert Chemnitz	06 584	II					
Weischlitz Gera, Plauen	06 797	II		P(RE) G (32) (Wk)			
Weisen Wittenberge	27 302	IV		P(RE)		OR	
Weißandt-Gölzau Halle	12 292	II		P(RE) G(WA) (40)			Köthen
Weißbach (b Königsbrück) Dresden	06 167	Hst +		P			
Weißbach (Wilischtal) Wilischthal					Sm		
Weiße Buche Greifswald	42 349				Sm	OR	
Weiße Elster-brücke Gera, Glauchau, Greiz, Halle, Leipzig, Pegau, Plauen, Zeitz							
Weiße Erde Stollen Schlema					Sm		
Weißenberg (Sachs) Löbau	06 150	II		P(RE) G (32) (Wk)			Bw
Weißenberg (Sachs) Süd Görlitz	42 119	b					
Weißenborn Duderstadt					Sm		
Weißenborn-Lüderode Bleicherode	05 135	IV		P(RE) G			Zwinge
Weißenborn Papierfabrik Freiberg							
Weißenfels Halle, Zeitz	09 001	I		P(RE) G(ST) (40) (Rp)			Bm Bw
Weißenfels Ega	09 003	Ega					
Weißenfels Gbf	09 002	Ga					
Weißenfels Stw We							
Weißenfels West Zeitz				P			
Weißenfelser Straße Halle				P	Sm		
Weißensand Reichenbach	06 857	Hst +				OR	
Weißensee Berlin							
Weißensee (Thür) Straußfurt	09 174	III		P(RE) G (Wk)			
Weißer Hirsch Bergbahnstraße Dresden							
Weißer Stern Leipzig							
Weißeritzbrücke Dresden, Freital							
Weißes Roß Radebeul	07 056	Hp + e r		P	Sm		
Weissig Straßgräbchen-Bernsdorf							

Weißig (b Großenhain) Leipzig	06 261 III		P(RE) G(WA)			
Weißig-Bühlau Dürröhrsdorf	06 110 IV					
Weißkeißel Bad Muskau				Sm		
Weißkeißel Berlin						
Weißkeißel Ladestelle Bad Muskau				Sm		
Weißkirchen (Neiße) Zittau	06 013 Hst				OK	
Weißkollm Cottbus, Knappenrode, Lübbenau, Mulkwitz			P			
Weißwasser (Oberlaus) Berlin, Forst	12 684 I		P(RE) G(CA) (40)			Bm Bw
Weißwasser (Oberlaus) Gbf	12 685 Ga					
Weißwasser Ladestelle Bad Muskau				Sm		
Weißwasser Sägewerk				Sm		
Weißwasser Teichstraße						Bw
Weißwasser Waldhaus	12 688 Hp p		P			
Weißwasser Ziegelei				Sm		
Weitendorf (b Brüel) Wismar	27 257 Hst	[10]	P G		OR	
Weitendorf (b Feldberg) Neustrelitz	27 333 Hp u		P G		OR	Feldberg (Meckl)
Weitenhagen (Kr Franzburg) Velgast	41 608				OR	
Weitenhagen (Kr Stralsund) Velgast			P			
Weitin Bützow	27 059 IV o					
Weixdorf Dresden, Klotzsche	06 159 IV		P(RE)			
Weixdorf Bad Dresden	06 158 Hst og		P			
Welfesholz Halle	42 519		P G(WA)		OK	Gerbstedt
Welitsch Pressig-Rothenkirchen						
Wellen (b Magdeburg) Magdeburg			P(RE)			
Wellen (Bz Magdeburg) Magdeburg	13 219 Hp b					
Wellmitz Frankfurt	25 205 III		P(RE)			Bm
Welnica Lübbenau						
Welsau Torgau	12 477 Hp p u					Torgau
Welsau-Zinna Torgau						
Welsebrücke Schönermark						
Welsleben Eilsleben	13 324 IV		P(RE) G			
Welsow-Bruchhagen Angermünde	28 231 IV		P(RE) G		OK	
Welzow Spremberg	12 662 III		G (Wk)			Neupetershain
Welzow Braunkohlenwerk						
Welzow Süd Tagebau Lübbenau, Peitz			G(WA)			
Wendefurth Pumpspeicherwerk				Sm		
Wendehausen Mühlhausen	09 306 IV +				OR	
Wendel Horka			P			
Wendel Bk Horka						
Wendel Umspannwerk Horka						
Wendelstorf Neubukow		Ldst		Sm		
Wendenheide Berlin	03 388 IV o					
Wendeschleife Rittersgrün				Sm		
Wendessen Heudeber-Danstedt	13 281 III					
Wendewisch Carze				Sm		
Wendisch Drehna Berlin						
Wendisch Evern Berlin	01 153 IV				OR	
Wendisch Horst Salzwedel						
Wendisch Linda Jüterbog						
Wendisch Priborn Pritzwalk			P(RE)			
Wendisch Rambow Bad Kleinen		Ldst				
Wendisch Rietz Königs Wusterhausen						
Wendisch Waren Wismar			P			
Wendisch Warnow Magdeburg						
Wendorf Altefähr	46 522 b			Sm	OR	
Wenigenehrich Greußen	44 833				OK	
Wenigentaft-Mansbach Hünfeld, Unterbreizbach	09 399 III					
Wenigentaft-Mansbach W Oe E	40 917 b				OR	
Wensickendorf Berlin	48 897		P(RE) G		OR	Basdorf
Wentzelzeche Nordhausen				Sm		
Werbellinsee Fürstenberg	28 196 Hst		P(RE)		OK	
Werben (Elbe) Goldbeck	42 148		P(RE) G (Wk)			Goldbeck (Kr Osterburg)
Werben (Elbe) Hafen Goldbeck	42 149 b				OR	
Werben (Spreew) Lübben	47 303		P(RE)	Sm	OK	
Werben Bf Goldbeck						
Werben Stadt Goldbeck						
Werbig (Kr Jüterbog) Hohenseefeld				Sm		
Werbig Gbf Kietz	25 085 III op					
Werbig Pbf Frankfurt	28 182 III og		P(RE)			

Betriebsstellenname (fett) siehe unter	Bf-Nr.	Merkmal DRG	Bem.	Merkmal DR (u. ggf. später)	Sm	Ram.	Mutterbahnhof/ Bm/Bw/Raw
Werbig Ziegelei Hohenseefeld					Sm		
Werdau Altenburg, Zwickau	06 696	I		P(RE) G(ST) (60) (Wk)			Bm Bw
Werdau Bogendreieck Abzw. Zwickau							
Werdau Bogendreieck Ne. Sp. Abzw. Dresden							
Werdau Bogendreieck We. Sp. Abzw. Zwickau							
Werdau Bogendreieck Zw. Sp. Abzw. Dresden, Zwickau							
Werdau Gbf	06 697	Ga					
Werdau Nord Altenburg	06 695	Hp		P			
Werdau West	06 809	Hp +		P(R)			
Werder (b Jüterbog) Jüterbog	03 096	IV +		P G(WA)		OK	Jüterbog
Werder (Havel) Berlin	03 143	II		P(RES) G(CA)(ST) (30)			
Werder (Kr Demmin) Demmin	41 029				Sm	OR	
Werder (Kr Neuruppin) Neustadt				P			
Werder (Kr Ruppin) Neustadt	75 904	b e u				OK	Wildberg (Kr Ruppin)
Werdershausen Nauendorf	44 880					OR	Gröbzig (Anh)
Werftpfuhl Werneuchen	28 176	IV		P(RE)		OR	
Werk Ost Peenemünde, Zinnowitz							
Werk Ost Hp Peenemünde							
Werk Süd Peenemünde							
Werk West Peenemünde, Zinnowitz							
Werkbf Rüdersdorf Fredersdorf							
Werkhaltepunkt Colditz Porzellanw. Glauchau							
Werkhaltepunkt Einsiedel BBS Chemnitz							
Werkleitz Abzw. Güsten							
Werkstätten Bad Muskau					Sm		
Werleshausen Eichenberg	05 443	Hp					
Werminghoff Bautzen, Horka, Knappenrode	12 663	III					
Wermsdorf (b Oschatz) Oschatz	07 162	IV r		P(RE) G	Sm	OK	Oschatz
Wernerwerk Berlin	03 169	Hp p					
Werneuchen Berlin	03 253	III		P(RES) G (Wk)			
Wernigerode Halberstadt				P(RE) G(CA) (ST) (50) (Wk)			
Wernigerode Elmowerk Halberstadt, Nordhausen				P	Sm		
Wernigerode Ferdinand Karnatzki AG Nordhausen					Sm		
Wernigerode Frankenfeldstraße Nordhausen					Sm		
Wernigerode Futter- u. Düngemittelh Nordhausen					Sm		
Wernigerode Gbf	13 385	Ga					
Wernigerode Hasserode Nordhausen				P(RE) G(WA)	Sm		
Wernigerode Hochschule Harz Nordhausen				P	Sm		
Wernigerode Kirchstraße Nordhausen				P	Sm		
Wernigerode Kohlehandel Nordhausen				G(WA)	Sm		
Wernigerode Nordh W E Nordhausen	58 887	og		P G	Sm		
Wernigerode Papierfabrik Heidenau Nordhausen				G(WA)	Sm		
Wernigerode Papierf. Marschhausen Nordhausen				G(WA)	Sm		
Wernigerode Reichsb Halberstadt	13 384	II					Bm Bw
Wernigerode Sägewerk Hering & Co Nordhausen					Sm		
Wernigerode Sägewerk Niewerth Nordhausen					Sm		
Wernigerode Schokoladenf. Argenta Nordhausen				G(WA)	Sm		
Wernigerode Transatlant. Handl. AG Nordhausen					Sm		
Wernigerode Übergabebf Halberstadt							
Wernigerode Umladebf Nordhausen					Sm		
Wernigerode Wegener Nordhausen					Sm		
Wernigerode Westerntor Nordhausen	57 887	r	[287]	P(RE) (G(WA)(CA) (40)	Sm	OR	Bw
Wernigerode Westerntor Hp					Sm		

Nordhausen					
Wernsdorf (b Merseburg)	12 112 II b			OR	
Merseburg					
Wernsdorf (b Penig)	06 446 Hst +	P G			Langenleuba-Oberhain
Altenburg					
Wernsdorf (Kr Gera)	45 829 u		Sm	OR	Pölzig
Gera					
Wernsdorf (Reuss)			Sm		
Gera					
Wernsdorf Hp			Sm		
Gera					
Wernshausen			Sm		
Wernshausen	09 432 II	P(RE) G(C) (ST) (40) (Wk)			Bm
Eisenach, Zella-Mehlis					
Wernshausen Kleinb	47 625 r		Sm		
Wernstedt			Sm		
Faulenhorst					
Wernstedt	40 084	P(RE) G		OR	
Gardelegen, Klötze					
Werrabrücke					
Eisenach					
Werther		P(RE)			
Erfurt, Halle					
Weselsdorf		P			
Ludwigslust					
Wesenberg	27 325 III	P(RE) G			Bm
Buschhof					
Wesenitzbrücke					
Zittau					
Weseram	48 171			OR	
Brandenburg					
Weseram Chaussee					
Brandenburg					
Wesloe	op				
Lübeck					
Westend	03 007 I p				Bm Bw
Berlin, Blankenburg					
Westend-Blankenburg					
Blankenburg					
Westenfeld	22 429 Hst b e u			OR	Rentwertshausen
Rentwertshausen					
Westeregeln	12 249 Hp p	P(RE)		OR	
Blumenberg					
Westeregeln Alkaliwerk					
Aschersleben					
Westeregeln Schacht					
Blumenberg					
Westeregeln Ziegelei			Sm		
Westerhüsen					
Magdeburg					
Westerode			Sm		
Duderstadt					
Westerode	05 145 IV			OK	
Duderstadt, Halberstadt, Leinefelde					
Westewitz-Hochweitzschen	06 307 IV	P(RE)			
Leipzig					
Westgleis					
Peenemünde					
Westgreußen	41 833 b oä oe u			OR	Greußen West
Greußen					
Westhafen					
Berlin					
Westhausen			Sm		
Hildburghausen					
Westkreuz	03 048 IV p				
Berlin					
Wethau	09 036 Hst b	P(RE)		OK	
Naumburg					
Wetosow					
Berlin					
Wetosow milinarnja					
Berlin					
Wettelrode Bergbaumuseum			Sm		
Wettelrode Schacht			Sm		
Wetterabrücke					
Schleiz					
Wetterzeube	09 105 III	P(RE) G		OK	Krossen (Elster)
Pegau					
Wettin (Saale)	48 042	P(RE) G			
Wallwitz					
Wezyska					
Guben					
Wickendorf Bk					
Erfurt					
Widdershausen	09 390 Hp p				
Eisenach					
Wieblitz					
Salzwedel					
Wieblitz-Eversdorf	47 017	P(RE) G		OR	Salzwedel
Salzwedel					
Wieck (Darß)	[1]	P(RE) (Bus)			
Wieck-Eldena	42 347		Sm	OR	
Greifswald					
Wieck-Eldena Hafen			Sm		
Greifswald					
Wieda	50 910 r		Sm	OR	
Walkenried					
Wieda Papierfabrik			Sm		
Walkenried					
Wieda Süd	51 910 b oe r u		Sm		Walkenried Südh E
Walkenried					
Wiedaer Hütte			Sm		
Walkenried					
Wiedaer Hütte Ofenfabrik			Sm		
Walkenried					
Wiedaerhütte	49 910 r		Sm	OR	
Walkenried					
Wiede & S.					
Beucha					
Wiederitzsch	12 072 II	P G (41)			Bm
Leipzig					
Wiederstedt Bk					
Erfurt					
Wiednitz	06 313 III	P(RE) G(WA)			Straßgräbchen-Bernsdorf
Lübbenau					
Wiek					
Greifswald					
Wiek (Rügen)	46 570	P(RE) G	Sm	OR	
Bergen					
Wiek Hafen					
Bergen					
Wiendorf					
Gerlebogk					
Wienrode					
Blankenburg					
Wiepke	40 082			OR	
Gardelegen					
Wieren	13 043 III				
Salzwedel					
Wiershorst		P			
Salzwedel					
Wiershorst-Deutschhorst	47 021			OR	
Salzwedel					
Wiesa (b Kamenz/Sachs)	06 125 Hst + e	G (40)		OK	Kamenz (Sachs)
Bischofswerda					
Wiesebach	06 449 Hp e u	P			Beiern-Langenleuba

Betriebsstellenname (fett) siehe unter	Bf-Nr.	Merkmal DRG	Bem.	Merkmal DR (u. ggf. später)	Sm	Ram.	Mutterbahnhof/ Bm/Bw/Raw
Altenburg							
Wiesen (Kr Fulda)	11 318	IV				OR	
Götzenhof							
Wiesenau Hp				P(RE)			
Frankfurt							
Wiesenau (Kr Guben)	25 201	Hp b					
Frankfurt							
Wiesenbachbrücke							
Bebitz							
Wiesenbad	06 571	III				OK	
Chemnitz							
Wiesenbad Ziegelei							
Thermalbad Wiesenbad							
Wiesenburg (Mark)	12 273	II		P(RE) G (40) (Wk)			Bm
Berlin, Güsten							
Wiesenburg (Sachs)	06 609	II		P(RE) G (Wk)			Bm
Zwickau							
Wiesenburg (Sachs) Kammgarnfabrik							
Zwickau							
Wiesenfeld (b Coburg)	09 489	Hst + b				OR	
Coburg							
Wiesenhaus	07 265	Hp e r u			Sm		Wiltzschhaus
Wilkau-Haßlau							
Wietschke	44 014	b				OR	
Könnern							
Wietstock (Pommern)	28 280	II					
Swinemünde							
Wiki							
Horka							
Wilchwitz Bk							
Altenburg							
Wildau	03 327	III og		P(S)			
Berlin							
Wildau BMAG Schwartzkopff							
Berlin							
Wildbach					Sm		
Wolkenstein							
Wildberg (b Altentreptow)	41 096				Sm	OR	
Metschow							
Wildberg (Kr Neuruppin)				P(RE) G (Wk)			
Neustadt							
Wildberg (Kr Ruppin)	77 904						
Neustadt							
Wilde Grabenbrücke							
Ebeleben							
Wildeck-Bosserode							
Eisenach							
Wildeck-Hönebach							
Eisenach							
Wildeck-Obersuhl							
Eisenach							
Wildenhain				G(WA)	Sm		
Deutzen							
Wildgatterbrücke I							
Dessau							
Wildgatterbrücke II							
Dessau							
Wildgrube Brikettfabrik					Sm		
Lauchhammer							
Wildpark	03 142	II	[7]	P(S) G(CA) (ST)			Bm
Berlin							
Wildpark Ost							
Berlin							
Wildpark Süd							
Berlin							
Wildpark West							
Berlin							
Wildschütz (Kr Torgau)	47 102			P(RE) G(WA)		OR	
Mockrehna							
Wildschütz Steinbrüche					Sm		
Mockrehna							
Wildtränke Bk							
Bernau							
Wilhelm-Pieck-Allee							
Leipzig							
Wilhelm-Pieck-mesto Gubin							
Frankfurt Guben							
Wilhelm-Pieck-mesto Gubin wjacor							
Frankfurt							
Wilhelm-Pieck-mesto Gubin jug							
Frankfurt, Guben							
Wilhelm-Pieck-Ring-Brücke							
Rostock							
Wilhelm-Pieck-Stadt Guben							
Frankfurt, Guben							
Wilhelm-Pieck-Stadt Guben Nord							
Frankfurt							
Wilhelm-Pieck-Stadt Guben Süd							
Frankfurt, Guben							
Wilhelminenhof	45 551					OR	
Friedrichsaue							
Wilhelminenthal (Pommern)	41 042				Sm	OR	
Schmarsow							
Wilhelmshagen	03 305	Hp		P(S)			
Berlin							
Wilhelmshayn	46 178			P		OR	
Dedelow							
Wilhelmshof		G		G(WA)	Sm		
Tessin							
Wilhelmshorst	03 056	Hp		P(RES)			
Berlin							
Wilhelmshorst Abzw.							
Berlin							
Wilhelmshorst Nesselgrund							
Berlin							
Wilhelmsruh							
Berlin							
Wilhelmsruh Kleinb							
Berlin							
Wilhelmsruher Damm							
Berlin							
Wilhelmstraße							
Strausberg							
Wilischau	07 209	Hp e r u		P	Sm		Wilischthal
Wilischthal							
Wilischthal	06 567	II		P(RE) G	Sm	OR	
Wilischthal	06 567	II		P(RE) G(WA)		OK	Zschopau
Chemnitz							
Wilischthal Papierfabrik				G(WA)	Sm		
Wilkau (Sachs)							
Zwickau							

Betriebsstelle	Nr.	Art		Verkehr			
Wilkau-Haßlau	06 611	II		P(RE) G	Sm		
Wilkau-Haßlau Zwickau	06 611	II		P(RE) G(ST) (40) (Wk)			
Wilkau-Haßlau Gbf	06 612	Ga					
Wilkau-Haßlau Hp	07 248	Hp + e r		P	Sm		
Wilkau (Sachs) Hp							
Willigrad Magdeburg							
Willmersdorf (Kr Cottbus) Frankfurt	12 715	IV b		P(RE)			
Wilmersdorf (Kr Angermünde) Bernau				P(RE)			
Wilmersdorf (Kr Beeskow) Fürstenwalde				P			
Wilmersdorf (Uckerm) Bernau	28 223	III					
Wilmersdorf-Friedenau Berlin							
Wilmersdorfer Straße Berlin							
Wilsdruff Freital	07 083	II r		P(RE) G (Wk)	Sm		Bm Bw
Wilsdruff Hp	07 084	Hp e r u			Sm		
Wilsleben Aschersleben	40 145	b					
Wilsleben Bk Aschersleben, Halle							
Wilthen Bad Schandau, Zittau	06 038	I	[290]	P(RE) G(CA) (STA)			Bm
Wilthen Weinbrandfabrik							
Wilzschhaus Aue	06 871	III				OK	
Wilzschhaus Wilkau-Haßlau					Sm		
Wilzschmühle Wilkau-Haßlau	07 266	Hst + e r			Sm	OK	
Wimmelburg Hettstedt				P	Sm		
Wimmelburg Bk Halle							
Windbergschacht Freital							
Windischleube Altenburg							
Wingerode Halle				P			
Winkelstedt (Kr Gardelegen) Klötze	40 107					OR	
Winkelstedt (Kr Kalbe) Klötze				P(RE)			
Winkelstedt (Kr Salzwedel) Salzwedel	47 024	b				OR	
Winkelstedt Dorf Salzwedel							
Winkelstedt-Kleistau Salzwedel	47 023					OR	
Winne Wernshausen	47 627	r			Sm	OR	
Winnigstedt Heudeber-Danstedt	67 810	u				OR	Mattierzoll Süd
Winterberg Halberstadt							
Winterfeld Hohenwulsch, Salzwedel	40 052			P(RE) G			Kalbe (Milde)
Wintersdorf Borna, Meuselwitz				G(WA)	Sm		
Wintersdorf (Kr Altenburg) Pegau	12 866	Hp					
Wintzingerode Leinefelde	05 149	IV		P(RE)			
Wipperbrücke Erfurt, Güsten, Halle							
Wipperdorf Halle				P(RE)			
Wippergrund Vatterode				P	Sm		
Wippra Klostermansfeld	12 205	III		P(RE) G (40) (Wk)			
Wischershausen Metschow	41 097				Sm	OR	
Wismar Bad Kleinen				P(RE) G(CA) (ST) (50) (Wk)			Bw
Wismar Hafen Bad Kleinen				G(Ldst)			Wismar
Wismar Zuckerfabrik Bad Kleinen				G			
Wittenau Berlin							
Wittenau (Kremmener Bahn) Berlin	03 228	Hp					
Wittenau (Nordbahn) Berlin	03 216	Hp					
Wittenbeck Bad Doberan					Sm		
Wittenberg (Prov Sachs) Halle, Horka	12 382	I					Bm Bw
Wittenberg (Prov Sachs) Gbf	12 383	Ga					
Wittenberg Berlin-Anhalter Bf Halle							
Wittenberg Elbtor Horka	12 381	Hp oe					
Wittenberg Hafen Horka							
Wittenberge Berlin, Magdeburg, Salzwedel	01 012	I		P(RE) G(CA) (ST) (41) (Rp)			Bm Bw Raw
Wittenberge Gbf	01 013	Ga					
Wittenberge Nordbf Magdeburg							
Wittenberge Raw Magdeburg							
Wittenberge Süd Berlin				P			
Wittenbergplatz Berlin							
Wittenborn Lübbersdorf					Sm		
Wittenburg (Meckl) Ludwigslust	01 312	II		P(RE) G (Wk)			
Wittenburg (Meckl) ACZ Ludwigslust							
Wittenhagen Oranienburg	28 055	IV		P(RE) G (40) (Wk)		OK	
Wittenhof Prenzlau	46 184			P		OK	

Betriebsstellenname (fett) siehe unter	Bf-Nr.	Merkmal DRG	Bem.	Merkmal DR (u. ggf. später)	Sm	Ram.	Mutterbahnhof/ Bm/Bw/Raw
Witterda Erfurt	09 228	IV		P		OK	
Wittgendorf (Kr Zeitz) Gera	43 829	u		P	Sm	OR	Pölzig
Wittgensdorf Mitte Chemnitz	06 433	Hp		P(R)			
Wittgensdorf ob Bf Chemnitz, Leipzig	06 432	II		P(RE) G (Wk)			
Wittgensdorf unt Bf Chemnitz	06 460	IV +		P(RE)			
Wittichenau Bautzen	06 277	III		P G (35) (Wk)			Hoyerswerda
Wittigschänke Zittau					Sm		
Wittingen Beetzendorf							
Wittingen Kleinb Beetzendorf	48 501		[291]				
Wittingen Reichsb Beetzendorf	13 167	II					
Wittingen Süd Beetzendorf							
Wittingen West							
Wittmannsdorf (Niederlaus) Falkenberg	58 886	u		P(RE)		OK	Hohenbucko-Lebusa
Wittmar Heudeber-Danstedt	64 810					OR	
Wittower Fähre Bergen	46 564			P	Sm	OR	
Wittstock (Dosse) Kremmen, Wittenberge	27 313	II		P(RE) G(CA) (ST) (Wk)			Bm Bw
Wittstock (Dosse) Autobahnbaust. Wittenberge							
Witzleben Berlin	03 006	Hp p					
Witznitz Böhlen				G(WA)	Sm		
Witznitz Leipzig							
Witzschdorf Chemnitz	06 564	Hst		P(RE)		OR	
Wjelcej Spremberg							
Wjelecin Zittau							
Wjerbno (Blota) Lübben					Sm		
Wm Abzw. Weimar							
Wöbbelin Dömitz, Magdeburg	27 111	IV					
Wobeck Oschersleben	56 810	u				OK	Schöningen Süd
Wockern Bützow							
Wodanstraße Leipzig							
Wodarg Demmin	41 027				Sm	OR	
Woffleben Nordhausen	05 107	Hp p	[292]	P(RE) G(Ahst)			Niedersachswerfen
Wohlenberg (Altm) Stendal	47 382			P(RE) G		OR	Stendal Ost
Wohlrosetalbrücke Ilmenau							
Wohlsborn Weimar	52 930				Sm	OR	
Wöhlsdorf Arnstadt							
Wohnstadt Nord Halle							
Wojerecy Bautzen, Cottbus, Horka, Hoyerswerda							
Wojerecy Nowe Mesto Bautzen, Cottbus, Horka							
Woldegk Brohm			[293]		Sm		
Woldegk Neustrelitz	27 343	III					Bm
Woldegk Ziegelei					Sm		
Woldegk Zuckerfabrik Brohm			[3]				
Woldenitz Bergen	46 566			P	Sm	OR	
Wolfen (Kr Bitterfeld) Dessau	12 329	I		P(RE) G(CA) (ST) (40) (Wk)			
Wolfen Thalheim Dessau							
Wölferbütt Dietrichsberg					Sm		
Wolferode Halle	12 174	IV		P(RE)			
Wolfersdorf (Kr Greiz) Werdau	06 815	Hp b		P(RE)		OR	
Wolfmannshausen Rentwertshausen	22 428	Hst b e u				OR	Rentwertshausen
Wolfsburg Wustermark							
Wolfsburg Volkswagenwerk Wustermark							
Wolfsfelde Abzw. Magdeburg							
Wolfsfelde Bk Berlin							
Wolfsgefährt Pegau	09 115	IV				OK	
Wolfsgehege Gera				P	Sm		
Wolfsgrün Aue	06 867	III		P G(WA)			Aue (Sachs)
Wolfsgrund Mulda	07 176	Hp e u			Sm		Mulda-Randeck
Wolfshagen Burg					Sm		
Wolfshagen Neu Seehagen	41 625	b				OR	
Wolfshain Forst	12 748	III		P(RE) G(WA) (CA) (40)			
Wolfshain Schuttgleis Forst							
Wolfshorn Schöndorf					Sm		
Wolfshorn Schöndorf							
Wolfspfütz Reichenbach	06 858	Hst + e		P	Sm		
Wolfsruh Gransee				G(WA)		OR	Gransee
Wolfsruh Bundeswehr Gransee							
Wolfstal							

Name	Nr.		Verkehr			
Strausberg						
Wolftitz Jägerhaus						
Frohburg						
Wolgast	28 112 II		P(RE) G(CA) (ST) (30) (Wk)			
Züssow						
Wolgast Hafen		[4]		Sm		
Wolgast Hafen	28 610 Hst + b	[294]	P G(Ldst)		OR	Wolgast
Greifswald, Züssow						
Wolgast Industriegelände		[4]				
Wolgast Klbf				Sm		
Greifswald						
Wolgast Landesb	42 368			Sm	OR	
Greifswald						
Wolgast Reichsb		[4]				
Wolgast Schlachthof				Sm		
Greifswald						
Wolgaster Fähre	28 137 IV	[295]	P(RE) G(Ldst)		OK	Wolgast
Züssow						
Wölfershausen						
Meiningen						
Wolin						
Swinemünde						
Wolkau Ziegelei				Sm		
Wolkenburg	06 407 III		P(RE) G(WA)		OK	
Glauchau						
Wolkenburg Papierfabrik						
Glauchau						
Wolkenstein	06 570 II		P(RE) G	Sm		Bw
Wolkenstein	06 570 II		P(RE) G (32)			Bm
Chemnitz						
Wolkenstein Fahrzeugwerk				Sm		
Wolkenstein W 1 Abzw.		[3]				
Wolkenstein-Warmbad	06 569 Hp b				OR	
Chemnitz						
Wolkow (b Altentreptow)	41 098			Sm	OR	
Metschow						
Wolkramshausen	05 510 III		P(RE) G(WA)		OR	
Erfurt, Halle						
Wolkwitz	41 058			Sm	OR	
Demmin						
Wollankstraße	03 200 Hp oä oe					
Berlin						
Wollin	28 284 III					
Swinemünde						
Wollmarshausen				Sm		
Duderstadt						
Wollup	45 522				OR	
Fürstenwalde						
Wolmirsleben	12 253 IV		P(RE) G			
Etgersleben						
Wolmirsleben Schacht						
Etgersleben						
Wolmirstedt	13 053 II		P(RE) G (40) (Wk)			Bm
Zielitz						
Wolmirstedt Gewerbegebiet						
Wolmirstedt Nord	48 551					
Wolmirstedt Umspannwerk						
Wolmirstedt Zuckerfabrik						
Wölmsdorf Bk						
Halle						
Wölpern			P			
Cottbus						
Wolteritz			P(RE)			
Hayna, Krensitz						
Wolteritz-Lössen	40 680				OK	
Krensitz						
Woltersdorf (b Luckenwalde)	03 112 III		P G			Luckenwalde
Halle						
Woltersdorf (b Magdeburg)	13 078 IV		P		OR	
Biederitz						
Woltersdorf (Kr Dannenberg)	44 521 b				OK	
Lüchow						
Wommen	09 292 IV p					
Eisenach						
Woosmer	27 119 Hst +				OK	
Malliß						
Wopalen						
Löbau						
Worbis	05 150 III		P(RE) G (32)			
Leinefelde						
Wörblitz	12 482 Hst +		P		OK	
Torgau						
Wörlitz	47 820		P G			Oranienbaum (Anh)
Dessau						
Wörlsdorf-Hassenberg	09 513 Hst +				OR	
Ebersdorf						
Woseck						
Berlin						
Wospork (Sakska)						
Görlitz, Löbau						
Wozsowce						
Lübbenau						
Wozwjerch				Sm		
Lübben						
Wriezen	28 169 I		P(RE) G(ST) (40) (Wk)			Bm Bw
Frankfurt, Werneuchen						
Wriezen I	28 170 Ahst					
Wriezen Gbf	28 171 Ga					
Wriezen Kleinb	45 536				OR	
Fürstenwalde						
Wriezener Straße						
Strausberg						
Wuhletal						
Berlin						
Wuhlheide	03 298 III og		P(S)			
Berlin						
Wuhlheide Rbf						
Berlin						
Wuhlheide S-Bf						
Berlin						
Wuitz Abraumbf			G(WA)	Sm		
Zipsendorf						
Wuitz Abraumbrücke			G(WA)	Sm		
Zipsendorf						
Wuitz Abraumwerkstatt			G(WA)	Sm		
Zipsendorf						
Wuitz Maschinenfabrik			G(WA)	Sm		
Zipsendorf						
Wuitz Tagebaubf			G(WA)	Sm		
Zipsendorf						
Wuitz-Mumsdorf	12 856 III	[296]	P(RE) G	Sm		
Gera						
Wuitz-Mumsdorf	12 856 III	[296]	P(RE) G		OR	Meuselwitz
Zeitz, Zipsendorf						
Wuitz-Mumsdorf Gleichrichterstation			G(WA)	Sm		
Zipsendorf						
Wujezd						
Görlitz						
Wulfen (Anh)	12 304 III		P(RE) G (41)			
Halle						
Wulfersdorf	65 904					
Kremmen						
Wulfersdorf Tagebau						
Harbke						
Wulften	06 090 III					
Leinefelde						
Wulka Dubrawa						
Löbau						

Betriebsstellenname (fett) siehe unter	Bf-Nr.	Merkmal DRG	Bem.	Merkmal DR (u. ggf. später)	Sm	Ram.	Mutterbahnhof/ Bm/Bw/Raw
Wulka Swidnica Löbau, Zittau							
Wulkau Schönhausen	43 512			P(RE) G (Wk)		OR	Schönhausen (Elbe)
Wulke Zdzary Bautzen							
Wulkenzin Waren	27 165	IV				OR	
Wülknitz Doberlug-Kirchhain	06 289	III		P(RE) G (32) (Wk)			
Wülknitz Holzimprägnierwerk					Sm		
Wülknitz Oberbauwerk Doberlug-Kirchhain							
Wulkow (Kr Neuruppin) Neustadt				P G(WA)			Altruppin
Wulkow (Kr Neuruppin) Munitionslg. Neustadt							
Wulkow (Kr Ruppin) Neustadt	72 904	e u				OK	Altruppin
Wüllmersen-Mehmke Beetzendorf	40 063			P(RE) G		OR	Beetzendorf (Sachs-Anh)
Wulm Mosel	07 239	Hp e op u			Sm		Mosel
Wünschendorf (b Lohmen) Dürröhrsdorf	06 105	Hst +				OR	
Wünschendorf (Elster) Gera, Werdau	06 782	I		P(RE) G (31)			Bm
Wünschendorf (Elster) Nord Gera				P			
Wünschendorf Dolomitwerk					Sm		
Wünschendorf Dolomitwerk Gera, Werdau				G(WA)			
Wünsdorf Berlin				P(RES) G(WA) (40) (Wk)			
Wünsdorf Garnisonsbf Berlin							
Wünsdorf (Kr Teltow) Berlin	03 087	III					
Wünsdorf Sowjetarmee Berlin				P(RE) G(WA)			
Wünsdorf Waldstadt Berlin							
Würchhausen Bk Naumburg							
Wurgwitz Freital	07 080	IV r		P	Sm	OK	
Wurmberg Walkenried	46 910	b op r u			Sm	OK	Braunlage
Wurzbach (Thür) Saalfeld	09 153	III		P(RE) G (40)			Bm
Wurzen Eilenburg, Leipzig	12 761	I		P(RE) G(ST) (40) (Wk)			Bm Bw
Wurzen Gbf Leipzig	12 762	Ga					
Wurzen Maschinenfabr. u. Eisengieß. Leipzig							
Wurzen Nahrungsmittelwerk Leipzig							
Wurzen Nordbf							
Wurzen Nordweg Leipzig							
Wurzen Ost Eilenburg							
Wurzen Schamottewerk Leipzig							
Wurzen Stw W 4 Leipzig							
Wurzen Südbf							
Wurzen West Leipzig				P(RE) G(WA)		OR	Wurzen
Wuskidz Berlin							
Wusmanecy Berlin							
Wusswergk Lübben					Sm		
Wußwerk Lübben	47 285				Sm	OK	
Wüste Kunersdorf Abzw. Frankfurt							
Wüste-Waldsieversdorf Müncheberg	40 452					OR	
Wüsten-Vahrnow Perleberg	48 410					OR	
Wüstenberg Demmin							
Wüstenbrand Chemnitz, Dresden, Limbach, Neuoelsnitz	06 517	II		P(RE) G (32)			
Wüstendittersdorf Schönberg	06 723	Hp e u		P			Schleiz
Wüstenfelde Bernau	28 101	IV		P(RE)		OK	
Wüstenhagen Gut Zarnekow					Sm		
Wüstenjerichow Burg	43 583				Sm	OR	
Wüstensachsen Wenigentaft-Mansbach	11 333	III					
Wusterhausen (Dosse) Pritzwalk	27 360	III		P(RE) G			
Wusterhusen Greifswald	42 359				Sm	OR	
Wustermark Berlin, Nauen	03 180	II		P(RES) G (30) (Wk)			Bw
Wustermark Awf Abzw. Berlin							
Wustermark GVZ Berlin West Berlin							
Wustermark Rbf Berlin				P(S) G(WA) (40)		OR	
Wustermark Rbf Wot Abzw. Berlin							
Wustermark Vbf Berlin	03 178	I				OR	Bm
Wüstermarke Falkenberg	47 886	b u		P		OR	Uckro Süd
Wüstermarke-Höllberghof Falkenberg							
Wusterwitz				P(RE) G (40) (Wk)			

Betriebsstelle	Nr. / Art		Verkehr			
Berlin						
Wüstgrabow	41 063			Sm	OR	
Demmin						
Wüstmark	27 094 Hst + b		P		OR	
Schwerin						
Wustrau-Radensleben						
Kremmen						
Wustrow (Hannover)	01 603 IV					
Salzwedel						
Wutha	09 284 III	[298]	P(R) G (40) (Wk)			Bm
Gotha						
Wutike	27 358 IV		P(RE) G			
Pritzwalk						
Wutzkyallee						
Berlin						
Wysoka Kamienska						
Swinemünde						
Yorckstraße	03 099 IV p					Bm Bww
Berlin						
Zaatzke	63 904				OR	
Kremmen						
Zabakuck	43 496				OK	
Genthin						
Zabeltitz	06 252 Hst		P		OK	
Berlin						
Zabenstedt	42 528				OR	
Gerbstedt						
Zabitz	42 530				OK	
Gerbstedt						
Zabrod						
Knappenrode						
Zachariae	28 046 Hp		P(RE)			
Oranienburg						
Zachun	27 105 III		P(RE) G(WA)		OK	
Schwerin						
Zäckerick-Alt Rüdnitz	28 360 III					
Wriezen						
Zagelsdorf				Sm		
Dahme						
Zahme Gerabrücke						
Neudietendorf						
Zahna	12 388 III		P(RE) G(CA) (Wk)			Bm
Halle						
Zalom						
Zittau						
Zangenberg Za Abzw.						
Pegau						
Zangenberg Zn Abzw.						
Pegau, Zeitz						
Zappendorf	12 144 Hst + b				OK	
Teutschenthal						
Zarchlin	27 139 IV		P		OR	
Ludwigslust						
Zarki Wielkie						
Weißwasser						
Zarnekow (Kr Grimmen)	53 832 u				OR	Voigtsdorf (Kr Grimmen)
Greifswald						
Zarnewanz	G		G(WA)	Sm		
Tessin						
Zarowbrücke						
Bernau						
Zarrendorf	28 057 Hp		P			
Oranienburg						
Zarrenthin Kiesgrube				Sm		
Schmarsow						
Zarrentin (Meckl)	01 314 III		P(RE) G (Wk)			
Ludwigslust						
Zaschwitz	07 138 Hp e r u			Sm		Mügeln (b Oschatz)
Mügeln						
Zasenbeck						
Beetzendorf, Wittingen						
Zasieki						
Cottbus						
Zauche Bk						
Leipzig						
Zauckerode						
Freital						
Zauckerode Steinkohlengrube						
Freital						
Zauschwitz Abzw.						
Zaußwitz	07 171 Hst + e r		P	Sm	OK	
Oschatz						
Zawidow						
Hagenwerder						
ZB 1 Abzw.						
Naumburg						
Zechau				Sm		
Wintersdorf						
Zechin	45 521				OR	
Fürstenwalde						
Zechlin Flecken	99 904					
Löwenberg						
Zeddenick (Prov Sachs)	13 081 IV				OK	
Biederitz						
Zeddenick (Sachs-Anh)			P			
Biederitz						
Zeesen	03 334 Hp og		P			
Berlin						
Zehbitz	41 115 b			Sm	OR	
Dessau						
Zehden (Oder)	41 639					
Bad Freienwalde						
Zehdenick (Mark)	28 008 III		P(RE) G(51) (Wk)			
Prenzlau						
Zehdenick Museumsbahn				Sm		
Zehdenick-Neuhof			P(RE) G(WA)	Sm	OR	
Prenzlau						
Zehdenick Ziegelwerke						
Prenzlau						
Zehlendorf						
Berlin						
Zehlendorf (Kr Niederbarnim)	49 897				OR	
Berlin						
Zehlendorf (Kr Oranienburg)			P			
Berlin						
Zehlendorf Süd						
Berlin						
Zehlendorf West	03 134 Hp					
Berlin						
Zehmitz	41 116			Sm	OR	
Dessau						
Zeidler	07 552 Hst b oe				OK	
Sebnitz						
Zeischa	12 585 Hp		P(RE)			
Horka						
Zeischa Betriebsbf						
Horka						
Zeischa Kiesgrube				Sm		
Zeißholz						
Hoyerswerda						
Zeißigschänke				Sm		
Zittau						
Zeiten	46 517 b			Sm	OR	
Altefähr						
Zeithain	06 288 Hp b		P			
Doberlug-Kirchhain						

Betriebsstellenname (fett) siehe unter	Bf-Nr.	Merkmal DRG	Bem.	Merkmal DR (u. ggf. später)	Sm	Ram.	Mutterbahnhof/ Bm/Bw/Raw
Zeithain Bogendreieck Abzw. Doberlug-Kirchhain, Leipzig							
Zeithain Rohrwerk Doberlug-Kirchhain							
Zeitz Pegau	09 101	I	[299]	P(RE) G(ST) (40) (Wk)			Bm Bw
Zeitz Aue Turnplatzbaustelle					Sm		
Zeitz Camburger Bf							
Zeitz Ega	09 103	Ega					
Zeitz Elsterdammbaustelle					Sm		
Zeitz Gasthaus zur Sonne			[4]				
Zeitz Gbf Pegau	09 102	Ga					
Zeitz Innenstadtausbau					Sm		
Zeitz (Reuden/ Elster)	09 522	Ahst					
Zeitz Thür Bf							
Zeitz Wendisches Tor			[4]				
Zeitzer Drahtseileisenbahn			[4]	P G			
Zelezn. zaw. dworn Luta (Dolnal) Horka							
Zelezniske zawodne dwor. Grabkow Frankfurt							
Zelezniske zawodne dwornisco Skyro Frankfurt							
Zella (Rhön) Dorndorf	09 413	IV		P			
Zella-Mehlis Neudietendorf	09 360	II	[6]	P(RE) G(CA) (ST) (40) (Wk)			
Zella-Mehlis-Tunnel Neudietendorf							
Zella-Mehlis West	09 366	III	[7]	P(R) G(WA) (ST)		OK	Zella-Mehlis
Zella-St Blasii Neudietendorf, Zella-Mehlis							
Zellaer Tunnel Neudietendorf							
Zellendorf Jüterbog	12 503	Hst +		P(RE)		OK	
Zellstofffabrik Nickol Gernrode					Sm		
Zellwald Nossen	06 329	Hst b u				OK	Nossen
Zelnica Lübbenau							
Zementwerk (b Bad Berka) Weimar	47 916	b oä oe u				OR	Bad Berka
Zementwerke Karsdorf Werkhaltepkt. Naumburg							
Zemicy-Tumicy Görlitz							
Zempin	28 133	IV		P(RE)		OR	
Züssow							
Zentralflughafen Berlin Schönefeld Halle							
Zepernick (b Bernau) Berlin				P(S)			
Zepernick (Kr Niederbarnim) Berlin	03 210	III					
Zepernicker Kleinbahn					Sm		
Zeppernick (b Magdeburg) Biederitz				P(RE)			
Zeppernick (Bz Magdeburg) Biederitz	13 083	IV				OK	
Zerben Güsen	43 520	b		P(RE) G(WA)		OR	Güsen (Kr Genthin)
Zerbst Biederitz	12 354	II		P(RE) G (42) (Wk)			
Zerbst Spargelbf Biederitz							
Zerbster Straße Ladestelle Breitenhagen				G(WA)	Sm		
Zernickow Kreuzweg	48 384				Sm	OR	
Zernin Magdeburg	27 025	Hp e		P(RE)			
Zernitz Berlin	01 006	III		P(RE) G			
Zernsdorf Königs Wusterhausen	03 336	III	[302]	P(RE) G(WA)		OK	
Zernsdorf Schwellenwerk Königs Wusterhausen				G(WA)			
Zerrenthin Pasewalk	28 150	III		P			
Zescha Bautzen	06 134	Hp e u		P			Königswartha
Zettemin Demmin	41 070				Sm	OR	
Zettemin Haltestelle Demmin					Sm		
Zettemin Ladestelle Demmin					Sm		
Zeulenroda ob Bf Werdau	06 823	II		P G(CA)(ST) (40)			
Zeulenroda unt Bf Werdau	06 822	II		P(RE) G (40)			Bm
Zeuthen Berlin	03 326	II		P(S) G			Königs Wusterhausen
Zeutsch Naumburg	09 019	Hp		P(RE)			
Zeyern Kronach	22 039	Hst +				OR	
Zeyern Schneider Kronach							
Zgorzelec Berlin, Görlitz							
Zhorjelc Berlin, Görlitz							
Zicen Görlitz							
Zichow Schönermark	47 215					OR	
Zichtow Gut Barenthin					Sm		
Zidderich Wismar				P			
Zidow Bautzen							

Betriebsstelle	Nr.		Verkehr			Mutterbf
Ziebingen Kunersdorf						
Ziebingen-Sandow Kunersdorf	48 440					
Ziegelei Frankfurt	28 165 IV b op		G(WA)		OR	
Ziegelei Radegast		[217]				
Ziegelei Grefe Blankenburg						
Ziegelei Hopfenberg Köthen						
Ziegelei Kratzen-stein Blankenburg						
Ziegelei Mosel Klötze						
Ziegelei Schmidt Blankenburg						
Ziegelgraben-brücke Rostock						
Ziegelrode Hettstedt			P	Sm		
Ziegelsdorf Stresow				Sm		
Ziegelwerk Freital						
Ziegelwerk Zeitz						
Ziegenhain (Sachs) Riesa	06 326 IV		P(RE) G (40) (Wk)			Nossen
Ziegenrück Triptis	09 137 III		P(RE)			Bm
Zielitz Magdeburg	13 052 III		P(RE) G(WA)		OR	
Zielitz B 2 Abzw.						
Zielitz Industrie-gebiet Magdeburg						
Zielitz Kaliwerk Magdeburg						
Zielitz Ort						
Ziemestalviadukt Triptis						
Ziepel Biederitz	13 080 IV		P			
Zierke (Meckl) Waren	27 172 IV o					
Zierker Seehafen Buschhof						
Ziesar Wusterwitz			P(RE) G(CA) (Wk)			
Ziesar Hbf Wusterwitz	43 534					
Ziesar Ost Burg	43 589 b			Sm		
Ziesar West Burg	43 588			Sm		
Ziesebrücke Züssow						
Zieslübbe Schwerin	27 102 Hp p u		P			ohne Mutterbf
Ziethebrücke Halle, Köthen						
Ziethen Ratzeburg						
Ziethnitz Salzwedel	47 015				OR	
Zillerbachbrücke Nordhausen						
Zilly Heudeber-Danstedt	42 671		P(RE) G			
Ziltendorf Frankfurt	25 202 III	[303]	P(RE) G(WA) (CA)			
Ziltendorf Eisen-hüttenkombinat Frankfurt		[61]	G(Ahst)			Ziltendorf
Ziltendorf Werkbf EKO Frankfurt						
Zimerojce Forst						
Zimmermannshof Casekow	40 545 b			Sm	OR	
Zimmernsupra-Töttelstedt Erfurt	41 305				OR	
Zingst		[1]	P(RE) (Bus)			
Zingst Velgast	28 086 IV					
Zinna Halle, Torgau			P			
Zinnowitz Züssow	28 134 II		P(RE) G(WA)			Bw
Zinnowitz Werkbf						
Zinnowitzer Straße Berlin						
Zinzow Bresewitz	45 048 b			Sm	OR	
Zipke Stralsund	41 575			Sm	OR	
Zipsendorf Borna, Gera, Meuselwitz	40 829 b oe u		P G(WA)	Sm	OR	Kayna
Zipsendorf I Gera				Sm		
Zipsendorf II Gera				Sm		
Zipsendorf West			G(WA)	Sm		
Zirkel Köditzberg	09 330 Hp +		P			
Zirkel-Schacht Mansfeld				Sm		
Zirmoisel Bergen	46 559			Sm	OR	
Zirtow Buschhof	27 324 IV		P(RE) G(WA)		OR	Wesenberg
Zitadelle Berlin						
Zittau	06 006 I		P(RE) G	Sm		
Zittau Görlitz	06 006 I		P(RE) G(CA) (ST) (50) (Rp)			Bm Bw
Zittau II		[306]	G(Ahst)			Zittau
Zittau Casenenstarße				Sm		
Zittau Dach- und Isolierwerk				Sm		
Zittau DHS Holz				Sm		
Zittau Federn-werk				Sm		
Zittau Gbf	06 007 Ga					
Zittau Grenze			Güp			
Zittau Harthau Ziegelei				Sm		
Zittau Hp	07 001 Hp r			Sm		
Zittau Kasernenstraße				Sm		
Zittau Konsumbäckerei				Sm		
Zittau Kraftwerk				Sm		
Zittau Ottersteig Ziegelei				Sm		
Zittau Schießhaus	07 011 IV b r			Sm	OR	
Zittau Schlachthof						
Zittau Stahlwerk				Sm		
Zittau Süd			P(RE) G(WA)	Sm	OR	Zittau
Zittau Textil-kombinat				Sm		
Zittau Textima				Sm		
Zittau Vorstadt	07 012 III		P(R) G(WA)	Sm	OK	Bm
Zittau Werner & Co						
Zittel				Sm		

Betriebsstellenname (fett) siehe unter	Bf-Nr.	Merkmal DRG	Bem.	Merkmal DR (u. ggf. später)	Sm	Ram.	Mutterbahnhof/ Bm/Bw/Raw
Zittau							
Zitz Rogäsen	43 544					OR	
Zitzschewig Leipzig							
Zly Komorow Frankfurt, Knappenrode, Lübbenau, Senftenbg							
Zly Komorow wjacor Senftenberg							
Zobbenitz Haldensleben	41 687					OK	
Zöberitz Halle	12 289	Hp p		P(RE)		OR	
Zöbigker Merseburg				P	Sm		
Zoblitz Görlitz	06 046	Hp b		P(RE)		OR	
Zöblitz-Pobershau Chemnitz	06 557	III b		P(RE) G (40)			Pockau-Lengefeld
Zölkow Ludwigslust							
Zoll Scharzfeld	05 095	Hp p					
Zollbrück (Thür) Suhl	09 530	Hp e p u		P			Schleusingen
Zollbrück (Thür) Ladestelle Suhl	09 354	Ldst b e u				OK	Schleusingen
Zöllmersdorf Falkenberg	50 886	u		P		OK	Uckro Süd
Zoo Cottbus				P	Sm		
Zoo Dresden				P	Sm		
Zoo Halle				P(S)			
Zoologischer Garten Berlin							
Zöpen Böhlen				G(WA)	Sm		
Zopfenbeck (Kr Ückermünde) Stöven	46 237	b				OR	
Zoptebrücke Saalfeld							
Zopten Probstzella	09 155	Hp u		P			Probstzella
Zörbig Bitterfeld	12 327	III		P(RE) G (40) (Wk)			
Zörbig Industriegebiet Bitterfeld							
Zörbig Marmeladenfabrik Bitterfeld							
Zörbig Nord Radegast	41 131		[217]		Sm	OR	
Zörbig Nord Radegast	41 131		[217]			OR	
Zorge (Südharz) Ellrich	41 259					OK	
Zorgebrücke Halle, Nordhausen							
Zörnigall Halle				P			
Zöschen Merseburg	12 103	IV		P(RE) G (Wk)			
Zöschen Tagebau Halle							
Zossen Berlin	03 085	II	[309]	P(RES) G(ST) (40) (Rp)			Bm
Zossen Gbf	03 086	Ga					
Zossen Klbf Jüterbog							
Zossen Zoa Abzw.							
Zöthain Meißen	07 097	Hst + r		P	Sm		
Zschachenmühle Saalfeld	09 152	Hp u		P			Wurzbach (Thür)
Zschackau Cottbus							
Zschaitz Doberlug-Kirchhain	06 361	Hst		P(RE)		OK	
Zscheilitz Weißig					Sm		
Zschepa-Hohburg Eilenburg	12 777	IV		G			
Zschepa Hohburg I	12 778	Ahst b					
Zschepa-Hohburg Kaolingrube Eilenburg							
Zscherben Halle	12 137	IV og		P(RE)			
Zscherben Merseburg				P	Sm		
Zscherbener Straße Halle							
Zschipkau Senftenberg							
Zschippach Gera	57 829	p u			Sm		Brahmenau
Zschippach Kalkwerk Gera					Sm		
Zschölkau Krensitz	40 677			P		OR	
Zschölkau Nord Krensitz				P			
Zschopau Chemnitz	06 566	II		P(RE) G(ST) (60) (Wk)			
Zschopau Nord Chemnitz							
Zschopaubrücke Chemnitz, Doberlug-Kirchhain, Dresden, Mittweida, Schlettau, Waldheim, Wilischthal							
Zschopautalbrücke Mittweida							
Zschornewitz Burgkemnitz	48 569					OR	
Zschornewitz Kohlenbf Burgkemnitz							
Zschortau Leipzig	12 418	III		P(RE)			
Zug Freiberg	06 342	Hp e u		P			Brand Erbisdorf
Zühlsdorf Berlin				P			
Zühlsdorf (Kr Niederbarnim) Berlin	47 897					OR	
Zündholzfabrik Walkenried					Sm		
Zürkvitz Bergen	46 569	b			Sm	OR	
Züsedom Pasewalk	43 637	b			Sm		
Züsedom Düngerschuppen Pasewalk					Sm		
Züssow Bernau	28 108	III		P(RE) G (Wk)			Bm
Züssow Landesbf Dargezin	42 325				Sm	OR	
Zwangtunnel							

Betriebsstelle	Nr.		Verkehr		
Neudietendorf					
Zwätzen-Kunitzburg					
Naumburg					
Zwebendorf Abzw.					
Eilenburg					
Zwenkau (Bz Leipzig)			G(WA)	Sm	
Böhlen					
Zwenkau (Bz Leipzig)	12 861 III		P(RE) G (60)		
Pegau					
Zwenkau Mibrag			G(WA)	Sm	
Zwenkau Übergabebf					
Pegau					
Zwickau (Sachs) Gbf	06 528 Ga				
Zwickau (Sachs) Hbf	06 527 I		P(RE) G(C) (ST) (50) (Rp)		Bm Bw Bww Raw
Dresden					
Zwickau (Sachs) Hbf RAW	06 670 Ahst				Zwickau (Sachs) Hbf
Zwickau (Sachs) Hbf Stw B 4 Abzw.					
Zwickau (Sachs) Hbf Stw B 13 Abzw					
Dresden					
Zwickau (Sachs) Raw 7. Oktober			P		
Zwickau (Sachs) Reichenbacher Straße			P		
Zwickau Altenburg Ziegelei BA 411				Sm	
Zwickau August-Bebel-Werk				Sm	
Zwickau Bürgerschacht					
Zwickau Elmowerk			G(WA)		
Zwickau Falkensteiner Bf					
Zwickau Glück-Auf-Center		[3]			
Zwickau Heizkraftwerk Karl-Marx			G(WA)		
Zwickau Heizkraftwerk Martin Hoop			G(WA)		
Zwickau Kokerei Karl Marx			G(WA)		
Zwickau Marienthal Ziegelei BA 413				Sm	
Zwickau Marktst. Zieg. BA 414/ 415				Sm	
Zwickau Maxhütte					
Zwickau Metallaufbereitung			G(WA)		
Zwickau Metallleichtbaukombinat			G(WA)		
Zwickau Neuplanitz					
Zwickau Nicolaischacht			G(WA)		
Zwickau Planitz		[3]			
Zwickau Plattenwerk			G(WA)		
Zwickau Pöhlau Gbf					
Zwickau Pöhlau Sammelbfbf			G		
Zwickau Pölbitz	06 526 Hp		P		
Dresden					
Zwickau Rat.-mittelbau Braunkohle			G(WA)		
Zwickau Schacht Martin Hoop III					
Zwickau Schacht Martin Hoop IV					
Zwickau Schedewitz	06 614 Hp	[3]	P(R)		
Zwickau Schedewitz Gbf			G		
Zwickau Schedewitz Kokerei		[3]	G(WA)		
Zwickau Schedewitz Planitzer Straße					
Zwickau Schedewitz Sammelbf	06 615 IV o				
Zwickau Segen Gottes Schacht					
Zwickau Weißenborn Zieg. BA 412				Sm	
Zwickau Zentrum		[3]			
Zwickauer Damm					
Berlin					
Zwickauer Muldebrücke					
Glauchau					
Zwieberge Lagerbahn				Sm	
Langenstein-Zwieberge					
Zwieberge Tunnel					
Halberstadt, Langenstein-Zwieberge					
Zwiesel					
Pirna					
Zwinge	05 134 IV		P(RE) G		OR
Bleicherode					
Zwinge West					
Bleicherode					
Zwinge Ziegelei				Sm	
Zwochau (Kr Delitzsch)	40 685				OK
Hayna, Krensitz					
Zwochau (Kr Delitzsch) Ost					
Krensitz					
Zwönitz	06 633 II		P(RE) G(ST) (40) (Wk)		
Chemnitz, Stollberg					
Zwönitzbrücke					
Chemnitz					
Zwota	06 879 Hp b		P(RE)		OR
Zwotental					
Zwota-Zechenbach	06 878 Hp b		P(RE)		OR
Zwotental					
Zwotental	06 877 II		P(RE)		
Aue, Zwickau					
Zylow				Sm	
Lübben					
Zylowk (wokr. Chosebuz)					
Frankfurt					

Seit etwa 1935 lief die Planung der Autobahn A 14 bei Alsleben. Wäre sie damals westlich an der Stadt vorbei gebaut worden, hätten 1998 die Gleise der Kleinbahn Bebitz-Alsleben nicht weichen müssen. Die neue Straßenbrücke steht genau in der Flucht der Gleistrasse (10.02.2000). *Foto: Schuhmacher*

Durch den Autobahnbau kam 1998 das endgültige Aus für den Bahnhof Alsleben (Saale). Zuvor hatte es noch Bestrebungen gegeben, Produkte der neu errichteten Saalemühle per Bahn zu transportieren. Seit 2006 beheimatet das Empfangsgebäude einen Kindergarten (10.02.2000). Foto: Schuhmacher

Mit der Eröffnung des neuen Haltepunktes Belleben wurde der abseits vom Dorf gelegene Bahnhof geschlossen. An der nächsten Station in Richtung Könnern, dem Haltepunkt Gnölbzig, hält bereits seit 1995 kein Zug mehr (01.03.2000). Foto: Schuhmacher

Der letzte Verkehrstag auf dem Abschnitt Gerbstedt–Heiligenthal der Halle-Hettstedter Eisenbahn. Nur wenige Eisenbahner und -freunde nahmen stillen Abschied. Dem freundlichen Lokführer des »Sandmann« waren zahlreiche schöne Aufnahmen an der Strecke und im Bahnhof Heiligenthal zu verdanken (23.05.1998). Foto: Schuhmacher

Endstation Heiligenthal. Der Behelfsprellbock wurde um einige Kilometer in Richtung Hettstedt zurückgenommen (23.05.1998). Foto: Schuhmacher

Bis vor etwa 25 Jahren ging es hier noch weiter nach Halle (Saale). Das Oberbaumaterial der »Lücke« Heiligenstadt–Schochwitz war als strategische Notbahn für Halle im Bahnhof Fienstedt gelagert (23.05.1998). *Foto: Schuhmacher*

Fernab jeder Zivilisation: Der Bahnhof Fienstedt. Bis vor einigen Jahren rumpelten hier noch Güterzüge für die Obsthalle Schochwitz vorbei (01.03.2000). *Foto: Schuhmacher*

Der gut ausgebaute Anschluss zur Zuckerfabrik Heiligenthal gab dem ehemaligen Bahnhof Helmsdorf seinen heutigen Namen und sorgte dafür, dass auf dem ansonsten unbedeutenden West-Torso der Halle-Hettstedter Eisenbahn noch bis 1998 Züge fuhren (23.05.1998). *Foto: Schuhmacher*

Die schadhafte, aber in reizvoller Landschaft gelegene Brücke bei Gerbstedt war einer der Gründe, 1998 die Halle-Hettstedter Eisenbahn weiter zu verkürzen (01.03.2000). *Foto: Schuhmacher*

Bahnhof Polleben der Halle-Hettstedter Eisenbahn (Gleisseite). Mehrere parallele Bahnhofsgleise liegen noch heute in Mitten des Vorgartens. Der Bahnhof war auch noch nach der Stilllegung eine strategische Reserve der nationalen Sicherheit der DDR. Die einfache Bauweise der HHE und deren günstige Lage machte sie während des Kalten Krieges als Notumfahrung für Halle (Saale) im Falle des Verteidigungszustandes interessant (01.03.2000). *Foto: Schuhmacher*

Reste der einst ausgedehnten Gleisanlagen der Mansfelder Bergwerksbahn bei Siersleben (Juli 1992). *Foto: Schuhmacher*

Der Bahnhof Welfesholz der Halle-Hettstedter Eisenbahn. Die Kupferdrähte der Fernsprechfreileitungen wurden seit den 1990er-Jahren bereits mehrfach von Buntmetallsammlern gestohlen. Im Jahr 2007 war auch an dieser Stelle das Gleis teilweise abgebaut (Juli 1992). *Foto: Schuhmacher*

Der Bahnhof Salzmünde: Auf den zahlreichen Gleisen wurde noch Ende der 1980er-Jahre reger Güterumschlag betrieben. Seit einigen Tagen beräumt der neue Eigentümer sein künftiges »Häusle« (01.03.2000). Foto: Schuhmacher

Die Culemeyer-Rampe im Bahnhof Salzmünde (01.03.2000). Foto: Schuhmacher

Der Bahnhof Unseburg: Wenige Meter entfernt wurden die »Alkali«- und Altschwellen per Bahn angeliefert und entsorgt. Dazu wurde das noch bestehende Streckengleis ab Förderstedt genutzt, das spätestens im Jahr 2006 bei Förderstedt unterbrochen war (07.02.2000). Foto: Schuhmacher

Zu Lebzeiten schon Geschichte: ein Culemeyer in Bernburg. Dieser Kesselwagen für das Serumwerk war einer der letzten Rolltransporte in Bernburg (1990). Foto: Schuhmacher

Von den einst umfangreichen Anlagen der Staßfurter Industriebahn ist fast nicht mehr geblieben. In Verlängerung dieser Strecke erreichte man die Bleicherde-Schachtbahn (01.03.2000). Foto: Schuhmacher

Über diese ehemalige Brücke führte die Schachtbahn »Bleicherde« Leopoldshall in weitem Bogen nach Güsten.
Als die Industriebahn Staßfurt demontiert wurde, verblieben noch einige Diesellokomotiven in den Anschlüssen, die nach Aussagen der heutigen Unternehmer 1998 an Eisenbahnfreunde abgegeben wurden (01.03.2000). Foto: Schuhmacher

Streckengleis mit Brücke der Schachtbahn Neustaßfurt bei Löderburg-Lust (10.02.2000). Foto: Schuhmacher

Dieser Wegübergang der Staßfurter Industriebahn war seinerzeit sogar noch durch eine Haltlichtanlage gesichert. Bezeichnenderweise befindet sich heute eine LKW-Spedition auf dem Gelände hinter dem Tor (01.03.2000). Foto: Schuhmacher

Die Reste von Grubenbahngleisen bei Leau (Gemeinde Preußlitz; 10.02.2000). *Foto: Schuhmacher*

Streckengleis mit Brücke der Schachtbahn Neustaßfurt bei Löderburg-Lust (10.02.2000). Foto: Schuhmacher

Auf der aufwendig errichteten Trasse der ehemaligen Plömnitzer Schachtbahn liegen heute Rohrleitungen (10.02.2000). Foto: Schuhmacher

Die Trasse der um 1960 abgebauten Strecke von Biendorf nach Gerlebogk wurde von der DR erst nach der »Wende« endgültig bereinigt. Dabei kamen noch einige gut erhaltene Sicherungsbauteile zu Tage. Die Aufnahme entstand in Höhe des ehemaligen Einfahrsignales von Biendorf. Die Anlagen des Güterbahnhof Biendorf und der zugehörige Sammel- und Abzweigbahnhof Edderitz wurden noch 1990 komplett saniert, aber auf Grund des eingestellten Güterverkehres aus Richtung Gröbzig nicht mehr in Betrieb genommen (Sommer 1992). Foto: Schuhmacher

Die Pioniereisenbahn Vatterode (Herbst 1989). Foto: Schuhmacher

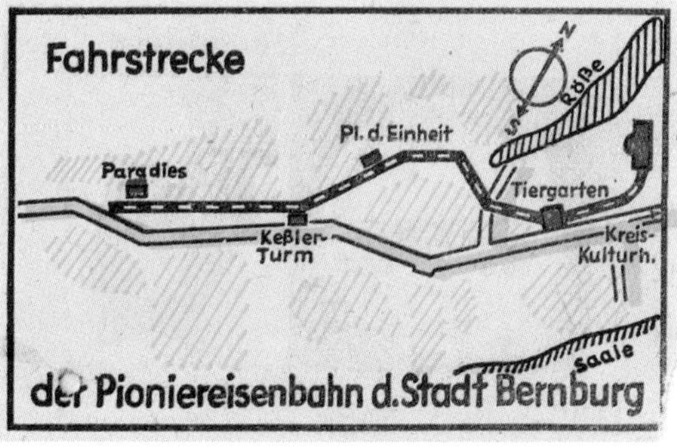

Fahrkarten der Pioniereisenbahn Bernburg 1987. Foto: Sammlung Schuhmacher

Der Bahnhof Kohren-Sahlis an Christi Himmelfahrt im Jahr 1992: Hier hält schon lange kein Zug mehr! Foto: Schuhmacher

Der Bahnhof Radegast: Einst betrieblicher Mittelpunkt der Dessau-Köthen-Radegast-Zörbiger Bahn bis 1945 (10.02.2000). Foto: Schuhmacher

Die Strecke Zeitz–Camburg wurde in mehreren Etappen stillgelegt. Nach Kriegsende war in Molau und 20 Jahre später in Osterfeld Schluss. Seit 1998 geht auch in Droyßig nichts mehr (27.02.2000). *Foto: Schuhmacher*

Ebenso wie die Station Droyßig verkommt an der Strecke Zeitz–Camburg der Bahnhof Weickelsdorf (27.02.2000). *Foto: Schuhmacher*

Von dieser Brücke bei Tröglitz konnte man früher bestens die schweren Dampf-Güterzüge und die mit Maschinen der Baureihe 65.10 bespannten Personenzüge kilometerweit beobachten. Rechts der Personenbahnhof Richtung Altenburg, wo seit 2004 nur noch Kohlezüge mit Schrittgeschwindigkeit über die verschlissenen Gleise schleichen, links verschwinden nach und nach die Gleisanlagen des Tröglitzer Werkbahnhofes. Auch der Siloturm der BHG ist seit 2005 Geschichte (27.02.2000).
Foto: Schuhmacher

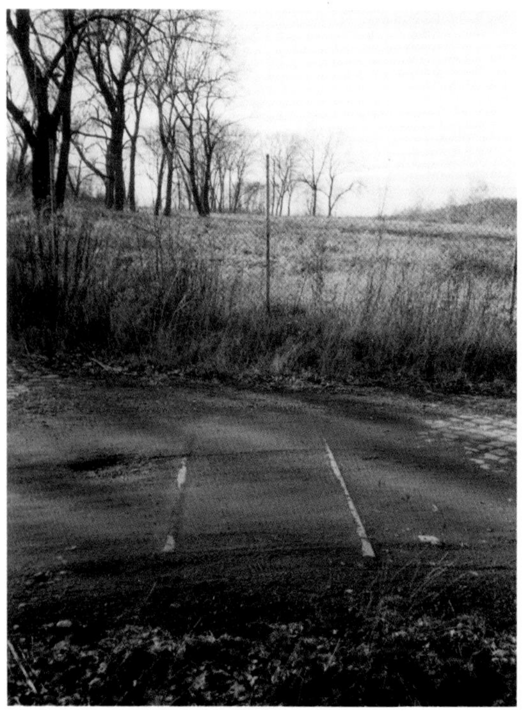

Von den einst gewaltigen Gleisanlagen des Bahnhofes Wuitz-Mumsdorf existiert nur noch ein unbedeutender Haltepunkt der DB, der inzwischen auch stillgelegt worden ist. Dieses 1000 mm-Schienenstück bei Wuitz dürfte eines der letzten Relikte der 1970 eingestellten Gera-Meuselwitz-Wuitzer Eisenbahn (GMWE) sein. Kaum zu glauben, daß hier fast 70 Jahre lang täglich hunderte Tonnen Kohle entlang rollten. Hinter dem Zaun stand bis vor Kurzem noch die ebenfalls 1970 stillgelegte Brikettfabrik »Leonhard I« mit der seinerzeit modernsten Druckwasserentladung (27.02.2000).
Foto: Schuhmacher

Dieselbe Brücke bei Tröglitz, diesmal befindet sich der Standpunkt aber auf der anderen Seite. Vorn die Gleise in Richtung Zeitz, hinten die Güterbahn nach Zangenberg und die bereits demontierten Abstell- und Ausziehgleise des Werkbahnhofes. Die Brücke wurde 1977 errichtet, weil die Schranken am Bahnübergang zwischen Stellwerk und Siloturm wegen des immensen Zugverkehres fast ständig geschlossen waren (27.02.2000). *Foto: Schuhmacher*

Die »Aschenbahn« Tröglitz–Mumsdorf bei Staschwitz: Während des Krieges wurde Kohle von Wintersdorf/Mumsdorf nach dem Braunkohle-Benzinwerk gebracht. Bis zur Stilllegung des Werkes nach 1990 wurden mit sonderbaren längshalbierten Kesselwagen der Werkbahn Asche und Rückstände in das Restloch Rusendorf verfrachtet. Im Hintergrund das in den 1960er-Jahren errichtete Großkraftwerk (27.02.2000). *Foto: Schuhmacher*

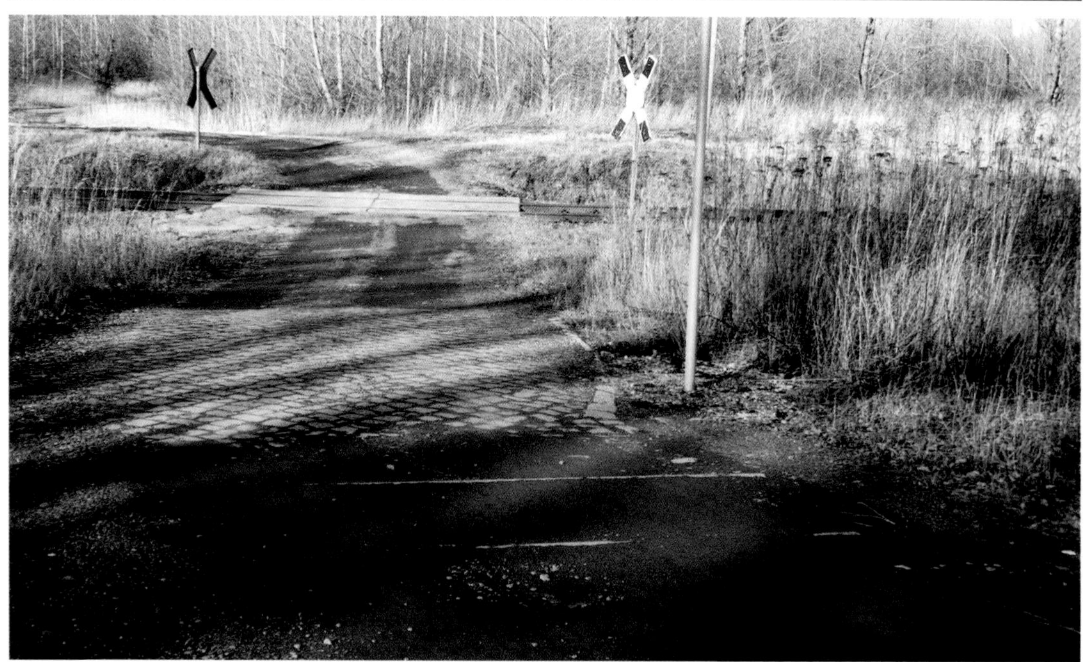

Diese Straße verband einst das Dorf Staschwitz mit dem in den Fünfziger Jahren weggebaggerten Ort Wuitz und quert die bis 1945 zweigleisige Normalspurstrecke Zeitz-Altenburg. Unmittelbar rechts daneben befand sich der heute verfüllte Tunnel der 900 mm-Grubenbahnverbindung Wuitz Grubenbahnhof–Oberhaide. Die Gleisanlagen der Grubenbahnen um Mumsdorf-Wuitz hatten immense Ausmaße und beachtliche Bahnhöfe und Brückenbauten (27.02.2000). Foto: Schuhmacher

Der Bahnhof Kayna der Gera-Meuselwitz-Wuitzer Eisenbahn. Der einstige Verwendungszweck als Empfangsgebäude des Bahnhofes Kayna ist dem heutigen Wohnhaus kaum anzusehen (27.02.2000). Foto: Schuhmacher

Obwohl baugleich zu Kayna, sieht das ehemalige Empfangsgebäude von Pölzig 30 Jahre nach Stilllegung noch etwas mehr nach »Bahnhof« aus (Straßenseite; 27.02.2000). *Foto: Schuhmacher*

Die Gleisseite des ehemaligen Bahnhofes Pölzig (27.02.2000). *Foto: Schuhmacher*

Das Bahnhofsgebäude von Großenstein (Kreis Gera) hat neue Besitzer gefunden (27.02.2000). Foto: Schuhmacher

WESSER

Die Gleisanlagen der von der DR vor 40 Jahren stillgelegten Strecke Meuselwitz–Ronneburg werden noch heute von der Wismutbahn genutzt. Aber auch hier ist ein baldiger Abschied zu erwarten (27.02.2000). Foto: Schuhmacher

Die 900 mm-Kohlenbahn von Wintersdorf nach Zipsendorf führte einst bis in die Grubenbahnhöfe bei Mumsdorf. Noch in den 1970er-Jahren waren große Teile des umfangreichen Netzes zu bestaunen (27.02.2000). Foto: Schuhmacher

Blick von der Straßenbrücke bei Meuselwitz in Richtung Groitzsch auf die Kohlenbahn (27.02.2000). Foto: Schuhmacher

Der Bahnhof Lucka (Kreis Altenburg), von der Gleisseite her gesehen: Der ursprüngliche Verwendungszweck des Empfangsgebäudes ist knapp zehn Jahre nach Betriebseinstellung nicht mehr zu erkennen (27.02.2000). Foto: Schuhmacher

Auch zwischen Meuselwitz und Groitzsch hat die Zukunft schon begonnen: »Die Bahn kommt...« – ...schon lange nicht mehr! (27.02.2000) Foto: Schuhmacher

Unmittelbar neben dem Empfangsgebäude Lucka. Das durchgehende Streckengleis nach Groitzsch. Vor Errichtung des Baumarktes wurden nicht einmal die Gleise entfernt (27.02.2000). *Foto: Schuhmacher*

Bei Wintersdorf wurde der Gleiskörper wegen des Straßenneubaus einfach überschüttet. Man beachte den »Tunnel« in der Bildmitte (27.02.2000). *Foto: Schuhmacher*

Eine Triebwageneinheit hält im Bahnhof Trebsen (Mulde). Die Strecke Beucha–Trebsen wurde 1997 für den Personenverkehr stillgelegt (1993). *Foto: Michael Kotyrba*

Der Lokschuppen des Bahnhofes Mohorn der 1972 stillgelegten Strecke Wilsdruff–Nossen (1995). *Foto: Michael Kotyrba*

Das stillgelegte Anschlussgleis des Kaolinwerkes Hohburg ist als Inselgleis gegen den Bahnhof Zschepa-Hohburg der Strecke Eilenburg–Wurzen durch einen Prellbock gesichert. Blick vom Bahnhof in Richtung Werk. *Foto: Michael Kotyrba*

Vor dem Entfernen der Anschlussweiche der Militärbahn Schmorkau–Röderau werden dort abgestellte Schrottwagen abgefahren (1994). *Foto: Michael Kotyrba*

1993 sanierte man halbherzig die Strecke Torgau–Pretzsch. Die Stilllegung folgte im Jahr 1997. Diese Aufnahme entstand bei Neiden. *Foto: Michael Kotyrba*

Die Trasse der Strecke Goßdorf-Kohlmühle–Hohnstein ist heute Wanderweg. *Foto: Michael Kotyrba*

Der Bahnhof Obercallenberg der 900 mm-Strecke St. Egidien–Callenberg im Jahr 1993. Der Betrieb wurde 1991 eingestellt. *Foto: Michael Kotyrba*

Ein Sonderzug mit 86 1001-6 ist 1993 auf der Strecke Waldheim–Rochlitz unterwegs, die 1997 stillgelegt wurde. Die Aufnahme gelang bei Rochlitz. *Foto: Michael Kotyrba*

Der Bahnhof Mühlberg (Elbe) der Strecke Neuburxdorf–Mühlberg, die im Jahr 1993 nur noch dem Kiestransport ab Kieswerk Mühlberg dient. *Foto: Michael Kotyrba*

Drehscheibe der 600 mm-Werkbahn des Schachtes Plömnitz; links der Lokschuppen (29.06.2002).
Foto: Schuhmacher

Das Gebäude der Gleiswaage Plömnitz Schacht (29.06.2002). *Foto: Schuhmacher*

Bereinigung der Bahnmeisterei Biendorf um 1970: Der »neue« Schuppen wurde aus den Steinen des abgerissenen Empfangsgebäudes Staßfurt errichtet. *Fotos: Sammlung Schuhmacher*

Nicht oft zu sehen ist die Auswechselung einer Hebelbank, wie hier im Stellwerk Wulfen (25.05.1992).
Foto: Schuhmacher

Von den einst umfangreichen Anlagen des Bahnhof Gerbstedt ist im Jahr 2004 nicht mehr viel übrig geblieben.
Foto: Sammlung Schuhmacher

Im Bahnbetriebswerk Gerbstedt wurden lange Zeit auch Dampfloks der Baureihe 86 unterhalten. Foto: Sammlung Schuhmacher

Die bekannte Schranke von Langenweddingen, an der 1967 beim Zusammenstoß eines Doppelstock-Personenzuges mit einem Benzin-Tanksattelzug über 100 Menschen, zumeist Kinder, den Tod fanden. *Foto: Sammlung Schuhmacher*

Die elektrifizierte Schmalspur-Bahn Sodawerk Staßfurt... *Foto: Sammlung Schuhmacher*

...und ihr Bahnbetriebswerk 2004. Foto: Sammlung Schuhmacher

Kaum vorstellbar, dass hier noch vor wenigen Jahren eine große Zahl von Güterwagen zur Be- und Entladung im Magdeburger Hafen rangiert wurden. Foto: Sammlung Schuhmacher

Die Reste einer der ältesten Eisenbahnstrecken Deutschlands im Magdeburger Elbebahnhof. *Foto: Sammlung Schuhmacher*

Die traurigen Reste der Instandhaltungswerkstatt der Signal- und Fernmeldemeisterei in Güsten im Jahr 2004: In einem anderen frei zugänglichen Raum lagen viele Jahre sogar persönliche Unterlagen der Mitarbeiter auf dem Boden verstreut. Inzwischen sind alle Gebäude abgerissen. *Foto: Sammlung Schuhmacher*

Gleiskreuzung an der stillgelegten Brückenzufahrt der Magdeburg-Biederitzer Hubbrücke. *Foto: Sammlung Schuhmacher*

1943 wurde das elektrifizierte Netz der Luftwaffen-Versuchsanstalt auf der Ostseeinsel Usedom zerstört. Die Aufnahme zeigt Reste am Kraftwerk Peenemünde. *Foto: Sammlung Schuhmacher*

Die Reste der Gleisanlagen der Weimar-Großrudestedter Schmalspurbahn im Lagerbahnhof Buchenwald: Der Abschnitt Weimar-Schöndorf wurde dreischienig angelegt, der Anschluss zum Konzentrationslager und dem Gustloff-Werk verfügte ausschließlich über Regelspurgleise. Die Schmalspurbahn fiel 1946 sowjetischen Reparationsleistungen zum Opfer. Die Regelspurbahn verkehrte nach 1956 nur noch bedarfsweise. Ein offizieller Stilllegungstermin ist nicht bekannt, am 18. Oktober 1965 soll der letzte Zug Großobringen verlassen haben. Foto: Sammlung Schuhmacher

Der Autor beim Beseitigen eines Signalschwerganges im Bahnhof Bernburg 1989. Das Signal E ist seit September 2007 Geschichte. *Foto: Sammlung Schuhmacher*

Anfang 2008 wurde ein weiterer Abschnitt der »Kanonenbahn« geopfert. Die Straßenbrücke am Köxbusch bei Güsten (km 145,45) musste dem Neubau der »gelben Autobahn« B6n weichen. Rechts der Bahndamm Richtung Rathmannsdorf, die Krümmung der Straße folgt noch dem ehemaligen Winkelschnitt der Durchfahrt (14.03.2008). *Foto: Schuhmacher*

Kippbrücke für Schmalspur-Selbstentladewagen. Beim Befahren wurde mittels der Gleitschiene nur der Wagenkasten gekippt (01.05.2008). *Foto: Schuhmacher*

Gleise der Schwefelkies-Grubenbahn Elbingerode unter Tage. Die Gesamtnetzlänge betrug etwa 50 Kilometer. Die Pyritförderung wurde im Sommer 1990 eingestellt (01.05.2008). *Foto: Schuhmacher*

Waggonaufzug der Grubenbahn Elbingerode (01.05.2008). *Foto: Schuhmacher*